国家社会科学基金重点项目"国有企业法律制度重构研究"(12AFX011)阶段性成果

Selected Foreign Laws of Public-Private Partnerships

当代主要国家公私合作法

顾功耘 主编

图书在版编目(CIP)数据

当代主要国家公私合作法/顾功耘主编. —北京：北京大学出版社，2017.6
ISBN 978-7-301-27924-3

Ⅰ.①当… Ⅱ.①顾… Ⅲ.①政府投资—合作—社会资本—法规—研究—中国 Ⅳ.①D922.280.4

中国版本图书馆 CIP 数据核字(2017)第 007885 号

书　　　名	当代主要国家公私合作法 DANGDAI ZHUYAO GUOJIA GONGSI HEZUO FA
著作责任者	顾功耘　主编
责任编辑	尹　璐　朱梅全
标准书号	ISBN 978-7-301-27924-3
出版发行	北京大学出版社
地　　　址	北京市海淀区成府路 205 号　100871
网　　　址	http://www.pup.cn
电子信箱	sdyy_2005@126.com
新浪微博	@北京大学出版社
电　　　话	邮购部 62752015　发行部 62750672　编辑部 021-62071998
印　刷　者	三河市博文印刷有限公司
经　销　者	新华书店 730 毫米×980 毫米　16 开本　34.75 印张　701 千字 2017 年 6 月第 1 版　2017 年 6 月第 1 次印刷
定　　　价	99.00 元

未经许可，不得以任何方式复制或抄袭本书之部分或全部内容。
版权所有，侵权必究
举报电话：010-62752024　电子信箱：fd@pup.pku.edu.cn
图书如有印装质量问题，请与出版部联系，电话：010-62756370

序

20世纪末,中国在借鉴当代主要国家做法的过程中,开始悄然探索由公私合作提供公共产品的经营模式,并有一些成功的案例。但由于缺乏系统的规划和具体的法律规则指引,这种经营模式总体呈现出一种分散、小规模、无保障的格局,因而失败的案例也不少。在理论层面,我们还缺少对公私合作这种经营模式的认真研究,尤其是对其所形成的内部复杂关系与治理结构缺乏足够的认知。党的十八届三中全会以后,为解决社会公共产品供给短缺而政府资金、技术和经营管理能力严重不足的问题,政府对与社会资本合作的关注度陡然上升。中央财政部门、国家发展和改革委员会相继出台多个行政规章,推动公私合作,进行公共基础设施建设。但是,几年来的实践,让我们看到的是一幅"风声大、雨点小""政府热、民间冷"的景象,不免让人感到忧虑万分。到目前为止,公私合作的法定形式有哪些(不同的政府部门之间仍然意见不一)?这种合作所遵循的基本原则与市场主体之间的共同投资经营有何不同?公私合作所签订的合同如何定性?发生争议后通过何种途径解决?当代主要国家能为我们提供哪些有益的制度经验?……对这些问题都还缺少明确的答案和清醒的认识。这也就无怪乎社会资本普遍都处于观望状态。本书的翻译出版将有助于我们深入了解国际组织以及当代主要国家既有的公私合作政策与法律规则,进而帮助我们深入探索有关公私合作的未知世界。

通过对本书所提供的有关国际组织和当代主要国家法律资料的分析,我认为公私合作建立的是一套完全不同于一般市场主体间投资经营的机制。一般市场主体间的投资经营建立的是一种共同投资、共担风险和共享利润的机制,而公私合作建立的则是一种合作的共同治理机制(合作共治)、合理的风险分担机制(风险配置)和倾斜的利益保障机制(利益保障)。在公私合作经营模式下,政府作为合作一方,多数情况下不投入资金,仅提供足够的政策支持;社会资本则会承担与其收益相匹配的市场风险;社会资本在帮助政府提供良好的公共服务的情况下,政府应该保证社会资本获得相应的利益。但从中国现有的政策及其解读来看,绝大多数都是在强调公私合作要"共担风险、共享利润",这是一种错误的导向。公共产品和服务的提供本应是政府的职责,现政府缺乏这方面的能力,需要动员社会力量来协助,那么,政府就应当为社会资本提供必要的政策支持和利益保障,否则社会资本就没有参与的积极性。公共产品的生产与公共服务的提供是不以营利为目的的,社会资本为何要与政府"共担风险"和"共享利润"呢?其道理显而易见。公私合作应当具备以下几个特点:真诚的国家鼓励、有效率的私人经营、适当的政府监管以及优质的公共服务。当代主要国家的公私合作立法表明,公私合作是一套独立于私人投资的法律运行机制,通过必要的激励机制,鼓励社会资本进入公共领域,再通过适当的政府监管,有效约束社会资本行为,从而达到提供优质公共服务的目标。

本书主要选取联合国国际贸易法委员会、OECD、欧盟等主要国际组织以及英国、法国、德国、日本、韩国等当代主要国家关于公私合作的基本法律和操作指引作了翻译,具体分工如下:

伍巧芳教授、博士:联合国国际贸易法委员会《私人融资基础设施项目立法指南》;

胡改蓉副教授、博士:OECD《关于私人部门参与基础设施建设的基本原则》;

翟巍博士:欧盟《供水、能源、交通、邮政采购指令》;

王东光副教授、博士:欧盟《关于特许经营权授予的指令》;

潘立春博士:英国《公私合作的新指引》;

姜影博士:法国《关于公共合同的法令》;

胡晓媛博士:德国《加速实施公私合作制及改善其法律框架条件法》;

于剑华讲师:日本《关于利用民间资金促进公共设施完善的法律》《关于利用民间资金促进公共设施完善的法律的施行规则》《关于PFI项目中风险分担等的指南》;

陈肖盈博士、陈美颖博士:日本《物有所值评价指南》;

陈美颖博士:日本《公共设施运营权及公共设施运营项目指南》;

陈肖盈博士:日本《监督指南》;

崔吉子教授、博士:韩国《基础设施民间投资法》

当代主要国家的公私合作法律法规似一个浩瀚的海洋,本书所选择的内容仅是沧海一粟。中国正在致力于"一带一路"战略的实施,除了结合中国实际去摸索和积累之外,还要不断学习别国的有益经验,因此,我们要进一步加强对国外相关资料的翻译介绍和研究分析。我们期望有更多的学者加入和更多的成果面世。

顾功耘
2017年3月26日

CONTENTS 目 录

联合国国际贸易法委员会
  私人融资基础设施项目立法指南   3

OECD
  关于私人部门参与基础设施建设的基本原则   159

欧盟
  供水、能源、交通、邮政采购指令   177
  关于特许经营权授予的指令   251

英国
  公私合作的新指引   305

法国
  关于公共合同的法令   373

德国
  加速实施公私合作制及改善其法律框架条件法   407

CONTENTS 目录

日本
关于利用民间资金促进公共设施完善的法律　　417
关于利用民间资金促进公共设施完善的法律
　的施行规则　　442
物有所值评价指南　　445
关于PFI项目中风险分担等的指南　　458
公共设施运营权及公共设施运营项目指南　　470
监督指南　　497

韩国
基础设施民间投资法　　521

联合国
国际贸易法委员会

私人融资基础设施项目立法指南[①]

联合国国际贸易法委员会拟订
纽约,2001年

立法建议汇编

序　　言

以下各页载列了一套建议性的立法原则(标题为"立法建议")。立法建议旨在协助建立一个有利于私人融资基础设施项目的立法框架。其后附有说明,对主题领域中提出的财务、管理、法律政策及其他问题作了分析性解释。望读者结合这些说明阅读立法建议,其中提供的背景资料有助于增进对立法建议的理解。

立法建议专门针对涉及私人融资基础设施项目的立法中值得注意的事项,而如其后附说明所指出的那样,并不涉及对私人融资基础设施项目也有影响的其他法律领域。此外,私人融资基础设施项目的成功实施,除了建立合适的法律框架以外,通常还需要辅以各种措施,诸如完善的行政架构和实践、组织能力、专业技术、适当的人力和财政资源以及经济稳定性。

对于希望促进私人融资基础设施项目的颁布国,建议通过法律实施以下原则:

一、立法和体制基本框架

宪法、立法和体制框架(见第一章"立法和体制基本框架",第 2—14 段)

建议 1. 关于实施私人融资基础设施项目的宪法、立法和体制框架,应该确保项目的透明度、公平性和长期可持续性。应该取消对私营部门参与基础设施建设的开发和运营的不合理限制。

[①] 下文简称《指南》。本译文部分参见联合国国际贸易法委员会网站,http://www.uncitral.org/pdf/chinese/texts/procurem/pfip/guide/pfip-c.pdf.

授予特许权的权利范围(见第一章"立法和体制基本框架",第 15—22 段)

建议 2. 法律应确定有权授予特许权和签订协议以实施私人融资基础设施项目的颁布国政府当局(视情况包括国家、省级和地方各级政府)。

建议 3. 私人融资基础设施项目可包括新基础设施和系统的建设和运营或现有基础设施和系统的维护、现代化、扩建和运营的特许权。

建议 4. 法律应确定可对哪些部门或哪类基础设施授予特许权。

建议 5. 法律应明确规定特许权在多大程度上可延伸至分属于各个订约当局管辖的整个区域,至其中一个地理分区或一个独立项目,并根据适用于有关行业部门的法律规定和原则、法定条文、条例和政策,规定可否酌情授予享有或不享有独家经营权的特许权。可联合若干授权订约当局授予超出单一管辖区的特许权。

行政协调(见第一章"立法和体制基本框架",第 23—29 段)

建议 6. 应建立制度机制对政府当局开展的活动进行协调。这些活动包括根据相关类型基础设施建设和运营的法规或管理条例颁发实施私人融资基础设施项目所需的批准书、执照、许可证或授权书。

基础设施服务的管理权(见第一章"立法和体制基本框架",第 30—53 段)

建议 7. 不应将监管基础设施服务的权利委托给直接或间接为基础设施提供服务的实体。

建议 8. 监管权限应委托给具有充分自主权的职能独立机构,以确保其决定是在没有基础设施运营商和公共服务提供商的政治干预或不适当的压力下作出的。

建议 9. 应公布监管程序规则。监管决策应说明所依据的理由,并应通过出版物或其他手段使有关当事方可以查阅。

建议 10. 法律应确立具有透明度的程序,使特许公司可据以要求独立、公正的机构对监管决策进行审查,包括法庭审查。法律还应列出据以进行这种审查的理由。

建议 11. 应酌情建立特殊程序,处理公共服务提供商之间涉及违反管理有关行业部门的法律和法规而发生的纠纷。

二、项目风险和政府支持

项目风险和风险分担(见第二章"项目风险和政府支持",第 8—29 段)

建议 12. 不应在法规或管理上对订约当局在适合项目需要的情况下商定风险分担方法的能力作出不必要限制。

政府支持(见第二章"项目风险和政府支持",第30—60段)

建议13. 法律应明确指出颁布国的哪些政府当局可为私人融资基础设施项目提供财政或经济上的支持,以及授权其提供哪种类型的支持。

三、特许公司的选定

总则(见第三章"特许公司的选定",第1—33段)

建议14. 法律应规定,须通过适合私人融资基础设施项目特定需求的高效、透明的竞争程序来选定特许公司。

投标人的预选(见第三章"特许公司的选定",第34—50段)

建议15. 投标人应证明他们达到订约授权当局提出的特定项目的预选标准,包括:

(a) 具备执行项目所有阶段,即设计、施工、运营和维护所必需的充分的专业和技术资格、人力资源、设备和其他有形设施;

(b) 具备管理项目财务方面的足够能力和维持设计、施工、运营等项目各阶段财务需要的能力;

(c) 具备适合的管理和组织能力、可靠性和经验,包括以往运营公共基础设施的经验。

建议16. 应允许投标人组成联营集团来提交投标书,但是,不管是直接参加还是通过子公司参加,预先选定的联营集团的每一个成员只能参加一个投标联营集团。

建议17. 订约当局应拟订预选选定的投标人的简短名单,其在预选阶段结束后将受邀提交投标书。

招标程序(见第三章"特许公司的选定",第51—84段)

招标的单阶段和两阶段程序

建议18. 预选程序结束后,订约当局应要求预选选定的投标人提交最终投标书。

建议19. 虽有上述规定,若订约当局因无法以足够详细和精确的方式确定项目技术规格或性能指标及合同条款而未批准最终投标书的制定,则订约当局可采用两阶段程序向预选选定的投标人招标。采用两阶段程序的,适用以下规定:

(a) 订约当局应首先要求预选选定的投标人提交与产品技术规格、项目的其他特点以及所提议的合同条款有关的投标书;

(b) 订约当局可召开投标人会议来澄清关于初始招标书的问题;

(c) 经过对所收到的投标书进行研究,订约当局在发布最终招标书之前可审查并酌情修订初始项目技术规格与合同条款。

最终招标书的内容

建议20. 最终招标书应当至少包括以下材料:

(a) 投标人为编写和提交投标书可能需要的一般信息;

(b) 适当的项目技术规格和性能指标,包括订约当局对安全与防护标准和环境保护的要求;

(c) 订约当局提议的合同条款;

(d) 评价投标书的标准,对每项这类标准所给予的相对加权,以及在评价投标书时采用这些标准的方式。

澄清和修改

建议21. 订约当局可以选择主动或者应投标者的澄清要求,通过在投标书提交截止日期之前的合理时间内发布补充意见对最终招标书作出修改。

评价标准

建议22. 评价和比较技术投标书的标准应考虑投标人提交的投标书是否能有效满足订约当局的需求,包括:

(a) 技术可靠性;

(b) 运营可行性;

(c) 服务质量和确保服务连续性的措施;

(d) 投标书提供的社会和经济发展的潜力。

建议23. 评价和比较财务及商业投标书的标准可酌情包括:

(a) 特许期内的拟议通行费、服务费、单价及其他收费的现值;

(b) 拟由订约当局直接支付的任何可能款项的现值;

(c) 设计和建造活动的费用、每年运营和维护费用、资本费用和运营及维护费用的现值;

(d) 预计由政府提供的任何财政资助的力度;

(e) 拟议财务安排的健全性;

(f) 拟议合同条款的可接受程度。

递标、开标、比标和评标

建议24. 订约当局可根据招标书中所制定的标准,在投标书中所体现的质量、技术、财务和商业方面设立最低要求。未达到最低限度的投标书应当视为不符合要求。

建议25. 不论经过预选过程与否,订约当局都可保留权利,要求投标人根据招标书或预选文件中制定的标准和程序再次证明其资格。经过预选过程的,其标准应与预选程序中所采用的相同。

最后谈判和授标

建议 26. 订约当局应当根据招标书中制定的评估标准排列所有符合要求的投标书的名次,并邀请名列榜首的投标人进行项目合同的最后谈判。最后谈判不得涉及最后招标书中指明的不可谈判的任何条款。

建议 27. 若订约当局认为与被邀请投标人的谈判显然不会达成项目合同,订约当局应通知该投标人终止谈判,其后按照排名先后邀请其他投标人进行谈判,直至达成项目合同或者否决所有其余投标书。

不经竞争程序授予特许权(见第三章"特许公司的选定",第 85—96 段)

建议 28. 法律应规定在特殊情况下,订约当局有权不使用竞争程序授予特许权,如:

(a) 迫切需要确保连续提供服务,而竞争性筛选程序将是不切实际的;

(b) 项目期限短,且预期初始投资额不超过所规定的最低金额;

(c) 出于国防或国家安全的原因;

(d) 只有一个来源能提供所需服务(如因为它需要利用专利技术或独特的专业知识);

(e) 属于立法建议第 34 条和第 35 条中提及的非邀约投标书;

(f) 发出参加预选程序邀请书或招标书后,未收到申请或投标书,或所有投标书均未达到招标书中规定的评价标准,而且在订约当局看来,即使发出新的招标书也不可能达成授予项目的结果;

(g) 由于令人信服的公共利益的原因而由政府当局授权作为例外的其他情形。

建议 29. 法律规定,未经竞争程序而授予特许权的,应遵守以下程序:

(a) 订约当局应当公布通知,表示其打算就拟建项目的实施授予特许权,还应视情况许可,让尽可能多的被判定有能力执行项目的公司参与谈判。

(b) 应当根据订约当局确立的评估标准来评标并排列标书名次。

(c) 除了在立法建议第 28 条(c)项中提到的情况下,订约当局应安排发布特许权授予通知,披露不经竞争程序授予特许权的具体情况和原因。

非邀约投标书(见第三章"特许公司的选定",第 97—117 段)

建议 30. 作为立法建议第 14—27 条规定的筛选程序的例外,订约当局有权依照处理非邀约投标书的法律所制定的具体程序处理非邀约投标书,但此类投标书不涉及预约当局业已对其启动或宣布筛选程序的项目。

确定非邀约投标书可采性的程序

建议 31. 在收到并初步审查非邀约投标书后,订约当局应迅速通知投标人该项目是否被认为可能符合公共利益。如果认为该项目符合公共利益,订约当局应邀请投标人提交一份正式、具体的投标书,以便使订约当局正确评估项目的概念或技术,并确定项目是否符合法律规定的条件以及项目能否按照所拟议的规模得以顺利实施。

建议32. 投标人应当保留对整个程序期间提交的所有文件的所有权,如果订约当局否决投标书,这些文件则应当退还投标人。

处理不涉及专属权概念或专属权技术的非邀约投标书的程序

建议33. 如果订约当局认为不利用非邀约投标书制作者拥有专属权的工艺、设计、方法或工程概念也可达到项目的预期产出,或者所提出的概念或技术并非真正独特或新颖,订约当局应依据上述立法建议第14—27条启动筛选程序。订约当局应邀请非邀约投标书制作者参加筛选程序,并可对其提交投标书给予奖励。

处理涉及专属权概念或专属权技术的非邀约投标书的程序

建议34. 如果看似不利用非邀约投标书制作者拥有专属权的工艺、设计、方法或工程概念就无法达到项目的预期产出,则订约当局应设法获得非邀约投标书的比较要素。为此,订约当局应公布关于该投标书主要产出要素的说明,并邀请其他有兴趣的当事方在一定合理期限内提交备选或类似的投标书。

建议35. 如果未收到备选投标书,订约当局可与非邀约投标书制作者(即原始投标人)进行谈判,但须经上一级当局的批准。如果收到备选投标书,订约当局则应当根据立法建议第29(a)—(c)项的规定,邀请所有投标人参加谈判。

保密(见第三章"特许公司的选定",第118段)

建议36. 订约当局与投标人之间的谈判应当保密,谈判一方未经另一方同意,不得向任何其他人披露与谈判有关的任何技术、价格或其他商业资料。

项目授予的通告(见第三章"特许公司的选定",第119段)

建议37. 订约当局应安排公布项目授予通告。通告中应列明特许公司的名称,并应摘要介绍项目协议的基本条款。

筛选和授标程序的记录(见第三章"特许公司的选定",第120—126段)

建议38. 订约当局应保存与筛选和授标程序有关的主要资料的适当记录。法律应对公众知情权作出规定。

审查程序(见第三章"特许公司的选定",第127—131段)

建议39. 投标人声称因订约当局违反了法律对订约当局所规定的责任而致使投标人遭受或可能遭受损失或伤害的,可以要求根据颁布国的法律审查订约当局的行为。

四、基础设施的建造和运营:立法框架和项目协议

项目协议的一般性规定(见第四章"基础设施的建造和运营:立法框架和项目协议",第1—11段)

建议40. 法律可确定拟在项目协议中规定的核心条款,其中可包括立法建议第41—68条所述的条款。

建议41. 除非另有规定,项目协议由颁布国法律管辖。

特许公司的组建(见第四章"基础设施的建造和运营:立法框架和项目协议",第12—18段)

建议42. 订约当局应有权要求中标人在订约当局颁布国组建一个独立的法律实体。

建议43. 项目协议应明确规定特许公司的最低限度资本、获得订约当局批准的特许公司章程、附则及其重大更改的程序。

项目场地、资产和地役权(见第四章"基础设施的建造和运营:立法框架和项目协议",第19—32段)

建议44. 项目协议应当酌情指明哪些资产为公共财产,哪些资产为特许公司私有财产。项目协议应列明哪些资产在项目协议期满或终止时需由特许公司移交给订约当局或新的特许公司,哪些资产可由订约当局选择从特许公司购买,哪些资产在项目协议期满或终止时可由特许公司自由转移或任意处置。

建议45. 订约当局应当协助特许公司获得为运营、建造以及维护设施所需项目场地的相关权利。法律可视建造、运营和维护设施的需要授权特许公司进入或穿过第三方的地产或在第三方的地产上施工或安设装置。

财务安排(见第四章"基础设施的建造和运营:立法框架和项目协议",第33—51段)

建议46. 依据法律,特许公司应当有权对利用其提供的设施或服务收取服务费或使用费。项目协议应当就这些服务费或使用费的调整方法及公式作出规定。

建议47. 若特许公司收取的服务费或使用费受到监管机构的外部控制,则法律应当制定各种机制以对服务费调整公式作出定期、特别的修订。

建议48. 订约当局应当有权酌情同意向特许公司直接付款,以替代或补充应由用户支付的服务费,或酌情同意承担购买定量货物或服务的义务。

物权担保(见第四章"基础设施的建造和运营：立法框架和项目协议",第52—61段)

建议49. 在不违反任何可能禁止以公共财产建立物权担保之法律规定的情况下,特许公司应当负责筹集建造及运营基础设施所需要的资金,为此,特许公司应当有权以其任何财产的物权担保、特许公司的股份质押、特许权产生的收益和应收款质押或以其他合适的担保为项目所需的任何融资设立担保权益。

特许权的转让(见第四章"基础设施的建造和运营：立法框架和项目协议",第62—63段)

建议50. 未经订约当局同意,不得向第三方转让特许权。项目协议应当规定订约当局可同意特许权转让的种种条件,其中包括新的特许公司接受项目协议规定的所有义务和证明新的特许公司具备提供服务所需要的技术能力和财力。

特许公司控股权的转让(见第四章"基础设施的建造和运营：立法框架和项目协议",第64—68段)

建议51. 除项目协议另有规定外,未经订约当局的同意,特许公司的控股权不得转让。

建筑工程(见第四章"基础设施的建造和运营：立法框架和项目协议",第69—79段)

建议52. 项目协议应当规定订约当局审批施工计划和施工规范的程序、订约当局监督建造或改进基础设施的权利、订约当局可下令更改施工规范所依据的条件,并规定测试和竣工检查、通过及验收设施(包括其设备和配件)的程序。

基础设施的运营(见第四章"基础设施的建造和运营：立法框架和项目协议",第80—97段)

建议53. 项目协议应当酌情规定特许公司履行义务的限度,以确保：
(a) 调整服务使之满足服务的实际需求；
(b) 服务的连续性；
(c) 以基本相同的条件为所有用户提供服务；
(d) 一视同仁地酌情为其他服务提供商利用特许公司运营的任何公共基础设施网络提供机会。

建议54. 项目协议应当规定：
(a) 特许公司酌情向订约当局或监管机构提供其运营情况的报告及其他资料的义务履行限度；
(b) 特许公司运行情况的监管程序和订约当局或监管机构认为可适当采取合

理行动,以确保依据适用法律和合同要求妥善经营基础设施并提供各项服务的程序。

建议 55. 特许公司应有权经订约当局或监管机构批准后颁布和执行设施的使用规则。

一般性合同安排(见第四章"基础设施的建造和运营:立法框架和项目协议",第 98—150 段)

建议 56. 订约当局可保留审批特许公司拟签订的重大合同(特别是与特许公司自己的股东或关联人员签订的合同)的权利。在正常情况下,订约当局应当对上述合同给予批准,除非合同中载有不符合项目协议的条款,或明显违背公共利益或公法性质的强制性规则。

建议 57. 特许公司及其贷款人、保险人和其他订约伙伴应可自由选择适用的法律来管理其合同关系,除非这样的选择将违反颁布国的公共政策。

建议 58. 项目协议应规定:

(a) 特许公司可能需要提供的与设施建造和运营有关的履约保证金的形式、期限和数额;

(b) 特许公司可能需要维护的保单;

(c) 对于因法规或条例发生变化或经济或金融状况发生变化致使特许公司履行项目协议的费用比原先设想的履约费用显著增加的情形,特许公司有权为此获得补偿。项目协议应当进一步规定发生此种变化后修订项目协议条款的机制。

(d) 因超出双方当事人合理控制范围的情形导致未能履行或延迟履行项目协议规定的任何义务,可免除当事人赔偿责任的程度;

(e) 订约当局和特许公司在对方违约的情况下可采用的补救方法。

建议 59. 项目协议应当载明在哪些情形下,如果特许公司严重失职,未能履行其义务,订约当局有权暂时接管设施的运营,以便确保有效和不间断地提供服务。

建议 60. 在特许公司提供所需服务方面严重违约,或发生其他规定的事件因而有正当理由终止项目协议时,应当授权订约当局与出资实体签订协议,经订约当局同意后,指定一个新的特许公司根据现有项目协议履约。

五、项目协议的期限、展期和终止

项目协议的期限和展期(见第五章"项目协议的期限、展期和终止",第 2—8 段)

建议 61. 特许权的期限应当在项目协议中载明。

建议 62. 除法律规定的下列情形外,订约当局不应展延特许权期限:

(a) 因超出双方当事人合理控制范围的情形而造成竣工延期或运营中断;

(b) 因订约当局或其他公共当局的行为造成项目中止；

(c) 订约当局提出项目协议中原先未预见到的要求后致使费用增加,而不展延期限特许公司将无法收回这些费用。

项目协议的终止(见第五章"项目协议的期限、展期和终止",第9—35段)

由订约当局提出终止项目协议

建议63. 在下列情形下,订约当局有权终止项目协议：

(a) 出现破产、严重违约或其他情形,因而不能再合理预期特许公司仍将能够或愿意履行其义务；

(b) 出于公共利益考虑,但须向特许公司支付补偿。

由特许公司提出终止项目协议

建议64. 除法律规定的下列情形外,特许公司不得终止项目协议：

(a) 订约当局或其他公共当局严重违反项目协议对其规定的义务；

(b) 由于订约当局的指令改变或其他行为和其他公共当局在条件或行为上不可预见的变化,致使特许公司履行特许合同权的费用显著增加,且各方当事人未能就项目协议的适当修订达成一致意见。

由任何一方当事人提出终止项目协议

建议65. 任何一方当事人均应有权在超出其合理控制范围的情形使其无法履行义务时终止项目协议。各方当事人还应有权经双方同意后终止项目协议。

项目协议期满或终止的安排(见第五章"项目协议的期限、展期和终止",第36—62段)

向订约当局或新的特许公司移交资产

建议66. 项目协议应当酌情就下列方面作出规定：项目协议期满或终止时,资产移交给订约当局或新的特许公司或由订约当局收购,原特许公司有权获得的补偿。

特许权终止时的财务安排

建议67. 项目协议应当就项目协议终止时如何计算对各方当事人的补偿作出规定,酌情规定对按项目协议完成的工程的公允价值以及包括利润损失在内的各种损失的补偿金额。

停业和移交措施

建议68. 项目协议应酌情就各方当事人在下列方面的权利和义务作出规定：

(a) 设施运营所需技术的转让；

(b) 对订约当局人员或接任特许公司进行的设施运营和维护方面的培训；

(c) 在设施移交给订约当局或接任特许公司之后的一段合理时间内,由特许公司提供的运营和维修服务,并在需要时提供备用零件。

六、纠纷的解决

订约当局与特许公司之间的纠纷(见第六章"纠纷的解决",第 3—41 段)

建议 69. 订约当局应可自由接受各方当事人认为最适合项目需要的纠纷解决机制。

项目发起人之间以及特许公司与其贷款人、承包商及供应商之间的纠纷(见第六章"纠纷的解决",第 42 段)

建议 70. 特许公司和项目发起人应可自由选择适当的机制来解决项目发起人之间的商业纠纷或特许公司与其贷款人、承包商、供应商及其他商业伙伴之间的商业纠纷。

涉及客户或基础设施用户的纠纷(见第六章"纠纷的解决",第 43—45 段)

建议 71. 可要求特许公司制定简易、高效的机制处理其客户或基础设施用户提出的申诉。

导言和私人融资基础设施项目的背景资料[①]

A. 导　言

1. 公共部门和私营部门对于基础设施发展所起的作用在历史上发生了巨大的变化。19世纪推出了诸如煤气街灯照明、电力分配、电话电报、蒸汽火车和有轨电车等公共事业,在许多国家,公共事业都是由私营公司获得政府的许可或特许权之后提供的。当时建造了许多私人筹资的道路或运河项目,国际项目融资获得迅速发展,包括发行国际性债券,用以筹集铁路或其他主要基础设施的资金。

2. 然而,在20世纪大部分时间里,由公共部门提供基础设施及其他服务反而成了国际趋势。基础设施运营企业通常被收归国有,兼并和收购减少了竞争。世界经济的开放程度在此期间逐渐减弱。仅在相对少数国家实行私人运营基础设施部门,往往鲜有竞争,甚至毫无竞争可言。许多国家的宪法规定公共部门享有兴办基础设施事业的优先权。

3. 当前针对私营部门参与基础设施领域并相互竞争的反向趋势始于80年代初期,推动这种趋势的既有一般性因素,也有一些国家特定因素。一般性因素包括重大的技术革新;债务累累和预算严重拮据限制了公共部门满足日益增长的基础设施需求的能力;国际和当地资本市场的拓展随之改善了获取私人资本的条件;在私人参与和竞争的基础设施领域出现了越来越多的国际成功案例。许多国家颁布了新的法规,不仅规范此类交易,而且调整市场结构并修订规范这些交易部门的竞争规则。

4. 本指南的目的在于协助建立一个有利于私人投资基础设施的立法框架。《指南》中提出的咨询意见旨在平衡两个方面:一方面需要方便和鼓励私人参与投资基础设施项目,另一方面也要顾及颁布国的各种公共利益。《指南》讨论了若干有关基本公共利益的问题,这些问题为大多数法律制度所重视,尽管在政策和立法处理上存在很大差别。涉及公共利益的问题包括以下事项:提供公共服务的持续性;遵守颁布国制定的环境保护、卫生、安全和质量标准;对公众收费的价格公道性;对顾客或用户的一视同仁待遇;充分披露关于基础设施运营情况的信息;适应条件变化的必要灵活性,包括扩展服务以满足更多需求。相反,涉及私营部门的根本利益则

[①] 本章B节为从立法角度考查《指南》以下各章所涉及事项的一般背景资料。如需更多资料,建议读者查阅其他国际组织的出版物,如联合国工业发展组织编写的《通过建设—运营—移交(BOT)项目发展基础设施的准则》(工发组织出版物,出售品编号:UNIDO.95.6.E)、世界银行出版的《1994年世界发展报告:促进发展的基础设施》(纽约,牛津大学出版社,1994年)和《1996年世界发展报告:从计划到市场》(纽约,牛津大学出版社,1996年),或国际金融公司出版的《私人基础设施的融资》(华盛顿特区,1996年)。

通常包括以下问题：颁布国法律和经济环境的稳定性；法律规章的透明度及其实施上的可预见性和公正性；产权不受第三方侵犯的强制性；颁布国尊重且不干涉私人财产的保证，违背公共利益且给予补偿的情况除外；各方当事人协商商业条款的自由，以确保私人投资者承担的风险与投资资本的合理回报相当。本指南对这些关注的问题并不提供单独的一套示范解决办法，而是帮助读者权衡评价现有的各种不同做法，从中选出最适合本国或当地的办法。

（一）《指南》的编排和范围

5. 《指南》载有一套题为"立法建议"的建议立法原则。立法建议旨在协助建立一个有利于私人融资基础设施项目的立法框架。立法建议之后是说明部分，结合主题领域内提出的财政、管理、法律、政策和其他问题进行分析介绍。在阅读立法建议时，似宜参阅说明部分，其中提供了背景资料，以加强对立法建议的理解。

6. 立法建议涉及在专门关于私人融资基础设施项目的立法中应予阐明的事项，但正如立法建议的说明中所指出的，并不讨论对私人融资基础设施项目也有影响的其他法律领域。另外，私人融资基础设施项目的成功实施除需建立一个适当的立法框架外，一般还要求有各种措施，如充分的行政结构和办事程序、组织能力、技术专业知识、适当的人力和财力资源以及经济稳定性等。虽然这些事项中有些已在说明部分内提及，但立法建议中并未涉及。

7. 本指南旨在供国家当局和立法机构在拟定新法律或审查现有法规是否适当时作为一份参考材料使用。为此目的，《指南》帮助查明一些对于私人资本投资于公共基础设施项目通常最为相关的法律领域，所论及的法律内容将有益于吸引本国和外国的私人资本。《指南》并不旨在讨论如何起草私人融资基础设施项目的实施协议，但《指南》讨论了一些与似宜在立法中论及的事项有关的合同问题（例如，在第四章"基础设施的建造和运营：立法框架和项目协议"和第五章"项目协议的期限、展期和终止"）。

8. 本指南特别注重于这样一些基础设施项目，它涉及由选定的投资者承担义务，进行实际建造、修理或扩建工程，以换取因为该基础设施的使用或其所产生的服务而向公众或向某一公共当局收取价格的权利。虽然此种项目有时与涉及政府功能或财产的"私有化"的其他交易合在一个类别，但是，本指南并不关注与公共基础设施的发展和运营并无关系的那种"私有化"交易。此外，本指南也不涉及开发自然资源的那些项目，如根据东道国公共当局发给的某种"特许""许可证"或"许可权"进行采矿、石油或天然气开发的项目。

（二）《指南》中使用的术语

9. 以下各段阐述本指南中经常出现的某些词语的含义和用法。至于下面并未列举的术语，如金融和商业管理著作中使用的一些行业术语，请读者另外参考与此相关的其他资料来源,如由联合国工业发展组织(工发组织)编写的《通过建设—运营—移交(BOT)项目发展基础设施的准则》(以下简称《工发组织 BOT 准则》)。①

(A)"公共基础设施"和"公共服务"

10.《指南》中的用语"公共基础设施",系指向广大公众提供基本服务的有形设施。这种意义上的公共基础设施,可在各个部门找到实例,并可包括各种类别的设施、设备或系统:发电厂和配电网络(电力部门);本地和长途电话通信系统和数据传输网络(电信部门);脱盐工厂、废水处理厂、供水设施(水部门);废弃物收集及处理设施和设备(环卫部门);以及用于公共运输的有形设施和系统,如市区和城市间铁路、地下铁路、公共汽车路线、公路、桥梁、隧道、港口、航空线和机场(交通部门)。

11. 公共所有和私人所有基础设施之间的界线须由每个国家作为公共政策事项予以划定。有些国家的飞机场是政府所有,有些国家的机场则是私人所有,但受到法规的管束,或受到与公共主管当局订立的协议的条款管束。医院和医疗设施,以及监狱和劳教设施,视某一国家的选择而定,可以由公共掌握,也可为私人控制。电力和电信设施往往但并非一定属于公共部门。对于某一国家内应如何划定此种界线,本指南不表示任何看法。

12. "公共基础设施"和"公共服务"这两个概念在一些国家的法律传统中均已确立无疑,有时由某一专门的法律来管辖,此种法律一般称作"行政法"(见第七章"其他有关的法律领域",第24—27段)。然而,在有些国家,除了这方面有特别管理条例之外,公共服务被视为与其他类型的商业一样,并无内在的实质差异。对本指南所使用的"公共服务"和"公共服务提供商"这两个词语,不应从任何特定的法律制度赋予其专门含义去理解。

(B)"特许权""项目协议"及有关词语

13. 在许多国家,公共服务由政府垄断,或必须接受特别管控。凡属这种情况,如由公共当局以外的某一实体提供某种公共服务,通常都需得到由政府主管机构授予的某种授权文书。对于根据国家法律作出的此种授权,人们有多种叫法,而在某些法律制度下,各种不同的词语有可能用以指不同类别的授权。常用的词语如"特许权""专营权""许可证"或"租赁"("承租")。某些法律制度,尤其是属于大陆法传统的法律制度,均以定义明确的法律概念,如"公共工程特许权"或"公共服务特许权"来指称某些形式的基础设施项目。如同《指南》中的用法一样,对"特许权"一词,不应从任何特定法系或国内法所赋予其的专门含义去理解。

14. 本指南中使用的"项目协议"一词,系指某一公共当局和所选定的一个或多个实体之间为实施项目而签订的协议,此种协议规定了对有关基础设施进行建设或现代化更新、运营和维护的条款和条件。有些法律制度使用其他词语来指称此种协

---

① 工发组织出版物,出售品编号:UNIDO.95.6.E。

议,如"特许协议"或"特许合同",但本指南中并不使用这种叫法。

15. 本指南有时使用"特许公司"一词来泛指按照东道国公共当局颁发的特许权实施基础设施项目的实体。本指南有时使用"项目公司"一词特指为实施某一特定项目而建立的独立法人实体。

(C) 关于国家当局的提法

16. 本指南中使用的"政府"一词包括东道国在国家、省或地方级别负责行政或决策职能的各个公共当局。"公共当局"一词特别指政府行政部门中的实体或与之相关的实体。"立法机构"和"立法者"二词特指东道国行使立法职能的机关。

17. "订约当局"一词在《指南》中一般用于指东道国对项目负全面责任并以其名义授予项目的公共当局。此种当局可以是国家当局、省当局或地方当局(见下文第69和70段)。

18. "管理机构"一词在《指南》中用来指被授权发布和实行基础设施运营指导规则和条例的公共当局。可以通过颁布特定法规来设立管理机构,专门用以管理某一特定的基础设施部门。

(D) "建设—运营—移交"及有关词语

19. 在本指南中称作"私人融资基础设施项目"的各种项目有时又按私人参与的不同方式或按有关基础设施的所有权而划分为几大类,现介绍如下:

(a) "建设—运营—移交"(BOT)。如果订约当局选择一个特许公司来筹资和建设一个基础设施或系统并给予该实体在一定时期内对其进行商业运营的权利,在一段时期终了时将该设施再移交给订约当局,那么,此种基础设施项目就称为"BOT项目"。

(b) "建设—移交—运营"(BTO)。有时使用这一词语是强调该基础设施在其完工时立即成为订约当局的财产,而特许公司则被授予在一段时期内运营该设施的权利。

(c) "建设—租借—运营—移交"(BROT)或"建设—租赁—运营—移交"(BLOT)。均为BOT或BTO项目的变异,其特点是,除BOT项目通常具有的义务和其他条件外,特许公司在协议期限内租用设施所在地点的有形资产。

(d) "建设—拥有—运营—移交"(BOOT)。它是指这样一种项目:某一特许公司承担某一基础设施的筹资、建造、运营和维修,为此而取得向该设施的使用者收取费用及其他附加费用的权利。在此种安排下,私人实体在将设施移交给订约当局之前,一直拥有该设施及其资产。

(e) "建设—拥有—运营"(BOO)。这一词语所指的项目是,特许公司永久拥有该设施,并无义务将之交回订约当局。

20. 除以不同的缩略语来表示特定的所有权制度之外,还有另一些缩略语用以强调特许公司承担的某一项或几项义务。在有些项目中,只是把现有的基础设施交给私人实体,由其永久承揽或在一段时期内承揽对设施的现代化更新或改建、运营和维修。根据私人部门是否拥有此种基础设施,这些安排或者叫作"改建—运营—移交"(ROT)或"更新—运营—移交"(MOT)(前一种情况);或称"改建—拥有—运营"(ROO)或"更新—拥有—运营"(MOO)(后一种情况)。有时又有"设计—建设—融资—运营"(DBFO)的叫法,用以强调特许公司另外负有设计该设施并为其建造而筹措资金的责任。

B. 私人融资基础设施项目的背景资料

21. 近年来,有些国家通过私人投资建立了新的基础设施,在其中的大多数国家,私人融资基础设施项目是满足本国基础设施需求的重要手段。国家政策的基本内容包括对每一个基础设施部门所要达到的竞争水平,如何筹划该部门的结构及采用何种机制来确保基础设施市场的妥善运行。在促进基础设施私人投资的国家政策之外,还采取措施在公共服务提供商之间引入竞争,或者在竞争制度不可行的情况下,防止滥用垄断地位。

22. 在拟定促进私人部门投资开发和运营公共基础设施的方案时,一些国家发现有必要重新审视原先据以建立的由公共部门垄断企业的那些条件,包括促使建立此种垄断的历史和政治状况,目的是:

(a) 查明仍然保持着自然垄断特征的那些活动;

(b) 评估在某些基础设施部门实行竞争的可行性和可取性。

(一) 私人投资和基础设施政策

23. 实施政府政策以促进各个基础设施部门开展竞争可能需要的措施主要取决于现存的市场结构。表现某一特定市场结构特色的主要因素包括经济、法律、技术或其他性质的竞争者进入壁垒的障碍,纵向或横向一体化程度,市场经营企业的数量,以及替代产品或服务的可行性。

(A) 竞争政策和垄断

24. "垄断"一词的严格含义是指只有一家供应商的市场。然而,纯粹的垄断和完全自由的竞争犹如光谱的两端。多数商品市场或服务市场都具有在这两个极端之间一定程度的竞争特点。一般来说,垄断又可分为三类:自然垄断、法定垄断和事实上的垄断。每一种垄断都需要有不同的政策办法。

(a) 自然垄断。这些经济活动是指由单独一家公司来供应整个市场,其成本比两家或多家公司共同供应更低。这种情况一般见于需要大量投资和较高固定成本,但随着需求的增大,每增产一个服务单位(如增产一个立方米的水)即可递减生产成本的经济活动。自然垄断往往要求公司具有大量的前期固定投资,这使得缺乏相当规模经济的新公司难以挤进市场并和现有公司打价格战。

(b) 法定垄断。法定垄断是指依法确立,可能涉及自然垄断或非自然垄断的部门或活动。在后一种类别中,垄断的存在仅仅是因为竞争受到禁止。许多国家之所以建立起法定垄断,往往出于这样一种考虑:无论是在质量还是数量方面,自由市场都无法充分满足自由市场对基础设施的需求。

(c) 事实上的垄断。这些垄断未必为经济基本面或法律规定所确立,而是缺乏竞争,原因在于,例如,基础设施公司的综合性质及其排斥其他供应商以控制必要设施的能力。

25. 尽管在某种情况下垄断具有正当的法律、政治或社会理由,但它们可能会产生负面经济影响。在垄断条件下运营的服务提供商通常能够使其定价高于在竞争条件下的要价。不充分竞争带来的剩余利润意味着财富从消费者手中转至生产者手中。人们还发现,垄断状况会给经济造成财富的净损失,这是由于人为的低生产率造成了价格上涨、革新速度下降以及未尽全力降低生产成本所造成的。同时,尤其是基础设施部门,有可能对其他市场产生次生效应(例如,电信部门缺乏竞争和效率,其抬高成本的做法必然对全盘经济产生负面影响)。

26. 尽管对经济具有负面影响,但在无自然垄断的情况下,垄断和对竞争的其他监管壁垒有时仍然得以保留。保留垄断的原因之一是,它们可用来达到某些政策目的,例如,确保在某些区域提供服务,或以低价甚至低于成本价向某些类别的消费者提供服务。价格可能无法覆盖成本的服务包括如救生电话、水务或电力服务、对某些类别旅行者(如学生或老年人)的交通费折扣,以及对低收入或农村用户的其他服务。垄断性的服务提供商可以通过内部的"交叉补贴",将在其他地区或对其他类别消费者提供服务所获得的赢利用以补贴提供此种服务的损失。

27. 在无自然垄断条件下有时仍然保留法定垄断的另一个原因是,使该部门对于私人投资者更具有吸引力。私人运营者坚持得到提供某一服务的专营权,目的是减少其投资的商业风险。然而,该目标必须与消费者利益和整体经济利益保持平衡。对于那些认为授予专营权是激励私人投资的必要手段的国家而言,限制竞争,即使只是暂时举措,亦可能是明智之举(见第一章"立法和体制基本框架",第20—22段)。

(B) 不同部门的竞争范围

28. 直到最近,垄断状况仍普遍存在于多数基础设施部门,不是因为该部门属于自然垄断,就是因为监管壁垒或其他因素(如公共服务提供商的纵向一体化结构)妨碍了有效的竞争。然而,飞速的技术进步扩大了基础设施各部门的潜在竞争范围,现就此简述如下:

(a) 电信部门。新的无线技术不但使移动式电信服务成为可能,而且使其与定点的(有线)服务的竞争愈演愈烈。光纤网络、电缆电视网络、电力线路上的数据传输、全球卫星系统、日益增强的计算能力、改进的数据压缩技术、通信与广播及数据处理的三位一体等其他科技,愈发有助于摧垮传统的垄断和服务提供方式。由于这些方面及其他方面的变革,电信服务已变成竞争性部门,各国纷纷开放这一部门,允许自由入市,而只有那些需要使用稀缺公共资源(如无线电频率)的服务才受到限制。

(b) 能源部门。在这一部门,组合循环式燃气涡轮机和实现小规模高效发电的其他技术以及发电设备生产中的标准化,使一些国家得以改变国内电力市场的垄断局面和纵向一体化结构。日益增强的计算能力和改进的数据处理软件使之更容易进行跨网送电,并组建联合电网及其他机械装置以进入电力网络和供电市场。

(c) 运输部门。在许多情况下,技术也是运输部门不断变革之源:集装箱的采用和其他技术革新,如可在全球跟踪货船运输的卫星通信,在促进多式联运发展的同时,还给航运、港口管理以及铁路和卡车运输产生了深远的影响。

29. 这些技术革新促使一系列国家的立法机构通过颁布立法将竞争扩大至基础设施部门,该立法旨在消除垄断和其他入市壁垒,改革基础设施各部门的组建方式,并建立起推动有效竞争的监管框架。至于竞争能达到何种程度则取决于所涉部门、市场规模和其他因素。

(二) 基础设施部门的结构调整

30. 在许多国家,私人参与基础设施的开发是随着基础设施部门结构调整的措施颁布而出现的。立法行动通常以废除禁止私人参与基础设施的规定和消除所有其他针对无法以公共利益为由的合理竞争的法律障碍为开端。但是,应当指出的是,某一特定部门可在多大程度上开放竞争是根据一个国家总的经济政策作出的决定。有些国家,特别是发展中国家,也许从其正当的利益出发,需要促进发展本国工业的某些部门,因而有可能选择某些基础设施部门不开放竞争。

31. 对于由法律禁止而非经济或科技条件造成的垄断状态,主要立法活动则需引进竞争以消除现有的法律障碍,同时还应制定出一套竞争规则(例如,禁止互相串通,禁止卡特尔、掠夺性定价和其他不公平的贸易手段)加以管理监督(见第一章"立法和体制基本框架",第 30—53 段)。然而,对于某些活动而言,要想实现有效的竞争,也许不仅应取消法律障碍,还应采取立法措施来改变有关部门的结构。有些国家暂时保持着垄断,仅仅是作为促进从垄断性结构迈向竞争性市场结构的过渡期,以利于向渐进式的、有条不紊的和较易为社会接受的方向过渡。

(A) 基础设施部门的分拆

32. 从某些国家的经验发现,有些纵向或横向整合的基础设施企业也能妨碍有效的竞争。综合企业会力图将其在某一市场或某一部分市场中的垄断实力扩大到其他市场或市场的其他部分,以期在这些活动中同样地攫取垄断租金。因此,一些国家发现有必要把某一基础设施部门中的垄断性成分(如许多网络中的专用网)同竞争性成分分割开来。大体上说,基础设施的服务趋向于竞争性质,而所依据的有形基础设施常常具有垄断特征。

33. 如把竞争性活动与垄断性活动分开,反过来也需要分拆纵向或横向的整合活动。纵向分拆的实现是把上游活动与下游活动完全分开,如把电力部门的生产、输送、分配和供应活动各自分开。目标通常是把关键的网络部分或基本的设施同该行业的竞争性部分分割开来。横向分拆的实现是把一个垄断性质的公共服务企业的一种或多种并行活动分给单独的若干公司经营,这些公司可以是在同一市场内直接相互竞争(如同电力生产中逐渐出现的情况),也可以是在一个较小地域内保持垄断(如同电力分配这种情况)。横向分拆既指某一种活动或某一部分市场分割(如电力部门),也指在一个或多个市场提供的替代产品或替代服务(如手提电话服务从有线电话的市场中分离出来)。

34. 然而,有必要仔细考虑这种变革的成本和收益。成本包括变革本身所涉的费用(如交易和过渡费用,包括新制度的实行使有些公司因失去利益或受保护地位而遭受的损失)和实施新制度所产生的费用,特别是协调如较复杂的网络规划、技术上的标准化和进一步管理而引起的更高的协调费用。收益则包括新的投资、更好或更新的服务,以及更多的选择和更低的经济成本。

(B) 主要基础设施部门中的新经验

(i) 电信

35. 电信部门的分拆至今尚不多见。在有些国家,长途和国际电信服务已经同本地服务分开,前者引进了竞争,后者基本上仍属垄断性质。其中有的国家,这一趋势正在被扭转,本地电话公司可提供长途服务,长途公司也可提供本地服务,都处于一种竞争状态。一些国家对电信部门普遍制定了强制性的开放市场规则,在那些国家中,历来提供此种公共服务的企业与其他公司一起竞争,但同时仍控制着电信网络的基本部分。

(ii) 电力

36. 一些国家新颁布的电力法规要求分拆电力部门,把电力生产、传输和分配分开。有些情况下会进一步分拆供应与分配,以便仅仅保留垄断状况下的垄断活动(如输送公众使用的电力)。在这些国家,电力传输和配给公司并不买电或卖电,而只是按规定的收费负责输送电力。电力的交易发生在生产商或经纪人与使用者之间。一些相关国家只允许大型用户之间竞争,或者有步骤地逐渐实行竞争。

37. 在电力和煤气部门引进竞争的国家,新立法建立了新的市场结构,规定必须在何种程度上把市场分解开来(有时还规定必须在消除现有垄断基础上创立多少个公共服务企业),或消除入市障碍。新的能源法规还确立了具体的竞争规则,不管是结构规则(如禁止该市场公司不同部分之间的交叉所有权,如发电、输电和供电公司之间或煤气与电力销售供应公司之间的交叉所有权)或是行为规则(如第三方进入的规则,禁止组成联盟或其他串通安排)。新建立的机构和管理机制,如电力汇集、发送机构或能源监管机构,使这些新的能源市场得以运行。最后,能源法规和政策的其他方面也需结合这些改革加以修改,其中包括对石油、燃气、煤和其他能源市场的管理规则。

(iii) 水和卫生

38. 水务和环卫部门推出的最常见的市场结构改革属于横向分拆。有些国家在原来只有一家自来水公司的地方建立了多家自来水公司。这种情况常见于(但并不局限于)拥有独立网络的国家,这些网络相互间并不互连或仅略有互连。在实践中,人们发现,横向分拆有利于比较各服务提供商的运营情况。

39. 有些国家招请私人投资者为一家自来水公司大批量供水或建造和运营如供水处理工厂和海水淡化等工厂。在此种纵向分拆过程中,通常是让私人投资者根据订立的合约向自来水公司提供服务(和所需的各项投资),并不在根本上改变市场结构的垄断性质;这些工厂通常并不相互竞争,而且通常不得越过自来水公司直接供应给用户。一些国家在批发水供应和输送方面引入竞争;在有些国家中,已经有了活跃的水市场。在其他地方,竞争只局限于昂贵的瓶装水、罐车水和私人水井。

(iv) 运输

40. 一些国家在采取结构改革措施时选择把运输基础设施与运输服务区分开来。前者可能常具有自然垄断特征,而运输服务一般具有竞争性。运输服务的竞争不仅应局限于某一种运输方式之内,而且还应考虑在各种方式之间展开,因火车、卡车、公共汽车、航空公司和船舶都趋向于争夺客运和货运。

41. 对于铁路运输,有些国家选择把基础设施(如铁道、信号系统和车站)的拥有权和运营同铁路运输服务(如客运和货运)区分开。采用这种做法时,法律不允许铁道运营者同时经营与其他公司相互竞争的运输服务。另一些国家让一些综合性公司同时运营基础设施和经营服务,但规定了第三方使用基础设施的权利,此种权利有时又称"铁道使用权"。在那种情况下,运输公司,不管是另一铁道的公司还是运输服务公司,有权按某种条件使用铁道,而控制着铁道的公司有义务准予使用。

42. 在许多国家,港口一直由公共部门进行垄断管理,直到最近才发生改变。在开放私人参与港口建设时,立法者考虑了各种模式。按照地主港口制度,港口当局只负责基础设施及港口活动的全面协调,不对船舶和商品提供服务。在服务港口,该实体同时运营基础设施和服务。依据地主制度,各服务提供商之间更容易形成竞争并保持竞争(如拖船、装卸和仓储)。

43. 机场管理法规可能也需要作出变革,如是否允许私人投资,或者允许机场之间或机场内部的竞争。机场运营与空中交通管制二者之间的联系可能也需要予以认真考虑。在机场内部,许多国家已在各种服务项目中引进了竞争:装卸服务、餐饮供应和针对飞机的其他服务,还有旅客服务,如零售商店、餐馆、停车场等等。一些国家委托新的经营者在现有机场建设和运营新的航站楼,由此航站楼之间产生了竞争。另有一些国家以 BOT 方式建设了新的机场,而现有的机场则转为私人拥有。

(C) 过渡性措施

44. 国家需要小心翼翼地处理从垄断到市场的过渡。出于政治、社会或其他因素考虑,一些国家采取了渐进或阶段式的实施方针。由于技术和其他外界力量总在不断变化,一些国家实行了部门改革,以根据上述情况的变化而加快或调整步伐。

45. 有些国家觉得不应马上实行竞争。在此情况下,法律规定了临时的专有权利,对提供公共服务的公司数目作出限制或规定其他方面的竞争限制。这些措施的着眼点是要使现有的公司有充分时间作好竞争准备,调整收费价格,同时刺激公共服务公司进行投资和扩大服务。另一些国家列入了要求对此种限制定期加以复查(如在审查收费标准之时)的规定,以便查明当初证明限制合理性的种种条件是否依旧可行。

46. 另一项过渡性措施,对于由国有企业提供公共服务的一些国家而言,是调整现有服务实体的结构或使之私有化。在政府控制的公共服务公司已实行私有化的大多数国家,一般而言,自由化是伴随或先于私有化而进行的。有些国家则不是这样,它们首先把享有重要专营权的公司实行私有化,这往往会增大私有化的得益。但是,它们后来发现,在较后阶段再去取消、限制或削减那些私有或私有化公用事业实体已经得到的专有权利或垄断权,是十分困难的,有时甚至代价高昂。

(三) 私营部门参与基础设施项目的形式

47. 私营部门对基础设施项目的参与可以采取各种各样的方式,从公有公营的基础设施,直至完全私营的项目。究竟哪一种方式适合于哪一种基础设施,需由政府根据本国对基础设施开发的需要来定夺,同时还需评价哪种方式对开发和运营某一类基础设施最为有效。在特定部门中,可以选择采用多种形式。

(A) 公有公营

48. 在需要公有制及公共部门控制的领域,私人的直接投资以及按商业原则进行基础设施的运营,可以通过建立一个由政府控制的单独法人实体去拥有和经营该项目来实现。这种实体可作为一种独立的私营商业企业来管理,遵循适用于私营公司的同样规则和商业原则。有些国家在通过此类公司运营国家基础设施方面有着固定的传统。将此类公司的资本向私人投资开放,或利用此类公司本身发行债券或其他证券,可以为吸收对基础设施的私人投资创造机会。

49. 私人参与公有和公营基础设施的另一种形式为谈判达成"服务合同",公共运营者依据该合同将某些运营和维修活动承包给私营部门。政府也可代表合约当局把一揽子运营和维修活动委托给私营企业开展业务。按照这种有时被称为"管理合同"的安排,对私人运营者的补偿通常可以通过一种利润分享机制与其绩效挂钩,不过也可按固定的费率给予补偿,特别是在当事各方认为难以建立起各方可以接受的机制来评估运营绩效时。

(B) 公有私营

50. 第二种做法是把公共基础设施的全部运营移交给私人实体。一种可能的方法通常是授权私人实体在某一时期内使用某一设施、提供有关服务并获取该商业活动产生的收入。此种设施可以是既存的,也可以是由有关私人实体专门建造的。这种公有与私营相结合的方式具有在某些法律制度下被称为"公共工程特许权"或"公共服务特许权"安排的基本特点。

51. 另一种私人参与基础设施的形式是,由订约当局选定的一个私人实体来运营某个由政府建造或以政府名义建造或利用政府资金建造的设施。按照这种安排,运营者负有运营和维修基础设施的义务,并被赋予收取服务费用的权利。在这种情况下,运营者有义务将基础设施产生的收入的一部分付给订约当局,订约当局用这笔收入来分期偿还建造费用。在有些法律制度中,这种安排被称为"租赁"或"承租"。

(C) 私有私营

52. 第三种做法是,私人实体不仅运营该设施,而且拥有与之有关的资产。在如何对待这些项目方面,国内法律也会存在重大差别,例如,订约当局是否仍保留其收回设施所有权或承担其运营责任的权利(另见第四章"基础设施的建造和运营:立法框架和项目协议",第 23—29 段)。

53. 凡设施是依据政府许可证运营的,则有形资产(如电信网)的私人所有权通常与提供公众服务(如长途电话服务)的许可证相分离,因为公共主管当局可以在特定情况下撤销许可证。因此,设施的私人所有权并不一定意味着无限期提供服务的权利。

(四) 基础设施的融资结构和融资来源

(A) 项目融资概念

54. 建造新基础设施的大型项目通常由项目发起人为之专门成立的新法人实体负责实施。这种新实体通常称作"项目公司",负责为项目筹措资金。因为项目公司缺乏已建立的信用或贷款人可依赖的现有资产负债表,所以开发新基础设施时选用的融资方法称作"项目融资"。在项目融资业务中,贷款人主要审查项目的现金流量和收入,因为它们是项目公司偿还借款的资金来源,而审查结果的满意度将决定贷款额度。其他担保或者缺失,或者仅针对某些限定的风险。为此目的,项目的资产和收入以及与项目有关的权利和义务都要独立估算,而且与项目公司股东的资产严格区分开来。

55. 由于对项目公司股东无追索权,所以项目融资也被称作"无追索权"融资。但是,在实际中,贷款人很少愿意仅凭项目的预计现金流量或资产便提供基础设施项目所需的巨额款项。为了减少风险,贷款人可能要求在项目文件中写入一系列后备或二级担保方案,以及得到项目公司股东、政府、购买方或其他有关第三方所提供的其他形式的信用保证。这种方式通常称作"有限追索权"融资。

(B) 基础设施项目的融资来源

56. 除了传统的公共融资方法,其他方法正在基础设施的发展中起着越来越大的作用。近年来,各国新的基础设施投资已包含私人独立资金来源项目或以私人资金来源为主的项目。两种主要的融资办法是举债筹资(通常其形式为从商业市场获得的贷款)和股本投资。然而,资金来源并不仅限于此。公共投资和私人投资常常结合起来,有时被称为"公私合作模式"。

(i) 股本资本

57. 基础设施项目的第一类资本是以股本投资的方式提供的。股本资本首先来自项目发起人或其他有意购买特许公司股份的个人投资者。然而,这种股本资本通常只占基础设施项目总成本的一部分。为了获得商业贷款或从其他资金来源满足项目的资本需要,项目和其他个人投资者必须表示愿意在将来优先偿还贷款人和其他供资者的贷款,同意在偿还这些其他供资者的款项之后才偿还他们自己的投资。因此,项目发起人一般来说承担的金融风险最大。同时,一旦初期投资得到偿付,他们在项目利润中持有的份额也最大。贷款人和政府通常都欢迎项目发起人投入大量股本投资,因为这样不仅有助于减轻特许公司现金流量的偿债负担,而且还可作为这些公司承建项目的保证。

(ii) 商业贷款

58. 债务资本常常是基础设施项目筹资的主要来源。它主要是以本国或外国的商业银行向项目公司提供贷款的方式在金融市场上获得,而商业银行的资金通常来自中短期存款,银行对此种存款支付浮动利率。因此,商业银行提供的贷款通常也以浮动利率为条件,贷款到期的期限通常比项目周期更短。但是,在可行性和经济条件下,并考虑到特定金融市场条件的情况,银行也可能更愿意筹措和发放固定利率的中期至长期贷款,以避免使自己及特许公司长期受利率浮动的影响,而且减少套期保值交易的需要。贷款人在提供商业贷款时通常提出的条件是,在偿付的安排上他们的贷款应优先于筹借人的任何其他债务。因此,商业贷款被称为"非附属"贷款或"优先"贷款。

(iii) "附属"债务

59. 通常用于这些项目的第三类资金是"附属"贷款,有时也被称为"夹层"资本。在偿还贷款的先后次序上,这类贷款先于股本资本,但后于优先贷款。这种排序居次既可以是一般性的(一般均次于任何优先债务),也可以是具体的,即在贷款协议中具体指明其排序次于哪类债务。附属贷款通常采用固定利率,一般高于优先债务的利率。作为吸引这种资本的额外方法,或有时作为冲抵更高利率的替代方法,可向附属贷款提供者提供直接参与资本收益的前景,即参与发行优先股或可兑换股或发行公司债券,有时可以优惠价认购特许公司的股份。

(iv) 机构投资者

60. 除了由项目发起人或公共金融机构提供的附属贷款外,融资公司、投资基金、保险公司、集体投资计划(如共同基金)、养老金和其他所谓"机构投资者"也能提供附属贷款。这些机构通常拥有大量可用于长期投资的资金,因此可作为基础设施项目补充资本的重要来源。这些机构之所以肯承担风险,向基础设施项目提供资本,其主要原因是有望得到回报,而且投资多样化对其有利。

(v) 资本市场融资

61. 随着在私人融资基础设施项目方面获得更多的经验,人们正在越来越多地利用资本市场进行融资。人们将优先股、债券及其他流通票据投放至获得认可的股票交易所以筹措资金。一般情况下,流通票据的公开发行需要监管部门的批准,并遵守有关法域的要求,如发行招股说明书需提供的相关信息,在一些司法管辖区,要预先登记。债券及其他流通票据的发行可仅凭发行者的一般信用作担保,而无须其他担保,也可以通过具体财产的抵押或其他质权来作保。

62. 具有公认商业信誉的现有公用事业部门进入资本市场的可能性通常大于专门为建造和运营一个新的基础设施而成立的、缺乏必要信用等级的公司。事实上,一些股票交易所要求股票发行公司在获准发行流通票据之前必须有过一段最低期限的良好信用记录。

(vi) 伊斯兰金融机构注资

63. 另外一类潜在的资本提供者是伊斯兰金融机构。这些机构的运营所遵循的规则和惯例源自伊斯兰法律传统。根据这些规则,银行业务最突出的特点之一是不支付利息,或严格限制收取利息的权利,从而确立了贷款收益的其他形式,如利润分成,或金融机构直接参与其客户的交易结果。由于采用这种经营方法,伊斯兰金融机构可能比其他商业银行更倾向于考虑在项目中直接或间接参股。

(vii) 国际金融机构注资

64. 国际金融机构在为私人融资基础设施项目提供贷款、担保或股本方面起着重要作用。世界银行、国际金融公司或其他区域开发银行已经联合资助了一些项目。

65. 国际金融机构也可在组建"银团"为项目提供贷款方面发挥有益的作用。其中一些机构制订了特别贷款方案,根据这些方案,它们成为项目唯一的"记录在案的放款者",代表自己及各参与银行,根据具体的协定或基于依照其优先债权人地位可用的其他权利,负责处理各参与方的拨款事宜,并负责后续收取并分配从借款人处收到的还贷款项。一些国际金融机构也可投资于由基础设施运营商发行的证券专门构成的资本市场基金,从而提供股本或夹层资本。最后,国际金融机构还可为各种政治风险提供担保,有利于项目公司在国际金融市场上筹集资金(见第二章"项目风险和政府支持",第61—71段)。

(viii) 出口信贷和投资促进机构的支持

66. 出口信贷和投资促进机构可采取贷款、担保或两者相结合的形式为项目提供支持。该机构的参与可提供许多有利之处,诸如利率低于商业银行和贷款期限更长,有时采用固定利率(见第二章"项目风险和政府支持",第72—74段)。

(ix) 公私融资结合

67. 除商业银行和本国或多边公共金融机构提供的贷款和担保以外,在许多情况下,公共资金已与私人资本相结合,共同资助新项目。这类公共资金可能来自政府收入或政府的借款。这些公共资金可与私人资金一起共同作为先期投资或长期贷款，或者采取政府赠款或担保的形式。基础设施项目可由政府通过参股特许公司共同筹建，从而减少所需私人股本和债务资本的数额（见第二章"项目风险和政府支持"，第40和41段）。

（五）实施基础设施项目所涉及的主要当事方

68. 私人融资基础设施项目的当事方因所涉的基础设施部门、私人部门的参与方式及项目融资安排而差异巨大。以下段落明示了在实施一个典型的私人融资基础设施项目中，根据"项目融资"方法建设一个新的基础设施时所涉及的主要当事各方。

（A）订约当局和其他公共当局

69. 私人融资基础设施项目的实施往往需要颁布国的国家、省和地方各级一系列公共当局的参与。订约当局是政府内负责有关项目的主要机构。另外，实施项目除了订约当局以外，还需要同级政府部门或另一级政府中其他公共当局的积极参与（如发放执照或许可证）。这些公共当局在私人融资基础设施项目的实施中起着重要作用。

70. 订约当局或另一公共当局一般根据其有关部门发展基础设施的政策来确立项目，并确定由哪类私人部门参与可实现该基础设施的最有效运营。然后，订约当局便开展以选定特许公司为最后目的的一系列工作。另外，在项目的整个寿命期内，政府可能需要提供各种形式的支持——立法、行政、管理，有时还包括财政支持——以确保成功地建造并妥善地运营有关设施。最后，在某些项目中，政府有可能成为该设施的最终拥有者。

（B）项目公司和项目发起人

71. 私人融资基础设施项目通常由多个公司组成的一个联合企业承包实施，其中包括有意成为项目主要承建商或供应商的建筑工程公司和重型设备供应商。在本指南中，参与这种联合企业的各公司被称作项目"发起人"。这些公司将在项目的初始阶段集中参与项目的开发，它们能否相互合作并雇其他可靠的合作伙伴，对于及时且顺利地完成工程至关重要。此外，在运营在建类型设施方面富有经验公司的参与合伙，是确保项目长期可行性的重要因素。如果由项目发起人成立一个独立的法人实体，则一些并不参与项目实施的其他股本投资者（通常有机构投资者、投资银行、双边或多边放款机构，政府或为某一政府所有的公司）也可参与项目。项目公司若需要根据颁布国法律成立的（见第四章"基础设施的建造和运营：立法框架和项目协议"，第12—18段），则政府有时会鼓励当地的投资者参与投资。

（C）贷款人

72. 在项目融资中，无论是无追索权还是有限追索权融资，贷款人所面临的风险均远高于其在传统交易中面临的风险。假如它所涉及的有形资产(如公路、桥梁或隧道)因缺乏易于变卖的"市场"而难以兑现其担保价值,或难以回收或转让,风险就更大。这种情况不仅影响提供贷款的条件(例如,项目融资成本通常会更高,获得资金的条件繁多),而且从实际来看,更影响到资金的可获得性。

73. 由于私人融资基础设施项目需要得到巨额投资,通常由一个或多个银行牵头,以"辛迪加"(银团)贷款的形式,代表其他参与投资的金融机构(主要是商业银行)商谈融资文件。专门对某些行业提供贷款的商业银行通常不愿意承担它们不熟悉的风险(有关项目风险和风险分担的讨论,见第二章"项目风险和政府支持",第8—29段)。例如,长期贷款人可能毫无兴趣为基础设施建设提供短期贷款。因此,在大型项目中,不同的贷款人经常参与项目的不同阶段。为了避免由于个别贷款人采取相冲突的行动而引发的争端,或贷款人之间为支付贷款而发生的争执,向大型项目提供资金的贷款人有时会订立一份共同的贷款协议。凡根据另行订立的贷款协议提供各种信贷服务的,贷款人通常会协商一项所谓"债权人之间的协议"。债权人之间的协议通常含有如下一些事项的规定:关于按比例或按某种优先顺序拨付款项的规定;宣布违约事件和加速贷款到期的条件[①];就项目公司提供的抵押品丧失赎回权的问题进行协调。

(D) 国际金融机构和出口信贷及投资促进机构

74. 一般来说,国际金融机构和出口信贷及投资促进机构与其他贷款人对项目会有相同的顾虑。除此之外,这些机构特别关心的将是确保项目的实施和运营不会与这些机构的特别政策目标发生冲突。国际金融机构正日益重视基础设施项目对环境的影响及其长期可持续性。为项目提供贷款的国际金融机构还将仔细审议用以选定特许公司的方法和程序。许多全球和区域金融机构及国家开发供资机构都制定了准则或其他要求来管理用这些资金进行的采购。这些要求通常载于其标准贷款协议中(另见第三章"特许公司的选定",第18段)。

(E) 承保人

75. 一般来说,基础设施项目会涉及对其工厂和设备的意外保险、第三方责任保险和职工的赔偿保险。其他保险类别还可能包括对营业中断、对现金流量中断和对成本超支的保险(见第四章"基础设施的建造和运营:立法框架和项目协议",第119和120段)。这些类别的保险通常在商业保险市场上随处可见,不过商业保险很少包括当事方无法控制的某些特别事件(如战争、暴乱、故意破坏他人财产、地震、风暴)。对于某些类别的政治风险,如撕毁合同、政府不履行其合同义务或不合理地收回独立担保,私人保险市场扮演着越来越重要的角色。有些国家的保险承保人精心

---

① 贷款加速到期条款:借款人的信用等级、盈利水平、资产负债率、经营活动现金净流量不符合贷款人信用贷款条件,或者其生产经营和财务状况发生重大变化,对贷款安全造成重大不利影响,贷款人有权宣布贷款提前到期,停止发放尚未发放的贷款,并要求借款人提前偿还已发放的部分或全部贷款。

安排全面的一揽子保险,旨在避免由于单项保险之间的空缺而尚未得到保险的某些风险。除私人保险外,国际金融机构如世界银行、多边投资担保机构、国际金融公司,或者区域开发银行或出口信贷及投资促进机构,也可对政治风险提供担保(见第二章"项目风险和政府支持",第61—74段)。

(F) 独立专家和顾问

76. 独立专家和顾问在私人融资基础设施项目的各个阶段都起着重要作用。有经验的公司通常保留外部专家和顾问的服务从而弥补自身专业知识的不足,这些外部专家和顾问可包括金融专家、国际法律顾问或咨询工程师。商业银行和投资银行往往作为项目发起人的顾问,安排融资和拟定需实施的项目,此种活动虽然对项目融资十分重要,但与融资本身又截然有别。独立专家可向项目贷款人提出意见,如评估某一颁布国的项目风险。他们还可协助政府拟定针对个别部门的基础设施发展战略和制定适当的法律法规框架。另外,独立专家和顾问可协助订约当局编写可行性报告和其他初步研究报告,拟定招标书或标准合同条款及规定,评价和比较投标书,或协商项目协议。

77. 除私人实体外,许多政府间组织(如工发组织和经济及社会理事会的各区域委员会)和国际金融机构(如世界银行和区域开发银行)有特别方案时可直接向颁布国政府提供这种技术援助,或协助国际金融机构对顾问的资格进行鉴定。

一、立法和体制基本框架

A. 概　　述

1. 建立适当而有效的法律框架是创造吸引私人对基础设施投资的环境的前提。对于已具备这样的法律框架的国家而言,保证法律足够灵活,紧跟各基础设施部门发展并作出响应至关重要。本章论述的是建议国内立法者考虑建立或审查针对私人融资基础设施项目的法律框架,从而达成上述目的的一般性问题。B节(第2—14段)阐述关于宪法和立法框架的一般性考虑因素;C节(第15—22段)论述授予基础设施和公共服务特许权的权力范围;D节(第23—29段)讨论加强行政协调的可能措施;E节(第30—53段)涉及管理基础设施部门的体制和程序安排。

B. 宪法、立法和体制框架

2. 本节讨论的是鼓励私人融资基础设施项目法律框架的一般指导原则,并进一步指出颁布国宪法对实施这类项目可能产生的影响。最后,本节将简述就可能需要颁布的文书的级别和类型及其适用范围有待作出的可能选择。

(一) 有利宪法及立法框架的一般指导原则

3. 在斟酌建立可依据的法律框架或重新审视现有框架是否适当时,国内立法

者不妨考虑激发各国最近采取立法行动的一般原则,简述如下:

(A) 透明度

4. 一个透明的法律框架的特点是具有明确易行的规则和用以实施规则的有效的适用程序。透明的法律和行政程序应是可预测的,能够保证潜在投资者估计其投资的成本和风险,从而提出最有利的条件。透明的法律和行政程序还可以通过制定法律法规,要求公布行政决定,可酌情包括陈述决定理由和披露与公众有关的信息的义务,从而扩大公开性。还有助于防止订约当局或其官员作出武断或不适当的行动或决定,从而有助于树立对一个国家发展基础设施计划的信心。在吸引外资时,法律和行政程序的透明度特别重要,因为外国公司可能不熟悉该国授予基础设施项目的做法。

(B) 公正性

5. 法律框架既可以帮助政府实现管理和向公民提供公共服务,也可以保护公共服务提供商和客户的个人利益。公正的法律框架考虑到政府、公共服务提供商及其客户的各种利益(有时可能相互冲突),寻求在这些利益之间实现合理的平衡。私营部门的商业考虑、用户得到质量和价格方面适当服务的权利、政府确保不间断提供必要服务的责任及其在促进国家基础设施建设方面的作用等等,这些仅仅是需要法律予以适当承认的各种利益中的几种而已。

(C) 长期可持续性

6. 对于基础设施建设,国内立法的一个重要目标是确保长期提供公共服务,同时越来越多地关注环境可持续性。公共基础设施的运营和维护方面安排不充分会严重限制所有基础设施部门的效率,并直接导致对客户的服务质量降低,成本提高。从立法角度看,颁布国拥有机构能力,对于在不同的实施阶段承担委托给政府的、与基础设施项目有关的各种任务非常关键。加强国家基础设施政策长期可持续性的另一项措施是实现以竞争方式和垄断方式提供公共服务的恰当平衡。竞争可以降低总成本,为重要服务提供更多的后备设施。在某些部门,竞争还有助于提高基础设施投资的产出,加强对客户需要的反应能力,并获得更优质的公共服务,从而改善所有经济部门的商业环境。

(二) 宪法和私人融资基础设施项目

7. 一般来说,许多国家的宪法只是提到由国家承担的确保提供公共服务的责任。有些国家具体列出了应由国家监管的基础设施和服务部门,有些国家的宪法则规定由立法者确定这些部门。有些国家的宪法规定,特定的公共服务只能由国家或专门创立的公共实体提供。但是,有些国家的宪法则允许国家向私人实体授予特许权,发展和运营基础设施,提供公共服务。有些国家会限制外国人参与到某些部门中,或者规定提供公共服务的公司应有国家参股。

8. 对于有意促进基础设施私人投资的国家而言,一个重要的事项是重新审查现有的宪法规则,目的是确认限制私人融资基础设施项目的因素。有些国家对此种项目的授权范围存有不确定性,延迟了私人融资基础设施项目的实施。有时,有关人员担心此种项目会与国家垄断或提供公共服务的宪法规则相抵触,结果引发司法争端,对项目的实施带来负面影响。

9. 还应当考虑宪法中关于土地所有权或基础设施所有权的那些规则。有些国家的宪法对私有土地或生产方式作了某些限制,而在有些国家,私人财产是被认可的,但宪法规定所有基础设施或特定的基础设施为国家财产。这种性质的禁止或限制,可能会对执行某些涉及有关基础设施的私人运营或者私人运营及所有权的项目实施构成障碍,或者阻碍相关基础设施(另见第四章"基础设施的建造和运营:立法框架和项目协议",第 23—29 段)。

(三) 一般性立法和具体部门立法

10. 立法往往在促进私人对公共基础设施项目的投资方面扮演核心角色。通常,法律体现着一种政治承诺,提供特定的合法权利,也是对法律和监管制度稳定性的一种重要保证。事实上,在大多数国家,在实施私人融资基础设施项目之前先要有规定一般性规则的立法措施,然后才能实施私人融资基础设施项目,根据这些立法措施,授予和执行这类项目。

11. 按照其宪法或立法惯例,有些国家可能需要制定有关具体项目的专项立法。有些国家则具有为提供公共服务而向私营部门授予特许权的固有传统,在一般性立法中赋予政府权力将某种缘由公共部门开展的活动转给私营部门,此种活动的某种经济价值使其可以交由私人实体来开发利用。在不同的基础设施部门中,一般立法建立了一种能够统一解决普遍的私人融资项目问题的框架。

12. 然而,由于其本身的性质,一般性立法通常并不能满足不同部门的特殊需求。即使在那些已经制定了一般立法解决跨部门问题的国家,仍可以发现针对某些特殊部门的补充立法授权立法者制定关于各部门市场结构的法规(见上文"导言和私人融资基础设施项目的背景资料",第 21—46 段)。应当注意的是,如果部分或整个国家基础设施被国家垄断,许多国家会制定针对某些部门的立法。对于有意促进私营部门对基础设施投资的国家而言,较明智的做法是审查现有的具体部门立法,以便确定其对私人融资基础设施项目是否合适。

13. 具体部门立法的另一个重要作用是建立起管理具体基础设施部门的框架(见下文第 30—53 段)。对处于建立或发展国家管控能力的初期阶段的国家来说,立法指导特别重要。这种立法有效保证了监管者在履行职能时无限享有自由裁量权,但是会受到法律条文的约束。一般而言,关于私人融资基础设施项目的合同方面的立法规定要避免过于死板或过于详细,多数情况下即使这样也无法保证这些规定能长期有效(另见第四章"基础设施的建造和运营:立法框架和项目协议"和第五章"项目协议的期限、展期和终止")。

14. 许多国家通过立法来为基础设施部门的组织和基本政策、机构和监管框架订立总的原则。然而,法律可能并不是规定详细的技术和财务要求的最佳手段。许多国家倾向于颁布条例,为实施本国法律中关于私人融资基础设施项目的一般性规定订立更详细的规则。环境不同,规定也随之更改,无论这种变化起因于向市场规则的过渡,还是起因于新技术或者经济和市场条件发生变化等外部动态。无论采用什么手段,清晰性和可预计性都是必不可少的。

C. 授予特许权的权力范围

15. 为实施私人融资基础设施项目,首先需要颁布专项立法或法规,允许国家委托私人实体提供公共服务。明文颁布此种法律授权,对增强本国或外国的潜在投资者对国家所推行的促进私营部门对基础设施投资的政策的信心,可能也是一条重要途径。授予基础设施项目特许权的权力的中心内容(核心要素)将在下文予以讨论。

(一) 受权机构和有关的活动领域

16. 在有些法律体系中,没有事先的立法授权,政府无须承担提供公共服务的职责。对于有意在基础设施方面吸引私人投资的国家而言,特别重要的是在法律中明确规定授予颁布国政府以外的其他实体提供某些公共服务的权力。在政府垄断公共服务的国家或者将过去免费的公共服务委托给私人实体的国家,这种一般性规定可能尤其重要(另见第四章"基础设施的建造和运营:立法框架和项目协议",第37—38段)。

17. 如制定一般性立法规定,还宜明确规定哪些公共当局或哪些级别的政府有权授予基础设施项目和作为订约部门。为了避免不必要的拖延,尤其宜制定和实施可据以确定有权代表订约方(及酌情代表其他政府)在谈判的不同阶段作出承诺和签署项目协议的个人或部门的规则。考虑到中央政府以外其他政府为实施其职权范围内项目所需的权力范围也是有益的。对于涉及不同级别政府(如国家、省或地方政府)的部门或机构,提前确定所涉及的所有有关的部门和机构是不可能的,要想确保在这些部门和机构之间进行适当的协调(见下文第23—29段)可能需要采取其他措施(见下文第23—29段)。

18. 为了明确起见,在此类一般性立法中确定可授予特许权的部门是合理可取的。或者,若此举不可行或不恰当,法律可规定不可作为特许权标的的活动(如与国防或国家安全有关的活动)。

(二) 特许权的目的和范围

19. 由颁布国的法律来界定可授予特许权的各私人融资基础设施项目的性质和目的或有益其顺利运作。根据特许公司所获得的权利和义务范围来界定各项目类别(如"建设—运营—移交""建设—拥有—运营""建设—移交—运营"和"建设—移交")可能是一种可选方案。然而,鉴于基础设施私人投资项目广泛而多样,对所有项目作出详尽界定或相当困难。另一可选方案则是,法律对可授予的特许权作出一般规定,委托私营或公共实体完成基础设施工程或提供特定公共服务之义务,而作为交换,该实体有权对使用该项设施或场地或者就由其提供的服务或创造的产品收取价款,或经当事各方商定的其他款项或报酬。法律可进一步明确规定特许权可授权范围包括新基础设施项目或系统的建造和运营或者现有基础设施项目和系统的维护、修理、翻新、现代化、扩建和运营,抑或仅包括公共服务的管理和提供。

20. 另一个重要问题涉及授予特许公司的权利之性质,尤其是提供服务的权利是否具有排他性,或者特许公司是否将面临其他基础设施建设机构或服务提供商的竞争。排他性可能涉及在特定地理区域(如社区供水公司)或整个国家领土(如国家铁路公司)提供特定服务的权利;也可涉及向某一特定客户提供特定类型货物和服务的权利(如在特定区域内,电力公司是该地区输电和配电公司的独家供应商),或向有限的客户群体提供特定类型货物和服务的权利(如国家长途电话运营商向各地方电话公司提供通路)。

21. 在决定是否对某一项目或某类项目授予特许权时应考虑到颁布国对相关产业部门的政策。如上所述,竞争规模因项目所属基础设施部门不同而大有差异。某些部门或其子部门存在自然垄断特性,公开竞争通常不是经济上可行的方案,而其他基础设施部门已成功开放自由竞争(见"导言和私人融资基础设施项目的背景资料",第28和29段)。

22. 因此,灵活处理特许权事宜才是可取之法。并非简单排除或事先规定独家特许权,法律在符合公共利益情况下授权独家特许权的批准或许更为合适,如确保项目的技术或经济可行性之目的使得排他性正当合理。缔约机构可能被要求在启动选择特许公司程序之前陈述独家特许权之设想的理由。以适于各特定部门的方式调整独家特许权事宜的特定部门法律可对此类一般立法起到补充作用。

D. 行政协调

23. 私人融资基础设施项目可能需要多层级多个政府部门的介入,以其颁布国的行政结构而定。例如,就有关活动具有全部或部分制定条例和规则权限的部门可能与负责提供有关服务的政府部门分属不同层级。此外,管理职能和运营职能可能集于同一政府实体,而授予政府合同的权力则属于另一个政府部门。就涉及外国投资的项目而言,部分特定权限可能是负责审批外国投资标书的政府机构的职权。

24. 近期国际经验表明,由颁布国一中央行政机构全权负责制定私人融资基础设施项目的有关政策并提供实际指导大有裨益。该中央机关还可负责协调各政府部门与项目公司工作衔接中的资源投入。尽管如此,部分国家由于行政结构特殊,此类职权分配的可能性并不大。在设立如上所述的中央机关不可的情况下,为确保有关政府部门之间的充分协调,以下几段中讨论的措施或许值得考虑。

(一) 筹备措施的协调

25. 确保私人融资基础设施项目的成功实施,其中一个重要措施在于要求有关政府部门对项目的可行性进行初步评估,包括如项目的预期经济利益、预期成本和该基础设施运营后预期创收等经济与财务评估,以及项目的环境影响评估。订约部门筹备的研究应特别明确项目的预期产出,为吸引投资提供充足理由,提出私营部门参与方式并说明产出要求的特别解决方案。

26. 确定了未来的项目之后,政府需要确立其相对优先顺序,并拨出用于实施项目的人力和其他资源。这时,订约当局似宜审查与拟议类型的基础设施的运营有关的现行法规要求,以查明将需要哪些主要公共当局对实施项目提供投入。在这一阶段,还应考虑可能需要采取哪些措施,以便订约当局和其他有关公共当局得以履行其可能合理预期的与项目有关的义务。例如,政府可能需要预先作好预算安排,使订约当局或其他公共当局能够满足跨越若干预算周期的财政承诺,比如长期承购项目产出的承诺(见第四章"基础设施的建造和运营:立法框架和项目协议",第50和51段)。另外,还可能需要一系列行政措施来实施对项目提供的某些形式的支持,如免税和海关便利(见第二章"项目风险和政府支持",第51—54段),这可能需要相当长的一段时间。

(二) 许可证与执照颁发便捷措施

27. 立法可推动项目过程中所需许可证和执照的便捷颁发(如外汇监管下的许可证;设立特许公司的许可证;雇用外籍人员的授权;使用或拥有土地的登记和印花税;设备和供给的进口许可证;建造许可证;安装电缆或管道的许可证;设施投入运营的许可证;移动通信的频谱分配等)。所需许可证或执照的颁发可能属于国家各级政府中若干行政管理机关的权限范围,其审批周期可能较长,审批机关或部门最初未参与项目设计或项目条件议定的情形下则更是如此。若非因特许公司之故造成许可证或执照未能及时获批,从而导致基础设施项目迟迟无法投入运营,项目成本和用户付费可能会提高。

28. 因此,对需要许可证和执照的具体项目进行早期评估,以避免实施阶段的耽搁。为加强协调许可证和执照的颁发,可能的措施如授权特定机关接收许可证和执照申请,并转交有关机构和监督招标书内所列的所有许可证和执照以及此后监管部门可能要求的其他许可证的颁发情况。法律还可授权有关机构颁发临时许可证和执照,并规定期限内若书面拒发通知未发出,则此许可证和执照视为颁发。

29. 但应该指出的是,各级政府(如地方、地区和中央政府)之间行政权能划分通常是一国政治组织根本原则的体现。因此,部分情形下中央政府既不承担颁发各类许可证和执照的责任,也无权授权特定机构履行类似协调职能。此时,采取措施解决行政权能分散可能造成的拖延至关重要,例如,订约政府部门与其他有关部门为特定项目的程序便捷推进而达成一致,或者其他确保各有关政府部门充分协调和许可证审批程序更加透明和高效的措施。再者,政府或可作出一定保证尽力协助特许公司获得国内法要求的许可证,如就所需许可证以及有关程序和条件向投标人提供资料和协助。从实际角度来看,除各级政府和各部门之间的协调之外,确保许可证颁发标准落实的一致性和行政程序的透明性也相当重要。

E. 监管基础设施服务的职权

30. 部分公共服务的提供一般受到包括实体规则、程序、执行手段和机构在内的一套专门监管制度的约束。这一框架是有关产业部门的政府政策落实的重要手段(见"导言和私人融资基础设施项目的背景资料",第21—46段)。因有关国家的体制结构和各级政府之间的权力分配各有不同,省级或地方立法机构可能完全管辖或与国家立法机构共同管辖部分基础设施部门。

31. 基础设施服务的监管涉及一系列一般性和具体部门特有的事宜,但此类事宜往往因颁布国社会、政治、法律和经济现实的不同而大相径庭。本指南虽时有讨论不同部门在类似情况下的一些主要监管事宜(如见第四章"基础设施的建造和运营:立法框架和项目协议",第39—46段和第82—95段),但无意全面详尽地阐述各基础设施部门监管中存在的所有法律或政策事宜。"监管机构"是指为落实和监督基础设施运营人活动管理规则所需的机构机制。由于适用于基础设施运营的规则通常允许一定程度的酌处权,此类规则的解释和适用、合规性的监督、制裁的实施以及规则实施过程中产生的争端的解决都需要一个特定机构负责,其具体监管任务和酌处权限大小均取决于所涉规则的具体规定,而此类规则可能千差万别。

32. 本指南推定颁布国已拥有私人融资基础设施项目开展所需的适当机构与部门结构以及人力资源。但为了推动本国立法机关考虑建立监管机构的必要性和适宜性以监测公共服务的提供情况,本节讨论可能出现的一些主要体制和程序问题。本节列举了国家立法机关为建立私人融资基础设施项目的监管框架已经采取的各种措施,但本指南并不因此主张建立某种特定的模式或行政结构。开展有关项目以协助成员国建立适当监管体系的国际金融机构(如世界银行和各地区开发银行)的实用信息和技术建议均可供借鉴。

(一)监管机构的部门权限

33. 监管职责可单部门或跨部门分配。多数采取单部门监管方式的国家往往将密切相关的部门或其子部门置于同一监管结构之下(如同一机构监管电力与煤气,抑或机场与航空公司)。部分国家则采取跨部门监管模式,某些情形下同一监管实体负责监管所有基础设施部门,而另一些情形下则由一个实体监管公用设施(水、电、煤气、电信),由另一实体监管其运输。另外,有些国家监管机构的权限还可延伸到特定地区内的若干部门。

34. 通常情况下,权限局限于特定部门的监管机构更能促进该部门的专门技术发展。实行具有部门针对性的监管可推动符合该部门需要的规则和实践发展。尽管如此,具有部门针对性的监管与实行跨部门监管的最终选择一定程度上取决于具体国家的监管能力。对于基础设施监管方面专门知识和经验有限的国家,减少独立政府机构的参与并争取实现规模经济或更为可取。

35. 确立监管机制的法律通常会制定几个总体目标以指导监管机构的行动,如竞争的促进、用户权益的保护、需求的满足、该部门或公共服务供应商的效率、其财政的平衡、公共利益或公共服务义务的维护以及投资者权益的保护。一两个首要目标有助于明确监管机构的授权,就时有冲突的目标建立优先顺序。授权的明确或将提高监管机构的自主性和可信度。

(二) 机构机制

36. 基础设施部门的监管机构机制多种多样。有些国家将监管职能交给政府机关(如政府的有关部委或部门),有些国家则选择在政府之外设立独立监管机构,还有些国家将某些基础设施部门交由自主独立的机构监管,而将其他基础设施部门交由部委直接监管。有时,独立监管机构与政府共同行使权力,如许可证的审批。从立法的角度来看,结合本国政治、法律和行政传统因素,建立能够保证监管机构充分、有效率的监管职能机构分配机制相当重要。

37. 监管制度的效率主要取决于监管决定作出时的客观性。这要求监管机构能够不受基础设施运营人和公共服务提供商的干扰或不当压力而作出决定。为此,一些国家的法律法规要求监管决策过程的独立性。为达到所需的独立程度,通过解除公共服务提供商可能具有的任何监管职能,将该职能授权给法律上和职能上均独立的实体,从而实现监管职能与运营职能分离,或许是值得推荐的做法。监管的独立应辅之以防止利益冲突的规定,例如,禁止监管机构的工作人员在所管辖的公司及其母公司或子公司兼职,接受其礼品,缔结合同或建立任何其他关系(直接或通过家庭成员或其他中间人)。

38. 另一个相关问题在于,若某个机构在其管辖的部门还拥有企业,或其行为均出于政治考虑而非技术根据,那么应尽量减少此类机构作出决定或影响决策以规避风险。一些国家认为,监管机构需对政府政治机关保持一定程度的自主性。独立性和自主权不应仅仅从监管职能的机构地位来考虑,还应考虑其职能上的自主权(即拥有充足的财力和人力资源用以充分履行其职责)。

(三) 监管机构的权力

39. 监管机构可拥有决定权、咨询权或纯属协商性的权力,或视所涉主题事项情况而兼具上述不同级别的权力。在一些国家,监管机构最初只拥有有限的权力,但随着其独立性和专业能力的逐步建立和完善,其享有的权力也随之扩大。立法中往往对政府权力和监管机构全力作出具体规定。这方面的明确性至关重要,可避免不必要的冲突和混乱。投资者、消费者以及其他有关各方均应明确知晓其可提出各种要求、申请或投诉的部门。

40. 例如,在许多国家公共服务提供商的选择是政府和监管机构均涉及参与的过程。若授予项目的决定涉及政治性而非技术性的广泛决定——基础设施私有化往往便属于这一情形——最后的决策权往往在于政府。但是,若授予项目的标准主要是技术性的——如发电或电信服务的开放式许可证制度——许多国家往往将决定权委托给独立的监管机构。有时,政府在授予特许权之前还需征求监管机构的意见。另外,也有一些国家不允许监管机构直接参与授予项目的过程,因为如此可能影响到监管机构日后对有关服务的提供进行管理的方式。

41. 监管机构的管辖权通常涵盖所辖部门所有企业,私营企业和公营企业均无例外。但法律规定,部分监管权或监管手段的应用只限于该部门中占支配地位的公共服务提供商。例如,监管机构只能对现有的或占支配地位的公共服务提供商行使价格监督权,而新公司则可自由定价。

42. 监管机构必须对一系列事项作出公断,从规范责任(如关于授予特许权的规定、设备验证合格的条件)到实际授予特许权;审批所监管的实体提交的合同和决定(如关于入网的时间安排或合同);确定和监督提供某项服务的义务;对公共服务提供商的监督(特别是监督遵守许可证条件、规范、绩效指标);定价或调价;审查所实行的补贴、免税或其他可能影响运营部门公平竞争的不正当优越条件;处罚措施;解决争端。

(四) 监管机构的组成、工作人员和预算

43. 建立监管机构时,少数国家选用的办法是设立单一官员机构,而多数国家则采用监管委员会的形式。委员会可提供更严密的保障,防止不当的影响或游说,并可减少草率作出管理决定的风险。另外,单一官员监管机构可较快作出决定,责任更加分明。为了提高监管委员会的决策过程的管理,委员会成员人数通常保持为少数几名(一般为三或五名)。虽然委员会主席可以投决定性一票,但通常都避免偶数,以免陷入僵局。

44. 为扩大监管机构自主权,各机构都可参与提名。在一些国家,监管机构由国家元首根据国会提出的名单而任命;有些国家监管机构则是由政府行政部门任命,但须经国会确认或根据国会、用户联盟或其他机关提出的名单任命。对于监管机构的官员,通常对其专业资历设有门槛,同时不能有利益冲突,否则会使其丧失资格。监管机构成员的任期要适当错开,避免发生所有成员任期结束而由某一届政府任命该机构所有新成员的现象;任期交错还可促进管理决策的连续性。任期往往采取定期制;可规定不得连任;任期届满之前可以撤换,但撤换理由有限(如被定罪、精神失常、严重渎职或玩忽职守)。监管机构常常要同富有经验的律师、会计师或为所辖行业效力的其他专家打交道,因此监管机构本身也需具备同样水平的专业知识、技能和专业水平,除机构内部人员外,必要时还可聘用外部顾问。

45. 稳定的经费来源对监管机构的妥善运作至关重要。在许多国家,监管机构的预算经费源于对所辖行业的收费和其他收缴款项。收费可定为按公共服务提供商营业额的百分比收取,或从颁发执照、特许权或其他授权中收取。在一些国家,监管机构预算必要时可由年度财政法中规定的预算拨款补充。但其产生的不确定因素会削弱机构自主权。

(五) 监管过程和程序

46. 监管框架一般包含有程序性规则,规定负有各种监管职责的机构如何行使其权力。监管过程取决于其透明度和客观性,无论监管权是由某一政府部门或部长,或由某独立监管机构行使。规则和程序应该客观明晰以确保公平和公正,并确保监管机构及时采取行动。为实现透明度,法律应要求公开有关的规则和程序。作出的监管决定应陈述所依据的理由,并通过出版物或其他合宜方式供有关各方查阅。

47. 根据一些法律的要求,可通过监管机构发表有关部门的年报,包括公布活动期间作出的决定、发生的争端及解决方式等等,以进一步提高透明度。此类年报还可列出监管机构的账目及独立审计员对其审计的结果。许多国家还立法要求将年报提交国会下辖委员会审查。

48. 监管决定可能对诸方利益产生影响,包括涉及的公共服务提供商及其目前或潜在竞争者,以及其业务或非业务用户。在许多国家,监管过程包括就重大决定或建议进行协商的程序。在有些国家,这种协商采取公开听证会的形式;在有些国家则使用协商文件,通过书面形式征求有关各方意见。有些国家还建立由用户和其他有关方组成的协商机构,并要求监管机构须在作出重大决定和提议前征求其意见。为提高透明度,协商过程中提出的意见、建议或观点需予以公布或可供公众查阅。

(六) 对监管机构所作决定的追诉

49. 颁布国监管制度的另一要件是公共服务提供商可请求对监管决定进行复审的机制。同整个监管过程一样,高透明度和可信性对复审机制至关重要。为具有可信度,复审权应委托给第三方实体;该实体独立于作出原决定的监管机构、颁布国行政当局和公共服务提供商。

50. 对监管机构的决定进行复审往往属于法院的管辖范围,但在有些法系中,对监管机构所作决定的追诉属于只处理行政事务的特别法庭的专属管辖权;在有些国家,此类法庭独立于司法体系。如果对复审过程心存担忧(如法院拖延或其对监管决定所涉复杂经济问题是否具有评估能力),则可至少在向法院或行政法庭提出最终申诉前,先将复审职能委托给另一机构。在一些国家,由高级别跨部门的独立监督机构审查复审请求。也有些国家由掌管特定的司法和学术职能的人组成小组来听取复审请求。对于提出复审请求所依据的理由往往有所限制，特别是限制受理上诉机构以自己的事实评估取代决定被复审机构所作评估的权利。

（七）公共服务提供商之间的争端解决

51. 相互竞争的特许经营商（如两家移动通信运营商）之间，或在同一基建行业不同环节中提供服务的特许经营商之间，可能会产生争端。这些争端可能涉及不公平贸易方式（如低价倾销）、不符合国家基建政策的非竞争性经营（见"导言和私人融资基础设施项目的背景资料"，第23—29段）或违背公共服务提供商的特定责任（见第四章"基础设施的建造和运营：立法框架和项目协议"，第82—93段）等指控。在许多国家，为解决这些争端，立法规定其解决框架不可或缺。

52. 首先，各当事方之间可能缺乏能解决争端的机制的合约协议。即使有类似机制，颁布国也可能想由特定机构处理涉及某些问题（如特定基建网络的准入条件）的争端，以避免有关规定的执行前后矛盾。另外，根据颁布国的法律，公共服务提供商之间某些争端所涉及的问题可能被认为不能通过仲裁解决。

53. 国内法通常制定行政程序以处理公共服务提供商之间的争端。一般来说，公共服务提供商可以向监管机构或向负责执行据称已遭违反之规则的另一政府机构（如负责执行公平竞争法律和法规的政府机构）提出投诉，在有些国家，这种政府机构有权就这类事项作出具有约束力的决定。即便这类处置具有强制性，受害方也可向法院申诉，虽然在有些法系中，法院可能仅有权裁决该决定是否合法（如是否遵循正当程序），而无权裁决其是非。

二、项目风险和政府支持

A. 概　　述

1. 私人融资基础设施项目为减少动用公款及其他资源投入基础设施开发和运营提供了机会，还可把本应由政府承担的一系列风险转移给私营部门。有关各方间的具体风险分担一般要考虑到一系列因素，包括在所涉基础设施开发工程方面的公共利益及项目公司、其他投资人和贷款人所面临的风险程度（及其以可接受成本承担这些风险的能力和意愿限度）。充分地分担风险是降低项目成本和确保项目成功实施的关键。相反，不合理分担项目风险会损害项目的财务维持能力或妨碍其有效管理，从而提高服务的提供成本。

2. 过去，基础设施项目是在项目资助人、多边和国家出口信贷机构、政府以及其他第三方提供信贷支持的基础上举债筹资的。近年来，这些传统资金来源已无法满足对基础设施资本日益增长的需求，筹资越来越多地是在项目融资的基础上实现的。

3. 项目融资作为一种融资方法，在开工之前或产生任何收入之前，就设法在

"自立"的基础上建立项目公司信誉,并凭借该信誉借款。评论家认为,项目融资理论上能够释放资本市场中的巨额资本,并将其投放于基础设施建设之中。但从金融角度来看,项目融资带有一些与众不同的高要求。其主要特点包括,在项目融资构架中,融资各方必须主要依赖项目公司的资产和现金流量来获得偿债款。如果项目失败,融资各方将无法求助,或仅在有限程度内求助于资助人公司或其他第三方的财政资源以获得偿债款(另见"导言和私人融资基础设施项目的背景资料",第54和55段)。

4. 项目融资的财务手段要求准确预测项目的资本费用、收入和预计费用、开支、税务和负债。为力求预测结果的准确性,并为项目建立财务模型,一般需对项目公司较长时期(通常为20年以上)的收入、费用和开支的"基本"数额作出预测,借以确定项目所能支持的债务和股本数额。这些分析的关键是确定风险并进行定量分析。为此,从财务角度来看,风险的确定、评估、分担和缓释是项目融资的核心所在。

5. 最重要且最难以评估和缓释的风险包括"政治风险"(颁布国政府及其机构和法院所采取的不利行动,特别是颁发执照和许可,所施行的条例关系到项目公司及其市场、税收、经营状况和合同义务的履行)和"货币风险"(与当地货币币值及其可汇转性、兑换性有关的风险)。为预防风险,尤其是以上风险,项目融资构架通常包含国际金融机构和出口信贷机构的保险或担保,以及颁布国政府的担保。

6. 本章B节(第8—29段)概述了私人融资基础设施项目所遇到的主要风险并简要讨论了分担风险的通常合同解决方案,其中强调各方就均衡分担项目风险协商提供必要的灵活性。C节(第30—60段)阐述了政府在设计其对基础设施项目的直接支持水平时宜作的政策考虑,如实施任何特定项目时所涉及的公共利益程度,及避免政府承担无限或过分不定债务的必要性。C节亦论及政府促进私人投资基础设施开发的方案中已使用的另一些支持措施,但并未作明确提倡。最后,D节(第61—71段)和E节(第72—74段)概述了可由出口信贷机构和投资促进机构提供的担保和支持措施。

7. 本指南其他章节还论及颁布国政府的法律制度中与项目信贷和风险分析有关的各个方面。当然,侧重点因项目所属行业和类型而异。特别建议读者参阅第四章"基础设施的建造和运营:立法框架和项目协议";第五章"项目协议的期限、展期和终止";第六章"争端解决"和第七章"其他相关的法律领域"。

B. 项目风险和风险分担

8. 本章所使用的"项目风险"概念系指各当事方经评估后认为可能对其项目期望利益产生负面影响的情形。尽管某些事件对大多数当事方均会造成重大风险(如自然灾害对设施的损毁),但各方风险因其在项目中的作用而异。

9. "风险分担"一语指确定某一或某些当事方应对发生所认定的项目风险事件承担后果。例如,如果项目公司有义务向订约当局提供基础设施设备,且某些设备处于运行状态,那么项目公司则要承担设备运行可能达不到商定的性能水平的风险。这种项目风险的出现反过来会对项目公司产生一系列后果,包括未能根据项目协议或适用法律履行合同义务的责任(如因拖延使设备未能按时进入运行状态而向订约当局支付赔偿金);某些损失(如由于拖延该设备的开始运行时间而造成的收入损失);或额外费用(如修理故障设备或更换设备的费用)。

10. 承担某一风险的当事方可采取预防措施,以降低风险的可能性,并采取具体措施保护自身完全或部分免受此种风险的影响。这些措施常常被称作"缓释风险"。在前一例中,项目公司要认真审查设备供应商和所提议技术的可靠性。项目公司可要求其设备供应商对其设备的性能提供单独保证;供应商也有责任对其设备故障的后果向项目公司支付罚金或预定的违约赔偿金。在某些情况下,项目公司可能需要作出一系列复杂程度不等的合同安排以缓释项目风险。例如,项目公司可以将设备供应商提供的保证同承保因设备故障造成业务中断的某些后果的商业保险结合起来。

(一) 项目风险主要类别概述

11. 为具体说明起见,以下各段对项目风险的主要类别进行概述,并举例说明了某些用于分担和缓释风险的合同安排。对该问题更深入的探讨,建议读者参照其他资料,如《工发组织 BOT 项目指南》。①

(A) 由当事方无法控制的事件造成的项目中断

12. 各当事方面临的风险可能是其无法控制的意外或非同寻常的事件所造成的项目中断,这些事件可能是非人为的,如洪水、风暴或地震等自然灾害,也可能是人为行动的结果,如战争、暴乱或恐怖袭击。这种无法预料的事件可能对项目实施或设施运行造成临时中断,导致工程延期、收入损失及其他损失。严重者可能造成设施损毁,甚至无法修复(关于发生此种事件的法律后果讨论,参见第四章"基础设施的建造和运营:法律框架和项目协议",第131—139段)。

(B) 由于政府不利行为造成的项目中断("政治风险")

13. 项目公司和贷款人面临着订约当局、另一政府机构或颁布国立法机关的行为对项目的实施可能造成负面影响的风险。这种风险常常称作"政治风险",并可分为三大类:"传统的"政治风险(如项目公司资产国有化或征收危及项目公司债务偿还和收回投资成本前景的新课税);"调控"风险(如对服务的提供采用更为严格的标准或开放某一行业部门允许竞争)及"半商业"风险(如订约当局违约或由于订约当局优先重点和计划的变更造成项目中断)(关于发生此种事件的法律后果的讨论,参见第四章"基础设施的建造和运营:立法框架和项目协议",第122—125段)。除来

---

① 见"导言和私人融资基础设施项目的背景资料",脚注1。

自颁布国的政治风险外,某些政治风险可能是由外国政府的行为造成的,如投资人本国政府实行的封锁、禁运或抵制。

(C) 建造和运营风险

14. 当事各方在建造阶段可能面临的主要风险有设施建造根本不能完工或不能按商定的时间交付(完工风险);建造成本超过原先的估计(建造费用超额风险);或设施在完工时未达到性能标准(性能风险)。同样,在运营期间,当事各方可能面临的风险有完工的设备不能有效运作或持续到预期的能力、产出或效率(性能风险);或运营成本超出原先的估计(运营费用超额)。应该注意的是,建造和运营风险不只影响私营部门。颁布国订约当局和使用者可能因所需服务中断提供而受到严重的影响。政府作为公共利益的代表,一般都关注设施运营不当而造成的安全风险或环境损害。

15. 有些风险可能是由项目公司或其承包商或供应商带来的。例如,建造费用超额和延误完工可能是由于效率低下的建造工序、浪费、预算不足或各承包商间缺乏协调所致。设施达不到性能标准可能是由于设计缺陷、所用技术欠缺或项目公司供应商所提供的设备有缺陷造成的。在运营阶段,性能故障可能是如设施维护不当或机器设备操作疏忽的结果。运营费用超额还可能是由于管理不善所致。

16. 在这些风险中,有些还可能是由订约当局、其他公共当局甚或是颁布国立法机关采取的特定行动造成的。运营状况不佳或费用超额可能是因为订约当局在选定特许公司期间所提供的技术规格不达标所致。延期和费用超额还可能是由于订约当局在授予项目后的行为(拖延获得批准和许可,因计划不周导致要求改变从而增加费用,检查机构造成的中断或设施用地交付上的拖延)造成的。一般性的立法或监管措施,如更严格的安全或劳工标准也会造成较高的建造或运营成本。产量不足,原因可能是公共机构未提供必要的供应(如电或煤气)。

(D) 商业风险

17. 商业风险是指项目由于市场价格变化或对其所生产的商品和服务的需求发生变化而无法取得预期收益的可能性。这两种形式的商业风险都会严重削弱项目公司的偿债能力,并会损害该项目的财务维持能力。

18. 商业风险因项目所属的行业部门和类型不同而有很大的差异。如果项目公司对有关服务进行垄断或当其通过长期承购协议仅供应单一客户时,这种风险被认为是最小或轻微的。然而,当项目依靠基于市场的收入,尤其是存在可供选择的设施或供应来源而使其难以对使用或需求作出可靠的预测时,商业风险会相当大。这种情况可能很严重,如在收费道路项目中,因为收费道路面临来自免费道路的竞争。视司机进入免费道路的难易而定,通行费收入可能难以预测,尤其是在城市区域,可能有多条道路可供选择,而且道路在不断地修建或改善。此外,人们发现新的收费道路的交通量更加难以预测,对那些并非现有收费设施系统以外的增建项目尤其如此,因为它没有现成的运输量作为精算依据。

(E) 汇率及其他金融风险

19. 汇率风险是指外汇汇率的变化可能改变项目现金流量的兑换值。价款和向本地用户或客户收取的使用费极有可能用本地货币支付,而贷款和有些设备或燃料费也可能用外币标价。这种风险会很大,因为许多发展中国家或经济转型国家的汇率特别不稳定。除汇率波动外,项目公司还可能面临的风险是,外汇管制或外汇储备的降低会限制项目公司为偿债或收回原有投资成本所需的外币在本地市场上的流通量。

20. 项目公司面临的另一个风险是利率可能上升,迫使项目承担额外的融资成本。在基础设施项目上,这种风险可能极大,因为这种项目通常借款金额大,期限长,有的贷款期长达数年。贷款通常按固定率发放(如固定率债券),以降低利率风险。此外,一揽子融资计划可包括套期保值抵御利率风险,如采取利率互换或利率封顶的做法。

(二) 分担风险和减轻风险的合同安排

21. 综上所述,当事各方需要考虑到广泛的因素以便有效地分担项目风险。为此,一般不宜通过实行法律规定来不必要地限制谈判者根据具体项目需要平衡分担项目风险的能力。尽管如此,政府似可向代表国内订约当局办事的官员提供某些一般性的指导,如拟订关于分担风险的建议原则。

22. 在一些国家中,向订约当局提供的实际指导往往涉及关于分担项目风险的一般性原则。这类原则之一是,特定风险通常应分配给风险评估、控制和管理能力最佳的当事方。其他指导原则提出,让最容易获得套期保值手段(即通过同时在另一笔交易上获利来抵消某笔交易的损失的投资安排)或者在使风险分散或以最低代价减轻风险方面能力最强的当事方承担项目风险。而实际上,分担风险常常是政策考虑(如项目的公共利益或订约当局在各个项目下的整体风险)和当事各方谈判实力的一个因素。此外,在分担项目风险中,重要的是应考虑到被分配承担特定风险的当事方的财力及其在风险发生时承担后果的能力。

23. 项目公司及其承包商通常承担与基础设施的开发和运营相关的普通风险。例如,完工、成本超支及其他典型的建设阶段的风险通常通过交钥匙工程的施工合同被分配给一位或多位建筑承包商,该承包商承担以固定价格在规定工期内按照特定性能规格来设计和建设设施的全部责任(见第四章"基础设施的建造和运营:立法框架和项目协议",第70段)。通常该建筑承包商有责任对延迟完工支付预定的违约赔偿金或罚款。此外,该承包商还需要提供履约保证,如银行担保或履约保证书。单独的设备供应商通常还需要对其设备的性能提供保证。承包商和设备供应商提供的性能保证通常还以特许公司向订约当局提供的类似保证作为补充。同样,项目公司一般通过签署运营和维护合同来减轻其运营风险,该合同规定运营公司努力达到规定的产出并承担运营故障后果的责任。在多数情况下,这类安排将是项目成功的关键要求。就贷款人而言,他们努力抵御这些风险的后果,如通过分配债券的收益来保证承包商的履约。贷款协定一般要求把合同保证金的收益存入给贷款人押存的账户(即"条件交付账户"),以此防范项目公司滥用款项或第三方(如其他债权人)扣留款项。然而,项目公司定期获得根据合同保证金支付的资金,用以支付所需的修理费或运营费及其他费用。

24. 另外,订约当局理应承担与其自身行动造成的事件相关的风险,如在挑选过程中所提供的技术规格不当,或由于未能按时提供商定的供应品而造成的迟延。订约当局还应承担由于政府行为造成中断的后果,如同意赔偿项目公司由于价格控制措施所导致的收入损失(见第四章"基础设施的建造和运营:立法框架和项目协议",第124段)。尽管可以通过投保来减轻某些政治风险,但是,这种保险即使适用于相关国家的项目,也难以按可接受的保价获得。因此,潜在投资者和贷款人可能求助于政府以获得免遭征收或国有化的保证,及保证一旦发生这类事件时可提供适当的赔偿(见第50段)。根据其对颁布国所面临的风险程度的估计,若没有这些承诺和保证,潜在投资者和贷款人不可能会开发项目。

25. 上述段落中所提到的大部分项目风险或多或少被视为属一方或另一方的控制范围内。但是,或许需要考虑由于当事双方无法控制或由于第三方的行为所造成的多种项目风险及其他风险分担的原则。

26. 例如,项目公司可能期望利率风险与通货膨胀风险会通过提价而转移到设施的最终用户或客户头上,但由于与市场相关的形势或价格控制措施,这种做法并非总是可行。项目公司与订约当局间协商的价格结构将决定项目公司能够多大程度地避免这些风险或它能否吸收其中一些风险(见第四章"基础设施的建造和运营:立法框架和项目协议",第36—46段)。

27. 另一类可根据各种计划分担的风险所涉及的外部事件包括战争、内乱、自然灾害或当事方无法控制的其他外部事件等。在公共部门所实施的传统基础设施项目中,有关公共实体通常要承担如自然灾害或类似事件毁坏该设施的风险,因为这类风险无法承保。在私人融资基础设施项目中,政府可能希望由项目公司承担这类风险。然而,私营部门根据其对颁布国面临的这种特别风险的评估可能不愿承担这些风险。因此,在实践中还不存在一个单一的解决方案可应对所有类型的风险,常常需要逐个地对其作出特别安排。例如,当事方可能一致同意在出现其中的某些风险时免除受影响的当事方承担未按项目协议履约的责任,并且将通过合同安排为某些不利后果提供解决方案,如合同展期以补偿因事件所造成的延迟或在特别的情况下进行某种形式的直接支付(见第四章"基础设施的建造和运营:立法框架和项目协议",第131—139段)。如果能以可接受的费用购买商业保险,项目公司将以商业保险补充这些安排(见第四章"基础设施的建造和运营:立法框架和项目协议",第119和120段)。

28. 此外,还可能需要为分担商业风险的特别安排进行谈判。像移动通信项目通常具有相对较高、可直接收回成本的潜力,在多数情况下项目公司可望在不同订约当局分担这些风险且不求助于政府支持的情况下实施项目。在其他基础设施项目中,如发电项目,项目公司可能要再次与订约当局或其他公共当局作出合同安排以减轻其商业风险,如就长期承购协议进行谈判以确保市场上的产品按照商定的价格销售。付款可采用按实际消费或供应情况收费或将两种形式相结合,并且适用的费率通常要按提价或指数化条款的规定调整,以保护收入的实际价值不受运营设备老化而成本增加的影响(另见第四章"基础设施的建造和运营:立法框架和项目协议",第 50 和 51 段)。最后,有些资本密集型项目开发成本回收较慢,如供水和收费道路项目,对于这些项目如果不同订约当局采取某种形式(如固定收入保证或不论使用情况的商定能力付款)来分担风险,私营部门可能不愿实施该项目(另见第四章"基础设施的建造和运营:立法框架和项目协议",第 48 和 49 段)。

29. 订约当局和项目公司最终商定的风险分担将反映在项目协议所规定的相互权利和义务中。项目协议中常见的某些规定可能涉及的立法问题将在本指南的其他章讨论(见第四章"基础设施的建造和运营:立法框架和项目协议"、第五章"项目协议的期限、展期和终止")。当事各方还将就其他各项协议进行谈判以减轻或重新分配其所承担的风险(如贷款协议;建设、设备供应、运营和维护合同;订约当局和贷款人之间的直接协议;适用的承购和长期供应协议)。

C. 政 府 支 持

30. 上一节讨论了当事各方可运用各种合同安排分担和减轻项目风险。但是,这些安排并不总是足以确保私人投资者放心地参与私人融资基础设施项目。因此,还需要额外的政府支持以增强颁布国基础设施项目对私人投资的吸引力。

31. 政府支持可采取各种形式。一般来说,政府为增强基础设施投资气氛所采取的任何措施都可看成政府支持。从这一角度看,存在使政府能授予私人融资基础设施项目的立法,或确立对谈判及基础设施项目后续措施的明确权限(见第一章"立法和体制基本框架",第 23—29 段)都是支持实施基础设施项目的重要措施。但是,《指南》中所说的"政府支持"一词含义较窄,特指具体的措施,大多是指政府为加强某一项目的执行条件或协助项目公司应付某些项目风险可能采取的财政或经济措施,超出了订约当局与项目公司间为分担项目风险所商定的合同安排的一般范围。即使有政府支持措施,一般也是政府为吸引私人对基础设施项目投资方案的组成部分。

(一) 与政府支持有关的政策考虑

32. 实际上,决定支持实施项目的依据是政府对该项目的经济及社会价值的评估及其是否值得政府另外提供支持。政府可能估计,单凭私营部门的力量,可能无法以可接受的费用对某些项目进行融资。政府还可能考虑到,没有某些减轻项目风险的支持措施,特定的项目或许得不到实施。事实上,私营部门和贷款人愿意在某一国家实施大的项目不仅是依据其对特定项目风险的评估,而且还受其对颁布国投资环境,尤其是基础设施满意程度的影响。私营部门特别重视的因素包括颁布国的经济制度和市场结构的发展状况,以及该国几年来在私人融资基础设施项目上所取得的成功情况。

33. 基于以上的原因,有些国家采取一种灵活的办法解决政府支持问题。一些国家运用立法规定,根据每个基础设施部门的具体需要,确定支持的程度和支持类型。在其他国家中,则通过向颁布国政府提供足够的立法权,以作出某种类型的保证或担保,同时保留酌情权,不将其适用于所有情况。然而,颁布国政府所关心的是,确保向该项目提供支持的程度和类型不会导致承担无限的责任。实际上,公共当局通过向某一特定项目给予担保而作出的过多承诺,会妨碍它们为可能与公众利益更密切相关的其他项目提供担保。

34. 加强政府对私人基础设施投资的支持方案,可以采用适当的技术为政府支持措施制定预算或估算政府支持的其他形式的总成本。例如,由公共当局提供的贷款担保,成本比商业贷款人提供的贷款担保低。其差额可算作(减去应由项目公司支付的费用及利息)政府的成本和对项目公司的补贴。但贷款担保通常要在申请担保时才记作开支。因此,政府提供的补贴的实际金额并未记录,这可能给人一种错觉:贷款担保的债务责任要比直接补贴低。同样,政府给予免税的财政和经济费用可能不明显,这使其透明度比其他的政府直接支持形式低。由于这些原因,那些正在考虑对私人融资基础设施项目构建支持方案的国家可能需要设计出特别的方法来估计预算成本,如向公共当局提供免税、贷款和贷款担保等支持措施,同时考虑到将来费用或收入损失的预期现值。

(二) 政府支持的形式

35. 政府直接提供的支持不论是财政担保、政府贷款还是收入保证,都可能是项目财务结构的重要组成部分。以下段落简述了有时按国内法批准的政府支持的形式,并讨论它们可能给颁布国带来的立法问题,但并未特别提倡使用哪一种形式。

36. 一般而言,除了在整个项目期间确保履行政府承诺所需要的行政和预算措施外,立法机构最好考虑到可能需为提供某种支持形式而规定明确的立法授权。在可能需要政府支持的地方,重要的是立法机构要考虑到颁布国根据区域经济一体化或自由贸易的国际协议所承担的义务,而这些义务可能会限制缔约国的公共机构向在其境内运营的公司提供财政支持或其他方面支持的能力。此外,如果政府考虑对基础设施项目的实施提供财政支持,就应在特许公司选定期间的合适时间内向所有潜在投标者阐明这种情况(见第三章"特许公司的选定",第67段)。

(A) 政府贷款和贷款担保

37. 在某些情况下,法律授权政府向项目公司提供无息或低息贷款以降低项目的融资成本。根据应遵循的会计准则,某些由政府机构提供的无息贷款可作为收入记入项目公司的账户,而贷款偿还额则记作账务上可扣税的费用。此外,政府提供的附属贷款可以通过对商业银行的优先贷款进行补充,优化项目的融资条件,但同时又没有优先贷款的偿还压力。政府贷款一般可提供给某一部门的所有项目公司,或者可能仅限于出现某种项目风险时向项目公司提供临时援助。任何此类贷款的总金额可能会进一步限定至某一固定金额或项目总成本的一定比例。

38. 除了政府贷款外,某些国家的法律授权订约当局或颁布国其他机构为项目公司偿还贷款提供贷款担保。贷款担保旨在保护项目贷款人(以及在某些情况下保护向该项目提供资金的投资者)不受项目公司违约的影响。贷款担保并不需要立即支付公款,因而对政府来说比直接贷款更具吸引力。但贷款担保可能是实质性的或有债务,政府的风险会很大,尤其是当项目公司完全破产时。的确,在多数情况下,政府会自食苦果,可能接手贷方对无偿债能力的项目公司的债权。

39. 因此,除了采用一般性措施提高政府支持方案的效率外(见第34段),最好考虑通过具体的规定降低政府因贷款担保所承担的风险。有关提供贷款担保的规则可规定最高总限额,可用固定金额表示,如需更加灵活,则按某一项目总投资的百分比表示。限制担保机构或有债务范围的另一措施是,可以对提供此种担保的情况加以界定,同时考虑政府愿意分担项目风险的类型。例如,如果政府只考虑分担因当事各方对事件失控而造成的临时中断的风险,则可将此种担保局限于在出现此种特指的超出项目公司控制能力的、无法预测之事而使其暂时无法偿还其贷款的事件。如果政府想对贷方提供更大程度的保护,这种担保还可包括项目公司因同样原因永远无法偿还贷款的情况。不过,在这种情况下,最好不要打消贷方为继续项目而另作安排的积极性,诸如确定另外合适的特许公司或任命一代理人对项目公司的违约进行补救(见第四章"基础设施的建造和运营:立法框架和项目协议",第147—150段)。因此,取得政府担保的条件是,根据项目协议、贷款协议或贷方与订约当局签订的直接协议,没有任何其他可为贷方提供的补救办法。无论如何,政府提供充分贷款担保以全面保护贷款人免受项目公司违约的风险,并不是按项目融资方式规定所实施的基础设施项目的常见特征。

(B) 股本参与

40. 政府增加支持的另一种形式可包括直接或间接参股项目公司。政府的参股能帮助实现更为有利的资产负债比,是对项目资助人提供的资本的补充,特别在当其他像投资基金这样的股本来源无法为项目公司所利用时。政府的股本投资还有助于满足颁布国对本地组建的公司在构成上的法律要求。某些地区的公司法,或有关基础设施的特别立法规定,在本地组建的公司中要有一定数目的本地投资者的参与。但是,在可接受条件下,难以确保所需的本地资本参与度。本地投资者可能缺乏兴趣或财力投资于大型基础设施项目;他们也可能不愿意处理具体项目风险或缺少处理具体项目风险的经验。

41. 政府的参与可能涉及一定的风险,这一点政府不妨予以考虑。尤其有一种风险,即参与可理解为政府的默示担保,以此当事各方甚至第三方可能会期望政府充分支持该项目,甚或一旦项目公司破产,政府最终会自行承担费用将其接管。凡无意作这种默示担保的,应作出适当规定说明政府参与项目的限度。

(C) 补贴

42. 当项目公司的实际收入低于某一最低水平时,一些国家使用关税补贴来贴补项目公司的收入。在项目公司必须运营的某些领域提供服务,可能不会赢利,因为需求低或运营成本高,或因为项目公司被要求以低成本向一部分人群提供服务。因此,某些国家的法律授权政府为项目公司提供补贴,以使其能以较低的价格提供此项服务。

43. 补贴通常采用向项目公司直接付款的形式,一次性付款或者按专用于补充项目公司收入的计算付款。在后一种情况下,政府应确保建立适当机制,核查对项目公司的补贴付款额的精确性,如在项目协议中就审计和财务公开作出规定。直接补贴的可替代办法是,允许项目公司以赢利较多的活动获得的收入对不太赢利的活动进行交叉补贴。为此,可以在同一份特许中将赢利和不太赢利的活动或业务领域相结合,或允许项目公司对单独的或较为赢利的辅助活动进行商业化开发(见第48—60段)。

44. 然而,重要的是立法机构要考虑到向项目公司提供补贴的实际影响及可能的法律障碍。例如,补贴被认为损害竞争,并且许多国家的竞争法禁止提供法律未明确授权的补贴或其他形式的直接财政援助。补贴也有可能不符合颁布国根据区域经济一体化或贸易自由化的国际协定应予承担的国际义务。

(D) 政府担保

45. 在有关私人融资基础设施的项目中,"政府担保"一词有时用以指由颁布国政府提供的两类担保中的任何一类。第一类包括由颁布国政府签发的用于补偿订约当局违反根据项目协议所承担义务的担保。第二类包括该政府不阻止项目公司行使根据项目协议赋予它的某些权利或从该国法律所派生的权利,如在项目结束时汇回利润的权利。不论这些担保采取何种形式,重要的是政府和立法机构考虑到政府是否有能力对其面临的项目风险作出评价并有效地应对这种风险,同时确定政府在其能够承担直接债务或不确定债务方面的可接受程度。

(i) 订约当局的履约担保

46. 当订约当局是不涉及政府本身责任的单独或自主的法人时,可使用履约担保。此项担保可以颁布国政府或公共金融机构的名义提出。订约当局还可采取国际金融机构签发并得到政府反担保支持的担保形式(见第61—71段)。政府提供的担保会是保护项目公司不受订约当局或其他根据项目协议承担具体义务的公共当局违约影响的有用文书。使用这种担保最常见的情况包括以下几种:

(a) 承购担保。根据这些安排,政府保证项目公司向公共实体供应的商品和服务得到付款。往往在涉及电力部门"承购"协议所规定的付款义务时使用付款担保（见第四章"基础设施的建造和运营：立法框架和项目协议"，第50段）。当项目公司的主要或唯一的客户是政府垄断单位时，这种担保可能格外重要。如果该担保书由国际金融机构签发，项目公司和贷方则更为放心。

(b) 供应担保。还可为项目公司提供供应担保，使其不致由于提供该设施运营所需要的商品和供应——如燃料、电或水——的公营部门实体违约而受到影响，或保证支付订约当局根据供应协议应付的赔款。

(c) 一般担保。这些担保旨在保护项目公司不受订约当局任何形式违约——而非违背特定的义务——的影响。尽管一般履约担保可能并不常见，但在某些情况下，项目公司和贷方会将其视为实施项目的必要条件。例如，当订约当局承担了与其清偿能力不相称的义务时就会出现这种情况，如市政当局或其他自治实体授予很大的特许权。政府担保对于确保依约履行可能是有益的，例如，当颁布国政府承诺代替订约实体实施某项行为时（如为处理副产品提供适当的地点）。

47. 总的说来，重要的是不要高估政府担保的效力，以为单凭这种担保足以保护项目公司不受订约当局违约的影响。除了其目的是确保依约履行外，政府担保通常具有补偿职能。因此，一旦订约当局违约，政府担保不会取代合适的合同补救办法（见第四章"基础设施的建造和运营：立法框架和项目协议"，第140—150段）。可用不同形式的合同补救办法或多种方法结合处理各种违约事件，如一旦出现违约及涨价或由于订约当局的行为造成项目实施另外延期而导致合同展期时采用预定的违约赔偿金。此外，为了降低政府的风险并减少要求支付担保金的风险，最好考虑采取措施，鼓励订约当局履行其根据项目协议所承担的义务或作出努力控制违约的根源。这种措施可包括担保人对订约当局的明示代位求偿权或使用内部控制机制以确保订约当局或其代理人在出现如肆意或任意违背其根据项目协议所承担的义务并导致要求兑现政府担保时能确定责任。

(ii) 防止政府不利行为的担保

48. 这里所说的担保与保护项目公司不受订约当局违约影响的履约担保不同，它是针对颁布国其他当局损害项目公司的权利或以别种方式严重影响项目协议实施的行为的担保。这种担保通常称作"政治风险担保"。

49. 国内法中所考虑的一种担保形式包括外汇担保，这种担保通常有三个功能：担保本地收入可兑换为外币；保证能提供所需的外币及保证能将兑换的金额转移至国外。外汇担保在涉及大量以外币而非当地货币表示的债务的私人融资基础设施项目中是常见的，尤其是在不能自由兑换外币的国家。某些法律还规定，此种担保可用银行为项目公司签发的担保书作为保证。提供外汇担保，通常不是为了保护项目公司和贷款人不受汇率波动或市场引发的贬值风险的影响，这些被看作普通商业风险。但是，当项目公司因当地货币急剧贬值而无力用外币偿债时，实际上政府有时同意援助项目公司。

50. 另一种重要的担保形式可能是向公司及其股东保证,没有足够的补偿不会征收其财产。这种担保一般针对没收项目公司在颁布国拥有的财产及将项目公司本身国有化,即没收项目公司的资本股份。在涉及外国直接投资的法律和双边投资保护条约中通常对这类担保都有规定(见第七章"其他相关的法律领域",第4—6段)。

(E) 税收和关税优惠

51. 颁布国政府支持私人融资项目实施的另一种方法可以是提供某种形式的税收和关税减免或优惠。关于外国直接投资的国内立法往往提供特别税制以鼓励外国投资,而且在某些国家中已可看出明确向参与私人融资基础设施项目的外国公司实行这种税制的好处(另见第七章"其他相关的法律领域",第34—39段)。

52. 典型的免税或优惠包括免除所得税或利得税,或设施的财产税,或免除贷款应收利息的所得税及项目公司所承担的其他财政义务。一些法律规定,所有与私人融资基础设施项目相关的交易将免除印花税或类似费用。在某些情况下,法律规定了某些优惠的纳税待遇,或规定项目公司将从一般给予外国投资的同样优惠纳税待遇中受益。有时税收优惠采取一种更为优惠的所得税率形式,并且在项目开始几年中逐年减少免税额。有时此种减免及优惠还提供给项目公司所雇用的承包商,尤其是外国承包商。

53. 有时用于促进私人融资基础设施项目进一步的税收措施是对为项目提供贷款的外国贷款人免除预扣税款。在许多法律制度下,如一笔贷款或债务系由当地组建的公司直接或间接地承担,或可以从当地赚取的收入中扣除,则此种贷款或债务的一切有关利息、佣金或费用,均可为税收目的而视为本地收入。因此,基础设施项目的本地和外国贷款人都有缴纳颁布国所得税的义务,可要求项目公司从支付给非颁布国居民的外国贷款人款项中扣除这项所得税。颁布国贷款人缴纳的所得税一般在项目公司与贷款人间的谈判中加以考虑,并会增加项目的财务费用。在某些国家,对于某些被认为是旨在促进或加强颁布国的经济或技术发展或认为在其他方面对公共有影响的对非居民的付款,主管机关有权免除预扣税款。

54. 除了税收优惠或免税外,国内法有时通过免除关税的办法为进口项目公司使用的设备提供便利。这种减免规定一般适用于向该国进口的旨在进行初步研究、设计、建设和运营基础设施项目的设备、机械、附件、原材料和材料的进口税。如果项目公司希望在国内市场上转让或出售这些进口设备,通常需获得订约当局的许可,并需根据该国的法律支付相关的进口税、周转税或其他税款。有时,法律授权政府免征关税或保证不将税额提高到有损项目的程度。

(F) 保护免受竞争

55. 政府支持的另外一种形式可包括保证在某一时间内不开发竞争性的基础设施项目或者没有任何政府机构直接或通过其他特许公司同该项目公司进行竞争。这类保证相当于提供这样一种担保:向特许公司提供的这种专营权(见第一章"立法和体制基本框架",第20—22段)不会在该项目周期内取消。在项目公司和贷款人看来,保护免受竞争是参与颁布国基础设施开发的关键条件。某些国内法载有政府承诺不鼓励或不支持实施会对该项目公司造成竞争的类似项目的规定。在某些情况下可把政府以下承诺写入法律:未经项目公司的同意,政府将不对此项专营权条款作有损于项目公司的改动。

56. 这类规定旨在使项目资助人和贷款人坚信授予项目时所依据的基本假定将受到尊重。但这些规定可能不符合颁布国根据区域经济一体化和贸易自由化协定所承担的国际义务,此外,还可能限制政府根据公众利益的需要应付对有关服务需求增加的能力,或限制其确保向各类用户提供此项服务的能力。因此,重要的是认真地考虑到有关各方的利益。例如,规定的收费标准虽有利于收费道路的经营获利,但有可能超过低收入阶层的支付能力。因此,订约当局可能特意保持一条向公众开放的免费公路,以此作为新建收费道路的替代。与此同时,如果订约当局决定更新或改进这条替代道路,运输量就会从项目公司所建造的收费道路上分流出去,影响其收入量。同样,政府可能希望以自由竞争的方式提供长途电话业务,以扩大服务面并降低电信服务的成本(关于竞争问题的概述,见"导言和私人融资基础设施项目的背景资料",第24—29段)。然而,此项措施的后果可能是大大损害项目公司的预期收入。

57. 一般来说,授权政府酌情保证,如无适当的补偿,项目公司的专营权不会因以后政府政策的改变而受到不当的影响。但是,运用法律规定使得政府日后无法更改相关政策的可能性这一行为并不可取。应在有关情势变化的合同规定中规定各当事方处理将来此种变化对项目公司的可能后果(见第四章"基础设施的建造和运营:立法框架和项目协议"第121—130段)。值得考虑的是,可授予订约当局相应权利,同项目公司就因订约当局后来开办的竞争性基础设施项目或因政府的同等措施对项目公司的专营权产生的不利影响所造成的损失或损害应付的补偿进行谈判。

(G) 辅助收入来源

58. 为实施私人融资基础设施项目提供支持的另一种形式是,允许项目公司通过提供辅助服务或利用其他活动的附加特许权使其投资多样化。在某些情况下,还可利用其他收入来源作为项目公司的补贴,以便对主要服务实行低价或受控的价格政策。如果辅助活动足以赢利,便可能增强该项目在资金上的可行性。例如,对现有桥梁征税的权力会刺激实施新的收费桥项目。不过,辅助收入来源的重要性是相对的,不应过分强调。

59. 为了允许项目公司从事辅助活动,政府有必要获得立法授权,以给予项目公司相应权利以使用属于订约当局的财产(如用于建造维修区的邻近公路的土地),或对订约当局建造的设施收取使用费。如有必要控制此项开发或者可能要扩展这些辅助活动,经订约当局的许可,项目公司方可大规模扩展用于辅助活动的设施。

60. 根据某些法律制度的规定,由政府提供的某些类型的辅助收入来源可视为独立于主要特许的一种特许,因此,建议审查对项目公司签署运营辅助设施合同可能作出限制的自由权(见第四章"基础设施的建造和运营:立法框架和项目协议",第100—101段)。

D. 国际金融机构提供的担保

61. 除了由颁布国政府直接提供的担保外,像世界银行、多边投资担保机构及区域开发银行也可进行担保。此种担保通常保护项目公司免遭某种政治风险,但在某些情况下,还可对违反项目协议的情况提供保障,如项目公司由于订约当局不履行义务而不偿还其贷款。

(一) 由多边贷款机构提供的担保

62. 除了向政府和公共当局贷款外,世界银行及区域开发银行等多边贷款机构也制订了向私营部门提供贷款的方案。有时它们还向公营和私营部门项目的商业贷款人提供担保。在多数情况下,由这些机构所提供的担保必须经由颁布国政府反担保。

63. 多边贷款机构提供的担保旨在减轻下列风险:私人贷款人及不具备能力评价的主权债务违约,或长期贷款违约。例如,世界银行所提供的担保一般涉及如下文综述的特定风险(部分风险担保)或处于融资期间特别时段的所有信贷风险(部分信贷担保)。多数区域开发银行都按类似于世界银行的条件提供担保。

(A) 部分风险担保

64. 部分风险担保涵盖了由于不履行绝对合同义务或某些不可抗拒的政治事件所引起的特定风险。当出现因不履行政府及其机构承诺的合同义务导致不履行偿债义务时,此类担保进行支付。此类担保的担保范围可包括各种类型的不履约,如未遵循商定的规章制度,包括定价办法;未交付投入,如向私营电力公司供应的燃料;未对产出付款,如政府公用事业单位从电力公司购买的电或当地公营分销公司购入的水;未对由政府行为或政治事件造成项目延迟或中断提供补偿;程序上的拖延;以及外汇管制法律或条例上的不利变化。

65. 当多边贷款机构参与一个项目的融资时,有时候它们提供的融资形式是,一旦出现诸如政治风险而造成违约,放弃它们本该向项目公司提出的追索权。例如,如果项目未完工的理由是政治风险,接受项目公司完工担保的多边贷款机构则可认可该项目公司无法履行此项担保。

(B) 部分信贷担保

66. 部分信贷担保提供给具有政府反担保书的私营部门借款人。这种担保的目的是在私人贷款人提供的贷款的正常使用期过后支付部分逾期未付的融资,一般用于有私营部门参与,并需要长期资金才能在财务上维持下去的项目,部分信贷担保一般延长贷款的到期日,其担保范围包括不偿还偿债安排中某一指定部分的情形。

(二) 由多边投资担保机构提供的担保

67. 多边投资担保机构向成员国中的项目提供长期政治风险保险，必须用于源自成员国并用于发展中成员国家的新投资。凡有助于现有项目扩大、现代化或融资结构重新调整的新投资以及涉及国有企业私有化的收购，都有资格获得该项担保。外国投资的合法形式包括自有资本、股东贷款及由自有资本持有人签发的贷款担保，但需满足该贷款及贷款担保至少为期三年。也可对非本行业的借款人提供的贷款进行担保，只要同时对该项目股东投资也进行保险即可。其他合法投资形式有技术援助、管理合同及特许和许可协议等方式，但至少为期三年，并且给投资者的报酬应与该项目的运营结果挂钩。多边投资担保机构对下列风险提供保险：外币划拨限制、征用、违反合同、战争及内乱。

(A) 划拨限制

68. 多边投资担保机构提供外币划拨担保的目的类似于由颁布国政府提供的政府外汇担保(见第49段)。该担保可保护投资者免受因无法将本地货币(资本、利息、本金、利润、使用费及其他汇款)换为外币后转出颁布国而造成的损失。该担保还可防止因颁布国政府的行为或不行为，外汇管制法律或条例的不利变化及限制本地货币兑换和划拨的条件恶化致使买进外币的延期。外币贬值不在保险范围之内。从投资者那里收到被冻结的本地货币后，多边投资担保机构即以其担保合同的货币支付补偿。

(B) 征用

69. 此项担保可弥补因颁布国政府可能减少或取消对已上保险的投资的所有权、控制或权利而造成该项投资的损失。除了直接的国有化和没收外，"逐步"征用——一系列经过一段时间后具有征用后果的行为——也在保险范围内。对于部分征用(如没收资金或有形资产)则提供有限的保险。颁布国政府在行使其正当的管理权时所采取的善意、非歧视性措施不在保险范围内。对于全部征用股本投资，多边投资担保机构对已上保险的投资支付其账面净值。对于资金的征用，多边投资担保机构则支付被冻结投资中投保的部分。对于贷款和贷款担保，该机构则对未结清的本金和任何应计未付的利息进行保险。投资者对被征用的投资的权益(如贷款协议中的自有资本股份或利息)一旦转让给多边投资担保机构，立即支付补偿金。

(C) 违反合同

70. 此项担保的目的在于防止颁布国政府违背或拒绝履行与投资者订立的合同所造成的损失。一旦出现所指称的违约或拒付情形，投资者须根据相关合同援用纠纷解决机制(如仲裁)要求判给损害赔偿金。在规定的时间之内，如投资者未收到款项，或由于颁布国政府的行动致使纠纷解决机制未能发挥作用，则由多边投资担保机构支付赔偿金。

(D) 战争及内乱

71. 此项担保是防止因颁布国的政治引发的战争行为或内乱,包括革命、叛乱、政变、破坏和恐怖活动,使有形资产遭受损坏、毁坏或消失而造成的损失。对于股本投资,多边投资担保机构将向投资者支付其应得的资产账面价值的最小额,重置资产的费用或修复被损资产的费用。对于贷款和贷款担保,多边投资担保机构将支付直接因战争和内乱破坏项目资产而造成拖欠的本利中的投保部分。如果项目关系到全面财政维持能力的项目运营中断达一年之久,战争和内乱的保险范围也应将其包括在内。当投资出现损失时,方可认为此类经营中断确已存在。此时,多边投资担保机构将支付已投保的全部股本投资的账面价值。

E. 由出口信贷机构和投资促进机构提供的担保

72. 从出口信贷机构和投资促进机构可获得防止某些政治、商业及金融风险的保险以及直接贷款。一些国家已建立了出口信贷机构和投资促进机构,以协助该国商品或服务的出口。出口信贷机构代表为该项目供应商品和服务的国家的政府。多数出口信贷机构都是信用及投资保险人国际联盟(伯尔尼联盟)的成员,其主要目标包括促进国际合作和有利的投资环境;制定并维护健全的出口信贷保险原则;制定并维持国际贸易信贷的纪律。

73. 尽管提供的支持因国而异,但出口信贷机构一般提供两类保险:

(a) 出口信贷保险。就私人融资基础设施项目而言,出口信贷保险的基本目的是,一旦允许出口商品和服务的国外买主推迟付款,向卖方提供支付担保。出口信贷保险采取"供应方信贷"或"买方信贷"保险安排的形式。根据供应方信贷的安排,由买方签发的可转让票据(如汇票或本票)证明的延期付款,出口商和进口商就其达成一致。经证明信用可靠后,出口商可获得本国出口信贷机构的保险。按照买方信贷的方式,买方的支付义务由出口方银行供资,而出口方银行则从出口信贷机构获得保险。出口信贷一般分为短期(偿还期一般在两年以下)、中期(一般两到五年)和长期(五年以上)。由出口信贷机构提供的官方支持可采取"纯保险"的方式,这种方式意味着向出口商或贷款机构提供的保险或担保没有资金支持。官方支持还可以采取"融资支持"的形式,其范围包括向国外买方提供直接信贷、再融资及各种形式的利率支持。

(b) 投资保险。出口信贷机构可以直接向借款人或出口商提供某些政治和商业风险的保险。政治和商业风险一般包括战争、叛乱或革命;征用、国有化或收购资产;货币不可兑换;缺少外币供应。由出口信贷机构提供的投资保险一般保护在海外设立的项目公司的投资者抵御这种受保风险,但并不保护项目公司本身。投资保险的保险范围通常是各种政治风险。准备承保此类风险的出口信贷机构一般要求受保险方提供充分的颁布国法律制度的资料。

74. 若经济合作与发展组织(经合组织)成员国的出口信贷机构对供应商为买

方信贷交易提供支持,必须符合经合组织官方支持出口信贷准则(又称"经合组织共识")。此项安排的主要目的是提供适当的体制框架,通过官方对出口信贷的支持以防止不公平的竞争。为避免该补贴扰乱市场,该准则规定了由政府支持的保险、担保或直接贷款的条款和条件。

三、特许公司的选定

A. 概　　述

1. 本章论述的是私人融资基础设施项目的授予方法和程序。依照工发组织[①]和世界银行[②]等国际组织的建议,《指南》表示会优先采用竞争性筛选程序,同时对有时按照有关国家的法律传统在不经过竞争程序的情况下授予特许权的行为表示认可(另见第85—88段)。

2. 本章所述的筛选程序介绍了《贸易法委员会货物、工程和服务采购示范法》(以下简称"贸易法委员会采购示范法")[③]所规定的服务采购主要方法的某些特点。鉴于私人融资基础设施项目的特殊需要,如其中明确界定的预选阶段,本章作了若干修改。本章还在必要时提请读者参阅《贸易法委员会采购示范法》的规定,这些规定经适当变通后可以补充本文所述的筛选程序。

(一)《指南》所涉及的筛选程序

3. 私人投资基础设施可采取多种形式,且都要求采用特殊的方法挑选特许公司。为便于讨论《指南》所论述的挑选基础设施项目的可能方法,可以将基础设施私人投资分为以下三种主要形式:

(a) 收购公用事业企业。私人资本可以通过收购公用事业企业的有形资产或股份而向公共基础设施进行投资。此种交易通常是依据关于授予处置国有财产的合同的规则进行的。在许多国家,公用事业企业股份的出售要求事先获得立法机关的批准。处置方法通常包括在证券市场上出售股票,或采用竞争性的程序,如拍卖或招标,从而将财产授予报价最高的合格当事方。

(b) 提供公共服务但不开发基础设施。在其他各类项目中,服务提供商拥有并经营所有必要的设备,而且有时为了提供有关的服务而与其他供应商展开竞争。有些国家法律制定的特别程序规定,国家可通过发放专有或非专有"许可证"授权私营实体提供公共服务。符合法律规定或许可证发放当局提出的资格要求的有关当事

[①] 《工发组织建设—运营—移交准则》,第96页。
[②] 国际复兴开发银行《利用世界银行和国际开发协会贷款进行的采购》,华盛顿特区,1996年,第3.13(a)段。
[③] 《贸易法委员会货物、工程和服务采购示范法》及其所附的颁布指南由联合国国际贸易法委员会1994年5月31日至6月17日在纽约举行的第二十七届会议上通过。

方,均可公开向其发放许可证。有时,许可证发放程序包括向有关合格当事方进行公开拍卖。

(c) 建造和经营公共基础设施。在有关公共基础设施建造和经营的项目中,私营实体既要准备工程建设又要向公众提供服务。这类合同的授予程序在某些方面类似于工程和服务的公共采购程序。国家法律为公共采购提供了多种方法,有招标程序这种步骤分明的竞争方法,也有步骤不大分明的与潜在供应商谈判的方法。

4. 本章主要论述适用于这样一些基础设施项目的筛选程序:考虑到日后的私有经营(即第 3(c) 段所述的经营),选定的私营实体对有关的基础设施进行实物建造、修理或扩建工程负有义务。本章不具体论述通过发放许可证或类似程序来选择公共服务供应商或只是通过增加资本或出售股权来处理国有财产的其他方法。

(二) 筛选程序的总体目标

5. 为了授予基础设施项目的合同,订约当局或可适用颁布国法律已经规定的方法或程序,或可制定专门适用于该目的的程序。无论采用哪种情况,重要的是确保此类程序总体上有利于达到公共合同授予规则的基本目标。下文将对这些目标进行简要讨论。

(A) 讲求经济和效率

6. 就基础设施项目而言,讲求经济是指选定能够以最有利的价格并按所要求的质量建造工程和提供服务,或者提出最佳商业建议的特许公司。在多数情况下,采用促进投标人相互竞争的程序最能有效地实现经济的目标。因为竞争能够促使投标人报出最有利的条件,并鼓励其采用有效或创新的技术或生产方法降低成本。

7. 不过,应当指出,竞争不一定要求大批投标人参加某一特定的筛选程序。特别是就大型项目而言,订约当局可能想将投标人数限制在可以控制的数目内(见第 20 段)。只要有适当的程序,订约当局甚至可以在竞争人数有限的情况下利用有效的竞争。

8. 让外国公司参与筛选程序通常也能促进经济目标的实现。外国公司的参与不仅能扩大竞争群,还有利于订约当局及其颁布国获得本国所缺的技术。如果国内没有订约当局需要的那种专门知识,则可能需由外国公司参与筛选程序。国家若希望从外国参与中获得好处,应当确保有关的法律和程序有利于外国公司的参与。

9. 讲求效率是指在合理的时限内选定特许公司,使订约当局和投标参与人的行政负担减少到最低限度,成本控制在合理范围内。除了因低效率的筛选程序(如因挑选推迟或行政费用高)而可能给订约当局造成的直接损失之外,费用过高和手续过于烦琐也会导致项目总成本增加,甚至打消合格公司参加筛选程序的念头。

(B) 促进筛选程序的公正性和增进对其的信任

10. 特许公司筛选规则的另一个重要目标是促进这种程序的公正、增进公众对这种程序的信任。因此,适当的挑选制度通常会包含以下规定:确保投标人受到公平对待,减少或制止主持筛选程序的人员或参与该程序的公司有意或无意滥用该程序的行为,以及确保作出正确的挑选决定。

11. 促进筛选程序的公正性有助于增强公众对筛选程序和整个公营部门的信任。在通常情况下,除非投标人相信自己会受到公平待遇,且投标书或报盘有被接受的合理机会,否则不愿意花费时间和大量资金参加筛选程序。投标人若确实参加了中标可能性低的筛选程序,很可能会提高项目费用,以弥补较大的风险和较高的参与费用。确保筛选程序的健全运行能够削弱或消除此种意向,并为订约当局创造更有利的条件。

12. 为防止包括订约当局雇员在内的政府官员出现腐败行为,颁布国应当建立有效的惩治制度。惩治内容可包括刑事处罚,适用于管理筛选过程的官员及参与筛选过程的投标人的非法行为。还应当避免个人利益与所担负职责之间的冲突,例如,要求订约当局的官员及其配偶、亲属和合伙人不得拥有参与筛选过程的公司的债权或股权利益,或者同意担任此类公司的董事或职员。此外,关于筛选程序的法律应当责成订约当局拒绝下述当事方的报盘或投标书:该方直接或间接地向订约当局或其他公共当局的任何现任或前任官员或职员提供或同意提供任何形式的酬金、就业建议或其他任何有价值的物品或服务,以此作为订约当局就筛选程序采取某种行为、作出某个决定或执行某类程序的利诱。这些规定还可用其他措施来补充,例如,要求应邀参加筛选过程的所有公司保证既不设法以不正当的方式对参与选择程序的政府官员作出的决定造成不当影响,也不在其他方面通过串通或其他非法做法影响竞争的公正性(即所谓"公正协定")。另外,有些国家采用的采购做法要求投标人保证其未曾准许或将不准许采购实体的任何官员从合同或合同授予过程中获得任何直接或间接的好处。违反此种规定一般构成违反合同的基本条款的行为。

13. 作出适当规定,保护投资人在筛选程序中提供的专利信息的机密性,可以进一步培养投资人对筛选程序的信任。这应当包括充分保证订约当局在处理投标书时避免把投标书内容透露给其他竞标人;任何讨论或谈判对外均保密;投标人可能列入其标书的行业信息或其他信息均不向其他竞争者透露。

(C) 法律和程序的透明度

14. 提高挑选特许公司的法律和程序的透明度有助于实现已经提到的各种政策目标。有透明度的法律是指在该法律环境中订约当局和投标人应遵守的规则和程序完全公开,不过分复杂,而且以系统规范和简单易懂的方式加以表述。有透明度的程序则是指该程序能确保投标人查明订约当局遵行的程序及其所作决定的依据。

15. 促进透明度和明确责任制的最重要方法之一是要求订约当局保存筛选程序的记录(见第120—126段)。记录这些相关程序的关键性资料可方便作为受害方的投标人行使谋求复查的权利。这反过来又有助于确保筛选程序的规则尽量做到自我监督和自我约束。此外,在法律中提出适当的记录要求,将便于公共当局行使审计或监督职能,并在授予基础设施项目方面督促订约当局对公众负责。

16. 参与筛选程序的当局作出的决议需要经过行政和司法程序的审查,讲求经济、效率、公正性和透明度必然能够提高这种审查制度的可用性(见第127—131段)。

(三)私人融资基础设施项目筛选程序的特点

17. 一般来说,按步骤分明的正式程序促进众多投标人进行竞争,是授予公共合同力求经济的最佳途径。国内法通常把招标等竞争性筛选程序规定为货物或工程采购的正常情形所适用的规则。

18. 竞争性筛选程序采用正式程序并具有客观性和可预测性的特点基本上为促进竞争、透明度和效率提供了最佳条件。因此,工发组织一直建议在私人融资基础设施项目中使用竞争性筛选程序,并拟订了关于如何安排这些程序的详尽而切实可行的指导意见。世界银行提供贷款所规定的采购原则,也提倡使用竞争性筛选程序,并规定依照世界银行所接受的投标程序选定的特许公司,一般可以自由采用自己的程序授予执行项目所需的合同。但是,如果特许公司本身不是依据这种竞争程序选定的,分包合同的授予则必须依照世界银行可接受的竞争程序进行。

19. 不过,应当注意的是,私人融资基础设施项目的竞争性筛选程序迄今尚未专门拟订国际示范法。另外,关于货物、工程或服务采购的竞争程序的国内法律不一定完全适用于私人融资基础设施项目。授予私人融资基础设施项目的国际经验实际上显示出竞争性筛选程序的传统形式(如招标方法等)存在的一些局限性。下文将简要讨论私人融资基础设施项目提出的特殊问题,从这点看来,政府可考虑为特许公司的选定修改此类程序。

(A)邀请投标人的范围

20. 私人融资基础设施项目的授予程序复杂、费时且费钱,而且大多数基础设施项目规模庞大,仅此一点就减少了向大批具有合适资格的投标人征求投标书的。实际上,如果竞争范围过大,并且投标过程中出现了不切实际的投标书或不合格的投标人,那么合格的投标人就可能不愿意参加高价值项目的采购程序。因此,不经过预选阶段的公开招标通常不适合授予基础设施项目。

(B)项目要求的界定

21. 在建筑工程的传统公共采购中,采购当局通常以工程主人即雇主的身份出现,而被选定的承包商则担任施工者的角色。采购程序强调应由承包商提供投入,而由订约当局明确规定建设什么、如何建设和依靠什么手段建设。因此,建筑工程的招标书通常附有大量详细的采购工程和服务种类的技术规格。在这种情况下,订约当局负责确保这些规格适合于拟建的那类基础设施,以及这种基础设施的高效运作。

22. 不过,对于许多私人融资基础设施项目来说,订约当局可以设想由公营部门和私营部门分担不同的责任。在这类情况下,某种基础设施的需要确定之后,订约当局也许宁愿让私营部门负责提出满足这种需要的最佳解决方案,但须遵守订约当局可能提出的某些要求(例如,管理、性能和安全要求,提供充分的证据证明建议的技术解决方案先前已经试用过,而且符合国际上可接受的安全标准和其他标准)。这样,订约当局使用的筛选程序可以更加注重于项目预期的产出(即提供的货物或服务),而不是实施工程的技术细节或用以提供这些服务的手段。

(C) 评价标准

23. 对于公共当局出资、所有和运营的项目,货物、建筑工程或服务一般使用核准的预算拨款资金来采购。由于资金来源通常有保证,采购实体的主要目标是力求从花费的资金中获取最大价值。因此,在这类采购中,从灵活应变和技术上可接受的投标书中(即已达到质量和技术标准的招标书)选出中标者的决定因素通常在于建筑工程报出的全盘价格,而计算依据则是工程成本和承包商负担的其他费用加上一定幅度的利润。

24. 相反,私人融资基础设施项目一般要求在财务上自立,开发和经营成本从项目本身的收益中回收。因此,除了建筑和经营成本及用户所支付的费用外,还需要考虑一系列其他的因素。例如,订约当局必须仔细考虑项目的财务和商业可行性、投标人提出的财务安排的健全性,以及所使用的技术解决方案的可靠性。即使不涉及政府担保或付款,此种利害关系也存在,因为项目未完成而出现费用大大超支或超过预期维护成本的情况,往往对全面提供所需服务及对颁布国舆论产生负面影响。另外,订约当局将着眼于制定资格和评价标准,以充分确保有关公共服务提供的连续性,并适当地提高其利用的普遍性。此外,鉴于基础设施的特许期通常很长,订约当局有必要查清经营阶段安排的健全性和可接受性,并仔细权衡投标书的服务内容(见第74段)。

(D) 与投标人的谈判

25. 招标程序的相关法律和条例往往禁止订约当局与承包商就其提交的投标书进行谈判。此种严格的禁令也载于《贸易法委员会采购示范法》第35条,即谈判可能导致"拍卖",也就是说,订约当局可能用甲承包商报出的投标书对乙承包商施加压力,迫使其报出更低的价格或对订约当局更有利的投标书。此种严格禁令,一般要求,按传统采购程序选定的提供货物或服务的承包商,签署在采购程序期间提供给它们的标准合同文件。

26. 授予私人融资基础设施项目的情况则有所不同。此种项目难度大、时间长,订约当局和选定的投标人不可能不进行谈判和调整,就根据项目的特殊需要修改项目协议草案的条款。对于涉及新开发的基础设施项目而言,情况尤其如此。在这种情况下,财务和担保安排的最终谈判只能在选定特许公司后进行。不过,重要的是确保谈判以透明的方式进行和不致改变开展竞争的基础(见第83和84段)。

(四) 筛选程序的准备工作

27. 多数情况下,授予私人融资基础设施项目是一项复杂的工作,需要有关办事机构进行仔细的规划和协调。政府通过确保提供充分的行政和人员支持进行它所选定的筛选程序,在增强对筛选过程的信任方面起着不可或缺的作用。

(A) 任命授标委员会

28. 筛选程序准备工作中的一项重要的准备措施是任命授标委员会。授标委员会将负责评价投标书并向订约当局提出授标建议。任命合格、公正的人员进入评选委员会不仅是高效评估投标书的要求,而且能够进一步增强投标人对筛选过程的信任。

29. 另一个重要的准备措施是任命独立顾问,他们将在筛选程序过程中协助订约当局。在此早期阶段,订约当局可能需要得到独立专家或顾问的服务,以协助制定适当的资格和评价标准、确定性能指标(以及必要时确定项目规格),并编写发给投标人的文件。订约当局也可以聘用咨询服务和顾问,协助订约当局评价投标书、起草和谈判项目协议等。咨询人员和顾问的帮助特别大,他们可带来颁布国公务员体系中不一定总能具备的各种各样的技术专门知识,例如,技术或工程咨询(如关于项目或装置的技术评估、合同的技术要求);环境咨询(如关于环境评估、运作要求);或财务咨询(如关于财务预测、筹资来源的审查、评估债务与股本之间的适当比率和起草财务资料文件)。

(B) 可行性研究和其他研究

30. 如上文所述(见第一章"立法和体制基本框架",第 25 段),政府对拟建基础设施项目应当采取的初始步骤之一是对其可行性进行初步评估,包括经济和财务两方面,如项目的预期经济利益、经营基础设施的成本估计和预期的潜在收入。选择作为私人融资项目来发展基础设施,要求对项目的可行性和财务维持能力得出肯定的结论。项目的环境影响评估工作通常也应由订约当局负责,并作为可行性研究的组成部分。有些国家发现,规定由公众以某种形式参与初步评估项目的环境影响及评估用以尽量缩小这种影响的各种选择方案是有益的。

31. 在启动选定未来特许公司程序前,订约当局最好审查并按要求扩大初步研究。有些国家建议订约当局在邀请私营部门提交投标书前,应拟订用作参照的示范项目(典型的情况包括估计资本投资、经营和维护成本等)。此种示范项目旨在证明基础设施商业性经营的可行性以及项目在投资总成本和公众代价方面的可承受性。这类示范项目也将为订约当局提供有用的手段用以对投标书进行比较和评价。如果有证据表明订约当局对项目的技术、经济和财务假设以及私营企业拟发挥的作用作过认真审查,则会增强投标人的信任。

(C) 文件的编写

32. 授予私人融资基础设施项目的筛选程序一般要求编制大量文件,其中包括项目概要、预选文件、征求投标书通告、编写投标书的指示和项目协议的草案。订约当局发布的文件的质量和明晰度对确保筛选程序高效、透明地进行起着重要作用。

33. 以十分精确的用语编写的标准文件可能是促进投标人与预期贷款人和投资人之间谈判的一个重要因素,同时也有助于在处理某个部门大多数项目面临共同问题时确保一致。不过,在使用标准合同条款时,最好考虑到某个具体项目可能出现在编写标准文件时未预计到的问题,或者该项目可能需要采取与标准条款不同的特殊解决办法。还应当审慎地考虑到,需要适当兼顾特定类型项目协议应有的统一性和寻找具体项目解决办法时所需的灵活性。

B. 投标人的预选

34. 鉴于私人融资基础设施项目的复杂性,订约当局不妨将日后邀请提交投标书的投标人数限制在符合某些资格标准的投标人范围内。传统的政府采购的预选程序可能包括核实某些正规要求,例如,提供适当的证据,证明技术能力或以前在该类采购方面的经验,以便使达到预选标准的投标人能自动进入投标阶段。相反,私人融资基础设施的预选程序可能涉及评估和挑选的内容。例如,订约当局对预先选定的投标人排列名次,就可能属于此种情况(见第48段)。

(一) 参加预选程序的邀请通知

35. 为了增进透明度和竞争力,可取的做法是广泛公开邀请承包商参加预选程序,从而形成有效的竞争。许多国家的法律指定用以公布预选进程邀请通知的出版物,通常是官方公报或其他官方出版物。为了促进外国公司参与和尽量推动竞争,订约当局不妨按照国际贸易惯用语在国际发行范围广的报纸上安排刊登预选程序邀请通知,或者刊登在国际广泛发行的贸易出版物类或技术类或专业类杂志上。联合国秘书处新闻部出版的《发展商务》是一种可以考虑用来刊登此种通知的途径。

36. 预选文件应当载有充分的信息,使投标人能够弄清项目所需的工程和服务是否属于它们所能提供的那一类,如果是这样,它们该如何参与筛选程序。除了指明拟建设或整修的基础建筑外,预选程序邀请通知还应包含关于项目其他主要要素的信息,例如,特许公司将提供的服务、订约当局设想的财务安排(如项目是否完全将由使用费或通行费供资,或是否将提供公款作为直接投资、贷款或担保),以及概要说明筛选程序结束后将订立的项目协议的已知主要条款。

37. 除此之外,预选程序邀请通知还应包含按公共采购一般规则通常列入预选文件中的那类资料。[①]

[①] 例如,编写和提交预选申请书的指示;投标人为证明其资格而必须提交的任何书面证据或其他信息;以及提交申请书的方式、地点和截止日期(见《贸易法委员会采购示范法》第7条第3款)。

(二) 预选标准

38. 一般情况下,应要求投标人证明,它们具有实施项目所需的专业和技术资格、资金和人力资源、设备和其他物质设施、管理能力、可靠性和经验。对于私人融资基础设施项目,可能特别有关的附加标准包括项目财务方面的管理能力和曾经经营公共基础设施项目或在管理监督下提供服务的经验(如以往业绩的质量指标、投标人先前实施过的项目的规模和类别);项目拟雇用的重要人员的经验水平;足够的组织能力(包括建造、运营和维修设备的最低水平);支持该项目工程设计、建造和运营各阶段所需资金的能力(如有证据表明投标人有能力为项目提供足够数额的自有资本,由声誉良好的银行提供充分证据,证明投标人有良好的财政实力)。资格要求应当涵盖基础设施项目的各个阶段,视情况而定可包括财务管理、工程设计、建造、运营和保养等。另外,应当要求投标人表明他们符合颁布国的一般采购法中通常要求适用的其他资格标准。

39. 订约当局需要考虑的一个重要方面,即某个特定项目的授予与政府对于有关部门的政策之间的关系(见"导言和私人融资基础设施项目的背景资料",第21—46段)。如果谋求竞争,政府可能关心确保有关市场或部门不为一家企业所支配(例如,在特定地区内,同一家公司不得经营超过某一限定数目的当地电话公司)。为执行此种政策并避免由已经在某一经济部门得到特许权的投标人支配市场,订约当局似应在预选文件中列入关于授予新特许权的规定,限制此种投标人的参与或防止其再得到另外的特许权。为了保持透明度,最好由法律规定,如果订约当局保留以这些理由或类似理由拒绝投标书的权利,就必须在预选程序邀请通知中适当说明此种情况。

40. 资格要求应一视同仁,适用于所有投标人。订约当局不应实施任何未在预选文件中列明的标准、要求或程序。在审查投标联营集团的专业和技术资格时,订约当局应考虑联营集团成员各自的专业化情况,并评估联营集团成员的资格合起来是否足以满足项目各个阶段的需要。

(三) 有关投标联营集团参加的问题

41. 鉴于大多数基础设施项目规模庞大,有关公司一般通过为此目的而组成的联营集团参加筛选过程。因此,要求投标联营集团成员提供的信息应涉及整个联营集团及每个相关参加者。为方便与订约当局联系,可以在预选文件中要求每个联营集团指定其中一名成员作为联络点,负责与订约当局进行一切通信联系。订约当局通常最好要求投标联营集团的成员提交宣誓证词,保证如被授予合同,将根据项目协议以联营集团的名义承担共同和单独责任,或者订约当局可自行保留权利,在以后阶段要求选定的联营集团成员建立实施项目的独立法人实体(另见第四章"基础设施的建造和运营:立法框架和项目协议",第12—18段)。

42. 订约当局还有必要仔细审查联营集团及其母公司的组成情况。可能存在这样的情况,即一家公司直接或通过其子公司加入不止一个联营集团,提交同一项目的投标书。这种情况不应允许出现,因为它增大了信息泄露或造成联营集团之间相互串通的风险,从而破坏筛选程序的可信度。因此,最好是在预选程序邀请通知中规定,合格的联营集团的每一成员,无论是直接参与还是通过子公司参加,均只能有一次投标权。有关联营集团和各成员公司若违反该规定,则应被取消投标资格。

(四) 预选与国内优惠

43. 有些国家的法律规定给予国内实体某种优惠待遇,或对保证利用本国货物或劳力的投标人给予某种特殊待遇。此类优惠或特殊待遇可作为一项重要的资格标准(如国内参与联营集团的最低百分比),或者作为参加筛选程序的一个条件(如任命一个国内合伙人作为投标联营集团的领导人)。

44. 国内优惠待遇可能引起种种问题。首先,这种优惠按有些国际金融机构的指导原则是不允许使用的,而且可能不符合许多国家依据区域经济一体化或贸易便利协定订立的国际义务。同时,从颁布国角度看,重要的是权衡利弊,勿使订约当局丧失更好的办法满足本国基础设施需要的可能性。还有一点很重要,不允许完全与外国竞争隔绝,以防本国有关工业部门在效率和竞争力上长期处于低水平。为此,许多既希望向本国供应商提供某些刺激的同时又利用国际竞争的国家并不打算完全排斥外国参与或提出限制性的资格要求。国内优惠可采取特殊评价标准的形式,为本国投标人或提议在本国市场上采购用品、服务和产品的投标人确定一个优惠幅度。《贸易法委员会采购示范法》第 34 条第 4(d)款规定的优惠幅度方法,比带有主观性的资格或评价标准具有更高的透明度。此外,它允许订约当局优先考虑接近国际竞争标准的本国投标人,而且这样做并非完全排斥外国竞争。如果打算优先考虑本国投标人,则应当事先宣布,最好是在预选程序邀请通知中宣布。

(五) 资助参加筛选程序的费用

45. 预选文件收取的费用应当只是印刷预选文件和向投标人提供这些文件的成本,不应当以此作为限制投标人数的补充手段。此种做法不仅无效,而且还增加了本就不低的参与费用。编写基础设施项目投标书花费大,而且筛选程序不一定能导致授予合同的风险也较高,这可能成为有些公司不愿加入联营集团提交投标书的原因,当它们不熟悉颁布国使用的筛选程序时尤其是这样。

46. 因此,有些国家允许订约当局为预选选定的投标方作出补偿,例如,如果项目因预选选定的投标人无法控制的原因而不能进行,则对投标人进行补偿;或者如果个别情况下涉及复杂的问题而且竞争质量有望大大提高,则可以担负这些投标人在预选阶段后承担的费用。如果同意给予此种资助或补偿,则应在预选程序邀请通知发出的早期阶段告知潜在的投标人。

(六) 预选程序

47. 对于投标联营集团就澄清预选文件提出的任何请求,如果订约当局是在提交申请书截止日期前合理的时限内收到的请求,订约当局均应作出答复,以便投标人及时提交其申请书。对于任何请求,如果有理由认为与其他投标人有关,应在不指明提出请求者的情况下将此种答复告知所有已由订约当局提供了预选文件的投标人。

48. 在一些国家,筛选程序的实践性指导文件会促使本国订约当局将预期投标书的数量限制到最少,以充分确保有意义的竞争(如限制三或四份投标书)。为此,考虑到该项目的性质,这些国家在技术、管理及财务标准方面采用定量评级系统。就使用两种标准的优点来看,定量预选标准比定性预选标准更易于实行且更加公开透明。然而,在制定定量评级系统时,应该避免对订约当局就评估投标人资格的自由裁量权的不必要限制。订约当局可能同样需要考虑这样一个事实,即多边金融机构的采购指导方针禁止采用预选程序,旨在将投标人的数量限制在预先决定的范围之内。如果采用此类评级系统,订约当局应当在预选文件中明确表明上述情况。

49. 预选阶段结束后,订约当局通常会拟定一份预选投标人的最终候选名单,随后邀请它们提交投标书。订约当局有时遇到的一个实际问题涉及筛选程序期间关于投标联营集团成员变动的建议。从订约当局的角度来看,对于预选阶段结束后替代联营集团个别成员的建议,谨慎从事一般是可取的。联营集团组成的变化可能大大改变订约当局最后敲定预选选定的投标联营集团候选名单的基础,并可能使人对筛选进程的公正性产生疑问。通常,只应允许预选选定的投标人进入筛选阶段,除非订约当局确信,联营集团的新成员基本上与联营集团退出的成员一样符合预选标准。

50. 虽然不应在评价阶段再次衡量预选投标人所使用的标准,但是订约当局不妨自行保留这样的权利,即在筛选过程的任何阶段均可要求投标人再次按照同样的预选标准证实自己的资格。

C. 征求投标书的程序

51. 本节讨论向预选选定的投标人征求投标书的程序。本节所述程序在若干方面类似于按《贸易法委员会采购示范法》规定的服务采购优先方法采用的投标书征求程序,但作了某些必要的修改,以适应授予基础设施项目的订约当局的需要。

(一) 程序的阶段

52. 投标人的预选阶段结束后,建议订约当局审查其原始可行性研究报告和所界定的产出及性能要求,并根据预选程序期间获取的信息考虑是否有必要修订这些要求。在此阶段,订约当局应已确定是利用单阶段还是两阶段来征求投标书的问题。

（A）单阶段程序

53. 采用单阶段还是两阶段程序征求投标书，将取决于合同的性质，取决于能否精确界定技术要求及是否利用产出结果（或性能指标）来选定特许公司。如果订约当局认为，拟定性能指标或项目规格达到必要的精确程度是可行且可取的，可将筛选程序安排为单阶段程序。在此种情况下，投标人预选结束后，订约当局将直接发出征求投标书的最后通告（见第59—72段）。

（B）两阶段程序

54. 但是，在有的情况下，订约当局无法十分详细和精确地拟定项目规格或性能指标，因此也就无法依据这些规格或指标统一拟定、评价和比较投标书。例如，订约当局还未确定何种技术和物质投入适合有关项目（如用于桥梁的建筑材料类型），可能就属于此种情况。在此类情况下，从获得最大价值的观点看，如果订约当局未与投标人讨论报盘的确切能力和可能的变动就根据它拟定的规格或指标着手进行，可能是不可取的。为此，订约当局不妨将筛选进程分为两个阶段进行，在与投标人进行讨论方面允许有某种程度的灵活性。

55. 如果将筛选程序分为两个阶段，初次征求投标书的通告一般要求投标人就有关项目的产出规格和该项目的其他特点及提议的合同条款提交投标书。招标书将允许投标人按照界定的服务标准报出各自能达到特定基础设施要求的方案。此阶段提交的投标书一般包括基于概念性设计或性能指标的解决方案，但不包括财务内容，如预期的价格或报偿水平。

56. 如果合同安排的条款已为订约当局所知，应将条款列入征求投标书通告中，可以采用项目协议草案的形式。了解某些合同条款，如订约当局设想的风险分配等，对于投标人很重要，可便于它们拟定其投标书并与潜在的贷款人讨论项目的"融资可能性"。对这些合同条款特别是订约当局设想的风险分配条款的初步反应，可有助于订约当局评估原来设想的项目的可行性。不过，重要的是要能将征求投标书的程序同项目授予后就最后合同进行的谈判区别开来。这一初步阶段的目的是使订约当局日后能够要求在单独的一组参数的基础上进行最后竞争。在这一阶段发出初步投标邀请通知后，还不能谈判合同条款进而最后授予合同。

57. 此后，订约当局可召集投标人开会澄清有关征求投标书通告和所附文件的问题。在第一阶段，订约当局可与任何投标人讨论其投标书的任何方面。订约当局应对投标书保密，避免将其内容泄露给其他竞标人。任何讨论都需保密，未经对方同意，讨论的一方不应向任何其他人披露任何有关讨论的技术、财务或其他方面的信息。

58. 讨论环节之后，订约当局应审查并视情况修订初步的项目规格。在拟定这些修订的规格时，应允许订约当局删除或修改在征求投标书通告中原先提出的项目技术或质量特点的任何方面，以及原先在这些文件中为评价和比较投标书而规定的任何标准。任何此类删除、修改或增加，均应在邀请提交最后投标书的通告中告知投标人。应允许不想提交最后投标书的投标人退出筛选程序，而不得没收可能要求其提交的任何保证金。

(二) 最后征求投标书通告的内容

59. 在最后阶段,订约当局应邀请投标人提交关于修订的项目规格、性能指标和合同条款的最后投标书。征求投标书通告一般应包括一切必要资料,使投标人能据此提交既满足订约当局的需要又便于订约当局以客观和公正的方式作出比较的投标书。

(A) 提供给投标人的一般资料

60. 提供给投标人的一般资料应视情况包括通常列入采购货物、工程和服务的招标邀请文件或征求投标书通告中的那些事项。[①]尤其重要的是,透露订约当局用来确定成功投标书的标准及此种标准的相对重要性(第 73—77 段)。

(i) 关于可行性研究报告的资料

61. 提供给投标人的一般资料中最好包括如何准备可行性研究报告的指示,因为可能要求投标人在提交最后投标书时一并提交此类研究报告。可行性研究报告应包括下列方面,例如:

(a) 商业可行性。特别是在以无追索权或有限追索权方式融资的项目中,至关重要的是确定对项目产出的需要,以及评价和预测建议的项目经营期内的此类需要,包括预期的需求(如公路的交通量预测)和定价(如通行费)。

(b) 工程设计和经营可行性。应要求投标人证明它们建议的技术,包括设备和工艺在内,是否适合于本国、当地和环境状况,是否有可能达到计划的性能水平,以及建筑方法和时间表是否恰当。这份研究报告还应界定用以后续经营和维护竣工设施而拟议的组织、方法和程序。

(c) 财务可行性。应要求投标人说明在建筑和经营阶段的融资来源,包括借入资本和股本投资。虽然在多数情况下贷款协议和其他融资协议要到项目协议签署后才签订,但仍应要求投标人提供充分的证据以证明贷款人按规定提供融资的意向。在有些国家,还要求投标人说明按拟议融资安排而相应投入的资本实际费用计算所预期得到的内在资金回报率。此类信息旨在使订约当局得以审议特许公司拟收取的费率或价格是否合理和可以承受,及其日后提价的潜在可能性。

(d) 环境影响。这项研究应当指明对环境可能产生的消极或不利影响等项目后果,并说明采取的必要补救措施,以确保符合有关的环境标准。这份研究报告应酌情考虑国际金融机构以及全国、省级和地方当局颁布的相关环境标准。

---

① 例如,编写和提交投标书的指示,包括提交投标书的方式、地点和截止日期,以及投标书的有效期和任何有关投标担保的要求;投标人可据以谋求澄清征求投标书通告的手段和订约当局在这一阶段是否打算召开投标人会议的声明;开启投标书的地点、日期和时间及开启和审查投标书所遵循的程序;以及评价投标书的方式(见《贸易法委员会采购示范法》第 27 和 38 条)。

(ii) 关于投标担保的资料

62. 为弥补撤回投标书或选定的投标人未能缔结项目协议而可能造成的损失,订约当局对于拟由投标人提供的任何投标担保的出具人及担保的性质、形式、数额和其他主要条件的任何要求均应出现在征求投标书通告里。为了确保公平对待所有投标人,凡直接或间接提及对提交投标书的投标人在行为上的要求的,应只限于以下方面的行为:在提交投标书截止日期以后或在截止日期以前(如果征求投标书通告中有此规定)撤回或修改投标书;未能达成最后财务安排;未按订约当局的要求签署项目协议;以及投标书已获接受后未提供履行项目协议所要求的担保或未遵守征求投标书通告规定的在签署项目协议前的任何其他条件。应当列入保障条款,以确保只能为规定目的而公平地提出投标担保要求。[①]

(iii) 投标人的资格

63. 凡在发布征求投标书通告之前未进行投标人的预选,或订约当局保留要求投标人再次证明其资格的权利,征求投标书通告中应列明需由投标人提供的可证实其资格的有关资料(见第38—40段)。

(B) 项目规格和性能指标

64. 规格的精确程度,以及投入和产出要素之间的适当平衡,将受诸如基础设施的类型和所有制,以及公营部门与私营部门的责任分担等问题的考虑的影响(见第21—22段)。订约当局一般最好牢记项目的长远需要,而且拟定其规格的方式应使它能够获得足够的信息来选择提议以最优经济条件提供最高质量服务的投标人。订约当局在拟定项目规格时最好是适当界定所要求的产出和性能,而不要过多规定如何实现的方式。项目规格和性能指标一般包括下列项目:

(a) 项目和预期产出的说明。如果服务要求有特定的建筑物,如运输终点站或机场,订约当局不妨仅提供大概的规划概念,说明性地将场地划分为使用区,区别于传统施工服务采购通常的做法,即提供说明各座建筑物地点和大小的平面图。然而,凡订约当局认为必须要求投标人提供详细的技术规格的,征求投标书通告中至少应包括如下资料:拟实施的工程和服务的说明,包括技术规格、计划、图样和设计;实施工程和提供服务的时间表;运营和维护设施的技术要求。

(b) 可适用的最低限度设计和性能标准,包括适当的环境标准。性能标准一般根据设施产出所预期的数量和质量进行拟定。偏离有关性能标准的投标书应视为不合乎要求。

[①] 《贸易法委员会采购示范法》第32条规定了某些重要的保障条款,其中尤其要求在最先出现的下述任何一种情况后,订约当局不得对投标担保金提出要求,而应迅速归还投标担保文件或促成其归还:(a)投标担保期满;(b)项目协议生效和提供了履行合同的担保(如果征求投标书通告要求这样的担保);(c)挑选程序终止而项目协议未生效;或(d)在提交投标书期限之前撤回投标书,除非征求投标书通告明文规定不允许撤回。

(c) 服务质量。对于涉及提供公共服务的项目,性能指标应包括说明所应提供的服务和订约当局评价投标书时采用的有关质量标准。适当情况下,应提及公共服务提供商扩大服务和服务连续性方面的任何一般义务,以满足所服务的社区或地区的需求,确保使用者可以不受歧视地得到服务,并准予其他服务提供商按照项目协议中确定的条款条件得以不受歧视地进入由特许公司运营的任何公共基础设施网络(见第四章"基础设施的建造和运营:立法框架和项目协议",第82—93段)。

65. 应当指示投标人提供必要的资料,以便订约当局就各投标书的技术可靠性、运营可行性以及是否符合质量标准和技术要求进行评估,这些资料包括如下:

(a) 初步工程设计,包括拟议的工程进度表;

(b) 包括运营和维护费用在内的项目成本和拟议的融资计划(如拟提供的股权出资或债务);

(c) 投标项目拟议运营和维护的安排、方法和程序;

(d) 服务质量说明。

66. 上述每种性能指标可要求投标人依照即将授予的项目提交补充信息。例如,为授予在某一特定区域供电的特许权,性能指标可以包括最低限度技术标准:(a)对消费者供电的额定电压(和频率)波动;(b)停机时间(按每年小时表示);(c)停机频次(按每年次数表示);(d)损耗;(e)接通新客户所需时日;(f)客户关系的商业标准(如支付账单所需天数、重新接通装置所需天数、答复客户申诉所需天数)。

(C) 合同条款

67. 招标文件最好说明订约当局期望如何分担项目的风险(另见第二章"项目风险和政府支持"和第四章"基础设施的建造和运营:立法框架和项目协议")。这一点对于确定用何种讨论方式来谈判项目协议的某些细节很重要(见第83和84段)。如果对风险分担问题完全不作考虑,投标人会谋求尽量减少它们接受的风险,这可能达不到寻求私人投资开发项目的目的。此外,征求投标书通告应载有关于订约当局设想的合同安排主要内容的信息,例如:

(a) 特许期或要求投标人就特许期提出投标书的邀请;

(b) 调整价格的公式和指数;

(c) 有可能提供的政府支持和投资刺激;

(d) 担保要求;

(e) 监管机构可能提出的要求;

(f) 涉及外汇汇款的货币规则和条例;

(g) 收入分成安排;

(h) 酌情说明特许公司在项目期结束时需要转让给订约当局或提供给后继特许公司的资产种类;

(i) 如果挑选新的特许公司经营现有基础设施,说明将提供给该特许公司的资产和财产;

(j) 可以提供给中标投标人的任何替代、补充或辅助收入来源(如利用现有基础设施的特许权)。

68. 应当指令投标人提供必要的资料,以便订约当局以此评价投标书的财务和商业要素以及投标书是否符合提议的合同条款。财务投标书通常应包含下述资料:

(a) 如果特许公司的收入主要包括基础设施客户或用户支付的通行费、手续费或其他费用,则此类项目的财务投标书应说明建议的价格结构。如果特许公司的收入预期主要是订约当局或另一个公共当局摊还特许公司投资的付款,则此类项目的财务投标书应说明建议的摊还付款和偿还期。

(b) 依据投标文件规定的折扣率和汇率而提议的价格或直接付款的现值。

(c) 如果估计项目需要政府的资助,则说明此种资助的水平,视情况包括期望政府或订约当局提供的任何补贴或担保。

(d) 投标人在建造和经营阶段承担的风险程度,包括意外事件、保险、股本投资和防止此类风险的其他担保。

69. 为了限制和清楚地确定评价投标书之后进行谈判的范围(见第83和84段),最后征求投标书通告应说明项目协议中的哪些条款被认为是不可谈判的。

70. 订约当局有必要要求投标人在所提交的最后投标书中载列必要证据,表明投标人的主要贷款人可接受征求投标书通告中概述的拟议商业条款和风险分担。这种要求可能有助于抗拒在最后谈判阶段要求重新订立商业条款的压力。有些国家要求投标人先在项目协议草案上签字,然后连同其最后投标书一并退给订约当局,以此确认它们接受所有条款而且不对其提出具体的订正建议。

(三) 澄清和修改

71. 订约当局修改征求投标书通告的权利很重要,这可以使它能够获得必要的条件以满足其需要。因此,似应允许订约当局不论出于主动还是应投标人的澄清要求,而修改征求投标书通告,在提交投标书截止日期前的任何时候发布增补通告。不过,如果作出的修改合理地要求投标人用更多的时间来编写投标书,则应延长提交投标书的截止日期。

72. 一般来说,订约当局必须及时将澄清意见连同引起澄清的问题及修改内容通知已由订约当局发出征求投标书通告的全体投标人。如果订约当局召开投标人会议,它应编写会议记录,记载会上提出的澄清征求投标书通告的要求及对这些要求的答复,并将记录副本发给投标人。

(四) 评价标准

73. 授标委员会应当按照事先公布的技术评价标准的评级办法对每份投标书的技术和财务要素进行评分,并以书面方式说明评分的理由。一般来说,对订约当局重要的是在有关实物投资(如建筑工程)的评价标准与有关基础设施的运营和维护及有关特许公司拟提供的服务的质量评价标准之间取得适当的平衡。应当适当强调订约当局的长远需要,特别是对确保按规定质量和安全程度连续提供服务的需要。

(A) 对投标书技术内容的评价

74. 技术评价标准旨在便利参照投标文件规定的规格、指标和要求从技术、经营、环境和融资方面评估投标书的可能性。如果可行,订约当局适用的技术标准应当力求客观和用数量表示,以便能够客观地评价投标书并在共同的基础上加以比较。这减少了任意和专断决定的概率。关于筛选过程的条例可以详细规定如何拟定和运用此类因素。关于私人融资基础设施项目的技术投标书通常按照下列标准评价:

(a) 技术健全性。如果订约当局已经制定了最低的工程设计和性能规格或标准,项目的基本设计应符合这些规格或标准。投标人应证明其建议建筑方法和时间表的可靠性。

(b) 经营可行性。建议的经营和维护完工设施的组织、方法和程序必须精确界定,应当符合规定的性能标准,并应表明其可行。

(c) 服务质量。订约当局使用的评价标准可以包括分析投标人维持和扩大服务的方式,包括为确保其连续性而作的保证。

(d) 环境标准。建议的设计方案和拟用的项目技术应当符合征求投标书通告中规定的环境标准。应当恰当地指明投标人建议的项目对环境产生的任何消极或不利影响等后果,包括相应的补救措施或减轻措施。

(e) 增强因素。项目承建人为使投标书更具吸引力而制定的其他条款,如与订约当局分享收益、减少政府担保或降低政府支持水平等。

(f) 社会及经济发展的潜力。根据这条标准,订约当局应该考虑投标人提供的社会与经济发展的潜力,包括给贫困阶层和处境不利企业带来的利益,国内投资和其他商业活动,促进就业,给国内供应商保留某些生产、技术转让以及开发经营管理、科技和作业技能。

(g) 投标人的资格。如果在发布征求投标书通告之前订约当局并未进行预选,则订约当局不应接受不合资格的投标人提交的投标书。

(B) 对投标书财务和商业内容的评价

75. 除了用于投标书技术评价的标准外,订约当局还需要规定评估和比较财务投标书的标准。通常用于评估和比较财务投标书的标准酌情包括下述方面:

(a) 特许期内拟收取的通行费、手续费、单位价格及其他收费的现值。就特许公司的收入预计主要包括基础设施客户或用户支付的通行费、手续费或其他收费的项目而言,最后投标书的财务内容的评估和比较一般以依照规定的最低设计和性能标准建议的特许期内通行费、手续费和其他收费的现值为基础。

(b) 订约当局拟提供的任何直接付款的现值。就特许公司的收入预计主要来自于订约当局为摊还特许公司投资而支付的款项的项目而言,最后投标书的财务内容的评估和比较一般以依照规定的最低设计和性能标准、计划和规格而建议的拟建筑设施的摊还付款安排的现值为基础。

(c) 设计和建筑活动的费用、年度经营和维护费、资本费用和经营维护费的现值。订约当局最好把这些内容包括在评估标准中,以便于评价投标书的财务可行性。

(d) 政府可能提供的资助数额。投标人期望或要求政府采取的资助措施应包括在评估标准中,因为它们可能给政府带来重大的直接或紧急财政责任(见第二章"项目风险和政府支持",第30—60段)。

(e) 拟议财务安排的健全性。订约当局应评估所提的融资计划,包括股本投资与债务的拟议比率是否足以应付项目的建造、运营和维护费用。

(f) 对建议的合同条款的接受程度。对征求投标书通告所附合同条款提出的改动或修改(如那些有关风险分摊或赔偿付款的规定),可能给订约当局造成重大的财务影响,应当认真加以审查。

76. 对建议的通行费、手续费、单位价格或其他费用进行比较,是确保对同样符合要求的投标书进行选择的客观性和具有透明度的一个重要因素。但是,对于订约当局来说,重要的是仔细审议这一标准在评估过程中的相对重要性。对于授予私人融资基础设施项目来说,"价格"概念通常并不具有它对于采购货物和服务的同等价值。实际上,特许公司的报酬常常是用户支付的收费(费用)、辅助收益来源和授予合同的政府实体直接补贴或付款三者的结合。

77. 由此得出的结论是,虽然预期产出的单价保留其作为评价投标书的一个重要因素的作用,但不一定总是把它视为最重要的因素。尤其重要的是全面评价投标书的财务可行性,因为它有利于订约当局审查投标人是否有能力执行项目及是否有可能日后提价。这一点很重要,可避免把项目授予那些报价虽有吸引力但低得不近现实以图一旦获得特许权即可提价的投标人。

(五) 投标书的提交、开启、比较和评价

78. 应当要求投标书采用书面形式,经签字后装在密封袋内提交。提交投标书截止日期后订约当局收到的投标书不应开启,而应退给提交的投标人。为了确保透明度,国家法律经常规定开启投标书的正式程序,通常在征求投标书通告预先规定的时间开启,而且要求订约当局允许提交了投标书的投标人或它们的代表在开启投标书时在场。此种要求有助于尽可能减少更改或篡改投标书所带来的风险,而且也是保证程序公正的重要措施。

79. 鉴于私人融资基础设施项目很复杂,而且通常用于授予项目的评价标准很多,订约当局最好采用两步走的评价方法,在考虑财务标准之前先单独考虑非财务标准,避免对财务标准的某些要素(如单位价格)给予不适当的分量,从而损及非财务衡量标准。

80. 为此,有些国家要求投标人分别拟定技术和财务投标书并分装在两个封袋

内提交。两个封袋的做法有时使用,因为它使订约当局能够在不受财务部分影响的情况下评价投标书的技术质量。不过,有人批评这种方法违背授予政府合同的经济目标。特别是据说存在着一种危险,即一开始仅仅依据技术上的优缺点而不考虑价格就选择投标书,订约当局在开启第一个封袋时可能难免选择报出具有技术优势的工程的投标书,而否定报出解决方案不很先进但能以较低的总成本满足订约当局需要的投标书。世界银行等国际金融机构不同意对它们供资的项目采用两个封袋的做法,因为它们担心这种方法为在评价投标书时更多地利用酌处权提供机会,并使得客观地比较投标书更加困难。

81. 作为两封袋方法的替代办法,订约当局可以要求将技术和财务投标书合成单份投标书,但是安排分两个阶段评价,就如《贸易法委员会采购示范法》第42条规定的评价程序那样。在初始阶段,订约当局一般按照征求投标书通告中规定的标准,确定技术投标书中质量和技术方面的起始点,并按照此种标准和征求投标书通告规定的这些标准的相对分量和适用方式评定每份技术投标书。然后,订约当局对达到或超过起始点评分的财务和商业投标书加以比较。如果连续评价技术和财务投标书,订约当局一开始应先确定技术投标书初步看起来是否符合征求投标书的通告的要求(亦即它们是否包含要求在技术投标书中涉及的所有事项)。不完整的投标书,以及偏离征求投标书通告的投标书,应当在本阶段否决。虽然订约当局可以要求投标人澄清它们的投标书,但本阶段不应谋求、提议或允许改动投标书中的实质性事项,包括作出改动使不符合要求的投标书变为符合要求。

82. 除了决定是利用两封袋方法还是利用两阶段评价程序外,对于订约当局来说,重要的是披露每项评价标准所给的相对分量和此种标准运用于投标书评价的方式。可以利用两种可能的办法在投标书的财务与技术方面做到适当的平衡。一种可能的办法是把在价格和非价格评价标准两方面合起来获得最高评分的投标书视为最有利的投标书。或者,以建议的产出价格(如水费或电费、通行费的数额)作为在符合要求的投标书中确定中标投标书的决定因素。无论如何,为了促进筛选过程的透明度和避免不恰当地使用非价格评价标准,适宜的做法是,假如授标委员会选定的投标书并不是报出最低产出单价的投标书,应提供书面的理由说明。

(六) 最后谈判和授予项目

83. 订约当局应当根据征求投标书通告规定的评价标准将所有符合要求的投标书排出名次,并邀请获得最高分的投标人,就项目协议的某些要素进行最后谈判。如果两个或两个以上的投标书获得最高评分,或者两个或两个以上投标书的评分只有很小差别,订约当局应当邀请评分基本相同的所有投标人前来谈判。最后谈判的内容应限于确定交易文件的最后细节和满足选定投标人的贷款人的合理要求。订约当局面临的一个特殊问题是与选定的投标人的谈判时有可能导致对方施加压力,要求修正投标书中原先所载的价格或风险分担条款,给政府或消费者带来不利。不应允许变更投标书中的关键性内容,因为这可能改变作为投标书提交和评分依据的假设。因此,这一阶段的谈判不得涉及最后征求投标书通告中认为不可谈判的那些合同条款(见第 69 段)。通过坚持要求被选定的投标人的贷款人表明其赞同在各投标人展开竞争的阶段所体现在投标中的风险分担,就能进一步尽量减少在晚期重新讨论商业条款的风险(见第 70 段)。订约当局的财务顾问可为这一过程作出贡献,就投标人的投标书是否现实和每个阶段何种财务承诺合适等问题提供咨询意见。达成资金安排的过程本身可能相当漫长。

84. 订约当局应当通知其他符合要求的投标人,在与评级较高的投标人不能通过谈判达成项目协议的情况下,仍会考虑与它们谈判。如果订约当局明显看出,与应邀的投标人的谈判达不成项目协议,它应通知该投标人终止谈判,并根据等级排名邀请下一个投标人谈判,直至达成项目协议或否定其他所有投标书为止。为了消除弊端和避免不必要的拖延,订约当局不应与已经与其终止谈判的任何投标人重新开始谈判。

D. 不经过竞争程序授予特许权

85. 按照某些国家的法律传统,私人融资基础设施项目涉及由订约当局授予的提供公共服务的权利和义务。因此,这些项目受特殊的法律制度所管辖,在许多方面,其不同于在授予采购货物、工程或服务的政府合同时普遍适用的法律制度。

86. 假如要求的服务具有特殊性(如复杂性、投资数额大和完成工期紧),这些国家所使用的程序可以强调订约当局的自由选择,并从专业资格、财力、确保服务连续性的能力、对用户的同等待遇和投标书的质量等角度选择最适合它需要的经营者。授予其他政府合同通常采用竞争性选择程序,这种程序有时可能显得过分刻板,对比之下,可优先选用一种具有灵活性高,而且订约当局有酌处权的特定程序。不过,谈判的自由并不意味着任意选择,这些国家通过法律规定了相关程序,以确保选择的过程具有透明度和公正性。

87. 在有些国家,通常情况下招标投标是政府采购货物,获得工程和服务的正常做法,但发给订约当局的指导原则中则建议,尽可能利用谈判方式授予私人融资基础设施项目。这些国家鼓励采用谈判方式的理由是,在与投标人进行谈判时,政府不受预设要求或刻板规定的约束,而是具有更大的灵活性,充分利用投标人在筛选程序中可能提出的创新或替代投标书,并在谈判过程中提出符合基础设施需要的更具吸引力的选择方案时,变动和调整其原有要求。

88. 通常情况下,除结构化竞争程序之外的谈判都具有高度灵活性,有些国家发现,这种方式有利于挑选特许公司。此外,再采取适当办法来确保透明度、公正性和公平性,这些国家进行的此种谈判便可取得满意效果。不过,此种谈判也可能存在若干不利之处,并且在许多国家不大适合用作主要的挑选方法。由于订约当局具有高度灵活性和自由裁量权,在结构竞争程序以外的谈判要求有关人员掌握很高的技能,并且在对复杂项目进行谈判时具有充分的经验。该谈判方法还需要对谈判小组进行合理组建,明确其权限,而且所牵涉的一切部门都应开展高度的协调和合作。因此,如果有的国家没有利用这种方法授予大规模政府合同的传统,利用谈判授予私人融资基础设施项目不一定是可行的备选方法。这些谈判的另一个不利之处是,该方式可能保证不了采用组织更严密的竞争程序所能够实现的透明度和客观程度。在有些国家,还可能有这样的担心:在这些谈判中,自由裁量权越大,就越有可能导致舞弊和腐败行为。鉴于上述情况,颁布国不妨规定将竞争性筛选程序设定为授予私人融资基础设施项目的通常做法,并只对特殊情况保留不经过竞争程序授予特许权的做法。

(一) 特批情形

89. 为了保持透明度及确保项目授予上的工作纪律,一般建议在法律上制定出准许订约当局不经过竞争程序选定特许公司的例外情况。例如,可以包括下列例外情况:

(a) 需要立即提供紧急服务时,采用竞争性筛选程序是一种不切实际的做法,然而,由此引发的紧迫性情况既非订约当局所能预见,也不是它的工作拖拉所造成的。例如,某种服务的供应中断,或现有的特许公司不能以可接受的标准提供服务,或者如果项目协议被订约当局宣布废除,鉴于迫切需要保证服务的连续性,采用竞争性筛选程序成为一种不切实际的做法,那么就可能需要作为特殊情况处理。

(b) 短期项目,而且预期初始投资价值不超过某一规定的低数额。

(c) 出于国防或国家安全原因。

(d) 只有一个源头能够提供所需服务(如由于只有靠利用获得专利的技术或独特的专门技术才能提供),包括某些非邀约投标书的情形(见第 115—117 段)。

(e) 在发出了预选程序邀请书或征求投标书通告之后,无人提交申请书或投标书,或所有的投标书均被拒绝,以及根据订约当局判断,发布新的征求投标书通告也不会因此促成项目的授予。然而,为了减少随意改变筛选方法的风险,只有当原先的征求投标书通告中对此种可能性作出了明文规定时,才应允许订约当局不经过竞争性筛选程序而授予特许权。

(二) 提高不经过竞争程序授予特许权做法的透明度的措施

90. 通过分步骤竞争程序以外的谈判方法进行采购所应遵循的程序,其一般特点是比其他采购方法的程序具有更大的灵活性。其对于当事各方进行谈判和订立合同的过程,几乎没有定出任何规则和程序。在一些国家中,采购法允许订约当局几乎可以毫无限制地按照自行设定的方式进行谈判。另外,有些国家的采购法则规定了谈判的程序框架,以保持公正性和客观性,并鼓励投标人参加,从而促进了竞争。针对谈判筛选程序设立的规定包含下文讨论的各类问题,特别是以下方面:订约当局决定通过谈判选择特许公司需经批准、谈判伙伴的挑选、比较和评价标准,以及筛选程序的记录。

（A）批准

91. 许多国家设定的一项基本要求是，在通过分步骤竞争程序以外的谈判进行挑选前，订约当局必须获得上级当局的批准。此类规定一般要求以书面方式申请批准，并且提出必须利用谈判方法的理由。此项批准要求的目的尤其在于确保只在适当的情况下才使用不经过竞争程序授予特许权的方法。

（B）谈判伙伴的选定

92. 为了尽可能保证授标程序的竞争性，建议订约当局在情况允许下尽量与更多的被判定有可能满足需要的公司进行谈判。除了此种一般规定外，有些国家的法律对于订约当局与之谈判的承包商或供应商的最低人数不作具体规定。不过，有些国家的法律要求订约当局在可能的情况下至少与一定数目的投标人（如三个）进行谈判或向它们邀约招标。在某些情况下，特别是潜在投标人少于最低数目时，允许订约当局与较少的投标人谈判。

93. 为了增加透明度，还有一种可取的做法是要求以特定的方式向投标人发出谈判程序的通知。例如，可以要求订约当局在惯常用于该目的的特定出版物上公布通知。要求发此通知的目的是让更多的投标人获知采购项目，从而促进竞争，否则竞标者会大幅减少。鉴于多数基础设施项目规模庞大，通知通常应载有某些起码的信息（如项目说明、资格要求），并应提前发布以使投标人能够有足够的时间来准备竞标。一般来说，适用于竞争性筛选程序中投标人的正式的合格要求也应适用于谈判程序。

94. 在有些国家，订约当局在投标进程失败后采用谈判方法时（见第 89(e)段），如果所有有资质的投标人都被允许参加谈判或如果没有收到任何投标书，则无须发布通知。

（C）比较和评价建议的标准

95. 为增进分步骤竞争程序以外的谈判具有透明度和有效性，另一项可选用的措施是制定要求投标书所达到的一般标准（如一般性能目标、产出规格）及评价在谈判中所提建议的标准和挑选中标特许公司的标准（如建议的技术优点、价格、经营和维护费用、项目协议的获利能力和发展潜力）。当收到多于一份投标书时，不妨在谈判中引入一些竞争成分。订约当局应当确定看上去符合这些标准的投标书并与每份此类投标书的提交者进行讨论，以便对投标书进行完善和改进，使其达到订约当局满意的程度。这些讨论不涉及每份投标书的价格。当投标书最后敲定时，建议订约当局在已经明晰化了的投标书基础上争取最有利的最终建议。投标人可根据最终建议一起提供有关证据，证明建议中所体现的风险分担是其拟定贷款人所能接受的。随后订约当局就能从收到的最有利的最后建议中挑选出优先投标人。然后订约当局根据谈判邀请书中所述用以选出优胜者特许公司的标准，将项目授予报出"最经济"或"最有利"投标书的当事方。

(D) 通知授予特许权

96. 应当要求订约当局建立筛选程序的记录(见第120—126段),并应公布授予特许权的通知,对于不经过竞争程序授予特许权的情况,除涉及国防或国家安全利益的情形之外,此种通知应对具体情形和理由进行特别披露(见第122段)。有些国家为了增加透明度,还要求把项目协议公布周知,由公众加以检查。

E. 非邀约投标书

97. 某些情况下,私营公司直接找公共当局洽谈,就尚未开始筛选程序的开发项目提交投标书。这些投标书通常叫作"非邀约投标书"。当私营部门认定某种可由私人融资项目满足的基础设施需要时,就有可能提出非邀约投标书。这些投标书也可能涉及有关基础设施管理的创新建议并提供将新技术转让给颁布国的潜在可能性。

(一) 政策考虑

98. 抛弃竞争性筛选程序的要求时常常引用的一个理由是,这样可以激励私营部门上交有关利用新概念或新技术来满足订约当局需求的提案。由于竞争性筛选程序的性质,直到在竞争中胜出,任何投标人都无获得项目的把握。拟定大型基础设施项目投标书的费用很大,这使有些公司不敢贸然参与竞争,担心竞争不过其他投标人。相形之下,私营部门可能从下述规则中看到了提交非邀约投标书的激励因素,这种规则允许订约当局与此类投标书提出者直接进行谈判。订约当局也会对可能直接谈判以激励私营部门为基础设施的发展拟定创新的投标感兴趣。

99. 但同时,在并无其他投标人竞争的情况下依据非邀约投标书授予项目的做法,可能会使政府受到严厉批评,特别是在牵涉专属特许权的情况下。除此之外,包括多边和双边金融机构在内的预期贷款人也可能难以贷款给未经竞争性筛选程序的项目或为其提供担保。它们会担心下一届政府可能会对项目提出异议和取消项目(例如,因为可能日后有人会认为项目的授予背后存在徇私舞弊,或因为相关程序未提供客观的参数来对比较价格、技术要素和项目总效能进行规范),或其他有关当事方可能提出法律或政治异议,如对涨价不满的客户或声称被不公平地排斥于竞争性筛选程序之外的竞争公司。

100. 鉴于上述考虑,对于颁布国而言,重要的是应考虑在授予私人融资基础设施项目通常遵循的程序之外,另制定一套处理非邀约投标书的特殊程序是否必要及是否可取。为此,建议选用的做法可能是分析与非邀约投标书有关的最常提到的两种情况,即非邀约投标书声称涉及利用新概念或新技术以满足订约当局的基础设施需要、非邀约投标书声称满足订约当局尚未认定的基础设施需要。

(A) 声称涉及利用新概念或新技术以满足订约当局基础设施需要的非邀约投标书

101. 一般来说,就要求利用某种工业工艺或方法的基础设施项目而言,订约当局希望鼓励所提交的投标书中含有最先进的工艺、设计、方法或工程概念,而且具有已经得到印证的可提高项目产出的能力(例如,通过大大降低建筑费用,加速项目执行进度,增强安全性,提高项目性能,延长经济寿命,降低设施维护和运行费用,或在项目建筑或经营阶段减少负面的环境影响或防止造成环境破坏)。

102. 采用经适当修改的竞争性筛选程序而不是采用一组特殊的规则来处理非邀约投标书,也有可能实现订约当局的正当利益。例如,如果订约当局应用的筛选程序着重于项目的预期产出,而不规定如何实现产出的方式(见第64—66段),投标人将拥有足够的灵活性,可以提供它们自己的专利工艺或方法。在这种情况下,每个投标人拥有自己的专利工艺或方法这一事实将不构成竞争的障碍,但前提条件是所有建议的方法在技术上都能产生订约当局预期的产出。

103. 针对这些情况,一种更令人满意的解决办法是给竞争性筛选程序增加必要的灵活性,该方法胜过制定特殊的非竞争性筛选程序来处理声称涉及新概念或新技术的投标书。除了其专利概念和专利技术的独特性可以根据现有的知识产权来确定这种可能出现的例外情况外,订约当局很难界定什么是新概念或新技术。作出这种判断,可能需要花费昂贵的费用来聘请独立专家及颁布国以外的专家,以避免被指责带有偏见。在断定一个项目涉及新概念或新技术时,其他声称也掌握合适新技术的有关公司可能提出同样的主张。

104. 但有可能出现一种稍有不同的情形:投标书独具特点或有其新颖之处,如果不利用建议人或其合伙人在全球或区域范围拥有专属权的某种工艺、设计、方法或工程概念,项目就无法执行。某种方法或技术如果存在知识产权,确实可能对竞争性构成妨碍或破坏,而竞争性又具有十分重要的意义。正因为如此,如果货物、工程或服务只能从特定的供应商或承包商获得,或特定的供应商或承包商拥有有关货物、工程或服务的专属权,而且不存在合理的备选或替代来源,多数国家的采购法律都准许采购实体进行单一来源的采购(参见《贸易法委员会采购示范法》第22条)。

105. 在这种情况下,应当准许订约当局直接与非邀约投标书的建议人谈判项目的执行。当然,难点将是如何以必要程度的客观性和透明度来证实除了非邀约投标书设想的方法或技术之外,并无合理的备选或替代来源。为此,建议订约当局制定程序以获取非邀约投标书的对比要素。

(B) 声称满足订约当局尚未认定的基础设施需要的非邀约投标书

106. 此类非邀约投标书的优点在于,它提出了尚未在颁布国当局考虑范围内基础设施发展的潜在可能性。不过,就此情况本身而言,它通常不构成直接谈判授予项目的充足理由,因为在直接谈判中,订约当局并无客观保证来确保其已获得了可满足需要的最有利解决方案。

(二) 处理非邀约投标书的程序

107. 鉴于上述考虑,建议订约当局制定透明的程序,以确定非邀约投标书是否满足所要求的条件及征求此种投标书是否符合订约当局的利益。

(A) 对受理非邀约投标书的限制

108. 为了确保公共开支的合理责任制,有些国家法律规定,如果项目的执行需要订约当局或其他公共当局承担较大的财务义务,如担保、补贴或股本参与,则不得考虑非邀约投标书这种形式。作出该种限制的理由是,处理非邀约投标书的程序一般不及通常的筛选程序详尽,而且不一定能确保本应达到的透明度和竞争性。不过,也许有必要在一定程度上灵活地适用这一条件。在有些国家中,有政府支持但并非政府直接担保、补贴或股本参与(如将公共财产出售或出租给项目建议的提出者),投标书不一定失去按非邀约投标书被对待和接受的资格。

109. 采用非邀约投标书的另一个条件是,该投标书所涉及的项目应是订约当局未开始或未宣布筛选程序的项目。不利用竞争性筛选程序处理非邀约投标书的理由是,鼓励私营部门发现新的或未预料到的基础设施需要,或拟定满足这些需要的创新建议。如果项目已为颁布国当局确定,而私营部门建议的技术解决方案与订约当局设想的有所不同,就不存在接受非邀约投标书的正当理由。在这种情况下,订约当局仍可借助两阶段筛选程序,或邀请在原先预想的筛选程序的范围内提交备选投标书,以利用创新的方案(见第54—58段)。不过,在已经开始或宣布的筛选程序以外受理非邀约投标书,将不符合授予政府合同的公正原则。

(B) 确定非邀约投标书可否接纳的程序

110. 向政府提出私人发展基础设施建议的公司或公司集团应提交初步投标书,初步投标书应载有充分的信息,这些信息应保证订约当局能够初步评估是否达到将其作为非邀约投标书处理的条件,特别是建议的项目是否符合公共利益。例如,初步投标书应当包括下列信息:建议人此前实施项目的经验和财务状况的说明;项目描述(项目类型、地点、区域影响、建议的投资、经营费用、财务评估、需要政府或第三方提供的资金);场所具体情况说明(所有权和土地或其他财产是否需要征用);服务和工程的说明。

111. 经初步审查投标书后,订约当局应在合理期限内通知投标人该项目是否符合潜在的公共利益。如果订约当局认为该项目符合公共利益,应邀请投标人提交一份正式的投标书,除了初步投标书所涉及的内容之外,还应该包含技术和经济的可行性研究(包括特色、成本和利润)和环境影响研究。此外,投标书提交人还应该呈交有关投标书中所构想概念或技术的充分信息。披露的信息应该包含足够的细节以使订约当局能合理地评估该技术和概念,并确定项目是否符合法律规定的条件及项目能否按照所拟议的规模得以顺利实施。投标人应当保留对整个程序期间提交的所有文件的所有权,如果订约当局否决投标书,这些文件则应当退还投标人。

112. 在投标书提交人提交了所有要求的信息后,订约当局应在合理期限内决定是否打算推行此项目,如果打算推行此项目,又将采用什么程序。适当程序的选择应根据订约当局的初步判断作出,即判断如果不利用建议人或其合伙人拥有专属权的工艺、设计、方法或工程概念,项目是否能够执行。

(C) 处理不涉及专利概念或技术的非邀约投标书的程序

113. 如果订约当局经过审查非邀约投标书后确定,此项目符合公共利益,但是不利用建议人或其合伙人拥有专属权的工艺、设计、方法或工程概念,项目也可以执行,则应要求订约当局通过授予私人融资基础设施项目的常规程序授予项目,如本指南提出的竞争性筛选程序(见第34—84段)。不过,筛选程序可包括某些特殊做法,激励建议人提交非邀约投标书。这些激励措施包括:

(a) 订约当局应当保证,在未邀请提交原始投标书的公司的情况下,不会开始进行非邀约投标书所涉项目的筛选程序。

(b) 可对原始投标人提交投标书给予某种形式的奖励。在采用评分办法来评价财务和技术投标书的某些国家,奖励的形式是最后评分上的某种优惠加分(即在该公司财务和非财务评价标准两方面最后综合得分之上加一个百分比)。如果将优惠幅度定得很高而妨碍其他人提出相竞争的有价值的投标,会导致为换取给予创新投标人的优惠而获得一个价值较低的项目,这是此种办法一个可能的缺点。其他刺激形式可包括部分或全额偿还原提交人在拟定非邀约投标书中所支付的费用。为了保障透明度,任何此类刺激措施应在征求投标书通告中宣布。

114. 尽管可以提供激励措施,但一般仍应要求非邀约投标书的提交人基本上达到与参加竞争性筛选程序的投标人同等的资格标准(见第38—40段)。

(D) 处理涉及专利概念或技术的非邀约投标书的程序

115. 如果投标书的创新方面表明,不利用提出者或其合伙人在全世界或区域范围拥有专属权的工艺、设计、方法或工程概念就不可能执行项目,对于订约当局可能有益的做法是,应通过获得非邀约投标书比较要素的程序来印证初步的评估。其中一种此类程序可能是公布投标书主要输出成果的说明(如基础设施的能力、产品或服务质量或单位价格),并邀请其他有关各方在一定期限内提交备选或可比较的投标书。此种说明不应包括非邀约投标书的投入要素(如设施的设计,或拟采用的技术或设备),以避免向潜在的竞争者泄露非邀约投标书提交人的专利资料。提交投标书的期限应与项目的复杂程度相适应,并应使预期的竞争者有足够的时间拟定其投标书。这可能是获得备选投标书的关键因素,例如,投标人可能必须进行详尽的地下地质调查,而原始投标人很可能已进行了数月此项调查,并且希望对地质调查结论加以保密。

116. 征求可相比较或相竞争的投标书的邀请通知应至少在一家普遍发行的报纸上以最低的频度(如每周一次,共三周)予以公布。其中应当说明可以获得投标文件的时间和地点,并应具体说明可以接受投标书的时间。对于订约当局来说,重要的是应保护原始提交人的知识产权,确保不泄露非邀约投标书中包含的专利信息。任何此种信息不应构成投标文件的组成部分。应当要求原始投标人和想提交备选投标书的任何其他公司提交投标担保(见第62段)。按照收到的对邀请书的反馈,可以遵循两种可能的途径：

（a）如果未收到备选投标书，订约当局可以合理地认为，除了非邀约投标书设想的方法或技术之外，并无合理的备选或替代方案。订约当局的这一调查结论应作适当记录，并可以准许订约当局与原始建议人进行直接谈判。适宜的做法可能是由另一当局对订约当局的决定进行审查或批准，订约当局通过直接谈判选定特许公司时一般也需经当局批准（见第89段）。有些国家的法律规定必须采用竞争程序，它们使用这些程序，目的是建立必要的透明度，避免日后人们对提交非邀约投标书后特许权的授予提出质疑。在这些国家，只要发布了一项招标通告，即使并无其他人提出投标书，也可将特许权授予最先提交了非邀约投标书的投标人。这种情况的发生是由于必须遵循竞争程序的规定，此种规定只要求存在有竞争的机会，并不一定要求在实际上出现此种竞争。开诚布公既创造了竞争的可能性，同时又增加了所需的透明度。

（b）如果提交了备选投标书，订约当局应邀请所有投标人参加竞争性谈判，以期确定实施项目最有利的投标书（见第90—96段）。如果订约当局收到的备选投标书数量足够多而且表面看来符合基础设施的需要，就可能有机会参加正式的竞争性筛选程序（见第34—84段），但应给予原始投标书提交人以某种优惠（见第113(b)段）。

117. 应当要求订约当局建立有关筛选过程的记录（第120—126段）并发布一个授予项目的通知（见第119段）。

F. 保　密　性

118. 为了防止滥用筛选程序并提高投标人对筛选过程的信任，重要的是当事各方均应严守秘密，特别是在需要进行谈判时。对于保护投标人可能列入其投标书而且不希望透露给竞争对手的任何行业性或其他方面的资料，这种保密做法尤其重要。不论订约当局采用什么筛选方法，都应做到严守秘密。

G. 授予项目的通知

119. 项目协议中有些条款常常直接关系到订约当局和特许公司以外的当事方，这些当事方理应获知项目的某些基本内容。尤其是当项目涉及直接向公众提供的服务时。为了达到公开透明，可取的做法是制定程序，公布可能关系到公共利益的项目协议条款。无论订约当局使用何种方法选择特许公司（例如，通过竞争性筛选程序，或通过直接谈判或经由一个非邀约投标书），均应执行这一程序。可能会要求订约当局公布授予项目的通知，其中载明拟议协议的构成要件，例如：(a)特许公司名称；(b)对特许公司应实施的工程和服务的说明；(c)特许权的期限；(d)价格构成；(e)对特许公司主要权利和义务及其提供的担保的概括说明；(f)对订约当局监测权和违反项目协议时的补救措施的概括说明；(g)对政府基本义务的概括说明，其中包括政府所提供的任何补助、补贴或补偿；(h)征求投标书通告规定的项目协议中的任何其他必要条款。

H. 筛选和授标程序的记录

120. 为了确保透明度、加强问责制,以及为了便于权利受到侵害的投标人行使其要求审查订约当局决定的权利,订约当局应保存有关筛选程序关键信息的适当记录。

121. 订约当局应保存的记录首先应视情况载有通常要求公共采购应予记录的关于筛选程序的一般信息(如《贸易法委员会采购示范法》第 11 条所列出的信息)及与私人融资基础设施项目特别相关的信息。此种信息可包括下列各项:

(a) 关于订约当局征求投标书的项目的说明;

(b) 参加投标联营集团的公司的名称和地址及参与缔结项目协议的投标集团组成成员的名称和地址;关于公开要求的说明,包括若干份所使用的通告复件或所发邀请书复件;

(c) 如果经过预选的投标人后来被允许改变其组成成员,允许此种改动的理由说明和对任何有关的替代或增补联营集团的资格进行调查的结果;

(d) 有关投标人资格或缺乏资格的信息;评价和比较投标书结果的摘要,包括适用任何优惠幅度的情况;

(e) 订约当局委托的初步可行性研究的结论摘要和由合格投标人提交的可行性研究的结论摘要;

(f) 关于任何要求说明预选文件或征求投标书通告及对其的答复的摘要,以及关于任何修改这些文件的摘要;

(g) 投标书和项目协议上主要条款的摘要;

(h) 如果订约当局认为最有利的投标书不是就预期产出报出了最低单位价格的投标书而是另一投标书,关于授标委员会得出该结论的理由陈述;

(i) 如果所有投标书均遭拒绝,有关此情况及其理由的说明;

(j) 如果与提交最有利投标书的联营集团的谈判和日后与余下符合要求的联营集团的任何谈判均未达成项目协议,有关此情况及其理由的说明。

122. 对于不经过竞争程序授予特许权(见第 89 段),有关筛选程序的记录除可能符合第 121 段中要求的内容之外,还应包括下述附加信息:

(a) 订约当局作为根据进行直接谈判的理由和情况的说明;

(b) 所使用的公开形式或直接被邀请谈判的公司名称和地址;

(c) 申请参加谈判的公司名称和地址,如果排除了某些公司,那些公司的名称和地址及排除其的理由;

(d) 如果这些谈判未产生项目协议,有关此情况及其理由的说明;

(e) 最终选定某公司为特许公司的理由。

123. 对由于提交了非缴约投标书而进行的筛选程序(见第 107—117 段),有关

该筛选程序的记录除可能符合第 121 段中要求的内容之外,还需再包括下述附加信息:

(a) 提交非邀约投标书的公司的名称和地址及其简要介绍;

(b) 订约当局判定非邀约投标书符合公共利益并涉及新概念或新技术(视情况而定)的证明;

(c) 所使用的公开形式或直接被邀请谈判的公司名称和地址;

(d) 申请参加谈判的公司名称和地址,如果排除了某些公司,那些公司的名称和地址及排除的理由;

(e) 如果谈判并未产生项目协议,有关此情况及其理由的说明;

(f) 最终选定某公司为特许公司的理由。

124. 建议记录要求的有关规则具体规定披露范围及确定披露信息的接收方。确定披露范围需权衡以下因素:从订约当局的合理问责出发,广泛披露的总体可取性;需向投标人提供必要信息以确保其在整个过程中评估业绩和发现有正当理由要求加以复审的情况;以及保护投标人商业机密的必要性。鉴于上述考虑,根据《贸易法委员会采购示范法》第 11 条所述,建议提供两种披露类型。拟向一般公众成员提供的信息应限于与订约当局对一般公众负责机制相适应的基本信息。但是,为保证投标人利益,建议提供有关选择程序更加详尽的信息,因为该信息具有必要性,可使投标方监督其在筛选程序中的表现及订约当局在执行适用法律法规时的行为。

125. 此外,应采取适当的措施避免泄露供应商和承包商的商业机密信息。对于在评价和比较投标书方面披露些什么内容,情况尤其如此,此类信息的过度披露可能损害投标人合法的商业利益。通常情况下,订约当局不应披露有关审查、评价和比较投标书以及建议价格的更详尽的内容,但主管法院下令这样做时除外。

126. 限制披露有关筛选程序信息的规定中,并未说明在授予一般公众获取政府文件的普遍权利的国家中,其他法规不适用于记录中的某些部分。依据颁布国适用的法律,须向立法或议会监督机构披露此种记录信息。

I. 审 查 程 序

127. 公正、有效的审查程序,是吸引严谨合格投标人,减少授标过程中所产生的费用与时间的基本要求之一。投标人有权要求对订约当局违反这些规则或侵犯投标人权利的情况下,对其行为进行审查是正确遵守筛选程序规定的重要保障。不同的法律制度和行政体系中,都存在各式各样的救济与审查程序,无不与审查政府行为的问题密切相关。无论审查程序究竟采取何种形式,关键所在是确保有充分的机会可以进行审查并且存在有效的审查机制。建立可行的"合同订立前"追索制度(即在可行情况下在筛选程序中尽早审查订约当局的行为的程序)是非常有用的。该制度增加了订约当局在损失前采取补救行动的可能性,而且有助于减少以下情况的发生:只有通过赔偿金才能弥补订约当局不当行为所产生的后果。《贸易法委员会采购示范法》第六章涵盖了完备审查制度建立的要点。

128. 适当的审查程序应当首先确保投标人有权要求对影响其权利的决定进行审查。审查程序应从订约当局自行提出进行审查开始,特别是在尚未授予项目前开始审查。这样不仅有助于经济发展,又能提高效率,这是因为,在许多情况中,尤其是在授予项目之前,订约当局可能非常愿意纠正自己未意识到的程序性错误。由政府高级行政机关进行审查,也不无益处,但此种程序须与本国的宪法、司法和行政结构保持一致。最后,大多数国内采购制度都承认司法审查权,一般来说,该权利也应适用于授予基础设施项目等情况。

129. 在可行的情况下,一方面既要保护投标人的权利,保证筛选过程的公正性;另一方面,又要限制干扰筛选过程的情况的发生,国内的法律有针对审查程序的限制性规定。其中包括投标人行使审查权的限制性规定;审查申请和案件处理时限规定,时限规定包括对行政审查可能导致的筛选程序暂停的时限规定;但审查程序不包括订立当局所处理的决议及直接涉及投标方待遇是否公平的问题。虽然司法审查程序并非普遍存在,但在多数法律制度中,投标人都可以通过行政审查程序对订约当局的决议提出异议。

130. 大多数国家设有机制及程序审查行政机关和其他公共实体的行为。有些国家专门设立审查机制和程序,处理行政机关和其他公共实体采购行为所引起的争议。而有些国家则借助审查行政行为的一般机制和程序来处理这些争议。审查程序的某些重要方面,与各个国家的法律制度和国家行政制度的基本概念和结构密切相关,如审查提出与授予救助的地点等。许多法律制度规定,对行政机关和其他公共实体的行为进行的审查,应交由该机关或实体所隶属的或对其有控制权的行政机构负责。在规定该种审查制度的法律中,国家的政体决定了行使审查职责的具体机构或实体。例如,就一般采购法而言,有些国家规定全面监管监控本国采购事宜的机构(如采购总局)负责审查等相关问题;有些国家则由政府及公共行政部门运作的财务监管机构履行审查职责。在有些国家,针对涉及行政机关或其他公共实体的特定案件,由专门行政机构来履行审查职责,有时称该类职权为"准司法性的"职权。但是,在这些国家,此种机构并不属于司法系统内的法院系统。

131. 许多国家的法律制度中都针对行政机关和其他公共实体的行为进行司法审查规定。在以上的一些法律制度中,行政审查与司法审查并存,而在另一些法律制度中,只存在司法审查。有些法律制度只提供行政审查,而不提供司法审查。在一些集司法审查、行政审查于一体的法律制度中,只能在行政审查后才可申请司法审查;而在另一些法律制度中,这两种审查办法均可作为选择。涉及司法审查的主要问题有:宣布公开投标无效,会对已授予合同造成影响,特别是在公共工程已经启动的情况下。采购法试图在照顾公共部门相互冲突的利益的同时,既要维护采购程序的完整性,又不能延误提供公共服务,还要顾及投标人的利益以保护投标人的权利。只要项目协议在合法的前提下形成,判决不应划定项目协议无效,而应让受损方得到损害赔偿金的补偿。一般认为,该损害赔偿金限于投标人准备投标而产生的花销,不应包括利润损失。

四、基础设施的建造和运营:立法框架和项目协议

A. 项目协议的一般规定

1. "项目协议"构成订约当局与特许公司之间基础设施项目的核心合同文件。项目协议划定了项目的范围、设立目的,以及明确协议双方的权利和义务;详细阐述项目的实施以及基础设施的运营条件或有关服务提供的条件。项目协议可以包含在一份单独的文件之内,也可以是订约当局与特许公司之间缔结的多项协议文件。本节将探讨项目协议与颁布国私人融资基础设施项目立法之间的关系。此外,本节还涉及项目协议的缔结及生效的程序和手续等相关内容。

(一) 立法做法

2. 国内立法通常涵盖一些针对项目协议的内容的规定。在有些国家中,相关法律只是提到特许公司与订约当局订立协议的必要性,而在另一些国家的相关法律则对应予列入的协议条款的内容列出了许多强制性的规定。折中的一项办法是在法律中列出一系列项目协议中需涉及的事项,但不详细规定其条款的内容。

3. 就项目协议的某些基本要点作出的一般法律规定,其目的在于建立总框架以分配当事双方的权利和义务。该框架旨在确保某些契约处理问题上的连贯一致,同时为参与不同政府级别(国家、省或地方)的谈判项目协议的公共当局提供指导意见。一旦公共当局缺乏项目协议谈判经验,该指导意见可能会发挥极其有用的作用。最后,有时需要制定相应的法规,授予订约当局权力批准某些类别的条款。

4. 但是,一般法律中如果详细规定了当事双方的权利和义务,那么订约当局和特许公司可能会因此丧失必要的灵活性,根据具体项目的需要和特点来协商协议内容。因此,建议严格设定就项目协议一般性法律规定的管辖范围,例如,涉及需要事前得到立法授权的事项,或可能影响到第三方利益的事项,或涉及不允许协议变更等基本政策的事项。

(二) 管理项目协议的法律

5. 关于私人融资基础设施项目的国内法律中很难找到适用于项目协议的法律规定,如果该法律存在,它们通常通过一般性地提及国内法或者适用于项目协议的特别法律或规章来执行颁布国的法律。一些法律体系可能暗含该类法律从属于颁布国法律,甚至有些法律中根本不存在涉及上述内容的法律条款。

6. 项目协议管辖法律包括与私人融资基础设施项目直接有关的颁布国法律及规章中所载的规则,具体事项有具体的法律规定。在一些国家中,项目协议需遵守

行政法，而另一些国家中，项目协议受到私法管辖（见第七章"其他有关的法律领域"，第24—27段）。管辖法律还包括其他法律领域的法律规则适用于基础设施项目实施期间出现的各种问题（概略见第七章"其他有关的法律领域"，B节）。其中的一些规则可能具有行政法或其他公共法的性质，颁布国该规则的执行需为强制性的，如关于环境保护措施、卫生与劳动条件规定等。有些国内法明确规定需遵守强制规定的事项。然而，项目协议中或设施运营时所产生的一些问题，也许不是具有公法性质的强制性规则的主题。这就是项目协议所产生大部分合同问题的所在（例如，合同的订立、有效性和违约责任，包括违反合同和不当终止合同的责任和赔偿问题）。

7. 如果颁布国以前没有关于私人融资基础设施项目的立法基础，想要出台该法需在多个立法文件中处理上述项目涉及的各类问题。在其他一些国家，现行法律及条例中在处理某些问题上没有得到令人满意的结果，它们只想引入针对这些问题的立法。例如，关于私人融资基础设施项目的特定立法可以规定挑选特许公司程序的具体特点，与此同时适当参考关于现行法律中规定订立政府合同需明确订立过程中的行政管理细节。同样，制定关于私人融资基础设施项目立法时，从立法的角度来看，颁布国需废止某些阻碍实施该立法的法律法规。

8. 为明确起见，向潜在的投资方提供资料是一种有效的方式，资料内容涉及本直接适用于执行私人融资基础设施项目的条例及规章，已由立法机关废止适用的条例及规章。但是，因为不可能在法律中详细列出所有与私人融资基础设施项目直接或间接有关的法规或条例，某个非立法性文件中也许可以涵盖该法规或条例的内容清单，如征求投标书通告中的宣传册或一般性资料（详见第三章"特许公司的选定"，第60段）。

（三）项目协议的订立

9. 对于基础设施项目这种复杂的项目来说，协议双方最后谈判阶段花费数月，此后（见第三章"特许公司的选定"，第83和84段）才决定签署项目协议，这是很常见的事情。可能需要额外的时间来完成法律所规定的手续，如由上级部门批准项目协议。在一些国家中，项目协议或项目协议某些条款需经议会颁布法令，甚至正式通过特别立法，方可生效。鉴于项目协议执行延误可能造成的损失，建议设法加快进行最后谈判，避免项目协议订立所不必要的延误。

10. 当事方经验、政府部门间协调、政府支持力度、订立贷款人可接受的担保安排程度等因素会造成谈判延误。政府可代表本国订约当局向谈判者提供充分的指导（引导）。当事各方对项目协议拟作出的条款理解得愈明确，项目协议谈判成功的概率就越大。相反，如果在挑选过程结束之后仍有一些重要的问题悬而未决，并且关于项目协议实质内容对谈判者又提供指导不足，则谈判很有可能旷日持久，耗费巨资，并且当事方会指责挑选过程不够透明、公开。

11. 项目协议订立和生效等程序需经审查,以便加快问题处理进程,避免项目延迟造成的不利后果。在一些国家中,相关立法授予指定的官员权力约束订约当局或政府,因此项目协议一经签署或某种手续一完成,项目协议即可生效,如公布政府公报。在其他国家,这种程序可能不可行或者还需要另一个实体的最后批准,那么可以考虑运行精简批准程序。一旦该程序被视为专断或累赘时,政府可能会被要求向特许公司和贷款人提供充分的担保防范这种风险(见第二章"项目风险和政府支持",第45—50段)。在要求进行批准的国家中,如果最后批准未通过并非是由中标方因素造成的,有时订约当局会被授权向该中标方在补偿挑选过程及项目准备中所产生的费用。

B. 特许公司的组建

12. 国内立法中已有关于特许公司组建的规定,并且项目协议中的具体条款也对其加以详细阐述。它们通常涉及特许公司法律实体的建立及其资本、活动范围、章程和细则。在大多数情况下,中标人建立一个项目公司作为拥有法律人格的独立法律实体,随后其就成为项目协议中的特许公司。作为独立法律实体建立的项目公司一般按照项目融资方法筹集资金(见"导言和私人融资基础设施项目的背景资料",第54段)。建立项目公司便于项目执行方面的协调,而且可作为保护项目利益的一种机制,因为项目利益可能并不一定与所有项目促成者的具体利益相一致。在项目所需的相当大一部分服务和供应都由项目联营集团成员提供时,这一点可能尤为重要。

13. 通常要求在授予项目后较短的一段时间内建立起项目公司。由于特许公司的责任和义务中相当大一部分通常都是在早期阶段商定的,其中包括长期性的(项目协议、贷款和担保协议、建筑工程/施工合同),所以在就这些文书进行谈判时能有独立的代表,对项目是有好处的。但是,要求贷款人和其他资本提供者在最终授予特许权之前就作出确定的最终承诺,这是不合理的。

14. 提供公共服务的实体往往被要求按照颁布国的法律作为法律实体而建立。这项要求反映出立法机关希望特别确保公共服务提供商遵守本国有关会计和公开性的规定(如发表财务报告或公开某些法人行为的要求)。不过,这强调了颁布国必须颁布完善的公司法(见第七章"其他有关的法律领域",第30—33段)。在充分考虑符合公共利益的合理要求之前提下,适当放宽对项目公司成立的要求,可能有助于避免项目实施中不必要的延迟。

15. 另一个重要问题涉及成立项目公司所需的股本投资。订约当局有合法权益争取充足的股本,以确保项目公司健全的财政基础和保证其履行义务的能力。但是,所需的投资总额以及债务与股本的理想比例,每一个项目均不相同,所以法律不宜规定所有在本国内实施基础设施项目的公司的最低资本额。相反,可让订约当局有更大的灵活性,达成一个与项目财政需要合宜的股本投资数额。例如,可以在招标书中用债务与股本之间的一个理想比例来表示预期股本投资,并可将其作为财政和商业投标书的评价标准之一,以便刺激投标人之间的竞争(见第三章"特许公司的选定",第 75 和 77 段)。

16. 无论情况如何,都宜审查关于特许公司组建的法律条款或监管规定,以便确保它们与颁布国所承担的国际义务相一致。限制或要求服务提供商须通过特定类型的法律实体或合资企业才能提供服务,在外国股东能持有的最高百分比限额或者外国个人或集体投资的总额方面限制外国资本的参与,这些规定均可能与某些签署经济一体化或服务贸易自由化国际协议的签约国所承担的具体义务不一致。

17. 有些国家法律载有关于项目公司活动范围的规定,如要求将活动限制在特定项目的开发和运营范围之内。这类限制可确保项目账目的透明度和保持资产的完整性,因为它可以将该项目的资产、收益和负债同其他项目或与该项目无关的其他活动区分开来。此外,这种规定还便于评估每个项目的绩效,因为每个项目的亏损或利润是不能以其他项目或活动的债务或收益来弥补或抵减的。

18. 订约当局可能还希望确保项目公司的章程和细则充分反映该公司在项目协议中承担的义务。因此,项目协议有时规定:对项目公司章程和细则的修改,须经订约当局的批准才能生效。如果订约当局或另一公共当局参与了项目公司,有时会作出这样的规定:在股东会议或董事会上,某些决定的作出,必须得到订约当局的赞成票。无论如何,必须对两个方面进行权衡:一是由缔约当局所代表的公共利益,一是有必要给项目公司以开展业务的必要灵活性。如果认为有必要规定对项目公司章程和条例的拟议修改须经订约当局的批准,此种规定最好只限于那些被认为关系重大的事项(如资本数额、股份等级及其特权、清偿程序),而且还应在项目协议中明确规定。

C. 项目场地、资产和地役权

19. 关于项目场地的规定是大多数项目协议的基本组成部分。它们所涉及的问题一般包括土地和项目资产的所有权、土地的购置以及特许公司为施工或经营基础设施所需的地役权。如果项目协议拟向特许公司转让公共地产或设定使用公共地产的权利,则可能需要先经过立法授权。如果项目场所位于公共地产之外,则可能还需要立法来为购置所需地产或地役权提供方便。

(一) 项目资产的所有权

20. 如前所述,私营部门参与基础设施项目可以采用各种不同的形式,可以从国家所有和经营的基础设施到完全私有化的项目(见"导言和私人融资基础设施项目的背景资料",第 47—53 段)。不管颁布国的总政策或部门政策如何,重要的是应当明确界定所涉及的各种资产的所有权制度并以充分的立法授权为依据。然而,制定这方面的具体法律规定的需要并不迫切。有些国家认为对需要由项目协议处理的事项只要提供立法指导就够了。

21. 某些法律制度一般将提供公共服务所需的基础设施视作为公共财产,哪怕该基础设施最初是用私人资金购置或建立的。除了可能已经由订约当局向特许公司提供的任何财产之外,一般还包括为建造该设施而特意购置的任何财产。不过,在项目有效期间,特许公司可能对该设施进行大规模的改进或增添。根据适用的法律,并非总能轻易确定这种改进或增添是否将成为特许公司所拥有的公共资产的一部分,又或者是否可以将这些改进或增添与特许公司所持有的公共财产分离开来而成为特许公司的私有财产。因此,项目协议应酌情具体规定哪些资产将是公共财产,哪些资产将成为特许公司的私有财产。

22. 不是只有那些将提供公共服务所需的有形基础设施视为公共财产的法律体系才需要明确项目资产的所有权。一般来说,如果由订约当局提供执行项目所需的土地或设施,项目协议宜酌情具体规定哪些资产将依然是公共财产,哪些资产将成为特许公司的私有财产。特许公司可以获得这种土地或设施的所有权,也可以仅仅获得这种土地或设施的租借权或使用权以及在这种土地上的建造权,尤其是当这种土地仍然是公共财产时。无论是哪种情况,特许公司权利的性质应当明确规定,因为这将直接影响特许公司为了项目筹款而对项目资产提出担保物权的能力(见第54和55段)。

23. 除了特许期限内资产的所有权之外,考虑项目协议期满或终止之后的所有权制度也很重要。一些国家的法律特别强调订约当局对与项目有关的有形资产的权益,一般要求将这些资产全部交还订约当局;而另一些国家则基本上把私人融资基础设施项目视为一种在某一规定时期采购服务的手段,而不是看作一种建造资产的手段。因此,后一种国家的法律把特许公司交还资产的义务限于最初向特许公司提供的公共资产和财产或对确保提供服务必不可少的某些其他资产。有时,这种财产由特许公司直接转让给继该特许公司之后提供服务的另一家特许公司。

24. 立法方式的差异通常反映出公私营部门在不同的法律和经济制度下起着不同的作用,但也可能是因为订约当局有一些实际的考虑。订约当局之所以允许特许公司在项目期结束时保留某些资产,一个实际考虑可能是希望降低提供服务的费用。如果项目资产有可能给特许公司带来剩余价值,而且有可能在挑选过程中考虑到这一价值,订约当局就可以估计到服务收费会低一些。的确,如果特许公司可以预估到不必支付项目期内资产的全部费用,而可以在项目协议期满后通过出售资产或将其用于其他目的来支付其中部分费用,那么与特许公司不得不在项目期内支付其所有费用相比,其就有可能以较低的收费提供服务。此外,某些资产在项目期结束时可能需要大规模的整修或技术更新,订约当局收回这种资产,也许并不合算。还可能有一些遗留的赔偿责任或相应的费用,如破坏环境的赔偿责任或拆除费等。

25. 出于这些原因,某些国家的法律反对不加限制地把资产全部移交给订约当局,而是允许区分为三大类资产:

(a) 必须移交给订约当局的资产。此类资产一般包括由特许公司用来提供有关服务的公共财产。这可包括订约当局提供给特许公司的设施和特许公司依照项目协议建造的新设施。有些法律还要求移交特许公司此后为运营设施而购置的资产、货物和财产,特别是那些已成为移交给订约当局的基础设施的一部分或永久性附属物的资产、设施和财产。

(b) 可由订约当局自主选择购买的资产。此类资产通常包括最初由特许公司拥有或者后来由其购置的资产,这种资产对于提供服务虽非不可或缺或绝对必要,但可增进设施运营的方便或效率,或提高服务的质量。

(c) 仍属于特许公司私有财产的资产。这些资产是由特许公司拥有的资产,但不属于上文(b)项的范畴。订约当局一般无权获得此种资产,特许公司可以自由地转移或处置此类资产。

26. 鉴于上文所述,法律宜规定项目协议应酌情具体说明哪些资产将是公共财产,哪些资产将是特许公司的私有财产。项目协议应当规定特许公司在项目协议期满或终止时应当将哪些资产转让给订约当局或新的特许公司,哪些资产可以由订约当局自主选择从特许公司手中购买,哪些资产可以由特许公司在项目协议期满或终止时自行拆除或处置。除了这些规定之外,还应当有合同标准用来酌情确定,在将资产转让给订约当局或新的特许公司或者在项目协议期满或终止时由订约当局购买资产时,特许公司有权可得到的补偿(见第五章"项目协议的期限、展期和终止",第37—40段)。

(二) 执行项目所需土地的购置

27. 如果一个新的基础设施要建造在订约当局或另一个公共当局所拥有的公共土地之上,或者要将一个现有的基础设施加以翻新或改造,通常要由该土地或设施的拥有者将其提供给特许公司使用。如果土地并非订约当局所有,而需要从其所有人手中购买过来,情况可能会更复杂一些。在多数情况下,考虑到与多个土地所有权人进行谈判时可能发生的延迟和涉及的费用,或者在某些法域,为了确定某些所有人的产权合法性需要对地契进行复杂的调查研究,并审查先前发生的一连串产权转让,所以特许公司负责购买项目所需的土地不一定是最合适的。因此,通常都是由订约当局承担提供实施项目所需土地的责任,以避免由于购置土地而造成不必要的延迟或增加项目费用。订约当局可以从土地所有人那里购置所需的土地,必要时也可强行征收。

28. 对政府在付给土地所有人适当补偿情况下强制征收私人地产的程序,各国国内法律制度中使用的专业术语不同,如"征用",在《指南》中称此种程序为"强制购置"。在法律规定了一种以上强制购置程序的国家,最好授权主管公共当局采用其中最有效率的程序进行私人融资基础设施所需的一切购置,如某些国家出于迫切的公共需要而实施的特别程序(见第七章"其他有关的法律领域",第22和23段)。

29. 强制征收地产权通常属于政府,但一些国家的法律也授权基础设施经营者或公共服务提供商(如铁路公司、电力局、电话公司等)采取某些行动,强制购置为向公众提供服务或扩大服务所需的私有地产。特别是在有些国家,强制购置地产时给予所有人的赔偿是在法院诉讼中判定的,在此种情况下宜赋予特许公司权力以履行某些与强制购置有关的行为,而政府方面仍然负责履行根据有关法规属于启动强制购置程序先决条件的那些工作。土地一经购置,往往会成为公共地产,不过在某些情况下,法律也可允许订约当局和特许公司根据各自在购置地产中的费用比例,商定另一种安排。

(三) 地役权

30. 如果特许公司需要跨越或通过第三方的地产才能进入项目场所或者完成或维护任何提供服务所需的工程,这可能需要作出特别安排(如在毗邻地面安置交通标志;在第三方的地产上竖立电线杆或在其上方架设输电线;安装和维修变电和配电设备;修剪影响到架设在毗邻地产上的电话线的树木;或者埋设油、气、水管)。

31. 为特定目的而使用他人地产或在他人地产上作业的权利通常称为"地役权"。地役权通常需要地产所有人的同意,除非法律上规定了此种权利。由特许公司直接与地产所有人洽商获得地役权,往往不是便捷办法或者不是合乎成本效益的做法。更常见的做法是由订约当局在强制购置项目场地的同时强制购置。

32. 一种略为不同的变通办法是,由法律本身授权公共服务提供商根据公共基础设施的施工、经营和维修的需要,进入或通过第三方地产或在第三方地产上工作或附设装置。如果认为有可能事先确定特许公司所需的最低限度的地役权,便可在针对特定部门的法规中使用此种办法,以便不必购置个人地产的地役权。例如,针对发电部门的某一具体法规可以规定,按照什么条件,特许公司可以在属于第三方的房地产之上安装和操作基本的输电和配电网络,从而获得架设电线的权利。有些措施的实施可能必须得到此种权利,例如,铺设或安装地下或架空电缆及建立支撑结构与安装变电和配电设备;这类装置的保养、维修和拆除;沿地下或架空电缆设立安全区;拆除有碍线路或影响安全的各种障碍物等。在有些法律制度中,如果特许公司获得的权利大大影响到地产所有人对地产的使用,则应当向地产所有人支付赔偿金。

D. 财务安排

33. 财务安排通常涉及特许公司为项目筹集资金的义务,概述资金支付和核算办法,规定用以计算和调整特许公司收费价格的方法并规定向特许公司的债权人提供何种物权担保。另外,重要的是应确保颁布国的法律便利或至少无碍于项目的财务管理。

(一) 特许公司的财务义务

34. 在私人融资基础设施项目中,一般都是由特许公司负责为基础设施的建造和运营筹集必要的资金。特许公司在这方面的义务通常在项目协议中有详细规定。在多数情况下,订约当局或其他公共当局都很注意将自己的财务义务仅限制于项目协议中具体规定的某些义务或者政府方面同意给该项目提供的那些直接支持。

35. 由项目公司各股东直接投入的私人资本数额通常只不过是拟议投资总额的一部分。更大部分的资本来自于商业银行和国际金融机构向特许公司提供的贷款以及债券和其他流通证券投放于资本市场所得的收益(见"导言和私人融资基础设施项目的背景资料",第54—67段)。因此,应当确保法律不会任意限制特许公司为筹措基础设施的资金而订立它认为适宜的筹资安排的能力。

(二) 确定和控制费率

36. 特许公司所收取的费率和使用费,在订约当局(见第47—51段)或政府方面并无提供补贴或付款的情况下(见第二章"项目风险和政府支持",第30—60段),也许是用以收回项目投资的主要(有时甚至是唯一的)收入来源。因此,特许公司将力求把那些费率和使用费确定并保持在一个足以保证该项目有足够现金流量的水平之上。然而,某些法律制度可能会限制特许公司确定费率和使用费的自由。提供公共服务的收费通常是政府的基础设施政策的一个组成部分,也是大部分公众直接关注的事项。因此,许多国家的法律框架都载有特别规则,用以控制提供公共服务的费率和使用费。此外,有些法律制度的法律条款或一般法律规则规定了货物或服务的定价原则,如规定有关价格必须符合"合理""公正"或"公平"的标准。

(A) 特许公司收费的权力

37. 在一些国家内,也许需要事先得到法律授权,特许公司才能对其提供的公共服务收费或对使用其公共基础设施收取使用费。由于没有此种一般性的法律条款,在某些国家已经引起司法争端,质疑特许公司收取服务费的权力。

38. 如果认为有必要在一般法律中对费率和使用费的水平作出规定,则应力求平衡兼顾投资者和当前及未来使用者双方的利益。法律上为确定费率和使用费而确立的标准除了考虑到政府认为相关的社会因素之外,还应考虑到使特许公司获得一定水平的现金流量,用以确保项目的经济可行性和商业营利性。此外,还应使当事双方得到必要的权力来谈判适当的安排,包括确定补偿条款来处理下述情况,即执行与提供公共服务直接或间接有关的价格控制条例也许会使所定费率和使用费低于该项目进行营利性运营所需的水平(见第124段)。

(B) 控制费率的方法

39. 国内法常常规定费率或使用费须遵从一些控制机制。许多国家选择只在立法中规定广义的价格原则,而把这些原则的实际实施留给有关的管理机关及许可证或特许权的条款和条件决定。这种方法是可取的,因为计算公式视部门而异,而且可能需要在项目周期内加以修改。如果采用价格控制措施,法律一般要求必须将费率计算公式与征求投标书通告一起公布并必须将公式列入项目协议。价格控制制度一般包括调整价格的计算公式和确保遵守价格调整参数的监测条款。国内法中最常见的费率控制办法系以收益率和最高限价原则为基础,还有兼有两者要素的混合制度。应当指出,费率控制机制要起作用,需要作详细的商业和经济分析,而下文的讨论只是对某些问题和可能的解决办法的概述。

(i) 收益率法

42. 按照收益率法,制定出一套价格调整办法是为了让特许公司得到商定的投资收益。任何给定期间的费率根据特许公司运营设施的总收益要求确定,这涉及确定其开支、为提供服务而进行的投资和允许的收益率。定期或者有时在订约当局或其他有关当事方认为实际收益率高于或低于设施的收益要求时对费率进行重新审查。为此,订约当局要查证设施的开支、确定特许公司进行的投资在多大程度上符合规定可计入费率基准,并计算需获得多大的收入才足以应付可允许的开支和获取议定的投资收益。收益率法一般在提供能预见有固定需求量的公共服务,如提供电、煤气或水时使用。对于需求量会有较大弹性的设施或服务,如收费公路,也许不可能靠定期的费率调整来保持特许公司的收益率不变。

41. 人们发现收益率法为基础设施经营者提供高度安全性,因为特许公司得到保证,收取的费率将足以支付运营开支,并留出议定的收益率。因为定期调整价格,从而使特许公司的收益率保持基本不变,提供公共服务的公司的投资几乎没有什么市场风险。其结果一般是资本费用较低。收益率法可能存在的缺点是几乎不鼓励基础设施运营者最大程度地降低成本,因为它们得到保证这些成本将通过调整费率而收回。不过,如果不及时调整费率或者如果调整不追溯适用,可能会有一定程度的刺激作用。应当指出,实施收益率法需要大量信息与大量谈判(如符合规定的支出和成本分配)。

(ii) 最高限价法

42. 根据最高限价法,费率公式设置为在给定期间(如四年或五年)考虑将来的通货膨胀和预期设施的未来效率增益。允许费率在公式确定的限度内波动。在有些国家,费率公式是各种指数的加权平均数,在另一些国家,它是消费品费率指数减去生产率系数。如果需要大量新的投资,公式中可能加入一个额外的成分以便包括这些额外费用。费率公式可以适用于公司的所有服务或者只适用于部分服务类别,可对不同类别采用不同公式。不过,公式的定期调整是以收益率类型的计算为基础的,要求提供上述相同类型的详细信息,尽管信息提供不如上述频繁。

43. 实施最高限价法可能比实施收益率法更简单。人们发现最高限价法会给予公共服务提供商更大的激励,因为在下一个调整期之前,特许公司都能保留低于预期成本的好处。不过,与此同时,公共服务提供商采用最高限价法一般比采用收益率法要承受更多的风险。特别是到头来成本高于预期时特许公司面临着亏损的风险,因为特许公司在下次调价之前不得提高费率。承受的风险加大提高了资本成本。如果不允许项目公司提高收益,也许难以吸引新的投资。另外,公司可能倾向于降低服务质量以便降低费用。

(iii) 混合法

44. 目前采用的许多费率调整法综合了收益率和最高限价两种方法的要素,以便既降低服务提供商承受的风险,又对提高经营基础设施的效率提供足够的激励。其中一种混合法采用滑动计算方法调整费率,确保当收益率低于某一限度时费率向上调整,当收益率超过某一最高限度时向下调整,当收益率在两者之间时不作调整。综合收益率法和最高限价法的其他可能的方法包括订约当局审查特许公司进行的投资,确保这些投资符合有用性标准,以便在计算特许公司的所需收益时将其考虑进去。另一种可能用来确定费率或更一般地说监测费率水平的费率调整法是基准或衡量标准定价法。通过将一个公共服务提供商的各种成本组成要素与另一个公共服务提供商和国际标准进行比较,订约当局能够判断公共服务提供商要求的费率调整是否合理。

(c) 控制费率的政策考虑

45. 以上讨论的每一种主要费率调整法各有利弊,对私营部门的投资决定有不同的影响(见第41和43段)。立法机关在考虑费率控制办法对于国内环境的适用性时必须考虑到这些利弊。不同的基础设施部门也可以采用不同的方法。一些法律确实允许订约当局在筛选特许公司时根据投资和服务的范围和性质采用最高限价法或收益率法。在选择费率控制方法时,重要的是应当考虑到各种政策决定对私营部门投资决定的影响。不管选择什么机制,重要的是应当认真考虑订约当局或管理部门如何才能适当监测特许公司的业绩情况和令人满意地实施调整办法(另见第一章"立法和体制基本框架",第30—53段)。

46. 重点是要记住,设置费率调整公式并不能一劳永逸,因为技术、汇率、工资水平、生产率和其他因素在特许期内肯定会发生很大变化,有时甚至是不可预测的。再者,调整公式一般是在假设一定水平的产出或需求情况下拟定的,如果产出或需求量发生明显的变化,这种公式会产生不能令人满意的结果。因此,许多国家规定了修订费率公式的机制,包括定期修订(如每四年或五年)公式或每当证明公式不能确保给予特许公司适当补偿时进行临时修订(也见第59—68段)。费率制度也需要适当的稳定性和可预测性,以便公共服务提供商和用户能够相应地制订计划并根据可预测的收益考虑融资。投资者和贷款人可能尤其关心影响价格调整方法的规范变化。因此,它们一般要求将价格调整公式载入项目协议。

(三) 订约当局的财务义务

47. 在特许公司直接向一般公众提供服务的情况下,订约当局或其他公共当局可承诺直接向特许公司付款,作为取代或增补应由使用者支付的服务费。如果特许公司生产的商品是为了由另一个提供服务者进一步输送或分销,则订约当局可承诺按商定的价格和条件成批购买此种商品。下面简单讨论一下这种安排的主要实例。

(A) 直接付款

48. 订约当局直接支付的款项在一些国家被用来替代或补充最终用户的付款,特别是在收费公路项目中,其使用的办法称为"影子通行费"。影子通行费的安排是由特许公司承担义务,在规定的若干年之内,开发、建设、筹资和运营一段公路或另一运输设施,以换取定期付款,此种定期付款是取代或补充使用者所支付的实际费用或直接费用。影子通行费办法可用以处理运输项目所特有的风险,特别是交通流量低于原估计量的风险(见第二章"项目风险和政府支持",第 18 段)。另外,在某些情况下,影子通行费办法在政治上可能比之直接收费更易于得到接受。例如,有些情况下人们担心,公共道路收取通行费也许会引发道路使用者的示威抗议。然而,当这种安排涉及对项目公司某种形式的补贴时,应当详细考虑颁布国是否遵守了根据区域经济一体化或贸易自由化国际协定所承担的某些义务。

49. 影子通行费可能涉及订约当局一笔庞大的开支,因而需要由订约当局进行密切而广泛的监督。在采用影子通行费办法来发展新公路项目的一些国家,订约当局支付给特许公司的款项主要是按以车辆英里数为衡量标准的实际交通流量来计算的。似可规定,在公路开始通车之前并不支付款项,借以刺激尽快开通道路。与此同时,人们又发现最好是在特许期内按实际交通量计算应付款项。这种制度使特许公司有理由确保尽量减少公路因可能进行的修路工程而停用。另一做法是,可以在项目协议中载入一条因修路工程而减少行车道的罚款或损失赔偿条款。特许公司通常需要进行连续的车辆测算,用以计算出每年的车辆公里数,计算结果由订约当局定期核实。一种经略加修改的办法是影子通行费与使用者直接付费的结合。在此种办法中,只有当某一时期交通量降低到原先议定的最低水平以下时,订约当局才支付影子通行费,确保特许公司在运营公路方面得到盈利。

(B) 收购承诺

50. 当独立电厂或其他基础设施所生产的商品或提供的服务可长期交付给指定的收购者时,订约当局或另一公共当局常常承担按议定的费率购买这种商品和服务的义务,因为它们均由特许公司提供。此种合同通常又称为"承购协议"。承购协议常常包括两种办法:按生产能力的利用率付款和按实际消耗单位付款。例如,在一个发电项目中,电力承购协议可规定下述两种收费:

(a) 装机容量收费。此种应付费用并不计及某一付款期的实际产出,而是按生产成本计算,使之足以支付特许公司为筹资建立和维持该项目而引起的固定费用,包括偿还债务和其他经常性供资支出、固定的运营和维持费用加上一定的收益比率。支付装机容量费用办法常常必须遵行某种运行或利用率标准。

(b) 消耗量收费。此种收费办法不是为了补偿特许公司的全部固定费用,而是偿付特许公司为生产和交付某一单位的有关服务或商品(如一度电)而必须承担的可变成本或边际成本。消耗量收费的计算通常是要补偿特许公司的可变生活成本，如设施运行时消耗的燃料、水处理费用以及消耗品的费用。可变费用常常与特许公司本身的可变生产成本或能合理反映营运成本变动的指数息息相关。

51. 从特许公司的角度看，装机容量和消耗量收费相结合的办法特别相宜，它可确保在特许公司的商品或服务的输送或分配功能受到垄断时得以收回成本。但是，承购协议中规定的装机容量收费应与订约当局所能利用的或实际利用的发电量的其他来源相称。为确保订约当局能得到资金支付承购协议的应付款，建议考虑是否需要提前作出顶算安排。为确保承购协议的付款，可由颁布政府或由某一国家或国际担保机构提交一份担保书(见第二章"项目风险和政府支持"，第46和47段)。

E. 担保权益

52. 通常，个人财产中的担保权益为有担保的债权人主要提供两项权利：一是财产权，使有担保的债权人原则上有权收回财产或让第三方将其收回和变卖；二是优先偿付权，在债务人违约时优先从变卖财产的收益中获得偿付。项目融资中的担保安排起到防范性或预防性作用，确保万一第三方接管了债务人的业务(如由于丧失抵押回赎权，陷入破产或直接从债务人手里接管)，那么，由于变卖那些资产而得到的收益将首先用来偿还未清偿的贷款。然而，贷款人一般会要求获得担保权益，使他们能够取消抵押品赎回权并取得该项目的管有权。他们可以接管并经营该项目，或者恢复它的经济活力以便在适当时候重新出售，或者无限期地保持该项目以获取源源不断的收益。

53. 担保安排在基础设施项目的融资中起着关键作用，尤其是按照"项目融资"方式构成的融资。涉及私人融资基础设施项目的融资文件通常包括两个方面：对与项目有关的有形资产的担保及对特许公司持有的无形资产的担保。下面将讨论顺利完成担保安排的几项主要要求。然而，应当指出，在某些法律制度中，只有在例外情况和某些特定条件下才允许给予贷款人担保，使其能够接管项目，这种情况和条件是：订立这种担保需经订约当局同意；给予担保的目的应当只是为了方便项目的筹资或运行；担保权益不应当影响特许公司承担的义务。这些条件往往源自一般法律原则或法律规定，订约当局不得通过订约安排予以放弃。

(一) 有形资产的担保权益

54. 如果项目资产为公共财产，则为获得项目融资所需的担保安排谈判可能会面临一些法律障碍。假如特许公司并不拥有财产所有权，在许多法律制度中，它并没有(或只有有限的)权力以此种财产作为抵押。存在这种局限时，为有助于谈判担保安排，仍可在法律中指明对哪些类别的资产可以确立担保权益，或者指明允许确立何种担保权益。在有些法律制度中，特许公司在获得租赁物权益或使用某些财产的权利时,即可根据租赁物权益或使用权来确立某种担保权益。

55. 此外,在特许权包含有多种公共财产时,如一家铁路公司除有权使用公共设施外,还得到了毗邻土地的所有权(不仅仅是使用权),也可确立担保权益。对于订约当局所拥有的或别人必须移交给它的资产,或者订约当局根据合同有权选择购买的资产(见第 28 段),如有可能确立任何形式的担保权益,法律可要求订约当局给予认可,以便特许公司确立此种担保权益。

(二) 无形资产的担保权益

56. 基础设施项目中的主要无形资产就是特许权本身,亦即特许公司得以运营该基础设施或提供有关服务的权利。在多数法律制度中,特许权意味着持有此种权利者有权操纵整个项目,特许权持有人可得到项目产生的收入。因此,特许权的价值甚至超过了一个项目所涉全部有形资产的总价值。由于特许权持有人通常有权占有和处置全部项目资产(可能的例外是某些资产为其他当事方所拥有,如由特许公司拥有的公共财产),特许权通常包括现有的及未来的资产,包括有形和无形性质的资产。因此,贷款人会把特许权看作与特许公司谈判担保安排的一个重要组成部分。以特许权本身作抵押对于特许公司和贷款人都会有多种实际好处,尤其是某些法律制度并不允许以某一公司的全部资产作担保抵押,或一般情况下并不承认非占有性的担保权益(见第七章"其他有关的法律领域",第 10—16 段)。这些好处包括:免得对项目资产逐一确立单独的担保权益,使特许公司得以按照通常的商业惯例继续处理那些资产,使得有可能抵押某些资产而无须把资产的实际占有权转给债权人。此外,以特许权作抵押还可使贷款人在一旦特许公司违约时避免终止项目,只需把特许权接过来,再作出安排,就可让另一个特许公司继续实施该项目。因此,以特许权作抵押实际上是很好地补充或在某些情况下替代贷款人与订约当局之间有关贷款人介入权利的直接协议(见第 147—150 段)。

57. 然而,在某些法律制度中,如果法律上没有明文规定,以特许权作抵押会遇到障碍。按照某些法律制度,能够确立担保权益的资产必须是提供担保者可以自由转让的资产。由于基础设施的运营权在得不到订约当局的同意时,在多数情况下是不能转让的(见第 62 和 63 段),因而在某些法律制度中,特许公司不可能对特许权本身确立担保权益。有些法系的法域最新颁布的法律已经消除了该障碍,创立了一种特别的担保权益,有时把它称为"hipoteca de concesión de obra pública"("公共工程特许权抵押"),或称为"prenda de concesión de obra pública"("以公共工程特许权为抵押"),一般来说,它可使贷款人得到一种涵盖项目协议中给予特许公司所有权利的、可以强制执行的担保权益。然而,为了保护公共利益,法律规定贷款人为执行此种权利而采取的任何措施,必须得到订约当局的同意,其条件应载入订约当局与贷款人签订的协议之内。某些英美法系的法域采取了一种略有限制的办法,它区分开两种权利:一种是不可转让的权利,即按照政府颁发的许可证从事某一活动的权利（亦即由于许可证而产生的"公共权利"）；一种是索取许可证持有人所得收益的权利（亦即后者根据许可证得到的"私人权利"）。

（三）贸易应收款的担保权益

58. 私人融资基础设施项目中通常提供的另一种担保形式是向贷款人转让与特许公司的用户签订的合同所产生的收益。这些收益可以包括单一合同的收益（如配电实体购买电力的承诺），也可以包括许多个交易的收益（如每月煤气或水费付款）。这些收益一般包括因公众使用基础设施而向公众收取的费率（如收费公路上的收费），或者消费者因使用特许公司提供的商品和服务而支付的价格（如电费）。它们还可能包括附属特许权的收益。这种类型的担保是与贷款人谈判的融资安排中的一项典型内容，贷款协议常常要求基础设施项目的收益存入由贷款人指定的受托人所管理的暂存银行账户。这种机制在特许公司发放债券和其他流通票据方面也可以起重要作用。

59. 贸易应收款担保在涉及投放债券和其他流通票据的融资安排中起着重要作用。那些票据可以由特许公司自己发行，在这种情况下，购买了证券的投资者便成了它的债权人，或者也可以由某一第三方发行，把项目的应收款通过所谓的"证券化"机制转让给该第三方。证券化涉及创立金融证券，由项目的持续收入作保证，对该证券还本付息。证券化交易通常涉及建立一个与特许公司完全分开的法人实体，专门从事使资产或应收款证券化的业务。这一法人实体常常称为"专门媒介"。特许公司将其项目应收款转让给专门媒介，然后由专门媒介向投资人发行带利息的票据，以项目应收款作为后盾。证券化债券持有人因而有权获取特许公司同其客户的交易所产生的收益。特许公司向顾客收取费用，然后把款项转给专门媒介，再由专门媒介将之转给证券化债券持有人。有些国家的最新立法明确承认特许公司有权将项目应收款转给专门媒介，由它掌握和管理信托应收款，使项目债权人获益。为保护债券持有人不致因特许公司的破产而受损害，建议采取必要的立法措施，使特许公司和专门媒介在法律上区分开来。

60. 在大多数情况下，由特许公司逐个确定向债权人转让的应收款并不切实可行。在项目融资中，转让应收款采取的形式一般是成批转让未来应收款。一些法律制度最近的国内立法中颁布了相应的法律规定，承认特许公司有权抵押基础设施项目的收益。然而，在不少法律制度中对于成批转让应收款和未来应收款的有效性可能还相当不明确。因此，应当确保关于担保权益的国内立法不妨碍当事方能够有效地转让贸易应收款以便获得项目所需的资金（见第七章"其他有关的法律领域"，第10—16段）。

（四）项目公司的担保权益

61. 在未经订约当局同意不得转让或转移特许权的情况下（见第62和63段），

法律有时禁止就项目公司的股份设置物权担保。但应指出的是,以项目公司的股份作担保是贷款人在项目融资交易中通常要求的一种担保,因而对设立此种担保一律加以禁止也许会限制项目公司为项目筹措资金的能力。因此,如同其他形式的担保一样,较好的做法是法律上允许特许公司的股东设立此种担保,但如果项目公司中股份资本的转移必须报请批准的话,此种担保也必须得到订约当局的事先批准(见第64—68段)。

F. 特许权的转让

62. 特许权是根据特许公司的具体资格和可靠程度授予的,而且多数法律制度均规定不得自由转让特许权。因此,国内法往往禁止在未经订约当局同意的情况下转让特许权。这种限制旨在确保订约当局对基础设施运营商或公共服务提供商的资格严加控制。

63. 有些国家认为还应在法律中提及可对到期前的特许权的转让予以核准的条件,例如,新的特许公司应接受项目协议中所规定的一切义务;新的特许公司为提供服务所需具备的技术和财务能力方面的证据。此类一般性立法规定还可以项目协议中的具体规定作为补充,在项目协议中列出这些限制的范围及订约当局可给予同意的条件。然而,应当指出,这些限制一般适用于特许公司自愿转让其权利的情况;它并不排除在订约当局同意的情况下,为避免由于特许公司严重违约而终止特许权,而将特许权强制转让给贷款人指定的一个实体(另见第147—150段)。

G. 项目公司控制权益的转让

64. 订约当局可能关心要使原有的投标联营集团成员在整个项目期内一直保持其对项目的承诺,对于项目公司的有效控制不会转到订约当局不熟悉的另一些实体手中。为实施基础设施而选定特许公司至少部分是基于其对于该类型项目的经验和能力(见第三章"特许公司的选定",第38—40段)。因此,订约当局会担忧,如果特许公司的股东完全可以自由转移其在某一项目的投资,则无法保证将来由谁提供有关的服务。

65. 订约当局也许满足于某一参与投标的联营集团在投标初期显示的经验或满足于由联营集团及其分包人的母公司所提供的履约保证。但是,这种满足实际上只是得自特许公司各股东的表面专门知识,不应过分依赖。如果为实施项目而另外建立一个法人实体,这种情况很常见(见第12段),那么,万一项目遭遇困难,股东们的支持也仅仅限于其各自的最高限制责任。因此,对投资转让的限制,其本身并非是抵御特许公司不履行合同风险的充分保障。特别是,这些限制并不能替代项目协议所规定的适当补救措施,例如,监督所提供服务的水平(见第147—150段),或发生不能令人满意的情况时终止合同而不给予金额补偿(见第五章"项目协议的期限、展期和终止",第44和45段)。

66. 除上述情况之外,对转移公共服务公司股份的限制也会给订约当局造成某些不利。如同前面所指出的(见"导言和私人融资基础设施项目的背景资料",第54—67段),目前可以从不同投资者那里获得多种多样的融资,风险各不相同,回报率也不尽相同。初始的投资者,如建筑公司和设备供应商,将会力图在较高风险中争取获得较高回报,但随后的投资者会宁愿获得较少回报而承受较低的风险。初始投资者多数只拥有一定的资源,需短期实现资本回收以便再参与新的项目。因此,那些投资者可能不愿意把资本固定在长期项目之上。在建筑期终了时,初始投资者也许想把他们的股权转售给另一个并不要求高额回报的股本提供者。在交易完成后,就可进行另一次再筹资。但是,如果由于基础设施项目中股份的可转让性受到制约,投资者对于项目开发的投资和再投资能力就受到限制,在此情况下,就可能使筹资的费用升高。在某些情况下,也许根本不可能为某一项目筹到资金,因有些投资者也许不愿意参与投资,而他们的参与也许对于项目的实施具关键作用。从长远看,如果投资者转移其在私人融资基础设施项目中的利益的自由受到不必要的限制,要发展一个公共基础设施的投资市场将会受到影响。

67. 由于上述原因,对于转让项目公司控制权益的限制最好只局限于某一段时间(如项目协议生效后若干年)或某些特殊情况,即出于公共利益的原因需要施加这种限制。例如,会有这么一种情形,即特许公司拥有公共财产或者获得政府的贷款、补贴、股本或其他形式的直接政府支持。在此种情况下,订约当局对于妥当使用公共财产的责任需要确保那些资金和资产托付给一个可靠的公司,而初始的投资者在合理期限内仍然承担责任。对特许公司的股份转让可以合理施加限制的另一种情况是,订约当局出于某种利益,需防止把股份转给某些特定的投资者。例如,订约当局也许希望控制购买公共服务提供商的控股,以避免在自由化的部门中形成寡头垄断或垄断局面。或者,一家欺诈过政府某部门的公司不应以新收购子公司的名义受到另一家公司的雇请。

68. 对于这些例外的情况,最好是要求初始的投资者在转让他们的股权之前,先应获得订约当局的同意。应在项目协议中写明,此种同意不得无理地拒绝或过分拖延。为了提高透明度,建议提出可以取消批准的理由,并要求订约当局在每次拒绝批准时都具体陈述理由。施加此种限制的合宜时限,是项目的某一特定阶段还是整个特许期,也许应视具体情况逐个加以考虑。在某些项目中,也许可以在设施完工之后即放松此种限制。还可以在项目协议中明确指明,如果有此种限制的话,它是否适用于特许公司中任何股份的转让,或者订约当局的关切只侧重于某一特定投资者(如某一建筑公司或是设施的设计者),所施加的限制只在建筑阶段有效,或延续更长一段时间。

H. 建 筑 工 程

69. 购买建筑工程的订约当局一般是建筑合同中的雇主,拥有广泛的监测和检查权利,包括审查建筑项目和要求对其进行修改、密切跟踪建筑工程和施工时间表、检查和正式验收竣工工程并对设施运营给予最后审批的权力。

70. 另外,在许多私人融资基础设施项目中,订约当局可能愿意向特许公司转让这种责任。订约当局不承担管理项目细节的直接责任,可能更愿把这种责任移交给特许公司,要求特许公司承担建筑工程按时竣工的全部责任。特许公司也想确保项目按时竣工和不致超出费用概算,并且一般将谈判包括建筑承包商履约担保在内的固定价格、固定时间的启钥合同。因此,在私人融资基础设施项目中,大部分情况下正是特许公司履行建筑合同中通常由雇主履行的职责。

71. 因此,关于私人融资基础设施的建设的法律规定,在某些国家局限于笼统地规定特许公司按照项目协议的条款履行公共工程的义务并给予订约当局监测工程进度的笼统权利,以便确保工程符合协议的条款。在这些国家,较详细的条款可在项目协议中加以规定。

(一) 建筑设计的审查和批准

72. 凡有必要在立法上处理建筑工程和有关问题,最好设计程序以帮助将竣工时间和施工费用保持在预估范围之内,并帮助降低特许公司和有关政府机构之间发生争端的可能性。例如,如果法律规定要求订约当局审查和批准建筑项目,项目协议应规定审查建筑项目的最后期限,并规定如果在有关期限内订约当局没有提出异议,即被认为获得批准了。也许还可在项目协议中规定订约当局可提出异议或要求修改项目的理由,如安全、防卫、保安、环境问题或不符合技术规范。

(二) 项目条款的变动

73. 在建设基础设施过程中,常常出现一些情况,有必要或最好改变建筑工程的某些方面。因此,订约当局最好在施工的范围、工程使用设备或材料的技术特性或按照技术标准提供所需的建筑服务方面保留变更的权利。这些变更在本指南中称为"变动"。本指南中使用的"变动"一词并不包括由于成本变化或货币波动而调整或修订费率(见第39—44段)。同样,在情况发生重大变化时重新谈判项目协议(见第126—130段)在本指南中并不视为变动。

74. 鉴于大多数基础设施项目的复杂性,不可能排除变动项目的建筑标准和其他要求的必要性。不过,这些变动常常导致延迟执行项目或提供公共服务;还可能使特许公司根据项目协议履约的责任更加繁重。同时,执行广泛变动的命令在费用上可能超出特许公司自己的财力,因而要求增加大量资金,而这些资金又无法以可接受的成本获得。因此,订约当局最好考虑控制可能需要变动的措施。订约当局要求进行的可行性研究的质量和在筛选过程中规定的项目说明书的质量(见第三章"特许公司的选定",第61和64—66段)在避免项目的后续变动上发挥着重要作用。

75. 项目协议应当阐明订约当局可以要求变动建筑标准的具体条件和酌情付给特许公司的赔偿费,用以弥补执行变动引起的额外费用和迟延。项目协议应明确特许公司在多大程度上有义务作出这些变动及特许公司是否可以反对作出变动,如果可以的话,依据什么理由。按照一些法律制度中的合同惯例,当所涉修改引起的额外费用超过设定的最高限度金额时,特许公司即可解除其义务。

76. 大型建筑合同中采用过各种处理变动的合同方法,以确定承包商对实施变化承担多大的义务以及对合同价款或合同期限作必要的调整。经适当变通后,这些解决办法可用来处理订约当局根据项目协议而谋求的变动。① 不过,应当指出,在基础设施特许权中,付给项目公司的钱包括用户费或设施产出的价格,而不是建筑工程的总价格。因此,基础设施特许权中所采用的补偿办法有时包括从一次总付到提高费率或延长特许期各种办法的组合。例如,可能有些改变造成的费用增加是特许公司或许能够自己消化或弥补的以及酌情通过调整费率或付款机制来摊还的。如果特许公司本身已无能力再筹资或供资,当事各方似宜考虑一次总付,作为昂贵而复杂的再融资结构的一种替代办法。

(三) 订约当局的监督权力

77. 在有些法律制度中,购买建筑工程的公共当局通常保留由于公共利益原因而命令暂停或中断工程的权力。不过,为了使潜在投资者感到放心,需要限制这种干预的可能性,并规定考虑到导致要求暂停或中断工程的情况,这种中断不得超过必需的期限或必要的范围。可能还需要议定此种暂停的最长期限并规定给予特许公司适当的补偿。另外,可以提供担保以确保支付赔偿或者补偿特许公司因暂停项目而造成的损失(另见第二章"项目风险和政府支持",第 48—50 段)。

78. 在某些法律制度中,为使用及提供某些公共服务而建造的设施在施工结束后成为公共财产(见第 24 段)。在这种情况下,法律常常要求所建成的设施由订约当局或另一个公共当局正式接收。一般只有在检查了所建成的设施和进行了令人满意的必要的试验以确定该设施能够运行且满足有关标准和技术与安全要求之后,才正式接收。即使在不要求订约当局正式接收的情况下(如设施仍然是特许公司的财产),也常常需要就订约当局最后检查和批准建筑工程订立规定,以便确保工程符合健康、安全、建造或劳工条例。项目协议应详细说明已竣工设施竣工测试或检查的性质;测试时间表(如可能较宜在某一阶段内进行局部试验而不是在竣工时进行一次性试验);未通过试验的后果及安排用于试验的资源和支付相应费用的责任。在一些国家,人们发现这样做是有益的:在订约当局最后批准之前准许设施临时运行,以便能提供一次机会使特许公司可以纠正在这个时候发现的一些缺陷。

(四) 保证期

79. 与特许公司谈成的建筑合同一般规定质量保证,即承包商对工程中的缺陷

---

① 关于综合工厂建筑合同中采用的方法和可能的解决办法的讨论,见《贸易法委员会关于起草建造工厂国际合同的法律指南》(联合国出版物,出售品编号:C.87.V.10)第二十三章"变动条款"。

以及与工程一起提供的技术文件中的不准确或不足之处承担赔偿责任,但合理的例外除外(如正常的损耗或特许公司维修或运行不当)。还可以根据适用法从法律规定或一般法律原则中推导出其他赔偿责任,如在某些法律制度中对工程中的结构缺陷规定特别长的赔偿责任期。项目协议应当规定,订约当局最后批准或接收设施并不解除建筑合同和适用法中可能规定的建筑承包商对工程缺陷和技术文件中的不确或不足之处所负的任何赔偿责任。

I. 基础设施的运营

80. 运营和维护设施的条件,以及质量和安全标准,常常在法律中规定并在项目协议中详细说明。此外,特别是在电、水及卫生和公共运输领域,订约当局或一个独立的管理机关可以对设施的运营行使监督职能。详尽讨论基础设施运营条件的法律问题将超出本指南的范围。因此,下列段落只简要介绍一些主要问题。

81. 关于基础设施运营的管理规定和提供公共服务的法律要求旨在实现与公众有关的各种目标。鉴于基础设施项目通常期限较长,有可能在项目协议有效期内需要改变此类规定和要求。然而,重要的是要牢记私营部门需要一个稳定和可预测的规章制度。改变规章或者频繁地采用新的和更严厉的规则可能对项目的执行产生破坏性影响并影响到其财政维持能力。因此,在当事各方为了抵消随后的规章改变的不利影响而达成合同安排的同时(见第 122—125 段),管理机关应当谨慎稳妥,避免过分地管制或不合理地频繁改变现有规则。

(一) 运营标准

82. 公共服务提供商一般必须满足一套技术和服务标准。在大多数情况下,此种标准太详细,不能在立法中列举,可以载入实施法令、条例或其他文书中。服务标准常常在项目协议中较详细地说明。这些标准包括质量标准,如对水的纯度和压力的要求;进行修理的时间上限;缺陷或投诉数量上限;运输服务的及时进行;供应的连续性;以及卫生、安全和环境标准。然而,法律上可以规定指导制定详细标准的基本原则或要求遵守国际标准。

83. 订约当局一般保留监督项目公司遵守法定运营标准的权力。特许公司将会关注尽可能避免设施运营的中断,保护自己免于承受任何此种中断的后果。它将寻求得到保证,即订约当局行使监测或管制权力不致造成对设施运营不应有的干扰或中断,也不会给特许公司造成不应有的额外费用。

(二) 扩展服务

84. 在有些法律制度中,根据一项政府特许权经营向一个社区或地区和其居民提供某些基本服务(如电、饮用水)的实体有义务提供一个合理充分地满足社区或地区的需求的服务系统。这一义务不仅关系到给予特许权时的历史性需求,而且意味着应与所服务的社区或地区的增长保持同步并按社区或地区合理的可能需求逐步扩展服务。在有些法律制度中,这一义务具有公共责任性质,有关社区或地区的任何居民可以援引执行。在另一些法律制度中,它具有法律或合同义务的性质,根据具体情况订约当局或一个管理机关可以强制执行这一义务。

85. 在某些法律制度中,这一义务并不是绝对的和无限制的。特许公司扩展其服务设施的义务实际上可能取决于各种因素,如扩展的需要和成本及可以预期得到的收益;特许公司的财务状况;进行这种扩展的公众利益;以及根据项目协议特许公司在这方面承担的义务范围。在有些法律制度中,特许公司可能有义务扩展其服务设施,即使扩展工程不能立即获利,或者即使由于进行扩展,特许公司的范围可能最终包括无利可图的地区。尽管如此,这一义务还是受到一些限制,即不得要求特许公司进行给特许公司或其消费者带来不合理负担的扩展。视具体情况而定,扩展服务设施的成本可以由特许公司消化、以提价或特别收费的形式转嫁给消费者或最终用户,或者由订约当局或其他公共当局以补贴或补助的形式全部或部分消化。鉴于为评估任何特定扩展项目的合理性,可能需要考虑多种多样的因素,项目协议应当规定在什么情况下要求特许公司进行服务设施的扩展及实现这种扩展的适当融资办法。

(三) 服务的连续性

86. 公共服务提供商的另一项义务是确保在大多数情况下连续提供服务,除非发生了狭义的免责事件(另见第132—134段)。在有些法律制度中,这一义务具有法定义务的性质,即使在项目协议中没有明文规定,这一义务也适用。在存在着这一规则的法律制度中,这一规则的必然结果是,根据合同法的一般原则可允许合同当事方暂停或中断履行义务的各种情况(如经济困难时或另一当事方违约),不能被特许公司援引作为全部或部分暂停或中断提供公共服务的理由。在有些法律制度中,订约当局甚至具有特殊的强制执行权力,在出现非法中断提供服务时强迫特许公司恢复提供服务。

87. 这一义务也服从合理性的一般规则。各种法律制度都承认特许公司有权由于在困难情况下必须提供服务而得到合理的补偿(见第126—130段)。同时,在一些法律制度中,认为如果全面运营导致亏损,不可以要求公共服务提供商运营。如果整个公共服务,而非仅仅一个或几个分支或地区不再盈利,特许公司有权得到订约当局的直接补偿,或者有权终止项目协议。不过,终止协议一般要求征得订约当局的同意或者需要作出司法裁决。在允许这种解决办法的法律制度中,最好在项目协议中具体列明有理由暂停服务甚至免除特许公司在项目协议下的义务的特殊情况(另见第五章"项目协议的期限、展期和终止",第34段)。

(四) 平等对待消费者或用户

88. 在一些法域内,向一般公众提供某些服务的实体有特定的义务确保按照基本相同的条件向所有同类用户和消费者提供服务。不过,这些法律制度认可基于对消费者和用户作合理和客观分类的区别对待,只要在类似情况下从事类似业务,向消费者和用户提供类似的服务。因此,向不同类别的用户收取不同价格或提供不同服务的条件(如一方面是居民消费者,另一方面是商业或工业消费者)可能不违背平等对待的原则,前提是这种区分是基于客观标准,符合消费者的情况或向他们提供服务的条件的实际区别。尽管如此,如果收费或其他服务条件的差异是以服务的实际差异为依据(如在高峰消费期间收费高),一般这种差异必须与金额差异相当。

89. 除了特许公司自己规定的区分外,对某些用户或消费者的不同待遇可能是立法行动的结果。在许多国家,法律要求必须以特别优惠的条件向某些类别的用户和消费者提供某些服务(如对学生或老年公民的折价运输,或者对低收入或农村用户降低水费或电费)。公共服务提供商可以通过多种方式补偿这些服务负担或费用,包括通过政府补贴、通过为在所有公共服务提供商中间分担这些财政负担而建立的基金或其他官方机制,或者通过盈利更高的服务的内部交叉补贴(见第二章"项目风险和政府支持",第42—44段)。

(五) 连接和进入基础设施网络

90. 在铁路运输、电信或供电或供气等部门中经营基础设施网络的公司有时被要求允许其他公司进入网络。这一要求可以在项目协议中规定,也可以在具体部门的法律或条例中规定。在某些基础设施部门,规定此种连接和进入要求,作为对某一部门结构改革的补充,在另一些部门,规定这些要求的目的在于促进仍然完全或部分封闭的部门的竞争(关于市场结构问题的简要讨论,见"导言和私人融资基础设施项目的背景资料",第21—46段)。

91. 常常要求网络经营者以从财务和技术上公平和不歧视的条件提供准入机会。不歧视指新的入网者或服务提供商应能够以不次于网络经营者给予自己网点或与之竞争的服务网点的条件使用网络经营者的基础设施。然而,应当指出,例如,许多管道准入体制不要求对运输公司和对方的用户采用完全平等的条件。准入义务可能仅局限于多余的能力或遵行合理的而非平等的条款条件。

92. 尽管入网定价通常以成本为基础,但管理机关常常保留监督入网费率的权利,以确保价格高得足以充分鼓励投资于需要的基础设施,而又低得足以使新的入网者能够以公平条件进行竞争。如果网络经营者与其他服务提供商竞相提供服务,可能要求从会计角度使其活动分开,以便确定第三方使用网络或部分网络的实际成本。

93. 技术准入条件可能同样重要,可要求网络经营者改进其网络以满足新的入网者的准入要求。准入可以是准入整个网络或者是准入网络具有垄断性质的部分或分段(有时称为"瓶颈"或"必需设施")。许多国家政府允许服务提供商建立自己的基础设施或者在有可替代的基础设施时使用这些基础设施。在这些情况下,服务提供商只需要进入网络的一小部分,根据许多条例,不得强迫服务提供商支付多于它使用所需具体设施的相应费用。例如,电信中的当地环路、供电中的输电能力或使用铁路的一个区段。

(六) 信息披露要求

94. 许多国内法规定公共服务提供商有义务向管理机关提供准确和及时的业务信息,并赋予管理机关具体的执法权。这些权利可能包括查询和审计、详细的业绩和守法审计、对不合作公司实施制裁,以及要求披露信息的强制令或处罚程序。

95. 通常要求公共服务提供商保存和向管理机关披露其财务账目和报表,并建立详细的成本核算,使管理机关得以分别跟踪公司业务活动的各个方面。特许公司和附属公司之间的财务交易也需要详细审查,因为特许公司可能试图向不受管制的企业或外国附属公司转移利润。可能对基础设施经营者有详细的技术和业绩报告要求。不过,重要的是对要求基础设施经营者提交的信息的范围和类型确定合理的限度。同时,应采取适当的措施为特许公司及其附属公司可能提交给管理机关的任何专有信息保守机密。

(七) 特许公司的执行权力

96. 在授予提供公共服务的特许权方面已形成传统的国家,特许公司可能有权为便利提供服务而订立规则(如用户说明书或安全规则),采取合理的措施来保证这些规则得到遵守,并在出现应急情况时或出于安全原因而中止提供服务。为此目的,可能在大多数法律制度中都需要有一般的立法授权或者甚至立法机关的特别授权。但是,授予特许公司的权力的范围通常在项目协议中确定,不需要在立法中详细规定。最好规定由特许公司颁布的规则应酌情在管理机关或订约当局批准后即生效。不过,批准特许公司所建议的经营规则的权力不应是武断的,特许公司应有权就拒绝批准拟议规则的裁决提出上诉(另见第一章"立法和体制基本框架",第49和50段)。

97. 对于特许公司特别重要的问题是能否对不遵守规章或有违约行为的用户中断提供服务。尽管特许公司有确保连续提供服务的一般义务(见第86和87段),但许多法律制度承认提供公共服务的实体可以制定和强制执行对没有付款或严重违反使用服务条件的消费者或用户停止服务的规则。这样做的权力常常被认为对于防止滥用和确保服务的经济可行性至关重要。不过,鉴于某些公共服务是人们所必需的,在有些法律制度中这一权力可能需要法律依据。另外,对于行使这一权力,可能有许多明示或暗示的限制或条件,如特别通知要求和消费者特定补救措施。其他限制和条件可能来自适用于一般的消费者保护规则(见第七章"其他有关的法律领域",第45和46段)。

J. 一般合同安排

98. 本节讨论某些合同安排,这些安排一般出现在各个部门的项目协议中,并常常在国内订约当局所使用的标准合同条款中得到反映。虽然本节讨论的这些安排基本上属于合同性质，但视颁布国的具体法律制度，它们可能对颁布国的立法有某些重要的影响。

（一）分包

99. 鉴于基础设施项目的复杂性，特许公司一般会保持一家或几家建筑承包商的服务以进行项目协议下的一些或大部分建筑工程。特许公司也想在项目的运营阶段保留具有经营和维护基础设施经验的承包商的服务。一些国家的法律总体上承认特许公司为执行建筑工程而订立必要合同的权利。在政府承包方不能随便授予分包合同的国家，承认特许公司分包权利的法律规定可能尤其有用。

（A）分包商的选择

100. 一些国家的法律规定公共服务提供商须采用招标和类似程序授予分包合同，限制特许公司雇用分包商的自由。在基础设施主要或完全由政府经营，几乎没有或仅有少量私营部门投资时，往往采用此类法律规则。此种法律规则的目的是确保在使用公共资金时经济、高效、廉正和有透明度。不过，在私人融资基础设施项目中，这些规定可能妨碍潜在投资者参与，因为项目主办人一般包括工程和建筑公司，它们参与项目就是指望会获得执行建筑和其他工程的主要合同。

101. 然而，特许公司挑选分包商的自由不是无限的。在一些国家，特许公司在其投标书中必须确定将要保留的承包商，包括关于其技术能力和资信地位的资料。其他国家或者要求在订立项目协议时提供这种资料或者要求这些合同需得到订约当局的事先审查和批准。这些规定的目的是避免项目公司和其股东之间可能的利益冲突，通常贷款人也关心这一点，贷款人可能希望确保项目公司的承包商不致获利过高。在任何情况下，如果认为订约当局有权审查和批准项目公司的分包合同，项目协议应明确规定这种审查和批准程序的目的和订约当局可以不予批准的具体情况。作为一般规则，除非发现分包合同载有明显违反公众利益（如规定付给分包商过多的钱或对责任的不合理限制）或者明显违反颁布国适用于执行私人融资基础设施项目的公法性质的强制规定，一般情况下不应不予批准。

（B）管辖法律

102. 特许公司及其承包商常常选择它们熟悉的，而且认为适用于其合同所涉问题的法律。根据合同的种类会产生关于管辖法律条款的不同问题。例如，可能与外国公司签订设备供应合同和其他合同，签约双方可能希望选择它们知道的法律，以便为如设备故障或设备不符合要求等问题提供一种适当的担保机制。而特许公司则可能同意对其与当地客户签订的合同适用颁布国的法律。

103. 专门针对私人融资基础设施项目的国内法很少载有管辖特许公司签订的合同的条款。实际上，多数国家认为并没有令人信服的理由对适用特许公司与其承包商之间的合同的法律作出专门规定，而宁愿按合同中的法律选择条款或国际私法适用规则解决这个问题。然而,应当指出,在某些法律制度中,为合同和其他法律关系选择适用法律的自由要按照国际私法规则或颁布国的某些公法规则受制于一定的条件和限制。例如,某些区域经济一体化协议的当事国有义务颁布相互协调的国际私法规则来处理公共服务提供商与其承包商之间的合同问题。虽然国际私法规则常常允许在选择管辖商务合同的法律方面有相当大的自由度,但在某些国家,当合同和法律关系不能确定为商务合同和商务关系时,如颁布国公共当局订立的某些合同(如政府的保证和担保、公共当局关于购买电力或供应燃料的承诺)或与消费者的合同,这种自由就受到限制。

104. 在有些情况下,国内立法中已经酌情作出规定,明确说明特许公司与其承包商之间签订的合同受私法管辖,承包商不是订约当局的代理人。此类规定在有些国家可能会产生一些实际后果,如订约当局对分包商的行为不负附带赔偿责任,或者负责的公共实体没有义务对分包商的雇员与工作有关的伤病和死亡进行赔偿。

(二) 对用户和第三方的赔偿责任

105. 基础设施施工或运行如果有缺陷可能会造成特许公司的雇员、设施的用户和其他第三方的人身伤亡或者财产损失。出现这种情况时,向第三方支付的损害赔偿问题是复杂的,可能不受适用于项目协议的关于合同赔偿责任的适用法律规则的管辖,而是受关于合同外赔偿责任的适用法律规则的管辖,且这种法律规则常常是强制性的。另外,在某些法律制度中,还有管辖公共当局合同外赔偿责任的特别强制性规则,订约当局可能受制于这种规则。再者,项目协议不能限制特许公司或订约当局赔偿非项目协议当事方的第三方的赔偿责任限额。因此,订约当局和特许公司似宜规定如何相互分摊因对第三方造成人身伤亡或财产损坏而应对第三方支付的损害赔偿风险,但这种分摊须不受强制性规则的管辖。当事各方还似宜规定对这种风险进行保险(见第119和120段)。

106. 如果第三方因设施的施工和运行受到人身伤害或其财产受到损害,而向订约当局提出索赔,法律可能规定对这种情况应仅由特许公司负所有责任,订约当局不应对第三方的这种索赔要求负任何赔偿责任,但因订约当局严重违约或轻率所造成的损害除外。可能似宜特别规定,订约当局批准设施的设计或标准或者订约当局接收建筑工程或最后授权设施投入运行供公众使用,并不使订约当局对该设施的用户或其他第三方因设施的施工或运行或者所批准的设计或标准不当而受的损害负任何赔偿责任。另外,由于根据适用法律也许不能对第三方执行关于分摊赔偿责任的规定,项目协议似宜规定在由第三方因基础设施的施工或运行受到人身伤害或财产损害而提出赔偿要求时,订约当局应受到保护,免予受罚。

107. 项目协议还应当规定当事各方应当相互通报对他们提出的和预期会提出的,而订约当局又有权受到免除的索赔要求或程序,并在受理这种程序的国家法律许可的范围内,在抗辩这种索赔要求或程序方面相互提供合理的协助。

(三) 履约担保和保险

108. 除特许公司的义务之外,常常为了预防违约现象发生,还须提供某种形式的履约担保和针对若干风险的保险。一些国家的法律一般要求特许公司提供适当的履约担保,并要求这件事在项目协议中更详细地规定。在其他国家,法律载有更详细的规定,如要求按基本投资的某一百分比提供某一类别的担保。

(A) 履约担保的类型、功能和性质

109. 履约担保一般有两种类型。一种类型是货币履约担保,担保人仅许诺万一特许公司没有履约时付给订约当局指定限额的资金以履行特许公司的赔偿责任。货币履约担保可以采取履约保证金、备用信用证或凭要求付款担保。另一类型是履约保证书,担保人选择两种办法中的一种:(a)纠正有缺陷的或完成未完工的建设,或(b)让另一家承包商纠正或完成未完工的建设,并赔偿订约当局由于未履约而蒙受的损失。这种许诺的价值限于规定的金额或合同价值的某一百分比。根据履约保证书,担保人也常常可以选择仅通过给订约当局付款而解除其义务。履约保证书一般由专业担保机构,如担保公司和保险公司提供。一种特殊的履约保证书是维护保证书,这种保证书保护订约当局不致因将来在启动或维护期间可能出现的故障而蒙受损失,担保完工后担保期内的任何修理或维护工作将由特许公司及时完成。

110. 关于履约担保的性质,它们一般可分为独立担保和附属担保。如果担保人的义务独立于特许公司在项目协议下的义务,其担保称为"独立"担保。根据独立担保(常称为"一索即付担保")或备用信用证,担保人或开证人有义务在受益人要求时付款,如果后者出示担保书或备用信用证中规定的凭据,它有权获得担保书所述的款项,此种凭据可以只是受益人关于承包商没有履约的一项声明。担保人或开证人无权以事实上没有不履行主合同为理由不付款。不过,根据适用于该文书的法律,在非常例外和严格定义的情况下可以拒绝或限制付款(如当受益人的要求有明显欺诈时)。相比之下,如果担保人的义务不仅仅是检查付款的书面要求,而必须评估承包商没有履行工程合同的赔偿责任的证据,此种担保即为附属担保。不同担保的连带关系的性质可能有所不同,可能包括在仲裁程序中需要证明承包商的赔偿责任。依其性质而言,履约保证书具有附属于主合同的性质。

(B) 各类履约担保的利弊

111. 从订约当局的角度来看,货币履约担保对于支付因特许公司拖延或违约而引起订约当局额外费用也许特别有用。货币履约担保还可用作给特许公司施加压力使其根据项目协议的要求按时完成施工和履行其他义务的一个手段。不过,这些担保的金额一般只是所担保的义务的经济价值的一小部分,常常不足以支付雇用第三方代替特许公司或其承包商履约的费用。

112. 从订约当局的角度来看,一索即付担保的好处是确保无须出示承包商未履约或受益人损失程度的证据即可得到担保的付款。另外,提供货币履约担保的担

保人,特别是银行,更喜欢一索即付担保,因为产生付款责任的条件很明确,因此,担保人不会卷入到订约当局和特许公司是否存在着未履行项目协议情况的争端。银行签发一索即付担保的另一个好处是有可能通过直接利用特许公司的资产迅速、高效地收回在一索即付担保下支付的款项。

113. 一索即付担保或备用信用证对于订约当局的不利之处是这些文书可能增加项目总成本,因为特许公司通常有义务获得和留出付给开具一索即付担保或备用信用证机构的大额反担保。还有,提供这种担保的特许公司可能希望取得订约当局针对当事实上特许公司没有不履约时索取担保或备用信用证下款项的风险的保险,这笔保险的费用也包括在项目成本中。特许公司也可能在项目成本中包括它可能需要对订约当局提出任何诉讼以获得偿还不正当付款要求的潜在成本。

114. 一索即付担保或备用信用证对于特许公司的不利之处是,如果特许公司没有不履约而订约当局索取了担保款项,特许公司可能在担保人或信用证开证人向订约当局付款后须承受用特许公司的资产偿还付款的直接损失。特许公司在向订约当局追回不当索赔款项时还可能遇到困难和拖延。

115. 附属担保的条款常常要求受益人证明承包商没有履约,及受益人所受损失的程度。另外,如果债务人被控告没有履约,他可以用的抗辩理由也适用于担保人。因此,当订约当局根据保证书提出索赔时,订约当局可能面临持久的争端这一风险。实际上,可以减少这种风险,例如,可以规定凭保证书提出索赔要求时须依照国际商会拟定的《合同保证书统一规则》第 7(j)(一)条所规定的那种程序。①该统一规则第 7(j)(一)条规定,尽管委托人和受益人对合同的履行或任何合同义务有任何争端或分歧,一旦由第三方(可以是一独立建筑师、工程师或鉴定人,不受任何限制)如保证书所规定的那样出具违约证明,而且这种证明或其经过验证的副本送达担保人,就应视为违约业经确定,应当根据合同保证书支付赔偿金。如果采用这种程序,订约当局可以有权根据合同保证书获得赔偿金,哪怕特许公司对它获得赔偿金的权利有异议。

116. 不过,作为担保人承受较小风险的反映,担保人赔偿责任的货币限额可能大大高于一索即付担保下的限额,相当于项目协议下工程的较大百分比。如果订约当局不便自己安排纠正缺陷或完成建筑工程本身,而需要交由第三方安排纠正或完成的,可能会利用履约保证书。然而,如果建筑工程涉及使用只有特许公司掌握的技术,由第三方进行纠正或完成可能是行不通的,与货币履约担保相比,履约保证书可能没有最后提到的好处。对于特许公司来说,附属担保的好处是保留特许公司的借款权利,因为附属担保与一索即付担保和备用信用证不同,不影响特许公司在贷款人那里的信贷额度。

---

① 《合同保证书统一规则》的案文转载于 A/CN.9/459/Add.1 号文件。

117. 由以上考虑可认为,不同类型的担保对特许公司承担的不同义务可能有益。尽管要求特许公司提供适当的履约担保是有益的,但最好由当事各方确定需要担保的范围及对于特许公司承担的各种义务应提供哪种担保,而不是在法律上只要求一种形式的担保而排除其他形式的担保。应当指出,项目公司自己将要求其承包商提供一系列履约担保(见第 6 段),以订约当局为受益人的额外担保通常会提高项目的总成本和复杂程度。在有些国家,对国内订约当局提供的实用指导建议它们认真考虑是否要求担保和在什么情况下要求提供、应担保哪些具体风险或损失,以及在每一事例中哪一类担保最适合。确定的担保金额过高可能影响项目公司为项目筹资的能力。

(C) 担保的期限

118. 私人融资基础设施项目的一个特殊问题涉及担保的期限。订约当局也许想获得在项目整个使用寿命期间(既包括建设阶段又包括运营阶段)保持履约担保的有效性。然而,鉴于基础设施项目期限长和在评估可能产生的各种风险方面有困难,担保人开具项目整个期限的履约保证书或为其在履约保证书下的义务购买再保险可能会有问题。在实践中,按照规定,不续签履约保证书即构成要求付款的理由,使这一问题更加复杂,因此,只允许项目公司提供较短期限的保证书可能不是一个令人满意的解决办法。某些国家使用的一个可能办法是要求分别为施工阶段和运营阶段提供保证书,从而可以更好地评估风险和再保险的可能性。可以通过精确确定运营阶段要承保的风险来加强这一制度,以便更好地评估风险和减少保证书的总金额。订约当局要考虑的一个可能是要求提供特定重要时期而不是整个项目使用期的履约保证书。例如,也许需要有施工阶段的保证书,这一保证书持续到竣工后的适当期限,以便包括以后可能出现的缺陷。然后,这一保证书可酌情由运营若干年的履约保证书来代替,以便项目公司证明其根据规定标准经营设施的能力。如果项目公司的履约情况证明令人满意,可以放弃运营阶段剩余时间的保证书要求,直到特许期结束前的一定时期,此时可能要求项目公司再安排一份保证书,担保其履行移交资产和有序地清理项目的其他措施的义务(见第五章"项目协议的期限、展期和终止",第 50—62 段)。

(D) 保险安排

119. 私人融资基础设施项目的保险安排一般根据其所适用的阶段而不同,某一项目阶段只购买一定类别的保险。一些保险形式,如营业中断保险,可能是特许公司为自己的利益购买的,而其他形式的保险可能是颁布国法律的要求。法律常常要求的保险形式包括设施损坏保险、第三方责任保险、工人赔偿保险、污染和环境损害保险。

120. 颁布国法律常常规定购买的强制性保险可以从一家当地保险公司或允许在该国营业的另一家机构购买,在某些情况下这可能带来若干实际问题。某些国家通常提供的保险类别可能不如国际市场上可买到的标准保险类别那么多,在这种情况下,特许公司仍会承受可能超出其自我保险能力的若干危险。在环境损害保险方面,问题特别严重。一些国家可能由于当地保险公司在国际保险和再保险市场上获得再保险的能力有限而产生更多困难。结果,项目公司往往需要在该国境外购买额外保险,以至于提高了项目融资的总成本。

(四) 条件变化

121. 私人融资基础设施项目通常持续很长时期,在这段时期内许多与项目有关的情况可能发生变化。可以在项目协议中涉及这些变化的影响,要么通过如含有指数化条款的费率结构(见第39—46段)等财务安排,要么明文规定由某一方承担某些风险(例如,如果指数化办法中没有考虑燃料或电力的价格,由特许公司消化吸收高于预期的价格)。不过,有些变化可能不易包括在自动调整机制中,或者当事各方可能更愿从这种机制中排除这些变化。从立法观点来看,有两种特殊变化值得特别关注:立法或规章变化和经济条件的意外变化。

(A) 立法和规章的变化

122. 鉴于私人融资基础设施项目的持续期较长,由于适用于其业务的立法会发生不可预见的变化,特许公司在履行其项目协议义务方面可能要花更多的费用。在极端情况下,立法甚至会使特许公司在财务上或实际上不能执行该项目。为了考虑对付立法变化的适当解决办法,似有必要把立法变化划分为两类,一类是对于私人融资基础设施项目或对某一个具体项目有特殊影响的立法变化,另一类也影响到其他经济活动而不只是基础设施运营的一般立法变化。

123. 私营部门和公营部门的所有商业组织一样受到法律变化的影响,一般都要应付这些变化对其商业产生的后果,包括变化对其产品价格和需求的影响。可能的例子也许包括:适用于所有各类资产,不管是由公共部门还是私营部门所有,也不管是否与基础设施项目有关的资本减免税结构的变化;不仅仅是影响基础设施项目,而且影响到所有建筑项目的建筑工人的健康和安全的条例;以及危险物品处理的条例的变化。法律的一般变化可以被视为普通企业的风险,而不是特许公司业务所特有的风险,政府可能难以承受保护基础设施运营者免受此种同样影响其他商业组织的立法变化而导致的经济和财政后果。因此,似乎并无理由要求特许公司不应承受一般立法风险,包括适用于整个商业部门的法律变化导致的成本风险。

124. 尽管如此,重要的是要考虑到特许公司对付或消化一般性立法变化造成的增加成本的能力的可能限制。基础设施运营者常常需遵守服务标准和费率控制机制,这使得它们难于像其他私营公司那样对法律变化作出反应(如通过提高费率或减少服务)。如果项目协议中规定了费率控制机制,特许公司将酌情寻求订约当局和管理机关的保证,允许它通过提高税收收回立法变化带来的额外成本。如果不能给予这种保证,最好授权订约当局与特许公司谈判,如果费率控制措施不能全部收回一般性立法变化产生的额外成本,特许公司可有权得到的赔偿。

125. 另一种情况是针对某一项目或某类类似项目或一般地涉及私人融资基础设施项目的特定立法变化使特许公司面临着成本的提高。这种变化不能视为普通的商业风险,而且会大大改变谈判项目协议时所依据的经济和财务假设。因此,订约当局常常同意承担由于针对某一项目或某类类似项目或一般地涉及私人融资基础设施项目的具体立法而带来的成本增加。例如,在高速公路项目中,针对公路项目或公路运营公司或该类私营公路项目的立法可能导致根据项目协议中的有关条款调整费率。因此,订约当局一般同意承担因针对某一项目或某类类似项目或一般地涉及私人融资基础设施项目的具体立法而增加的成本。例如,在高速公路项目中,针对公路项目或公路运营公司或该类私营公路项目的立法可能导致根据项目协议中的有关条款调整费率。

(B) 经济条件的变化

126. 一些法律制度有这样的规则,即如果经济或财务状况发生变化,虽不妨碍某一当事方履行合同义务,但使履行这些义务比原来订立义务时预计得要繁重得多,可允许修订项目协议条款。在有些法律制度中,修订协议条款的可能性一般在所有政府合同中默示,或在有关立法中明确规定。

127. 特许公司投资的财务和经济考虑因素是根据基于谈判时的情况所作的假设及当事各方对项目使用期限内这些情况如何发展的合理预期议定的。投标人在拟定财务投标书时通常会考虑到经济和财政参数的预测,有时甚至包括一定幅度的风险(见第三章"特许公司的选定",第68段)。但是,可能会发生当事各方在谈判项目协议时未能合理预见到的某些事件,当初如考虑到这种事件的话,双方将会对特许公司的投资进行不同的风险分配和考虑。鉴于基础设施项目的持续期较长,应当制定机制来处理这种事件的财务和经济影响。一些国家采用修订规则,并发现它们有助于当事各方找到可行的解决办法,确保基础设施项目持续的经济和财政维持能力,从而避免发生特许公司难以履约的情况。不过,修订规则也可能有不利之处,尤其是从政府的角度来看。

128. 如同一般性立法变化一样,经济状况条件的变化是大多数商业组织可能面临的风险,商业组织不能向政府求助,使其作出一般担保,使它们免受这些变化所带来的经济和财务影响。订约当局由于经济条件的变化而赔偿特许公司的无限制义务可能导致把原来由特许公司分担的大部分商业风险转嫁给公共部门,这是一种没有限度的财政责任。同时,应当指出,建议的费率水平和风险分担的要素是挑选特许公司的重要因素,即使不是决定性因素。过分宽容地允许对项目重新商议可能导致在筛选程序期间提出低得不现实的标书,因为指望一旦被授予项目即可提高费率。因此,订约当局可能希望合理限制关于在经济条件变化后允许修订项目协议的法律条款或合同条款。

129. 最好在项目协议中规定,有理由修订项目协议的情况变化必须是特许公司无法控制的,并且经过合理预期,认为特许公司无法在协商项目协议时将这些情况考虑进去或避免或克服其后果。例如,经过合理预期,持有独家经营权的收费公路经营者不可能考虑到非订约当局的实体随后开设一条可替代的不收费公路而造成交通量减少并为此承担其风险。然而,通过合理预期,特许公司通常可以考虑到在项目进行期间劳动力成本合理增长的可能性。因此,在正常情况下,最后发现工资比预期高并不能成为修订项目协议的充分理由。

130. 最好还是在项目协议中规定,只有经济和财政条件确实发生变化,达到与项目总成本或特许公司收益的某一最小比值时,才能要求修订项目协议。这样一个规则也许可以避免因为小的变化就进行烦琐的调整谈判,而是要等到此种变化积累到成为一个较大数字时才进行。有些国家规定了对项目协议进行定期修订的累积数量上限的规则。这些规则的目的在于避免滥用变化机制作为实现与原来项目协议中所考虑的机制无关的财政总体平衡的手段。不过,从特许公司和贷款人的角度来看,此类限制可能意味着万一发生特别急剧的环境变化造成成本大幅提高其会承受相当大的风险。因此,需要既认真考虑采用一种上限的可取性,又认真考虑这种上限的适当数额。

(五) 免责障碍事件

131. 在基础设施项目的进行期间,可能发生妨碍一方履行其合同义务的事件。引起妨碍履行义务的事件一般超出任一当事方的控制范围,可能是自然性质的,如自然灾害,也可能是人为行为的结果,如战争、暴乱或恐怖分子袭击。许多法律制度公认,由于发生某类事件而不能履行合同义务的当事方可免除对任何这种未能履约的后果的责任。

(A) 免责障碍事件的定义

132. 免责障碍事件一般包括当事方无法加以控制,造成该当事方无法履行其义务,该当事方即使给予应有的注意也不能克服的事件。通常的例子包括下列事件:自然灾害(如龙卷风、水灾、旱灾、地震、暴风雨、火灾、闪电);战争(不管是否宣战)或其他军事行动,包括暴乱和内乱;设施出故障或对设施的蓄意破坏、恐怖行动、犯罪分子的毁坏或威胁采取这种行动;放射性或化学污染或电离辐射;不可预见和抗拒的包括地质条件在内的自然力的影响;以及非常重大的罢工行动。

133. 一些法律只笼统地提及免责障碍事件,而另一些法律载有使当事方免除履行项目协议义务的各种情况清单。后一种方法可能旨在确保前后一致地对待根据有关立法开发的所有项目的问题,从而避免一个特许公司获得比其他项目协议规定的更有利的风险分担。然而,重要的是要考虑在法律或条例规定中列出一个在所有情况下应被认为免责障碍的事件清单可能会有不利之处。一种危险是该清单可能不完整,遗漏了重要的障碍事件。另外,某些自然灾害,如暴风雨、龙卷风和水灾的发生在项目现场一年中某一时间可能属正常情况。因此,这些自然灾害可能是在该地区开展业务的任何公共服务提供商应承担的风险。

134. 需要认真考虑的另一个方面是非订约当局的公共当局的某些行为是否可能构成免责障碍事件和在多大程度上构成免责障碍事件。可能要求特许公司获得履行某些义务的特许证或其他官方批准书。因此,项目协议也许得规定如果因为特许公司本身不能达到签发许可证或批准书的有关标准而拒发许可证或批准书,或者发给了但随后又收回了,特许公司不能把这种拒绝作为免责障碍事件来依赖。不过,由于无关或不适当的动机而拒发或收回许可证,则规定特许公司可以把这种拒绝作为免责障碍事件是公平的。另一种可能的障碍事件可以是非订约当局的一个公共当局或政府机关,例如由于要求中断项目或对其进行大的修改(这大大影响原来的设计)的政府计划和政策变化,导致中断项目。在这种情况下,重要的是考虑订约当局和导致这种障碍事件的公共当局间的体制关系,以及它们相互独立的程度。归类为免责障碍事件的事件在有些情况下可能相当于订约当局完全违反项目协议,视订约当局是否能够合理地控制或影响另一个公共当局的行为而定。

(B) 对当事各方的后果

135. 在施工阶段,发生免责障碍通常应当延长时间以便使设施完工。在这方面,必须考虑任何这种延长对于整个项目期限的影响,特别是总的特许期限将施工阶段也计算进去时更是如此。设施延迟完工会减少经营期限,可能对特许公司和贷款人的全部收益估计数产生不利影响。因此,最好考虑在什么情况下理应延长特许期,以便将施工阶段可能发生的延期考虑进去。最后,最好规定如果所述事件具有持久性质,当事各方可以选择终止项目协议(另见第五章"项目协议的期限、展期和终止",第 34 段)。

136. 另一个重要问题是,特许公司发生免责障碍事件而导致收益损失或财产损害后,是否有权因此而得到赔偿。项目协议中规定的风险分配对这一问题作出了回答。除非政府提供某种形式的直接支持,私人融资基础设施项目一般由特许公司自负风险,包括自然灾害和其他免责障碍事件导致的亏损风险,因此,常常要求特许公司针对这些事件购买适当的保险类别。为此,一些法律明确规定在发生免责障碍事件造成亏损或损坏时排除对特许公司任何形式的赔偿。不过,不能由此推定,被定为免责障碍事件的事件不可以同时成为修订项目协议的理由,以便恢复其经济和财政平衡(另见第 126—130 段)。

137. 在一些项目中,建设的设施永久归订约当局所有,或在项目期结束时需移交给订约当局,此类项目有时会有另一种不同的风险分担模式。在有些国家,订约当局有权作出安排,帮助特许公司修理或重建由自然灾害或项目协议中定义的类似事件损坏的基础设施,前提是在招标书中已预期给予这种帮助的可能性。有时订约当局有权同意在中断天数达到最大时间限制的情况下向特许公司支付赔偿,如果此种中断不是由特许公司负责的事件造成的话。

138. 如果特许公司由于任何这种障碍事件而不能履约,及当事各方又不能达成对合同的可接受的修订,有些国家法律授权特许公司终止项目协议,而不损害在这些情况下可能应付的赔偿(见第五章"项目协议的期限、展期和终止",第34段)。

139. 还需要根据适用于提供有关服务的其他规则考虑关于免责障碍事件的法律和合同条款。某些法律制度中的法律要求尽管发生定义为障碍事件的情况,公共服务提供者仍要为继续提供服务作出一切努力(见第86和87段)。在这些情况下,最好考虑由特许公司在一定程度上合理地承担这种义务,且根据它面临的额外费用和困难向其支付应有的赔偿。

(六) 违约和补救方法

140. 一般来说,当事各方对处理违约结果有多种补救方法,包括终止项目协议。以下段落讨论关于违约和当事方采取的补救方法的一般性考虑(第141和142段)。这些段落考虑旨在纠正违约原因并保持项目连续性的某些类别的补救方法,特别是订约当局进行干预(见第143—146段)或替换特许公司(见第147—150段)的立法问题。终止项目协议的最终补救方法及由终止产生的后果规定在《指南》其他条款中(见第五章"项目协议的期限、展期和终止",D和E节)。

(A) 一般性考虑

141. 对特许公司违约的补救方法一般包括建筑合同或长期服务合同中常见的方法,如没收担保金、合同规定的罚款和协议的违约赔偿金。① 在大多数情况下,此种补救方法一般具有合同性质,不引起重要的立法考虑。尽管如此,规定适宜程序以核实不履约情况和给予机会纠正这种不履约也十分重要。在一些国家,实施合同规定的罚款要求正式检查和其他程序性步骤的调查结论,包括在较严重制裁前由高级官员对订约当局进行审查。这些程序可由区分可纠正的缺陷和不可纠正缺陷及确定相应程序和补救方法的规定来加以补充。通常最好给特许公司发出通知,要求它在足够期限内对违约行为作出补救。可能最好还需要考虑万一没有履行必要的义务,特许公司应支付罚款或协议预定的违约赔偿金,并写明未履行次要或附属义务时不得实施罚款,可根据国内法为此寻求别的补救方法。另外,在罚款或协议预定的违约赔偿金的履约监测制度之外,还可补充一种奖励办法,对特许公司改进已议定的条件时支付一定的奖金。

142. 订约当局可以通过各种可在司法上强制执行的合同安排保护自己免受特许公司违约后果之影响,而在订约当局违约时特许公司可动用的补救方法则可能受到适用法律的各种限制。一些法律法规承认公共当局对司法诉讼和强制执行措施是豁免权,由此带来了一些重要的限制。视对特许公司承担义务的订约当局或其他公共当局的法律性质而定,前者可能无法采取强制执行措施来保证这些公共实体订立的义务得以履行(见第七章"争端的解决",第33—35段)。这种情况使得更加需

---

① 关于综合工厂建筑合同中采用的补救方法的讨论,见《贸易法委员会关于起草建造工厂国际合同的法律指南》第十八章"迟延、缺陷和其他不履约"。

要规定保护特许公司免受订约当局违约后果影响的机制,如针对具体违约事件的政府担保或由第三方如多边贷款机构提供担保等方式(见第二章"项目风险和政府支持",第 61—71 段)。

(B) 订约当局的介入权利

143. 一些国内法明文准许订约当局可暂时接管设施的运营,通常是在特许公司未能履约的情况下,特别是订约当局有确保在任何时候都有效提供有关服务的法定义务时。在有些法律制度中,这一特权被认为是大多数政府合同中所固有的,即使在立法或在项目协议中没有明文提到也可以推定这一特权存在。

144. 应当指出,订约当局的干预权利即"介入权利",是一项极端措施。私人投资者可能担心订约当局会使用或威胁使用这一权利,以便就提供服务的方式强加自己的愿望,甚至控制项目资产。因此,最好尽可能明确界定可以行使介入权利的情况。限制订约当局进行干预的权利也十分重要,它们只能在特许公司的服务严重中断时进行干预,而不是仅仅在对特许公司履约情况不满意时。似宜在法律中澄清,订约当局干预项目是暂时的,目的在于对特许公司未能纠正的某种紧急问题进行补救。一旦紧急情况得以补救,特许公司应立即恢复提供服务的责任。

145. 订约当局介入的能力可能受到限制,因为它难以立即确定和雇请一个分包商进行订约当局想介入的行动。频繁干预有可能使在项目协议中已转移给特许公司的风险返还给订约当局。特许公司不应依赖订约当局介入处理按项目协议应由它自己处理的特定风险。

146. 宜在项目协议中澄清哪一方承担订约当局干预的费用。在大多数情况下,如果干预是由特许公司一方失职造成不履约引起的,特许公司应承担订约当局的费用。在有些情况下,为了避免有关赔偿责任和适当费用数目的争端,协议可以授权订约当局自行采取措施纠正问题,并授权特许公司收取此种纠正产生的实际费用(包括行政费用)。不过,如果这种干预是在出现免责障碍事件之后发生的(见第 131—139 段),当事各方可以根据项目协议中分担特殊风险的规定议定不同的解决办法。

(C) 贷款人的介入权利

147. 在项目周期中,可能出现这样的情况,即由于特许公司的违约或发生特许公司无法控制的非常事件,为避免终止项目而把项目交由另一个特许公司负责继续实施下去,可能符合当事各方的利益。贷款人的主要担保源于项目收益,其特别关注偿还贷款之前项目中断或终止的风险。如果发生影响特许公司的违约妨碍事件,贷款人会考虑作出工程不会半途而废及特许权项目的运营能够盈利的保证。订约当局可能有意向让一家新的特许公司接管项目,作为必须接管项目和自己负责继续下去的一种替代办法。

148. 近期若干大型基础设施项目的协议规定,在征得订约当局的同意后,贷款人可选定一家新的特许公司履行现有的项目协议。这类条款一般是对由订约当局和给特许公司提供资金的贷款人之间订立的一项直接协议的补充。这种直接协议的主要目的是当特许公司违约时,允许贷款人安排另一家特许公司接替违约的特许公司继续履行项目协议,从而避免订约当局终止项目协议。与订约当局的干预权利不同(这种权利涉及未能提供特定的、暂时的和紧急的服务),贷款人的介入权利所针对的是特许公司一再不提供服务或可合理视为不可补救的情况。根据最近已采用此种直接协议的国家的经验,从《基础设施建设与运营:立法框架》和第 149 号项目协议中可以获悉,通过防止协议终止和提供替代特许公司,贷款人获得了免受特许公司违约影响的额外担保。与此同时,订约当局也避免了因终止项目协议而引起的中断,从而保障了服务的连续性。

149. 不过,在某些国家,因没有立法授权,实施这些条款可能面临着困难。特许公司不能履行其义务通常是订约当局接管设施的运营或终止协议的一个理由(见第五章"项目协议的期限、展期和终止",第 15—23 段)。为了选定一家新的特许公司来代替违约的特许公司,鉴于需要遵守原先挑选特许公司时的程序,订约当局也许不可能只同贷款人就雇用一家未按程序挑选的新的特许公司进行磋商。另外,即使订约当局有权在紧急条件下与一家新的特许公司进行谈判,也可能需要与新的特许公司达成新的项目协议,而后者承担前任特许公司义务的能力可能有限。

150. 因此,在法律中认可订约当局与贷款人达成协议的权利,规定当特许公司几乎没有根据项目协议的要求提供服务,造成严重失职,或者发生可能终止项目协议的其他明确规定的合理事件时,经订约当局同意,可指定新的特许公司履行现有的项目协议。订约当局和贷款人之间的协议,除其他之外,应当作出如下具体规定:在何种情况下准许贷款人安排替换特许公司;特许公司的替换程序;订约当局拒绝拟议的替代公司的理由;以及贷款人按照项目协议规定的相同标准和相同条件维持服务的义务。

五、项目协议的期限、展期和终止

A. 概　　述

1. 大多数私人融资基础设施项目都有一定的施工期限,由特许公司在期满后将基础设施的运营责任移交给订约当局。B 节中讨论了确定特许期应考虑到的种种要素。C 节讨论了项目协议是否展延和在何种情况下可以展延的问题。D 节审议了在何种情况下可批准项目协议提前终止的问题。最后,E 节讨论了项目协议期满或终止的后果,包括转移项目资产和当事方在终止时有权获得的补偿以及项目收尾工作。

B. 项目协议的期限

2. 一些国家的法律将基础设施特许期的期限限定在一定年限范围内。另一些法律对大多数基础设施项目作出了一般性的限制,而对特定基础设施部门的项目规定了专门的限制。还有一些国家只对特定基础设施部门规定了最高期限。

3. 项目协议最佳期限取决于一系列因素,例如,设施的运营寿命;可能需要提供服务的期限;与项目有关的资产的预期使用寿命;项目所需技术的变化程度;以及特许公司偿还债务和分期偿还初步投资所需的时间。在此,经济术语"分期偿还"系指以项目收入逐步偿还投资,其假设前提是项目期满时,设备将不会留下任何剩余价值。鉴于很难为基础设施项目的期限规定一个统一的法定限制,订约当局宜获得一定程度的灵活性,以根据具体情况通过谈判规定有关项目的合适期限。

4. 在某些法律制度中,通过对所有特许权都规定一个最高期限来实现上述目标,但不具体规定几年。有时法律仅仅列出确定特许权期限时应考虑的要素,其中可包括应由特许公司提供的所需投资的性质和数额以及有关具体设施和装置的正常分期偿还期限。一些针对具体项目或部门的法律规定了综合性方法,要求项目协议规定在某一时期终止时,或在全部偿还了特许公司的债务并达到了一定的收入、生产或使用水平时(以先达到者为准),特许期即届满。

5. 但是,如果需要采用法定限制,最高期限应足够长,以便使特许公司充分偿还其债务并获得合理的利润。另外,考虑到投资额和所需收回期限,在例外情况下,宜授权订约当局同意更长的特许期限,但须经特别审批程序。

C. 项目协议的展期

6. 某些国家的合同惯例是,订约当局和特许公司可就一次或数次延长特许期达成协议。但多数情况下,一国的国内法规定只有在特殊情况下才能延长项目协议的期限。在这种情况下,项目协议到期时,通常要求订约当局按照已期满的特许公司当初的选定程序,选择一个新的特许公司(关于选择程序的讨论,见第三章"特许公司的选定")。

7. 一些国家要求对独家特许权不时地进行重新投标,而不是由当事双方自由展延,这种举措卓有成效。定期重新招标可刺激特许公司改善绩效。确定初次授标和第一次(以及后续的)重新招标之间相隔时间时应考虑到投资额及特许公司面临的其他风险。例如,收集和处理固体废物的特许权不需要大量的固定投资,重新招标间隔时间可相对较短(如三至五年),而供电或供水等事业的特许权就需要较长的间隔时间。多数国家均在项目期终了时重新招标,但是也有一些国家可准予很长的特许期(如 99 年),其间定期进行重新招标(如每隔 10 年或 15 年一次)。有几个国家采用了后一种机制。根据这种机制,第一次重新招标是在特许公司收回全部投资之前进行。为了鼓励现有运营者,一些法律规定在对同一项目授予后续特许权时特许公司可优先于其他投标人。但是,如果在下一轮招标中未能中标,特许公司有权要求获得补偿。在这种情况下,招标收益可全部或部分归现有特许公司。要求中标者就现有特许公司的任何产权及尚未收回的投资进行支付,以减轻投资者和贷款人面临的长期风险,为他们提供一种有偿的退出选择(见第 39 和 40 段)。

8. 尽管有上述种种情况,但在某些特定情况下,不宜完全排除通过谈判展延特许期的选择。基础设施项目的期限是在就财务安排进行谈判时考虑的主要因素之一,直接影响到特许公司提供的服务的价格。在处理意料之外的障碍或项目寿命期间发生的其他情况变化时,当事方可能会认识到展延项目协议(作为其他补偿机制的替代或与其他补偿机制相结合)会是一项有益的选择。这类情况可包括:展延以补偿因发生障碍事件而使项目暂停或造成利润损失(见第四章"基础设施的建造和运营:立法框架和项目协议",第 131—139 段);展延以补偿由订约当局或其他公共当局造成的项目暂停(见第四章"基础设施的建造和运营:立法框架和项目协议",第 140 和 141 段);或展延以使特许公司得以收回由于需要对设施上进行额外施工而产生的费用,且在项目协议正常期限内特许公司无法收回该类费用,除非不合理地提高费率(见第四章"基础设施的建造和运营:立法框架和项目协议",第 73—76 段)。为了提高透明度和强化责任制,一些国家规定特许期的展延需遵照全局累计性期限或需经特定的公共机关的批准。

D. 终　　止

9. 项目协议未到期而提前终止的理由和任何这类终止所造成的后果往往受国内法管辖。通常在发生特定事件之后,法律允许当事方终止项目协议。私人融资基础设施项目当事各方的主要利益是确保设施圆满竣工并连续、有条不紊地提供相关的公共服务。鉴于终止将带来严重的后果,如使所提供的服务受到干扰甚至中断,因此在大多数情况下应将终止作为迫不得已的最后手段。应认真考虑任一当事方行使上述权利的情形。尽管双方情况不一定完全相同,但一般来说双方终止的权利和条件应大致平衡。

10. 除了明确发生哪些情况或哪类事件才能够行使终止权以外,当事双方宜考虑采取适当程序以确认是否存在终止项目协议的正当理由。尤其要注意,项目协议是否可单方面终止,或是否需要司法裁定或其他争端解决机构作出裁决才能终止。

11. 特许公司通常不得无端终止项目协议,在某些法律制度中,即使特许公司因订约当局违约而终止项目协议都需要经过最后司法裁决。在某些国家,根据适用于与政府实体的合同的规则,公共当局可行使这样一项权利,但须向特许公司支付补偿。但是,在另外一些国家,对公共服务特许权问题作出了例外规定,因为这种合同性质与单方面终止权利不相符。最后,一些法律制度不承认公共当局具有单方面终止的权利。但是,项目促进人和贷款人会担忧订约当局提前或无理终止项目协议的风险,即使终止的决定可能须经解决争端机制的审查。还应指出的是,给予订约当局单方面终止项目协议的权利,不能充分取代设计良好监督绩效合同机制或适当的履约保障(见第四章"基础设施的建造和运营:立法框架和项目协议",第 80—97 段和第 108—120 段)。

12. 因此,有关终止的规定应与项目协议中所规定的违约补救措施相符。特别是,最好将终止条件与订约当局介入的条件区分开来(见第四章"基础设施的建造和运营:立法框架和项目协议",第143—146段)。还很重要的一点是,应结合特许公司与其贷款人之间经过谈判达成的财务安排的背景情况来考虑订约当局的终止权利。在大多数情况下,导致项目协议终止的那些事件也正是在贷款协议中构成违约的那些事件,结果是特许公司的全部未偿债务可能会立即到期。因此,如果与原来的特许公司的项目协议看来随时可能终止时,最好允许贷款人推荐另一个特许公司,以努力避免终止的风险(见第四章"基础设施的建造和运营:立法框架和项目协议",第108—120段)。

13. 综上所述,一般情况下最好规定终止项目协议在大多数情况下要由在协议中规定的争端解决机构作出最后决定。这样一项要求将会减少对过早或无端采用终止手段的关切。与此同时,将不排除采取适当手段以确保服务的连续性,直至争端解决机构作出最后决定,只要项目协议中已规定违约情况下可采取合同规定的补救措施,如订约当局和贷款人介入的权利。在一些国家,这样一项要求将与适用于政府合同的行政法总则不相符,在这种情况下,应当确保至少订约当局终止项目协议的权利不损害特许公司要求对订约当局终止决定作出事后司法审查的权利。

(一) 订约当局终止项目协议

14. 订约当局在以下三类情况中行使其终止权:特许公司严重违约;特许公司无力偿债或破产;出于公共利益考虑而终止。

(A) 特许公司严重违约

15. 订约当局有责任确保按照适用的法律、条例和合同规定提供公共服务。因此,一些国家法律赋予订约当局在特许公司违约情况下终止项目协议的权利。为了避免终止造成的破坏性影响并维持服务的连续性起见,不宜将终止作为制裁特许公司任一种不完善业务表现的手段。相反地,一般只应在"特别严重"或"多次"不履约,特别是不能合理预期该特许公司有能力或意愿履行项目协议之义务的情况下才诉诸终止协议这种极端的办法。许多法律制度以特定的技术用语来表示订约一方违约的程度属于如此性质,致使另一方可在协议到期之前终止合约关系(如"重大违约""实质性违约"等等)。对于此种情况,本指南中称为"严重违约"。

16. 限制严重违约情况下终止的可能性可使贷款人和项目促进者有保证不致遭受订约当局不合理或草率决定之损害。法律一般规定订约当局有权在特许公司严重违约时终止项目协议,而留待项目协议具体界定严重违约定义并酌情提供说明性的实例。从务实的角度看,不宜在法规或项目协议中对可予终止的事件罗列详尽清单。

17. 一般而言,最好是宽容特许公司一段时间,使之在订约当局诉诸补救办法之前履行其义务,避免造成违约。例如,向特许公司发出通知,指明有关情况的性质,要求该公司在某一时限内纠正。同时也应酌情给予贷款人和担保方以机会,按照向订约当局提供的履约保证金的条件或贷款人与订约当局之间的直接协议避免特许公司违约的后果,如临时聘请第三方来纠正特许公司违约的后果(见第四章"基础设施的建造和运营:立法框架和项目协议",第 108—120 和 147—150 段)。项目协议也可规定,若所述期限已到而情况仍未纠正,则订约当局可终止项目协议,但须先通知贷款人,使之有机会在某一期间内行使按照其与订约当局的直接协议可能享有的任何替代权。但也要订出合理时限,因为订约当局不能为特许公司违背项目协议的情况无限期地承担费用。此外,所用程序应不妨害订约当局进行为避免特许公司服务中断的危险而进行干预的权利(见第四章"基础设施的建造和运营:立法框架和项目协议",第 145 和 146 段)。

(i) 工程开始之前严重违约

18. 特许公司通常须在开工之前完成一系列步骤。其中一些要求甚至可能构成项目协议生效的先决条件。发生以下事项,则有正当理由在前期撤销特许权:

(a) 未取得所需的财政手段、未签署项目协议或未在议定的时限内建立项目公司;

(b) 未取得进行特许之活动所需的执照或许可;

(c) 未在给予特许之后一段议定的期间内进行设施建设、开始发展项目或提交所需的规划与设计。

19. 原则上,只有在订约当局已不能合理预期选定的特许公司将采取必要措施开始执行项目的情况下才可终止协议。因此,订约当局应考虑到造成特许公司延迟履行义务的特殊情况。此外,特许公司不应承担订约当局或其他政府机构的不行为或失误的后果。例如,如果特许公司并非由于本身的过失而未能在议定的时段内取得政府执照和许可,一般不应因此而终止项目协议。

(ii) 工程阶段严重违约

20. 工程进行阶段,若出现以下情况,则有正当理由终止项目协议:

(a) 未能遵守建筑规章、规定或最低设计和作业标准及无理由地不照议定的日程完工;

(b) 未能按协议提供或展延所需的担保;

(c) 违反重大法规或合约义务。

21. 终止应反映出特许公司违约的程度和订约当局遭受的后果。例如,指定日期完工可能涉及订约当局的合法利益,此时延期完工即构成终止的理由。但拖延本身,特别是对项目协议的规定而言并非过度的延迟,不构成订约当局终止的充分理由,只要订约当局对特许公司按照所需质量标准完成设施的能力及其这样做的承诺感到满意。

(iii) 运营阶段严重违约

22. 如果发生以下事件,则有理由在运营阶段终止特许权:

(a) 未按照法规与合约中的质量标准提供服务的严重情况,包括无视价格控制

措施;

(b) 未事先得到订约当局的同意而无理由地暂停或中断服务;

(c) 特许公司未按照议定的质量标准维修设施及其设备和附属物的严重情况或不按议定的计划、日程和时间表无理由地拖延维修工程;

(d) 未能遵行订约当局或监管机构对违反特许公司职责所施加的制裁。

23. 为了提高政府事务的透明度和健全性,某些国家的法律还规定当特许公司逃税或有他种欺诈行为,或其经纪人或雇员卷入贿赂政府官员和其他贪污事件时可终止项目协议(另见第七章"其他有关的法律领域",第50—52段)。后一类考虑突出了建立有效的机制,打击贪污和贿赂,使特许公司有机会对颁布国官员的非法付款要求或非法威胁提出申诉的重要性。

(B) 特许公司破产

24. 一般需要连续不断地提供基础设施服务,为此,大多数国家法律规定,如果特许公司被宣布破产或丧失偿付能力,可以终止协议。为了确保服务的连续性,需移交给缔约当局的资产和财产可以不包括在破产程序内,法律还可要求事先征得政府的批准,才能由清算人或破产管理人对特许公司拥有的任何种类的资产进行处理。

25. 在允许对特许权本身确立担保权益的法律制度中(见第四章"基础设施的建造和运营:立法框架和项目协议",第57段),法律规定,订约当局可与这类担保债权持有人协商,指定一名临时管理人,以确保连续不断地提供有关的服务,直到被允许参与破产程序的有担保的债权人根据破产管理人的建议决定是否继续进行此项活动或是否拍卖此项特许权为止。

(C) 出于公共利益而终止

26. 按照某些国家订立合同的惯例,采购建筑工程的公共当局传统上保留出于公共利益考虑而终止建筑合同的权利(即除了说明终止是出于政府的利益之外,无须提供任何其他理由)。在某些普通法管辖区域内,只有在法规或在有关合同中作出明文规定的情况下,才可行使此项有时称为"为方便而终止"的权利。一些属于民法传统的法律制度也承认公共当局拥有出于公共利益或"一般利益"而终止合同的类似权利。在有些国家,即使没有如此的明文法规或合同规定,政府的订约权也可暗含此种权利。关于政府为方便或为公共利益而行使的终止权,承认此项权利的法律制度认为,它对于保持政府为公共福祉而不受限制地行使其职能的能力至关重要。

27. 尽管如此,还是应当认真地审议行使此项权利的条件及该种行为的后果。政府有权裁量何以构成公共利益,因此,对订约当局终止项目协议的决定只有在特定情况下(如动机不良、权力滥用)才能提出质疑。然而,不加限制地授予订约当局一般性终止权,会造成一种无法估量的风险,无论是特许公司还是贷款人都不愿在没有充分把握在遭受损失时得到迅速、公平的赔偿的情况下接受这一风险。因此,应当尽早使潜在的投资者获悉出于公共利益考虑而终止协议的可能性,并应在连同招标书一起分发的项目协议草案中明确提到该可能性(见第三章"特许公司的选定",第 67 段)。出于公共利益的考虑而终止协议之赔偿,实际上可以按由于订约当局严重违约而终止时应付的赔偿条目来计算(见第 42 段)。此外,一般而言,可取的做法是把项目协议终止权的行使限制于某些出于公共利益的迫切需要而不得不终止项目协议的情形且应当作有限制性的解释(例如,政府计划和政策此后发生重大变化,要求把某个项目并入更大的网络中;订约当局的计划发生变化,要求对项目作出重大修改,而这些修改严重影响原设计或影响在私营情况下项目的商业可行性)。尤其不宜将出于公共利益考虑而终止的权利看作一种在不满意特许权公司的履约情况时替代其他合同补救办法的手段(见第四章"基础设施的建造和运营:立法框架和项目协议",第 140—150 段)。

(二) 特许公司终止项目协议

28. 虽然在某些法律制度下订约当局可以保留终止项目协议的自由权利,但特许公司终止协议的理由一般限于订约当局严重违约或其他特殊情况,通常不包括随意终止项目协议的一般权利。另外,有些法律制度不承认特许公司有权单方面终止项目协议,只承认其有权请第三方,如主管法院,宣布终止项目协议。

(A) 订约当局严重违约

29. 通常,特许公司终止项目协议的权利仅限于订约当局没有履行其重大义务这类情况(如未能向特许公司支付议定的款项或因特许公司之外的原因未能向特许公司颁发设施运营所需的执照)。在订约当局有权要求修改项目的法律制度中,某些法律在下述情形下给予特许公司终止项目协议的权利:订约当局对原项目的更改或修改造成所需投资额大量增加;当事各方未能就适当的赔偿数额达成协议(见第四章"基础设施的建造和运营:立法框架和项目协议",第 73—76 段)。

30. 除订约当局本身严重违约之外,在下述情形下允许特许公司终止项目协议可能是公正的:因订约当局之外公共当局的行为,如未能提供执行项目协议所需要的某些支持措施等,而使特许公司无法提供服务(见第二章"项目风险和政府支持",第 35—60 段)。

31. 虽然特许公司终止项目协议可能不总是需要有司法或其争端解决机构的最后裁决,但在订约当局违约时,特许公司能获得的补救可能有限。根据许多法律制度所依循的一条法律规则,合同的一方当事人可以在另一方当事人不履行其重大义务的情况下暂不履行其义务。然而,在某些法律制度下,这一规则对政府合同不适用,法律规定,除非而且直到合同为司法判决或仲裁决定废止,否财政府承包商不得仅仅因订约当局违约而免除义务。

32. 限制特许公司暂不履约权主要是为了确保公共服务的连续(见第四章"基础设施的建造和运营:立法框架和项目协议",第 86 和 87 段)。不过,应当注意的是,虽然订约当局可以通过行使其介入权来减轻特许公司违约的后果,但特许公司一般没有相应的补救办法。遇到订约当局严重违约的情形,特许公司可能遭受巨大损失,甚至是无法挽回的损失,其程度取决于特许公司需多少时间才能获得免除其根据项目协议所承担的义务的最后判决。这些情形突出说明为订约当局承担义务而提供政府担保的重要性(见第二章"项目风险和政府支持",第45—50段),以及允许当事各方选择迅捷、有效的解决争端机制的必要性(见第六章"争端的解决",第3—42段)。

(B) 条件发生变化

33. 如果特许公司的履约负担因未预见到的条件变化大大加重,而且当事各方未能就适当修改项目协议以使之适应变化的条件达成协议,则国内法常常允许特许公司终止项目协议(见第四章"基础设施的建造和运营:立法框架和项目协议",第126—130段)。

(三) 任一当事方终止项目协议

(A) 履约障碍

34. 某些法律规定,如果当事各方因出现项目协议中所界定的某种可免除责任的障碍而长期无法履行其义务,则当事各方可以终止项目协议(见第四章"基础设施的建造和运营:立法框架和项目协议",第132—139段)。为此,似宜在项目协议中规定,如果可免除责任的障碍在某一规定时间内持续存在,或如果两个以上可免除责任的障碍累积存在时间超过某一规定时间,即可由任一当事方终止协议。如果因法律原因而导致项目无法执行,例如,因法规变化或因司法判决而影响到项目协议的有效性,则无须经过任何规定的时间就可在法规变化或其他法律障碍生效后立即行使此种终止权。

(B) 相互同意

35. 某些国家法律允许当事双方以相互同意的方式终止项目协议,但通常需得到上级当局的批准。在相互同意性质的终止可能等同于停止订约当局所负责的公共服务的这类法律制度中,订约当局可能需要这样的立法权。

E. 项目协议期满或终止的后果

36. 特许公司经营设施和提供相关服务的权利一般随项目期届满或项目协议终止而结束。除非基础设施将为特许公司永久所有,否则项目协议的期满或终止通常要求将资产移交给订约当局或另一个接替运营设施的特许公司。有此可能产生重大的财政后果,需在项目协议中对此作出详细的规定,如系由任一当事方终止项目协议,则更应如此。当事各方还需就结束措施达成协议,以确保有条不紊地移交运营设施和提供服务的责任。

(一) 移交与项目有关的资产

37. 在大多数情况下,项目协议期满或终止时,应将最初提供给特许公司的资产和财产以及其他与项目有关的物品退还订约当局(见第四章"基础设施的建造和运营:立法框架和项目协议",第 23—29 段)。在典型的"建造—运营—移交"项目中,特许公司还有义务在项目协议期满或终止时将有形基础设施和其他与项目有关的资产移交给订约当局。需要移交给订约当局的资产通常包括尚未收到的应付款和其他在移交时存在的权利等无形资产。根据项目的情况,应移交的资产还可包括专门技术或技能(见第 51—55 段)。应该注意到,在某些项目中,这些资产由特许公司直接移交给另一个接替此项服务的特许公司。

(A) 资产移交给订约当局

38. 根据必须移交的资产类型可能需要有不同的安排(见第四章"基础设施的建造和运营:立法框架和项目协议",第 28 段):

(a) 必须移交给订约当局的资产。按照某些国家的法律传统,项目期结束时,特许公司需将此种资产免费移交给订约当局,而且不能附有任何留置权或质押权,但是,赔偿特许公司为确保服务的连续性而改进设施或使之现代化的费用中如尚未收回的部分当不在此列。实际上,此种规则的先决条件是,需谈判商定足够长的特许权期限和足够高的收入水平,使特许公司得以充分摊还其投资并全额偿还债务。其他法律则允许有更多的灵活性,授权订约当局向特许公司赔偿由其建造的资产中的任何剩余价值。

(b) 订约当局可选择购买的资产。如果订约当局决定行使选择权,购买这些资产,则特许公司通常有权要求按其资产的公平市场时价给予补偿。但是,如果本来估计将全部摊还这些资产(即特许公司的融资安排并未设想资产还会有任何剩余价值),或许可以只支付名义价格。按照某些国家的订约惯例,通常赋予订约当局对这种资产的某些担保权益,以此作为有效移交资产的担保。

(c) 仍属于特许公司私有财产的资产。特许公司一般可以自由地转移或处置此种资产。

(B) 资产移交给新的特许公司

39. 如前所示,订约当局可能希望在项目协议终止时重新对特许权招标,而不是自己运营设施(见第 3 段)。为此目的,可能有必要以法律形式要求特许公司向新的特许公司移交资产。为了确保移交的顺畅和服务的连续性,应当要求特许公司在移交时与新的特许公司合作。对于特许公司之间的资产移交,可以要求向原特许公司支付一定的赔偿费,但视其资产是否已在项目期内摊还而定。

40. 在这方面需考虑的一个要素是由特许公司在选择过程中拟定的财务投标书的结构(另见第四章"基础设施的建造和营运:立法框架和项目协议",第 27 段)。在公共基础设施项目方面,投标人财务投标书的基本假设之一是,在项目期内将分期全额摊还因项目所需而建设或获取的所有资产(即将全部收回这些资产的成本)。因此,项目期满时财务投标书通常不列入资产的预期剩余价值。在这类情况下,显而易见,没有理由要求接管的特许公司向原特许公司支付任何赔偿,要求原特许公司免费或仅以象征性价格将所有资产提供给后继特许公司。如果事实上特许公司已获得其预计的回报,再由后继特许公司支付移交费,无异于一笔额外费用,后继者最终还是要根据第二项协议从价格上赚回来。然而,如果特许公司最初投标书中规定的费率是依据在项目结束时资产具有某种剩余价值这样一种假设作出的,或如果财务投标书设想从第三方获得大笔收入,则特许公司可能有权就移交给后继特许公司的资产获得补偿。

(C) 移交时的资产状况

41. 若特许公司在特许期满时把资产移交给订约当局或直接移交给新的特许公司,考虑到维修的需要,原特许公司一般有义务在基础设施正常运营所必需的条件下移交资产,该资产不应有留置权或质押权。某些法律对订约当局在此种运营状况下接收资产的权利作了补充,规定特许公司有义务按谨慎维护的要求维持并移交项目,并为此来提供某种担保(见第四章"基础设施的建造和运营:立法框架和项目协议",第 118 段)。如果订约当局要求按规定的条件退还资产,这种规定的条件应当合情合理。虽然订约当局理应要求资产有一定期限的剩余寿命,但期望它仍与新的资产一样,则是不合理的。另外,这些要求可能不适用于项目协议的终止,尤其不适用于施工阶段顺利完工之前项目协议的终止。

42. 可取的做法是,制定用于核实应移交给订约当局的资产状况的程序。例如,不妨设立一个由订约当局和特许公司双方代表组成的委员会,以确定设施是否处于规定状况,是否符合项目协议中提出的要求。项目协议还可就此种委员会的任命和职权范围作出规定,授权这个委员会请特许公司采取合理措施,修理或排除设施中发现的任何缺陷和不足之处。委员会可规定,应在特许权终止前一年进行一次特别检查,此后,订约当局可要求特许公司采取额外的保养措施,以确保移交时实物处于良好状况。订约当局似宜要求特许公司为顺利移交设施而提供特别担保(见第四章"基础设施的建造和运营:立法框架和项目协议",第 118 段)。订约当局可利用此种担保金支付损坏资产或财产的修理费。

(二) 终止时的财务安排

43. 在特许公司尚未能收回其投资、偿还其债务和获得预期的利润之前,可能对特许公司造成巨大损失,即发生项目协议终止的情况。订约当局也可能遭受损失,因此可能需要追加投资或承付相当的费用,如为了确保设施完工或继续提供有关的服务。根据这些情况,项目协议通常都附有广泛的条款,解决协议终止时当事各方的财务权利和义务问题。补偿标准一般视协议终止的理由而各不相同。然而,补偿安排通常要考虑到如下因素:

(a) 尚未结清的债务、股本投资和预期的利润。在特许公司贷款协议中通常将项目的终止列为违约事件。由于贷款协议一般都包括一条所谓"加速条款",即在发生违约时所有债务可能立即到期,所以,项目协议终止时特许公司遭受的直接损失可能包括届时尚未清偿的债务。订约当局是否可能补偿及在何种程度上补偿这种损失,一般取决于终止项目协议的理由。部分补偿的范围可能局限于特许公司令人满意地完成的工程的等值金额,而全额补偿有可能包括尚未清偿的所有债务。补偿安排中有时还应考虑的另一类损失是项目促进人在项目终止时尚未收回的股本投资的损失。最后,协议的终止还使特许公司无法获得该设施未来可能产生的利润。虽然损失的利润通常并不当作实际损失,但也有例外情况,例如,订约当局不正当地终止协议,则未来预期利润的目前价值也可能包括在应给予特许公司的补偿中。

(b) 竣工程度、残余价值和资产的分期摊还。规定各种合同终止理由的合同补偿计划通常包括与合同终止时工程完工程度相应的补偿。工程的价值通常根据建造所需的投资(特别是在建造阶段出现终止情况)、设施的更换成本或"剩余"价值来确定。剩余价值系指在协议终止时基础设施的市场价值。某些种类的有形基础设施(如桥梁或公路)或运营寿命快要结束的设施,其市场价值可能难以确定或甚至根本不存在。有时候订约当局通过设施的预期效用来估算剩余价值。但是,尚未完成的工程,特别是订约当局为使设施能够运营而要求的投资额超过特许公司的实际投资额时,便可能难以确定其价值。总之,给予剩余价值全额偿付的现象很少发生,特别是当项目收入构成特许公司投资的唯一回报时。因此,特许公司得到的往往并不是设施价值的全额补偿,而是对合同终止时尚未全部摊还的资产的剩余价值的补偿。

(A) 因特许公司违约而终止

44. 在因特许公司自身违约而终止协议时,特许公司通常无权要求获得损失赔偿。在有些情况下,特许公司可能有义务向订约当局支付损失赔偿,实践中,违约特许公司的债务通常由其债权人宣布到期,因此特约公司通常不预留足够的财务手段来支付这种损失赔偿。

45. 应该注意到,因违约而引起的终止,即使被视作对严重违约的一种处罚,也不应使任何一方占便宜。因此,协议终止并不一定使订约当局有权分文不付地接管特许公司的资产。解决这个问题的一种公平办法也许是根据项目协议中对资产所作的安排(见第38段)来对不同类型的资产作区分:

(a) 必须移交给订约当局的资产。如果项目协议规定,在项目协议结束时,特许公司将项目资产移交给订约当局,则对于特许公司因违约造成的终止,通常不能得到这些资产的补偿,除非其已令人满意地完成工程并形成剩余价值,还需考虑资产未被特许公司摊还的情况。

(b) 订约当局可选择购买的资产。如果在项目协议到期时订约当局可选择按市场价格购买资产,或有权将这些资产提供给某个新项目中标者,则可能会适当给予财务补偿。但是,这种财务补偿应低于资产的全部价值,借以刺激特许公司履约。同样,这些补偿额可不必与特许公司的未偿债务相当。项目协议中可规定财务补偿的详细计算办法(即是否包括资产的清理价值,或未偿债务与可替代使用价值相比数额较少者)。

(c) 仍属于特许公司私有财产的资产。特许公司通常可转移或处置不限于上文(a)或(b)中所指的作为特许公司私有财产的资产,因此,几乎没有必要作出赔偿安排。然而,完全私有化的项目的情况却可能不同。在完全私有化项目中,特许公司拥有所有资产,包括对提供服务至关重要的资产。在这类情况下,为确保服务的连续性,订约当局可视需要接管资产,即使项目协议中并未作出规定。此情况下,订约当局应该公正地按资产的公平市场价格给予特许公司补偿。但是,项目协议可规定,补偿部分中应扣除订约当局运营设施或聘用另一家运营公司而产生的费用。

(B) 因订约当局违约而终止

46. 对于因订约当局的原因使协议终止而遭受的损失,特许公司通常有权获得全额补偿。应给予特许公司的补偿通常包括尚未摊还的工程和装置的价值,以及特许公司遭受的损失,包括利润损失。这些损失通常根据以往特许公司结束运营期后的年度财政收入和最初规划的建设期内的预期利润来计算。特许公司可有权获得对债务和股本,包括对还本付息和利润损失的全额补偿。

(C) 其他理由的终止

47. 在考虑对非因任何一方违约造成的终止作出补偿安排时,应将由于免责障碍和订约当局因公共利益或其他类似原因而宣布的终止区别开来。

(i) 因免责障碍而引起的终止

48. 根据定义,免责障碍是当事各方无法控制的事件,因此,一般来说,在出现这种情形而终止协议时,当事双方都不得向对方提出补偿损失的要求。但在有些情形下,尤其是因为资产性质特别,特许公司不可能将之搬走或加以应用,而订约当局仍可有效使用以提供有关的服务(如一座桥梁),此时可公正地给予特许公司某种补偿,如对已经完成的工程部分给予公平的补偿。由于这类终止并不由非订约当局所引起,所以对特许公司的补偿可不必是"全额"的补偿(即偿还债务、股本和利润损失)。

(ii) 出于公共利益考虑而终止

49. 如果项目协议认可订约当局出于公共利益考虑而终止协议之权利,则应给予特许公司补偿,尽管不要求分毫不差,但通常按订约当局违约引起的终止所应给予的同等补偿(见第46段)。为了确定应给予特许公司的公正补偿额,建议对建造阶段和运营阶段出于公共利益考虑而终止的两种情况加以区别对待:

(a) 在建造阶段终止。如果在建造阶段终止项目协议,补偿安排可能类似于在大型建造合同中允许为方便而终止合同时所实行的那些安排。这类情况下,承包商通常有权要求赔偿令人满意的已完成工程的造价,以及终止合同对承包商造成的费用和损失。但是,由于订约当局通常并不支付特许公司完成建造工程的价款,所以计算补偿的主要标准一般是截至合同终止时特许公司的实际投资总额，包括特许公司为实施项目协议建造工程从贷款人提供的贷款中实际支付的总额，以及取消贷款协议所涉及的费用。另一个问题是对合同中为方便目的而终止的部分，特许公司是否有权，以及在何种程度上能获得损失利润的补偿。一方面，特许公司可能因为期待完成项目并在预期的特许期限内经营设施而放弃了其他商业机会；另一方面，订约当局有义务补偿特许公司的利润损失，这种义务可能在经济上限制订约当局行使其为方便而终止协议的权利。一种方法可以是在项目协议中规定订约当局补偿利润损失的付款比额表，付款的数额将取决于截至终止项目协议时已完成的建造工程阶段。

(b) 在运营阶段终止。对于特许公司已令人满意地完成的建造工程部分，补偿安排可能与在建造阶段终止的情形相同。但是，对在运营阶段终止的公平补偿可能还需要包括对利润损失的合理补偿。此情况下实行较高的补偿标准也许是合理的，因为与建造阶段终止合同的情况不同，在建造阶段中，订约当局可能需要自己出资完成工程，而在运营阶段终止协议，订约当局也许可获得一整套通过运营而获取利润的设施。利润损失的补偿数额通常根据特许公司以往若干个财政年度的收入来计算，但在某些情况下，也要考虑其他的因素，如按商定的费率所预期的利润。这是因为在运营初期具有财务成本高和收入相对较低特点的收费道路等一些基础设施项目和其他类似项目中，在项目有盈利记录之前就有可能发生终止。

(三) 结束和过渡措施

50. 如设施在特许期结束时移交给订约当局，当事各方可能需要作出一系列安排，以确保订约当局能够以规定的效率和安全标准运营设施。项目协议可规定特许公司有义务转让为基础设施运营所需的某些技术或专门知识。项目协议还可规定特许公司在某段过渡时期对设施的运营和维护继续承担某些义务。还可进一步规定，特许公司有义务向订约当局供应修理设施所需的零部件或为这些零部件的供应提供方便。然而，应当提及的是，特许公司可能无法自己采取下述某些过渡措施，因为多数情况下，特许公司只是为完成项目而成立，可能需要从第三方处取得相关技术或零部件。

(A) 技术转让

51. 有些情况下，移交给订约当局的设施将包括为制造某些货物（如电力或饮用水）或提供有关服务（如电话服务）所需的各种技术工艺。订约当局常希望掌握这些工艺及其应用的知识。订约当局还希望获得运营和维护设施所需的技术资料和技能。即使订约当局拥有基本能力，可以承担某些部分的运营和维护（如建筑或土木工程），但也可能需要获得必要的特殊技术工艺知识，以便按适合设施的方式进行运营。向订约当局传授这种知识、资料和技能的行为通常称为"技术转让"。有关技术转让的义务不能由特许公司单方规定，在实践中，这类事项都须经有关各方的广泛磋商。虽然颁布国对于取得运营设施所需的技术拥有合法权益,但也应适当考虑到私人投资者的商业利益和经营策略。

52. 对于技术转让,履行建造和运营设施的其他必要义务,可实行不同的合同安排。技术本身的转让可采取不同的方式,例如,通过发给工业产权的许可证,通过创办当事方之间的合营企业或提供机密的专门知识。本指南并不试图全面论述发给工业产权许可证或提供专门知识方面的合同谈判和起草问题,因为联合国其他机构发行的出版物中已对这个主题作了详细的论述。①以下各段仅提及关于通过培训订约当局人员或通过书面文件传授设施运营和维护方面必要的技能所涉及的一些主要问题。

53. 向订约当局传授设施正确运营和维护的必要技术资料和技能,最重要的方法是对订约当局的人员进行培训。为使订约当局能够确定其培训需要,订约当局在征求投标书的通告中或在合同谈判过程中,可请特许公司提供一份组织结构图,列明设施运营和维护方面所需的人员,包括人员必须具备的基本技术和其他资格。这种要求应充分详细说明,以便订约当局可根据其现有的人员确定所需的培训。特许公司通常拥有提供培训的能力。但是,在一些情况下,由一名咨询工程师或通过一个专业培训机构进行培训可能效果更好。

54. 设施妥善运营和维护所需的技术资料和技能也可通过提供技术文献加以传授。应提供的文献可包括计划、图表、公式、运营和维护手册及安全须知。可在项目协议中列出应提供的文件。可要求特许公司提供内容全面、行文清楚并以某种语言编写的文件。如果文献中所述的程序不加以示范便无法理解,还可规定特许公司有义务根据订约当局的请求,就有关的程序进行操作示范。

55. 可指定何时应提供文献。项目协议可规定,应在合同规定的完工时间之前备齐所有文件。当事各方还可规定,除非提供了与工程运营有关的、按合同规定应在完工前提供的所有文献,否则将认为设施的移交尚未完成。建议规定,有些文献(如操作手册)应在工程建造过程中提供,因为这些文献可以使订约当局的人员或工程师对正在建造中的机械或设备的工作原理有所了解。

(B) 设施移交后协助运营和维护

56. 订约当局需要特许公司提供多大的协助,取决于订约当局拥有或可以依靠的技术和技术人员。订约当局如果缺乏足以对设施进行技术运作的技术人员,那

---

① 世界知识产权组织的《发展中国家许可证指南》(知识产权组织出版物第 620(E)号,1977 年)中对工业产权许可证和提供专门知识的合同谈判和起草问题作了详细的论述。谈判和起草这类合同时应考虑的主要问题载于技术开发和转让系列第 12 号《技术转让协议的评价准则》(ID/233,1979 年)及《关于起草机械工业专门知识国际转让合同的使用指南》(联合国出版物,出售品编号:E. 70. II. E. 15)。另一本有关的出版物是《发展中国家引进技术手册》(联合国出版物,出售品编号:E. 78. II. D. 15)。关于对建造工业工程合同情况下的技术转让进行的讨论,见贸易法委员会《关于起草建造工厂国际合同法律指南》(联合国出版物,出售品编号:E. 87. V. 10)第六章"技术转让"。

么,至少可在初期阶段获得特许公司对设施运营的协助。有些情况下,订约当局可能希望特许公司为设施提供许多技术专业人员,而在另一些情况下,订约当局则可能希望特许公司仅提供技术专家,在一些高度专业化的操作领域以顾问的身份与订约当局的人员共同协作。

57. 为协助订约当局运营和维护设施,项目协议可规定特许公司有义务在设施移交之前提交一项运营和维护方案,以保持设施在日后的工作寿命期内以项目协议规定的效率水平运作。运营和维护方案将包括下述内容:一份组织结构图,列出设施的技术运作所需的关键人员及每个人员应履行的职能;设施的定期检查;添加润滑油、清洁和调整;以及已损坏或磨损零件的更换。设施的维护还包括操作安排,如制定设施维修的值日表或维修记录。订约当局还可要求特许公司提供载有适当运营和维护程序的运营和维护手册。这些手册应采用方便订约当局人员理解的格式和语言。

58. 关于培训订约当局人员掌握运营和维护程序,一种有效的方法是在项目协议中规定,在设施移交之前或之后一段时间,订约当局的人员应与特许公司的人员一起进行设施的运营和维护。然后可确定特许公司雇用人员所应担任的岗位,并指明其应具备的资格和经验。对于特许公司职员将担任的岗位,确定指派的职能时需要特别小心。为了避免摩擦和缺乏效率,应明确界定在有关过渡期内一方人员对另一方人员行使的任何权限。

(C) 零部件的供应

59. 在按规定需将设施移交给订约当局的项目中,订约当局将需要获得零部件来更换已磨损或损坏的部件,以及维护、修理和运营整套设施。如果零部件无法在当地获得,订约当局可能需要依靠特许公司供应这些零部件。如果当事各方在项目协议中可以预期订约当局这方面的需要并作出相应的规定,可极大地便利当事各方对设施移交后零部件和服务的供应进行规划。但是,鉴于大多数基础设施项目旷日持久,当事各方可能难以在项目协议中预期设施移交后订约当局的需要并作出相应的规定。

60. 一种可能的方法也许是,当事各方另外再订立一份管理这些事项的合同。① 这种合同可在设施行将移交时订立,因为届时订约当局对其需要事项可能会有更加明确的认识。如果零部件不由特许公司制造,而是由特许公司的供应商制造,订约当局最好与这些供应商订立合同,而不是从特许公司那里获得零部件,或者由订约当局指定特许公司作为其采购代理人。

61. 订约当局的人员应具有安装零部件的技术能力。为此目的,项目协议可规

---

① 欧洲经济委员会拟定了一份《关于起草维护、修理和运营工业和其他设施的国际服务合同指南》(ECE/TRADE/154),该指南经适当更改后可有助于当事各方另行起草一份或若干份关于在设施移交给订约当局后对设施进行维护和修理的合同。

定特许公司有义务提供必要的指导手册、工具和设备。指导手册应采用便于订约当局人员理解的格式和语文。合同还可要求特许公司提供"结构"图,指明各部分设备是怎样相互连接的,以及可以从何处入手安装零部件和进行维护及修理。在某些情况下,可要求特许公司对订约当局人员进行安装零部件的培训。

(D) 修理

62. 订立合同安排确保设施在发生故障时得到迅速修理是符合订约当局利益的。许多情况下,特许公司可能比第三者更加胜任修理工作。另外,如果项目协议阻止订约当局向第三者透露特许公司提供的技术,可能使挑选第三者进行修理受到限制,只有那些提供了为特许公司可以接受的关于不透露其技术的保证的第三者才能入选。而如果设备的主要部分是由供应商为特许公司制造的,订约当局可能发现最好还是与供应商订立独立的修理合同,因为供应商修理这些设备部件可能更加胜任。在界定特许公司可能承担的任何修理义务的性质和期限时,似宜作出明确的规定,并与特许公司根据质量保证修理设施的义务区分开来。

六、争端的解决

A. 概　　述

1. 实施私人融资基础设施项目的一个重要因素是颁布国解决争端的法律框架。投资者、承包商和贷款人如果相信项目所涉合同所产生的任何争端在颁布国将得到迅速和公正的解决,便会受到鼓舞而参与颁布国的项目。同样,避免争端或迅速解决争端的高效程序将有助于订约当局行使监管职能,并降低订约当局的总体管理费用。为了给投资者创造更有利的环境,颁布国的法律框架应实行某些基本原则,例如,应保证外国公司有权利按照与国内公司大致相同的条件向法院提出诉讼;私人合同的当事方应有权选择外国法律作为合同的适用法律;外国判决可以得到执行;既不应不必要地限制采用非司法解决争端机制,也不应有法律障碍,阻止创造在司法系统之外友好地解决争端的有利条件。

2. 私人融资基础设施项目一般要求建立起一个相互关联的合同网络和涉及各当事方的其他法律关系。有关解决这些项目争端的法律规定必须考虑到多种不同的关系,而这些不同的关系可能需要根据争端类别和当事方的不同而采取不同的解决争端办法。主要争端可大致分为三类:

(a) 特许公司与订约当局和其他政府机构之间的协议引发的争端。在多数大陆法系国家,项目协议由行政法管辖(见第七章"其他有关的法律领域",第24—27段),而在另一些国家,此种协议原则上由合同法管辖,并有针对提供公共服务的政府合同而制定的特别规定作为补充。这种制度可能关系到项目协议当事方商定的争端解决机制。类似的考虑可能还适用于特许公司与政府机构或国有公司达成的为项目供应货物或服务或者购买该基础设施所提供的货物或服务的某些合同。

(b) 项目发起人或特许公司为实施项目而与有关当事方达成的合同和协议所产生的争端。这些合同通常至少包括：① 持有项目公司股权的当事各方之间的合同(如股东协议、关于追加融资的协议或关于选举权的安排)；② 贷款及有关的协议，这些协议除项目公司外，还涉及其他当事方，如商业银行、政府贷款机构、国际贷款机构和出口信贷保险公司；③ 项目公司与承包商之间的合同，而该承包商本身可能是由承包商、设备供应商和服务提供商组成的联营集团；④ 项目公司与经营和维护项目设施的当事各方之间的合同；⑤ 特许公司与私人公司之间关于供应运营和维护设施所需货物和服务的合同。

(c) 特许公司与其他当事方之间的争端。这些其他当事方包括设施的用户或客户，这些用户可以是：从项目公司购买水电然后转售给最终用户的国有公用事业公司；商业公司，如签约使用机场或港口的航空公司或航运公司；或支付公路使用费的个人等。这些争端的当事方不一定受以前合同或类似性质的任何法律关系的约束。

B. 订约当局与特许公司之间的争端

3. 项目协议产生的争端经常涉及一些在其他种类合同中并不常见的问题。这是由下述原因造成的：基础设施项目比较复杂，履约时间长，有多个企业参与建造和运营阶段。同时，这些项目通常涉及政府机构和广泛的公共利益。这些情况突出说明有必要建立机制，尽可能避免当事方之间分歧的升级并维护其商业关系；防止工程的建造或服务的提供受到影响；这类机制还应顾及可能产生的争端的具体特点。

4. 本节讨论的是实施基础设施项目各阶段所特有的一些主要问题。如何解决特许公司对监管机构所作决定的不满，这已结合基础设施服务的管理当局作了讨论(见第一章"立法和体制基本框架"，第 51—53 段)。如何解决筛选特许公司过程中产生的争端(即合同前争端)，这一点在本指南前面章节中也已谈及(见第三章"特许公司的选定"，第 127—131 段)。

(一) 防止和解决争端方法的一般性考虑

5. 项目协议有效期内最经常引起争端的问题是在建造阶段、基础设施运营期间或者项目协议到期或终止时可能发生的违反协议问题。这些争端可能非常复杂，常常涉及技术性很强的事项，必须迅速解决，以免影响基础设施的建造或运营。由于这些原因，当事方最好想出某种办法，允许挑选合格专家来帮助解决争端。此外，由于私人融资基础设施项目的期限较长，制定尽可能防止产生争端的机制以维护当事方之间的商业关系就显得很重要。

6. 为了实现上述目的，项目协议常常规定综合性解决争端条款，以期尽可能防止争端的产生，促进达成相互同意的解决办法，而且想出一些在争端出现时确能有效地解决争端的方法。这些条款一般规定按顺序采取一系列步骤。先是提早警告对方,指出如当事方不采取预防行动,有可能发展成争端的问题。当确已发生争端时,规定当事各方应交换信息和讨论争端问题,以期找到一种解决办法。如果当事各方自己不能解决争端,那么,任何一方可以要求另一个独立和公正的第三方参与,协助他们找到一种可以接受的解决办法。在多数情况下,只有在这类调解办法不能解决争端时,才使用对抗性的解决争端机制。

7. 然而,当事方能否自由议定某些防止争端或解决争端的办法,也会有一些局限,其中一种局限可能涉及争端的主题事项,另一种局限可能来自某些法律制度中订约当局的政府性质。在一些法律制度中,传统的惯例是,政府及其机构不得同意某些解决争端的办法,特别是仲裁。这一原则经常只限于这么一层意思:它不适用于具有工业或商业性质、在与第三方的关系中属于私法或商法管辖的公共企业。

8. 对自由议定包括仲裁在内的解决争端办法的限制还可能涉及项目协议的法律性质。在一些大陆法系国家,项目协议被视为行政合同,由此产生的争端可能须交由颁布国的司法机关或行政法庭解决。在另一些法系中,类似的限制可能明文列入直接适用于项目协议的立法或司法判例中,或者来源于通常以立法规则或条例为依据的合同惯例。

9. 凡希望允许使用包括仲裁在内的非司法手段解决私人融资基础设施项目产生的争端的国家,应消除可能的法律障碍,明确准许本国订约当局议定解决争端办法。缺乏此种立法授权,可能会引起解决争端条款有效性的问题,并导致争端迟迟得不到解决。例如,如果虽然随后有人提出抗辩,指出订约当局无权缔结仲裁协议,但仲裁庭仍认为所缔结的仲裁协议是有效的,那么,需对该裁决加以承认或执行的颁布国法院或第三国法院还会在承认或执行阶段碰到这个问题。

(二) 防止和解决争端的常用方法

10. 以下各段介绍防止和解决争端方法的主要特点,并谈及这些方法对于大型基础设施项目各阶段,即建造阶段、运营阶段和终止后阶段的适宜性。虽然项目协议通常规定了全面的防止争端和解决争端机制,但仍应力求避免采用过于复杂的程序或规定过多层次的程序。下面各段简要介绍的防止争端和解决争端的某些方法,旨在使立法者了解这些不同方法的具体特点和用途。不应理解为作者建议使用任何特定的方法组合。

(A) 早期警告

11. 早期警告条款可能是避免争端的重要手段。这些条款规定,如果合同一方认为已经发生的事件或其打算提出的权利要求有引起争端的可能,应尽快提请对方注意这些事件或权利要求。权利要求有可能使对方感到吃惊,因而使对方产生不满和敌意,因此拖延提出权利要求是冲突的根源。不仅如此,拖延提出权利要求还会增大取证的难度。为此,早期警告条款一般要求提出权利要求的一方在规定时限内提出具体量化的权利要求和必要的证据。为使这些条款得到有效执行,常常规定对不遵守这些条款的制裁措施,如丧失提出要求的权利或增加提供证据的责任。在基础设施项目中,早期警告常常涉及可能对工程或公共服务的质量产生不利影响、提高成本、导致拖延或危及服务的连续性的事件。因此,在整个基础设施项目期限内,早期警告条款都有用。

(B) 建立伙伴关系

12. 另一种避免争端的手段是建立伙伴关系。建立伙伴关系的目的是从项目一开始就通过共同制定的正式手段,在项目涉及的所有主要当事方之间建立一种信任、配合与合作气氛。人们发现,建立伙伴关系有助于避免争端,促使当事方为实现项目的目标而高效地工作。伙伴关系在通常由订约当局召集的、由项目主要当事方参加的工作会议上确定。最初的工作会议确定对伙伴关系概念的共同理解,界定所有当事方对项目的目标,并制定快速解决关键问题的程序。在这次工作会议结束时,与会者起草并签署一个"伙伴关系规约",表示他们承诺为项目的成功实现而协同工作。这种规约通常包括一个旨在确定权利要求和解决其他问题的程序,首先是要尽早和尽可能在最底层的管理部门解决问题。如果在特定时限内没有达成解决办法,就将问题提交至上一层管理部门。只有在负责项目的若干人没有达成一致意见时才请外人参与。

(C) 劝导谈判

13. 这种程序的目的是协助当事方进行谈判。当事方在项目开始时指定一名劝导者。其职能是协助当事方解决任何争端,他不对问题提出实质性意见,而是劝导他们深入分析事情的是非曲直。如果涉及许多当事方,这些当事方认为没有此种劝导就难以进行谈判和协调各种相互分歧的意见时,这一程序特别有用。

(D) 调解和调停

14. 本指南中将"调解"一词作为一个广义的概念使用,指某人或某个小组独立地、公正地帮助当事方友好地解决其争端的程序。调解不同于争端当事方之间的谈判(当事方一般在争端产生以后才进行谈判),调解涉及独立的、不偏不倚的人为解决争端提供援助,而当事方之间为解决问题进行的谈判不涉及第三人的援助。调解与仲裁的不同之处在于,调解或以当事双方同意某一解决争端方案而结束,或以调解失败而告终;而在仲裁中,仲裁庭可将具有约束力的裁决强加于当事方,除非在作出裁决之前当事双方已经解决争端。在实践中,人们使用包括"调停"在内的不同术语来表示这类调解程序。不过,在一些国家的法律传统中,"调解"和"调停"有所区别,调解主要强调由第三方努力融合争端各方的关系,帮助他们化解分歧,而调停则更进一步,允许调停人提出解决争端的建议条件。然而,"调解"和"调停"两词更经常的是作为同义词使用。

15. 世界各地正在越来越多地采用调解方式,包括过去不常采用这一方式的地区。特别是设立了向有关当事方提供调解服务的许多私人和公共机构,就反映了这一趋势。调解程序通常是不公开的、保密的、非正式的,且容易采用,同时便捷、花费不多。调解人可以发挥多种作用,通常比劝导者更活跃。他或她常常可以对当事方的立场提出质疑,强调通常有助于达成一致意见的短处,如果得到授权,还可以建议可能的解决方案。这种程序一般没有约束力,调解人的责任是让当事方注意到问题所在和可能的解决办法,从而促进争端的解决,而不是作出判断。当所涉当事方很多,通过直接谈判难以达成一致意见时,这种程序特别有用。

16. 如果当事方在项目协议中规定了调解方式,他们还须解决一些程序问题,以便增大解决争端的机会。在合同中通过提及的方式纳入诸如《贸易法委员会调解规则》①之类的一套调解规则,将人有助于解决这类程序问题。一些国际和国家组织还拟定了其他调解规则。

(E) 无约束力的专家评估

17. 这种程序是让一个中立的第三方负责对争端和拟建议的解决方法的优缺点提出评估。它发挥"事实检验"的作用,向争议各方表明仲裁或司法程序等费用较高、耗时较长、具有约束力的程序可能得出什么结果。如果当事方由于其立场不容易改变而难以沟通,或如果他们不能明确看到自己立场的短处或对方立场的长处,这一程序非常有用。无约束力的专家评估之后通常要进行直接谈判或劝导谈判。

(F) 小型审判

18. 这种程序采取模拟审判的形式,当事方的现场一线人员向"法庭"提交申述,该"法庭"由当事方各一名高级行政人员和一名中立的第三人组成。申述一般在预定时间内提出,申诉审理在中立的第三人参与下进入劝导谈判程序,力求就"审判"期间阐明的问题达成一致意见。当事方的顾问通常出席庭审,帮助确定相关事宜。小型审判的目的是让高级行政人员了解争端所涉及的问题,并对真实审判可能得出的结果进行检验。

(G) 高级行政人员评估

19. 该程序类似于小型审判,但对抗性较小,具有更强之共识导向。该程序首先由当事各方提交较短篇幅之表明立场的文件,其后进行短时答辩。在由调解方主持的"评估会议"上,由当事方各派一名高级行政人员简要阐明表达立场之文件中提出的问题或者当事方或调解方提出的其他观点。会议之后召开由调解方主持的协商会议,以期当事方达成一致意见。小型审判和高级行政人员评估在检验事实方面之效率要低于不受约束的专家评估之效率,故而在没有商业压力的情况下很难对难

---

① 关于《贸易法委员会调解规则》的正式文本,见《第二十五届大会正式记录第 17 号补编》(A/35/17),第 106 段《联合国国际贸易法委员会年鉴》第十一卷(联合国出版物,出售品编号:E.81.V.8),1980年,第一部分第二章 A 节。此外,还以小册子的形式出版了《贸易法委员会调解规则》(联合国出版物,出售品编号:E.81.V.6)。该调解规则附有一条示范调解条款,规定:"如果发生由于本合同所引起或与本合同有关的争端,而双方当事人愿意通过调解寻求争端的友好解决,调解应按照现行有效的《贸易法委员会调解规则》进行。"大会 1980 年 12 月 4 日第 35/52 号决议建议使用《贸易法委员会调解规则》。

度大的争议作出决定。

(H) 由独立专家审查技术争端

20. 在建设阶段,当事方可能希望将某些特定类型的争端交由双方指定的独立专家处理。独立专家审查技术争端之方式适合于处理涉及建造基础设施的技术问题的分歧(如工程是否符合合同规格或技术标准)。

21. 当事方可以分别指定一名设计检查员或一名监理工程师,审查设计审批方面和建造工程进度方面的分歧(见第四章"基础设施的建造和运营:立法框架和项目协议",第69—79段)。独立专家应具有设计和建造类似项目的专业知识。项目协议应对独立专家的权利(如独立专家是否可以提出建议或作出具有约束力的决定)及在何种情况下当事方可以采取独立专家提出的建议或作出的决定。例如,在一些大型基础设施项目中,当特许公司和订约当局就设计或建造工程的某些方面是否符合相应规格或就合同规定的义务产生分歧时,可征求独立专家的建议。当项目协议条款规定特许公司的某些行为须经订约当局同意时,如运营基础设施的最终授权(见第四章"基础设施的建造和运营:立法框架和项目协议",第78段),可将相关事宜提交对规定熟悉的设计检查员或监理工程师帮助作出解释。

22. 建造合同中的技术争端经常由独立专家解决,建筑行业实践中形成的各种机制和程序经适当修改后可用于私人融资基础设施项目。然而,应当指出,订约当局与特许公司之间的争端范围不一定与建造合同中通常发生的争端范围相同。这是因为项目协议中订约当局和特许公司的相应地位,与建筑合同中工程所有者和施工者的地位不完全相似。例如,建筑合同中就实际完工量而应付给承包商的款额常常发生的争端,在订约当局与特许公司之间的关系中并不典型,因为后者通常不从订约当局那里得到对所完成的建筑工程的付款。

(I) 争端审查委员会

23. 大型基础设施项目的项目协议通常规定设立永久性委员会,在任命方的协助下由当事双方指定的专家组成,以便帮助解决建造和运营阶段可能产生的争端(《指南》中称为"争端审查委员会")。未经争端审查委员会处理的争端其解决程序可能具有非正式性和快速性,且可能会为适应待决争端的特点而简化,这种方式被称作为了解决而解决。争端审查委员会的指定可避免当事方之间的误解或分歧发展成为必须通过仲裁或司法程序才能解决的正式争端。事实上,这种程序作为一种避免争端的手段,其有效性是其特有的长处之一,但争端审查委员会也可以作为解决争端的机制,特别是当该委员会被授权作出具有约束力的决定时。

24. 在争端审查委员会程序中,当事方一般从项目一开始就挑选拥有项目领域知识且享有盛名的三名专家组成该委员会。如果项目由需要不同专门知识的几个阶段组成(设施建造阶段与随后的公共服务管理阶段就需要不同的专门知识),可以更换这些专家,在有些大型基础设施项目中,可以设立不止一个委员会。例如,一个争端审查委员会可以专门处理涉及技术事项的争端(如工程设计,某项技术是否适宜、是否符合环境标准),而另一个委员会可以处理合同或财务性质的争端(如因拖延发放许可证而应付的赔偿数额或关于价格调整公式的分歧)。委员会的每名成员均应具有特定类型项目的经验,包括解释和管理项目协议的经验,并应保证始终对当事方采取公正、独立的立场。可以酌情向这些人提供关于施工进度或关于基础设施运营情况的定期报告,当事方之间产生分歧时立即告知这些人。他们可以每隔一段时间或在必要时与当事方见面,审查出现的分歧,并就如何解决这些分歧提出建议。

25. 委员会成员可以作为防止争端的代理人,定期视察项目现场,与当事方见面并随时了解工程进度。与当事方见面可有助于在任何潜在冲突开始激化和演变成真正的争端之前及早发现端倪。发现潜在冲突时,委员会提出解决办法,由于委员会成员的专门知识和威信,这些解决办法很可能被当事方接受。接到提交的争端后,委员会即开始进行评估,评估以非正式的方式进行,通常在例行现场视察时即与当事各方通过讨论方式进行评估。讨论由委员会主持,但每一当事方均有充分的机会表明自己的观点,争端审查委员会可随意提问,要求提供文件及其他证据。在事件发生不久和对抗性立场变得强硬之前,在工作现场举行这种意见听取会,其好处是显而易见的。然后,委员会召开非公开会议,力求达成一项建议或决定。即使当事方不接受这些建议而确实发生了争端,委员会如果得到当事方的授权,也有条件迅速解决争端,因为委员会对问题和合同文件已比较熟悉。

26. 鉴于私人融资基础设施项目的期限通常较长,与执行这些项目有关的许多情况可能在特许期结束之前发生变化。其中一些变化的影响可能已自动包括在项目协议中(见第四章"基础设施的建造和运营:立法框架和项目协议",第126—130段),而有些变化则不容易包括在自动调节机制中,或者当事方可能更愿意将其排除在该机制之外。因此,当事方制定争端解决机制以防因环境变化引发争端非常重要。这对于项目的运营阶段尤其重要。如果当事方已商定一些规则,允许在发生某些情况之后修订项目协议条款,那么便有可能出现是否已发生这些情况及发生时如何修改或补充合同条款等问题。为了便利解决可能出现的争端和避免在当事方不能就修订合同达成一致时出现僵局,当事方宜澄清争端审查委员会是否可以和在多大程度上可以修改或补充某些合同条款。需注意的是,在本文件内容中当事方并非总是能够依赖仲裁庭或国内法院来处理问题。某些法律制度规定,法官和仲裁员无权修改或补充合同条款。对于合同条款的变更和增补,法官和仲裁员在有些法律制度下无权进行;而在有些法律制度下,得到当事方授权时可以进行;在另一些法律制度下,仲裁员有权进行,但法官无权。

27. 监管仲裁程序或司法程序的法律可规定当事方在多大程度上可授权仲裁庭或法院复审争端审查委员会作出的决定。排除争端审查委员会作出的具终局性和约束性的复审决定是有益的。但是,允许进行复审可使当事方更加确信决定的正确性。早期关于争端审查委员会的条款并没有规定委员会的建议将具有约束力,除非争议通过仲裁或司法程序解决。然而,实践中,保持中立的专家提出诸多解决争议的建议,由于具有综合性说服力,可使订约当局和项目公司这些当事方自愿接受这些建议,而不提起诉讼和要求仲裁。近期关于争端审查委员会的合同条款通常规定,委员会的决定虽然不立即对当事方具有约束力,但如果一方或双方不在规定期限内将争端提交仲裁或启动司法程序,即成为有约束力的决定。除了避免可能的诉讼或仲裁延期,当事方通常会考虑克服可能被法院和仲裁庭视为权威建议的潜在困难,这些建议不大可能会被法院或仲裁庭推翻,因为建议是由一开始就熟悉项目的中立专家提出的,是基于对项目在争端发生前、发生时和发生后为考察依据的。

28. 当事方可以同意使委员会的决定成为最终决定和具有约束力,虽然这种情况很少发生。然而,应当指出,许多法律制度规定,尽管当事方同意受委员会决定的约束,争端审查委员会的决定也具有类似于合同的约束力,但却不可以按简易程序(如执行仲裁裁决的程序)执行,因为委员会的决定不具有仲裁裁决的地位。如果当事方考虑规定争端审查委员会的程序,则有必要在项目协议中解决上述程序所涉各个方面的问题。项目协议最好尽可能明确界定赋予争端审查委员会的授权范围。关于职能性质,项目协议可授权争端审查委员会进行事实调查,下令采取临时措施。项目协议可具体规定争端审查委员会应履行的职能和可处理的问题种类。如果允许当事方在决定作出之后的规定时间内启动仲裁或司法程序,当事方可以具体规定争端审查委员会进行的事实调查在仲裁或司法程序中应视作定论。项目协议还可以规定当事方有义务执行争端审查委员会就临时措施作出的决定或就特定问题的实质内容作出的决定;若当事方未能执行这些决定,将被视作未能履行一项合同义务。关于委员会职能的期限,项目协议可以规定,委员会将在项目协议到期或终止后一段时间内继续行使职责,以便处理在此阶段可能产生的争端(如关于移交给订约当局的资产的状况和就这些资产应付赔偿的争端)。

(J) 无约束力的仲裁

29. 当劝导谈判、调解或争端审查委员会程序等对抗性较小的办法不起作用时,有时即采用这一程序。进行无约束力的仲裁与进行有约束力的仲裁的方式相同,采用的规则也可相同,只不过此种程序最后只提出建议。该程序设想,如果在无约束力的仲裁中争端仍未得到解决,当事方将直接提出诉讼。人们选择这一程序是因为:(a)对仲裁的约束性持保留态度;或(b)为了既避免仲裁又避免提出诉讼,避免仲裁是因为同一程序进行两次似乎是多余的,避免提出诉讼是因为诉讼费时费钱。

(K) 仲裁

30. 最近几年,仲裁被越来越多地用于解决私人融资基础设施项目产生的争端。仲裁一般既用于解决基础设施建造或运营阶段产生的争端,又用于解决与项目协议的到期或终止有关的争端。私人投资者和贷款人特别是外国私人投资者和贷款人大多愿意在非颁布国进行仲裁,而且在许多情况下要求进行这种仲裁,因为经当事各方适当安排之后,仲裁程序可以不像司法程序那样正规,而且更符合当事各方的需要和适应项目协议可能产生的争端的具体特点。当事各方可选择对某类项目拥有专门知识的人作为仲裁员,可选择进行仲裁程序的地点,还可选择在仲裁程序中使用一种或多种语言。仲裁程序对当事各方之间商业关系的影响可能比司法程序轻些。仲裁程序和仲裁裁决可作到保密,司法程序和判决则通常不保密。同时,由于1958年《承认及执行外国仲裁裁决公约》①已得到广泛接受,这也有利于在作出裁决的当地国以外的国家执行仲裁裁决。

31. 对于特别是涉及外国投资者的基础设施项目,似可指出,在加入了《关于解决各国和其他国家的国民之间的投资争端的公约》②之后,可以把该公约作为法律框架,解决订约当局与项目联营集团中的外国公司之间的争端。迄今已有131个国家加入该公约,设立了国际投资争端解决中心(投资争端解决中心)。投资争端解决中心是一个与世界银行有密切联系的、独立的国际组织。投资争端解决中心为调解和仲裁成员国与具有其他成员国国民资格的投资者之间的争端提供便利。是否提请投资争端解决中心进行调解和仲裁,完全由双方自愿。但是,合同或争端的当事各方一致同意根据上述公约进行仲裁的,任何一方均不得单方面撤回其表示的同意意见。投资争端解决中心的所有成员国,无论是否成为争端的当事方,都需要按公约规定承认和执行投资争端解决中心的仲裁裁决。当事方可以同意投资争端解决中心对现有争端或某些类别的未来争端进行仲裁。但是,当事方不需要就具体项目表示同意;颁布国可在关于促进投资的立法中提议将某些类别的投资所产生的争端提交给投资争端解决中心管辖,而投资者则可通过书面接受提议表示同意。

32. 双边投资协定也可以作为一个框架,解决订约当局与外国公司之间的争端。在这些条约中,颁布国一般向具有另一签署国国民资格的投资者提供若干保证和担保(见第七章"其他有关的法律领域",第4—6段),并表示同意如提交至投资争端解决中心或提交至采用《贸易法委员会仲裁规则》③的一个仲裁庭加以仲裁。

(i) 主权豁免

33. 立法者似宜审查本国有关主权豁免的法律,并在认为适宜的范围内,澄清订约当局可在或不得在哪些领域提出主权豁免抗辩。如果允许仲裁并且项目协议当事各方之间已订立仲裁协议,那么,只要订约当局能够提出主权豁免要求,作为阻止仲裁程序开始的理由或作为反对承认和执行裁决的抗辩,仲裁协议的执行便可能

---

① 参见联合国《条约汇编》第330卷第4739号,转引自《有关国际贸易法的公约和其他文书登记簿》第二卷(联合国出版物,出售品编号:E.73.V.3)。

② 参见联合国《条约汇编》第575卷第8359号。

③ 《贸易法委员会仲裁规则》的正式文本转载于《第三十一届大会正式记录第17号补编》(A/31/17)第五章C节(《联合国国际贸易法委员会年鉴》第七卷(联合国出版物,出售品编号:E.77.V.1)第一部分第二章A节,1976年)。还以小册子的形式出版了《贸易法委员会仲裁规则》(联合国出版物,出售品编号:E.77.V.6)。该仲裁规则附有一条示范仲裁条款,规定:"凡由于本合同引起的或与本合同有关的,或由于本合同的违约、终止或无效而引起的或与本合同的违约、终止或无效有关的任何争议、争端或索赔,均应按照现行有效的《贸易法委员会仲裁规则》进行仲裁解决。"大会1976年12月15日第31/98号决议建议使用《贸易法委员会仲裁规则》。

发生问题或障碍。有时候,关于这一事项的法律并不明确,这可能引起有关当事方(如特许公司、项目发起人和贷款人)担心仲裁协议可能无效。为了消除这些可能的顾虑,似宜审查关于这个问题的法律,并指明订约当局在何种程度上可提出主权豁免的要求。

34. 此外,受到裁决的订约当局可以提出对公共财产不得执行裁决的豁免权抗辩。关于执行方面的主权豁免问题,有各种不同的做法。例如,有些国家法律规定,豁免的范围不包括从事商业活动的政府实体。而在有些国家法律中,拟扣押的财产必须与提出的权利要求有着某种联系,例如,对于据以提出权利要求的受私法管辖的经济或商业活动所作的拨款,不能提出豁免抗辩,或者对国家专门用于从事商业活动的资产不能提出豁免抗辩。在有些国家,被认为应由政府来证明拟扣押的资产确属非商业用途的资产。

35. 在涉及可能提出主权豁免的实体时,一些合同中列入了关于政府放弃其提出主权豁免抗辩的条款。这类认可或放弃主权豁免的条款可载于项目协议或一项国际协定,此种条款可以局限于承认某些财产用于或准备用于商业目的。这类书面条款之所以必要,是因为不清楚仲裁协议的缔结和政府实体参与仲裁程序是否构成默认放弃对执行措施的主权豁免。

(ii) 仲裁协议的有效性和裁决书的可执行性

36. 仲裁协议的有效性取决于仲裁地的立法制度。如果认为颁布国有关仲裁的法律制度不够满意,例如,对当事方自主权造成不合理限制,当事方似可议定在颁布国以外的地方进行仲裁。因此,重要的是颁布国确保国内的仲裁法制度解决主要程序问题,使这些程序适合于国际仲裁案件。《贸易法委员会国际商事仲裁示范法》即载有这样一种制度。[①]

37. 如果仲裁地不在颁布国,或者如果在颁布国作出的裁决需要在国外执行,那么仲裁协议的有效性还取决于有关承认和执行仲裁裁决的立法。《承认及执行外国仲裁裁决公约》(见第 30 段)除其他事项外尤其规定了对仲裁协议的承认和法院可拒绝承认或执行裁决书的理由。人们广泛认为,该公约为承认和执行仲裁裁决提供了一种可以接受的适中制度。如果颁布国加入该公约,则可被视作评估中的重要因素,有助于评估有约束力承诺的可信度以及有助于确信仲裁可作为解决与该国当事方争端的可靠方法。这种情况还将还有助于海外执行颁布国所作出的仲裁裁决。

(L) 司法程序

38. 如前所述,在有些法律制度中,解决与提供公共服务有关的协议所产生的

[①] 关于《联合国国际贸易法委员会第十八届会议工作报告》,见《第四十届大会正式记录第 17 号补编》(A/40/17)第 332 段和附件一。大会 1985 年 12 月 11 日第 40/72 号决议建议所有国家,鉴于统一仲裁程序法的可取性和国际商业仲裁实际执行的具体需要,对《贸易法委员会国际商事仲裁示范法》给予适当的考虑。

争端,是国内司法或行政法院的专属职权。在有些国家,除特定情况外,政府机构无权同意仲裁(见第7—9段),而在有些法律制度中,当事方可自由选择诉讼或仲裁程序。

39. 当事方可以在诉讼程序和仲裁程序之间作出选择。在当事方有权选择诉讼和仲裁程序的情况下,订约当局可将任何争端提交颁布国法院处理。这些法院熟悉本国的法律,其中常常包括涉及项目协议的专门立法。另外,订约当局或争议所涉及的其他政府机构,可能会因为熟悉本国法院的程序和审案使用的语言而优先选择本国法院。还可能考虑的一个因素是,如果项目协议涉及公共政策和公共利益保护的问题,本国法院可采取更合适的举措。

40. 但是,潜在的投资者、融资者和其他私人当事方可能并不同意订约当局的这种看法。与司法程序相比,仲裁在更大程度上需征得当事各方同意,因而能更加迅速地解决争端,所以,这些当事方可能认为仲裁优于司法程序。私人投资者,特别是外国投资者,可能也不愿将争端提交给按照他们所不熟悉的规则来处理案件的颁布国法院。一些国家发现,允许当事各方选择争端解决机制有助于吸引外国投资以发展本国的基础设施。

41. 如果有关法律允许作出选择,在考虑是应当通过诉讼程序解决任何争端还是应当缔结一项仲裁协议时,当事各方通常考虑的因素包括是否相信解决争端的法院能做到不偏不倚,是否相信争端将会在不过分拖延的情况下得到解决等。国家司法系统的效率和各种司法救济途径能否解决项目协议可能产生的争端,是应予考虑的另一些因素。另外,鉴于基础设施项目涉及技术性很强和非常复杂的问题,当事各方还需将所选择的有特殊知识和经验的仲裁员与国内法院的法官相比较:国内法院可能缺乏处理发生争端领域的技术问题的特殊知识或经验。此外,还需考虑仲裁程序的保密性,仲裁程序的相对非正规性,以及仲裁人在作出适当补救裁决时可能拥有更大的灵活性,所有这些都可能有利于维护和发展项目协议中所隐含的长期关系。

C. 项目发起人之间以及特许公司与其贷款人、承包商和供应商之间的争端

42. 各国国内法一般都承认在商业交易中,特别是国际商业交易中,当事方可自由选定作出约束力裁决的法院,以解决争端。在国际交易中,一般都选择仲裁,无论是否先经过调解或与调解相结合。在基础设施项目中,特许公司与贷款人、承包商和供应商之间的合同,一般都视作商业协议。因此,这些合同的当事方通常能自由选择他们所偏好的争端解决方法,其中大多数情况下包括仲裁。然而,贷款人虽然在多数情况下愿意采用仲裁方法来解决项目协议产生的争端(而且越来越多地用来解决各贷款人之间的争端),但却愿意采用司法程序来解决他们与特许公司之间因贷款协议而产生的争端。当仲裁受偏好时,当事方一般希望能够选定仲裁地点以及决定仲裁案件是否应由某一仲裁机构所主持。有意为私人融资基础设施项目创

造一种适宜的法律环境的颁布国,需重新审查本国与此种商业合同相关的法律,消除对当事方自由选择争议解决机制规定不明确的地方。

D. 涉及基础设施客户或用户的争端

43. 视项目类别的不同,特许公司可能向各种不同的人和实体提供商品或服务,例如,从特许公司购买水电然后转售给最终用户的国有公用事业公司;商业公司,如签约使用机场或港口的航空公司或航运公司;或者支付公路使用费的个人。对于解决这些法律关系所产生的争端,考虑因素和政策可能视谁是当事方、以什么条件提供服务和适用什么法律制度而异。

44. 在有些国家,法律要求公共服务提供者建立特殊的、简化而高效的机制来处理其客户提出的权利要求。此种专门法规一般只限于某些工业部门,适用于客户购买货物或服务。关于建立这类解决争端的机制,有关法律要求可以普遍适用于特许公司的任何客户提出的权利要求,也可以只限于以非商业身份行事的个人。这类机制可以包括在项目公司内设立一个特殊的机构或部门,迅速接收和处理权利要求,例如,向客户提供标准的投诉书或免费电话号码,让其反馈问题。如果事情没有得到满意解决,客户有权投诉相关监管机构,在有些国家,相关管辖机关可能有权作出具有约束力的裁决。消费者可选择此种机制,且一般并不禁止受害人向法院起诉。

45. 如果客户是公用事业公司(如配电公司)或商业企业(如直接向发电厂购买电力的大型工厂),可自由选择特许公司提供的服务和约定合同的条件,则当事方一般采用贸易合同中通常使用的方法,包括仲裁方法来解决争端。因此,可能不需要在有关私人融资基础设施项目的立法中处理解决这些争端的问题。但是,如果特许公司的客户是国有实体,它们议定争端解决方法的能力可能受到限制,须遵行关于解决政府实体所涉争端的行政法规则。对于有意允许使用包括仲裁在内的非司法手段解决特许公司与其国有客户之间争端的国家来说,重要的是消除可能的法律障碍,明确这些实体有议定争端解决办法的权利(见第7—9段)。

七、其他有关的法律领域

A. 概 述

1. 颁布国有关法律的发展阶段、法律制度的稳定性和充足的私力救济途径,是私人融资基础设施项目全面法律框架必不可少的内容。通过审查和酌情修改与私人融资基础设施项目直接有关的领域的法律,颁布国将确保为私营经济对基础设施的投资创造有利环境作出重要贡献。贷款人和项目主办人将视一国法律的稳定及立法体系的完善为该国风险低的象征。这会对调动私人资本的费用产生积极影响并减少政府支持或担保(见第二章"项目风险和政府支持",第30—60段)。

2. B 节指出颁布国某些方面的法律虽然没有直接规定私人融资基础设施项目，但可能会对它们的实施产生影响（见第 3—52 段）。C 节介绍了可能与在颁布国实施的私人融资基础设施项目有关的几项国际协定（见第 53—57 段）。

B. 其他有关的法律领域

3. 除了具体涉及私人融资基础设施项目的立法问题之外，一个有利的法律框架还需要在其他立法领域制定支持条款。促进和保护私人对经济活动投资的法规，将会鼓励私人对基础设施的投资。以下各段仅举出了其他法律领域中可能对执行基础设施项目有影响的某几个方面。在这些其他领域中存在完备的法律条文，可能有利于促成一些执行基础设施项目所必需的交易，有助于减少在颁布国投资的预期法律风险。

（一）投资的促进和保护

4. 项目发起人和贷款人特别关心的一个问题是颁布国对投资提供多大程度的保护。在颁布国投资的外国投资者将需要获得保证，凡未按照颁布国现行规则和国际法规定经司法复审和给予适当补偿时，不得将财产收归国有或予以剥夺。项目发起人还关心他们能否把项目所需的合格人员派往某个国家而不会无故受到限制；能否进口必要的货物和设备；能否获得必要的外汇；以及能否把他们的利润或者偿还公司为实施基础设施项目所借贷款所需的款项转移到国外或汇回本国。除了政府可能提供的具体保证以外（见第二章"项目风险和政府支持"，第 45—50 段），制定促进和保护投资的法律对私人融资基础设施项目可能会起重要作用。对于已经制定了适当的投资保护法的国家来说，似可考虑把这种法律中所规定的保护明文扩大到对基础设施项目的私人投资。

5. 越来越多的国家签订了旨在便利和保护缔约双方可投资流动的双边投资协议。投资保护协议通常载有以下条款：外国投资的允许进入和待遇；缔约方之间的资本转移（如向国外支付红利、把投资汇回本国）；能否用外汇把投资收益划拨或汇回本国；保护投资不被国家征收或收归国有；以及投资纠纷的解决。颁布国与起源国或项目主办人国家之间是否订有此种协议，对它们作出在颁布国投资的决定可能起重要的作用。视其规定的条件，此种协议可能减少政府针对个别基础设施项目提供保证或保障的必要性。多边条约也可以是投资保护规定的一个来源。

6. 另外，在一些国家，旨在便利和保护投资流动的规则（其中还包括移民法、进口管制和外汇规则）系载于也许并非根据双边或多边条约而订立的立法之中。

（二）产权法

7. 颁布国的产权法应反映出可以接受的国际标准，载明关于土地和建筑物所有权和使用权以及关于动产和无形财产的适当规定，并确保特许公司能够酌情购买、出售、转让和通过许可证方式准予使用此种财产。人们已经发现,保护产权的宪法条款是许多国家促进私人投资的重要因素。

8. 如果特许公司拥有了建造设施的土地,务必通过适当的登记和公布程序明确无误地确立土地的所有权。特许公司和贷款人将需要得到明确的证据,证明土地的所有权不会发生争议。因此,如果颁布国的法律未提供证明土地所有权的适当手段,它们不会愿意对项目投入资金。

9. 还必须提供有效的机制,用以依法执行授予特许公司的产权和占有权,防止第三方侵权。此外,还应把强制执行的范围扩大到特许公司为提供和保持有关服务而可能需要的地役权和通行权方面(如在私人地产上架设电线杆和铺设线缆以保证供电)(见第四章"基础设施的建造和运营:立法框架和项目协议",第30—35段)。

(三) 担保权益

10. 正如前文所述(见第四章"基础设施的建造和运营:立法框架和项目协议",第52—61段),私人融资基础设施项目的担保安排可能很复杂,由各种形式的担保组成,其中包括对特许公司的有形资产的固定担保(如抵押或固定费用)、特许公司的股票质押以及项目无形资产的转让(应收款)。虽然贷款协议通常要受缔约方选择的支配法律的限制,但是在大多数情况下,颁布国的法律将决定哪类担保可以针对在颁布国境内的资产强制执行,以及可以利用哪些补救措施。

11. 担保种类的差别,或者按颁布国法律在可利用的补救措施方面的局限性,可能对于潜在贷款人是一种担忧。因此,重要的是要确保国内法为有担保债权人提供适当的法律保护,同时不妨碍当事方作出适当的担保安排。由于涉及物权担保法的法律制度之间差别很大,本指南不详细讨论必要立法的技术细节,以下各段仅仅一般性地概述进行有担保交易的现代法律制度的主要内容。

12. 在某些法律制度中,包括知识产权在内的几乎所有种类的资产都可以设定实质上的物权担保,而在另一些制度中,物权担保只能以种类有限的资产如地产和建筑物来设定。在有些国家,可以对尚不存在的资产(未来的资产)设定物权担保。可以用一家公司的全部资产作担保,同时又允许该公司继续在日常业务中处理那些资产。有些法律制度规定物权担保是非占有的,这样就可以用资产作抵押而担保人不实际占有资产;在其他制度中,关于那些不受所有权登记制度约束的资产,可能只能通过实际占有或推定占有作担保。在某些制度下,实施物权担保无须法院参与,而在其他制度下,物权担保可能只能通过法律程序来实施。有些国家规定可强制执行补救措施,其中不仅包括出售资产,而且使得有担保贷款人能够通过占有资产,或是通过指定一个财产接管人经营资产;在其他国家,经法院决定的强制出售可能是主要强制执行手段。在某些制度下,若干类担保将排在优先债权人的前面,而在其他制度下,优先债权人则排在各类担保的前面。在某些国家,设定物权担保具有成本效率,应缴的费和税最少,而在其他国家,却浪费成本。在有些国家,提供担保的数量的价值可能是没有限制的,而在其他国家,与所欠债务相比,担保品的价值再高也不算过分。有些法律制度对有担保的贷款人规定了强制执行担保权益的义务,如采取步骤按公平市场价值出售资产的义务。

13. 基本法律保护包括确保固定担保(如抵押)是一种可登记权益的条款,以及一旦此种担保在所有权登记处或其他公共登记处登记,则任何购买附有此种担保的财产的人接受这一财产时应受到此种担保的限制。这样做可能比较困难,因为许多国家根本没有所有权特别登记处。此外,担保应当是可以对第三方强制执行的,这可能要求担保是具有产权性质的,而不只是一种债务,而且应当使接受担保的人有权在依法执行的程序中出售作为抵押担保的资产。

14. 另一个重要方面涉及给予当事各方某种灵活性来确定作为担保的资产。在确定可以作为担保的资产方面,有些法律制度给予当事方以广泛的自由。在有些法律制度下,可以用企业的全部资产作担保,这样就可以把企业作为运营中的企业出售,从而有可能挽救陷入财政困难的企业,同时可使有担保债权人挽回更多的损失。然而,其他一些法律制度只允许以某些单项资产作为担保,不承认包括债务人全部资产的担保。对于债务人以抵押的货物进行交易,也规定了一些限制。诸如此类限制和约束的存在,使得债务人难以甚至根本无法用一般所说的资产或者用普通商业过程中进行交易的资产作为担保。

15. 鉴于私人融资基础设施项目的长期性,当事各方希望对当作担保的资产具体地或一般地加以确定。他们还希望此种担保包括现在的资产或未来的资产,以及在担保期内可能发生变化的资产。制定关于物权担保的现行规定,以便包括一些使当事各方能够商定适当担保安排的规定也许是可取的。

16. 迄今为止,国际政府间机构尚未就制定国内担保法律拟定出全面统一的制度或模式。然而,各国政府似宜把各组织目前正在进行的工作考虑进去。① 欧洲复兴开发银行为协助中东欧国家进行立法改革而编写的《有担保交易示范法》为制定现代物权担保法提供了示范。除了关于谁能设定和谁能接受担保权益的一般性规则,以及关于有担保债务和有质权财产的一般性规则之外,欧洲复兴开发银行的《有

---

① 贸易法委员会目前正在草拟《国际贸易应收款转让公约》。该公约草案的目的是提供确定性和透明度,帮助更新有关应收款转让的法律并推动以更优惠的费率提供资本和信贷。该公约草案中所载的规则特别通过这样一种方式来推动实现这些目标,即承认应收款转让的效力并对使用应收款转让予以支持,对未来索赔要求和成批转让来说尤其如此,因为它们已成为国际资本市场上新的主要信贷来源。该公约草案预计将于 2001 年最终审定。另一项国际举措目前正在由国际统一私法学社(统法社)和其他组织草拟的《机动设备国际权益公约》草案。统法社的该项公约草案的基本目的是阐述机动设备中新的国际权益的组成和影响,定义所不仅包括典型的担保权益,而且也将在功能方面越来越被公认为与担保权益有"异曲同工"的对策权益,即租货协定中出租人的权益包括在内。统法社公约草案及其议定书草案初稿(其中包括航空器设备专门事项议定书草案训稿、铁路车辆专门事项议定书草案初稿和空间财产专门事项议定书草案初稿)范围所及包括若干类高价值机动设备,这些设备按性质有可能在其日常活动中定期穿过或跨越国境,并有独一无二的特性。

担保交易示范法》还涉及其他事项,如担保权益的设定、第三方的权益、担保的强制执行和登记程序。

(四) 知识产权法

17. 私人融资基础设施项目经常涉及使用受专利保护或受类似知识产权保护的新技术或先进技术。这些项目可能还涉及可构成提出者的专利信息,受到版权保护的拟定和提交独创的或新颖的解决办法。因此,私人投资者,不论是本国的还是外国的,在把新技术或先进技术引入颁布国或开发独创的解决办法时,都需要得到保证:他们的知识产权将得到保护,他们将能针对侵权行为行使这些权利,这就可能要求颁布刑法规定,以打击对知识产权的侵权行为。

18. 遵守关于保护和登记知识产权的国际协定,即可提供保护知识产权的法律框架。根据1883年的《保护工业产权巴黎公约》[①]等文书加强对知识产权的保护是可取的。该公约适用于最广义的工业产权,包括发明、商标、工业产品设计、实用新型、商品名、地理标记和制止不公平竞争。公约规定,关于保护工业产权,每个缔约国必须授予国民待遇。它规定了专利、商标和工业产品设计的优先权,并确定了所有缔约国都必须遵守的关于专利、商标、工业产品设计、商品名、产地标记、不公平竞争和本国行政管理的几条共同规则。1970年的《专利合作条约》进一步提供了国际专利保护框架。有了这项条约,人们就有可能通过提出国际专利申请,同时在许多国家中谋求对一项发明的专利保护。在一些国家,还有旨在对新技术发展给予法律保护的立法作为国际标准的补充,如对计算机软件和计算机硬件设计中的知识产权给予保护的立法。

19. 为工业产权提供国际保护的其他重要文书是1891年的《商标国际注册马德里协定》[②]、1989年的《与马德里协定有关的议定书》和1998年的《马德里协定和与马德里协定有关的议定书规定的共同条例》。《商标国际注册马德里协定》规定,商标(商标和服务业标志)在世界知识产权组织国际局进行国际注册。根据《商标国际注册马德里协定》的规定,进行了国际注册的商标在若干国家,将来可能在所有缔约国(原产国除外)有效。此外,1994年的《商标法条约》简化和统一了申请商标注册、注册以后改动和展期的程序。

---

① 1900年12月14日修订于布鲁塞尔、1911年6月2日修订于华盛顿、1925年11月6日修订于海牙、1934年6月2日修订于伦敦、1958年10月31日修订于里斯本和1967年7月14日修订于斯德哥尔摩,并于1979年10月2日修正。

② 1900年12月14日修订于布鲁塞尔、1911年6月2日修订于哥伦比亚特区华盛顿、1925年11月6日修订于海牙、1934年6月2日修订于伦敦、1957年6月15日修订于尼斯和1967年7月14日修订于斯德哥尔摩。

20. 在工业产品设计方面,1925年的《工业品外观设计国际注册海牙协定》[①]规定,工业产品设计的国际保存处为知识产权组织国际局。在申请人指定的每一个缔约国,国际保存处具有同样效力,如同申请人已符合国内法规定的提供保护所需的一切正式手续,那个国家的办事处已经完成了为此目的规定的一切行政行为。

21. 迄今为止,关于知识产权最全面的多边协定是《关于知识产权所涉贸易问题的协定》,该协定是在世界贸易组织(世贸组织)中签订,1995年1月1日生效。所涉及的知识产权领域包括:版权及有关权利(即表演者、录音制作者和广播组织的权利);商标,包括服务标记在内;地理标记,包括发源地名称在内;工业设计;专利,包括保护植物新品种在内;集成电路的布局设计;以及未公开的资料,包括商业秘密和试验数据在内。在所涉及的知识产权每个主要领域中,该协定都规定了各缔约方应提供的最低限度保护标准,首先要求遵守最新版本的《保护工业产权巴黎公约》的实质性义务等等。该公约的各项主要实质性义务通过提及而纳入协定,因此成为该协定规定的义务。对于现有的知识产权公约未指明或据认为规定得不充分的事项,该协定还增加了大量的义务。除此之外,该协定还规定了适用于强制执行知识产权的所有程序的某些一般性原则。另外,该协定还载有关于下列方面的规定:民事和行政程序及补救措施、临时措施、与边界措施有关的特别要求以及刑事程序。其中较为详细地规定了必须实行的程序和补救措施,以便知识产权拥有者可有效地实施知识产权。

(五) 强制购置私有财产的规则和程序

22. 在政府负责提供执行项目所需的土地时,该土地可以向土地拥有人购买,必要时也可以按有时称作"强制购置"或"征用土地"的程序在支付适当补偿的情况下强制性购置(见第四章"基础设施的建造和运营:立法框架和项目协议",第27—29段)。许多国家都有关于强制购置私有财产的法规,私人融资基础设施项目所需的土地,可适用此种法规强制购置。

23. 强制购置可通过司法或行政程序进行,或通过特别立法法令实行。在大多数情况下,分行政阶段和司法阶段,并且可能漫长而复杂。因此,政府可能要审查为了公共利益而强制购置的现行规定,以便对这些规定是否适合大型基础结构项目的需要作出评估,并确定此种规定是否有利于快速且具有成本效益的程序,同时对物主的权利给予充分的保护。在法律允许的情况下,使政府能够尽早取得产权,无不必要拖延,以避免项目成本的增加,这一点至关重要。

[①] 还有1961年的《摩纳哥增订法》、1979年9月28日修正的1967年《斯德哥尔摩补充法》和1998年的《工业品外观设计国际注册海牙协定》规定的条例。

(六) 政府合同规则和行政法

24. 在属于民法传统或受民法传统影响的许多法律制度中,公共服务的提供受一些称作"行政法"的法律的管辖,这种法律管辖广泛的政府职能。这种制度按如下原则运作,即政府可以通过行政行为或行政合同行使其权力和职能。人们都知道的另一种方式是政府可以根据管辖私人商业合同的法律签订私人合同。这两种合同之间的差别可能是很大的。

25. 根据行政合同的概念,私人合同当事方享有的自由和自主权服从于公众利益。在某些法律制度下,政府有权为了公众利益修改行政合同的范围和条款,甚至终止行政合同,但这样做通常要赔偿私人缔约方所遭受的损失(见第五章"项目协议的期限、展期和终止",第26、27和49段)。其他权利可能包括广泛的监督和检查权,以及对于不执行合同的私人经营者实行制裁的权利。为了保持平衡,常常规定可以对合同作出其他必要修改,以便恢复当事方之间原来的财务平衡,保持合同对私人缔约方的总值(见第四章"基础设施的建造和运营:立法框架和项目协议",第126—130段)。在有些法律制度下,政府合同产生的纠纷要受专门受理行政事项的特别法庭专属管辖权的管辖,在有些国家,这种法庭独立于司法系统(见第六章"争端的解决",第38—41段)。

26. 对基础设施经营者和公用事业提供者实行特别法律制度的并不限于上文谈到的法律制度。虽然在受普通法传统影响的其他法律制度中,行政合同和私人合同之间没有这样明确的区别,但用不同的手段可以取得类似的结果。尽管在这种法律制度下,人们往往认为,使政府受普通私法约束能够最有效地维持法治,但是人们普遍承认,行政机关主权职能的行使不能受合同的束缚。在履行这些影响公众利益的政府职能时,它绝不能妨碍其履行未来的行政权力。根据在一些依普通法的管辖权中实行的主权行为原则,如果政府作为最高统治者为了公众利益颁布阻止执行合同的法律、规章或命令,那么,作为承包人的政府可以不执行合同。因此,法律可以允许公共当局干预既定合同权利。这种做法通常是有限的,变化不至于大到使得其他当事方无法公平适应。在这些情况下,私人当事方一般有权得到某种补偿或公平的调整。由于预料到有这种可能性,所以在某些国家,政府合同里包括一个标准"修改"条款,使得政府能够单方面改变条件,或者规定因某种干预性主权行为而作出修改。

27. 在那些法律制度中,政府机构为了公众利益享受特权是合理的。然而,人们认可,政府的特权,尤其是单方面改变合同条款的权力,如果使用不当,可能对政府承包人的既定权利产生不利影响。为此,具有私人参与基础设施项目的既定传统的国家制定了一系列控制办法和补救措施,来保护政府承包人不受公共当局专横或不当行为的损害,如利用公平解决纠纷的机构和就政府不当行为给予充分赔偿的计划。如果没有这种性质的保护,潜在的投资者就可能认为规定公共当局享有特权的法律规则是一种无法正确估量的风险,因而可能打消他们在某些管辖区域内投资的积极性。为此,一些国家审查了其关于政府合同的法律,以便提供促进私人投资所需的那种保护,废除那些使人对基础设施项目所需的合同长期稳定性感到忧虑的规定。

(七) 私人合同法

28. 私人合同管辖法对于特许公司与分包商、供货商和其他私人当事方签订的合同起着重要作用。国内私人合同法应为缔约方的需要提供适当的解决办法,包括灵活拟定为基础设施的建设和经营所需的合同。除了适当的合同法的一些基本内容外,如承认当事方自主权的一般原则、对合同义务的司法强制执行及对违反合同行为的适当补救,颁布国法律还可为私人融资基础设施项目可能作出的合同安排提供方便,为这些项目创造有利的环境。考虑到特许公司签订的合同可能包括一些国际因素,拥有一套国际私法的适当规则很重要。

29. 如果建设一个新的基础设施,特许公司可能需要进口大量物资和设备。颁布国的法律如载有特别适用于国际销售合同的规定,将有利于确保这些交易的法律确定性。遵守《联合国国际货物销售合同公约》(维也纳,1980年)①或涉及特定合同的其他国际文书,如国际统一私法学社(统法社)编写的统法社《国际金融租赁公约》(渥太华,1988年)②,可提供一个特别适合的法律框架。

(八) 公司法

30. 在大多数新基础设施的开发项目中,项目发起人将成立项目公司作为在颁布国的一个单独的法律实体(见第四章"基础设施的建造和运营:立法框架和项目协议",第12—18段)。人们认识到,在不同的国家,项目公司可以采取各种形式,可能不一定是公司。由于大多数项目实体选择公司形式,颁布国有适当的公司法极其重要,这种公司法应列有关于成立手续、公司管理、股票发行及其出售和转让、会计和财务报表及对小股东的保护等重要事项的现代条款。此外,承认投资者可以成立单独的实体充当筹资和支付资金的专门工具,可能有利于项目融资交易的结账(见第四章"基础设施的建造和运营:立法框架和项目协议",第59段)。

31. 虽然可以采用各种公司形式,但一个共同特点是,特许公司的所有人(或股东)将要求把他们的赔偿责任限于其在公司资本中的股份的价值。如果打算由项目公司公开发行股票,那么有必要进行有限赔偿责任,因为未来的投资者通常只为了

---

① 《联合国国际货物销售合同公约会议正式汇录》(联合国出版物,出售品编号:E.82.V.5)第一部分,1980年3月10日至4月11日,维也纳。

② 《通过统法社关于国际保理公约草案和国际金融租赁公约草案外交会议的文件和会议记录》第一卷,1988年5月9日至28日,渥太华。

投资价值而购买股票,而不会密切参与项目公司的经营。因此,颁布国法律对股东赔偿责任的限制作出适当规定很重要。此外,对商业公司发行债券、公司债券或其他证券作出适当规定,将使特许公司能够在证券市场上获得投资者的资金,这样有利于为某些基础设施项目筹措资金。

32. 法律应当确立项目公司的董事和管理人员的责任,包括刑事责任的基础。它还可规定保护因任何违反公司责任而受影响的第三方。现代公司法往往载有一些关于管理人员行为的具体规定,以免发生利益冲突。这类规定要求管理人员为了公司的最大利益诚信办事,不利用自己的地位损害公司,为自己或为任何其他人谋取经济利益。对于基础设施项目,限制公司管理人员的利益冲突的规定可能特别适用,因为特许公司可能希望在项目的某个阶段聘用它自己的股东完成它的工程或提供相关的服务(见第四章"基础设施的建造和运营:立法框架和项目协议",第100和101段)。

33. 对于股东会议和公司监管机构(如董事会或监事会)会议来说,法律对决策过程作出适当规定是很重要的。保护股东权利,尤其是保护小股东的利益不受控股者或大股东侵害,是现代公司法的重要内容。解决股东之间纠纷的机制也极为重要。必须承认,股东们有权通过他们之间的协议或者通过与特许公司的董事们签订的管理合同,介入与特许公司的管理有关的其他一些事项。

(九) 税收法

34. 除了颁布国普遍实行的或者专门对私人融资基础项目实行的可能性税收激励政策之外(见第二章"项目风险和政府支持",第51—54段),颁布国的一般税收制度对私营公司的投资决定也起着重要作用。除了评估税收对项目成本和预计利润率的影响外,私人投资者还要考虑其他一些问题,如国内税收制度的总体透明度、税务当局行使的自由裁量权的限度、印发给纳税人的准则和指示的明确性以及计算应缴税款的标准的客观性。这件事情可能很复杂,在那些已将下列权力下放的国家尤为如此:确定税率、增加税收或实施税法。

35. 私人融资基础设施项目一般在很大程度上是举债经营的,要求能够预估现金流量。为此,在整个项目期内可随时评估税收所涉及的一切潜在问题极为重要。不可预见的税收变化会减少这种现金流量,这对项目可能产生严重后果。在有些国家,为了保证项目的现金流量将不受意外增税的影响,允许政府同投资者签订此种保证协议。这类安排有时称作"税收稳定协议"。然而,政府可能受宪法或政治原因的限制,无法提供这种保证,在这种情况下,当事各方可以针对因税收变化使成本增加的问题而商定赔偿或修改合同办法(另见第四章"基础设施的建造和运营:立法框架和项目协议",第122—125段)。

36. 大多数国家的税制属于三大类中的一类。一种方法是实行税收扣除的世界范围征税,即在任何地方所赚的一切收入都在母国上税,通过采用扣除外国税收制度避免双重征税;母国税收中扣除已在外国缴纳的税款。如果投资者的母国采用这种办法,那么投资者的纳税责任可能和在母国的纳税责任一样。另一种征税方法是,已在外国纳税的国外收入在投资者母国可以免税。还有一种方法是,根据领土征税方法,国外收入在母国全部免税。母国实行后两种税收制度的投资者可以从母国的免税期和较低的税率中获益,但是这种税款减免不会对位于避税地的投资者产生任何激励。

37. 参与项目的各当事方对于潜在的纳税责任的关注点各有不同。投资者通常关心的是在颁布国赚取的利润的纳税问题,支付给承包商、供应商、投资人和贷款人的款项的纳税问题,以及特许公司结业清理时任何资金收益(或损失)的纳税待遇。投资人可能会发现,根据其本国的税制应予减税的付款(如用于支付借款利息的款项、调查费、投标费和外汇损失)在颁布国可能不予减税,反之亦然。由于只有国外所得税能享受外国税收扣除,投资人需要确保在颁布国缴纳的任何所得税都符合其母国税务当局的所得税定义。同样,在颁布国的项目公司就税收目的而言在母国可能被当作一种不同的实体。资产成为公共财产的项目,根据母国的法律,可能不得扣除折旧税。

38. 涉及外国投资的私人融资基础设施项目的一个特别问题是,参加项目联营集团的外国公司有可能被双重征税,即在自己母国和在项目颁布国,其利润、专利权使用费和利息都要纳税。纳税的时间和缴纳预扣赋税的规定也可能产生问题。一些国家已通过签订双边协定来消除或至少减少双重征税的负面影响。如果颁布国和项目出资人母国之间签订此类协定,则通常有利于其税收缴纳。

39. 最后,需要考虑的是所有税收加在一起的积累效应。例如,可能不只一个级别的税务局向项目征税;除了国民政府的征税以外,特许公司还可能面临省或市的征税。除了缴纳所得税以外,可能还要缴纳某些赋税,这些税往往在特许公司赚取任何收入之前就要缴纳。它们包括营业税、增值税、财产税、印花税和进口税。另外,有时也可以作出实行税款减免的特别规定。

(十) 会计规则和方法

40. 在若干国家内,法律规定公司必须实行国际公认的标准会计方法,并聘用职业会计师或会计审计师。其原因有,实行标准的会计方法是为达到评价企业的统一性而采取的一项措施。在选择特许公司时,使用标准的会计方法还有助于完成对投标者的财务状况进行估价的任务,以便确定它们是否达到订约当局规定的预选标准(见第三章"特许公司的选定",第38—40段)。对公司的利润进行审计也绝对需要采用标准会计方法,这是监管机构实行税率结构和监测特许公司守法情况所需要的(见第四章"基础设施的建造和运营:立法框架和项目协议",第39—46段)。

41. 一些国家对基础设施运营者还实行了特别会计规则,以考虑到基础设施项目在收入上的特殊性。基础设施等建造项目,特别是道路和其他运输设施,其一般特征是投资期较短,耗资巨大,前期无收入流量,而后在较长时期内收入渐增,耗资降低,在正常情况下,运营成本稳定。因此,如果实行传统的会计规则,这类项目的特殊财务结构在项目公司的账本中就需要记载为持续的一段负数时期,然后是一段长期的净利润时期。这不仅可能在建造阶段对项目公司的信用评级等造成负面影响,而且还可能在项目的运营阶段造成税务过重,不成比例。为了避免这种扭曲现象,一些国家对基础设施项目承建公司实行了特别会计规则,这些公司考虑到私人融资基础设施项目的账目结果只可能在中期以后才能转为正数这一现实情况。这些特别规则一般允许基础设施开发公司按项目协议规定的财务时期表将逆差阶段累计的部分财务成本推迟到以后的财务年期。但是,特别会计规则一般不影响其他可能禁止在年终结账为负数的财务年进行分红的法律规定。

(十一) 环境保护

42. 环境保护涉及各种各样的问题,从处理废物和危险物质到因建设大型项目的用地而重新安置住户。人们普遍认识到,保护环境是可持续发展的极其重要的先决条件。环境保护法可能对基础设施项目在各级的实施工作产生直接影响,环境问题是产生纠纷的最常见根源。环境保护法可包括各种要求,如获得各环保当局的同意、证明并无未了结的环境赔偿责任、确保遵行环境标准、承诺对环境遭到的破坏进行补救以及发布有关的通知。这些法律往往规定开展业务活动要事先获得批准,对某些类别的基础设施来说(如废水处理、废物收集、燃煤发电部门、电力输送、公路和铁路),这种审批可能特别严格。

43. 因此,似宜在立法中列入适当的措施,使环境法产生的义务透明化。应确保以下规定达到最大限度的确定性:关于环境当局可能进行的测验;关于申请人需要满足的文件要求和其他要求;关于颁发许可证所依据的条件;关于拒发和回收许可证的理由。特别重要的是保证申请人酌情采取快速上诉程序和司法补救措施的规定。在最后授予项目之前,尽量确定是否已达到发给这种必要的环境许可证的条件,也许更为可取。在有些国家,特定公共当局或社会团体可能有权诉诸法律程序,力求防止对环境的破坏,其中可包括有权要求收回被认为不符合适用环境标准的许可证。在其中有些国家,人们发现让民众代表参加促成颁发环境许可证的审理程序是有益的。法律还可确定处罚的范围,并具体说明哪些当事方要对破坏环境负责任。

44. 遵守有关保护环境的条约也许有助于加强国际环境保护制度。在过去的几十年里,为确定共同的国际标准,已经拟定了许多国际文书,其中包括1992年联合国环境与发展会议通过的《21世纪议程》①和《关于环境与发展的里约宣言》②;《世界自然宪章》(大会第37/7号决议,附件);1989年的《管制有害废物越界移动及其处置的巴塞尔公约》;1991年的《关于在越界情况下环境影响评估的公约》③;以及1992年的《保护和使用跨界水道和国际湖泊公约》④。

(十二) 消费者保护法

45. 一些国家采用消费者保护法特别规则。消费者保护法的结构和实质内容在各国之间有很大的差别。尽管如此,消费者保护法往往包括这样一些规定,如提出索赔和强制执行合同权利的有利时限;对通常不与消费者谈判的合同(有时称作"标准格式合同")的条款进行解释的特别规则;扩大有利于消费者的保证;特别终止权;利用简化的解决纠纷诉讼手续(另见第六章"争端的解决",第43—45段);或者其他保护措施。

46. 从特许公司的角度出发,重要的是考虑颁布国的消费者保护法是否会限制或妨碍特许公司强制行使如下权利:收取服务费用、调整价格或者对违反合同基本条款或违反提供服务基本条件的客户中断服务。

(十三) 破产法

47. 经营基础设施或提供公共服务的公司发生破产会引起一系列问题,因此,一些国家制定了特别规则以应对这些情况,包括使订约当局能采取必要措施确保项目连续性的规则(见第五章"项目协议的期限、展期和终止",第24和25段)。提供服务的连续性可以通过建立法律框架,挽救面临经济困难(如改组及其他类似程序)的企业的方式来实现。如果启动破产程序不可避免,那么有担保贷款人将特别关心有担保的债权的规定,尤其是关于有担保债权人在破产程序启动后是否仍可取消对抵押品的赎回权,在使用抵押品收益偿还债务时,有担保债权人是否有优先偿还权,以及对有担保债权人的求偿权如何划分等级。正如上文所指出的,特许公司很大一部分债务采取"优先"贷款的形式,贷款人要求债务的偿还先于特许公司附属债务(见"导言和关于私人融资基础设施项目的背景资料",第58段)。贷款人能在多大程度上实施这些从属安排,取决于在破产程序中指导划分债权人等级的国家法律的规则和规定。在法律上承认当事方对确定不同类别贷款在合同中的主次地位享有自主权,可能有利于基础设施项目的融资。

48. 法律应当对以下问题作出规定:债权人的等级划分问题;破产管理人和债

---

① 《联合国环境与发展会议的报告》(联合国出版物,出售品编号:E.93.1.8和更正)第一卷《环发会议通过的决议》第1号决议附件二,1992年6月3日至14日,里约热内卢。
② 同上,附件一。
③ 《联合国条约汇编》第1989卷第I—34028号(尚未出版)。
④ 同上,第1936卷第I—33207号(尚未出版)。

权人之间的关系问题；破产债务人改组的法律机制；在特许公司破产时旨在确保公共事业连续性的特别规则；以及关于避免债务人在破产诉讼即将开始时进行交易的规定。

49. 在大型基础设施项目中，项目公司破产可能涉及不止一个国家的债权人或者影响到存在于不止一个国家的资产。因此，颁布国应制定适当的规定便于进行司法合作，让外国破产管理人介入庭审和承认外国破产程序。希望颁布此类法律的国家建议使用的一个适当范本是《贸易法委员会跨国界破产示范法》。

（十四）反腐败措施

50. 在管理政府合同中采取措施打击贪污腐败，改善颁布国的投资和业务环境。尤为重要的是，颁布国应采取有效的具体行动打击行贿及有关非法行为，特别是有效实施现行的禁止贿赂的法律。

51. 制定法律，纳入有关确保廉正奉公守法的国际协定和标准，可能是在这方面迈出的一大步。联合国大会的两项决议中载有重要标准：1996年12月12日的第51/59号决议通过了《公职人员国际行为守则》；1996年12月16日的第51/191号决议通过了《联合国反对国际商业交易中的贪污贿赂行为宣言》。其他重要文书包括1997年在经济合作与发展组织主持下谈判拟定的《关于打击国际商业交易中行贿外国公职人员行为的公约》。

52. 关于订约当局行使职能和监督公共合同的规则，应确保所需的透明度和公正性。如果尚无这种规则，应当制定和颁布适当的法律和条例，简明和一致性，以及取消那些拖延行政程序或使之十分烦琐的不必要程序，是在这方面要考虑的其他因素。

C. 国际协定

53. 除了颁布国的国内立法，私人融资基础设施项目还会受到颁布国签订的国际协定的影响。除了本指南通篇提及的其他国际协定之外，下面再简单讨论一下某些国际协定涉及的问题。

（一）国际金融机构的成员地位

54. 多边金融机构如世界银行、国际开发协会、国际金融公司、多边投资担保机构和各区域开发银行的成员地位可能在许多方面对私人融资基础设施项目产生直接影响。首先，颁布国在这些机构中的成员地位一般是颁布国的项目得到这些机构资助和担保的条件。其次，这些机构提供资金和担保书的规则一般载有与项目协议和特许公司通过谈判签订的贷款协议直接有关的各种条件（如保证不以公共资产作抵押的条款及为多边金融机构提供反担保）。最后，多边金融机构通常定有一些政策目标，并力求使它们支持的项目执行这些目标（例如，遵守国际公认的环境标准；

项目在其初始特许期之后的长期可持续性;以及选择特许公司和拨付贷款时的透明度和公正性)。

(二) 关于推动和促进贸易的一般协定

55. 已经通过谈判签订了一些多边协定来促进全球自由贸易。这些协定中尤其值得注意的是在关税及贸易总协定(关贸总协定)和后来的世贸组织的主持下谈判签订的协定。这些协定可能包含一些促进贸易和推动货物贸易的一般规定(如最惠国条款、禁止使用数量限制和其他歧视性贸易壁垒)和关于促进互惠贸易的一般规定(如禁止倾销和限制使用补贴)。一些具体协定旨在消除妨碍外国人在缔约国提供服务的障碍或者在政府采购中加强透明度和消除对供应商的歧视。这些协定可能关系到私人融资基础设施项目的国家法律,因为国家法律有时规定限制外国公司参与基础设施项目,或者规定本国实体优先,或者规定供应品应在当地市场采购。

(三) 关于特定产业的国际协定

56. 作为《服务贸易总协定》一部分而进行的基础电信谈判中,世贸组织中代表着大部分世界电信服务市场的一些成员国,为便利电信服务贸易作出了特别承诺。应当指出,世贸组织的所有成员国(甚至那些尚未作出具体电信承诺的成员国)都要遵守关于服务业的《服务贸易总协定》的一般规则,包括关于最惠国待遇、透明度、管理、垄断和营业活动的具体要求。世贸组织的电信协定为整个《服务贸易总协定》补充了针对具体部门和国家的承诺。通常的承诺包括开放各部分市场,其中包括语音电话、数据传输和各种升级服务,以便于竞争和外国投资。因此,世贸组织目前或未来成员国的立法者应当确保本国的电信法符合《服务贸易总协定》及其作出的具体电信承诺。

57. 在国际层面,另一项针对具体部门的重要协定是1994年12月17日在里斯本缔结并于1998年4月16日起生效的《能源宪章条约》,缔结这项条约是为了促进能源领域的长期合作。该条约规定了各种商业措施,如发展能源材料和产品的公开竞争市场,为能源技术的转口、获取和转让提供便利。此外,该条约还旨在避免市场不稳定;避免能源部门给经济活动造成障碍,促进资本市场的开放,鼓励资本流动,以便为材料和产品贸易融资。该条约还记载了促进和保护投资的条例:对投资者的公平条件;与投资有关的资金转移;补偿因战争、社会动乱或其他类似事件造成的损失;以及征用土地的补偿。

(伍巧芳 译)

关于 OECD

OECD(经合组织)是一个独一无二的组织,30个民主国家在此携手应对全球化带来的经济、社会和环境挑战。OECD竭力了解并帮助各国政府应对新发展及所带来的问题,如公司治理、信息经济以及人口老龄化所带来的挑战等。该组织提供了一个平台,各国政府可以在此比较各自政策经验,探讨如何解决共同问题,最终找出好的经验来协调国内和国际政策。

OECD成员国包括:澳大利亚、奥地利、比利时、加拿大、捷克、丹麦、芬兰、法国、德国、希腊、匈牙利、冰岛、爱尔兰、意大利、日本、韩国、卢森堡、墨西哥、荷兰、新西兰、挪威、波兰、葡萄牙、斯洛伐克、西班牙、瑞典、瑞士、土耳其、英国和美国。欧洲共同体委员会同时也参与OECD工作的一部分。

OECD广泛发布传播本组织收集的统计数据,有关经济、社会和环境问题的研究结果,以及成员国一致通过的公约、准则和标准。

前　　言

2007年3月20日,OECD理事会批准了《OECD关于私人部门参与基础设施建设的基本原则》(以下简称《原则》),旨在帮助各国政府与私人部门合作者共同合作,融入资金并完成诸如交通、供水、供电以及电信等至关重要的经济领域的建设项目。

"帮助各国寻找在类似供水、卫生等领域的投资建设资金的新途径是OECD的优先事项之一,"OECD秘书长安吉尔·古利亚(Angel Gurría)介绍道:"这些基本原则将有助于发达国家和发展中国家的基础设施建设取得进展,以促进经济增长和提高人民的生活水平。"

在投资委员会的支持、OECD其他机构的合作参与下,通过与OECD内部成员国、非成员国、非政府组织中公共私人领域专家的广泛讨论,《原则》得到了一定发展。

《原则》规定的一些基本原则通过与OECD其他文件的结合,例如,《投资政策框架》《OECD关于跨国企业的指南》等,运用于政府评估、行动计划和报告、国际合作,以及公私部门对话中。

在OECD秘书处,《原则》的支撑文件是由Pierre Poret所领导的投资部的Hans Christiansen所准备的,该部门主管金融和企业相关事务。该部门的联络官员是Pamela Duffin。

理事会关于私人部门参与基础设施建设基本原则的建议

（2007 年 3 月 20 日）

考虑到 OECD 于 1996 年 12 月 14 日达成条约的 1(c)、2(d)、2(e)和 5(b)条款；

考虑到 OECD 成员国政府在 1976 年采纳并于 2000 年修订的《关于国际投资和跨国企业的共同宣言》以及理事会于 2006 年采纳的《投资政策框架》；

关注到 OECD 成员国和非成员国为促进经济增长及稳定发展而升级基础设施和服务所产生的对于新投资的重要需求；

认识到私人部门，包括跨国企业，在提供资金和技术以发展东道国的基础设施服务方面的作用。

a) 邀请：政府在评估基础设施服务政策，以及与投资者谈判时，适当考虑《原则》。《原则》在本建议的附件中列出，并成为不可分割的一部分；

b) 建议：在 OECD 与其他国际组织的积极合作下，以及商业、劳工和其他民间社会组织的积极参与下，尽可能广泛传播《原则》。

c) 同意：投资委员会通过与非成员国合作者、其他 OECD 机构和国际组织的共同合作，就《原则》在实际运用中的经验对其进行审视，同时与利益相关者进行磋商，并向理事会酌情报告。

关于私人部门参与基础设施建设的基本原则

序

发展中国家在基础设施建设方面的不足已成为满足民众需求、企业发展以及实现《千禧宣言》(Millennium Declaration)目标的主要障碍。在 OECD 内,许多国家面临着需求不断增长和大部分基础设施老化的双重挑战,这可能会成为阻碍其持续发展的最大障碍。在未来几十年中,全球范围内的公共设施,如电信、电力、交通、水和卫生设施等的投资需求估计每年将超过 18,000 亿美元。如果该等资金需求产生了,政策制定者就需要调动所有的潜在资金,并且需要为基础设施建设融资考虑新的方案。

在许多国家,这种投资规模是不可能仅依靠公共资金就可完成的。为满足需求,鼓励私人资本进入公共设施建设领域成为政府不可忽视的重要选择。同时,鼓励私人部门参与基础设施建设能够带来的不仅仅是资金方面的好处。例如,因竞争性环境给最终消费者带来的利益,以及私人部门的技术专长和管理能力之应用。近几十年来,在大量 OECD 成员国和非成员国中,私人部门参与公共设施建设已经有效促进了基础设施的覆盖率和供给效率。

然而,与此同时,在基础设施领域内一些失败的公私合作案例,也体现出政策制定者面临的艰难挑战。基础设施投资合同相比于经济领域的其他大多数合同都更为复杂,且期限更长。合同的实施往往处于确保项目财务稳定和满足公共需要与社会目标的双重压力之下。当政府引进国际投资者时,特别是当所投资的基础设施项目超过一定规模时,这个问题显得更加突出。国际基础设施运营商会对不熟悉的当地环境中所蕴含的商业风险特别敏感,而且它们很容易暴露在公众舆论和政治审查之下。

《原则》的目标是帮助政府引进私人部门参与基础设施开发,为了社会利益调动私人部门资源,并实现可持续性发展。

该原则旨在引导政府当局把与私人企业合作作为提高基础设施服务供给的一种选择。它们不应被解释为倡导公共基础设施的私有化和私人管理。是由公共部门还是由私人部门提供基础设施服务,应该由什么最符合公众利益的客观评估作为指导来予以选择,即支持公共福祉。要考虑的因素包括提供服务的现有水平和资产状况、家庭和企业的承受能力、网络的覆盖水平、运营效率、资产的长期维护,以及社会和环境的可持续发展。这些决定还需要受到时间的一定限制,包括发展所需要的时间以及可行的融资时间。

该原则旨在服务于当政府考虑引入私人部门参与公共基础设施建设时,发挥最初作用,并提供一个清晰的政策指引目录,作为一个国家基于自身国情和需要确定其发展战略时予以评估的一部分。该原则的目的并不在于细节指引或者关于特定领域基础设施投资的技术建议、合同制定或者管理。为此,大量的技术援助可以从国际金融机构、联合国机构和欧盟委员会等处获得。该原则也可以被政府用作中央和地方各级政府自我评估的模板、政府报告进展情况的辅助文件、私人企业的指南,以及构建区域和政府间合作和公私对话的工具。

该原则覆盖了政府部门面临的五个重要挑战。第一,允许私人部门参与的决定必须以相对长期的成本收益和融资的可行性的评估为导向,同时应考虑转移给私人经营者的风险对价,以及公共领域审慎的财政风险。第二,政府必须确保有利于投资的政策框架。第三,私人部门参与基础设施项目的成功取决于公众接受程度和各级政府执行已商定项目的能力。第四,公共部门和私人部门应建立一种合作完成公众对基础设施需求的工作关系。第五,正如该原则的最后一部分所示,只要不是根植于正式的法律规定,必须由政府将对负责任的商业行为的预期清晰地传达给它们的私人部门合作伙伴。

该原则不是孤立的,应与 OECD 的其他原则和工具相配合适用。《投资政策框架》提供了一种供政府考虑的非指令性清单,目的是创建一种吸引国内外投资者和增强社会投资收益的制度环境。《OECD 关于监管质量与绩效的指引原则》和《OECD 关于管制性行业结构分离的建议》提供了一种用以监管的普遍性指引,同时对于平衡管制性行业中竞争与管制的关系也提供了针对性的建议。《OECD 关于国有企业的公司治理指南》对国家如何通过国有企业履行自己的所有权职能提供了建议。坚持传统的公用事业供应商与私人部门参与者合作尤为重要。

《OECD 关于跨国企业的指南》为跨国企业经营提供了建议。该指南对诸多领域负责任的商业行为提供了自愿性原则和标准,其中大多数与基础设施领域的国际投资者直接相关。《弱治理区跨国企业风险防范工具》旨在帮助在弱政府或无政府国家进行投资的跨国企业。考虑到基础设施的发展维度,包括政府对服务可及性的财政支持和能力构建,该原则可以被看作对发展援助委员会领导的益贫式增长的一个补充,其中的基础设施,涉及捐赠者的角色定位以及它们与发展中国家、私人部门的互动。

当前对于私人企业"参与基础设施"没有详尽的定义。《原则》与一系列私人部门参与的模式相关联,涵盖范围从相对有限的服务和管理合同,到公私合作,再到全部或部分公共资产的剥离。任何由公共和私人部门合作伙伴共享收益,或者在失败时共担风险的基础设施建设项目,都可以从该原则的建议中获得收益。

OECD与非成员国、其他国际组织和捐助者、企业和其他民间社团组织的积极合作,将有助于在不同环境和需求下有效运用该原则规定的方法和政策能力建设。实施指南将发展成为这一进程的一部分。可以预见,这些活动,如区域性投资项目,都会得到OECD支持。该原则将根据实际运用的经验而被审视和不断发展。

Ⅰ 基础设施服务公共部门供给或私人部门供给的决定

原则1:政府当局应当根据成本效益分析,考虑所有可选的供给模式、基础设施供给的整个体系、项目的财务和非财务成本、项目全生命周期的收益等因素,在公共部门供给和私人部门供给之间作出选择。

当利用私人部门投资者的运营效率和管理效率(如技术专长和商业经营者的管理能力)有可能促进竞争并提升对终端消费者的服务时,引入私人投资者比公共部门运营项目更具有优势。即使公共部门基于信用评级能够比私人资本获得更便宜的融资,但由私人资本参与项目建设所带来的收益可能会超过融资成本。

一些公共部门面临着财政负担,这使其受到了流动性约束或者提高了其融资成本,此时,私人部门投资基础设施项目就成为廉价或唯一可行的方案。这限制了公共部门规划者的选择,他们不得不在基础设施领域进行私人融资,或者不提供公共基础设施之间进行选择。然而,这并不能改变在基于长远利益所考虑的所有成本和风险的基础上所进行的成本效益分析原则。将私人部门参与基础设施项目仅作为一种获取额外资产的方式,而不对长远的经济、财政、社会影响进行思考,将会不可避免地产生一些问题。

成本效益分析需要考虑的不仅仅是个人合同,还有基础设施供给的整个体系。在基础设施类的管网行业中,不同环节和行为者之间的关联是至关重要的。既定项目的相关成本和收益包括对整个系统的连锁反应。在替代性项目或竞争性项目中应进行成本效益平衡之比较。另一个重要的考虑是,政府对于掌握和履行私人部门参与基础设施建设时复杂的合同权义的能力。风险需要进行核算,并且在成本效益分析中,伴随风险可能产生的负债亦应被计算在内。

在进行成本效益的整体评估时,可持续发展的所有相关因素都应当被考虑进去。特别是基础设施项目往往产生重要的环境和社会影响,这些影响需要通过影响评估进行计算。独立的、持续性的影响评估可以协助该工作。

部门之间的差异需要认真考虑。在基础设施领域,某些部门允许私人参与基础设施建设以服务于公共利益,对于其他部门则不一定是最优选择。例如,在一些基础设施服务领域,效率来源于私人部门基于资产所有权的参与;而在其他领域,在不全面的合作关系下,可以获得私人部门的专业技能。

原则2：基础设施项目——无论私人部门参与的程度如何——在没有评估其成本能被终端消费者支付的使用费所覆盖，以及当该费用不足以覆盖时，可用什么资金来源予以补充的情况下，不得被投资建设。

必须作出一个现实的评估，即满足政府对公共服务覆盖率和可持续性要求的项目成本，以及该成本能够为基础设施服务的消费者所承担。资金的任何预期不足都应当由项目实施机构充分估计。

基础设施服务领域向来是靠获取大量公共补贴作为平衡商业利益与社会目标的一种手段。需要在原则上对公共部门和私人部门提供基础设施服务确定一个最佳的公共资金补贴标准，且平等使用。过去，非透明的做法包括以极低的价格向现有客户提供公共设施服务、通过加速基础设施资产的折旧获得资金补助。因此，在资产从公共部门转移到私人部门时，对于补助的决定就需要考虑当前设施的性能和效率，以及预先的承诺。

另一种对预算资金补贴不算特别好的途径可能是交叉补贴。例如，公共设施的标准费用制度可以使容易享受到服务区域的家庭能够有效补贴偏远地区，或者通过不同的价格机制扩大服务覆盖率。然而，由于市场扭曲效应和透明度不足，通常尽量不使用这种机制。对预算补贴和交叉补贴的范围都应该限制在较贫穷国家。发展中国家可以考虑争取双边和多边援助以及国际贷款机构在为基础设施融资方面的补贴所做的优惠性财务安排。

原则3：私人部门和公共部门之间的风险分配将通过私人部门参与投资的模式来决定，包括责任分担。特定模式和相关风险分配的选择应以公共利益的评估为基础。

通常可接受的风险分担原则是任何假定的风险应分配给最能够评估和控制风险的合同一方。如果合同双方的财力不相等，也应考虑风险承受能力。这意味着可以由私人部门（如关于运营效率）来减轻的风险就应由私人部门来承担；反之，公益性质的风险（如关于公众的态度和/或非商业目标的追求）就应归于公共部门。

风险分配主要由私人部门参与投资的模式所决定。对基础设施资产的控制程度，从完全的私人所有（剥离），到暂时控制和/或投资承诺（特许经营权），再到完全的公共所有（管理或服务协议），都代表了风险在私人部门和公共部门之间一系列的分配机制。在这一系列的分配机制中，任何项目的最终风险分配都是依具体情况而定。合同中关于服务承诺、维修、保险、资金义务和大量的其他规定均对风险分配进行了规范。

政府当局可能认为，应尽可能将更多的风险转移给私人部门，但它们需要依据价格对此进行平衡，该价格应与私人部门承担的经济风险相对应。同时，政府当局也需意识到，对私人部门商业行为的公共担保不仅会影响到风险分配程度和投资报告是否在预算范围内，而且更为重要的是，还能够在很大程度上影响私人部门发挥运营效率和管理效率的积极性。

原则4：财政纪律和透明度必须得到维护，并且必须充分了解与私人部门分担基础设施建设责任的潜在公共财政影响。

私人部门参与基础设施建设不应当被当作一种规避预算管理的工具，即通过将财政承诺分离出政府公共部门资产负债表达到规避预算管理的目的。基础设施项目通常应在公共部门预算中反映出来，除非相关风险真的仅存于私人部门。此外，如果风险是通过公共担保得以缓解，那么将这样的投资置于预算之外就变得更加可疑。

当公共部门和私人部门之间的风险分配涉及公共部门对私人商业部门的担保，无论是隐性或显性，这种担保必须被说明或解释。同时，它们应受到与公共预算其他支出相似程度的审查。公共部门需要警惕这种担保对于财政潜在的、重大的影响，包括万一发生金融危机或宏观经济危机。政府在年度预算中需要对其担保可能发生的潜在支付提前进行预算。第三方机构的监督，如通过议会，可以帮助维护过程的完整性。

II 加强制度环境建设

原则5：基础设施投资的良好环境意味着公共管理和公司治理的高标准、透明度和法治（包括财产权利及合同权利的保护），这些对于吸引私人部门参与基础设施建设至关重要。

就一国而言，私人部门参与基础设施建设的成功，就像任何其他商业活动一样，取决于国家的投资环境。OECD与非成员国制定的《投资政策框架》所提出的问题都被用于基础设施领域，应被基础设施主管部门予以考虑。政府当局不应仅仅解决直接作用于基础设施项目的立法挑战（如私有化和特许经营法）。公私合作制的成功应当依托于一系列对私人公司、员工以及其他利益相关者的广泛立法和管理实践，以及当地的供应商、分包商与基础设施项目提供者之间的合作能力。

在法律和协议不能被充分执行的环境中，其他大多数成功标准都是次要的，在基础设施领域更是如此。这些领域的项目投资往往很大，且私人部门将其资产投入项目后很难进行撤离。投资者不愿将资本置于风险之中，除非在面对公共部门、其他企业以及普通公众时，其权利和责任能够被独立机构予以确立和执行。这并不排除政府为保护公共利益而运用权力，包括修改法律以对基础设施项目进行调整。但是，政府部门应尽可能通过透明化、可预期的方式进行调整，包括与私人投资部门以及其他受影响的当事人事先进行协商。

原则6：基础设施项目应该在任何层面、任何阶段远离腐败。政府当局应采取有效措施确保公共和私人部门的诚信和问责，并制定适当的程序，以防止、监督和制裁腐败。

尽管产生腐败的原因有很多，但私人部门投资的基础设施具有一系列便于腐败产生的特性。包括回报阶段在内的许多供给侧的垄断为寻租提供了巨大机会。对基础设施建设的政治保护和干预往往模糊了财政责任,掩盖了各种腐败行为和其他不当行为,包括分配稀缺资源、冗员和过高薪酬。因资本投入水平与服务产出之间的关系难以建立,腐败会导致资源分配不当。基础设施建设的规模较大、持续时间较长也为采购等相关活动提供了收受回扣和贿赂的机会。

腐败可能会发生在一个复杂项目的各个阶段:设计、回报、采购、运营,以及依据项目类型发生的资产转移。为防止各个阶段的腐败,确保透明的措施、评估与制衡机制应予建立。在项目运营阶段,私人部门的引入可能对打击某些形式的腐败提供了可能;在某些国家,关税征收权被政府官员作为非法要求终端消费者支付费用的一个手段。

在基础设施领域的腐败问题非常严重。在该领域,引入私人部门本身就受到公众的质疑。对回报和采购程序的公正性的怀疑又不可避免地加剧了这种质疑。此外,因腐败而选择的"错误"的私人合作伙伴以及运营的低效,将最终给终端消费者增加额外的财政负担。特别需要警惕的是,应防止通过非法方式,将财政负担转移给未来的消费者和在回报阶段没有受到直接影响的公共机构。

原则7:私人资本参与基础设施项目的利益应当通过建立竞争性环境来予以提高,包括营造适当的商业压力、破除市场准入中不必要的障碍,实施和执行恰当的竞争法。

贯穿在基础设施领域的自然垄断因素使得建立有效的竞争机制非常困难。虽然为了保障公共利益垄断或缺乏竞争领域会受到管制,但政府当局为了达到最好的效果会将尽可能多的行为置于竞争压力之下。国际性的、开放的投资环境可以通过扩大潜在参与者的数量,并将"相关市场"拓展到国界之外来促进竞争、提升效益。为此,政府当局应努力维持一个开放的、非歧视性的投资环境,并充分考虑《OECD关于管制性行业结构分离的建议》。内资和外资公司的平等竞争同时也意味着对于劳工标准以及其他所有企业公认的国际标准的遵守。

为提升服务效率,促进基础设施领域的竞争通常伴随着更广泛的结构性改革。为获得足够数量的基础设施提供商以保证一个健康有序的竞争度,运营的"横向分离"非常必要。将供应链的竞争性部分从关键设施环节分离,即"纵向分离",则可以将基础设施领域各种行为的竞争性最大化。

当基础设施既可由私人部门提供并拥有,也可由公共部门提供并拥有时,维护公平竞争的特定措施就非常必要。根据《OECD关于国有企业的公司治理指南》,这些措施包括:公共部门所有权功能与影响公司地位的其他因素的分离、服务责任的透明度、资金获取方式、财政补贴和公共担保的透明度等。

原则8:进入资本市场参与资金运作对私人部门参与者至关重要。基于宏观经济政策的考虑,限制进入本地资本市场和阻碍国际资本流动都应被逐步淘汰。

国内资本市场运作良好的国家会发现在基础设施领域引入私人企业时,尤其是国际合作者,既容易又便宜。当汇率完全市场化,并且资本可以从东道国自由流入或输出,基础设施运营商可以在竞争性的国际化汇率下为其运营筹集资金,因而也无须将"融资溢价"转嫁给国内基础设施的终端消费者。当基础设施项目所在国没有完全市场化的汇率制度,或者缺乏一个便利的途径将利润和投资调回本国,则投资者很难减轻汇率风险,并具有在本地筹集资金的强烈动机。在这种情况下,基础设施项目的成功可以通过允许投资者全面进入本地资本市场得到加强。东道国政府试图通过同意与外币挂钩的基础设施关税以弥补投资者的汇率风险的做法和经验差强人意。

私人部门参与基础设施项目也可以帮助发展金融市场。基础设施项目的贷款可以被证券化,且具有降低融资成本和增加国内资本市场深度和流动性的双重好处。大多数国家购买这些金融产品的资金来源主要是保险机构和养老金部门。对企业发行基础设施建设债券会对东道国政府借贷成本产生的影响的关注开始产生。然而,总体而言,基于短期考虑来阻碍发展国内金融市场以长期获利,是不明智的。

Ⅲ 各级政府的目标、战略、能力

原则 9:政府当局应确保与终端消费者和其他利益相关者进行充分协商,包括在基础设施项目启动之前。

私人部门参与基础设施项目是很难成功的,除非政府预先确保自己所设想的事业既符合公共利益,又能够被消费者和其他利益相关者所接受。这就包括了与所有受影响的各方进行磋商,同时为私人部门投资后能够实现的利益设定一个现实的预期。在期待新参与者能够解决长期以来形成的低效和管理不善等问题上,更是如此。此外,如果基础服务设施转移给私人部门与停止财政补贴相关联(如为了解决长期投资不足而进行的基础设施转移),那么,对公共战略的解释就显得特别重要。由此引发的向"收回成本定价"的转变以资助新的投资支出,可能被现有的消费者认为是剥夺了其正当权利。

当基础设施建设包括了大型实物资产的建设时,就需要一个与潜在的、会受到影响的社会公众的前期协商程序,以确保他们的利益,包括对人权的考量和合理的保护。明智的做法是,一旦私人部门被确定下来,就将其纳入协商程序中,因为减轻影响主要是依靠私人部门所采取的大量措施。依靠私人部门参与基础设施建设的一部分动机在于降低基础设施建设中的成本,项目总是要面临来自国内各方面团体的压力,如员工代表和现任管理者。如果雇佣关系和竞争框架规范化与透明化,并且是依据1998年制定的《国际劳工组织关于劳工基本原则和权利的宣言》而建立,大多数争议是可以避免的。否则,政府可能需要进行协调以获得支持。

基础设施项目投资建设后所产生的争议是一个特别的挑战。公共部门可能会倾向于推卸责任,而不是基于实际的项目责任参与到与利益相关者的协商机制中。

然而，这样做会危及利益相关者参与的过程，也会危及与私人部门的长期合作关系。

原则10：负责私人运营基础设施项目的政府机构应该具有管理所涉及的商业进程和在平等的基础上与私人部门合作的能力。

应牢记的是，在许多国家，基础设施建设引入私人资本可能意味着公共采购发生巨大变化。对于公共部门及其参与基础设施项目的工作人员而言，最基本的挑战是如何管理私人部门参与基础设施建设时固有的商业性。政府官员和行政人员不应极端地认为，私人部门商业利润最大化的行为是"不合法"的，或将这种观点传递给公众。他们维护公共利益的职责应当明确表现在对于合同、规则和法律框架的称职的、合理的、勤奋的关注。

"交付能力"，即有关行政能力，则是另一个重要的考虑因素。私人部门投资基础设施项目经常涉及复杂的技术、企业管理和融资等这些政府无法完全解决的问题。这个挑战不仅仅存在于发展中国家。即使是世界上最先进的经济体，包括在私人部门投资基础设施方面最有经验的经济体，私人部门参与者也是在持续不断地抱怨公共部门缺乏执行能力。在大多数国家，政府行政人员普遍缺乏企业管理的实践经验，在政府采购和合同管理方面的能力也同样不足。公共部门需要培养必要的能力，以便作为私人部门平等的合作方展开活动。这样做的成本需要被作为整个项目设计的一部分予以考虑。这时，政府可能希望寻求外部援助。在发展中国家，政府也会从一些发展机构寻求帮助。

最后，某些私人部门参与的基础设施项目，包括完全由私人部门新开发的基础设施活动，都是由私人部门来推动的，而不是由公共部门基于公共利益发起的。在这些情况下，没有具体的部门规章和监管制度可以适用。因此，管理职责被规定由公司法监管机构承担，在某些情况下，又被指定由证券法监管机构承担。

原则11：私人部门参与基础设施建设的政策需要各级政府和相关的其他公共管理部门的理解和目标共享。

政府主管部门一个很重要的顾虑是基础设施政策的协调，尤其是当国家和地方层面分别推行不同的政策时。需要协调是基于一个事实，即基础设施项目往往会对项目实施范围之外的区域产生重要影响。这样的"外部性"可能会产生消极的负面作用，如在地方一级进行的基础设施项目对整个东道国的声誉造成不良影响时。在地方层面的基础设施项目也可能会对东道国的整体财政产生影响。许多国家的政府认为，有必要建立对基础设施补贴的独立立法以避免地方层面的不良后果。

在个别地区或行政部门内，政府需要确保高度的一致性。成功的基础设施项目包含了一系列的不同要素，如规划、融资、技术实施、全面的可持续性财力。如果其中任何一个不能或不愿发挥其作用，整体结果就会处于危险之中。因此，国家主管部门往往希望自己制定的有关私人部门投资基础设施项目的政策能够根植于整体的政策方案之内，并由各级公共部门一致同意、传达和实施。

原则 12：必须建立包括地区层面在内的跨辖区合作机制。

当基础设施项目涉及不同的司法管辖权，包括属于同一区域的主权国家时，应当确保项目目标是被广泛分享的，并且是以正式协议和争端解决机制为基础所支撑的。这一点广泛适用于基础设施项目。当非政府参与方被引入进来，行政管理系统和司法权的不确定性会明显增加私人部门投资者所能预测到的政治风险，此时，上述思想就显得尤其重要。法律制度间的协调性是一个值得关注的问题。不同司法管辖权之间，金融工具的可移植性则是另一个需关注的问题。

Ⅳ 制定公私合作机制

原则 13：为了优化私人部门的参与，公共部门应该清楚表明基础设施政策目标，并应该落实公共部门与私人部门之间的合作机制，主要是他们各自的目标和各自的工程项目。

在公共部门和私人部门之间建立信任是首要的事情。在投资环境被认为比较差的国家，私人部门决定参与基础设施项目时，尤其如此。如果公私合作双方决定在一个艰难的投资环境下一起合作，那么合作目的以及如何实现该目的的高度透明，对于消除合作方的疑虑以及避免因误解带来的高昂成本至关重要。

公共部门对于基础设施提供者的期待应当是，要尽最大可能，依据服务条款为公众提供特定服务，并且依据条款设定的定价方式进行定价。产出型的目标规范相较于其他安排而言，更容易判断，也与利益相关者更密切，同时能够提高效率和灵活性。赋予私人部门参与者一定的自由，以其认为最有效率的方式来满足终端消费者的需求，可以消除一些风险因素。

为了公共部门和私人部门间长期良好的合作关系，应该通过举办研讨会或建立信息通道的方式，使双方了解彼此所关心的问题。定期和及时的协商机制通常要优于合同一方或利益相关者发现问题后所组织的临时会议。为了避免理解上的错误，受影响的第三方可能会被邀请参加协商。

原则 14：公共部门与私人合作伙伴之间有关项目的所有信息都应该得到充分披露，包括已有的基础设施状态、执行标准和未能遵守规则下的处罚等。尽职调查原则必须得到支持。

尽职调查表明政府当局作为合理谨慎的一方应该采取一些行为以避免给合作他方或自己带来损害。实践中，这意味着可预见的风险应该被考虑和披露出来，并且没有关键性信息被隐藏。没有做到这些则被认为是过失。

特别是，合作伙伴之间有关项目的所有信息都必须充分披露。除非有足够的技术、经济和环境的数据提供给投资者，否则一个项目自始就处于风险之中。最坏的情况是，当潜在的私人部门参与者认为信息被隐瞒，有些人可能就会退出；其他人可能会基于对不可避免的重新谈判的期望，提出不现实的合同要求。当不能获取准确的项目信息,且合作方基于合作预期已经进入了合作关系时,合同调整机制就应当在合同中被预先设定。

公共部门对项目实施检查,以判断私人部门参与者是否履行了其义务,而检查信息必须在整个流程中予以公开。如果私人部门没有履行其义务,所采取的处罚措施必须事先明确说明,或者交由司法裁决,而不能基于行政自由裁量。

原则 15:基础设施合同和特许权的授予应保证程序公正、非歧视和透明。

当竞争机制已经成功引入到特定类型的基础设施服务中时,政府当局通常可以依靠市场力量保障终端消费者的利益。当所选择的基础设施提供商享有一定程度的垄断地位时(如特许权协议规定的),不禁让人想到一句法谚:"市场如果没有竞争,那么企业应努力去创造竞争。"然而,在实践中,当进入/退出成本和"沉没成本"比起利益既得者在后续招标程序中所享有的优势更低时,这种竞争才更容易实现。在大多数情况下,竞争性招标是分配基础设施合同的最佳途径。在为数不多的情况下,替代性机制也可被予以考虑,如当大量的专有信息在合同缔结前被泄露。

根据过去二十年基础设施特许经营的管理经验,不断形成的共识是,当相对简单的回报标准被运用时,招标成功的可能性会大为增加。复杂的标准几乎使投标者无法判断什么是"最好的"对价,并且容易使招标程序被操纵或受其他非法行为的影响。作为一般准则,为了公共利益,当回报标准直接聚焦于为终端消费者所提供服务的数量、质量和价格时,私人部门参与者的竞争优势能够被更好地激发出来。这会激励私人部门提出创新性的和高效的解决方案。

给予私人部门回报的程序有时可能会因为公共部门在设计和实施时缺乏资源和能力而被破坏。对管理机构而言,培养实施机构的能力对政策制定者来讲至关重要。

原则 16:政府部门与私人部门参与者之间的正式协议应当被明确化,根据已修订的条款向公众提供公共服务产品或服务。协议应当包括不可预见的事件发生时,有关责任和风险的分配条款。

当提供给基础设施终端消费者的服务数量和服务质量在合同中被具体确定时,对合同条款的遵守就更容易被检验。在关税受到监管的情况下,有关关税的条款也需要明确化。实践中,这是受到最大争议的一个问题,因为这将影响到现有消费者的"应得权利"。还需特别关注技术维护、适用时的技术转让等问题。

政府部门应坚持"合同的神圣性",即合同各方均应履行其合同义务,即使履行合同的结果会给其自身带来损失。同时,如果客观环境在基础设施项目的持续过程中发生变化,合同也应当具有足够的灵活性来适应这种变化。协调这些问题的方法之一是在合同中明确写入需要重新考虑或重新谈判的条件。

原则 17:基础设施服务的监管应当被委托给那些有能力、有资源,并能够抵挡基础设施合同各方不当影响的专业化公共机构。

总体而言,监管框架的质量是原则 5 所包含的投资环境中不可分割的一部分。

但是,这些基础设施监管规定经常会引起一些额外的挑战。含有垄断因素的行为——无论是基于自然垄断或者基于私人部门提供者的不足——都必须受到监管,以保障公共利益。监管的细节不在《原则》规定的范围。政府部门希望从普遍接受的良好的实践中吸取建议,包括高效提供公共服务的义务、转移效率、透明度、推定通知、转让价格控制、会计监管和用户参与等。

总的来说,在合同的清晰度和基础设施监管的需求之间存在一个高度的权衡问题。当基础设施服务从公共部门转移到私人部门管理后,在依靠正式协议的情况下,监管的自由裁量空间非常小。然而,当灵活的合同更能适应环境变化的需要时,也就同时需要高度的监管自由裁量权。

公共部门面临的挑战是保证监管机构的独立和客观(这也包括设立一个判例法体系),促使所有的利益相关者对监管者实施监管行为产生必要的信任。在合同缔结前和谈判阶段,公共部门可以利用监管者的专业经验确保即将开始实施的合同是有意义的。在项目运行阶段,非常重要的是,监管者应当与那些参与基础设施合同的公共部门保持一定距离。

原则18:偶尔的重新谈判对长期合作伙伴关系来说是不可避免的,但它们应该以透明和无歧视的方式善意地进行。

没有合同能够足够灵活并涵盖所有可能发生的情形。实践中,过于细致的合同,其旨在涵盖长期合作关系中所有可想象到的情形,但可能与项目运行中的灵活性难以协调。此外,过于细致的安排可能会造成合作方极力"寻求漏洞",而不是促使他们共同合作。因此,在长期合作关系中,如基础设施项目中,偶尔的合同重新谈判是必要的。平衡合同的约束力和必要的灵活性的最好方法是,在合同中通过条文明确规定,在什么情况下原协议需要被重新审视。常设的和有效的评审小组、争议解决委员会、仲裁情形等应当作为合同框架的一部分进行明确,并得到实施,以增强合作关系。

国家机关可能需要采取立法或监管措施,从根本上改变基础设施项目的实施条件。这是被普遍接受的,即为公共利益所实施的管理是一个主权国家权力的一部分,但是其应当以透明和无歧视的方式进行,包括与所有受到影响的相关者进行事先协商。如果这达到一定程度,被认为构成了对投资者财产的侵犯,那么,必须进行一个及时的、充分的、有效的补偿。

原则19:争端解决机制应当到位。在基础设施项目的生命周期中,任一时点发生的纠纷,都应当通过该机制得到及时、公平的解决。

在"可持续协议"的基础上寻求私人部门参与基础设施项目,是为了公共利益,同时也是为了参与各方的利益。合作关系以及对合作关系的调整机制应当被所有利益相关者认为是"公平"的。为了维护公共部门和私人部门之间长期的合同关系,友好的和解或调解优于判决或仲裁。公共部门通过选择和解或调解,或者通过在基础设施合同中建立分歧解决机制条款,可以达到这种良好的结果。

即便如此,私人部门还是将长期承诺视为一种众所周知的风险,除非这种承诺被公正独立的纠纷解决机制所确保,尤其是这种纠纷解决机制在协议中被规定的情况下。在法治观念根深蒂固,且被公正、高效的司法制度予以保护的司法管辖权下,私人部门参与者可能会倾向于在国内民商事法院或仲裁机构解决纠纷。然而,求助于东道国批准的国际投资协议框架下的投资者与国家争端解决机制对国际投资者而言也至关重要。

V 鼓励负责任的商业行为

原则20:基础设施的私人部门参与者应当遵守负责任的商业行为的公认原则和标准。

商业的核心使命是识别和管理能给投资者带来富有竞争力的资本回报的投资项目。在实现这一核心功能的过程中,负责任的商业行为包含了上述所有与法律相符的行为,但也可能比这更广泛。负责任的商业行为还包括对社会期待的回应,该期待可能通过法律以外的途径传递,尤其是在治理比较落后的地区以及立法和监管活动不足以反映民众希望的地区。在基础设施领域,当东道国的政府官员在商业过程中有着直接利益时,这个问题尤其重要。

公司能够采用的负责任的商业行为的原则和可以借鉴的主要工具之一就是《OECD关于跨国企业的指南》。该指南设定了一套有关跨国企业在所有主要领域的商业伦理建议,包括就业和劳资关系、人权、环境、信息披露、反腐败、消费者权益、科技、竞争和税收。虽然对企业而言,该指南并不具有强制约束力,但是,支持该指南的政府仍然鼓励跨国企业在其境内外投资时适用该指南,并且协助"特定情形"下的各方解决问题。该指南反映了适用于所有企业的良好做法。

原则21:私人企业参与基础设施项目要有善意并履行承诺。

从基础设施项目分离的困难促使公共部门和私人部门合作者通过运用杠杆工具来提升它们的财务状况。从私人部门的角度看,这可以通过坚持重新进行合同谈判,或通过违背服务协议或其他承诺的方式提高利润率来实现。然而,坚持"合同神圣"是符合私人部门投资者的利益的,即使这可能导致短期损失。

如果有证据显示,投资者的行为具有恶意,如签订合同时知道或应当知道其不能信守合同,他们就会面临陷入法律诉讼、与公共部门合作者的关系恶化、激怒受影响的社区与遭受国际谴责等风险。尽职调查原则意味着,私人部门参与者应当对潜在投资的细节进行调查和评估,如运营和管理的检测、重要事实的核实,在项目实施前掌握所有可利用的资源。

基础设施项目中的私人部门经常会卷入各种复杂的公司交易和治理结构中。当私人企业参与到基础设施项目中时,私人企业的董事会成员应当尤其关注责任,包括合同义务和尽职调查。《OECD关于公司治理的原则》为董事会的责任提供了指引。

原则22：私人部门参与者及其分包商和代理商不应借助贿赂或其他非法手段获得合同、获取资产控制或赢得利益，在基础设施运营过程中，也不得参与以上任何行为。

在基础设施项目中，尤其是项目的初始阶段，私人部门参与者能够采取负责任的商业行为的一个主要挑战是，打击腐败或共谋行为。在治理水平落后的地区或者腐败比较普遍的国家，获取基础设施项目合同的程序以及随之而来的监管一直备受非议，有时会使公众减少对私人部门参与公共事务的尊重，减弱"运营的社会许可"。

不论东道国的法律和制度如何规定，对于《OECD关于打击国际商业交易中贿赂外国公职人员的公约》的成员国，贿赂外国公职人员属于犯罪行为。《联合国反腐败公约》也要求所有的成员国对贿赂外国公职人员科以刑事处罚。另外，企业也发现，即使一些争议性行为未触犯法律，但避免该等争议性行为，符合其自身利益。当非法行为被实施时，公司治理，包括财务控制机制和员工激励机制，就处于风险之中，并且可能导致巨大的声誉成本。

企业应当以其方案的优势为基础来争取基础设施合同。它们不应当给予东道国不合理的政治压力，迫使其打开市场、授予合同或更改规定。

原则23：私人部门参与者应有助于战略沟通和与广大公众协商，包括直接面对消费者、受影响的社区和企业利益相关者，以使参与各方的目标能够被相互接受和理解。

负责任的商业行为的一个关键要素就是沟通，并与受影响社区和其他利益相关方协商。在基础设施项目的初期阶段，考虑到项目的整体优先性，协商是公共部门的一个责任（原则9）。随后，公共部门和私人部门所签署的合同应当与公众以及受影响的各方进行沟通和协商。此外，企业的沟通协商方法与公共沟通策略协调一致，相互配合，效果会更佳，而不是由前者代替后者。对私人部门和公共部门合作为社会公众提供公共服务，并且双方在促进信息交流中共享利益的基础设施项目而言尤其如此。私人企业需要理解其所参与运营的社区的社会价值、经济价值和环境价值。

从过去经验中能够普遍接受的教训包括，在项目规划阶段，与受影响的社区和利益相关者进行对话，以给他们提供一个真正被倾听的机会。建议私人部门参与者在合理考虑成本、商业机密和其他竞争因素的情况下，其他内容保证高透明度。尽可能多地提供信息非常重要。该等信息包括投资者面临的技术选择和位置选择。基础设施服务的价格和直接影响终端消费者的其他项目参数是沟通和协商中的重要问题。终端消费者应该有合理的途径得知基础设施运营者的财务状况和技术状况，以及项目合作者的未来发展计划等信息，并且有机会表达他们所关注的和优先考虑的事项。如果做不到这点，公众可能会对关税调整和任何服务的缺位表现出敌意，这可能会导致对合同参与方的强烈抵制。

私人部门参与者应与其资金供应方积极合作以应对其行为可能产生的环境后果和社会后果。《赤道原则》和《OECD关于环境与官方支持出口信贷的共同行为的建议》是金融机构参与基础设施融资的两个良好的行为范本。

原则24:为社区提供重要服务的私人部门参与者需要留意其行为对这些社区所产生的后果,并与政府部门一起工作,避免和减轻社会不能接受的结果。

有关重要公共服务的获取和负担能力问题是一个核心问题。该问题在最贫穷的地区尤为突出。是否对基础公共服务进行补贴最终是一个公共选择,并且企业通常认为在用户不付费时,对用户实施处罚、终止服务等都是有合同依据的合法行为。这在私人企业运营其参与合作前就已建好的基础设施的合同中没有被要求对维护和覆盖网络设施负有直接责任的情况下,尤其如此。

在企业行为与人权相互交叉的情况下,虽然促进和支持人权是政府的一项首要责任,但企业也应当发挥作用。企业应当以与东道国政府的国际性义务和承诺相一致的方式来尊重受其行为影响的个体的人权。基础设施项目的私人部门参与者需要意识到,否定和撤销至关重要的基础设施服务,无论是基于商业或其他原因,都可能被视为损害受其影响的个体的人权。基础设施投资者需要考虑到这些问题,并愿意与他们的公共部门合作伙伴以及当地社区一起合作解决。

(胡改蓉 译)

欧盟

供水、能源、交通、邮政采购指令

(2014/25/EU)

欧洲议会与欧盟理事会——

鉴于《欧盟运作条约》,尤其是鉴于该条约第53条第1款、第62条和第114条的规定,

基于欧盟委员会的建议,

在将立法法律草案向成员国议会递送后,

在考虑欧洲经济与社会委员会意见的情形下,

在考虑区域委员会意见的情形下,

依据通常的立法程序,

鉴于以下的立法理由,颁布本指令:

1. 正如在2011年6月27日提出的主题为"评估报告——欧盟公共采购立法的影响与效应"的委员会部门工作报告的结论所述,在供水、能源、交通以及邮政领域,关于规制采购主体采购行为的具体规则的确立是非常必要的。其原因在于,如同从前一样,成员国当局依然能够对采购主体行为施加影响,该类当局尤其能够通过它们对于采购主体的资本投资与在采购主体行政、管理或监督机构中的代理人来施加相关影响。另一个原因在于,由于上述采购主体运营的市场领域具有封闭性,因而必须对于在这些市场领域实施的采购行为进行进一步规制。这类市场领域具有封闭性可归因于:成员国为了确保上述相关服务供给网络的供给、供应或运营而授予相关主体特许经营权或独占经营权。

2. 为了确保采购主体在供水、能源、交通以及邮政领域实施的采购程序具有开放竞争性,应当制定关于超过一定价值的采购程序的协调规则。这种协调具有必要性,其目的是确保《欧盟运作条约》规定的原则的效力,这些原则尤其包括货物自由流动原则、创设自由原则、服务供给自由原则以及由此引申出的原则,如平等对待、非歧视、相互认可、比例与透明度原则。鉴于相关行业的性质,在保障上述原则适用的情形下,在联盟层面的关于采购程序的协调行为应当构建起公平的商业惯例框架,并且应当允许最大的灵活性。

3. 在涉及价值低于欧盟层面适用协调规则所需阈值的采购程序的情形下,明智的做法是参照引用欧盟法院在正确适用《欧盟运作条约》规则与原则时所作出的

判例。

4. 作为市场经济手段之一的公共采购在"欧洲 2020 战略"框架下担当关键角色。所谓"欧洲 2020 战略",是在 2010 年 3 月 3 日发布的委员会通信文件《欧洲 2020,一项以智能的、可持续性的与包容性的增长为目标的战略》中被述及的。实施公共采购既要实现智能的、可持续性的与包容性的增长这一目标,又要同时确保公共资金得到最大程度的有效利用。为了遵循这一目的,基于欧洲议会与欧盟理事会第 2004/17 号指令与第 2004/18 号指令颁布的公共采购规则应当被修订与被现代化,从而达到以下结果:其一,使公共采购的效率得到提升;其二,使企业(尤其是中小企业)更加容易参与公共采购程序;其三,使采购者能够更好利用公共采购支持共同社会目标的实现。此外,澄清基本名词与概念具有必要性,它可以更好地确保法律的确定性,也可以整合与欧盟法院相关的行之有效的司法判例的某些方面内容。

5. 在执行本指令时,《联合国残疾人权利公约》应当被予以关注,尤其是在涉及通信联络工具的选择、技术规格、决定中标标准与合同履行条件时。

此处略去立法理由第 6 至 142 条。

第一章 适用范围、概念定义与基本原则

第一节 对象与概念定义

第 1 条 对象与适用范围

1. 本指令规定了关于采购主体订立采购合同与实施规划设计性竞争活动的程序规则,它所涉及的采购合同与活动的预估价值不得低于本指令第 15 条所确定的基准价值。

2. 本指令意义上所述的采购是指由一个或多个采购主体通过订立产品供应、建筑工程服务或一般性服务采购合同,向由其遴选的经营者购买建筑工程服务、供货或一般性服务的行为。前提是:建筑工程服务、供货或一般性服务的供给是被由本指令第 8 至 14 条所述的诸种目标之一所确定的。

3. 本指令的适用受到《欧盟运作条约》第 346 条的制约。

4. 本指令不影响成员国在符合联盟法律的前提下自由确定以下事项:将何种服务视为公共经济利益服务,应当如何在遵循国家补助法律条款的情形下组织与资助公共经济利益服务,成员国在此情形下应当承担哪些特定义务。同样,本指令也不影响公共当局作出以下决定:在《欧盟运作条约》第 14 条以及第 26 号议定书框架下,它们是否、如何以及在何种程度上愿意依靠自身完成公共任务。

5. 本指令不影响成员国塑造其社会保障体系的类型与方式。

6. 本指令适用对象不包括不具有经济性质的公共利益服务。

第 2 条 概念定义

在本指令意义上,相关术语含义如下:

1. 产品供应、建筑工程服务与一般性服务合同是指在一个或多个本指令第 4 条第 1 款所述的采购主体与一个或多个经营者之间书面签署的关于提供建筑工程服务、供给货物或者提供一般性服务的有偿合同。

2. "建筑工程服务合同"是指具有以下目的的采购合同:

a) 在关联附件 I 所述的一项业务活动情形下,施行或者既规划又施行建筑工程服务;

b) 施行或者既规划又施行建筑工程的建设活动;

c) 根据由对于建筑工程的类型与规划具有决定性影响的采购主体所提出的要求,经由任何手段通过第三方提供建筑工程服务。

3. "建筑工程"是指作为一个整体的建筑构造物或公共建筑工程成果,依据其性质可发挥经济或技术层面的功能。

4. "产品供应合同"是指以购置、租赁、收取租金、租借或租购为目的,具有或不具有购买选项的物品采购合同。一项产品供应合同内容可以包括铺设与安装这些辅助工作。

5. "一般性服务合同"是指第 2 项所述合同之外的提供一般性服务的采购合同。

6. "经营者"是指一个自然人、法人或者缔约实体或者这类人士和(或)机构组成的集团(包括所有临时性的企业合并),这一主体在市场上提供建筑工程服务、构造建筑物、运送货物以及提供一般性服务。

7. "投标人"是指已经提出投标书的经营者。

8. "申请人"是指提出申请要求参加一项非公开程序、一项协商谈判式程序、一项竞争性对话协商或者一项创新合作伙伴关系的经营者,或者已经获得一项此类邀请的经营者。

9. "采购文件"是指所有由采购主体创建的或与其关联的用于描述或确定采购要素或程序要素的文件。这其中包括采购通告、定期提示性通告或者关于以吁请竞争为要旨的现有资格审查制度的信息,技术规格,相关说明文件,所建议的合同条件,申请人与投标人用于提交文件的格式文档,普遍应予遵循的义务的信息以及任何其他附属文件。

10. "集中采购活动"是指以下列一种形式持续实施的活动:

a) 为采购主体利益购买货物和(或)服务;

b) 为采购主体利益签订采购合同或签署框架协议,合同或协议内容涉及建筑工程服务、供货或一般性服务供给。

11. "辅助采购活动"是指为集中采购活动提供支持的活动,特别是指具有下列形式之一的活动:

a) 提供技术基础设施,这类设施使采购主体能够进行公共采购或者签署关于建筑工程服务、供货或一般性服务的框架协议；

b) 为采购程序的施行或规划设计提供咨询服务；

c) 以相关采购主体的名义并基于其预算进行采购程序的预备与管理事务。

12. "集中采购机构"是指本指令第4条第1款意义上的一个采购主体或者欧盟第2014/24号指令第2条第1款第1项意义上的一个公共采购主体,此处所指的采购主体实施集中采购活动与可能需要的辅助采购活动。

由一个集中采购机构基于集中采购目的而实施的采购活动应被视为基于本指令第8至14条规定开展的采购活动。本指令第18条不适用于由一个集中采购机构基于集中采购目的而实施的采购活动。

13. "采购服务提供商"是指在市场上提供辅助采购服务的公共机构或私营机构。

14. "书面的"是指由单词或数字所组成的可被读取、复制与传送的表达形式,其包括通过电子手段传输与存储的信息。

15. "电子手段"是指用于处理(包括电子压缩)与存储信息的电子设备,其处理与存储的信息能够通过传输电缆、无线电或者光学手段或者其他的电磁路径进行转递、传输与接收。

16. "生命周期"是指所有连续的和(或)相互联系的阶段,其包括将被实施的研究与开发、制造、进行附带相关条件的贸易、运输、使用和维护诸阶段,它贯穿产品或建筑物的使用寿命期间或者服务供给期间,它从原材料的采集或者资源的处置阶段一直持续到废弃物处置、净化阶段与服务或用益终止阶段。

17. "规划设计性竞争活动"程序是指为采购主体提供一项计划或规划的程序,对计划与规划的遴选由评判机构在公布价格或不公布价格的情形下,基于竞争比较作出决定,这一程序重点发生在空间规划、城市规划、建筑架构、民用工程或者数据处理领域。

18. "创新"是指引进新的或者显著改进的产品、一般性服务或流程(包括但不限于生产、建设或施工流程),或者引进一项新的营销模式或者一项涉及业务实践、工作场所有序安排或者外部关系的新的组织流程,特别是,上述引进具有以下目标：为应对社会挑战提供助益,或者支持实施"欧洲2020战略",推动智能的、可持续性的与包容性的增长。

19. "标签"是指一份文档、一份证书或者一份证明文件,其可证明特定的建筑物、特定的产品、特定的服务、特定的过程或特定的程序符合特定的要求。

20. "标签要求"是指特定的建筑物、特定的产品、特定的服务、特定的过程或特定的程序为获得相关标签所必须符合的要求。

第3条 公共采购主体

1. 在本指令意义上,"公共采购主体"是指国家、区域或地方当局、公法机构或者由一个或多个地方当局或公法机构所组成的联盟组织。

2. "区域当局"包括依据欧洲议会与欧盟理事会第1059/2003号规章在NUTS 1与2中非详尽列举的行政单位的所有机构。

3. "地方当局"包括列入NUTS 3的行政单位的所有机构与基于欧洲议会与欧盟理事会第1059/2003号规章规定的更小的行政单位。

4. "公法机构"是指具有下列所有特征的机构：

a) 它们被创设的特定目的是完成不具有商业性质的体现公共利益的任务；

b) 它们具有法人资格；

c) 它们主要由国家、区域或地方当局或者其他公法机构提供资金支持，或者它们在管理层面受到上述当局或机构的监管，或者它们具有一个行政、管理或监督组织，该组织一半以上的成员由国家、区域或地方当局或者其他公法机构任命。

第4条 采购主体

1. 在本指令意义上，采购主体是指下列机构：

a) 实施本指令第8至14条所规定的一项活动的公共采购主体或公共企业；

b) 如果采购主体并非公共采购主体或并非公共企业，那么它们是基于由成员国主管机关所授予的特许经营权或独占经营权而实施本指令第8至14条所规定的一项活动或者多项活动。

2. "公共企业"是指具有下列特征的企业：公共采购主体基于所有权关系、资金参与或者企业章程规定可以对这类企业直接或间接施加决定性的影响。

如果满足下列条件，那么公共采购主体所施加的决定性影响被视为成立，这类条件为：公共采购主体直接或者间接

a) 持有企业的多数认缴资本；

b) 控制企业已发行股份的多数投票权；

c) 可以任命另一家企业一半以上的行政、管理或监督机构成员。

3. 在本款意义上，"特许或独占经营权"是指成员国主管机关通过法律或者行政法规所颁授的权利，其颁授目的是将本指令第8至14条所列的经营活动行使主体限定在一个或多个主体，基于此，其他主体行使上述活动的可能性将被显著限制。

通过适宜的公开流程并基于客观标准所颁授的权利不是本款第1段意义上的"特许或独占经营权"。

上述流程包括：

a) 附带前置性竞争吁请的采购程序，其法律依据是欧盟第2014/24号指令、欧共体第2009/81号指令、欧盟第2014/23号指令或者本指令；

b) 依据本指令附件Ⅱ所列的其他欧盟法律文件，基于客观标准颁发许可证并事先确保充分透明度的程序。

4. 当由于通过新的法律或者废止或改变原先法律而导致本指令附件Ⅱ需要作出改变时，欧盟委员会有权依据本指令第103条规定，通过委托立法的方式变更附

件Ⅱ所罗列的欧盟法律文件目录。

第 5 条　涉及同一采购活动的混合采购

1. 本条第 2 款适用的混合采购是指全部由本指令规制的不同种类的采购。本条第 3 至 5 款适用的混合采购是指由本指令以及其他法律规定所规制的混合采购。

2. 由两个或两个以上采购种类（建筑工程服务、供货或一般性服务）作为标的的混合采购在实施时,应确定其主要标的,然后依据涉及主要标的的采购类型法律规定予以推行。在混合采购的标的部分涉及本指令第三章第一节所规定的服务类型,部分涉及其他服务类型的情形下,或者在混合采购的标的部分涉及服务类型,部分涉及供货类型的情形下,应根据各类服务或供货类型的预估价值中的最高值确定混合采购主要标的。

3. 如果一份给定的采购合同的不同组成部分在客观上是可分离的,那么可以适用本条第 4 款。如果一份给定的采购合同的不同组成部分在客观上是不可分离的,那么可以适用本条第 5 款。

如果一份给定的采购合同内容的一部分受欧共体第 2009/81 号指令或《欧盟运作条约》第 346 条规制,那么可以适用本指令第 25 条。

4. 如果混合采购合同包括一项由本指令规制的采购标的以及一项不由本指令规制的采购标的,那么采购主体可以选择将合同分解为对应各具体部分的独立合同的方式,也可以选择采用统一合同的方式。如果采购主体选择将合同分解为对应各具体部分的独立合同的方式,那么它必须基于各相关具体部分的特征作出关于分解后的各合同分别适用的法律规定的决定。

如果采购主体选择采用统一合同的方式,且本指令第 25 条没有作出其他排斥性规定,那么本指令可以适用于由此产生的统一的混合合同,而不必考虑原本应适用其他法律规定的合同各部分的标的价值与原本应适用的法律规定。

因此,在混合采购合同包括供货、建筑工程服务与一般性服务的采购合同以及特许权这些要素的情形下,混合采购合同应根据本指令的规定而得到实施,其前提条件是:该采购合同中受本指令规制的采购合同部分基于本指令第 16 条计算的预估价值等于或大于本指令第 15 条所确定的基准价值。

5. 如果一份特定的采购合同的各部分在客观上是无法分离的,那么它应当依据其主要的标的确定所适用的法律规定。

第 6 条　涵盖多项业务活动的采购

1. 在采购合同内容涵盖多项服务的情形下,采购主体可以选择为每项单一的服务确定一份独立的合同,亦可选择订立一份统一的合同。如果采购主体选择订立各自独立的单一服务采购合同,那么应当基于每项服务的特点作出各合同部分应适用何种规则的决定。

如果采购主体选择订立一份统一的合同,那么应当不适用第 5 条规定,而是适用本条第 2、3 款规定。不过,如果相关服务属于欧共体第 2009/81 号指令或《欧盟运作条约》第346条适用对象,那么应当适用本指令第26条。

在选择订立一份统一的合同抑或选择订立一系列独立合同时,作出选择的意图不得规避本指令、欧盟第2014/24号指令或欧盟第2014/23号指令对于统一合同或系列合同的规制适用。

2. 如果一份合同内容涵盖不同类型的活动事项,那么它应受到规制其中最主要活动事项的法律规定的统一规制。

3. 如果对于某些合同来说,不可能客观判定哪一种活动事项是这些合同的首要事项,那么应依据下述a、b、c项规定来确定可以适用于这些合同的法律条款:

a) 当合同得以确定的活动事项之一适用本指令,而另一活动事项适用欧盟第2014/24号指令,那么该合同的订立适用欧盟第2014/24号指令;

b) 当合同得以确定的活动事项之一适用本指令,而另一活动事项适用欧盟第2014/23号指令,那么该合同的订立适用本指令。

c) 当合同得以确定的活动事项之一适用本指令,而另一活动事项既非适用本指令,又非适用欧盟第2014/24号指令,也非适用欧盟第2014/23号指令,那么该合同的订立适用本指令。

第二节　活 动 事 项

第7条　一般条款

基于本指令第8、9、10条的制定宗旨,"供应"应当包括制造/生产、大宗贸易与零售贸易。

以可用气体开采为表现形式的可用气体之制造应受到本指令第14条的规制。

第8条　供气与供热

1. 在供气与供热领域,本指令适用于以下情形:

a) 基于供给社会公众目的而实施的与制造、运输或配送供气与供热有关的对于固定网络的准备与运营;

b) 在这些网络中供气与供热。

2. 如果由非公共采购主体基于供给社会公众目的而通过管道网络实施供气或供热,那么在下列所有条件得以满足的前提下,这一供气或供热不应被视为第1款意义上的活动事项:

a) 通过采购主体进行的可用气体或热源的制造不可避免地需要通过实施一项活动来实现,而该活动事项并未在本条第1款或在第9至11条中列明;

b) 通过公共网络施行供应的唯一目的是实现经济化的制造,并且供应总额度不超过包括本年度在内的采购主体前三年的营业额基准平均值的20%。

第9条　电力供应

1. 在电力供应领域,本指令适用于以下情形:

a) 基于供给社会公众的目的而实施的与制造、运输和配送电力资源有关的对于固定网络的准备与运营。

b) 经由这些网络供应电力资源。

2. 在满足下列所有条件的情形下，由一个非公共采购主体基于供给社会公众目的通过固定网络所实施的电力资源供应行为不属于第 1 款意义上的活动事项：

a) 由相关采购主体实施电力资源的制造行为，其原因在于，它对电力资源的消耗需求，对于从事一项未在本条第 1 款或第 8、10、11 条列明的活动事项来说是必需的；

b) 通过公共网络施行的供应仅仅取决于采购主体自身的消耗，而且这一供应额度没有超过包括本年度在内的同一采购主体前三年的能源总生产量基准平均值的 30%。

第 10 条 供水

1. 在供水领域，本指令适用于以下活动事项：

a) 基于供给社会公众目的而实施的与制取、运输或配送饮用水有关的对于固定网络的准备与运营；

b) 经由这些网络供应饮用水。

2. 本指令亦适用于由采购主体安排或组织实施的合同或规划设计性竞争活动。在这类合同或竞争活动中，本条第 1 款所列明的一项活动应得到施行，这类合同或竞争活动还应与下列情形之一具有关联性：

a) 涉及水利建设计划以及灌溉与排水计划，其同时应满足的条件是：为饮用水供应确定的供水量超过总供水量的 20%，此处的总供水量是指依据水利建设计划以及将灌溉或排水设备投入使用而产生的总供水量。

b) 涉及污水清除与处置。

3. 在满足下列所有条件的情形下，由非公共采购主体基于供给社会公众目的而通过固定网络施行的饮用水供应活动不应属于本条第 1 款意义上的活动事项：

a) 由相关采购主体实施饮用水的制备行为，其原因在于，它对饮用水的消耗需求对于施行一项未在第 8 至 11 条中列明的活动来说是必需的；

b) 通过公共网络施行的饮用水供应仅仅用于满足采购主体自身的消耗需求，而且该供应额度没有超过采购主体基于包括本年度在内的前三年平均值的总的饮用水生产量的 30%。

第 11 条 运输服务

本指令适用于以下情形：基于供给社会公众目的而施行的运输服务网络的准备或运营，此类运输服务类型包括铁路列车、自动控制系统、城轨列车、无轨电车、巴士或缆车服务。

若运输服务是依据一个成员国的主管机构所确定的前提条件而予以供给，则视为该项网络已经存在。上述前提条件包括路线的确定、运输能力与时刻表。

第 12 条　港口与航空港

如果活动事项具有以下目标：为航空、航海或内河航运运输企业准备航空港、海港或内河运输港口或其他的终端设施服务，并且该类活动事项实施于一个在地理上相区隔的区域，那么这类活动事项适用本指令。

第 13 条　邮政服务

1. 本指令适用于与下列服务的供给相关的活动事项：

a) 邮政服务；

b) 其他不属于邮政服务的服务类型，这些服务类型由提供本条第 2 款 b 项所涉及服务的同一主体提供，并且对于适用本条第 2 款 b 项的服务类型而言，第 34 条第 1 款所列的前提条件没有得到满足。

2. 基于本条的制定宗旨，在不损害欧洲议会与欧盟理事会第 97/67 号指令效用的前提下，作出如下概念定义：

a) "邮寄物品"是指不论寄送物重量，在标注收件人地址情形下以最终形式寄发的物品。举例而言，除了信件以外，"邮寄物品"还包括不论邮寄物重量而寄送的书籍、目录册、报纸、期刊以及内含具有或不具有商业价值物品的邮政包裹。

b) "邮政服务"是指收取、归类、运输与投递邮寄物品的服务。上述服务不仅包括第 97/67 号指令所规制的普遍服务，而且涵盖不属于第 97/67 号指令所规制的上述服务范畴的其他服务类型。

c) "不同于邮寄服务的其他服务"是指在下列领域所提供的服务：

i) 为邮政寄送主体所提供的管理服务（包括"邮件收发管理服务"在内的寄送前服务与寄送后服务）；

ii) 不属于 a 项规定涵盖范畴的邮政服务，如通过邮局提供的对于没有标注具体收件人地址物品的散发服务。

第 14 条　石油与可用气体的开采和煤炭或其他固体燃料的勘探或开采

本指令适用于基于以下目的在一个地理上相区隔的区域而实施的活动：

a) 开采石油或可用气体；

b) 勘探或开采煤炭或其他固体燃料。

第三节　实质适用范围

第一小节　适 用 阈 值

第 15 条　阈值量

除了第 18 至 23 条所列举的例外情形或者依据第 34 条被排除适用的情形以外，在涉及相关活动事项的施行时，本指令适用于符合下列特征的采购活动，即该采购活动不包含增值税的净估值不得低于下列阈值：

a) 对于产品供给合同与一般性服务合同以及规划设计性竞争活动而言，阈值为414000欧元；

b) 对于建筑工程服务合同而言，阈值为5186000欧元；

c) 对于在附件XIV中所列明的以社会服务或其他专门性服务为内容的一般性服务合同而言，阈值为100万欧元。

第16条 计算采购活动所涉估值的方式

1. 在计算采购活动所涉估值时，应以采购主体所预估的不包含增值税在内的总的需支付价值额度为基准。这一总的需支付价值额度包括在采购资料中所有清晰阐明的关于采购合同任何可选形式与任何可能存在的续订方式所涉及的需支付价值额度。

如果采购主体已对参与采购的申请人或投标人提供奖品或利益支付，那么必须在计算采购活动所涉估值时将其计算在内。

2. 若一个采购主体系由多个独立的组织单位整合而成，则应针对所有这些单一的组织单位计算采购活动总的预估价值。

如果一个独立的组织单位对于它自身的采购活动具有自主决定权或对于采购活动事项中的特定类型具有自主决定权，那么上一自然段的规定不应适用；在计算采购活动估值时应仅基于前述独立自决的组织单位层面计算价值额度。

3. 在计算采购活动所涉估值时，对于计算方法的选择不得出于规避本指令适用的意图。除非具有客观理由，否则采购主体不应通过将一项采购活动分割成不同部分的方式而使采购活动规避本指令的适用。

4. 在计算采购活动所涉估值时，在启动竞争的吁请通告发出时刻存在的采购活动所涉价值具有决定性意义。如果启动竞争的吁请通告仍未得到规划确定，那么在采购主体启动采购程序的时间点所存在的采购活动所涉价值对于计算采购活动所涉估值具有决定性意义。举例而言，如果有必要，在采购主体与经营者进行关于采购活动的接洽时，这一时刻就是计算采购活动所涉估值最适当的时间点。

5. 在涉及框架协议或动态采购系统的价值评估考量时，该价值应为框架协议或动态采购系统全部履行周期所规划的所有采购合同价值除去增值税以外的总估值。

6. 在涉及创新合作伙伴关系的情形时，予以考虑的采购活动估值应与在规划的合作伙伴关系所有期间所实施的研究和发展活动所关联的除去增值税以外的最高预估值相匹配，亦应与被研发的与在规划的合作伙伴关系终结期间被采购的产品供应、一般性服务或建筑工程服务所关联的除去增值税以外的最高预估值相匹配。

7. 基于本指令第15条的目的，采购主体在计算建筑工程服务合同的估值时，不但应将建筑工程服务的成本计算在内，而且应将采购主体为采购相对方所提供的对于建筑工程服务的供给来说是必需的供应与服务的总估值计算在内。

8. 如果一项建筑意图或规划中的服务供给可能促成若干个批次合同的订立，那么在计算合同估值时，应将所有这些批次合同的总估值计算在内。

如果这些批次合同累计价值达到或超过在本指令第 15 条中所列明的阈值,那么本指令适用于其中每一个批次合同的订立。

9. 如果基于购买同一类型商品目的而施行的一项规划可能促成若干个批次合同的订立,那么在适用本指令第 15 条 b 与 c 项规定时,所有这些批次合同的总估值应计算在内。

如果这些批次合同的累计价值达到或超过在本指令第 15 条所列明的阈值,那么本指令适用于其中每一个批次合同的订立。

10. 如果除去增值税以外的涉及供应或服务的相关批次合同的总估值低于 8 万欧元,以及除去增值税以外的涉及建筑工程服务的相关批次合同的总估值低于 100 万欧元,那么采购主体在订立每一项单一的批次合同时可以不论本条第 8 与 9 款的规定而不受本指令的规制。不过,不受本指令规制而订立的批次合同的总价值不得超过所有批次合同总价值的 20%。在此处所述的所有批次合同中,建筑规划、涉及同类供应的规划采购或者服务规划供给应当已被析分厘清。

11. 在涉及定期重复订立的供应或一般性服务合同以及在特定时期内应予延长的供应或一般性服务合同时,应当依据以下规则计算合同估值:

a) 或者以过去 12 个月或过去一个财政预算年度订立的同一类型的互相之间具有承接性的合同的实际总价值为基准。在此情形下,计算合同估值时应尽可能考虑前述合同在接下来的 12 个月所发生的可预测的关于数量或成本的变化。

b) 或者以在首次供应之后 12 个月期间内或长于 12 个月的财政预算年度期间订立的互相之间具有承接性的合同总估值为基准。

12. 在涉及与租赁、租用、租借或商品分期购买相关的供应合同情形下,合同估值应当依据下列规则计算:

a) 在涉及合同有效期限不长于 12 个月的具有固定期限的合同时,合同估值应以合同有效期间的总估值为基准;或者在合同有效期限长于 12 个月时,合同估值应以包括预估剩余价值在内的总价值为基准。

b) 在涉及不定期合同或合同有效期间无法确定的合同时,合同估值应以 48 倍的月估值为基准。

13. 如果有必要,关于一般性服务合同的估值应当适用以下规则:

a) 在涉及保险服务情形下,合同估值应以保险费与其他形式的费用为基准;

b) 在涉及银行与其他金融服务时,合同估值应以付费、手续费与利息以及其他形式的费用为基准;

c) 在涉及规划设计性服务合同时,合同估值应以付费、手续费以及其他形式的费用为基准。

14. 在涉及没有总报价的一般性服务合同时,合同估值应当适用以下规则:

a) 在涉及总期限不超过 48 个月的具有固定期限的合同时,合同估值应以合同总期限内的总价值为基准;

b) 在涉及不定期合同或期限超过 48 个月的合同时,合同估值应以 48 倍的月价值为基准。

第 17 条　关于阈值的更新确定事宜

1. 从 2013 年 6 月 30 日起,委员会应当每隔两年审查本指令第 15 条 a 与 c 项所列明的阈值是否符合世界贸易组织《政府采购协议》(GPA)的规定;如果存在必要性,委员会应当依据本条规定重新确定上述阈值额度。

依据 GPA 中所阐明的计算方法,委员会应当依据在特别提款权条款中所列明的欧元的日汇率平均值来计算阈值额度,该计算所涵盖的期间为在 1 月 1 日重新确定阈值的这一年度的前一年度 8 月 31 日之前的 24 个月。只要具有必要性,新确定的阈值额度应当去掉尾数而成为以千欧元计量的整数额度,以保证该阈值不但与在 GPA 中计划采行的有效阈值相匹配,而且与在特别提款权条款中所列明的有效阈值相符合。

2. 从 2014 年 1 月 1 日起,委员会应当每隔两年针对货币单位并非欧元的欧盟成员国确定本指令第 15 条 a 与 b 项所列明的、以上述成员国货币单位表示的阈值额度,与基于本条第 1 款新确定的以上述成员国货币单位表示的阈值额度。

与此同时,委员会应当针对货币单位并非欧元的欧盟成员国确定本指令第 15 条 c 项所列明的以此成员国货币单位表示的阈值额度。

为了与 GPA 所阐明的计算方法相符合,计算上述阈值时应当参考以欧元货币单位表示的投入应用的阈值额度,并基于相关非欧元国家的货币单位的日汇率平均值作出计算,该计算所涵盖的期间为,在 1 月 1 日重新确定阈值的这一年度的前一年度的 8 月 31 日之前的 24 个月。

3. 在委员会重新确定阈值的同一年度的 11 月初,委员会应当以欧盟官方文件的形式公布下列阈值:本条第 1 款所述的新确定的阈值,在本条第 2 款第 1 段所述的以欧盟成员国货币单位表示的相对应阈值,以及基于本条第 2 款第 2 段所确定的阈值。

4. 委员会应获授权颁布基于本指令第 103 条规定的具有委托立法性质的法律文件,以使在本条第 1 款第 2 段所列明的计算方法能够适应 GPA 中所提供的计算方法的每一次变更,进而重新确定在本指令第 15 条 a 与 b 项规定中所列明的相应阈值,并依据本条第 2 款确定非以欧元为货币单位的欧盟成员国以本国货币单位表示的相对应阈值。

如果有必要,委员会应获授权颁布基于本指令第 103 条规定的具有委托立法性质的法律文件,以实现重新确定本指令第 15 条 a 与 b 项所列明的阈值的目的。

5. 如果对于本指令第 15 条 a 与 b 项所列明的阈值进行重新确定具有必要性,但由于时间限制无法重新启动本指令第 103 条所列明的程序,那么可以据此认定,由于在此情形下具有紧迫原因,因而基于本指令第 104 条规定的程序得以适用基于本条第 4 款第 2 段规定所颁布的具有委托立法性质的法律文件。

第二小节 被排除适用的合同与规划设计性竞争活动；
关于在防卫与安全领域实施采购的特别性规定

第一目 对于所有采购主体适用的例外情形与涉及供水与能源领域的特殊例外情形

第 18 条 以向第三方转卖或转租为目的而订立的合同

1. 如果一个采购主体在出卖或出租采购对象时不具有特许经营权或独占经营权，而其他市场主体具有基于与这一采购主体相同条件出卖或出租采购对象的可能性，那么本指令不适用于符合上述情形的以向第三方转卖或出租为目的的采购合同。

2. 在基于委员会要求的情形下，采购主体应当向委员会告知所有符合以下特征的物品与活动事项，即依据采购主体的观点，应受本条第 1 款例外性规定规制的物品与活动事项。委员会可以出于公开信息的目的，定期以欧盟官方文件形式公布其所认为的应受本条第 1 款例外性规定规制的物品与活动事项的类型名单。在此情形下，如果采购主体在向委员会传送信息时作出相关特别说明，那么委员会在公布名单时应当注意确保具有敏感性质的商业信息的秘密性。

第 19 条 订立目的不是为了实施一项受本指令规制的活动事项，或者为了在一个第三国实施此类活动事项的采购合同或被举办的规划设计性竞争活动

1. 如果采购主体在订立采购合同时，所涉合同目的不是为了实施在本指令第 8 至 14 条中所规定的活动事项，或者是为了在一个第三国基于特定条件实施此类活动事项（此处特定条件是指在第三国活动事项的实施既与一项网络的物理使用无关，又与欧盟内部的地理区域没有关联），那么本指令不适用于上述合同，而且本指令亦不适用于与上述合同具有相同目的的被举办的规划设计性竞争活动。

2. 在基于委员会要求的情形下，采购主体应当向委员会告知依据它们的观点须受本条第 1 款适用除外规定规制的所有活动事项。委员会可以出于公开信息的目的，定期以欧盟官方文件形式公布依其观点应当受本条第 1 款适用除外规定规制的活动事项类型名单。在此情形下，只要采购主体在向委员会传送信息时作出相关特别说明，委员会就应在公布名单时注意确保具有敏感性质的商业信息的秘密性。

第 20 条 依据国际规则订立的合同与举办的规划设计性竞争活动

1. 本指令不适用于符合以下特征的合同或规划设计性竞争活动，即采购主体在订立合同或举办规划设计性竞争活动时具有遵循不同于本指令所规定采购程序的下列运作方式的义务：

a) 通过一个创设国际法律义务的法律文件订立合同或举办规划设计性竞争活动，如该法律文件可表现为与欧盟诸种条约相符合的在一个欧盟成员国与一个或若干个第三国或其下属主权单位之间签署的国际协议，该法律文件应当涉及一项由法律文件签署者所共同推动实现或启动使用的项目内容所涵盖的建筑工程服务、产品供应或一般性服务。

b) 通过一个国际性组织订立合同或举办规划设计性竞争活动。

欧盟成员国应向委员会提供依据本款 a 项规定所制定的所有法律文件,委员会可就此向本指令第 105 条所述的公共采购咨询委员会请教咨询。

2. 如果采购主体依据国际组织或国际金融机构的采购规则实施采购,并且相关联的采购合同与规划设计性竞争活动的订立或实施由上述国际组织或金融机构提供完全金融资助,那么本指令不适用于此处所述的合同与规划设计性竞争活动。在由一个国际组织或一个国际金融机构为合同或规划设计性竞争活动的实施提供最主要资助的情形下,应由合同或规划设计性竞争活动当事各方通过商议方式确立应适用的采购流程。

3. 本指令第 27 条适用于基于国际规则被订立或被举办的防卫或安全领域的合同与规划设计性竞争活动。本条第 1 与 2 款规定不适用于这类合同与规划设计性竞争活动。

第 21 条　关于一般性服务合同的特殊例外

本指令不适用于以下列服务类型为客体的一般性服务合同:

a) 购买或租赁土地或既有建筑物或其他不可移动的财产或与此相关的权利,其所采用的金融手段在所不问。

b) 仲裁与调解服务。

c) 下列任一类型的法律服务:

i) 在欧盟理事会第 77/249 号指令第 1 条意义上的由律师为当事人提供的涉及下列程序的法律代理服务:

——涉及在一个欧盟成员国或一个第三国实施的仲裁或调解程序,或者涉及一项国际仲裁或调解事宜,或者

——涉及由一个欧盟成员国或一个第三国的法院、特别法庭或公共权威机构所实施的司法程序,或者涉及由国际法院、特别法庭或机构所实施的司法程序;

ii) 在一项咨询服务是由欧盟理事会第 77/249 号指令第 1 条意义上的一位律师所提供的前提下,为本项 i 中所列明的程序提供预备措施的法律咨询服务,或者符合下列特征的咨询服务,即具有具体迹象表明与该咨询服务相关联的事项具有成为前述 i 中所列明程序的标的客体的很高可能性;

iii) 必须由公证机关提供的认证与公证鉴定服务;

iv) 由受托人或指定监护人所提供的法律服务,或者符合以下特征的其他法律服务,即该类服务提供主体系由一个欧盟相关成员国的法院或法庭所确定或依据法律所确定,其目的是在上述法院或法庭的监督下实施特定任务;

v) 发生在一个欧盟相关成员国的其他法律服务供给,该类服务与官方职权的行使相关联,即使这种关联的产生具有偶然性。

d) 在欧洲议会与欧盟理事会第 2004/39 号指令意义上的与开支、出售、购买或转让有价证券或其他的金融工具相关联的金融服务，以及为保障欧洲金融稳定能力与欧洲稳定机制而实施的活动事项。

e) 贷款与信贷，该贷款与信贷是否与开支、出售、购买或转让有价证券或其他金融工具有关则在所不问。

f) 劳动合同。

g) 通过铁路或地铁实施的公共客运服务。

h) 由非营利组织或协会所提供的灾难防护服务、民事保护服务与危险防范服务；除病患急救运输服务以外的由下列"关于公共采购的统一代码"（CPV 代码）所涵盖的服务：75250000-3、75251000-0、75251100-1、75251110-4、75251120-7、75252000-7、75222000-8、98113100-9 和 85143000-3。

i) 关于广播时间的采购合同或者采购主体与视听或无线电广播媒体服务供给主体订立的关于节目预备服务的采购合同。基于制定本项规定的目的，在本项规定及欧洲议会与欧盟理事会第 2010/13 号指令第 1 条第 1 款 d 项意义上，概念"媒体服务供给主体"具有相同定义。本项规定中的概念"节目"应与第 2010/13 号指令第 1 条第 1 款 b 项规定中的同一概念具有相同定义，该概念也应当附属性涵盖无线电广播节目与无线电广播节目素材。此外，基于制定本项规定的目的，概念"播送素材"与"节目"应当具有相同定义。

第 22 条　基于独占经营权所订立的一般性服务合同

本指令不适用于符合以下特征的一般性服务合同，即该类服务合同的采购相对方本身就是公共采购主体或公共采购主体的联ител组织，它们是因为享有独占经营权而获得订立采购合同的权利。该独占经营权是由符合《欧盟运作条约》规定的法律、规章或予以公布的行政规定所确立。

第 23 条　由特定采购主体所订立的购水合同和能源供应合同或用于能源生产的燃料供应合同

本指令不适用于以下合同：

a) 购水合同，订立该类合同的采购主体参与行使一项或两项在本指令第 10 条第 1 款所列明的与饮用水相关的活动事项；

b) 由本身在能源行业经营的采购主体所订立的合同，在合同框架下，该采购主体为了供应下列商品而参与行使一项在本指令第 8 条第 1 款、第 9 条第 1 款或第 14 条所列明的活动事项：

i) 能源；

ii) 用于能源生产的燃料。

第二目　包含防卫与安全内容的采购合同的订立

第 24 条　防卫与安全

1. 在防卫与安全领域，在涉及采购合同订立与规划设计性竞争活动举办的情形下，本指令不适用于以下合同：

a) 适用欧共体第 2009/81 号指令的合同；

b) 依据欧共体第 2009/81 号指令第 8、12 和 13 条规定，不适用欧共体第 2009/81 号指令的合同。

2. 只要本条第 1 款所列明的例外情形尚不存在，并且不可能经由更轻程度的侵入性措施来实现对于一个欧盟成员国关键性安全利益的保护，如无法通过提出保护信息（该信息系由采购主体依据本指令在采购程序中有效提供）秘密性的要求的方式来达致上述目的，那么本指令不予适用。

此外，如果一个欧盟成员国在适用本指令时具有递送信息义务，而依据该成员国观点，这类信息的披露将有损其关键性安全利益，那么基于使本指令符合《欧盟运作条约》第 346 条第 1 款 a 项规定的目的，本指令不得适用于符合以下特征的采购合同与规划设计性竞争活动，即该类合同与竞争活动不属于依据本条第 1 款应予以例外豁免适用的合同与竞争活动。

3. 如果采购合同的订立与履行或规划设计性竞争活动的执行被宣告为具有秘密性质，或者依据在一个欧盟成员国生效的法律、规章或行政规定，在实施上述订立与履行活动时应当采取特殊安全措施，只要这个欧盟成员国已确认，相关关键性利益无法通过程度更轻的侵入性措施（如本条第 2 款第 1 段所述）得到保障，那么本指令不予适用。

第 25 条　基于同一活动事项并且涉及防卫或安全方面内容的混合采购合同的订立

1. 在涉及基于同一活动事项订立的混合采购合同时，如果该合同的客体包括由本指令规制的一项采购活动以及由《欧盟运作条约》第 346 条或欧共体第 2009/81 号指令规制的一项采购活动或其他要素，那么本条规定得以在此适用。

2. 如果一项特定采购合同的各组成部分在客观上是可分离的，那么采购主体可决定将此可分离的采购合同分成不同的各自独立部分分别订立，亦可决定将其作为一项统一的合同予以订立。

如果采购主体决定将可分离的采购合同分成不同独立部分分别订立，那么应当依据各部分的特征确定针对每一项细分的采购合同应当适用何种法律规定。

如果采购主体决定订立一项统一的采购合同，那么在确定合同应适用的法律规定时应遵循以下标准：

a) 如果一项特定合同的一部分应当适用《欧盟运作条约》第 346 条，并且订立这样一项统一的合同具有基于客观理由的正当性，那么该合同的订立可以豁免适用本指令；

b) 如果一项特定合同的一部分应当适用欧共体第 2009/81 号指令，并且订立这样一项统一的合同具有基于客观理由的正当性，那么该合同的订立可以适用上述指令。本项规定的适用不得影响在上述指令中规定的阈值或例外情形的适用。

订立一项统一合同的决定的作出不能是为了达到使合同规避本指令或欧共体第 2009/81 号指令适用的目的。

3. 本条第 2 款第 3 段 a 项适用于特定类型混合合同，该类混合合同原本不但应适用该段 a 项而且应适用该段 b 项规定。

4. 如果一项特定采购合同的各组成部分在客观上是不可分离的，并且该合同含有应适用《欧盟运作条约》第 346 条的内容，那么该合同的订立可以豁免适用本指令；否则，该合同的订立可适用欧共体第 2009/81 号指令。

第 26 条　涉及不同活动事项与防卫或安全方面内容的采购合同的订立

1. 在采购合同涉及若干活动事项时，采购主体既可以为每一项独立分离的活动事项分别订立合同，又可以订立一项统一的合同。一旦采购主体决定为每一活动事项单独订立合同，那么应当依据各活动事项的特征来确定其各自对应的每一项合同所应适用的法律规定。

如果采购主体决定订立一项统一的合同，那么本条第 2 款规定得以适用。无论是订立一项统一合同的决定抑或是订立一系列合同的决定，都不应是基于使所涉合同规避本指令或欧共体第 2009/81 号指令适用的目的而作出的。

2. 如果一项合同属于既涵盖一项由本指令规制的活动事项又涉及另一项由 a) 欧共体第 2009/81 号指令或 b)《欧盟运作条约》第 346 条所规制的活动事项的合同，那么该合同在本段 a 项规定所述情形下，可基于与欧共体第 2009/81 号指令规定相符原则予以订立，而在本段 b 项所述情形下可以豁免适用本指令而得以订立。本段规定的适用不得影响欧共体第 2009/81 号指令所规定的阈值与例外情形的适用。

如果在本款第 1 段 a 项所述的合同还附属性包括应由《欧盟运作条约》第 346 条所规制的一项采购活动或其他事项，那么这类合同可以在豁免本指令适用的情形下得以订立。

然而，本款第 1 段与第 2 段规定的适用必须满足下述两项前提：其一，订立一项统一的合同具有客观理由，因而具有正当性；其二，关于只得订立一项统一合同的决定不应是基于使相关合同规避本指令适用的目的而作出。

第 27 条　与防卫或安全方面内容相关的依据国际规则被订立或被举办的合同与规划设计性竞争活动

1. 本指令不适用于具有防卫或安全方面内容的特定类型的合同或规划设计性竞争活动，该类合同或竞争活动的采购主体有义务采取下列所述的不同于本指令所规定采购程序的其他程序来实施合同订立与活动举办措施：

a) 由一个欧盟成员国与一个或若干个第三国或它们下属单位签署关于建筑工程服务、供应或一般性服务内容的国际协议或协定，该协议或协定应当符合欧盟诸条约的要求，并且其目的是由签署者共同推动实现特定项目的运作或启动使用特定项目；

b) 涉及一个欧盟成员国或一个第三国企业的与军队驻防相关的一项国际协议或协定；

c) 经由一个国际组织予以实施。

依据本款第 1 段 a 项规定实施的所有协议或协定应告知委员会，委员会可就此征询本指令第 105 条所述的公共采购咨询委员会的意见。

2. 如果与防卫或安全方面内容相关的采购合同与规划设计性竞争活动的采购主体系依据一个国际组织或国际金融机构的采购规则而实施采购，而上述采购合同与竞争活动系由该国际组织或国际金融机构提供完全资助，那么本指令不适用于此类采购合同与竞争活动。在由一家国际组织或一家国际金融机构提供了相关采购合同与规划设计性竞争活动最主要资助的情形下，该合同或竞争活动的各当事方可以协商确定应予适用的采购程序。

第三目　特殊关联（合作、附属企业与合资企业）

第 28 条　在公共采购主体之间订立的采购合同

1. 在满足所有下列前提条件的情形下，一项由一个公共采购主体与一个基于私法或公法成立的法人所订立的采购合同不属于本指令规制范畴：

a) 该公共采购主体对于该法人施行控制，此控制力类似于该公共采购主体对于其所属机构的控制力；

b) 被控制的法人施行的 80% 以上的活动事项是为了执行由控制该法人的公共采购主体或由控制该法人的公共采购主体所控制的其他法人所委托的任务；而且

c) 被控制的法人的资本构成不存在直接私人资本投资，此处具有两种例外情形：其一，私人资本投资采取非控制型模式，其二，私人资本投资采取非阻塞型模式；此处的例外情形应是由与欧盟诸条约相符合的成员国法律条款所规定，在此例外情形中，私人资本投资不得对于被控制的法人具有关键性影响。

如果一个公共采购主体不但对于被其控制的法人的战略目标而且对该法人的重要决定具有关键性影响，那么由此可以推定，该公共采购主体对于该法人具有本款第 1 段 a 项规定意义上的如同控制自己所属机构的类似控制。这里所述的控制亦可通过由公共采购主体以同样方式控制的另一法人来实施。

2. 如果一个被控制的主体是公共采购主体，它与受其控制的一个公共采购主体或一个其他的由前述同一公共采购主体所控制的法人订立采购合同，并且该被赋加公共任务的法人资本构成中不存在直接私人资本投资（此处具有两种例外情形：其一，私人资本投资采取非控制型模式，其二，私人资本投资采取非阻塞型模式；此处的例外情形应是由与欧盟诸条约相符合的成员国法律条款所规定,在此例外情形中,私人资本投资不得对于被控制的法人具有关键性影响),那么在此情形下可以适用本条第1款规定。

3. 在满足下列所有条件的前提下,如果一个公共采购主体没有实施对于本条第1款意义上的基于私法或公法而创设的法人的控制,那么该采购主体与该法人之间订立的采购合同还是可以豁免适用本指令:

a) 该公共采购主体与其他公共采购主体对于该法人共同实施如同对于自己所属机构的控制;

b) 该法人施行的超过80%以上的活动事项是为了执行控制该法人的公共采购主体或由该公共采购主体所控制的其他法人所委托的任务;而且

c) 被控制的法人的资本构成不存在直接私人资本投资,此处具有两种例外情形:其一,私人资本投资采取非控制型模式,其二,私人资本投资采取非阻塞型模式;此处的例外情形应是由与欧盟诸条约相符合的成员国法律条款所规定,在此例外情形中,私人资本投资不得对于被控制的法人具有关键性影响。

基于本款第1段a项规定的制定目的,在下列所有条件得以满足的前提下,可推定多个公共采购主体共同实施了对于一个法人的控制:

i) 被控制法人的决策机构由所有参与控制的公共采购主体的代表组成。个体代表可以代表若干个或所有参与控制的公共采购主体;

ii) 这些公共采购主体能够共同对被控制法人的战略目标与重要决定施加关键性影响;而且

iii) 被控制的法人没有追求与实施控制的公共采购主体利益相悖的利益。

4. 在下列所有列明的前提条件得到满足的情形下,一项完全由两个或更多个公共采购主体签署的合同不属于本指令规制范畴:

a) 该合同创设或实施了参与合同签署的各公共采购主体之间的合作关系,这种创设或实施是为了基于实现它们共同目标的视角,确保由它们负责提供的公共服务的供给;

b) 这一合作关系的施行内容将完全由与公共利益相关联的统筹规划来确定;而且

c) 参与签署合同的公共采购主体在公开市场上所提供的、由本合同合作关系所涵盖的服务活动事项不得超过该服务活动事项总额度的20%。

5. 为了依据本条第1款第1段b项、第3款第1段b项与第4款c项确定活动事项的百分比额度,应当将平均的总营业额或一项适当可类比的基于活动事项的估值作为相关考量因素。举例而言,上述适当可类比的基于活动事项的估值可以是上述相关法人在涉及一般性服务、供应与建筑工程服务的采购合同订立之前的三年时间里产生的成本。

如果没有关于前三年营业额或以成本为例的一项适当可类比的基于活动事项

估值的信息，或者这类信息不再具有关联性，这类情形的发生可能是因为相关法人刚刚被创设，或者因为该法人在近期才实施其业务活动事项，或者因为该法人已经重新调整其业务活动事项，那么下列获得相关数据信息的途径被认为是充分适当的，即应当着重通过预测交易活动发展趋势的方式来获得可信的基于活动事项的估值。

第 29 条　与附属企业订立采购合同

1. 本条规定意义上的一家"附属企业"是指任何一家符合下列特征的企业，即依据第 2013/34 号指令的规定，该企业与相关采购主体的年度账目报表应当予以整合处理。

2. 在涉及不属于第 2013/34 号指令规制范畴的机构主体的情形下，"附属企业"是指符合下列特征的任何一家企业，即该企业

　　a) 可能间接或直接地受到采购主体的决定性影响；

　　b) 可能对于采购主体施加决定性影响；或者

　　c) 基于财产关系、金融投资或对该企业生效的规则的原因，与采购主体共同受到另一家企业的决定性影响。

在本款与本指令第 4 条第 2 款第 2 段意义上，概念"决定性影响"具有相同定义。

3. 尽管本指令第 28 条已有相应规定，但只要本条第 4 款所列的前提条件得到满足，那么本指令不适用于以下类型的采购合同的订立：

　　a) 由一个采购主体与一家附属企业订立的采购合同；或者

　　b) 由一家合资企业与一家附属企业订立的采购合同，该家合资企业的创建者全部是采购主体，这些特定数目的采购主体是为了实施本指令第 8 至 14 条意义上的活动事项而创建该合资企业。而上述附属企业是与这些采购主体之一具有附属关系的企业。

4. 本条第 3 款规定适用于以下合同：

　　a) 一般性服务合同，只要在考量过去三年由一家附属企业所提供的所有服务的情形下，至少这家企业平均营业额的 80% 是来源于为其关联的采购主体或与此采购主体具有附属关系的其他主体提供的服务。

　　b) 供应合同，只要在考量过去三年由一家附属企业所提供的所有供应的情形下，至少这家企业平均营业额的 80% 是来源于为其关联的采购主体或与此采购主体具有附属关系的其他主体给予的供应。

　　c) 建筑工程服务合同，只要在考量过去三年由一家附属企业所提供的所有建筑工程服务的情形下，至少这家企业平均营业额的 80% 是来源于为其关联的采购主体或与此采购主体具有附属关系的其他主体提供的建筑工程服务。

5. 如果不存在过去三年的营业额数据，其原因是附属企业刚刚创建，或者是附属企业在近期才开始实施它的活动事项，那么下列获得相关数据信息的途径被认为

是充分适当的,即应当着重通过预测交易活动发展趋势的方式来证明本条第 4 款 a、b 或 c 项所列的营业额目标的实现具有可信度。

6. 如果对于一家采购主体具有附属关系的并且与其具有经济整合关联的两家或两家以上的企业提供同样的或同类的一般性服务、供应或建筑工程服务供给,那么应当基于这些附属企业在提供一般性服务、供应以及建筑工程服务供给中所追求的总营业额来计算这些企业各自的营业额百分比额度。

第 30 条 与一家合资企业订立采购合同或与一家参与合资企业投资的采购主体订立采购合同

如果一家合资企业得以创设,其创设目的是在至少三年的时期内实施相关的活动事项;在该合资企业创设法律文件中已经确定,创设这家企业的采购主体至少在上述时期内隶属于该合资企业,那么本指令第 28 条的规定在此无效,本指令不适用于下列采购合同:

a) 由一家合资企业发起订立的采购合同,该合资企业是由若干个采购主体纯粹基于实施本指令第 8 至 14 条意义上的活动事项的目的而创设,并且该合资企业所订立的上述采购合同的相对方为该企业的创设采购主体之一;或者

b) 由一家采购主体与一家合资企业订立的采购合同,而该采购主体属于该合资企业的组成部分。

第 31 条 信息通告

在被要求的情形下,采购主体应当向委员会通告与本指令第 29 条第 2、3 款以及第 30 条适用相关的下列数据信息:

a) 相关企业或合资企业的名称;

b) 各相关采购合同的类型与价值;

c) 依据委员会观点对于证明下列事项来说所必需的数据信息:接受采购任务的企业或合资企业与采购主体之间的关系符合本指令第 29、30 条的要求。

第四目 特殊情形

第 32 条 研究与发展服务

本指令只适用于"关于公共采购的统一代码"(CPV 代码)73000000-2 到 73120000-9、73300000-5、73420000-2 与 73430000-5 所指代的属于研究与发展领域的一般性服务采购合同,并且该适用必须满足下列两项前提条件:

a) 该研发结果完全属于采购主体,采购主体将其用于自身所属的商业经营领域;而且

b) 该开发服务完全由采购主体提供酬劳。

第 33 条 由特别条款所规制的合同

1. 在无损于本指令第 34 条规定适用的前提下,奥地利与德国应当通过设定授权许可性条件方式或其他合适的措施,以确保所有在委员会第 2002/205 号与第

2004/73号决定中所列明领域运营的主体

a) 在涉及产品供应、建筑工程服务与一般性服务采购合同的订立时,尤其是涉及这些主体在向经营者提供关于它们采购意图的信息时,遵循非歧视与竞争性采购原则;

b) 依据委员会第93/327号决定所确定的条件向委员会通告由其启动订立的采购合同的数据信息。

2. 在无损于本指令第34条适用的前提下,联合王国应当通过设定授权许可性条件方式或其他合适的措施,以确保所有在委员会第97/367号决定中所列明领域运营的主体在涉及北爱尔兰地区订立的以实施上述运营活动事项为目的的采购合同时,适用本条第1款a与b项的规定。

3. 本条第1、2款的规定不得适用于以勘探石油或可用气体为目标的采购合同的订立。

第五目 直接置于竞争环境的活动事项和与此相关的程序规则

第34条 直接置于竞争环境的活动事项

1. 如果诸项合同的目的是使本指令第8至14条所列明的一项活动事项的实施成为可能,并且欧盟成员国或依据本指令第35条已提出申请的诸采购主体能够证明,在欧盟成员国实施的活动事项能够直接置于没有准入限制的市场竞争环境之中,那么本指令不适用于上述合同。同样,本指令不适用于为了实施上述活动事项而在一个地理相区隔区域举办的规划设计性竞争活动。相关的活动事项可以属于一个大型行业的组成部分,亦可以只在欧盟相关成员国的特定区域得到实施。本款第1句所列明的竞争性评估应当依照委员会掌握的信息与本指令的制定宗旨作出,并且不得损害竞争法的适用。在实施这一评估时应考量本条第2款意义上关于存在争议的活动事项所涉市场因素与地理相区隔的参考市场因素。

2. 基于本条第1款的目的,关于"一项活动事项是否须直接被置于竞争环境中"的问题,应依据与《欧盟运作条约》竞争条款相符合的标准作出解答。这些标准包括相关商品或服务的特征、基于供给或需求视角的具有可替代性的可选择性商品或服务的存在、价格、多于一个的相关商品供应商或多于一个的相关服务供给商的实际或潜在的存在。

作为竞争状况评估基础的地理参考市场应当包括相关企业参与商品或服务供给与需求所涉及的地区,该地区是竞争条件具有充分同质性的地区(该地区与相邻地区具有区别,特别是在竞争条件层面,该地区与相邻地区具有显著不同)。在进行评估时,应着重考虑相关商品或服务的种类或特征、准入壁垒或消费者偏好的存在、相关企业在相关地区与邻近地区所涉市场份额的显著不同以及重大价格差异。

3. 基于本条第1款的目的,如果成员国已经实施和适用附件Ⅲ所列的欧盟法律条款,那么市场准入应被视为不受限制。

如果基于本款前段规定无法推定自由市场准入的存在,那么需要证明自由市场准入在事实与法律层面的存在。

第 35 条　确定是否适用第 34 条的程序

1. 如果一个成员国或一个采购主体(后一种情形产生前提是相关成员国具有相应法律规定)认为,根据本指令第 34 条第 2、3 款的规定,一项活动事项是直接处于没有市场准入壁垒的市场竞争环境当中,那么上述成员国或采购主体可以向委员会提出,关于本指令不适用于与该活动事项履行相关的采购合同订立或规划设计性竞争活动举办情形的申请;如果有必要,在提交申请同时,还应附带提交一份由主管上述相关活动事项的独立的国家机构所出具的意见书。这类申请既可能涉及一个大的部门行业的部分活动事项,又可能涉及在相关成员国的特定区域实施的活动事项。

在申请中,相关成员国或相关采购主体应当向委员会告知所有相关事实信息,尤其是与履行本指令第 34 条第 1 款规定的前提条件相关的关于法律、规章、行政规定或协议的信息。

2. 如果一项由采购主体所提交的申请中没有附带提供一份由主管上述相关活动事项的独立的国家机构所出具的意见书,而此处缺失的意见书本来应提供理由与证据来证明下列事项,即在依据本指令第 27 条第 2、3 款规定的情形下,对于本指令第 34 条第 1 款规定可能适用于相关活动事项的前提条件的精细审查情况,那么,委员会应当及时通告相关成员国此情况。相关成员国应当立即告知委员会在此情形下的所有相关事实信息,尤其是与确保本指令第 34 条第 1 款规定的前提条件相关的关于法律、规章、行政规定或协议的信息。

3. 基于本条第 1 款所提交的申请,委员会可以依据本指令附件 Ⅳ 的规定在限定期限内颁布执行性法律文件,并基于本指令第 34 条所规定的标准,确定属于本指令第 8 至 14 条所列明活动事项范畴的一项活动事项是否直接处于竞争环境之中。这些执行性法律文件应当基于本指令第 105 条第 2 款所列明的咨询听证程序而得以审查通过。

在下列情形下,本指令不适用于旨在使相关活动事项的实施成为可能的采购合同,以及为实施同一活动事项而举办的规划设计性竞争活动:

a) 委员会已经依据本指令附件 Ⅳ 在限定期限内颁布执行性法律文件,这些执行性法律文件确定了本指令第 34 条第 1 款的可适用性;

b) 委员会没有依据本指令附件 Ⅳ 在限定期限内颁布执行性法律文件。

4. 在提交申请之后,相关成员国或相关采购主体可以在征得委员会同意的情形下,对申请内容(特别是涉及相关活动事项或相关地理区域的内容)进行大幅修改。在此情形下,除非委员会与已提交申请的成员国或采购主体之间约定了一个更短的期限,否则应当依据本指令附件 Ⅳ 第 1 项的规定为执行性法律文件的审查通过确定一个新的期限。

5. 如果依据本条第1、2、4款的规定,针对在一个成员国实施的一项活动事项已经存在一项程序,那么在首次申请所开启的期限届满之前,在首次申请之后所提交的关于同一成员国的同一活动事项的申请不应被视为新的申请,它们应在首次申请的框架下得到处置。

6. 委员会应当基于确立本条第1至5款适用的实施细则的目的而颁行一项执行性法律文件。该执行性法律文件至少应当包括基于下列视角的规则信息:

a) 发表在欧盟官方公报上的关于附件Ⅳ第1项所列明的期限开始与终结的日期信息,同时如果有必要,也应涵盖由该附件所规制的上述期限延长或中断的信息;

b) 依据本条第3款第2段b项规定而公布的关于本指令第34条第1款规定的可适用性的信息;

c) 依据本条第1款规定而颁行的关于申请的形式、内容与其他细节的执行性法律规定。

上述执行性法律文件的颁行应当基于本指令第105条第2款规定的咨询程序。

第四节 一般原则

第36条 采购原则

1. 采购主体应当通过平等与非歧视的方式对待所有经营者,并且采购主体的行事方式应当符合透明与比例原则。

采购程序的设计不应当是出于排除本指令适用或人为限缩竞争范围的意图。如果采购程序的设计导致以不被允许的方式偏袒或歧视特定经营者的后果,那么应当视作人为限缩竞争范围的行为成立。

2. 各成员国应当采取适当措施,以确保经营者在执行公共采购合同任务时能够履行由欧盟法律条款、成员国法律条款、集体协议或本指令附件Ⅳ所列明的国际环境、社会与劳动法条款所规定的有关环境、社会与劳动法方面应适用的义务。

第37条 经营者

1. 如果依据一个成员国的法律,在该成员国被创设的经营者具有供给相关服务的权利,那么其不得仅仅由于下列原因被驳回供给相关服务的请求:依据采购合同订立所涉及的成员国的法律规定,该企业被要求必须是自然人或法人,而其不符条件。

然而,在涉及一般性服务合同、建筑工程服务合同以及内容涵盖"附属性服务或以选址安装和操作为例的劳务"的供给合同的情形下,法人在投标或提出参与申请时,可被要求履行下列义务:提供对于履行相关采购合同具有职责的工作人员的姓名与专业资质证明。

2. 包括临时性协会在内的经营者团体可以参加采购程序。采购主体不得要求参与投标或提出参与采购申请的经营者团体具有特定的法律组织形式。

如有必要,采购主体可以在采购文件中表明,经营者团体是如何满足由本指令第 77 至 81 条所规定的关于资质与特质定性的标准要求的;其前提是,这一对于标准要求的满足行为已基于客观理由得到合法确认,并且符合比例原则。成员国可以对此制定标准条件条款,确定在何种形式下经营者团体被认为必须满足上述标准要求。

如果经营者团体履行采购合同义务所涉及的前提条件不同于由单个经营者履行采购合同义务所涉及的生效前提条件,那么前者必须基于客观理由得到合法确认,并且须符合比例原则。

3. 虽然具有本条第 2 款规定,但是一旦采购主体已经与经营者团体订立采购合同,并且经营者团体具有特定法律组织形式对于完满履行此合同来说有必要性,那么采购主体仍旧可以要求经营者团体变更为特定法律组织形式。

第 38 条　保留性采购合同

1. 成员国可以为受保护的工场与经营者保留参与采购程序的权利,其主要目的是实现残疾人士或来自受歧视群体人士在社会与职业层面的融合;或者成员国保留上述权利,是使这类采购合同在为受保护雇佣关系所创建的项目框架下得到履行。其前提条件是,上述工场、经营者或项目中至少 30% 的雇员是残疾人士或来自受歧视群体的人士。

2. 关于竞争的吁请应当参照本条规定。

第 39 条　保密

1. 如果本指令或对于采购主体适用的成员国法律,尤其是涉及信息获取的法律条款,没有作出其他内容的规定,并且在依据本指令第 70 与 75 条规定所确立的申请人与投标人具有的关于订立采购合同的通告义务与信息告知义务不受影响的前提下,采购主体不得将其从经营者处获得的被后者视为秘密级别的信息再向他人传递,这类信息尤其包括技术秘密与关涉贸易的商业秘密以及投标书的保密层面信息。

2. 采购主体可以对经营者提出保守采购主体在整个采购程序中所使用的信息秘密性的要求,这类信息包括与资格审查制度运作相关的信息。在此情形下,这类相关信息是否作为被视为吁请竞争手段之一的关于资格审查制度存在的通告的客体对象,则在所不问。

第 40 条　通信联络规则

1. 各成员国应当确保,本指令适用范围下的所有通信联络与所有信息交流(尤其是以电子方式提交投标书)能够在符合本条规定要求的前提下通过电子通信联络方式得以施行。为实施电子通信联络而使用的工具、设备和它们的技术特征必须是非歧视性的、普遍可使用的,并且它们与通常使用的信息通信联络技术产品之间应具有可互操作性。此外,它们不得构成对于经营者参与采购程序的障碍。

虽然具有前段规定,但在下列情形下,采购主体没有义务在投标书提交程序中使用电子通信联络方式：

　　a）由于特定类型采购合同的存在，使用电子通信联络方式需要配备特定的工具、设备或文件格式，而这类工具、设备或文件格式不具有普遍适用性，或者它们无法获得一般可用的应用程序的功能支持；

　　b）特定应用程序对于适用于撰写表述投标书的文件格式提供功能支持，而该应用程序所支持的文件格式无法在其他公开的或普遍适用的应用程序上使用，或者由于该文件格式受到专利法的保护，因而采购主体无法有效下载或远程使用该格式；

　　c）电子通信联络方式的使用需要专门的办公设备，而采购主体通常不具有此类设备；

　　d）依据采购文件要求，必须提交物理模型或比例模型，而这类模型无法通过电子途径提交。

　　在通信联络流程中，如果依据本款第2段规定无须使用电子通信联络方式，那么可以采用邮政或其他合适的通信联络方式，也可采用邮政或另一合适载体与电子手段相组合的方式。

　　尽管具有本款第1段的规定，但是采购主体在下列情形下没有义务在提交程序中使用电子通信联络方式，该情形为：由于电子通信联络方式会损害通信联络方式的安全性，因而使用另一种通信联络方式是必要的；或者由于信息具有特定的敏感性，为保护该信息的敏感性，需要采取更高的保护水准，这种保护水准是无法通过使用特定的电子工具与设备得以实现的，因而使用另一种通信联络方式是必要的。上述电子工具与设备或者是指由经营者所普遍使用的电子工具与设备，或者是指本条第5款意义上的由经营者通过替代性访问手段可以使用的电子工具与设备。

　　如果采购主体依据本款第2段规定在提交程序中使用不同于电子通信联络方式的其他方式，那么依据本指令第100条的规定，它们有责任在个别化报告中列明课以这一义务的理由。如有必要，采购主体还须在个体化报告中列明关于"在适用本款第4段规定情形下使用不同于电子通信联络方式的其他方式被认为具有必要性"的理由。

　　2. 尽管具有第1款规定，但是依旧可以通过口头方式实施通告行为，其前提条件是，该口头通告内容得到充分记录，并且该通告内容不涉及采购程序中的基本要素。基于这一目的，采购程序中的基本要素应当包括采购文件、参与申请、兴趣确认文件与投标书。特别是投标人所提出的对于投标书内容与评估可能具有重要影响的口头通告应当尽量以适当的方式记录，例如，通过书面形式、音频形式或对于通告主要内容进行摘要的形式进行记录。

　　3. 在涉及所有通信联络以及信息交换与储存的场合，采购主体应当确保信息完整性，同时应确保投标书和参与申请书的保密性。只有在提交材料的期限已经届满的情形下，采购主体才可审查投标书和参与申请书的内容。

4. 在涉及建筑工程服务合同与规划设计性竞争活动的情形下，成员国可以提出使用特定电子工具（如建筑信息电子建模工具或类似工具）的要求。在此情形下，公共采购主体可以依据本条第 5 款的规定提供替代性的接入手段，该项提供行为可以持续至本条第 1 款第 1 段第 2 句意义上的工具已得到普遍性适用之时。

5. 采购主体可以在必要的情形下规定使用非普遍适用的工具，其前提条件是，采购主体提供了替代性的接入手段。

在下列所有列明的情形下，可视为采购主体提供了适当的替代性接入手段：

a) 从基于附件Ⅸ规定的通告发布之日开始起算，或者从兴趣确认邀请函发送之日开始起算，采购主体通过电子手段免费提供不受限制的与全程的对于工具与设备的接入手段。通告的文本内容或兴趣确认的请求内容必须载明可以访问上述工具与设备的网址。

b) 如果投标人没有接入相关工具与设备的手段，而且投标人没有在相关时限内获得这一接入手段的可能性，且接入手段的缺失不能归因于相关投标人，那么采购主体应确保投标人可以通过网络在线的方式免费获得临时令牌，进而获得进入采购程序的接入手段。或者

c) 支持一项关于电子提交投标书的替代性渠道。

6. 除了本指令附件Ⅴ已经列明的要求以外，下列条款应当适用于在投标书的电子传输与接收过程中所使用的工具与设备，以及在参与申请书的电子接收过程中所使用的工具与设备：

a) 应当向具有兴趣的主体提供包括加密与时间戳记在内的关于电子递交投标书与参与申请书的技术规格标准信息。

b) 各成员国或者在由相关成员国所构建的框架内运营的采购主体，应当规定在各个采购程序的不同阶段中电子通信联络方式所必须具有的安全级别；这类安全级别必须与相关联的风险相匹配。

c) 如果各成员国或者在由相关成员国所构建的总体框架内运营的采购主体得出结论，基于由本款 b 项规定所评估的风险水平，必须采用欧洲议会与欧盟理事会第 1999/93 号指令所规定的高级电子签名，那么采购主体应当接受由合格证书所支持的电子签名。在此境况下，应当考虑上述证书是否由一家在委员会第 2009/767 号指令所列明的值得信赖的名单上出现的证书服务提供商所提供，以及该证书是否由具有更强安全性的签名生成设备所签发。上述情形的适用必须符合的前提条件为：

i) 采购主体必须根据委员会第 2011/130 号决定所确定的标准格式制定高级签名所需的格式，并采取必要措施，以便能够对于此类格式进行技术处理；如果一项电子签名通过另一种不同的格式被使用，那么这项电子签名或电子文件载体应当包括关于现有的验证可能性的信息；成员国对此负有主管职责。所谓验证可能性，是指允许采购主体通过网络在线方式，免费通过一种对于非母语者可以理解的方式验证

接收到的电子签名是否属于由合格证书所支持的高级电子签名。各成员国应当向委员会提供关于验证服务供给者的信息;委员会应当在互联网公开从各成员国获得的上述信息。

ii) 如果一项投标书在被签署时附带在上述值得信赖名单上予以登记的合格证书,那么采购主体不得再规定其他的意图限制投标人使用这类签名的附加要求。

在采购程序的框架之下,在涉及通过一个成员国的一个主管机关或另一个发证机关签署而获致使用的文件的情形下,主管发证机关可以依据欧盟第2011/130号决定第1条第2款的要求确立高级签字所必需的格式。为了使这类格式能够具有技术上的可处置性,主管发证机关应当采取必要措施,以便相关文件中能够包含处理上述签名所必需的信息。这类文件应当包含涉及电子签名或电子文件载体的关于现有的验证可能性的信息,这类信息可以允许相关主体通过网络在线方式,免费通过一种对于非母语者可以理解的方式验证接收到的电子签名。

7. 委员会应当获得授权颁布符合本指令第103条要求的用于修改本指令附件V的技术细节与特征的委托立法性法律文件,以便适应技术的发展需求。

如果技术的发展导致使用电子通信联络方式的例外情形变得持续不合时宜,或者在例外情况下,由于技术的发展,必须规定新的例外情形,那么委员会应当获得授权颁布符合本指令第103条要求的用于修改本条第1款第2段a到d项规定的名单的委托立法性法律文件。

为了确保技术格式、流程标准与告知信息标准的互操作性,尤其是在涉及跨境的情况下,委员会应当获得授权颁布符合本指令第103条规定的委托立法性法律文件,从而使上述技术标准获得强制性使用。该规定尤其适用于涉及电子提交材料、电子目录、电子认证手段使用的情形,其适用前提条件是:技术标准已经接受全面测试,并证明了其在实践中的效用。在制定任何强制性技术标准之前,如有必要,委员会也必须谨慎审查其可能导致的成本费用,特别是应谨慎审查为了适应现有的电子采购解决方案而可能发生的包括基础设施、流程或软件方面的成本费用。

第41条 命名法

1. 在公共采购背景下,关于命名法的任何参照引用均应依据欧盟第2195/2002号指令所确认的"关于公共采购的统一代码"(CPV代码)体系进行。

2. 当本指令中的CPV代码命名法发生变化,而该变化并不意味着本指令的适用范围发生变化,在此情形下,委员会应当获得授权颁布符合本指令第103条规定的委托立法性法律文件,以便修订在本指令中列明的CPV代码。

第42条 利益冲突

各成员国应当确保公共采购主体能够采取适当措施,以便有效防止、发现与纠正在采购程序施行过程中所产生的利益冲突,从而避免产生任何扭曲限制竞争的后果,以确保所有经营者获得同等对待。

概念"利益冲突"至少应涵盖下列所有情形:公共采购主体的员工或者以公共采

购主体名义实施经营的采购服务提供商的员工参与了采购程序的施行过程，或者他们能够影响采购程序的结果，并且在采购程序背景下，他们直接或间接地具有可能被视为影响他们的公正性与独立性的金融、经济或其他的个人利益。

第二章　适用于采购合同的规则

第一节　程　　序

第 43 条　关于世界贸易组织《政府采购协议》（GPA）与其他国际协议的适用条件

只要欧盟关于世界贸易组织《政府采购协议》（GPA）的附件 3、4、5 以及附录 1 的一般注意事项规定，以及其他对于欧盟具有法律约束力的国际协议适用于采购主体，本指令第 4 条第 1 款 a 项意义上的采购主体就应当对于来自这些协议签署国的建筑工程服务、供应、一般性服务以及经营者给予待遇条件，该待遇条件应当不低于来自欧盟领域的建筑工程服务、供应、一般性服务以及经营者所享有的待遇条件。

第 44 条　程序的选择

1. 在关于建筑工程服务、供应或一般性服务的采购合同订立过程中，只要一项吁请竞争的要求已经在符合本指令的情形下被公布，且不影响本指令第 47 条的适用，采购主体就可采用经过调整符合本指令要求的程序。

2. 各成员国应当作出以下规定：采购主体可以采用公开或非公开程序，以及在发出本指令规定的关于前置性竞争吁请的情形下，可以采用协商谈判式采购程序。

3. 各成员国应当作出以下规定：采购主体可以采用本指令意义上的竞争性对话协商方式或者创新合作伙伴关系方式。

4. 关于竞争的吁请可以通过以下方式进行：

a) 只要相关主体系在一项非公开程序或协商谈判式程序中订立采购合同，就应通过本指令第 67 条所规定的定期提示性的公告来发出关于竞争的吁请；

b) 只要相关主体系在一项非公开程序或者协商谈判式程序中，或者通过一项竞争性对话或者一项创新合作伙伴关系订立采购合同，就应当通过关于本指令第 68 条意义上的资格审查制度的存在的通告来发出关于竞争的吁请；

c) 依据本指令第 69 条，通过一项关于采购合同的通告来发出关于竞争的吁请。

在本款 a 项所规定的情形下，如果经营者已经通过发布定期提示性的通告而表现出对于订立采购合同的兴趣，那么通过符合本指令第 74 条所规定的用于确认兴趣的邀请方式，它们应当被邀请通过书面方式确认它们的兴趣。

5. 在本指令第 50 条所明确提到的具体案例与具体情形下，各成员国可以作出规定，准许采购主体无须事先发出关于竞争的吁请，就可以采用协商谈判式采购程序。各成员国不得准许在本指令第 50 条所规定案例与情形以外的其他案例与情形下适用上述程序。

第 45 条　公开程序

1. 在公开程序中,任何具有兴趣的经营者都可以提交投标书,以作为对于竞争吁请的回应。

关于接收投标书的最短期限应为 35 天,起算日期为该合同通告发出之日。

投标书应当附带由采购主体所要求的关于资质的信息。

2. 如果采购主体已经发布定期提示性的通告,并且这一通告自身并非是吁请竞争的手段,那么在下列所列明的所有条件得到满足的前提下,本条第 1 款第 2 段所规定的关于接收投标书的最短期限应被减至 15 天:

a) 定期提示性通告包含作为本指令附件Ⅵ第 A 章第 1 节所需信息、本指令附件Ⅵ第 A 章第 2 节所需的所有信息,其前提条件是,后者的信息在定期提示性通告发布之时已经可以应用;

b) 在关于采购合同的通告发布日期之前,在 35 天至 12 个月的期限内发布定期提示性通告。

3. 当一项由采购主体充分证明的紧迫状态表明相关主体已无法遵守本条第 1 款第 2 段的规定时,采购主体可据此确定一个期限,该期限不得短于在采购合同通告发送之日后的 15 天。

4. 如果采购主体接受基于本指令第 40 条第 4 款第 1 段以及第 40 条第 5 与 6 款规定而实施的投标书的电子递交方式,那么它可以将本条第 1 款第 2 段所规定的接收投标书的最短期限缩短 5 日。

第 46 条　非公开程序

1. 在非公开程序中,任何经营者都可以通过提交由采购主体所要求提供的资质信息的方式而提出参与采购的申请,以回应关于竞争的吁请。

关于接收参与申请材料的最短期限通常不得低于 30 天,起算日期为关于采购合同的通告发布之日或者邀请进行兴趣确认之日,该期限在任何情况下不得少于 15 天。

2. 采购主体对于经营者已经提交的信息进行评估,认为其中部分经营者可以提交投标书。在此情形下,只有这些经营者可以被采购主体邀请提交投标书。采购主体可以依据本指令第 78 条第 2 款限制被邀请参与采购程序的适格的申请人的数量。

采购主体与被挑选的申请人可以在双方达成合意的情形下确定接收投标书的期限,其前提条件是,所有入选申请人具有相同的期限准备与提交投标书。

如果采购主体与被挑选的申请人没有达成关于接收投标书期限的合意,那么该期限应当至少为 10 天,起算日期为邀请投标通知发送之日。

第 47 条　附带前置性竞争吁请的协商谈判式程序

1. 在附带前置性竞争吁请的协商谈判式程序中,任何经营者都可以通过提交由采购主体所要求提供的资质信息的方式而提出参与采购的申请,以回应关于竞争的吁请。

作为一般规则,关于接收参与申请的最短期限应当不得少于 30 天,该期限的起算日期或者为关于采购合同的通告发布之日,或者在作为吁请竞争手段的一项定期提示性通告被发布的情形下,为确认兴趣的邀请发出之日。在任何情形下,该期限都不得少于 15 天。

2. 采购主体对于经营者已经提交的信息进行评估,认为其中部分经营者可以参与协商谈判式程序。在此情形下,只有这些经营者可以被采购主体邀请参与协商谈判式程序。采购主体可以依据本指令第 78 条第 2 款限制被邀请参与采购程序的适格的申请人的数量。

采购主体与被挑选的申请人可以在双方达成合意的情形下确定接收投标书的期限,其前提条件是,所有入选申请人具有相同的期限准备与提交投标书。

如果采购主体与被挑选的申请人没有达成关于接收投标书期限的合意,那么该期限应当至少为 10 天,起算日期为邀请投标通知发送之日。

第 48 条 竞争性对话

1. 在竞争性对话中,任何经营者都可以通过提交由采购主体所要求提供的资质信息的方式而提出参与采购的申请,以回应符合本指令第 44 条第 4 款 b 与 c 项规定的关于竞争的吁请。

作为一般规则,关于接收参与申请书的最短期限应当不得少于 30 天,该期限的起算日期或者为关于采购合同的通告发布之日,或者在作为吁请竞争手段的一项定期提示性通告被发布的情形下,为确认兴趣的邀请发出之日。在任何情形下,该期限都不得少于 15 天。

采购主体对于经营者已经提交的信息进行评估,确定其中部分经营者可以参与竞争性对话。在此情形下,只有这些经营者可以被采购主体邀请参与竞争性对话。采购主体可以依据本指令第 78 条第 2 款限制被邀请参与采购程序的适格的申请人的数量。在采购合同的订立过程中,基于本指令第 82 条第 2 款的最佳性价比标准应当是确定合同订立与否的唯一标准。

2. 采购主体应当在吁请竞争的文件和(或)描述性文件中阐明与界定它们的需求与要求。在同一时间与同一系列文件中,采购主体也应当阐明与界定作为合同基础的关于采购合同订立对象的择选标准,并设置具有指示性的时间表。

3. 采购主体可以依据本指令第 76 至 81 条的相关规定,与被挑选的参与者进行对话讨论,采购主体召开该对话的目的应当是确定与界定最适合满足其需求的方式手段。在这个对话中,采购主体可以与被挑选的参与者讨论关于订立采购合同的各个方面的问题。

在对话期间,采购主体应当确保所有参与者都获得同等对待。采购主体尤其不应通过歧视性方式提供可能使特定参与者相比其他参与者获得偏袒优待的相关信息。

依据本指令第39条，采购主体不得未经参与对话的申请人或投标人的同意，擅自将此申请人或投标人的解决方案或机密信息告知其他参与者。上述的同意形式不得采取一般豁免形式，相关主体应当仅仅参照涉及具体信息的预期通知而作出同意表示。

4. 依据在关于竞争的吁请文件或在描述性文件中所确定的中标标准，相关主体应在对话阶段讨论解决方案。为了减少在对话阶段所要讨论的解决方案的数目，相关主体可以在相互承续的不同阶段举办竞争性对话。在关于竞争的吁请文件或在描述性文件中，采购主体应当说明它是否会采用分阶段对话的选项。

5. 采购主体应当进行持续性对话，直到它可以确定识别能够满足其需求的单一解决方案或系列解决方案。

6. 在采购主体已经宣布对话终结，而且现存参与者已经被告知该消息的情形下，采购主体应当要求现存参与者提交它们的最终投标书，该最终投标书应当以参与者所提出的并在对话过程中详细说明的单一解决方案或系列解决方案为基本依据。这些投标书应当包含运作项目所要求的与所必需的所有信息内容。

上述投标书可以基于采购主体的要求予以明晰化、具体化与优化。但是，这种明晰化、具体化、优化与相关附属性信息的提供不得包含任何对于投标书或采购合同的关键内容进行修改的信息，此处所指的投标书或采购合同的关键内容包括在关于竞争的吁请文件或描述性文件中所载明的需求与要求内容。前述禁止修改关键内容规定适用的前提条件是，对于投标书或采购合同的关键内容、需求与要求内容的变更可能具有扭曲竞争的影响或者可能产生歧视性影响。

7. 采购主体应当基于在关于竞争吁请文件或描述性文件中所确定的决定中标的标准来评估收到的投标书。

基于采购主体的要求，采购主体可以与依据本指令第82条第2款的规定被确认为具有最佳性价比的投标书的投标者进行协商谈判，其目的是通过最终确定采购合同条件的方式，确认投标书所包含的经济承诺或其他的条件。该协商谈判得以进行的前提条件有二：其一，该协商谈判不得实质性修改包括在关于竞争吁请文件或描述性文件中所列明的需求与要求内容的投标书或采购合同的关键内容；其二，该协商谈判不会带来扭曲竞争危险或歧视性危险。

8. 采购主体可以为对话参与者指定奖品或利益支付手段。

第49条　创新合作伙伴关系

1. 在创新合作伙伴关系中，任何经营者都可以通过提交由采购主体所要求提供的资质信息的方式而提出参与采购的申请，以回应符合本指令第44条第4款b与c项规定的关于竞争的吁请。

采购主体必须在采购文件中确定对于一项创新型产品、创新型一般性服务或建筑工程服务的需求，而且采购主体无法通过在市场上购买现有产品、一般性服务或建筑工程服务来满足这类需求。此外,采购主体还应确定说明描述性文件包含的哪些要素界定了所有投标书都必须满足的最低要求。这些指示性说明必须足够精确,以使经营者能够辨识所要求的解决方案的性质与范围,从而能够决定其是否应该申请参与采购程序。

采购主体可以决定与一个伙伴或若干个各自进行独立的研究与开发活动的伙伴共同创建创新合作伙伴关系。

作为一般规则,关于接收参与申请的最短期限应当不得少于 30 天,该期限起算日期为关于采购合同的通告发布之日。在任何情形下,该期限都不得少于 15 天。采购主体应当对经营者已经提交的信息进行评估,确定其中部分经营者可以参与创建创新合作伙伴关系。在此情形下,只有这些经营者可以被采购主体邀请参与创建创新合作伙伴关系。采购主体可以依据本指令第 78 条第 2 款限制被邀请参与创建创新合作伙伴关系的适格的申请人的数量。在合同的订立过程中,基于本指令第 82 条第 2 款的最佳性价比标准应当是确定合同订立与否的唯一标准。

2. 创新合作伙伴关系的宗旨应当是研发一项创新型产品、一项创新型一般性服务或者建筑工程服务,并且随后购买这些被研发出的产品、一般性服务或者建筑工程服务。此处购买的前提条件是,相关产品、一般性服务或者建筑工程服务符合采购主体和参与经营者之间约定的性能水平要求与最高成本限制要求。

创新合作伙伴关系应当基于研究与创新开发的进程步骤,在互相承续的不同阶段被构建。它可以包括将被供应的产品的生产、一般性服务的供应或者建筑工程服务的完成。创新合作伙伴关系应当确立各参与伙伴必须实现的阶段性目标以及适当的分期付款事宜。

基于上述阶段性目标,采购主体在每个阶段终止之时可以决定终止创新合作伙伴关系,或者在包含若干个创新合作伙伴的情形下,采购主体在每个阶段终止之时可以通过终止数个单一合同的方式减少合作伙伴的数目。其前提条件是,采购主体在采购文件中已经指明了终止伙伴关系或者减少伙伴数目的可能性,并且列明了相关的适用条件。

3. 除本条另有规定外,采购主体应当与投标人协商调整由其提交的初始投标书与所有后续投标书(不包括最终投标书),其目的是优化投标书的内容。

协商谈判的内容不应包括最低要求标准与决定中标标准。

4. 在协商谈判过程中,采购主体应当确保所有投标人享有同等待遇。尤其应当注意的是,它们不得以任何歧视性的方式提供可能使特定投标人相较于其他投标人获得偏袒性保护的信息。它们应当书面通知所有的依据本条第 5 款投标书还未被淘汰的投标人,关于不同于最低要求标准的任何技术规格改变信息或其他采购文件的任何改变信息。基于这些改变,采购主体应当确保投标人具有充足时间修改它们的投标书,并在必要情形下重新提交它们修订后的投标书。

依据本指令第 39 条,采购主体不得在没有获得参与协商谈判的参与采购申请人或投标人同意的情形下,擅自将该申请人或投标人的机密信息透露给其他参与采购申请人。上述的同意形式不得采取一般豁免形式,相关主体应当仅仅参照涉及具体信息的预期通知而作出同意表示。

5. 在创新合作伙伴关系存续过程中,谈判行为可能发生在互相承续的不同阶段,该谈判行为的目标是:依据在关于采购合同的通告、兴趣确认的邀请函或采购文件中所阐明的决定中标的标准,而减少谈判所涉及的投标书的数目。在关于采购合同的通告、兴趣确认的邀请函或采购文件中,采购主体应当说明其是否会采用分阶段谈判的选项。

6. 在挑选参与采购的申请人时,采购主体尤其应当适用能够体现申请人在研究与开发领域的能力以及开发与实施创新解决方案能力的选择标准。

在采购主体依据其所要求的信息对于相关经营者进行评估的前提下,只有那些经评估适格的已经获得参与采购邀请的经营者,才能够提交旨在满足采购主体所列明的无法由现有方案予以满足的需求的研究与创新项目方案。

采购主体必须在采购文件中确定适用于知识产权的防护措施。在包含若干个创新合作伙伴的情形下,基于本指令第39条的规定,如果采购主体没有获得其中一个合作伙伴的同意,那么它不得向其他合作伙伴透露该合作伙伴所提议的解决方案或其他由该合作伙伴在合作伙伴关系框架内所通告的机密信息。上述同意形式不得采取一般豁免形式,相关主体应当仅仅参照涉及具体信息的预期通知而作出同意表示。

7. 采购主体应当确保合作伙伴关系的架构(尤其是不同阶段的持续时间与价值)能够反映所提出解决方案的创新水准和研究与开发活动的序列性。此处所述的研究与开发活动对于创设一项在市场上尚不存在的创新型解决方案来说具有必须性。与投资的发展趋向相比较,经由采购的产品供应、一般性服务或者建筑工程服务的预估值不得违反比例原则。

第50条 不附带前置性关于竞争吁请的谈判程序的适用

在下列情形下,采购主体可以施行不附带前置性关于竞争吁请的谈判程序:

a) 只要初始的采购合同条件没有实质性改变,并且在附带前置性关于竞争吁请的谈判程序框架内,没有或没有合适的投标书,或者没有或没有合适的参与采购申请书。

当一项投标书与采购合同没有内容关联,并且该投标书在没有实质性改变的情形下明显无法满足采购主体在采购文件中所列明的需求与要求,那么该投标书应被视为不适格。当依据本指令第78条第1款或第80条第1款,提出参与采购申请的经营者被排除在外或者可能被排除在外,或者当它没有能够满足由采购主体基于本指令第78或80条所确定的选择标准,那么该参与采购申请书应被视为不适格。

b) 当一项采购合同纯粹是基于调查、试验、研究或开发的目的而订立,而不是基于保障利润或回收研究与开发成本的目的而订立,并且该合同的订立不得对于尤其以上述目的为指向的后续系列合同的竞争性订立机制产生负面影响。

c) 基于下列原因之一,建筑工程服务、供应或一般性服务只能由一个特定的经营者产生或提供:

i) 采购目的是创建或收购一项独特的艺术作品或一项独特的艺术性表演成果;

ii) 由于技术原因导致缺乏竞争;

iii) 保护包括知识产权在内的独占专有性权利。

基于第 ii 与 iii 小项规定的例外情形的适用前提是:缺乏合理的选择对象或替代方案,并且竞争的缺乏并非人为限缩采购参数的结果。

d) 当采购主体具有绝对必要性施行不附带前置性关于竞争吁请的谈判程序时,其适用情形是:由于对于采购主体来说不可预见的事件导致的极端紧急的原因,已不可能遵守涉及公开程序与非公开程序以及附带前置性关于竞争吁请的协商谈判程序的关于期限的规定。在任何情形下,采购主体不得是引发上述极端紧急情况的主导者。

e) 当采购合同是由最初供应商提供附属性供应的采购合同,并且该采购合同的意图可能是部分更新产品供应或设施,也可能是延长现有的产品供应或设施的有效期限。在此情形下,如果更换最初供应商,可能导致采购主体被迫购买具有不同技术特征的产品的后果,还可能导致采购主体在操作和维护所购产品时面临技术上的不兼容性难题或不相称的技术难题。

f) 新的建筑工程服务或一般性服务是对于类似的建筑工程服务或一般性服务的重复性产生供应,该类建筑工程服务或一般性服务所涉及的采购合同是由同一采购主体与已经获得先前采购合同订立权的经营者订立。其适用前提情形是:新的建筑工程服务或一般性服务符合一项基础性项目的要求,并且该基础性项目是依据本指令第 44 条第 1 款规定的程序订立的原先的采购合同的客体对象。

在基础性项目文件中,应当标明可能的附属性建筑工程服务或一般性服务的范围程度,以及相关采购合同的订立条件。在针对首个项目发出关于竞争的吁请时,应当公开披露关于适用上述程序的可能性。在此情形下,采购主体应当在适用本指令第 15 与 16 条时关注涉及后续建筑工程服务或一般性服务的采购合同的总的预估费用。

g) 涉及在一个商品市场上被报价与出售的产品。

h) 涉及特价购买交易,在该交易中,通过利用一个只在短期内存在的特别有利的机遇,可基于远低于正常市场价的价格购买到产品供应。

i) 当产品供应或一般性服务以特别优惠的条件被出售时,该产品供应或一般性服务的提供者可能是一个终局性停止经营活动的供应商,也可能是基于破产程序框架的破产清算人,还可能是由一个成员国的法律或行政法规所规定的同一种类程序的实施主体。

j) 在依据本指令施行规划设计性竞争活动之后,基于规划设计性竞争活动相关规定,与该活动相关联的关于一般性服务的采购合同的订立权被该竞争活动的获胜者或获胜者之一获得。在后一种情形下,该竞争活动的所有获胜者都应被邀请参与谈判程序。

第二节 关于电子采购与汇总式采购的技术方法与方式

第51条 框架协议

1. 只要采购主体适用本指令所规定的程序,它们就可以缔结框架协议。

框架协议是指在一个或若干个采购主体与一个或若干个经营者之间缔结的具有特定目的的协议,其目的是确定在一定期限内订立采购合同应当具备的条件,此处条件尤其包括价格条件与在适当情形下应予以考虑的数量条件。

框架协议的最长持续期限不得超过8年,除非在具有充分合理性的特殊例外情形,尤其包括基于框架协议客体的原因而获得正当性的情形下。

2. 应当依据客观规则与标准确定基于框架协议的采购合同的订约相对方。据此,也可重新启动适用于在框架协议缔结时作为协议缔约方的诸经营者的竞争机制。此处所述的规则与标准应当在框架协议采购文件中得到明确规定。

在本款第1段所述的客观规则与标准应当确保作为框架协议缔约方的诸经营者受到平等对待。如果一项竞争机制得到重新开启,那么采购主体必须设定足够长的时限,以便投标人可以针对每个单一的采购合同提交投标书,而采购主体也因此可以依据在框架协议规格标准中所阐明的中标评定标准,在每项采购合同订立时将订约权赋予提交最佳投标书的投标人。

采购主体不得滥用框架协议,也不得以阻止、限制或扭曲竞争的方式使用框架协议。

第52条 动态采购系统

1. 采购主体在采购市场上普遍具有的产品服务时,如果这种普遍具有的特征能够满足采购主体的要求,那么采购主体可以使用动态采购系统进行采购。动态采购系统是指一种完全电子化的程序,在该程序运行期限内,其应当向所有满足择选标准的经营者开放。动态采购系统可以按照商品、建筑工程服务或一般性服务的类型标准进行细分,在进行这种类型划分时,应当依据在相关类型中所确定的采购程序的特征进行客观界定。在内容层面,这类特征可以包括涉及后续具体采购合同的被许可的最大适用范畴,或者后续具体采购合同得以履行的特定地理区域的内容。

2. 在通过动态采购系统进行采购时,采购主体必须遵循关于非公开程序的法律规定。所有满足择选标准的申请人都应当获准进入动态采购系统;获准进入动态采购系统的申请人的数目不得基于本指令第78条第2款的规定而受到限制。如果采购主体已经依据本条第1款的规定将动态采购系统划分为建筑工程服务、商品、一般性服务三种类型,那么采购主体应当为每种类型规定适用的择选标准。

尽管本指令第46条具有相关规定,但是下列期限应当得到有效适用:

a) 关于接收参与申请材料的最短期限通常不得低于30天,起算日期为关于采购合同的通告发布之日或者——在一项定期提示性通告被作为关于吁请竞争的手段而使用的情形下——邀请进行兴趣确认之日,该期限在任何情况下不得少于15天。只要在一个动态采购系统框架下,关于首次单一采购合同的邀请投标函已被发出,那么就不得规定其他的关于接收参与申请材料的时间限制。

b) 关于接收投标书的最短期限为10天,起算日期为邀请投标函的发出之日。本指令第46条第2款第2与3段规定适用于此处所述情形。

3. 与动态采购系统关联的所有通信联络应当依据本指令第40条第1、3、5、6款规定完全通过电子方式予以实施。

4. 为了通过动态采购系统签订采购合同,采购主体应当采取以下行为:

a) 它们应当发布关于竞争的吁请,在吁请中它们应当清楚表明在采购流程中引入了一个动态采购系统;

b) 在采购文件中,它们至少应当标明计划采购的种类与预估数量以及关于动态采购系统的所有必要信息,这类信息包括动态采购系统的运作方式、所使用的电子设备、技术连接的防护规划措施与规格;

c) 标明任何可能的关于商品、建筑工程服务、一般性服务的类型划分以及相应的各类型特征;

d) 只要动态采购系统是有效的,采购主体就应当依据本指令第73条规定提供不受限制的与全面直接的接触采购文件的途径。

5. 在动态采购系统有效运作的整个期间,采购主体应当依据本条第2款所列明的条件向任何经营者提供申请参与动态采购系统的机会。采购主体应当基于择选标准,在接到申请书之后10个工作日内完成对于申请要求的评估。在具有合理性的个别例外情形,上述评估期限可以延长到15个工作日,这类个别例外情形尤其包括需要对于附属性材料进行审查的情形,或者需要基于其他的种类与方式审查是否满足择选标准的情形。

在不妨碍本款第1段适用的前提下,在基于动态采购系统框架的关于首次单一采购合同的邀请投标函尚未发出的情形下,采购主体可以延长评估期限,但在被延长的评估期限期间,采购主体不得发出邀请投标函。在采购文件中,采购主体必须标明其准备适用的延期时长。

采购主体应当尽早告知相关经营者关于它们是否被允许参与动态采购系统的信息。

6. 采购主体应当依据本指令第74条的规定,邀请所有获准参与系统的经营者在动态采购系统框架下提交针对每项单一采购的投标书。如果动态采购系统被细分为建筑工程服务、商品、一般性服务类型,那么采购主体应当邀请所有获准参与一项与相关具体采购合同相匹配的具体类型动态采购系统的经营者提交投标书。

采购主体应当依据中标评定标准,将中标权利赋予提出最佳投标书的投标人。该中标评定标准应当在关于动态采购系统的通告、关于兴趣确认的邀请函,或者——在一项关于资格审查制度存在的通告被视为吁请竞争手段的情形下——邀请投标函中被标明。如果有必要的话,中标评定标准也可在邀请投标函中得到更加精确的阐明。

7. 采购主体依据本指令第 80 条规定应当适用欧盟第 2014/24 号指令规定的排除适用理由与择选标准。在此情形下,采购主体可以在动态采购系统运营期间的任何时间督促获准参与系统的经营者在督促书发送后 5 个工作日内提交一项被更新与校正的自我声明,该声明系依据上述指令第 59 条第 1 款规定作出。

在动态采购系统的整个有效期间,上述指令第 59 条第 2 至 4 款规定应当得到适用。

8. 采购主体应当在关于竞争的吁请文件中标明动态采购系统的有效持续期间。采购主体应当使用下列标准格式,以向委员会通告关于上述有效持续期间的任何变化:

a) 在系统有效持续期间发生变化的情形下,采购主体应当使用原先用于涉及动态采购系统的关于竞争吁请的格式;

b) 在系统终止的情形下,采购主体应当使用本指令第 70 条意义上的采购合同通告形式。

9. 在动态采购系统有效运行之前或运行期间,对于动态采购系统具有兴趣的或参与的经营者不得被收取运营费用。

第 53 条　电子拍卖

1. 采购主体可以使用电子拍卖方式,在电子拍卖过程中,新的向下调整的价格和(或)针对投标书特定内容予以调整的新价值被提交呈现。

基于这一目的,采购主体应当将电子拍卖过程构建成具有可重复性的电子流程,该流程发生在对于投标书进行全面的首次评估之后;在评估过程中,通过采用自动评价方法可以将投标书进行排名分类。

如果特定的一般性服务采购合同与特定的建筑工程服务采购合同包含智力服务内容,如建筑工程的规划设计,因而这些采购合同无法借助自动评价方法被排名分类,那么这类合同应当被排除在电子拍卖适用对象范畴之外。

2. 当适用公开或非公开程序或附带前置性关于竞争吁请的协商谈判程序时,在采购文件的内容,尤其是技术规格可以得到足够精确描述的情形下,采购主体可以决定电子拍卖程序是否应当先于采购合同的订立而得到施行。

在同等条件下,基于本指令第 51 条第 2 款的规定,一项电子拍卖程序可以在新的关于竞争的吁请施行情形下得到实施,该关于竞争的吁请是在一项框架协议缔约方之间施行,同样,一项电子拍卖程序也可在与特定采购合同相关联的关于竞争的吁请施行情形下得到实施,该特定采购合同是指在本指令第 52 条所列明的动态采购系统框架内予以订立的采购合同。

3. 电子拍卖程序应当以下列列明的投标书元素之一作为依据：

a) 完全依据价格因素，其前提条件是：投标书的中标纯粹取决于价格因素；

b) 依据价格因素和（或）在采购文件中列明的关于投标书特征的新的价值因素，其前提条件是：该投标书具有最佳性价比，或者——借助成本效益比照方式——该投标书能够以最低的成本达到采购主体的采购要求。

4. 决定实施电子拍卖的采购主体应当在关于采购的通告、关于兴趣确认的邀请函，或者——在一项关于资格审查制度存在的通告被视为吁请竞争手段的情形下——在邀请投标函中说明决定实施电子拍卖的事实。采购文件必须至少包含在附件中列明的信息。

5. 在实施电子拍卖以前，采购主体可以依据单一中标评价标准或系列中标评价标准与为此所确定的权重，对于各投标书进行首次全面评估。

当一个投标人提交一项投标书，该投标人没有基于本指令第78条第1款或第80条第1款的规定被排除在投标许可范畴以外，而且该投标人符合基于本指令第78条与80条规定的择选标准，且该投标人所提交的投标书符合技术规格要求，该投标书没有不符合规则、不可接受或不适合的特征时，这项投标书应当被认定获得许可。

特别是在下列情形下，投标书应当被视为不符合规则：投标书不符合采购文件的要求；投标书没有被按期提交接收；投标书被证明系基于官商勾结或腐败关系而制作发出；依据公共采购主体的评估，投标书报价异常得低。特别是在下列情形下，投标人的投标书应当被视为不可接受：投标书不具备必需的资格条件；投标书的报价超过在采购程序启动之前已被确定并备有书面证明文件的公共采购主体的预算。

在下列情形下，投标书应当被视为不适合：投标书与采购之间不具有关联性，在不进行实质性修改的情形下，该投标书显然无法满足采购主体在采购文件中列明的需要与要求。在下列情形下，参与采购申请书应当被视为不适合：依据本指令第78条第1款或第80条第1款，提交申请书的经营者被排除在外或者可能被排除在外；或者，该经营者无法满足采购主体基于本指令第78或80条的择选标准。

所有已经提交获得许可的投标书的投标人应当同时被邀请以电子方式参与电子拍卖。从被指定的日期与时刻开始，依据在邀请函中载明的指令，在电子拍卖中的相关连接工作应当得到实施。电子拍卖可以发生在互相承续的不同阶段。电子拍卖得以启动的最早时间点为上述邀请函发出之后的两个工作日届满之时。

6. 邀请函应当附带相关投标人的投标书的全面评估结果，该评估结果应当是按照本指令第82条第5款第1段规定的权重而作出。

在邀请函中应当说明在电子拍卖中使用的数学公式，该公式被用于确定自动重新排名，这一排名是以所提交的新价格和（或）新价值为基础的。除非经济上最有利的投标书是纯粹基于价格而定，否则也应由上述公式推导出用于确定经济上最有利投标书的所有标准的权重,而该权重在关于竞争吁请的通告或其他采购文件中已被阐明。基于这个目的,任何范围值都应当被降低到一个预先规定值。

如果变量获得许可,那么应当对于每个单一变量确定一个单独公式。

7. 在电子拍卖的各个阶段,采购主体应当及时地向所有投标人通告必要的信息,以使它们可以随时获知相对排名。只要在规格文件中具有相关说明,它们也可以传达涉及其他被提交的价格或价值的附属性信息。除此以外,它们还可以随时公布参与拍卖各阶段的参与者数目。但是,它们不得在任何情形下在电子拍卖的任何阶段透露投标人的身份信息。

8. 采购主体可以在经过下列一个或若干个程序之后结束电子拍卖:

a) 在先前指定的日期与时刻;

b) 当它们没有获得更多的符合有关最低区别要求的新价格或新价值时,其前提是先前它们已经申明其所允许的在最后一次接收投标书之后与结束电子拍卖之前的持续期限;或者

c) 当先前指定的拍卖各阶段已经完成。

如果采购主体意图依据本条第 1 段 c 项规定——可能结合本条第 1 段 b 项规定的程序——结束电子拍卖,那么它们应当在邀请参与拍卖的函件中标明拍卖各阶段的时间表。

9. 在电子拍卖结束之后,采购主体应当基于本指令第 82 条的规定,按照电子拍卖结果确定采购合同中标方。

第 54 条　电子目录

1. 如果需要使用电子通信联络手段,那么采购主体可以要求投标书必须以电子目录的格式被提交或者投标书必须包含一个电子目录。

成员国可以规定在特定类型的采购中必须强制性使用电子目录。

在以电子目录形式提交的投标书中可以附带其他的补充投标书的文件材料。

2. 为了依据由投标人确定的技术规格与由其规定的格式而参与一项特定的采购程序,申请人或投标人应当创设电子目录。

此外,电子目录必须符合电子通信联络工具的要求与由采购主体依据本指令第 40 条确定的任何附属性要求。

3. 如果以电子目录形式提交的投标书被接收或被要求,那么采购主体应当实施以下行为:

a) 采购主体应当在关于采购的通告、兴趣确认的邀请函,或者——在一项关于资格审查制度存在的通告被视为吁请竞争手段的情形下——在邀请投标函或邀请协商谈判函件中作出相关提醒说明;

b) 采购主体应当依据本指令第 40 条第 6 款,在采购文件中标明所有关于格式、所使用的电子设备、技术连接排列、目录规格的必需信息。

4. 如果以电子目录形式存在的投标书被提交,随后采购主体与一个或若干个

经营者签订框架协议,那么采购主体可以规定,在发生更新的目录基础上重新启动针对单一采购合同的关于竞争吁请的机制。在这类情形下,采购主体应当使用下列方式:

a) 邀请投标人修订它们的电子目录以符合相关采购合同的要求,并重新提交它们的电子目录;或者

b) 通告投标人它们意图从已被提交的电子目录中搜集获取的必需信息,其目的是制定符合单一采购合同要求的投标书;其前提条件是:在涉及框架协议的采购文件中已经宣布将使用这一方式。

5. 如果依据本条第 4 款 b 项的规定,采购主体针对特定采购重新开启了竞争机制,那么它们应当告知投标人其准备搜集获取必需信息的日期与时间点。此处所指的信息对于制定符合所列明的具体采购合同要求的投标书来说是必需的,并且采购主体也应当给予投标人拒绝此类信息搜集方式的可能性。

采购主体应当允许在发布通告与实际搜集信息之间存在一个适当的时间间隔。在决定采购合同中标方之前,采购主体应当向当时相关的投标人展示其所搜集获取的信息,从而使该投标人能够有机会辩驳或确认如此制作的投标书没有包含任何重大差错。

6. 采购主体可以规定针对特定采购所提交的投标书必须采用电子目录形式。通过这种方式,采购主体可以基于动态采购系统决定采购合同的中标方。

采购主体也可以依据本条第 4 款 b 项与第 5 款的规定,基于动态采购系统决定采购合同的中标方。其前提条件是:在参与系统的申请书中已经附带符合由采购主体所确定的技术规格和由采购主体所规定的格式的电子目录。当申请人被采购主体告知其意图基于本条第 4 款 b 项规定的程序制作投标书时,上述目录应当由申请人随后填写完成。

第 55 条 集中采购活动与集中采购机构

1. 成员国可以规定,采购主体可通过本指令第 2 条第 10 段 b 项规定的集中采购活动获取建筑工程服务、产品供应与(或)一般性服务。

成员国也可以规定,采购主体可以通过以下方式获得建筑工程服务、产品供应与一般性服务:或者由一家集中采购机构实施采购订约活动,或者由一家集中采购机构运营动态采购系统,或者由一家集中采购机构签订框架协议,该集中采购机构负责提供本指令第 2 条第 10 段 b 项规定的集中采购业务。如果一个由一家集中采购机构运营的动态采购系统能够被其他的采购主体使用,那么应当在用于构建动态采购系统的关于竞争吁请的文件中对此予以说明。

在涉及本款第 1、2 段规定的情形下,成员国可以规定,特定类型的采购应当依靠集中采购机构或者一个或若干个特定的集中采购机构予以实施。

2. 当一个采购主体从本指令第 2 条第 10 段 a 项规定的提供集中采购业务的集中采购机构处获得产品供应或服务时,它应当依据本指令履行它的义务。

此外,当一个采购主体通过以下方式获得建筑工程服务、产品供应或一般性服务时,它也应当依据本指令履行它的义务:或者由一家集中采购机构实施采购订约活动,或者由一家集中采购机构运营动态采购系统,或者由一家集中采购机构签订框架协议,该集中采购机构负责提供本指令第 2 条第 10 段 b 项规定的集中采购业务。

但是,相关采购主体应当依据本指令的规定,在其自身施行的采购领域承担履行义务。例如,在以下情形下:

a) 在由一个集中采购机构运营的动态采购系统框架内订立采购合同;或者

b) 依据由一个集中采购机构签署的框架协议,实施一项新的关于竞争的吁请行为。

3. 所有由集中采购机构实施的采购程序应当依据本指令第 40 条的规定,通过使用电子通信联络工具的方式得以施行。

4. 采购主体可以在不使用本指令所规定的程序的情形下,为了实施集中采购活动而与一个集中采购机构订立服务采购合同。

这类服务采购合同还可包括辅助性采购活动供给的内容。

第 56 条 偶然性联合采购

1. 两个或更多的采购主体可以达成合意,共同实施某特定采购。

2. 如果一项采购程序是基于所有相关的采购主体的名义与委托而得到联合实施,那么这些主体应当依据本指令共同承担起履行它们义务的责任。如果一个采购主体系基于其自身名义,并且基于另一个相关采购主体的委托而单独实施采购程序,那么本款前项规定也同样适用。

如果一项采购程序不是完全基于所有相关的采购主体的名义与委托而联合实施,那么这些主体应当依据本指令,只在联合实施的采购部分共同承担责任。每个采购主体应当依据本指令规定,在基于其自身名义与委托而实施的采购部分独自承担起履行它的义务的责任。

第 57 条 由来自不同成员国的采购主体所实施的采购

1. 在不影响本指令第 28 到 31 条适用的情形下,来自不同成员国的采购主体可以采用本条规定的手段之一共同实施采购。

采购主体不得基于规避符合欧盟法律的其所属成员国具有强制性的公法规定适用的目的而使用本条规定的手段。

2. 成员国不得禁止其所属的采购主体使用由设在另一个成员国的集中采购机构所提供的集中采购服务。

如果集中采购服务由一个设在不同于采购主体所属成员国的另一个成员国的集中采购机构提供,那么采购主体所属成员国可以规定,它们的采购主体只能采用本指令第 2 条第 10 段 a 或 b 项意义上的集中采购服务活动。

3. 由设于另一个成员国的集中采购机构所实施的集中采购活动必须遵循集中

采购机构所属成员国的国家规定。

集中采购机构所属的成员国的国家规定也适用于以下情形：

a）在动态采购系统框架内订立采购合同；

b）依据框架协议重新启动竞争机制。

4. 来自不同成员国的采购主体可以共同订立一项采购合同，签署一项框架协议或运营一个动态采购系统。它们也可以基于框架协议或动态采购系统订立多个采购合同。

只要在相关成员国之间签署的国际协议没有对此作出涉及必要条件的规定，参与的采购主体就应签署确定下述因素的一项协议：

a）当事主体的责任与相关适用的国家规定；

b）采购程序的内部组织管理，包括程序管理，对被采购的建筑工程服务、产品供应或一般性服务进行分配，以及缔结采购合同。

当一个参与采购主体从一个负责采购程序的采购主体处购买建筑工程服务、产品供应或一般性服务时，该参与采购主体应当依据本指令履行它的义务。诸采购主体在依据 a 项确定责任与适用的成员国法律时，它们可以在相互之间确定责任的分担，并确定它们各自所属成员国应予适用的国家法律中的规定。关于责任分配与应予适用的国家法律规定的信息，必须在联合采购合同中予以说明。

5. 如果来自不同成员国的若干个采购主体已经创设了一个联合机构，该机构的外延包括欧洲议会与欧盟理事会第 1082/2006 号规章所规定的欧洲领土合作联合机构，或者来自不同成员国的若干个采购主体已经依据欧盟法创设了其他机构，那么参与的采购主体应当通过联合机构主管机关作出决议的方式，协议同意下述成员国之一的国家采购规则得以适用：

a）联合采购机构登记住所所在成员国的国家规定；

b）联合采购机构实施运营活动的成员国的国家规定。

在本款第 1 段中所述的协议同意可以适用于一个不固定的期限，前提是在联合采购机构创设法律文件中对此已作出规定；该协议同意也可以限制适用于一个固定的期限、特定类型合同或一个或若干个单独订立的采购合同。

第三节　程　序　运　行

第一小节　预　备

第 58 条　前期市场协商

采购主体在实施采购程序之前，可以进行市场协商，其目的是为采购程序做好准备，并告知经营者它们的采购计划与采购要求。

举例而言，采购主体可以为此寻求或接受由独立专家或机构以及市场参与者提供的相关建议。只要该建议不具有扭曲竞争的影响，并且不会导致违反非歧视原则与透明原则的后果,采购主体就可将该建议适用于采购程序的规划与运行。

第59条 申请人或投标人的事先参与

如果一个申请人或投标人或与其具有关联的企业已经通告采购主体——无论是否涉及本指令第58条规定的情况——或者已经以其他类型与方式参与了采购程序的准备工作,那么采购主体应当采取适当措施,以确保这一申请人或投标人的参与不会导致扭曲竞争的后果。

这些措施应当包括告知其他的申请人与投标人所有相关信息,这些信息是参与采购程序准备工作的申请人或投标人通过交换获得或者可由此推导出,上述措施还应当包括为接收投标书确定合适的期限。只有在没有其他可能性来确保遵循公平对待原则义务的履行的情形下,相关的申请人或投标人才可以被程序排除在外。

在上述被程序排除在外的情形下,申请人或投标人应当事先获得机会证明它们参与采购程序的准备工作不可能扭曲竞争。所采取的措施应当在基于本指令第100条要求的单一报告中予以记载。

第60条 技术规格

1. 在附件Ⅷ第1项规定的技术规格应当在采购文件中予以列明。在技术规格中应当规定针对建筑工程服务、产品供应或一般性服务所要求的特性。

这些特性也可以指称所要求的建筑工程服务、产品供应或一般性服务的特定的流程或特定的生产方法,以及对于所要求的建筑工程服务、产品供应或一般性服务的供应,或者其生命周期的其他阶段的特定过程。只要这些因素与采购合同标的相关联并且在价值与目标层面符合比例原则,那么即使这些因素不属于上述用品服务的物质组成部分也在所不问。

在技术规格中也可进一步规定知识产权是否必须转让。

在涉及合同标的将由自然人使用的所有采购合同时(此处所指自然人既包括普通大众,又包括采购主体的工作人员),采购主体必须在除有正当理由的其他情况下,确保制定的技术规格对于残疾人士来说具有无障碍性标准或者遵循"为所有人设计"的理念。

如果欧盟通过相关法律文件对于强制性的无障碍性要求作出规定,那么只要技术规格涉及残疾人士无障碍性标准或者"为所有人设计"的理念,就必须遵循引用欧盟的规定。

2. 技术规格必须确保所有经营者具有平等参与采购程序的权利,并且不得以不合理的方式阻碍关于具有竞争性的公共采购市场的创建。

3. 在不妨碍成员国强制性技术规则适用的前提下,只要技术规格符合欧盟法律的要求,它们就可以通过下列方式之一提出:

a) 基于性能或功能要求的形式,此处的性能或功能要求包括环保特性,其前提条件是:相关参数是足够精确的,从而可以使投标人对于采购合同标的具有清晰认识,也使采购主体具有选定采购合同中标者的可能性。

b) 参考技术规格——并且按照优先顺序——参考成员国为执行欧盟标准而施行的国家标准、欧盟技术评估、通用技术规格、国际标准以及由欧洲标准化机构创设的其他技术参考系统,或者——如果不存在上述标准与规格——参考与建筑工程服务的规划、计算、实施相关联的和与产品的使用相关联的国家标准、国家技术认证或国家技术规格;在外延层面,所有参考指标都应被理解为涵盖与原指标可以"同等视之"的其他指标。

c) 依据 a 项规定采用性能或功能要求的形式,并依据 b 项规定参考技术规格,以此为手段预估这类性能与功能要求的一致性。

d) 基于 b 项规定参考涉及特定特征的技术规格,并基于 a 项规定参考涉及其他特征的性能或功能要求。

4. 除非由采购合同标的推导出正当理由,否则在技术规格中不得包含指定一项特定的生产或来源或一项特定的程序的内容,其适用前提是:该程序对于由一家特定经营者提供的产品或服务进行了类型化;在技术规格中也不得包含指定品牌、专利、类型、特定来源或特定生产的内容。这一禁止性规定适用的前提条件是:由于指定行为,特定的企业或特定的产品被优先或被排除在采购程序以外。不过,这类指定行为在例外情形下是被允许的,其被允许的前提条件是:基于本条第 3 款的规定,采购合同标的没有被足够精确界定,也未能以通俗易懂的方式得到表述。在外延层面,这种指定行为应被理解为涵盖与原指定行为可以"同等视之"的其他行为。

5. 如果一个采购主体选择采用基于本条第 3 款 b 项规定的技术规格,只要一个投标人能够在它的投标书中通过合适方式——包括在本指令第 62 条列明的方式——向采购主体证明,由它所提供的解决方案同样能够满足被指定的技术规格的要求,那么该采购主体不得基于下列理由拒绝上述投标人的投标书:该投标书所涉及的建筑工程服务、产品供应或一般性服务不符合由该采购主体所提出的技术规格的要求。

6. 如果一个采购主体选择采用基于本条第 3 款 a 项规定的以性能或功能要求形式予以表述的技术规格,那么它不得驳回符合下列条件的涉及建筑工程服务、产品供应或一般性服务的投标书,即该投标书符合成员国为执行欧盟标准而施行的国家标准,或者符合欧盟技术认证、通用技术规格、国际标准或由欧洲标准化机构创设的技术参考系统的要求。其适用的前提条件是:上述技术规格涉及采购主体所提出的性能或功能要求。

投标人必须在其投标书中使用所有合适方式——包括在本指令第 62 条列明的方式——证明下列情形:符合标准的建筑工程服务、产品供应或一般性服务满足采购主体关于性能或功能的要求。

第 61 条　标签

1. 如果采购主体想要采购附带特定的环境、社会或其他层面要求的建筑工程服务、产品供应或一般性服务,那么在下列所列明的所有条件得到满足的前提下,采购主体可以在技术规格、决定中标标准或合同执行条件中要求采购对象具有一个特定的标签,该标签应作为建筑工程服务、产品供应或一般性服务符合上述要求或标准的证明:

a) 这一关于标签的要求只涉及与采购合同标的相关联的标准,并且这些标准必须是适合于确定作为采购合同标的的建筑工程服务、产品供应或一般性服务的特征的标准;

b) 这一关于标签的要求是基于客观的可核查的与非歧视的标准;

c) 这一标签是在一个公开与透明的程序中被创设,所有相关的利益群体都可以参加该程序,举例而言,相关的利益群体可以包括政府机构、消费者、社会合作伙伴、制造商、分销商与非政府组织;

d) 该标签对于所有相关者保持使用的开放性;

e) 这一关于标签的要求是由一个第三方予以确定,而申请使用标签的经营者应当不具备对于该第三方施加决定性影响的能力。

如果采购主体不要求建筑工程服务、产品供应或一般性服务满足关于标签的所有要求,那么它们必须标明哪些关于标签的要求是应当予以满足的。

如果采购主体要求采购对象具有一个特定标签,那么它们必须接受所有可以确认建筑工程服务、产品供应或一般性服务达到与该特定标签要求相比具有同等程度要求的标签。

如果一个经营者由于不可归因于自身的原因而被证实没有在相关期限内获得采购主体指定的特定或同等程度标签的可能性,那么只要该经营者能够证明其即将提供的建筑工程服务、产品供应或一般性服务符合特定标签的要求或由采购主体所提出的特定要求,该采购主体就必须接受其他合适的证明物件,此处所指的证明物件也可以包括制造商的技术档案。

2. 如果一个标签满足本条第 1 款 b、c、d、e 项规定的条件,同时它又设置了与合同标的没有关联的要求,那么采购主体不得主张将该标签作为采购对象的必需标签,但是采购主体可以通过参考该标签详细规格的方式确定技术规格,或者在有必要的情形下,通过参考与合同标的具有关联的和适合界定这一合同标的特征的相关要求的方式确定技术规格。

第 62 条 测试报告、认证与其他证明手段

1. 采购主体可以要求经营者提供由合规性评定机构出具的测试报告或由该机构出具的认证文件,这一测试报告或认证文件应当能够证明经营者的产品或服务供给符合由技术规格、决定中标标准或合同执行条件所引申出的要求或标准。

如果采购主体要求经营者提交由一家特定的合规性评定机构出具的证书,那么它也应当接受由可类比的其他合规性评定机构出具的证书。

在本款规定意义上,合规性评定机构是指执行合规性评定活动(如校准、检测、认证和检验)与依据欧洲议会和欧盟理事会第 765/2008 号规章获得委任的机构。

2. 如果相关经营者没有获得本条第1款所述的证书或测试报告的渠道或者没有可能在相关的期限内取得这类证书或测试报告,那么,只要该相关经营者不是由于可归责于自身的原因而缺少上述渠道,并且它可以用本条第1款规定以外的其他合适的证明文件来证明由其提供的建筑工程服务、产品供应或一般性服务符合在技术规格、决定中标标准或合同执行条件中所确定的要求或标准,采购主体也就必须接受经营者提供的其他合适的证明文件(如制造商的技术档案)。

3. 相关成员国应当基于其他成员国的请求,向其他成员国提供基于本指令第60条第6款、第61条与本条第1、2款的规定应当提交的证明与文件所涉及的任何关联信息。经营者得以创设的成员国的主管机关应当依据本指令第102条的规定提供上述信息。

第63条 技术规格的联络告知

1. 采购主体应当基于请求,向有意参与订立一项采购合同的经营者提供相关技术规格,这类技术规格包括两类:其一,相关技术规格是采购主体在其订立的建筑工程服务、产品供应或一般性服务采购合同中经常采用的规格标准;其二,在一项定期提示性通告公布关于竞争的吁请的情形下,采购主体在规划采购合同时采用的相关技术规格。这些技术规格应当通过电子形式不受限制、全面、免费与直接地被提供给经营者。

不过,如果基于本指令第40条第1款第2段列明的原因之一,采购主体没有提供涉及特定采购文件的不受限制的、全面的、免费的与直接的电子获取渠道,或者由于采购主体计划实施本指令第39条第2款规定而没有提供上述电子获取渠道,那么采购主体可以通过电子形式以外的其他形式提供技术规格。

2. 如果技术规格的基础依据为向有兴趣参与采购程序的经营者提供的电子形式的、不受限制的、全面的、免费的与直接的文件材料,那么对于这类文件材料予以标示参考即已满足要求。

第64条 变种

1. 采购主体可以授权或要求投标人提交符合采购主体最低要求的投标书变种。

采购主体应当在采购文件中表明它们是否允许或要求提交投标书变种,以及在允许或要求提交变种情形下,投标书变种必须符合哪些最低要求、变种应当以何种类型与方式被提交。采购主体尤其应当在采购文件中表明,是否只有在一项非变种的投标书被提交的情形下,投标书变种才可以被提交。如果投标书变种获得允许或被作出规定,那么采购主体应当确保所选择的决定中标标准不但能够适用于符合最低要求的投标书变种,而且能适用于合格的并非变种的投标书。

2. 在订立产品供应或一般性服务采购合同的程序中,采购主体可以授权使用或规定投标书的变种,但不得仅仅以下列理由拒绝接受一项投标书变种:一旦投标书变种获得中标,就可能导致一般性服务合同取代产品供应合同或者产品供应合同取代一般性服务合同的后果。

第 65 条　采购合同的分割

1. 采购主体可以决定将一项采购合同在形式上分割为若干部分，并且确定每一部分的规模与标的。

采购主体应当在关于采购合同的通告、关于兴趣确认的邀请函或者——当关于竞争吁请的表现形式是一项关于资格审查制度存在的通告时——在邀请投标函或者邀请参与协商谈判函中表明，投标书是否应当只针对采购合同的一部分、若干部分抑或所有部分被提交。

2. 即使投标书应当针对若干个或所有采购合同部分被提交，只要在关于采购合同的通告、关于兴趣确认的邀请函件、邀请投标函件或者邀请参与协商谈判函件中已经确定单个投标人可以获得的采购合同部分的最高数目，采购主体就可以限制单个投标人能够获得中标的采购合同部分的数目。如果决定中标标准的施行可能导致单个投标人在高于最高数目的更多数目的采购合同部分中获得中标，那么采购主体应当在采购文件中阐明，它们在确定采购合同各不同部分中标者时计划使用的客观的与非歧视的标准或规则。

3. 成员国可以规定，在单个投标人可能获得超过一个合同部分的中标结果的情形下，采购主体可订立整合了若干个或所有采购合同部分的一项采购合同，其适用的前提条件是：采购主体在关于采购合同的通告或者关于兴趣确认的邀请函件、邀请投标函件或者邀请参与协商谈判函件中已经表明它们保留这种可能性，并指明上述合同部分或合同部分的集合形式能够被整合。

4. 成员国可以规定，在基于分离的合同部分订立采购合同时，必须在比照考虑欧盟法律的情形下，满足由它们的国家法律所列明的条件。如有必要，本条第 1 款第 2 段与第 3 款应当得到适用。

第 66 条　设置期限

1. 在设置接收参与申请或投标书的期限时，采购主体应当在不违反本指令第 45 至 49 条确定的最短期限的前提下，特别考虑采购合同的复杂性与起草制作投标书所需的时间。

2. 如果投标书只有在相关经营者现场观摩或现场检查采购文件附件之后才可能被制作，那么接收投标书的期限应当长于本指令第 45 至 49 条确定的最短期限，采购主体应当在确保所有相关经营者能够了解关于制作投标书的所有信息的前提下确定接收投标书的期限。

3. 在下列情形下，采购主体应当延长接收投标书的期限，以使所有相关经营者能够了解它们制作投标书所需的信息：

a) 由于某种原因，虽然经营者及时提出了获取附属性信息的要求，但是迟至接收投标书期限届满前 6 天，这类信息仍然没有被提供。在涉及本指令第 45 条第 3 款规定的快速公开程序的情形下，该期限为 4 天。

b) 当采购文件被显著改变时。

期限的延长程度与信息的重要性或文件改变程度之间必须呈恰当的比例关系。

如果关于获取附属性信息的要求没有被及时提出,或者该信息对于制作合规的投标书来说具有微不足道的意义,那么采购主体就没有义务延长上述期限。

第二小节　发布行为与透明度

第 67 条　定期提示性通告

1. 采购主体可以通过发布定期提示性通告的方式公开其计划采购的意向。这类通告必须包含本指令附件Ⅵ第 A 章第一节所列明的信息。这类通告既可以由欧盟官方发布机构予以发布,又可以由采购主体依据本指令附件Ⅸ第 2(b)项规定在其采购简介中予以发布。如果采购主体在其采购简介中发布定期提示性通告,那么它们应当依据本指令附件Ⅸ第 3 项规定向欧盟官方发布机构告知其在采购简介中发布定期提示性通告事宜。上述通告必须包含本指令附件Ⅵ第 B 章所列明的信息。

2. 如果一项关于竞争的吁请是通过一项定期提示性通告的方式得以发布,而该通告涉及非公开程序与附带前置性竞争吁请的协商谈判式程序,那么该通告必须满足下列所有要求:

a) 该通告特别指称作为将被订立的采购合同客体的建筑工程服务、产品供应或一般性服务;

b) 该通告必须包含下列提示信息,即基于非公开程序或协商谈判式程序实施的采购合同将在没有发布进一步关于竞争吁请的情形下被订立,以及对于参与采购感兴趣的经营者将获邀表达它们的兴趣;

c) 该通告除了应当包含本指令附件Ⅵ第 A 章第一节所列明的信息以外,还应当包含本指令附件Ⅵ第 A 章第二节所列明的信息;

d) 该通告必须在关于兴趣确认的邀请函件被发送日期之前 35 天到 12 个月的期间内被发送公布。

这类通告不得在采购主体的采购简介中被发布。不过,如果有必要的话,可以依据本指令第 72 条的规定,基于成员国国家层面在一项采购简介中对于此类通告予以附属性发布。

定期提示性通告所涵盖的期限最长为 12 个月,起算日期为通告发布传播之日。不过,在涉及关于社会性服务或其他特定服务的采购合同时,基于本指令第 92 条第 1 款 b 项的规定,定期提示性通告所涵盖的期限可以超过 12 个月。

第 68 条　关于资格审查制度存在的通告

1. 如果采购主体依据本指令第 77 条的规定,选择设置一项资格审查制度,那么它们就必须依据本指令附件Ⅹ的规定公示该制度,并阐明该制度的目的与如何获得该制度的操作规则。

2. 采购主体应当在关于资格审查制度存在的通告中标明该制度的有效期限。

在使用下列标准表格的情形下,采购主体应当向欧盟官方发布机构告知该制度有效期限的任何变化:

a) 如果该制度的有效期限发生改变,但制度本身没有发生改变,那么应当使用关于资格审查制度存在的通告的表格;

b) 如果该制度被终止,那么应当使用本指令第70条规定的合同订立通告。

第69条 采购合同通告

采购合同通告可以作为在所有程序中吁请竞争的手段而获致使用。这类通告必须包含本指令附件Ⅺ所规定的信息,并且应当依据本指令第71条予以发布。

第70条 采购合同订立通告

1. 采购主体应当在其订立一项采购合同或签署一项框架协议后最晚30天的期限内,发布关于采购程序结果的采购合同订立通告。

该通告必须包含本指令附件Ⅻ规定的信息,并且应当依据本指令第71条予以公布。

2. 如果一项涉及相关采购合同的关于竞争的吁请是通过定期提示性通告的形式发布,并且采购主体已经决定,在该定期提示性通告涵盖的期限内不再订立其他的采购合同,那么采购合同订立通告应当包含相关的指示性说明。

在涉及依据本指令第51条签订的框架协议的情形下,采购主体无须为基于框架协议订立的每个单一采购合同发布关于各个单一采购程序结果的通告。成员国可以规定,采购主体应当以框架协议为基础,在每个季度发布群组性的关于采购程序结果的采购合同订立通告。在这种情形下,采购主体应当在每个季度结束之后最晚30天期限内发送分组通知。

采购主体应当在基于动态采购系统的每个采购合同订立后的最晚30天内发布采购合同订立通告。不过,采购主体也可以在每个季度末发布群组性的通告。在这种情形下,采购主体应当在每个季度结束之后最晚30天期限内发送分组通知。

3. 依据本指令附件Ⅻ被提供的计划公布的特定信息应当按照本指令附件Ⅸ予以公布。不过,如果关于采购合同订立或框架协议签订的特定信息的公布将可能妨碍法律的施行,或者可能以其他的方式违背公共利益,或者可能损害特定公共经营者或私人经营者的合法商业利益,或者可能损害经营者之间的公平竞争机制,那么这类信息不需要被公布。

在涉及研究与开发服务("研发服务")领域采购合同时,对于涉及服务的类型与数量的信息可以作出以下限制:

a) 局限于"研发服务"信息,适用前提条件是:依据本指令第50条b项规定,通过不附带吁请竞争程序的协商谈判式程序订立相关采购合同;

b) 局限于相关通告所含信息,该通告至少应当包含如同吁请竞争信息的详细信息。

4. 基于本指令附件Ⅻ规定的被标记为不予发布的特定信息应当基于本指令附

件Ⅸ规定,在遵循将信息用于统计目的的前提下,仅仅通过简化形式予以公布。

第71条 通告发布的形式与方式

1. 依据本指令第67至70条的规定,通告应当包含本指令附件Ⅵ第A章、附件Ⅵ第B章以及附件Ⅹ、Ⅺ与Ⅻ规定的信息与在标准表格规格中所涉的信息,此处的标准表格规格包括标准表格更正规格。

委员会应当经由执行性法律文件的方式确定标准表格。相关联的执行性法律文件应当依据本指令第105条,在经由咨询程序之后予以颁布。

2. 基于本指令第67至70条被起草的通告应当通过电子手段被传发给欧盟官方发布机构,并依据本指令附件Ⅸ的规定予以发布。它们最晚应在被传送之后5天内得到发布。欧盟官方发布机构发布这类通告的费用应由欧盟承担。

3. 基于本指令第67至70条的规定,通告应当通过由采购主体选择的一种或多种欧盟机构官方语言版本而被全文公布。该种或该多种语言版本应当具有唯一正式文本的性质。每一通告的重要内容摘要必须以欧盟机构其他官方语言版本的形式予以公布。

4. 在下列情形下,欧盟官方发布机构应当确保基于本指令第67条第2款的定期提示性通告的全文与摘要、基于本指令第52条第4款a项的为了设立动态采购系统而施行的关于竞争的吁请、基于本指令第44条第4款b项的作为吁请竞争手段的关于资格审查制度存在的通告能够持续得到发布:

a) 在定期提示性通告效力期间为12个月的情形下,或者在定期提示性通告效力持续至本指令第70条第2款规定的采购合同订立通告被接收的情形下,并且存在下列事项:在由关于竞争的吁请所涵盖的12个月期间里没有列入计划的进一步的采购合同订立事宜。不过,在涉及标的为社会服务或其他特定服务的公共采购合同时,基于本指令第92条第1款b项规定的定期提示性通告应当直至其最初有效期限届满或直至基于本指令第70条规定的采购合同订立通告被接收为止而持续保持被发布状态,在后一种情形下,存在以下事项:在由关于竞争的吁请所涵盖的期间里没有进一步的采购合同订立事宜。

b) 在动态采购系统的有效期间实施关于设置动态采购系统的吁请竞争行为的情形下。

c) 在资格审查制度的有效期间发布关于资格审查制度存在通告的情形下。

5. 采购主体应当能够举证通告发送的日期。

欧盟官方发布机构应当向采购主体颁发关于收到通告与发布信息的证明文件,在文件中应当列明发布日期。这类证明文件应当构成证明上述发布行为的证据。

6. 如果关于建筑工程服务、产品供应或一般性服务采购合同的通告不受本指令规定的发布要求的限制,并且这些通告被以本指令附件Ⅸ规定的格式与程序电子传送给欧盟官方发布机构,那么采购主体可以发布这类通告。

第 72 条　基于国家层面的发布行为

1. 在基于本指令第 67 至 70 条规定的通告以及这些通告所包含的信息依据本指令第 71 条被发布之前,这些通告与其所包含的信息不得在国家层面发布。不过,如果采购主体没有在依据本指令第 71 条规定的通告被确认接收后 48 小时内被告知相关发布事宜,那么采购主体可以在任何情况下在国家层面发布上述通告与信息。

2. 在国家层面发布的通告应当仅仅包含已在欧盟官方发布机构传送提交的通告所包含的信息,或者在购买简介中已被发布的信息,并且该通告必须标明向欧盟官方发布机构传送提交的日期以及在购买简介中的发布日期。

3. 在标明提交日期的关于定期提示性通告将被发布的告知函件被提交至欧盟官方发布机构之前,定期提示性通告不得在购买简介中发布。

第 73 条　采购文件的电子可使用性

1. 从基于本指令第 71 条规定的通告被发布之日起,或者从兴趣确认邀请函被寄发之日起,采购主体应当免费提供一项不受限制的与全面直接的采购文件电子使用渠道。

如果关于竞争吁请的实施方式是发布关于资格审查制度存在的通告,那么上述渠道应当尽快被提供,其最晚应当在邀请投标函件或邀请参与协商谈判函件被寄发之时提供。上述通告或邀请函件的文本必须包含可以访问使用采购文件的互联网地址。

如果由于本指令第 40 条第 1 款第 2 段所列明的一项原因而导致一项免费的、不受限制的与全面直接的使用特定采购文件的电子渠道无法得到提供,那么采购主体可以在通告或兴趣确认邀请函中表明,基于本条第 2 款的规定,相关采购文件可以通过除电子方式以外的其他方式被传送。在这种情况下,关于提交投标书的期限应当被延长 5 天,不适用该期限延长的例外情形为:基于本指令第 45 条第 3 款的规定被充分证明紧迫性,并且基于本指令第 46 条第 2 款第 2 段或第 47 条第 2 款第 2 段的规定,相关期限在双方协议同意的情况下得到确定。

如果采购主体计划适用本指令第 39 条第 2 款的规定,并因而导致无法提供一项免费、不受限制的与全面直接的使用特定采购文件的电子渠道,那么采购主体应当在通告或者兴趣确认邀请函或者——只要关于竞争的吁请是通过一项关于资格审查制度存在的通告予以实施——在采购文件中表明:为了保护信息的机密性,它们要求采取何种措施,以及如何能够获得访问使用相关采购文件的渠道。在这种情况下,关于提交投标书的期限应当被延长 5 天,不适用该期限延长的例外情形为:基于本指令第 45 条第 3 款的规定被充分证明紧迫性,并且基于本指令第 46 条第 2 款第 2 段或第 47 条第 2 款第 2 段的规定,相关期限在双方协议同意的情况下得到确定。

2. 只要采购主体及时获得提供信息与文件的请求,它们就应当向所有参与采购程序的投标人提供关于规格的信息与任何证明文件,该提供行为的实施时间最晚不得迟于接收投标书期限届满前6天。基于本指令第45条第3款,在涉及加速公开程序的情形下,上述期限应为4天。

第74条 邀请申请人

1. 在涉及非公开程序、竞争性对话程序、创新合作伙伴关系与附带前置性竞争吁请的协商谈判式程序的情形下,采购主体应当同时以书面形式邀请被选定的申请人提交投标书、参与对话或参与协商谈判。

如果基于本指令第44条第4款a项的规定,关于竞争吁请的表现形式为定期提示性通告,那么采购主体应当同时以书面形式邀请已经表达兴趣的经营者对于它们持续性的兴趣予以确认。

2. 本条第1款所指的邀请函件应当包括电子地址的参照引用信息,通过该电子地址可以凭借电子手段直接访问和使用采购文件。如果由于本指令第73条第1款第3或4段所列明的一项原因,一项免费的、不受限制的与全面直接的使用采购文件的渠道无法得到提供,并且这些文件也已经无法通过其他的方式被提供,那么在上述邀请函件中应当附带采购文件。除此以外,本条第1款所规定的邀请函件必须包含在本指令附件XIII中列明的信息。

第75条 对于申请相关资格的经营者以及申请人与投标人的通知

1. 采购主体应当尽快通知每位申请人与投标人其作出的关于签署框架协议、确定中标人选或准予参加动态采购系统的决定,该通知所涉及的决定内容应当包括作出下列决定的理由:放弃签署框架协议,或者放弃订立具有竞争吁请的采购合同,重新启动程序,以及不设置动态采购系统。

2. 经由相关申请人与投标人的申请,采购主体应当尽快通知下列人士,在任何情况下,采购主体都必须在接到书面申请后的15天内作出通知:

a) 任何由于申请被拒绝而落选的申请人。

b) 任何由于投标书被拒绝而落选的投标人。在这种情形下,基于本指令第60条第5与6款的规定,采购主体的通知也可以包括关于其作出相关决定的原因的通知,这些原因包括:产品服务不符合同等程度的要求,或者建筑工程服务、产品供应或一般性服务不符合性能或功能要求。

c) 任何已经提交符合资格的投标书的投标人,采购主体对其通知的内容为:中标的投标书的特点与相对优势,以及中标人的名称或框架协议缔约方的名称。

d) 任何已经提交符合资格的投标书的投标人,采购主体对其通知的内容为:与投标人进行的谈判与对话程序的施行与进展情况。

3. 如果在本条第1与2款列明的关于采购合同中标、框架协议签订或准许参与动态采购系统的特定信息的公布将可能妨碍法律的施行,或者可能以其他的方式违背公共利益,或者可能损害特定公共经营者或私人经营者的合法商业利益,或者可能损害经营者之间的公平竞争机制,那么采购主体可以作出不予通知这类信息的决定。

4. 设置与运营一项资格审查制度的采购主体应当在 6 个月期限内通知申请人其作出的关于资格的决定。

如果一项决定无法在从接收申请时刻起算的 4 个月期限内作出,那么采购主体应当在接收申请之后的 2 个月期限内通知申请人期限延长的理由,以及申请将被接受或拒绝的时间点。

5. 如果采购主体作出否定申请人资格的决定,那么采购主体应当尽快告知申请人,告知时间最晚不得迟于否定决定作出之后的 15 天,该告知的内容应当包含作出此决定理由的说明信息。作出决定的理由必须是以本指令第 77 条第 2 款规定的资格标准为依据。

6. 设立与运营一项资格审查制度的采购主体只能基于本指令第 77 条第 2 款规定的资格标准所引申出的相关理由而终止一个经营者的资格。终止资格的意向应当在计划终止资格日期之前至少 15 天被通知给相关经营者,该通知内容应当包括关于拟议采取终止行为的充分的正当理由。

第三小节　选择参与者和订立采购合同

第 76 条　一般原则

1. 基于选择采购程序参与者的目的,所有下列规则应予适用:

a) 如果采购主体已经依据本指令第 78 条第 1 款或第 80 条第 1 款确定了排除投标人或申请人的规则与标准,那么它们在排除经营者时应当遵循这类规则与标准;

b) 采购主体在选择投标人与申请人时,必须遵循基于本指令第 78 与 80 条确定的客观的规则与标准;

c) 在涉及非公开程序、附带竞争吁请的协商谈判式程序、竞争性对话与创新合作伙伴关系的情形下,在具有必要性的前提下,采购主体可以依据本指令第 78 条第 2 款的规定限制基于上述 a 与 b 项规定被选择的申请人的数目。

2. 如果关于竞争的吁请是通过一项关于资格审查制度存在的通告予以实施,那么基于选择作为竞争吁请对象的采购合同的采购程序参与者的目的,采购主体应当实施以下行为:

a) 采购主体应当依据本指令第 77 条的规定,审查经营者的资格;

b) 采购主体应当将本条第 1 款规定的适用于非公开程序、协商谈判式程序、竞争性对话或创新合作伙伴关系的规则适用于具有资格的经营者身上。

3. 在选择非公开程序、协商谈判式程序、竞争性对话或创新合作伙伴关系的参与者时,采购主体在决定资格或更新标准与规则的情形下,不得实施以下行为:

a) 不得对于特定经营者施加行政的、技术的或财务的条件要求,而不对其他经营者施加同样的要求;

b) 不得要求进行已经具有客观证据的重复测试或重复提交证据。

4. 如果由经营者提交的信息或文件不完整或具有错误,或者看似不完整或具有错误,或者缺失具体文件,那么只要用于施行本指令的成员国国家法律没有作出其他规定,采购主体就可以要求相关经营者在一个适当的期限内提交、补充、阐明或完善各自的信息或文件。采购主体这类要求的提出必须完全符合透明与平等对待的基本原则。

5. 采购主体应当依据本指令第82与84条规定的标准,并在考虑本指令第64条的情形下,审查由被选定的申请人所提交的投标书是否遵循规制投标书与决标行为的规则与要求。

6. 如果采购主体已经确认,最佳投标书不符合基于本指令第36条第2款应予遵循的义务履行要求,那么采购主体可以决定不与提交最佳投标书的投标人订立采购合同。

7. 在涉及公开程序的情形下,只要本指令第76至84条的相关规定得到遵循,采购主体就可以决定在核查投标人资质之前审查投标书。此处所指的相关规定包含以下规则:不得将采购合同订立权授予已经依据本指令第80条被排除在外的投标人;或者,不得将采购合同订立权授予依据本指令第78条第1款与第80条不符合采购主体择选标准的投标人。

成员国可以针对特定采购类型或特定情况而排除基于前段规定的程序的适用或者对其作出限制。

8. 基于本指令第103条的规定,委员会应当获得委托颁布授权性法律文件,以改变本指令附件XIV所列明的目录名单,其包括以下三种适用情形:其一,具有增添由所有成员国批准的新的国际协议的必要性;其二,已经存在的国际协议不再获得所有成员国批准;其三,已经存在的国际协议通过其他方式被改变,如该协议的适用范围、内容或名称被改变。

第一目 资格与资质

第77条 资格审查制度

1. 采购主体可以依据其意愿为经营者创设与运营一项资格审查制度。

创设与运营一项资格审查制度的采购主体应当确保经营者可以在任何时间申请相关资格。

2. 本条第1款所规定的制度可以包括不同的资格序列。

采购主体应当确定关于排除与选定申请资格的经营者的客观规则与标准,以及关于操作资格审查制度的客观标准与规则,例如,这些标准与规则内容可能涉及系统登记、可能发生的资格的定期更新与系统的持续期间。

如果这些标准包含技术规格,那么本指令第60与62条应当得以适用。这些标准与规则可以根据需要得到更新。

3. 在本条第 2 款所指的标准与规则可以基于索取请求而被提供给经营者。这些标准与规则的更新应当被传达给有兴趣的经营者。

如果一个采购主体认为其他实体或机构的资格审查制度符合其要求,那么它应当告知有兴趣的经营者其他实体或机构的名称。

4. 符合资格的经营者的书面名单应当得到保存。该书面名单应当依据适用资格标准的采购合同的种类而被分为两种类型。

5. 在一项关于资格审查制度存在的通告被视为吁请竞争手段的情形下,适用资格审查制度的关于建筑工程服务、产品供应或一般性服务的采购合同应当通过非公开程序或协商谈判式程序予以订立,在这些程序中,所有的投标人与参与人将被从基于资格审查制度的已经确认具有资格的申请人中选出。

6. 与资格申请或已存在资格更新或保持相关联的由资格审查制度所发生的任何收费与所产生的成本之间必须符合比例原则。

第78条 资质标准

1. 采购主体可以确定排除与选择投标人或申请人的客观规则与标准,这些规则与标准应当被提供给有兴趣的经营者。

2. 如果采购主体需要在采购程序独有特征与施行程序所必需资源之间确保适当平衡,那么采购主体可以在非公开程序、协商谈判式程序、竞争性对话或创新合作伙伴关系中依据需求确定客观的规则与标准。这类规则与标准应当能够使采购主体限制被邀请投标或被邀请参与谈判的申请人的数目。不过,被择选的申请人的数目应当达到确保足够竞争的要求。

第79条 对于其他企业能力的利用

1. 如果关于排除与选择在资格审查制度框架内申请资格的经营者的客观规则与标准,包含对于经营者经济与财政能力或专业技能或职业技能的要求,那么相关经营者在必要时可以利用其他企业的能力,而相关经营者与其他企业之间的法律关系则在所不问。如果对于服务供给者或经营者或(和)企业管理人员具有关于教育资格证明与职业资格证明的标准要求,或者对于相关职业经验具有标准要求,那么相关经营者只有在其他企业执行工作以及提供服务需要具备相关能力的前提下,才能使用其他企业的这类相关能力。如果一个经营者想要利用其他企业的能力,那么它就必须向采购主体证明,它可以在资格审查制度的整个有效期间都具有这种利用能力,例如,它可以通过其他企业的相关义务性声明来确保其利用能力。

如果采购主体依据本指令第 80 条已经提出在欧盟第 2014/24 号指令中规定的排除理由或择选标准,那么它应当依据本指令第 80 条第 3 款审查其他企业是否符合相关资质标准,或者由其阐明的基于欧盟第 2014/24 号指令第 57 条规定的排除理由是否已经成立,此处的其他企业是指经营者想要利用其能力的企业。如果采购主体所提出的强制性排除理由成立,那么采购主体应当要求经营者替换企业。如果采购主体所提出的非强制性排除理由成立,那么采购主体可以要求经营者替换企业,或者可以基于成员国的要求而要求经营者替换企业。

如果一个经营者遵循关于经济与财政能力的标准而利用其他企业的能力,那么采购主体可以要求这个经营者与这些企业对于采购合同的执行承担连带责任。

在相同条件下,经营者群体可以依据本指令第 37 条第 2 款的规定利用一个群体的成员或其他企业的能力。

2. 如果关于在公开程序、非公开程序、协商谈判式程序、竞争性对话或创新合作伙伴关系中排除或选择申请人与投标人的客观规则与标准,包含对于经营者经济与财政能力或专业与职业技能的要求,那么相关经营者可以在必要的情形下,为一项特定的采购合同利用其他企业的能力,而该经营者与其他企业之间的法律关系则在所不问。如果对于服务供给者或经营者或(和)企业管理人员具有关于教育资格证明与职业资格证明的标准要求,或者对于相关职业经验具有标准要求,那么相关经营者只有在其他企业执行工作以及提供服务需要具备相关能力的前提下,才能使用其他企业的这类相关能力。如果一个经营者想要利用其他企业的能力,那么它就必须向采购主体证明它具有必要手段保有这种利用能力,例如,它可以通过其他企业的相关义务性声明来确保其利用能力。

如果采购主体依据本指令第 80 条已经提出在欧盟第 2014/24 号指令中规定的排除理由或择选标准,那么它应当依据本指令第 80 条第 3 款审查其他企业是否符合相关择选标准,或者由其阐明的基于欧盟第 2014/24 号指令第 57 条规定的排除理由是否已经成立,此处的其他企业是指经营者想要利用其能力的企业。如果一个企业不符合相关的择选标准,或者采购主体所提出的强制性排除理由成立,那么采购主体应当要求经营者替换企业。如果采购主体所提出的非强制性排除理由成立,那么采购主体可以要求经营者替换企业,或者可以基于成员国的要求而要求经营者替换企业。

如果一个经营者遵循关于经济与财政能力的标准而利用其他企业的能力,那么采购主体可以要求这个经营者与这些企业对于采购合同的执行承担连带责任。

在相同条件下,经营者群体可以依据本指令第 37 条的规定利用一个群体的成员或其他企业的能力。

3. 在涉及建筑工程服务采购合同、一般性服务采购合同以及与供应合同相关联的选址安装或操作劳务的情形下,采购主体可以要求特定的关键任务必须由投标人自己直接执行,或者在投标人是基于本指令第 37 条第 2 款规定的经营者团体时,采购主体可以要求特定的关键任务必须由该团体的一个成员直接执行。

第 80 条　在欧盟第 2014/24 号指令中所确定的排除理由与择选标准

1. 关于排除与选择在资格审查制度框架下申请资格的经营者的客观规则与标准,与关于在公开程序、非公开程序、协商谈判式程序、竞争性对话或创新合作伙伴关系中排除或选择申请人与投标人的客观规则与标准,可以包含在欧盟第 2014/24 号指令中列明的基于相关条款与条件的排除理由。

如果采购主体属于公共采购主体,那么上述标准与规则应当包含在欧盟第2014/24号指令第57条第1与2款中列明的基于相关条款与条件的排除理由。

此外,如果成员国有相应要求,那么上述标准与规则还应当包含在欧盟第2014/24号指令第57条第4款中列明的基于相关条款与条件的排除理由。

2. 在本条第1款中所指称的标准与规则可以包含在欧盟第2014/24号指令第58条中确定的基于相关条款与条件的择选标准,尤其可涉及在该指令第58条第3款第2段规定的对于年度营业额要求的限制条件。

3. 基于本条第1与2款的目的,欧盟第2014/24号指令第59至61条应予适用。

第81条 质量保证标准与环境管理标准

1. 如果采购主体要求呈交由独立机构制作的关于经营者遵循特定质量保证标准的证明文件,该保证标准应包括确保残疾人士无障碍使用的内容,那么采购主体应当参照符合欧盟相关系列标准的由委托认证机构予以认证的质量保证标准体系。采购主体应当承认由其他成员国机构颁发的具有同等质量的证明文件。如果相关经营者由于不可归因于自身的原因而无法在有关期限内获得特定证明文件,在这种情形下,只要该经营者能够证明其所建议的质量保证措施符合关于质量保证标准的规定,那么采购主体也应当接受其他的关于具有同等质量的质量保证措施的证据。

2. 如果采购主体要求呈交由独立机构制作的关于经营者符合特定环境管理体系要求或标准的证明文件,那么采购主体应当参照欧盟生态管理与审核计划体系(EMAS)或者基于欧盟第1221/2009号指令第45条规定被认可的其他的环境管理体系,或者以相关欧盟或国际标准为依据并由相应机构认可的其他环境管理标准。采购主体应当承认接受由其他成员国机构所出具的具有同等质量的证明文件。

如果经营者由于不可归因于自身的原因而明显没有获得上述证明文件的渠道,或者没有可能在有关时限内获得证明文件,那么只要该经营者能够证明其施行的其他环境管理措施等同于由生效的环境管理体系或环境管理标准规定的措施,采购主体也应当承认并接受其他环境管理措施。

3. 成员国应当基于请求,向其他成员国提供作为符合本条第1与2款列明的质量与环境标准的证据而被制作的文件的所有信息。

第二目 采购合同的订立

第82条 采购合同中标标准

1. 采购主体应当在不妨碍关于规制特定产品价格或特定服务薪酬的成员国法律、规章、行政规定施行的前提下,将采购合同中标权授予提出最具经济有利性的投标书的投标人。

2. 基于采购主体的立场,在确定最具经济有利性的投标书时应当将价格或成本作为依据,使用成本效益方法进行评估,例如,可以使用本指令第83条规定的生命周期成本评估方法;最具经济有利性的投标书可以包括最好的性价比内容,该性价比应当是基于质量、环境与(或)社会视角的与相关采购合同标的相关联的诸种标准而被评估作出。举例而言,这类标准可以涵盖以下内容:

a) 包括技术水平的质量、审美性、功能特性、可利用性、"为所有用户设计"原则、社会特征、环境特征、创新特征与交易及其条件;

b) 被委派施行采购合同的工作人员的组织性、资格与经验,其前提是:被委派工作人员的素质对于采购合同的执行水准来说可能具有显著影响;或者

c) 售后服务与技术支持、交货条件,举例而言,交货条件可以包括交货日期、交货流程与交货期限或者履行完成日期、关于零部件与供应安全的承诺。

在确定成本要素时,也可以将"何种经营者仅仅在质量标准层面进行相互竞争"作为基础依据,采取固定价格或固定成本的形式。

成员国可以规定,采购主体不得只将价格或成本作为唯一的决定中标标准使用,或者成员国可以规定,只有特定类型的采购主体或在涉及特定类型的采购合同时,才得以使用上述唯一的决定中标标准。

3. 如果决定中标标准在任何方面与生命周期的任何阶段牵涉基于公共采购合同被提供的建筑工程服务、产品供应或一般性服务,那么该决定中标标准应当被视为与该公共采购合同的标的具有关联性,其应当包括涉及下列事项的要素:

a) 这类建筑工程服务、产品供应或一般性服务的具体生产过程或者供应过程或者交易过程;或者

b) 关于生命周期另一阶段的特定过程,

即使这类要素并不构成其关键部分。

4. 决定中标标准不得导致以下后果:采购主体因而获授不受限制的选择自由。它们应当确保有效竞争的可能性,并附带允许对于投标人提供信息进行有效审查的规格标准,从而能够据此评估投标书符合决定中标标准的程度。在有疑问的情形下,采购主体应当有效审查由投标人提供的信息与证据的准确性。

5. 采购主体应当在采购文件中确定其赋予每一项单一标准的权重,以确定最具经济有利性的投标书;例外情形是:最具经济有利性的投标书完全是依据价格标准而被确定。

这些权重可以在恰当的最大传播范围内得到阐明。

如果由于客观原因而不可能确定权重,那么采购主体可以按照依次递减的顺序表明各标准的重要性。

第83条 生命周期成本计算

1. 在具有相关性的前提下,在一项产品、一项一般性服务或建筑工程服务的生命周期期间产生的下列成本应当全部或部分归入生命周期成本:

a) 由采购主体或其他的使用者承担的成本,例如:

i) 购置成本;

ii）使用成本，如能源与其他资源的消耗；

iii）维护成本；

iv）生命末端成本，如收集与循环利用成本。

b）可以归咎于环境外部性的成本，该外部性与建筑工程服务、产品供应或一般性服务在其生命周期具有关联性，其适用前提是环境外部性成本的货币价值可以被确定与核实；这些成本可以包括温室气体排放成本与其他污染物排放成本以及其他减缓气候变化的成本。

2. 如果采购主体依据生命周期成本法估算成本，那么它们应当在采购文件中注明：哪些数据是由投标人提供，以及它们在基于这些数据计算生命周期成本时使用何种方法。

用于估算环境外部性成本的方法必须满足下列所有条件：

a）它是基于客观的可核查的与非歧视的标准。如果它并非基于重复的或连续的适用目的而被构建，那么它尤其不得通过被禁止的方式优待或歧视特定经营者。

b）它应当被提供给所有有兴趣的主体。

c）所需数据可以由以正常方式履行谨慎勤奋义务的经营者在附带合理费用的前提下提供，这类经营者应当包括来自签署世界贸易组织《政府采购协议》（GPA）的第三国或其他签署对欧盟生效的国际协议的第三国的经营者。

3. 如果欧盟通过法律文件对于计算生命周期成本的统一方法作出强制性规定，那么该统一方法应当在评估生命周期成本时得以适用。

本指令附件 XV 应当包括上述法律文件的清单，以及在必要时修订补充这些法律文件的委托立法性法律文件。

如果被颁行的新的法律条款强制性规定了统一方法，因而使更新清单成为必要，或者现有法律条款的废止或修订使更新清单成为必要，那么委员会应当依据本指令第 103 条的规定，获得授权颁布更新上述清单的委托立法性法律文件。

第 84 条 异常低价竞标

1. 如果经营者在其投标书中关于价格或成本的报价与提供的建筑工程服务、产品供应或一般性服务相比较显得异常低廉，那么采购主体应当要求经营者对于上述价格或成本作出解释。

2. 基于本条第 1 款的解释尤其可以涉及下列因素：

a）制造过程、服务供给或建筑构造方法的经济性；

b）投标人在提供产品或供给服务或提供建筑工程服务时所选择的技术方案或所有异常低廉的条件；

c）由投标人提供的建筑工程服务、产品供应或一般性服务的原创性；

d）基于本指令第 36 条第 2 款规定的义务的履行情况；

e）基于本指令第 88 条规定的义务的履行情况；

f）投标人获得国家补助的可能性。

3. 采购主体应当通过与投标人进行协商咨询的方式评估由投标人提供的信息。采购主体只有在所提交的证据不能圆满解释投标书中提出价格或成本的低廉水平的情形下,才可以拒绝相关投标书。

如果采购主体已经确定,投标书报价异常低廉,并且它不符合基于本指令第36条第2款规定的具有效力的义务性要求,那么采购主体应当拒绝该投标书。

4. 如果采购主体确定,一项投标书的报价异常低廉,其原因是投标人已经获得一项国家补助,那么只要投标人在由采购主体所指定的充足期限内无法证明该补助符合《欧盟运作条约》第107条规定的内部市场要求,采购主体就可在与投标人协商咨询后,仅仅依据投标人获得补助的理由而拒绝该投标书。

5. 成员国可以基于请求,通过行政合作的方式向其他成员国提供所有其掌握的与本条第2款所列详细信息相关联的关于证据与文件的信息,例如,这些信息可以包括法律、法规、普遍适用的集体协议或国家技术标准。

第四小节 涉及来源于第三国或与这些国家有关联的产品的投标书

第85条 涉及来源于第三国产品的投标书

1. 本条规定适用于涵盖原产于第三国产品的投标书,此处所指的第三国应当与欧盟之间没有签订确保欧盟企业具有在满足可比性条件的前提下有效进入这类第三国市场权利的多边或双边协议。在不妨碍欧盟或其成员国履行义务的前提下,本条规定适用于第三国。

2. 基于欧洲议会与欧盟理事会第952/2013号指令的规定,如果一项为订立产品供应采购合同而提交的投标书涵盖的原产于第三国的产品价值超过该投标书涵盖的所有产品的总价值的50%,那么可以拒绝该投标书。

在本条规定意义上,作为电信网络设备被使用的软件应当被视为产品。

3. 如果依据在本指令第82条规定的决定中标标准,两个或两个以上的投标书具有同等程度的水准,那么在不违反本款第2段规定的前提下,基于本条第2款规定没有被拒绝的投标书应当被优先考虑。只要这类投标书相互之间的报价差异不超过3%,那么在本条规定意义上,这类报价应当被视为具有同等质量的水准。

不过,如果接受一项投标书将导致采购主体被迫购买特定设备,而这类特定设备具有与现有使用的设备不同的技术特点,因此会导致设备的不兼容性,或者导致涉及操作与维护的技术难题,或者导致产生不相称的成本,那么该项投标书不应基于本款第1段的规定被优先考虑。

4. 基于本条规定,在依据本条第2款确定原产于第三国的产品的份额比重时,符合以下特征的第三国不应被考虑在内:基于本条第1款的规定,通过理事会的决定而将本指令适用领域拓展到其领域的第三国。

5. 截止到2015年12月31日,委员会应当向理事会提交关于具有特定内容的多边或双边谈判进展情况的报告,此后每年度,委员会都应向理事会提交同类关于具有特定内容的多边或双边谈判进展情况报告。这类报告所涉及谈判的特定内容包含：在本指令所涵盖领域，欧盟企业进入第三国市场的渠道；所有通过谈判达致的成果；所有已签署协议的实践适用。

第86条　在建筑工程服务、产品供应与一般性服务采购合同领域的第三国关联事宜

1. 成员国应当向委员会通告所有法律上或事实上的一般性难题，这些难题应是这些成员国企业在第三国申请订立一般性服务采购合同时所遭遇并向所在成员国予以登记报告的难题。

2. 委员会应当在2019年4月18日前向理事会提交关于在第三国订立一般性服务采购合同的准入渠道的报告，并在以后定期提交同类报告。这类报告也应当包含与相关第三国谈判的进展事宜，尤其是应当包含在世界贸易组织（WTO）框架下与相关第三国谈判的进展事宜。

3. 如果委员会基于本条第2款规定的报告或基于其他信息认定，相关第三国在订立一般性服务采购合同时具有特定情形，那么委员会应当努力通过与相关第三国接触的方式纠正相关问题。上述特定情形指下列情形：

a) 相关第三国没有向来自欧盟企业提供特定的有效准入渠道，该特定渠道是指与欧盟向该第三国企业提供的准入渠道具有可比性的渠道；

b) 相关第三国没有给予来自欧盟企业国民待遇或与其本国企业同等的竞争机遇；或者

c) 相关第三国给予来自其他第三国的企业优于来自欧盟企业的待遇。

4. 成员国应当向委员会通告所有法律上或事实上的难题，这些难题应指在这些成员国企业已经向第三国申请获得订立采购合同机会的情形下，它们所遭遇并向所在成员国予以登记报告的，由于本指令附件XIV规定的国际劳工法条款未获遵守而产生的难题。

5. 基于本条第3到4款规定的条件，委员会可以随时提议理事会通过一项执行性法律文件，其目的是，在该执行性法律文件确定的期限内，限制或暂停给予下述企业获得订立一般性服务采购合同的机会：

a) 受到相关第三国法律规制的企业；

b) 与a项规定的企业具有关联性的企业，这类企业虽然在欧盟具有住所，但是与任何一个成员国的经济不存在直接与事实上的关联性；

c) 提交了涉及来源于相关第三国一般性服务的投标书的企业。

理事会应当尽快通过适格多数作出决定。

委员会可以主动或基于一个成员国的申请而提议采取相关措施。

6. 本条规定不得妨碍欧盟相对于第三国的特定义务性规定的适用，这些特定义务性规定是基于公共采购的国际协议（尤其是在世界贸易组织框架下签订的协议）而被作出的。

第四节 采购合同履行事宜

第 87 条 关于采购合同履行的条件

只要基于本指令第 82 条第 3 款的规定，关于采购合同履行的特定条件与采购合同标的具有关联性，并且它们在关于竞争吁请文件或采购文件中被阐明，那么采购主体就可以对这些条件予以确定。这些条件可以包括经济的、与创新有关的、环境的、社会的或就业方面的考量因素。

第 88 条 采购合同分包

1. 成员国主管部门应当在其责任与职权范围内采取合适措施，以确保采购合同分包商履行基于本指令第 36 条第 2 款规定的义务。

2. 在采购文件中，采购主体可以要求投标人在投标书中阐明其在必要情形下计划转包给第三方的合同份额，以及在必要情形下所提议的采购合同分包商；或者，采购主体可以基于一个成员国的义务性要求，而在采购文件中要求投标人在投标书中阐明其在必要情形下计划转包给第三方的合同份额，以及在必要情形下所提议的采购合同分包商。

3. 成员国可以规定，采购主体在采购合同分包商提出要求并且合同性质允许的前提下，可以将与建筑工程服务、产品供应或一般性服务关联的到期应付款项直接转账给采购合同分包商，此处所指的建筑工程服务、产品供应或一般性服务是为订立采购合同的主承包商提供的产品或服务。前述措施可以包括构建适当机制，该机制应当允许主承包商针对不恰当支付行为提出反对意见。关于支付模式的安排应当在采购文件中予以列明。

4. 本条第 1 至 3 款规定不得妨碍影响主承包商的责任问题。

5. 在涉及建筑工程服务采购合同的情形和涉及在由采购主体直接监督设施下供给一般性服务合同的情形，采购主体应当要求主承包商在订立采购合同之后，最迟在合同履行开始时向其通告参与供给上述建筑工程服务或一般性服务的分包商的名称、联系方式与法定代理人。其适用前提是：上述名称、联系方式与法定代理人在采购合同订立之后与合同履行开始之前的期间已经可以被确定知晓。采购主体应当要求主承包商向其通告在采购合同有效期间的上述所需信息的任何改变，以及关于所有新的分包商的必需信息，此处所指的新的分包商是指新的参与供给上述建筑工程服务或一般性服务的采购合同分包商。

虽然具有第 1 款规定，但是成员国可以直接要求主承包商履行呈递必需信息的义务。

如果对于实现本条第 6 款 b 项规定的目标而言具有必要性，那么应当基于本指令第 80 条第 3 款的规定，在上述必要信息中附带提供采购合同分包商的自我声明书。在基于本条第 8 款规定的执行性规定中，可以要求在采购合同订立之后新出现的采购合同分包商提供相应的证书或其他证明性文件,以取代提供自我声明书。

前段规定不适用于产品供应商。

举例而言,在下列情形下,采购主体可以拓展本款第1段规定的义务范畴;如果成员国提出相关要求,那么采购主体必须拓展本款第1段规定的义务范畴:

a) 涉及产品供应合同,或者涉及除了在由采购主体直接监督设施下供给一般性服务的相关合同以外的其他一般性服务合同,或者涉及参与建筑工程服务或一般性服务供给的产品供应商;

b) 涉及采购合同主承包商的分包商的分包商,或者涉及在采购合同分包链条中进一步的环节。

6. 为了避免违反基于本指令第36条第2款规定的义务,举例而言,可以采取下列适当措施:

a) 如果在一个成员国的国家法律中规定了分包商与主承包商共同承担责任的机制,那么该成员国应当在符合本指令第36条第2款规定的条件的前提下适用该国法律中的相关规定。

b) 公共采购主体可以或者——在基于一个成员国要求的情形下——必须依据本指令第80条第3款对于基于欧盟第2014/24号指令第57条规定的排除分包商的理由是否成立予以审查。在这种情形下,公共采购主体应当要求经营者替换一个经过审查符合强制性排除理由条件的分包商。公共采购主体可以要求或者——在基于一个成员国要求的情形下——必须要求经营者替换一个经过审查符合非强制性排除理由条件的分包商。

7. 成员国可以在本国法律中规定更为严格的责任规则,或者在向分包商进行直接支付方面作出进一步的规定,例如,成员国可以规定,分包商申请直接支付不是向分包商进行直接支付的必要条件。

8. 基于本条第3、5或6款的规定,计划采取相关措施的成员国应当在考量欧盟法的前提下,在本国法律、法规或行政规定中确定实施这些措施的执行性规定。在这种情况下,成员国可以限制这些执行性规定的适用范围。例如,在涉及特定类型的采购合同、特定种类的采购主体或经营者,或者特定的最低量要求的情形下,成员国可以限制这些规定的适用。

第89条 在合同存续期间进行的合同修改

1. 在任何下列情形下,采购合同与框架协议可以在依据本指令规定而不实施新的采购程序的情况下被更改:

a) 当修改与其货币价值无关,并且其已经在最初的采购文件中通过可能包括价格审查条款在内的被清晰、准确与明确表述的审查条款的形式或选项形式作出规定。此类条款必须包含关于可能修改的范围与性质或者选项,以及条款适用条件的说明内容。它们不得规定将改变采购合同或框架协议的整体性质的相关修改或选项。

b) 当由最初承包商提供附属性建筑工程服务、产品供应或一般性服务,这类服务或供应是必要的,并且在不考虑其价值的情形下,这类服务或供应并不属于最初采购合同包含的标的范畴,其适用前提分为以下两类:

i) 由于经济或技术原因,承包商的变换不具有可能性,如这类经济或技术原因包括在最初采购程序框架内购买的设备、软件、服务或装置所具有的互换性与互操作性要求;

ii) 对于公共采购主体来说,承包商的变换将导致显著不便或产生大量重复成本。

c) 当下列所有的条件得到满足:

i) 由于出现特定情况而产生修改需求,即使采购主体履行谨慎勤奋义务,也无法预见到该类情况的出现;

ii) 该修改不会改变合同的整体性质。

d) 当一个新的承包商取代了最初与采购主体订立采购合同的承包商,这种取代是基于以下原因之一:

i) 基于本款 a 项规定的被清晰表述的审查条款或选项;

ii) 基于以下事实:另一个符合最初确定的定性的资质标准的经营者通过企业重组的方式——包括接管、兼并、收购或破产——全部或部分取代原先的承包商,其适用前提是:这种取代不会产生其他的对采购合同重大修改的后果,也不是基于规避本指令适用的目的;或者

iii) 基于以下事实:采购主体自身履行主承包商相对于它的分包商的义务,其适用前提是:依据本指令第 88 条的规定,在成员国法律中规定了该可能性。

e) 当修改与其价值无关,并且它在本条第 4 款规定的框架内不具有显著意义。

如果采购主体已经依据本款 b 与 c 项的规定在特定情形下修改了一项采购合同,那么它们应当在欧盟官方公报刊登相关通告。该通告应当包括在本指令附件 XVI 规定的信息,并应当依据本指令第 71 条的规定予以刊登公布。

2. 此外,如果修改的价值没有高于两种特定的价值,那么采购合同可以在依据本指令并且不实施新的采购程序的情形下被修改,而无须审查在本条第 4 款 a 至 d 项中规定的条件是否得到满足。上述两种特定的价值是指:

i) 在本指令第 15 条中规定的阈值;

ii) 产品供应与一般性服务采购合同初始合同价值的 10% 与建筑工程服务采购合同初始合同价值的 15%。

不过,上述修改不得改变采购合同或框架协议的整体性质。如果存在几项连续修改,这些修改的价值应当依据连续修改的净累计价值来确定。

3. 为了计算本条第 2 款规定的报价的价值,在采购合同包含指数化条款的情形下,更新的报价应当被作为参考值使用。

4. 如果在合同或协议存续期间被修改的采购合同或框架协议与最初订立的采

购合同或协议具有性质上的重大不同,那么关于采购合同或框架协议的修改应当被视为本条第1款e项意义上的显著修改。在不妨碍本条第1与2款规定适用的前提下,只要下述前提条件的一项或若干项得到满足,就可将任何修改视为显著修改:

a) 随着修改,新的条件得到引入,假设这些新的条件在最初采购程序中作为有效部分存在,那么可能导致不同于最初被选择的申请人的其他申请人被选定,或可能导致不同于最初被接受的投标书的其他投标书被接受,或可能激发更多的人参与采购程序的兴趣;

b) 随着修改,有利于承包商的采购合同或框架协议的经济平衡被以特定方式改变,而最初的采购合同或框架协议没有对该特定方式作出规定;

c) 修改显著拓展了采购合同或框架协议的范围;

d) 在本条第1款d项规定情形以外的其他情形,一个新的承包商取代了最初与采购主体订立采购合同的承包商。

5. 依据本指令,在建筑工程服务、产品供应或一般性服务采购合同或框架协议的存续期间,在本条第1与2款规定的关于这些合同或协议规定的修改情形以外的其他修改情形下,实施新的采购程序应当具有必需性。

第90条 合同终止

成员国应当确保采购主体具有下述可能性:至少在特定情况下与在得到适用的国家法律规定的特定条件下,在建筑工程服务、产品供应或一般性服务采购合同的存续期间终止这些合同。上述特定情况是指:

a) 当采购合同受到实质性修改,基于本指令第89条的规定,这一修改使实施一项新的采购程序具有必需性;

b) 在签订合同时,承包商符合欧盟第2014/24号指令第57条第1款规定的情形之一,因此,该承包商本来应该依据本指令第80条第1款第2段的规定被排除在采购程序以外;

c) 由于对欧盟诸条约与本指令规定的义务的严重违反,因而承包商本不应该获得订立采购合同的权利,此处所指的违反情形必须已经由欧盟法院基于《欧盟运作条约》第258条规定的程序予以确定。

第三章 特殊采购制度

第一节 社会服务与其他具体服务

第91条 关于社会服务与其他具体服务的采购合同的订立

只要涉及社会服务或在本指令附件XVII中列明的其他具体服务的采购合同的价值等于或高于在本指令第15条c项指定的阈值,该类合同就应当依据本节规定予以订立。

第 92 条　发布通告

1. 计划订立本指令第 91 条列明的一般性服务采购合同的采购主体应当通过下列方式之一宣告其意图：

a) 通过一项采购合同通告。

b) 通过一项定期提示性通告，该通告应当采取连续发布形式。该定期提示性通告应当具体指出即将订立的采购合同的采购对象涉及的服务类型。该通告必须指明，在不再发布新的文件的情形下，采购合同将予以订立；该通告还应包含邀请有兴趣的经营者书面告知感兴趣的内容。

c) 通过一项关于审查制度存在的通告，该通告应当采取连续发布形式。

不过，如果基于本指令第 50 条的规定，一项附带前置性竞争呼请的协商谈判式程序本来可能被适用于一般性服务采购合同的订立事宜，那么本款前段规定不应得到适用。

2. 如果一个采购主体已经订立涉及本指令第 91 条规定的一般性服务供给的采购合同，那么它应当在一项采购合同通告中宣示这一结果。不过，它也可以按季度统一发布这类通告。在这种情形下，被统一发布的通告应当在每个季度结束后 30 天内予以发布。

3. 基于本条第 1 与 2 款的规定，通告应当包含在本指令附件 XVIII（尤其是该附件第 A、B、C 或 D 章）中规定的信息，并应当采用适用于通告的标准形式。该标准形式应当由委员会通过执行性法律文件的方式予以确定。基于本指令第 105 条的规定，相应的执行性法律文件应当在经历咨询程序之后得以通过。

4. 本条规定所指的通告应当基于本指令第 71 条的规定而得到公布。

第 93 条　订立采购合同的原则

1. 成员国应当制定特定的国家规则，该规则的功能是规制适用本节规定的采购合同订立事宜，其目的是确保采购主体遵循透明原则与平等对待经营者原则。只要被确定的程序规则能够允许采购主体考量所涉服务的具体情况，成员国就可以自由确定所适用的程序规则。

2. 成员国应当确保采购主体能够考量以下因素：关于保证一般性服务质量、持续性、可及性、可负担性、有效性与全面性的需求；包括弱势群体与具有受保护需求群体在内的不同类别用户的具体需要；用户的参与和授权；创新能力。成员国也可以规定：应当在考量关于社会服务的质量标准与可持续性标准的前提下，依据最佳性价比原则选择服务供应商。

第 94 条　关于特定服务的保留性合同

1. 成员国可以规定：公共采购主体可以专门在基于本指令第 91 条规定的健康、社会与文化服务领域为特定组织保留参与公共采购程序的权利，涵盖这类健康、社会与文化服务的"关于公共采购的统一代码"（CPV 代码）包括：75121000-0、75122000-7、75123000-4、79622000-0、79624000-4、79625000-1、80110000-8、

80300000-7、80420000-4、80430000-7、80511000-9、80520000-5、80590000-6、从85000000-9 到 85323000-9、92500000-6、92600000-7、98133000-4、98133110-8。

2. 本条第 1 款规定的组织必须满足下列所有条件：

a）其目标是执行一项公共福利任务，该任务与基于本条第 1 款规定的一般性服务的供给具有关联性；

b）其利润将被再投资，以实现组织的目标。任何利润的分配或再分配都应当基于参与式分配的考量；

c）履行合同的组织的管理或所有权结构是基于员工所有权原则或参与原则，或者该结构对于员工、用户或利益相关者提出积极参与的要求；或者

d）基于本条规定，该组织在过去三年里没有从相关公共采购主体处获得订立相关一般性服务采购合同的权利。

3. 合同的最长持续期限不得超过三年。

4. 关于竞争的吁请应当参照适用本条规定。

5. 虽然存在本指令第 108 条的规定，但是委员会应当评估该条款的影响，并在 2019 年 4 月 18 日之前向欧洲议会与欧盟理事会提交相关报告。

第二节 关于规划设计性竞争活动的规则

第 95 条 范围

1. 只要包含所有向参与者提供的奖品或利益支付价值的采购合同预估值在扣除增值税后等于或大于本指令第 15 条 a 项规定的价值额度，本节规定就可适用于规划设计性竞争活动，此处所指的活动是在一项为了订立一般性服务采购合同而实施的采购程序框架内被组织进行的活动。

2. 本节规定适用于所有规划设计性竞争活动，在这类活动中，所有被提供给参与者的奖品与利益支付的总额度（包括扣除增值税的一般性服务采购合同的预估值）应当等于或大于本指令第 15 条 a 项规定的价值额度，此处的一般性服务采购合同可能基于本指令第 50 条 j 项规定被随后签订。前述规定适用的前提是：采购主体在通告中没有排除订立这种合同的可能性。

第 96 条 通告

1. 计划组织规划设计性竞争活动的采购主体应当通过通告形式进行关于竞争的吁请。

如果采购主体计划订立一项基于本指令第 50 条 j 项规定的具有承续性的一般性服务采购合同，那么应在关于规划设计性竞争活动的通告中对此予以说明。

已经实施规划设计性竞争活动的采购主体应当在通告中宣告此结果。

2. 关于竞争的吁请应当包括在本指令附件 XIX 中列明的信息，而关于规划设计性竞争活动结果的通告应当包括采取标准格式的在本指令附件 XXI 中列明的信息。

这种标准格式应当由委员会通过执行性法律文件的形式予以确定。基于本指令第105条的规定,上述执行性法律文件应当在经历咨询程序后予以通过。

关于规划设计性竞争活动结果的通告,应当在规划设计性竞争活动结束后30天内被提交给欧盟官方发布机构。

如果关于规划设计性竞争活动结果的信息的公布将可能妨碍法律的施行,或者可能违背公共利益,或者可能损害特定公共经营者或私人经营者的合法商业利益,或者可能损害经营者之间的公平竞争机制,那么这类信息不需要被公布。

3. 本指令第71条第2至6款的规定也适用于与规划设计性竞争活动相关联的通告。

第97条 关于组织规划设计性竞争活动以及选择参与者和价格裁决者的规则

1. 在实施规划设计性竞争活动时,采购主体应当适用符合本指令第一章与本节规定的程序。

2. 关于参加规划设计性竞争活动的准入渠道不得通过以下方式被限制:

a) 限制于一个成员国领域或该成员国领域的一部分;

b) 基于以下事实:依据组织实施规划设计性竞争活动的成员国法律的规定,只有自然人或只有法人可以参与规划设计性竞争活动。

3. 在限制参与者人数的规划设计性竞争活动中,采购主体应当确立明确的与非歧视的择选标准。在任何情况下,被邀请参与的申请人人数应当足以确保真正的竞争。

4. 价格裁决机构应当只由自然人组成,这些自然人应当独立于规划设计性竞争活动的参与者。如果规划设计性竞争活动的参与者被要求具有特定专业资格,那么至少1/3的价格裁决机构成员应当具备这一资格或同等资格。

第98条 价格裁决机构的决定

1. 价格裁决机构应当在作出决定与提出意见时保持独立性。

2. 由申请人所提交的计划与项目草案应当由价格裁决机构进行审查,该审查应当在匿名前提下纯粹依据在规划设计性竞争活动通告中列明的标准被作出。

3. 价格裁决机构应当制定一份关于由其择选的项目排名的报告,该报告应当由价格裁决机构成员签署;该报告内容应当包含关于每个项目的优劣以及价格裁决机构的评价内容,在必要情形下,它还应包含需要澄清的任何问题。

4. 直至价格裁决机构已经提出其意见或作出其决定,匿名性原则应当得到遵循。

5. 如果有需要的话,申请人可以被邀请答复价格采购机构在其会议记录中已经记载的问题,以澄清所涉项目任何方面的模糊之处。

6. 应当制作一项内容涵盖价格裁决机构成员与申请人之间对话的全面记录报告。

第四章 治 理

第 99 条 实施

1. 为了有效保障实施得正确的与有效率,成员国应当确保至少本条所规定的任务由一个或多个部门、机构或组织架构实施。成员国应当向委员会阐明胜任这些任务的所有部门与组织架构。

2. 成员国应当确保关于公共采购规则的适用得到监督。

监督部门或监督组织架构应当自己主动或在接收相关信息后确定具体违规行为或系统性问题。它们应当获得授权向国家审计机关、法院或法庭或其他合适的部门或组织架构(如监察员、国家议会或议会委员会)阐明这些问题。

3. 基于本条第 2 款规定的监督活动结果应当通过适当的信息手段被提供给公众。这些结果也应当被提供给委员会。举例而言,监督活动结果可以在本款第 2 段规定的监督报告中以集成形式予以发布。

截至 2017 年 4 月 18 日与其后每隔三年期间,成员国应当向委员会提交一份监督报告,如果有必要,该报告应当涵盖以下信息:其一,关于错误适用的最主要原因的信息与关于法律不确定性的信息,这类信息包括在适用法律条款时可能存在的结构性问题或经常出现问题的信息;其二,关于中小企业参与公共采购程度与水准的信息;其三,关于对在公共采购领域存在的欺诈、腐败、利益冲突,以及其他严重违规行为进行预防、侦查或适格报告的信息。

在最长间隔三年的情形下,委员会可以要求成员国提供关于其国家战略性采购措施实际落实情况的信息。

基于本款的目的,"中小企业"应当依据委员会第 2003/361 号建议书的定义予以理解。

按照基于本款规定所收到的数据,委员会应当定期发布一项报告,内容应当涵盖国家采购措施的实施情况与在内部市场上相关联的最佳做法。

4. 成员国应当确保以下情形:

a) 确保免费提供关于欧盟公共采购法条款解释与适用的信息与指南,以支持公共采购主体与经营者(尤其是中小企业)正确适用欧盟采购法规则;和

b) 确保公共采购主体在规划与执行采购程序中能够获得支持。

5. 在不妨碍委员会为了构建与成员国的沟通和联系而制定的一般程序与工作方法实施的前提下,成员国应当指定一家在公共采购法律条款适用领域与委员会进行合作的联络机构。

6. 至少在采购合同存续期限内,公共采购主体应当保存所有已经签署的合同价值等于或高于下列价值额度的合同的副本:

a) 在涉及产品供应或一般性服务采购合同的情形下,价值额度为 100 万欧元;

b) 在涉及建筑工程服务采购合同的情形下,价值额度为 1000 万欧元。

公共采购主体应当保持查询使用上述合同的渠道的开放性。不过,如果欧盟或成员国具有涉及文件获取渠道与数据保护的有效法律规定,那么在被这些法律规定禁止的程度上与禁止的前提条件下,关于特定文件或项目信息的获取渠道可以被禁止使用。

第 100 条　关于采购合同订立程序的个别报告

1. 采购主体应当保存基于本指令规定的每个合同或框架协议的适当信息与动态采购系统的每次建立的适当信息。这些信息必须足以使采购主体能够在将来证明其所作出的下列类型决定的合理性:

a) 经营者的资格确定与被择选,以及关于合同中标的决定;

b) 基于本指令第 50 条的规定,对于没有附带竞争吁请的协商谈判式程序的重新使用;

c) 基于本指令第一章第二与三节的例外性规定,因而不予适用本指令第二章第二到四节的规定;

d) 在必要时,基于特定原因而使用不同于电子通信联络方式的其他方式进行投标书的电子提交。

只要基于本指令第 70 条或第 92 条第 2 款规定的采购合同通告包含了在本款规定中所要求的信息,采购主体就可以参照引用该通告。

2. 无论采购程序是否通过电子渠道得到实施,采购主体都应当对于所有采购程序的进展情况进行存档。基于这一目的,它们应当确定保有足够的文件档案,从而为在采购程序的所有阶段作出的决定提供合理性证明。例如,这些文件档案可以包括:与经营者通信联络的所有文件档案;所有的内部商议文件档案;涉及采购文件、对话或任何谈判的准备事宜的文件档案;如果存在的话,关于采购合同的择选与订立的文件档案。这些文件档案应当至少被保存三年,其起算日期为采购合同被订立之日。

3. 相关信息或文件或者这些信息与文件的主要内容,应当基于委员会或在本指令第 99 条的规定中列明的国家部门、机构或组织架构的要求而被提供给这些主体。

第 101 条　国家报告与统计资料

1. 委员会应当审查基于本指令第 67 至 71、92 与 96 条规定的通告数据的质量与完整性,此处所指的通告应当依据本指令附件Ⅸ的规定予以发布。

如果本款第 1 段规定的数据的质量与完整性不符合基于本指令第 67 条第 1 款、第 68 条第 1 款、第 69 条、第 70 条第 1 款、第 92 条第 3 款与第 96 条第 2 款的义务性要求,那么委员会应当要求相关成员国补充信息。相关成员国应当在一个合理期限内提交由委员会要求补充的遗漏统计信息。

2. 截至 2017 年 4 月 18 日与其后每隔三年期间,成员国应向委员会提交一份关于特定采购的统计报告;如果该特定采购的价值已经超过基于本指令第 15 条规定的有效阈值,那么该采购应由本指令规制。该统计报告应当指明在相关期限内此类采购的预估总价值。这一预估行为尤其可以将下列数据信息作为依据:基于成员国公布要求而被发布的数据或抽样估计。

该通告可以被包括在基于本指令第 99 条第 3 款规定的通告中。

第 102 条 行政合作

1. 成员国应当相互提供帮助,并应当采取确立相互间有效合作的措施,以确保基于本指令第 62、81、84 条规定主题的信息交换。它们应当确保相互交换的信息的机密性。

2. 所有相关成员国的主管机构应当在信息交换时遵循欧洲议会与欧盟理事会第 95/46 号指令、欧洲议会与欧盟理事会第 2002/58 号指令关于个人数据保护规则的要求。

3. 为了测试基于欧盟第 1024/2012 号指令而被建立的内部市场信息系统(IMI)是否符合在本指令框架下信息交换的目的要求,一个试点项目将截至 2015 年 4 月 18 日被启动推行。

第五章 委托授权权力移转、实施权力与最终条款

第 103 条 委托授权权力移转

1. 在符合本条规定条件的前提下,委员会应获授权颁布委托立法性法律文件。

2. 基于本指令第 4、17、40、41、76、83 条的规定,从 2014 年 4 月 17 日起,委员会将无限期获得授权颁布委托立法性法律文件。

3. 基于本指令第 4、17、40、41、76、83 条规定的委托授权权力的移转可以被欧洲议会或欧盟理事会随时撤销。关于撤销的决定应当终止在决定中所列明的委托授权权力的移转。该决定应当在欧盟官方公报公布之后生效,或者从在撤销决定中所指明的较为靠后的日期开始生效。已经生效的委托立法性法律文件的效力不受撤销决定的影响。

4. 只要委员会颁布一项委托立法性法律文件,它就应当同时向欧洲议会与欧盟理事会通告该文件。

5. 如果一项委托立法性法律文件基于本指令第 4、17、40、41、76、83 条规定而颁布,那么只有在满足特定条件的情况下,它才可生效,该条件为:在该法律文件被提交给欧洲议会与欧盟理事会后的两个月期限内,欧洲议会与欧盟理事会都没有提出反对意见;或者在该两个月期限届满之前,欧洲议会与欧盟理事会已经双双告知委员会它们将不提出反对意见。基于欧洲议会或欧盟理事会的倡议,上述期限可以被延长两个月。

第 104 条　紧急程序

1. 只要不存在基于本条第 2 款所提出的反对意见，依据本条被颁布的委托立法性法律文件应当即时生效并得到适用。在向欧洲议会与欧盟理事会通告一项委托立法性法律文件时，应当说明启用紧急程序的理由。

2. 欧洲议会或欧盟理事会可以依据本指令第 103 条第 5 款规定的程序提出针对一项委托立法性法律文件的反对意见。在这种情形下，委员会应当在欧洲议会或欧盟理事会递交提出反对意见的决定后即时废止该委托立法性法律文件。

第 105 条　涉及委员会的程序

1. 委员会应当获得基于欧盟理事会第 71/306 号决定而被创建的公共采购咨询委员会的协助。该咨询委员会属于一个在欧盟第 182/2011 号规章意义上规定的委员会。

2. 当本款规定获得参照引用时，欧盟第 182/2011 号规章第 4 条规定应得适用。

3. 当本款规定获得参照引用时，欧盟第 182/2011 号规章第 5 条规定应得适用。

第 106 条　法律转换实施与过渡条款

1. 截至 2016 年 4 月 18 日，成员国应当确保为履行本指令而必须颁布的法律、法规与行政规定发生效力。它们应当立即向委员会告知这类法律文件的文本内容。

2. 虽然本条第 1 款作出相关规定，但是成员国可以将本指令第 40 条第 1 款的适用日期推迟到 2018 年 10 月 18 日。其例外情形为：基于本指令第 52、53、54 条与第 55 条第 3 款、第 71 条第 2 款或第 73 条的规定，电子手段应当得到强制性使用。

虽然本条第 1 款作出相关规定，但是成员国可以依据本指令第 55 条第 3 款的规定，为了集中采购机构利益而将本指令第 40 条第 1 款的适用日期推迟到 2017 年 4 月 18 日。

如果一个成员国选择推迟本指令第 40 条第 1 款规定的适用，那么该成员国应当作出特别规定，基于该规定，采购主体可以为了实施所有的通信联络与信息交换事项而在下列通信联络手段之间作出选择：

a) 基于本指令第 40 条规定的电子手段；

b) 邮寄或其他的合适渠道；

c) 传真；

d) 上述手段的组合。

3. 当成员国采取在本条第 1 与 2 款规定的措施时，它们应当在相关法律条款中植入对于本指令予以参考的内容，或者应当在官方公告中包含此类参考本指令的说明。成员国应当决定此类参考的细节内容。

成员国应当向委员会告知涉及本指令所涵盖领域而被颁布的最重要的国家法律规定的文本内容。

第 107 条　废止

从 2016 年 4 月 18 日起，第 2004/17 号指令应被废止。

关于被废止指令的参照引用应当视为关于本指令的参照引用。基于本指令附件XXI规定的对应表的说明，可以确定被废止指令与本指令法条的参照引用对应情况。

第108条　审查

委员会应当审查在本指令第15条设定的阈值的适用对于内部市场，尤其是对于跨境合同中标与交易成本等因素的经济影响，并应在2019年4月18日前向欧洲议会与欧盟理事会提交相关报告。

如果具有可能性与适当性，委员会应当考虑在下一轮协商谈判框架内提出提高世界贸易组织《政府采购协议》(GPA)规定阈值的建议。在任何世界贸易组织《政府采购协议》(GPA)规定阈值被改变的情形下，如果具有适当性，那么在提交上述报告后应当随后提交关于修改载于本指令阈值的立法建议书。

第109条　生效

本指令应当在欧盟官方公报公布后第20天生效。

第110条　接收者

本指令应当发送给各成员国。

完成于斯特拉斯堡，2014年2月26日。
基于欧洲议会名义
马丁·舒尔茨(M. Schulz)主席
基于理事会名义
迪米特里斯·古尔古拉斯(D. Kourkoulas)主席

（翟巍　译）

关于特许经营权授予的指令

2014 年 2 月 26 日欧洲议会和欧盟理事会关于特许经营权授予的欧盟 2014 年第 23 号指令(2014/23/EU)

(该文本适用于欧洲经济区)

欧洲议会和欧盟理事会根据《欧盟运作条约》，尤其是其中第 53 条第 1 款、第 62 条以及第 114 条的规定，基于欧洲委员会的提案，将立法草案转呈各国议会后，参考了欧洲经济和社会委员会①及区域委员会的意见②，依普通立法程序③制定本指令。

立法理由如下：

(1) 在欧盟层面缺乏管理特许经营权授予的明确规则，导致法律的不确定性、产生提供自由服务的障碍以及国内市场运作的扭曲。因此，市场经营者(尤其是中小型企业)在国内市场的权利被剥夺，也错过了许多重要的商业机会，但公共职能部门似乎并未找到利用公共资金的最好办法，以使欧盟居民以最优惠价格得到最优质服务。一个充分、平衡、灵活的特许经营权法律体系将为欧盟的所有经营者提供有效和非歧视性的市场准入机会，从而有利于基础设施和战略服务领域的公共投资。该法律体系也将为经营商提供更大的法律确定性，并有可能成为进一步扩大国际政府采购市场以及促进世界贸易的基础与手段。为此，应高度重视提高中小企业进入整个欧盟特许经营权市场的机会。

(2) 有关特许权授予的立法体系规则应明确、简单。与公共采购相比，应充分体现其特性，并且不应引发过多的官僚主义。

(3) 欧盟在 2010 年 3 月 3 日题为"欧洲 2020——智能、可持续、包容性增长战略"的委员会通信中提出了"欧洲 2020 战略"。该战略以市场为基础，旨在实现欧盟经济的智能、可持续和包容性增长，并确保公共资金得到最有效利用。政府采购在该战略中起关键作用。在此背景下，特许经营权协议成为基础设施和战略服务领域长期发展的重要工具，它有助于国内市场竞争发展，也有助于从私人企业的专业知

---

① OJ C 191, 29.6.2012, p. 84.
② OJ C 391, 18.12.2012, p. 49.
③ Position of the European Parliament of 15 January 2014 (not yet published in the Official Journal) and decision of the Council of 11 February 2014.

识中获益以及实现高效与创新。

（4）目前，公共工程特许权协议的授予，适用欧洲议会和欧盟理事会 2004 年通过的第 18 号欧盟指令[①]中的基本规则；但涉及跨境利益的公共服务特许经营权协议则适用《欧盟运作条约》的基本原则，尤其是其中的商品自由流动原则、设立自由和提供服务自由原则，以及由此衍生出来的一系列原则，如平等对待、非歧视、相互认同、均衡性和透明性原则。由于各国立法者对该条约原则的解释不尽相同，并且各成员国间立法差异较大，因此易导致法律的不确定性。欧盟法院虽已通过广泛的判例法对此类风险予以明确，但也仅解决了特许权协议授予中的部分问题。

为消除国内市场持续的扭曲，有必要对《欧盟运作条约》原则的适用制定统一标准，以适用于所有成员国，也有必要在欧盟层级上消除对这些原则的理解差异。这将有利于提高公共支出效率，保障中小企业在地方和欧盟的特许经营权协议中均享有平等准入和公平参与权，同时也有助于实现可持续公共政策目标。

（5）本指令确认并重申了成员国及其公共职能部门有权决定行政管理的手段，即以其所认为最适当的方式进行公共建设和提供服务。本指令不得以任何方式影响成员国及其公共职能部门决定是直接为公众进行公共建设或提供服务，还是委托给第三方进行外包。依据欧盟法律，为实现公共政策目标，成员国或其公共职能部门有权确定和限定其所提供服务的特殊要求，包括服务的品质或价格的任何条件。

（6）应明确，依据《欧盟运作条约》中有关同等待遇、非歧视、透明性以及人员自由流动原则，成员国有权自主决定其所提供的服务属于具有普遍经济利益的服务，还是属于不具有普遍经济利益的服务，又或者是两者兼而有之。另外，还应指出，依据欧盟法律，本指令不得影响国家的、区域的或地方的职能部门为实现其公共政策目标所享有的、界定具有普遍经济利益服务及其范围与特点（包括与服务有关的任何条件）的自由。依据《欧盟运作条约》第 14 条、《欧盟运作条约》和《欧洲联盟条约》所附的第 26 条记录，本指令也不得影响国家的、区域的或地方的职能部门所拥有的提供、委托和资金支持具有普遍经济利益的服务的权力。除此之外，依据欧盟相关竞争规则，本指令不涉及具有普遍经济利益的服务的资金问题，也不涉及成员国的补贴制度，尤其是针对某些社会领域的专项补贴。还应明确，本指令不适用于不具有普遍利益的服务。

（7）还应指出，本指令不得影响成员国的社会保障立法。也不应使具有普遍经济利益的服务自由化，不能将其保留给公共或私人实体，或是将提供服务的公共实体私有化。

---

① Directive 2004/18/EC of the European Parliament and of the Council of 31 March 2004 on the co-ordination of procedures for the award of public works contracts, public supply contracts and public service contracts (OJ L 134, 30.4.2004, p. 114).

(8) 在授予等于或高于一定金额的特许经营权时,应在《欧盟运作条约》原则的基础上规定不同成员国国家程序的最小协调机制,以保障特许经营权向竞争开放以及充分的法律确定性。为实现上述目标并保持一定的灵活性,这些协调规定不应超过其必要性。另外,如果成员国认为有必要,尤其是为确保更好地符合上述原则,可以完善并进一步制定相关条款。

(9) 应明确:经营者集团,即使他们是以临时合伙的形式组合在一起,也可以参加特许经营权授予程序,而不必要求其符合特殊的法律形式。但在某种程度上也有例外,如当一个要承担连带责任的集团被授予特许经营权时,就有必要要求其符合特定的形式。还应指出,作为缔约方的职能部门或实体应明确规定,经营者集团应如何满足相关经济和财政要求,或者经营者参与缔约所应具备的技术以及专业能力标准。另外,应对那些由经营者集团所履行的特许经营权协议设置一定条件,但这些条件不得适用于个体参与者。这些条件应基于客观原因而具有合理性并且适当,可能包括:例如,要求在特许经营权授予程序中任命一个共同代表或牵头合作人,或要求提供其组织构成信息。

(10) 由于国家职能部门可能对在能源、交通和邮政等领域从事经营的经营者行为施加影响,并且其从事经营的领域具有市场封闭性特性,导致存在成员国授予的供应、提供或运营提供服务的网络等方面的特殊权利或专有权利,因此,在这些领域进行特许权授予时,应制定专门的协调规则。

(11) 特许经营权是作为缔约方的职能部门或实体将工程建设、提供或管理服务等事项委托给一个或多个经营者的经济利益合同。协议的目标是通过特许经营权采购工程或服务,而该特许权的利益则是利用工程或服务获益权或是该等权利加获取报酬权。此类合同可以但并非一定要求将所有权转移给缔约职能部门或实体,但缔约职能部门或实体却总能从上述工程或服务中获得利益。

(12) 项目的单纯融资通常负有偿还未用于预期目的资金的义务,因此,考虑到本指令的目的,应明确,本指令不适用于单纯融资,尤其是通过赠与获得。

(13) 另外,如果满足特定条件的经营者都可以执行规定的任务,没有任何选择性,比如选择消费者或者服务券制度,此类协议不属于特许经营权合同,包括那些公共职能部门和经营者基于法律协议所达成的约定。因为此类制度一般以公共职能部门作出的明确规定经营者持续进入提供特定服务领域(如允许顾客选择经营者的社会服务)的透明和非歧视性条件的决定为基础。

(14) 另外,某些成员国通过授权或许可之类的行为为经济活动创造条件,包括规定执行任务的条件,通常这些条件是依经营者的请求而非由缔约职能部门或实体主动提供,并且经营者可以从工程或服务的供给中自由退出,则这样的行为不是授予特许经营权。成员国的此类行为适用欧洲议会和欧盟理事会 2006 年第 123 号指令①的特别规定。与上述的成员国行为不同,特许经营权协议规定了对协议双方都有拘束力的义务,缔约的职能部门或实体提出的义务要求恰是实施工程建设或提供服务,特许权协议具有法律强制力。

(15) 此外,如果某些协议的标的是经营者根据私法或公法开发公共领域或资源,如公有土地或任何公共财产,尤其是在海上资源、内陆港口或航空等领域,成员国、缔约职能部门或实体仅仅是提供上述公共领域或资源的一般性使用条件,却没有获得具体工程或服务,则此类协议不属于本指令所指特许权协议。这种协议通常与公有土地的租赁契约有关,大致包括以下条款:承租方取得土地占有权;被租土地的使用,出租方和承租方对土地维护的责任与义务;租赁的期限以及将出租的土地返还给出租方;承租方所支付的租金及附带费用。

(16) 另外,如果有些协议授予使用公共不动产的路权,以铺设或运行提供公共服务的固定线路或网络,只要这些协议既未规定供应义务,也未规定缔约职能部门或实体为其自身或最终用户取得服务,则此类协议就不属于本指令所指特许权协议。

(17) 如果协议并未规定向缔约方支付报酬,而是根据约定的标准支付费用,并且该标准以弥补缔约方因提供服务而支出的一切成本与投资为限,则此类协议也不属于本指令所规制之协议。

(18) 在理解特许经营权和公共合同概念时存在的困难会导致在各利益方之间存在持续的法律不确定性,也造成欧盟法院出现大量的诉讼。因此,必须准确界定特许经营权的含义,尤其是运营风险的概念。特许经营权的主要特征即开发工程或提供服务之权利本身就意味着将一些经济方面的运营风险转移给特许权人,此处的运营风险包括了特许权人在正常营运的条件下可能无法收回为开发工程或提供服务而进行的投资和因此产生的费用,即便缔约职能部门或实体已承担部分风险。但如果缔约职能部门或实体通过向私营企业保障等于或高于因履行合同的投资及支出费用的最低收益,以此来消除私企的任何潜在损失,那么特许经营权授予所适用的具体规则将变得不合理。另外,还应明确,如果私营企业在建设工程或提供服务时所支出的成本及费用的补偿取决于服务或资产的实际需要或供给,则由缔约职能部门或实体予以专门补偿的特定协议应属于特许权协议。

(19) 如果行业性的专门规范通过向特许权人提供担保的方式补偿其投资以及执行合同所产生的费用而排除其风险,则此类协议不属于本指令所规定的特许权协议。但如果这些风险从一开始便得以控制,那么此类协议就不应被排除在特许权协议之外。例如,控制定价的行业领域或通过协议约定限制营运风险的情形,此类协议规定了部分补偿,以及因缔约职能部门或实体的原因发生解约或出现不可抗力时

---

① Directive 2006/123/EC of the European Parliament and of the Council of 12 December 2006 on services in the internal market (OJ L 376, 27.12.2006, p. 36).

的补偿。

（20）营运风险通常是因双方不可控的外部因素所致。例如，经营者管理不善、违约或者不可抗力之类的风险，在确定是否属于特许权协议时不起决定作用。因为，它们为每个合同所固有，不论是政府采购合同还是特许权协议。因此，所谓营运风险应该是因市场的变幻莫测所引发的风险，这些风险可能由需求或供应风险所致，也可能是因两者共同引发。需求风险即对作为合同标的的工程或服务的实际需求风险。供应风险即对作为合同标的的工程或服务的供应风险，尤其是服务或工程的供需不平衡风险。因此，为了准确评估运营风险，应以一致而统一的方式将特许权人的投资、支出及收益的净现值全部考虑进去。

（21）欧盟法院已在判例中反复审查"受公法管辖实体"的概念，而充分理解该概念的关键是要对其进行大量解释。因此，应明确，在正常的市场条件下运作、以营利为目的且自担风险的市场主体，不是"受公法管辖的实体"，因为设立该实体旨在承担的或应当承担的具有普遍利益的任务具有工商业性质。另外，欧盟法院在审查了此类主体的资金来源状况后明确表示，"主要资金来源"指的是过半数的资金来源，并且这些资金也包括用户支付的根据公法征收、计算和收取的费用。

（22）应准确界定"专有权"和"特别权"，因为它们是明确本指令范围与缔约实体概念的关键。应明确指出，有些经营者既不是本指令第 7 条第 1 款（a）项规定的实体，也不属于公共企业，他们只有在依上述权利从事相关活动时，才适用本指令有关规定。但如果这些权利是根据基于客观标准的，尤其是符合欧盟立法的并经适当公示的程序所授予，则这些经营者便不属于缔约实体。这些欧盟立法包括欧洲议会和欧盟理事会所颁布的欧盟 2009 年第 73 号[①]和 72 号指令[②]、1997 年第 67 号指令[③]、1994 年第 22 号指令[④]以及 2007 年的第 1370 号法规[⑤]。应明确，此立法清单并不全面。另外，根据其他任何形式的基于客观标准并得到充分公示的程序授予的权

[①] Directive 2009/73/EC of the European Parliament and of the Council of 13 July 2009 concerning common rules for the internal market in natural gas and repealing Directive 2003/55/EC (OJ L 211, 14.8.2009, p. 94).

[②] Directive 2009/72/EC of the European Parliament and of the Council of 13 July 2009 concerning common rules for the internal market in electricity and repealing Directive 2003/54/EC (OJ L 211, 14.8.2009, p. 55).

[③] Directive 97/67/EC of the European Parliament and of the Council of 15 December 1997 on common rules for the development of the internal market of Community postal services and the improvement of quality of service (OJ L 15, 21.1.1998, p. 14).

[④] Directive 94/22/EC of the European Parliament and of the Council of 30 May 1994 on the conditions for granting and using authorisations for the prospection, exploration and production of hydrocarbons (OJ L 164, 30.6.1994, p. 3).

[⑤] Regulation (EC) No 1370/2007 of the European Parliament and of the Council of 23 October 2007 on public passenger transport services by rail and by road and repealing Council Regulations (EEC) Nos. 1191/69 and 1107/70 (OJ L 315, 3.12.2007, p. 1).

利,也与确定本指令所指协议实体的范围无关。

(23) 本指令仅适用于价值等于或高于特定金额的特许权协议,该特定金额应反映与缔约职能部门位于不同成员国境内的经营者在特许权协议中的跨境利益。因此,应该明确对特许权进行估值的方法,并且此方法应同时应用于工程特许权和服务特许权,因为它们通常均包含工程建设与服务因素。计算时应考虑作为提供建设或服务的对价的特许权人的总销售额,如缔约职能部门或实体估算的整个合同期间的扣除增值税的总销售额。

(24) 为了在能源、交通以及邮政服务领域适用特许权协议授予规则时实现市场的真正开放和适当的平衡,不能根据主体的法律地位来界定本指引所称之实体。因此,应平等对待在公共领域和私营领域的协议实体。另外,依据《欧盟运作条约》第345条,应确保不影响成员国的财产所有权制度。为此,在从事上述任一项活动的主体为开展活动之目的而授予特许经营权时,不论涉及的是国家、地方或地区权力机关,还是由公法主体、公有企业或享有特别权或专有权的其他主体,都应适用专门的和统一的规则。根据国家法律负责提供与附件Ⅱ中规定的任一活动有关的服务的实体所从事之活动推定为此类活动。

(25) 应明确,在机场从事的上述活动也包括为乘客提供此类服务,即有助于机场设施顺利运行,也为运行良好的现代化机场所必备,比如零售业、餐饮业及停车场等。

(26) 某些企业从事热气和冷气的生产、输送及供应。在上述活动中适用何种规定尚存疑问。因此,应明确,热气的输送以及/或热量的供应属于附件Ⅱ中的活动,因而供热领域的企业只要其被界定为实体,就适用本指令有关实体的规定。另外,在供冷领域从事活动的企业只要被界定为缔约职能部门,就适用本指令有关缔约职能部门的规定。最后应明确,在供热和供冷领域授予特许经营权时,应当根据执行多项活动的多个合同之规定进行审查,以确定在授予特许经营权时适用哪一个采购规范。

(27) 本指令在供冷领域的适用范围发生任何改变之前,应审查该经济领域的现状,以便获得充分的信息,尤其是竞争状况、跨境采购程度以及相关利益方意见。由于本指令在该领域的适用可能对市场开放产生实质影响,因此在评估本指令的效果时,应进行前述审查。

(28) 应予澄清的是,在附件Ⅱ中第1和2段的目的之下,供应包括生产/制作、批发和零售。但是,以提炼形式进行的瓦斯生产属于附件Ⅱ中第6段的范畴。

(29) 如果混合协议的不同部分在客观上不可分,那么应依协议的主要标的确定其适用的规则。因此,应予明确的是,缔约职能部门和实体如何确定其不同部分是可分还是不可分。明确时,应以欧盟法院的相关判例为依据。在界定时应以个案审查为基础,在审查时缔约职能部门或实体无论是明确表示还是被推定认为组成混合协议的不同方面不可分,如果没有客观证据的支持,该意图都不充分。这些证据要能证明签订一项单一协议的正当性和必要性。例如,在建设一栋独立的建筑物时,如果该建筑的一部分由相关公共职能部门直接使用,另外的部分则根据特许经营权进行运营,比如作为公众停车设施等,则签订单一协议就存在充分的必要性。另外,也可能出于技术性和经济性原因而存在订立单独协议的必要性。

(30) 在可分的混合协议中,缔约职能部门和实体始终有权就混合合同的各部分分别签订单独的合同。在该种情形中,只能根据每个具体协议的特征来确定适用于该单独协议的规定。如果公共职能部门与实体选择签订一个特许经营权协议,而该协议除了特许经营权内容外还包含了其他内容,则无论该协议的价值及这些内容原本适用的法律规则如何,都应当就该种情形下适用的规范作出规定。另外,应对那些涉及国防、安全或含有不属《欧盟运作条约》特定部分的混合协议作出特别规定。

(31) 协议实体也可能被授予多个特许权,以许可实施多项可能分别适用于不同法律规定的必要经营活动。但应明确,如果一项特许权包含多项工程,那么其所适用的法律制度,应受制于其中主体工程所适用的规则。在确定特许权主体项目时,可以分析缔约实体为了评估该特许经营权价值以及起草授予文件所提出的、特许经营权所要满足的特殊要求为基础。在有些情形下,客观上可能无法确定特许权的主体项目。对这些特定情形下所适用的规则应予明确规定。

(32) 在特定情形下,当协议当局或主体是成员国、区域性或地方性职能部门、由公法管辖的机构或上述主体组成的协会时,如果根据国家法律、法规或符合《欧盟运作条约》的公共行政规范在提供一项服务时享有专门性排他权利,则该协议当局或实体可能是该项服务的唯一供应商。应明确,此处所指协议当局或实体或者其协会可能在授予这些主体特许经营权时并不适用本指令。

(33) 如果以专有权为基础而授予经营者特许经营权,该专有权乃根据国家法律、法规或公共行政规章并且符合用以确定附件Ⅱ所涉及活动的一般市场准入规则的《欧盟运作条约》及欧盟法令而授予经营者,则该特定的服务特许经营权也不属于本指令的适用范围,因存在这些专有权,在授予特许权时无法遵循竞争程序。为了减少和不损害本指令一般性排除适用的法律效果,除非特定领域立法中明确规定了透明度条件,否则,在授予本指令第 10 条第 1 款第 2 项规定特许权时应向公众公布,以确保基本透明。另外,为加强透明度,成员国在授予经营者附件Ⅱ所涉及项目的专有权时,应通知委员会。

(34) 就本指令而言,应基于欧洲议会和欧盟理事会 2009 年颁布的第 181 号指令[①]

---

① Directive 2009/81/EC of the European Parliament and of the Council of 13 July 2009 on the coordination of procedures for the award of certain works contracts, supply contracts and service contracts by contracting authorities or entities in the fields of defence and security, and amending Directives 2004/17/EC and 2004/18/EC (OJ L 216, 20.8.2009, p. 76).

来理解重大安全利益、军事设备、敏感设备、敏感工程和敏感服务的概念。

(35) 本指令不得影响各成员国依欧盟相关规定自由选择包括授权在内的组织及控制赌博与博彩的运作方式。在特定特许权协议中，成员国以专有权为基础授予经营者与彩票运营有关的特许权，这些专有权是经营者通过不公开程序获得的，并且此不公开程序符合依《欧盟运作条约》制定的国家法律、法规或公开行政条款，将此类特许权协议从本指令的适用范围中排除是适当的。赋予经营者专有权、竞争程序不可用，以及成员国保留有出于维护公共和社会秩序之责任而在国家层级上规制赌博业的可能性等原因，使得排除适用具有正当性。

(36) 由非营利组织或协会提供的某些紧急类服务不适用本指令，因为如果必须依本指令所规定的程序来选择此类服务供应商，那么这些组织的特殊性将难以保持。但是，应对此项排除适用作严格限制。因此，应明确规定，不得排除运送病人的救护车服务。在此情形下，还应明确，CPV 601组中的陆运服务不包括属于CPV 8514类的救护车服务。为此，应明确，仅由运送病人的救护车服务组成的CPV编码85143000-3中的服务应当适用为社会和其他特别服务所制定的制度（以下称"特殊规定"）。因此，如果运送病人的救护车服务的价值远高于其他救护车服务的价值，那么提供救护车服务的混合协议一般也应适用特殊规定。

(37) 应明确，本指令仅规制成员国的协议当局和实体。因此，非协议当局和实体的政党组织不受本指令制约。但是，某些成员国的政党组织在特定情形下也可能属于公法管辖的实体。例如，在选举背景下，某些特定服务（如制作宣传影片和视频等特定服务）因与服务者的政治观点紧密关联，故在选择此类服务供应商时，通常不依特许权规则。最后，应明确的是，欧盟政党及欧洲政治基金会的章程和财务适用本指令之外的其他规定。

(38) 很多协议实体在组织架构上可能包含一系列独立企业的经济集团，通常情形下，其中每一个独立的企业在整体的经济集团中有其专门角色。因此，不应将特定的特许服务或建设经营权授予其附属企业，因为此类附属企业的主要业务是向其所属集团而不是向市场提供这些服务或工程。另外，协议实体也不应将上述特权授予其下属合资企业，因为这些合资企业是协议实体为执行本指令项目所组建，或者其本身就是该协议实体的组成部分。然而，应确保该排除不会导致对这些附属企业或合资企业的竞争扭曲。另外，有必要制定一系列适当的规则，尤其是附属企业从市场中获得部分营业额的最高限额，如果超过该限额，企业将丧失获得无须竞争的特许权的可能性，以及合资企业的构成、合资企业与其所组成的协议实体之间关系的稳定性。

(39) 当协议实体与相关企业存在直接或间接支配性影响，或者两者均受另一企业支配性影响时，该相关企业应被视为附属企业。在此情形下，私人参与本身与此无关。证明相关企业是否属于特定协议实体一般较容易。由于在决定是否应合并相关企业与协议实体的年度账目时，已经核查了存在直接或间接支配性影响的可能性,因此,在合并时,相关企业应被视为附属企业。但在某些情形下不适用欧盟合并会计准则,例如,因所涉及企业的规模问题,或因未满足企业法律形式的相关条件。在此情形下,不适用欧洲议会和欧盟理事会 2013 年颁布的欧盟第 34 号指令①。因此,在核查是否存在直接或间接支配性影响时,应考虑所有权、财政支持或经营管理规则等因素。

(40)水作为公共物品,对全体欧盟公民具有重要的基础价值,因此水利部门的特许权通常都是具体且复杂的安排。水的这一特点排除了在该领域适用本指令的可能性。提供或运营固定网络的服务或工程的特许权也被排除,因为这些特许权是为公众提供与饮用水的生产、运输及供应有关的服务,或为这些网络提供饮用水服务。另外,有些特许权与污水处理和水利工程、灌溉或地面排水设施有关,当这些特许权与一项被排除项目有关,并且饮用水的供应量在这些工程、灌溉或排水设施的用水总量中所占比例超过 20%,那么,这些特许权也应被排除。

(41)本指令不适用于由协议主体授予且许可从事附件Ⅱ中所规定项目运作的特许经营权,因为如果在成员国中实施此项目,协议主体将直接参与到无门槛限制的市场竞争中,为防止该现象发生,欧洲议会和欧盟理事会在 2014 年所颁布的欧盟第 25 号指令②中规定了相应程序。因此,要考虑保留本指令所规定的可适用于所有部门或相关部门的组成部分的程序,该程序将对目前或未来的开放竞争产生影响。该程序为相关经营者提供了法律确定性和适当决策程序,确保欧盟法律尽快在这一领域实现统一适用。为了法律的确定性,应明确,在本指令生效之前,所有依欧盟 2004 年颁布的欧盟第 17 号指令所作出的裁判可继续适用。

(42)本指令的规制对象为各成员国,国际组织以自己名义为其自身利益所授予的特许经营权不适用本指令。但应明确,本指令在何种程度上适用于特殊的国际规则所规定的特许权授予。

(43)在向某些视听和广播媒体服务授予特许经营权时,应考虑将导致特许权授予规则不可适用的文化或社会意义。因此,在特许服务经营权中应作一些例外规定,即当媒体服务提供者为了购买、发展、制作或合作制作现成节目,以及其他预备性服务(比如节目制作所必需的剧本或艺术表演)时,便可自主授予特许经营权。同时,该例外应平等适用于广播媒体服务及点播服务(非线性服务)。但是,在提供节目的制作、合作制作以及广播所需技术设备时,不适用该例外。

---

① Directive 2013/34/EU of the European Parliament and of the Council of 26 June 2013 on the annual financial statements, consolidated financial statements and related reports of certain types of undertakings, amending Directive 2006/43/EC of the European Parliament and of the Council and repealing Council Directives 78/660/EEC and 83/349/EEC (OJ L 182, 29.6.2013, p. 19).

② Directive 2014/25/EU of the European Parliament and of the Council of 26 February 2014 on procurement by entities operating in the water, energy, transport and postal services sectors (see page 243 of this Official Journal).

(44) 本指令不影响各成员国为公共广播服务提供资金,只要这些资金用以广播组织执行各成员国依据作为《欧盟运作条约》和《欧盟条约》附件的公共广播第29号文件所授权、确定与组织的公共广播服务。

(45) 至于在公共领域的两个实体之间订立的协议在多大程度上应当适用于特许经营权规则存在极大的法律不确定性。不同成员国甚至缔约机构或协议实体间对欧盟相关判例法的理解也不尽相同。因此,有必要澄清在哪些欧盟法院的判例中所涉及的公共领域的合同不适用本指令所确定的规则。该等澄清应以欧盟法院在相关判例法中所确定的原则为指引。仅有协议双方当事人都是公共机构这一单一事实不能排除适用本指令所确定的规则。但是,本指令所确定的规则的适用不得妨碍公共机构用自有资源履行其所担负的公共服务职责的自由,包括与其他公共机构合作。但应保证当公共机构之间的合作豁免适用本指令所确定的规则时,不能造成与私人经营者之间的竞争扭曲的结果,即将某一服务的私人提供者置于优于其竞争者的位置。

(46) 如果本指令第7条第1款(a)项所规定的协议当局或实体对相关法人享有控制权(类似于公共当局对其自己的部门所行使的控制权),并且无论协议履行的受益方是谁,受控制法人超过80%的工作量是在履行控制方(即协议当局或实体以及其他由协议当局或实体控制的法人)所委托的任务,那么在对受控制法人授予特许权时,不适用本指令所规定的程序。私人经营者直接投资参股受控制法人的情形不适用豁免,因为在此情形下,缺乏竞争程序的特许经营权授予,将使参股受控制法人的私人经营者获得其他经营者没有的不正当竞争优势。但是,鉴于公共机构具有的强制性会员特性,如负责管理或提供特定公共服务的组织,如果特定的私人经营者因符合欧盟条约的国家法律的规定而参股受控制法人,并且该参股没有达到享有控制权或否决权的程度,且不会对受控制法人的决策产生决定性影响,则不适用此豁免。另外,应进一步明确,只有私人企业的直接参股受控制法人才是决定性的因素。

因此,私人资本参股协议当局或实体,并不妨碍将公共合同授予受控制法人,并且无须适用本指令所规定的授予程序,因为这种参股并未严重损害私人经营者间的竞争。还应明确指出,那些拥有私人资本参股的协议当局或实体(如受公法管制的实体)可以就横向合作主张豁免。因此,当满足横向合作的所有其他条件时,那些仅在协议当局或实体之间订立协议的协议当局或实体便可以主张横向合作的豁免。

(47) 本指令第7条第1款(a)项所规定的协议当局或实体应该能够选择通过合作的方式共同提供公共服务,而无义务采用任何特定的法律形式。该合作可能涵盖与缔约部门分配或承担的提供服务或承担责任有关的各种项目,如当地或地区当局强制或自愿的任务,或由公法授予特定主体的服务。不同的缔约部门或实体所提供的服务不一定相同,有可能相互补充。如果包含公共服务共同条款的协议仅在协议当局或实体间签订,或相关主体间合作的贯彻落实仅受与公共利益有关的因素支配,或任何私人服务提供者都不享有同其他竞争者相比的有利地位,那么此类协议不适用本指令。

为满足这些条件,合作应以合作理念为基础。该合作不要求所有参与当局都履行协议的主要义务,只要协助提供上述公共服务即可。另外,实施合作,包括在协议参与当局间的任何资金转移,都应只受与公众利益有关的因素制约。

(48)依据国家相关法律规定,在特定情形下,一个法人实体可能作为协议当局或实体的工具或技术服务者,该法人有义务履行协议当局或实体的命令,并且无法影响其所能获得的薪酬。这种纯行政关系具有非契约性,故不适用特许权授予程序。

(49)需要阐明的是,应从广义上解释"经营者",任何人员和/或企业只要能在市场上建设工程、供应产品或提供服务,不论其选择经营的法律形式是什么,都属于"经营者"。因此,公司、分公司、子公司、合伙企业、合作社、有限公司、公立大学或私立大学,以及其他形式的实体,不论其是否在所有情形下都是"法人",都属于"经营者"。

(50)为确保对协议当局或实体所授予的等于或高于特定金额的建设或服务特许经营权协议进行适当的公告,在授予特许经营权前必须在欧盟官方公报中公告。

(51)考虑到对竞争带来的不利影响,只有在特殊情况下才可以允许不事先公告而授予特许权。这种特殊情况应限于这样的情形,即一开始便知晓公告不会带来更多竞争,尤其是客观上仅有一个能执行该特许权的经营者时。另外,对于未来的授予程序,协议当局或实体不应事先自行排除其向其他经营者授予特许权的可能性,而应全面评估可胜任的替代者的情况。

(52)为避免市场圈定与限制竞争,应限制特许权的存续期。另外,一个存续期过长的特许经营权极可能导致市场圈定,进而阻碍服务自由流动和设立自由。但是,如果较长的存续期对特许权人收回其因执行特许权合同而进行的投资以及获得投资收益而言必不可少,那么长存续期也可能是合理的。因此,对一个存续期超过五年的特许权而言,应将其存续期限制在特许权人在正常运作条件下能合理地收回其为工程和服务所付出的投资以及获得投资收益的合理期间内,此时还应考虑特许权人要实现的特殊合同目标,诸如用户在质量或价格方面的相关要求。为此,在授予特许权时,应进行有效的评估。评估应包括对运营特许权而言必要的初始和后续投资,尤其是对基础设施建设、著作权、专利、设施装备、物流、租金、人员培训的支出及开办费等。除非存续期是协议的一项授予标准,一般情况下,都应在特许权文件中规定特许权的最长存续期。另外,如果相关补偿并不能消除运营风险,那么协议当局或实体应该可以授予一个存续期短于收回投资必要期间的特许权。

(53)将那些只具有有限程度的跨境服务排除在本指令全部适用范围外是合理的,比如特定的社会、健康或教育等服务。因为,这些服务都是在特定情况下提供的,并且因文化传统不同,这些特定情况在各成员国间差别较大。另外,由于此类服务的特许权最近才被规制,因此,有必要针对此类服务的特许权建立具体制度。事先信息公告以及对任何等于或大于本指令所规定限额的特许权授予予以公告,为潜在投标人提供了商业信息机会,也为所有相关利益主体提供了有关所授予特许权的数量及类型的信息。此外,如果协议当局或实体考虑了上述服务的特点,成员国就应对此类服务的特许权协议采取适当措施,确保符合透明和对经营者平等待遇原则。依《欧盟运作条约》第14条及草案第26条,各成员国还应确保协议当局和实体可以考虑创新、高质、安全、偿付能力、平等对待及普遍进入和用户权限提升等方面的需求。

(54) 鉴于文化背景的重要性和这些服务的敏感性,应赋予成员国广泛的自由裁量权,即成员国可以其认为最恰当的方式来组织选择服务提供者。本指令不禁止各成员国应用具体质量标准选择服务提供者,如欧盟社会保护委员会在欧洲社会服务质量框架中所列标准。成员国和/或公共机关有权自己提供此类服务,或不以签订特许权协议的方式组织社会服务,例如,给这些服务提供较少的资金支持,或没有任何限制或配额地给所有符合协议当局或实体事先规定条件的经营者发放牌照或许可证,但这些方式应确保充分公告,并且符合透明和非歧视原则。

(55) 为了在特许权授予程序中体现环境、社会和劳动领域的相关要求,尤为重要的是,成员国及协议当局或实体应采取相关措施确保这些领域的要求得到遵守,相关方在执行工程或提供服务时应遵循这些来自国家或欧盟的法律、法规或行政规章以及集体协议规定的义务,但是这些规定及其应用应符合欧盟法。同样,在特许权经营过程中还应遵守那些由所有成员国正式签署的国际协议的规定以及列在本指令中的义务。但是,这不应妨碍对劳动者更有利的雇佣条款及条件的适用。采取相关措施应符合欧盟法的基本原则,尤其是为确保平等待遇,还应符合欧盟1996年颁布的第71号欧盟指令①的规定。另外,在某种程度上还应确保平等待遇,以及不直接或间接歧视来自其他成员国的经营者与劳动者。

(56) 应考虑在特色履行地提供服务。提供远程服务时,比如由呼叫中心提供服务的,就应考虑在执行服务的地方提供服务,而不论该服务是针对地方还是成员国。

(57) 在特许权条款中可以反映相关义务。特许权条款也可能包含那些确保在特许权方面符合欧盟法集体协议的条款。对于相关经营者而言,不遵守相关义务将被视为严重不端行为,特许权授予程序有可能将该经营者排除。

(58) 在特许权授予程序的相关阶段,尤其是当适用规范参与者选择和授予协议的一般性原则时以及适用排除标准时,应遵守环境、社会和劳动法的有关规定。

(59) 有些措施旨在保护公共政策、公共道德、公共安全、健康、人类和动物生命及植物生命或其他环境保护,尤其是为了可持续发展。本指令的任何内容不应阻止

---

① Directive 96/71/EC of the European Parliament and of the Council of 16 December 1996 concerning the posting of workers in the framework of the provision of services (OJ L 18, 21.1.1997, p. 1).

这些措施或其他环保措施的实施与执行,但这些措施应符合《欧盟运作条约》的规定。

(60)为确保授予程序的保密性,协议当局或实体及经营者不得披露已被认定为机密的信息。不遵守该义务将会受到相应的制裁,这些制裁一般规定在成员国的民法或者行政法中。

(61)为打击欺诈、偏袒和腐败,防止利益冲突,成员国应采取适当措施确保程序透明,并平等对待所有候选人和投标人。此类措施主要指那些以消除利益冲突和其他严重违规行为为目标的特别措施。

(62)为确保所有相关的经营者都能提交申请与投标,协议当局和实体必须遵守接收此类申请和投标的最低期限。

(63)为了使经营者可以有效获得与特许权相关的经济机会,在选择经营者时,依适当、非歧视和公平的标准十分重要。尤其是,候选者依赖其他实体能力的可能性足以决定中小企业的参与机会。因此,应作以下规定:选择标准应仅与经营者的专业技术能力及财务经济地位有关,并且与协议标的相关;在特许权公告中公示选择标准;除特殊情况外,如果那些依赖其他实体能力的经营者向协议当局或实体证明其拥有可自由处置的必要资源,那么,不论其与那些实体之间的联系的法律性质如何,不得将其排除。

(64)此外,为了在特许权授予程序中更好地考虑到社会和环境因素,协议当局或实体可以在协议所规定的工程或服务的任何方面,以及从提取原材料到处理产品的任何阶段,采用授予标准或特许权行使条件,包括在具体生产、提供或交易工程或服务过程中或在其生命周期后期的一个具体程序中所涉及的因素,即使这些因素并非其实质性内容的一部分。这种在生产和服务提供过程中的标准或条件,如特许权的客体是使用节能机器提供服务。依欧盟法院的判例法,这些标准和条件也包括在将授予的特许权行使过程中与公平贸易产品的使用有关的授予标准或特许权行使条件。与贸易及其条件有关的标准和条件可以是如向分包商支付的最低价格及价格溢价的要求。与环境因素有关的特许权行使条件可能包括如废物最小化或资源最大化利用。

(65)如欧盟法院所解释的,涉及生产过程中社会方面的授予标准或特许权行使条件,应符合欧盟 1996 年颁布的第 71 号指令,并且在选择或适用这些标准及条件时,不得直接或间接歧视来自其他成员国、世贸组织关于政府采购协议的第三方国家或欧盟为一方当事人的自由贸易协议的第三方国家的经营者。因此,在欧盟 1996 年第 71 号指令中规定的与基本工作条件有关的要求,如最低工资标准,应当保持在国家立法或该指令下符合欧盟法的集体协议所确定的水平。特许权行使条件可能有助于促进男女平等工作、增加妇女在劳动力市场的参与机会、协调工作与私人生活、保护环境或动物权利、遵守国际基本劳工组织公约,并招募比国家立法要求的数量更多的残障人士。

(66) 有些措施旨在保护特许权行使过程中的员工的健康,也有利于促进被派往执行特许经营权或训练上述特许权所需技能的人员当中的残疾人或弱势群体成员与社会的融合,这些措施也可成为授予标准或特许权行使条件,但应与特许权所规定的工程或服务有关。例如,这些措施可以指,除其他情形外,雇用长期求职者,以及在即将授予的特许权行使过程中,培训失业人员或青年人等相关措施。在技术规范上,协议当局还能提供直接体现上述工程或服务特性的社会需求,如残疾人的可达性及为方便所有用户所做的设计。

(67) 协议当局及实体对技术及功能要求的规定需要允许特许权的授予向竞争开放。这些要求应明确界定特许权所规定工程或/和服务的特征,并涉及该工程或服务的具体生产及提供过程,但这些要求应与特许权的标的物相关,并且与其价值及目标成比例。具体的生产过程可能包括与残障人士可达性或环境绩效水平有关的要求。特许文件应涵盖这些技术和功能要求,并且符合平等待遇与透明原则。这些要求应避免人为缩小竞争,尤其是避免规定反映由某一特定经营者日常提供的供应、服务或工程关键特征的要求,而有利于该特定经营者。在任何情况下,协议当局或实体都应考虑所有同等符合所要求特征的工程和/或服务的投标,包括与该工程和服务相关的供给。

(68) 特许权通常是长期且复杂的安排。在该制度下,特许权人要承担传统上由协议当局或实体所承担或属于他们职权范围内的责任与风险。因此,在遵守本指令及透明和平等待遇原则的前提下,应允许协议当局和实体有相当的灵活性规定并组织特许权人的选择程序。但为确保整个授予过程的平等待遇和透明性,应为授予程序提供基本保障,包括提供与特许权本质和范围相关的信息、限制候选者人数、向候选人和投标人发布信息及适当记录的可用性等。另外,为防止对任何潜在候选者造成不公平对待,也有必要规定不应偏离特许权公告的初始条款。

(69) 禁止将特许权授予参加过犯罪集团或被发现犯有贪污腐败、欺诈损害欧盟经济利益、恐怖袭击、洗钱、恐怖主义融资或贩卖人口等罪行的经营者。但在例外情形下,如为全体利益的最高要求必须授予特许权的,成员国可克减此类强制性排除的规定。另外,不缴纳税款或社会保障税的行为也将受到欧盟强制性排除规定的制裁。

(70) 此外,协议当局和实体有权排除那些被证明不可靠的经营者。例如,严重或屡次违反环境或社会义务,包括残障人士可达性规则或其他严重失职行为,如违反竞争规则或侵犯知识产权。应明确的是,严重的失职行为可导致该经营者的诚信受质疑,因此无论其是否具备履行协议的技术或经济能力,都不适宜被授予特许权。因协议当局和实体要对可能的错误决定的后果负责,因此在作出以强制性排除为依据且具有最终拘束力的决定前,如果可以通过任何适当方式证明该经营者违反了包括与缴纳税款或社会保障费有关的义务(除非国家法律另有规定),那么,协议当局或实体也可自由考量,认定其具有严重失职行为。协议当局和实体也应排除下述候选者或投标人；这些候选者或投标人在先前的特许权协议或与协议当局及实体的其他协议的实质性要求方面已表现出主要不足，如交付不能或履行不能，所交付工程或服务存在重大缺陷，使之不能用于最初目的，或导致严重质疑经营者可靠性的不端行为。国家法律应对这些排除规定一个最长存续期。

(71) 应考虑下述可能性，即为弥补任何刑事犯罪或不当行为的后果，并有效防止不当行为进一步发生，经营者可能会采取一些合规措施。这些措施尤其可能包括人事和组织措施，如遣散所有参与不法行为的个人或组织以及适当人员重组措施；采取报告和控制系统；为监测合规性建立内部审计结构；制定内部责任和赔偿规则。如果这些措施能够提供足够的保障，则不应再仅依前述理由排除此类经营者。为了有可能进入特许经营程序，经营者有权要求相关机构审查其采取的合规措施。但应由成员国来决定适用于此类情况的具体程序和实质性条件。尤其是成员国有权自由决定是否允许个别协议当局或实体开展相关评估或是否委托中央或地方其他机构完成该项任务。

(72) 国家主管部门(如劳动监察机构或环保机构)在其职责和权限范围内，通过适当的措施，保证分包商遵守欧盟法、国家法、集体协议在环境、社会和劳动法领域的相应规定，以及本指令在国际环境、社会和劳动法等方面的规定(前提是这些相关规定及适用符合欧盟法)，这一点很重要。另外，在分包环节也必须保证透明性，以便于协议当局或实体获得以下信息：目前谁正在建筑工地上执行工作，正在履行的是什么工作，或哪些事业单位在协议当局主管或有监督职责的建筑、基础设施或区域(如市政厅、市属学校、体育设施、港口或高速公路等)提供服务。应明确，特许权人在任何情形下都有义务提供所需信息，这项义务或以包括每个协议当局或实体的所有特许权授予程序的具体条款为基础，或以成员国通过普遍适用的规定而施加给特许权人的义务为依据。

另外，也应明确，即使一个成员国的法律规定了分包商和特许权受让人承担连带责任，也要执行遵守欧盟法、国家法、集体协议在环境、社会和劳动法领域的相应规定，以及本指令在国际环境、社会和劳动法等方面的规定(前提是这些相关规定及适用符合欧盟法)的条件。此外，应明确地指出，成员国可进一步规定，如扩大透明义务，或授权或要求协议当局或实体核实并保证分包商不属于任何应排除经营者的情形。适用于分包商的措施应与适用于受让人的规定一致，这样，当分包商被强制排除后，可要求受让人代替相关分包商。应明确的是，如果在核实并未发现强制排除理由，协议当局或实体也可以要求此项替换。但应明确的是，当必须排除受让人时，协议当局或实体便有义务替换相关分包商。还应明确的是，成员国可以同时依国家法律自由规定更为严格的责任规则。

(73) 协议当局或实体应依一项或多项授予标准评估投标。为确保透明和平等待遇，这些标准应始终符合一些一般标准。这些标准可能是一些非纯粹经济因素，但从协议当局或实体看来，这些因素影响投标价值，并且可以计算出经济上的总效益。应提前向所有潜在候选人或投标人披露这些与合同的标的物有关的标准,并且这些标准不得给予协议当局或实体不受限制的自由选择权。这些标准应允许有效竞争,并附有允许对投标人所提供信息进行有效核实的规定。除了其他标准,授予标准也可能包括与环境、社会或创新有关的标准。协议当局或实体应依重要性降序排列授予标准,使潜在投标人在准备投标时考虑到应考虑的所有因素,进而确保平等待遇。

在例外情形下,协议当局或实体会收到提出具有独特功能特征的创新解决方案的投标,并且该方案是尽职的协议当局或实体所未能预见的,这时,由于该创新方案会带来一些新的可能性,协议当局或实体应修改授予标准。但应确保该修改对所有实际或潜在投标人的平等待遇,如发布新招标或适时发布新的特许权公告。

(74)信息和通信等电子手段大大简化了特许权的公告,提高了授予程序效率、速度及透明度。由于这些电子手段极大提高了经营者参与整个内部市场特许权授予程序的可能性,因此这些电子手段可成为特许权授予程序中沟通与信息交流的标准手段。

(75)特许权协议通常包括一些长期且复杂的技术和财务安排,但这些安排一般随环境改变而有所变动。因此,考虑到欧盟法院的相关判例,有必要明确,在特许权行使期内修改该特许权的条件时,需重新授予特许权。当初始特许权发生实质性变更时,应重新授予特许权,尤其是当双方主体相互权利及义务范围和内容发生变更,包括知识产权分配发生变动时。这些改变表明双方当事人欲对特许权的关键性条款或条件进行重新谈判。尤其是当被修改的条件影响程序的结果,并且属于初始协议的一部分。在无须重新授予特许权时,对特许权的修改也可能导致协议价值发生微小变化,达到一定金额。为确保法律的确定性,本指令应规定最低限额,低于该限额的修改无须重新授予特许权。如果特许权的变更符合特定条件,即使该变更超过了该最低限额,也有可能无须重新授予特许权。比如,为实现协议当局或实体与安全性有关的考虑而进行的必要的变更就属于这种情况,此时要考虑到此类活动(比如运营山地运动和旅游设施)的特性,可能法律规定已因应相关风险而发生了变化。

(76)协议当局和实体在特许权行使期内,会遇到一些它们在授予特许权时不可预见的情形,尤其是特许权的行使期较长时。此时,若不重新授予特许权,就需要一定程度的灵活性使特许权应对突发情况。所谓不可预见情形,是指尽管基于其可以运用的手段,具体项目的性质、特点,在该领域中的良好实践,以及确保因准备授予所花费资源和特许权可预见价值之间适当关系等方面的考虑,协议当局或实体对初始特许经营权已尽合理尽职的准备义务,仍不可预见的情形。但是,上述规定不适用于导致特许权整体性质改变的变更,如替换所执行的工程、提供不同的服务或是根本改变特许权类型等,因为在此情形下,可以推定对结果产生影响。除本附件Ⅱ中所指项目的特许权,因修改所导致的任何价值上的增值均不得高于初始特许权价值的50％。对需要进行连续修改的特许权,应限制每次修改的价值。但连续修改不得以规避本指令为目的。

(77) 依平等待遇和透明原则,当特许权因绩效不足被终止时,禁止在不重开特许权竞争的情况下,便由其他经营者代替原中标者。但在特许权行使期,中标者尤其是被授予特许权的经营者集团,可以进行一定的结构变化,如纯粹的内部重组、收购、兼并重组或破产。这些结构变化不应自动要求重新授予该中标者行使的特许权。

(78) 协议当局和实体应有权通过审查条款或选择条款规定特许权的修改,但这些条款不得赋予其不受限制的自由裁量权。因此,本指令在初始特许权中应规定可修改的程度。因此,应明确,可以通过表述充分且清晰的审查条款或选择性条款规定价格指数,或者如确保一定时间内所交付的通信设备在通信协议变化或其他技术改变的情况下也可以继续使用。在条款足够清晰的情况下,还可能对特许权作必要的变通规定,以应对操作或维护过程中所出现的技术难题。另外,还应明确,特许权既可以包括日常维修,也可以规定包括必要的特别维护措施,以保证公共服务的持续。

(79) 有时,协议当局和实体可能要做一些必要的附加工作或服务。在此情形下,不重新授予特许经营权而修改初始特许权是合理正当的。但应满足本指令所规定的条件。

(80) 有时,为遵守欧盟法中有关特许权的义务,协议当局和实体可能需要提前终止特许权。如果欧盟法要求在行使期内提前终止特许权,会员国因此应确保协议当局和实体能够在国家法律确定的条件下终止特许权。

(81) 为保证特许权授予程序的候选人和投标人得到充分的司法保护,以及本指令与欧盟运作条约的原则得到有效实施,欧盟理事会1989年颁布的欧共体第665号指令①和1992年颁布的欧共体第13号指令②也应适用于由协议当局和实体所授予的工程特许经营权与服务特许经营权。因此,应对这两个指令加以修改。

(82) 依本指令处理个人资料时应遵循由欧洲议会和欧盟理事会1995年颁布的第46号欧盟指令③。

---

① Council Directive 89/665/EEC of 21 December 1989 on the coordination of the laws, regulations and administrative provisions relating to the application of review procedures to the award of public supply and public works contracts (OJ L 395, 30.12.1989, p. 33).

② Council Directive 92/13/EEC of 25 February 1992 coordinating the laws, regulations and administrative provisions relating to the application of Community rules on the procurement procedures of entities operating in the water, energy, transport and telecommunications sectors (OJ L 76, 23.3.1992, p. 14).

③ Directive 95/46/EC of the European Parliament and of the Council of 24 October 1995 on the protection of individuals with regard to the processing of personal data and on the free movement of such data (OJ L 281, 23.11.1995, p. 31).

(83) 为确保欧盟法得到有效和统一的适用,成员国应持续并系统地监督特许权协议授予规则的执行及运行情况。

(84) 委员会应评估国内市场的经济效益,尤其是下列因素:跨境协议的授予、中小企业的参与、应用本指令规定的限额,以及因考虑水利部门特殊结构而在第 12 条规定除外条款所产生的交易成本。委员会应在 2019 年 4 月 18 日前向欧洲议会和欧盟理事会上报。依《政府采购协议》(GPA)第 24 条第 7 款,在其生效后三年及之后定期将针对政府采购协议进行进一步谈判。在这种情况下,考虑到通货膨胀及交易成本影响,在 GPA 下的谈判中检查限额设置的合理性。在下一轮谈判时,委员会应在可能及适当之时考虑建议提高政府采购协议所适用的限额。委员会对这些限额的任何改变进行报告后,应适时提出相应的立法建议,修改本指令所规定的限额。

(85) 为适应技术、经济及法规的迅速发展,依《欧盟运作条约》第 290 条,应授予委员会采取下列行为的权力:审查附件Ⅲ所规定的行为清单;审查有关限额以及定期修改限额本身计算方法的技术程序;修改 CPV 术语的引用及调整附件Ⅴ规定的行为清单。委员会在筹备工作期间开展适当协商十分重要,包括专家级协商。委员会在准备和起草委托法令时,应确保同时、及时及适当地向欧洲议会和欧盟理事会传送有关文件。

(86) 为确保公告的草拟和传送程序与附件Ⅴ、Ⅶ、Ⅷ所涉及数据的发布和公告程序保持统一,应将这些执行权授予委员会。但行使这些权力时应符合欧盟 2011 年颁布的第 182 号规则①。另外,在执行法令时应适用咨询程序,这既不影响财务状况,也不影响本指令所产生义务的性质与范围。相反,这些法令具有纯管理性目的的特征,有助于促进本指令的适用。

(87) 本指令旨在协调成员国适用于特定特许权程序的法律、法规以及行政规章,成员国并不能充分实现该目标,但因其范围及影响,欧盟层面可更好地实现该目标,因此,欧盟可以采取符合《欧盟运作条约》第 5 条所规定的辅助性原则的相应行动。依此条款所规定的比例原则,本指令为实现其目标,不得超过其必要限度。

(88) 依成员国的共同政治宣言及委员会于 2011 年 9 月 28 日的解释性文件,成员国在合理正当的情况下,应另外提交一个或多个文件以告知它们的法律实施措施,在这些文件中要说明该指令的组成部分与国内实施法相应部分间的关系。就本指令而言,立法者认为要求提交这些文件具有合理正当的理由。

本指令已被采纳。

---

① Regulation (EU) No. 182/2011 of the European Parliament and of the Council of 16 February 2011 laying down the rules and general principles concerning mechanisms for control by the Member States of the Commission's exercise of implementing powers (OJ L 55, 28.2.2011, p. 13).

第一编 标的、范围、原则和定义

第一章 范围、一般原则和定义

第一节 标的、范围、一般原则、定义与限制

第1条 标的和范围

1. 本指令意在规范缔约部门与缔约实体以特许经营权方式进行采购活动的程序,特许经营权的价值依据第8条所列。

2. 本指令适用于对经营者的工程和服务特许经营权的授予,该特许经营权的授予来自:

(a) 缔约部门;

(b) 缔约实体(当授予特许经营权的工程与服务涉及附件Ⅱ中所列举的活动之一时)。

3. 本指令的适用受限于《里斯本条约》第346条。

4. 旨在规范缔约部门与缔约实体之间,或者缔约部门团体与缔约实体团体之间的公共事务履行的权力与义务转让的协议、决议或其他法律文件,若其对合同履行提供薪酬事项未进行规定,则此类协议、决议或法律文件被视为有关成员国内部组织事务,其在任何情况下皆不受本指令影响。

第2条 公共部门自由管理原则

1. 本指令承认国家及地方性公共部门遵守国家及欧盟法律而制定的自由管理原则。此类公共部门有权自由决定对工程的实施或服务的提供进行管理,以确保在公共服务中的高质量、安全性及可实现性,确保服务提供中的平等对待,并增进其普遍可得性及强化用户权利。

此类公共部门可利用自身的资源来执行其关于公共利益的工作,也可与其他部门进行合作,或者将此类工作委托给经营者。

2. 本指令不影响成员国的财产所有权制度,无须将公共企业进行私有化以向公众提供服务。

第3条 平等待遇原则、非歧视性和透明度原则

1. 缔约部门与缔约实体应当平等对待经营者,不得歧视,并以透明、适当的方式处理事务。

特许经营权授予程序的设计,包括价值评估,不应带有将授予程序排除在本指令的调整范围之外或过分偏袒、排挤某些特定的经营者或某些特定工程、物资或服务的意图。

2. 缔约部门与缔约实体应当在符合第28条的规定下,保证授予程序和合同履

行的透明度。

第 4 条 普遍经济利益服务定义的自由

1. 本指令不影响各成员国根据欧盟法律的规定自由定义其所认为的普遍经济利益服务,不影响其按照国家援助规则自由规定此类服务的组织与融资及其所应当承担的具体义务。本指令亦不影响成员国社会保障体系的组织方式。

2. 本指令的范围不包含非普遍性的经济利益服务。

第 5 条 定义

依照本指令的目的,适用如下定义:

(1)"特许经营权"是指工程或服务特许经营权,详见(a)与(b):

(a)"工程特许经营权合同"是指,一个或多个缔约部门或者一个或多个缔约实体,以经济利益为目的将工程的实施委托给一个或多个经营者的书面合同,合同的报酬为作为合同标的的工程开发权或者该权利及其他偿付。

(b)"服务特许经营权合同"是指,一个或多个缔约部门或者一个或多个缔约实体,以经济利益为目的将除(a)项中的工程实施以外的服务供应与管理委托给一个或多个经营者的书面合同,合同的报酬为作为合同标的的服务开发权或者该权利及其他偿付。

工程或服务的特许经营权之授予应当将在工程或服务履行过程中的经营风险同时转让给特许经营权获得者,这些风险包括供应或需求风险。特许经营权获得者在一般条件下应当承担经营风险,其在特许经营权标的的工程或服务上的投资与支出由其自身承担。转移风险应使特许经营权获得者更重视市场风险,防止其低估潜在损失。

(2)"经济经营者"是指,任何在市场上提供工程实施、产品或服务供应的自然人、法人、公共实体或此类自然人、法人、公共实体的组织,包括临时性的事业协会。

(3)"候选人"是指,寻求邀请参加特许经营权授予程序或已收到邀请的经济经营者。

(4)"投标人"是指,提出投标的经济经营者。

(5)"特许经营权获得者"是指,被授予特许经营权的经济经营者。

(6)"书面"或"书面形式"是指,能被阅读、复制并且连续传输的涵盖文字与数字的任何表达形式,包括以电子形式传输和储存的信息。

(7)"工程的实施"是指,涉及附件Ⅰ中所列举的活动之一的工程,或者符合对于工程种类或设计方面有决定性影响的缔约部门或缔约实体所要求的任何工程的设计或实施。

(8)"工程"是指,总体来说其本身能够实现经济或技术功能的建筑物的建造或民事工程作业。

(9)"电子形式"是指,使用电子设备对通过电报、无线电、光学装置或其他电磁手段传输及接收的数据进行处理(包括数据压缩)和储存的形式。

(10)"专属权"是指,由成员国的主管部门依据符合条约的法律、规章或公布的行政法规授予的权利。该条约的作用为将某一活动的实施主体限制为某一个经济经营者,并实质影响其他经济经营者实施该活动的能力。

(11)"特殊权利"是指,由成员国的主管部门依据符合条约的法律、规章或公布的行政法规授予的权利。该条约的作用为将某一活动的实施主体限制为两个以上的经济经营者,并实质影响其他经济经营者实施该活动的能力。

(12)"特许经营权文件"是指,由缔约部门或缔约实体生成或提交的任何描述或确定特许经营权或程序的构成因素的文件,包括:特许经营权通知、技术及功能要求、候选人和投标人的文件陈述格式、普遍适用义务的信息及其他附加文件。

(13)"创新"是指,新的或显著改良的产品、服务或工艺流程的投入使用,包括但不限于:产品、房屋或建造物的生产建造流程中出现的新的销售方法,或在商业实践、工作地组织或对外关系等用以解决社会问题或支持"欧洲2020战略"活动的新的组织方式。

第 6 条 缔约部门

1. 为贯彻本指令,本指令所称"缔约部门"是指国家性、区域性或地方性的当局,受公法约束的主体,以及一个或多个此类当局或主体按公法构成的联合体,但行为涉及附件Ⅱ中所列举的活动或由该活动而授予他方特许经营权的当局、行为主体或联合体除外。

2. 根据欧洲议会和欧盟理事会在2003年发布的1059/2003号法规①,本指令所称"区域当局"是指NUTI与HUT2中概括列出的行政权力机关。

3. 根据第1059/2003号法规,本指令所称"地方当局"是指NUT3中列出的所有行政权力机关和相对较小的行政单位。

4. 本指令所称"受公法约束的主体"是指符合以下特征的主体:

(a) 设立的特定目的是满足公众普遍利益的需要,无工业或商业特性;

(b) 具有法人资格;

(c) 在大部分情况下,受到国家、区域或地方当局以及其他受公法约束的主体的经济支持;或者属于上述当局或主体的监督管理范围;或者设有行政委员会、管理委员会或监事会,上述委员会中的半数以上成员由国家、区域、地方当局或受公法约束的主体任命。

第 7 条 缔约实体

1. 为贯彻本指令,本指令所称"缔约实体"是指行为涉及附件Ⅱ中所列举的活动或由该活动而授予他方特许经营权的实体,包括:

---

① Regulation (EC) No. 1059/2003 of the European Parliament and of the Council of 26 May 2003 on the establishment of a common classification of territorial units for statistics (NUTS) (OJ L 154, 21. 6. 2003, p. 1).

(a) 国家性、区域性或地方性的当局,受公法约束的主体,以及一个或多个此类当局或主体按公法构成的联合体;

(b) 本条第 4 款所定义的公共企业;

(c) 除本款(a)(b)两项中所提及之外的其他实体,但被授予从事附件Ⅱ中所规定的活动之一而享有特定性及排他性权利的实体除外。

2. 通过适当的公开程序并基于客观标准而被赋予特定性及排他性权利的实体不构成第 1 款(c)项中的"缔约实体"。该类程序包括:

(a) 根据欧洲议会和欧盟理事会发布的指令 2014/24/EU、指令 2014/25/EU、指令 2009/281/EU 或本指令,享有竞争优先权的采购程序;

(b) 根据附件Ⅲ中所列举的其他欧盟法案,在客观标准之上的权利授予需经事前充分的透明程序。

3. 由于欧盟法案的废除或修改以及新法案的实施,委员会在必要时可根据第 48 条有关修改附件Ⅲ中所列举的欧盟法案列表中的内容而被授权采取相应行为。

4. 公共企业是指任何会受到缔约部门直接或间接支配性影响的企业,影响因素包括缔约部门对企业拥有的所有权、财务方面的分配权或者对企业规章的制定权。

缔约部门构成直接或间接支配性影响的情形包括:

(a) 掌握企业多数的认缴资本;

(b) 掌握企业发行的股票从而控制多数表决权;

(c) 可以任命企业半数以上的管理机构成员、领导机构成员或者监督机构成员。

第 8 条 特许经营权估算价值的限额与计算方法

1. 本指令适用于价值为 5186000 欧元以上的特许经营权。

2. 特许经营权的价值应当等同于在合同存续期间特许经营权获得者扣除增值税后的销售总额,即作为特许经营权标的的工程与服务,以及同该工程与服务有关的供给的对价,由缔约部门或者缔约实体进行估算。

这一估算在发出特许经营权通知之时生效;在没有规定要发送通知的情形中,在缔约部门或者缔约实体启动特许经营权授予程序时生效,如开始联系与特许经营权相关的经济经营者。

根据第 1 款,如果在授予之时特许经营权价值超过其估算值的 20%,则授予时的特许经营权价值作为有效的估值。

3. 对特许经营权价值的估值应当使用在特许经营权文件中指定的客观方法。在计算特许经营权的估值时,缔约部门或者缔约实体应考虑以下特别情况:

(a) 任何形式的优先权的价值以及可能延长特许经营权期限的价值;

(b) 因费用的缴纳以及工程或服务用户的罚款所带来的收益,缔约部门或缔约实体进行罚款的部分除外;

（c）报酬或者由缔约部门或缔约实体或者其他公共当局向特许经营权获得者所给予的任何形式的经济便利，包括对遵守公共服务义务的补偿和公共投资的补贴；

（d）来自特许经营权实施过程中第三方给予的任何形式的补助或经济便利；

（e）变卖特许经营权资产所获得的销售收入；

（f）因开展工作或提供服务的必要，缔约部门或者缔约实体向特许经营权获得者提供的所有的物资和服务的价值；

（g）任何奖金或向投标人、候选人支付的费用。

4. 特许经营权估值方法的选择不得以将特许经营权排除于本指令调整范围之外为目的。除非有客观、正当的原因，特许经营权不得被细分，以防其超出本指令的调整范围。

5. 当工程或服务可能导致特许经营权分次授予时，其总价值的估算应当将分次的价值全部包含在内。

6. 当分次的特许经营权的价值总量等于或超出本条的限制时，本指令应当被适用于每个批次。

第9条 限额的修正

1. 自2013年6月30日起每隔两年，委员会应当核实本指令第8条第1款规定的特许经营权的限额，使其与世界贸易组织颁布的《政府采购协议》（GPA）中的工程特许经营权的限额相一致；在必要时应当根据本条款修改限额。

根据GPA规定的计算方法，委员会以1月1日起到修订限额生效之前的8月31日截止的当中的24个月内的欧元平均日值（以特别提款权（SDRs）的形式表示）为基础来计算最低限额。修改后的最低限额应当在必要时下调至最接近的以千欧元为单位的数值，以便保证在GPA规定的并以SDRs表示的最低限额得到遵守。

2. 自2014年1月1日起每隔两年，委员会应当根据第8条第1款以成员国本国货币形式来确定非欧元区成员国的最低限额标准，使其符合本条第1款。

根据GPA规定的计算方法，此类限额价值的确定应以与欧元限额相对应的本国货币自1月1日起到修订限额生效之前的8月31日截止的当中的24个月内的平均日值为基础。

3. 委员会应当将按照上述两款规定而修订的限额于修订后的11月初发布于《欧洲联盟公报》。

4. 根据第48条，委员会应当被授权修改本条第1款第2项中规定的方法，使之适应GPA所规定的方法（修改第8条第1款中的限额以及本条第2款中确定非欧元区成员国本国货币限额的方法）的改变。

根据第48条，委员会也应当被授权采取措施依据本条第1款修订第8条第1款中的限额。

5. 如果确有必要修改限额，但由于时间的限制而不能适用第48条的程序，并且该修订极为迫切,则第49条中规定的程序适用于按照本条第4款第2项采取的行为。

第二节 除外情形

第10条 缔约部门及缔约实体授予特许经营权的除外情形

1. 本指令不适用于向缔约部门以及第7条第1款(a)项中的缔约实体或此类实体的联合体授予的基于排他性权利的服务特许经营权。

本指令不适用于向经济经营者授予基于排他性权利的服务特许经营权,该专有权是根据《欧盟运作条约》以及用以确定附件Ⅱ中所涉及营业活动的市场进入共同规则的欧盟法案授予经营者的。

2. 作为本条第1款第2项的除外规定,如果该项所指的欧盟行业性法规未规定针对具体行业的透明度义务,应当适用第32条。

成员国为了实施附件Ⅱ中所规定的活动而对经济经营者授予排他的特许经营权时,其应当在该授予行为实施后的一个月内通知委员会。

3. 本指令不适用于欧洲议会和欧盟理事会发布的第1008/2008号法规[①]所规定的基于颁发运行许可证的航空运输服务特许经营权的授予;本指令不适用于欧洲议会和欧盟理事会发布的第1370/2007号法规所规定的公共客运服务特许经营权的授予。

4. 当缔约部门或缔约实体有义务授予或组织特许经营权,并且其适用的程序与下列情形中所规定的具体程序不同时,不应适用本指令:

(a) 设立国际法律义务的法律文书,比如《欧盟运作条约》中涉及的成员国与一个或多个第三国或者其机构之间的国际协定,以及签约国为联合实施或开发项目而提供的相关工程、物资或服务的国际协定;

(b) 国际组织。

当缔约部门或缔约实体适用国际组织或者国际金融机构所规定的采购规则,同时相关特许经营权由该组织或机构充分资助时,不适用本指令。在国际组织或国际金融机构联合对特许经营权的重要部分共同出资的情形下,当事方应当就采购的程序达成一致。

成员国应当将本款(a)项中所涉及的所有法律文书告知委员会,委员会可以向本指令第50条规定的公共采购咨询委员会进行咨询。

本款不适用于欧共体2009/81号指令中规定的国防与安全领域中的特许经营权。

5. 本指令不适用于欧共体2009/81号指令中规定的国防与安全领域中的特许

[①] Regulation (EC) No. 1008/2008 of the European Parliament and of the Council of 24 September 2008 on common rules for the operation of air services in the Community (OJ L 293, 31.10.2008, p. 3).

经营权,此类特许经营权适用于:

(a) 一个或多个成员国与一个或多个第三国之间达成的国际协定或协约中的特殊程序性规定;

(b) 有关部队驻扎的国际协议或安排中涉及成员国或第三国的企事业单位的特殊程序性规定;

(c) 国际组织出于其自身目的的购买行为所适用的特殊程序性规定,或者成员国必须授予特许经营权时所依据的特殊程序性规定。

6. 本指令适用于指令 2009/81/EC 中规定的国防与安全领域中的特许经营权,但下列事项除外:

(a) 适用本指令授予的特许经营权要求成员国披露信息,而该信息与成员国有关国家安全的基本利益相背离;或者根据成员国生效的法律、法规或行政条例需声明有关特许经营权的采购和履行要保密,或必须辅以专门的安全措施;如果通过较少的如第 7 款所述的介入性措施,成员国就无法保障有关的基本利益。

(b) 在欧共体 2009/81 号指令第 13 条(c)项所规定的合作方案的框架内授予的特许经营权。

(c) 一个政府对另一政府授予的特许经营权,包括直接与军事设备或敏感设备相关的工作与服务、具有军事用途或者敏感性的工作与服务。

(d) 因在欧盟之外的第三国部署军队而需授予的特许经营权,如果需要将特许经营权授予部署地的经营者。

(e) 本指令规定的特许经营权豁免的其他情形。

7. 如果成员国的核心安全利益不能通过较少的侵入性措施(如通过本指令中规定的缔约部门或缔约实体在特许经营权授予程序中所使用信息的保密性要求)得到保障,则本指令也不适用于除第 6 款规定的豁免范围之外的特许经营权。

8. 本指令不适用于下列服务特许经营权:

(a) 通过任何经济手段,收购或租用土地、现有建筑物、其他不动产或者其上相关权利。

(b) 由音频、视频或广播媒体服务提供商授予的收购、开发、制作或联合制作用于视听媒体服务或广播媒体服务的节目素材的特许经营权;或就广播时间或节目准备而授予视听或广播媒体服务提供商的特许经营权。"视听媒体服务"和"媒体服务供应商"应与欧洲议会和欧盟理事会发布的欧盟 2010/13 号指令第 1 条第 1 款(a)(b)两项所规定的含义相一致。"节目"应与欧盟 2010/13 号指令第 1 条第 1 款(9)项所规定的含义相一致,同时应当包括无线电广播节目及节目素材。此外,本款所称的"节目素材"具有与"节目"相同的含义。

(c) 仲裁及调解服务。

(d) 下列法律服务:

(i) 根据欧洲经济共同体理事会第 77/249 号指令[①]规定,以律师作为客户的法律代表：

——在成员国、第三国启动的仲裁或调解,或者国际仲裁或调解之前的仲裁或调解；

——在成员国、第三国的法庭、特别法庭或公共部门进行处置前的司法程序,在国际法庭、特别法庭或机构进行处置前的司法程序；

(ii) 在(i)项中提及的任一诉讼程序准备过程中的法律咨询,或有明确的迹象和较高可能性表明该咨询所涉及的事项可能成为此类诉讼程序的内容,如果该咨询是由指令 77/249/EEC 第 1 条所指的律师提供；

(iii) 必须由公证员提供的文件认证及文件鉴定服务；

(iv) 由受托人或其指定监护人提供的法律服务,或由成员国的法院或仲裁庭指定的或者依照法律规定在此类法庭或仲裁庭的监督下实施特殊任务而提供的其他法律服务；

(v) 在相关成员国中提供的其他与公权力的行使有关的法律服务。

(e) 根据欧洲议会和欧盟理事会发布的指令 2004/39/EC,与发行、出售、购买或转让证券或其他金融工具有关的金融服务,以及与欧洲金融稳定基金及欧洲稳定机制共同进行的中央银行的服务与操作。

(f) 不论是否与证券或其他金融投资工具的发行、出售、购买、转让有关的贷款。

(g) 由非营利组织或协会提供的民防、公民保护、危险预防服务,除运送病患的救护车服务之外,其所涉及的 CPV 码包括：75250000-3、75251000-0、75251100-1、75251110-4、75251120-7、75252000-7、75222000-8、98113100-9 及 85143000-3。

(h) 政党在竞选活动中提供的与政治竞选相关的服务,其 CPV 码包括：79341400-0、92111230-3 及 92111240-6。

9. 该指令不适用于成员国基于排他性权利而授予经济经营者的彩票服务,其 CPV 码为 92351100-7。基于本款的目的,排他性权利的概念不包括第 7 条第 2 款中所指的排他性权利。

对此类排他性权利的授予,需在《欧洲联盟公报》上公开发布。

10. 缔约实体不实际使用联盟内的网络或地理区域,在第三方国家开展活动的,不适用本指令。

第 11 条　电子通信领域内的具体除外情形

以准许缔约部门提供或利用公共通信网络或者向公众提供一个或多个电子通信服务为主要目的的特许经营权,不适用本指令。

前款所称"公共通信网络"和"电子通信服务"的含义,应当与欧洲议会和欧盟理

[①] Council Directive 77/249/EEC of 22 March 1977 to facilitate the effective exercise by lawyers of freedom to provide services (OJ L 78, 26.3.1977, p. 17).

事会发布的欧共体第 2002/21 号指令①中所述含义相一致。

第 12 条　水资源领域内的具体除外情形

1. 本指令不适用于下列特许经营权的授予：

（a）提供或运营以公共服务为目的生产、运输和供应饮用水的固定网络；

（b）向上述网络提供饮用水。

2. 具有一项或两项下列内容并与第 1 款中的活动相关的特许经营权，不适用本指令：

（a）用于提供饮用水的水量超过水利工程、灌溉工程或排水工程提供的总水量 20% 的水利工程、灌溉工程或排水工程；

（b）污水的处理或净化。

第 13 条　授予附属事业单位的特许经营权

1. 本条所称"附属事业单位"是指，需要与欧盟第 2013/34 号指令中规定的缔约实体的年度账目合并的事业单位。

2. 针对不属于欧盟第 2013/34 号指令范围内的实体，附属事业单位是指：

（a）可能直接或间接受缔约实体支配性影响的附属事业单位；

（b）可能对缔约实体产生支配性影响的附属事业单位；

（c）与缔约实体共同受另一事业单位支配性影响的附属事业单位，包括所有权、财务方面的分配权或者对企业规章的制定等方面的影响。

前款所述"支配性影响"，与第 7 条第 4 款第 2 项中所规定的含义相一致。

3. 即使满足第 17 条及本条第 4 款之规定，本指令仍不适用于以下特许经营权的授予：

（a）缔约实体向附属事业单位授予的特许经营权；

（b）由一定数量的缔约实体以实施附件 Ⅱ 中所涉及的活动为目的组成的合资公司向其中某缔约实体的附属事业单位授予的特许经营权。

4. 第 3 款适用于：

（a）服务特许经营权。如果该特许经营权在过去连续三年中，就该附属事业单位提供的所有服务而言，至少有 80% 的平均总营业额来自于向缔约实体或其所附属的事业单位提供的服务。

（b）工程特许经营权。如果该特许经营权在过去连续三年中，就该附属事业单位提供的所有工程而言，至少有 80% 的平均总营业额来自于向缔约实体或其所附属的事业单位提供的工程。

5. 由于附属事业单位成立或开展活动的日期不足，无法获得连续三年的营业

---

① Directive 2002/21/EC of the European Parliament and of the Council of 7 March 2002 on a common regulatory framework for electronic communications networks and services (Framework Directive) (OJ L 108, 24.4.2002, p. 33).

额时,该附属事业单位应当提供相关证据,使其足以说明有关本条第 4 款(a)(b)两项的营业额是可信的,尤其是对业务预测的衡量。

6. 当缔约实体的多个附属事业单位形成一种提供相同或相似的服务或工程的经济集团时,本条第 4 款所涉及的百分比计算应包括提供服务或工程的各个附属事业单位所产生的总营业额。

第 14 条　授予合资企业或作为合资企业组成部分的缔约实体的特许经营权

即使满足第 17 条的规定,如果合资企业为开展相关活动的存续期限在三年以上,或在设立合资企业的法律文书中有明确规定,组成该合资企业的缔约实体至少在三年内为该合资企业的一部分,则本指令不适用于以下情况:

(a) 由若干缔约实体以开展本指令附件 Ⅱ 中所列活动为目的而组成的合资企业,向其成员之一的缔约实体授予的特许经营权;

(b) 构成合资企业组成部分的缔约实体对合资企业授予的特许经营权。

第 15 条　缔约实体的信息发布

在适用第 13 条第 2 款、第 3 款以及第 14 条时,缔约实体应向委员会报告如下信息:

(a) 有关事业单位或合资企业的名称;

(b) 所涉及的特许经营权的性质和价值;

(c) 委员会认为必要时,需提供授予特许经营权的事业单位及合资企业与符合第 13 条或第 14 条相关要求的缔约实体之间的关系的证明。

第 16 条　直接参与竞争活动的除外规定

如果根据第 2014/25/EU 号指令第 35 条的规定可以确定,在成员国所进行的特许经营权范围内的活动依照该指令第 34 条的规定直接参与市场竞争,则缔约实体的授予行为不适用本指令。

第 17 条　公共部门之间的特许经营权

1. 当第 7 条第 1 款(a)项中缔约部门或缔约实体授予受公法或私法调整的法人特许经营权时,若满足下列全部条件,则不适用本指令:

(a) 缔约部门或缔约实体对法人享有控制权,并且该控制权与其对自有部门行使的权力类似;

(b) 受控法人有 80% 以上的活动是受享有控制权的缔约部门或缔约实体的委托,或者受其他由同一缔约部门或缔约实体控制的法人的委托而履行的;

(c) 除符合条约内容的国家立法所规定的不会对受控法人施加决定性影响的非控制性与无否决权的私人资本的参与以外,受控法人中无直接的私人资本参与。

如果第 7 条第 1 款(a)项所指的缔约部门或缔约实体对所控制的法人的战略目标和重大决策都有决定性的影响,该控制权与本条第 1 款(a)项规定的对其自有部门所行使的控制权相类似,则其对法人享有控制权。这种控制权也可以由另一个法人行使,而该法人本身也以同样的方式受控于缔约部门或缔约实体。

2. 如果受控法人本身为第 7 条第 1 款(a)项中所指的缔约部门或缔约实体,授予控制自身的缔约部门或缔约实体或者其他由同一缔约部门或缔约实体控制的法人特许经营权,被授予特许经营权的受控法人中无直接的私人资本参与(除符合条约内容的国家立法所规定的不会对受控法人施加决定性影响的非控制性与无否决权的私人资本的参与以外),则适用第 1 款。

3. 第 7 条第 1 款(a)项中所指的缔约部门或缔约实体虽然没有控制本条第 1 款所指的公法或私法法人,但在满足下列所有条件的情况下,对该法人授予特许经营权可不适用本指令:

(a) 第 7 条第 1 款(a)项规定中所指的缔约部门或缔约实体与其他缔约部门或缔约实体共同行使对该法人的控制权,而该控制权与其对自有部门行使的权力类似;

(b) 受控法人有 80% 以上的活动是受享有控制权的缔约部门或缔约实体委托或者其他由同一缔约部门或缔约实体控制的法人的委托而实施的;

(c) 除符合条约内容的国家立法所规定的不会对受控法人施加决定性影响的非控制性与无否决权的私人资本的参与以外,受控法人中无直接的私人资本参与。

根据本款第 1 段(a)项所述,第 7 条第 1 款(a)项中所指的缔约部门或缔约实体在满足下列所有条件时,对法人享有共同控制权:

(i) 受控法人的决策主体是由各缔约部门或缔约实体的代表组成的。个别代表可能代表几个或全部缔约部门或缔约实体。

(ii) 缔约部门或缔约实体对共同控制的法人的战略目标和重大决策都有决定性影响;

(iii) 受控法人所追求的利益不能与享有控制权的缔约部门或缔约实体的利益相悖。

4. 仅在第 7 条第 1 款(a)项中所指的两个以上缔约部门或者缔约实体之间订立的合同,当满足下列所有条件时,不适用本指令:

(a) 合同旨在缔约部门或缔约实体之间建立或实施合作,以确保其所需提供的公共服务能达到预期的共同目标;

(b) 合作的实施完全基于对公众利益的考虑;

(c) 参与合同的缔约部门或缔约实体在公开市场上涉及该合作的活动不到市场份额的 20%。

5. 关于第 1 款第 1 段(b)项、第 3 款第 1 段(b)项及第 4 款(c)项涉及的百分比数值的计算,应当考虑平均总营业额或者其他与活动相关的适当参数,如相关法人、第 7 条第 1 款(a)项中所指的缔约部门或缔约实体在授予特许经营权之前的三年内在服务、供给及工程等方面所产生的成本。

如果不存在过去三年内的平均总营业额或如成本之类的其他与活动相关的适当参数,或者不再具有相关性,因为相关法人、缔约部门或缔约实体刚刚成立或开展活动不久,或者因为重组了业务活动,此时就需充分说明衡量手段(尤其是通过业务预测的方式)是可信的。

第三节 总 则

第 18 条 特许经营权的期限

1. 特许经营权应当有期限限制。缔约部门或缔约实体应当根据工程或服务的要求,对特许经营权的时限进行估算。

2. 当特许经营权存续期间超过五年时,其最长存续时间不应超过特许经营权获得者能够收回在运行工程或服务过程中所做的投资,并取得投资回报及实现特殊合同目的的合理预期时间。

对于投资的计算,应当包括初始投资及在特许期内的投资。

第 19 条 社会及其他特定服务

附件Ⅳ中列举的社会及其他特定服务的特许经营权适用本指令,需遵守第 31 条第 3 款、第 32 条、第 46 条及第 47 条所规定的义务。

第 20 条 混合合同

1. 应当按照适用于构成相关合同主要标的的特许经营权类型的规定授予以工程和服务为标的的特许经营权。

在混合特许经营权中,一部分为附件Ⅳ所列的社会及其他特定服务,一部分为其他服务,其主要标的应当根据估算价值较高的服务来决定。

2. 当合同的不同部分客观上可分离时,应当适用本条第 3、4 款的规定。当合同的不同部分客观不可分离时,应当适用第 5 款的规定。

当合同的一部分受《欧盟运作条约》第 346 条或欧共体第 2009/81 号指令管辖时,应当适用本指令第 21 条的规定。

如果合同包含多种活动,其中一项活动受本指令附件Ⅱ或欧盟第 2014/25 指令调整时,其适用的规则应当根据本指令第 22 条及欧盟第 2014/25 号指令第 6 条分别建立。

3. 当合同标的或其他要素受本指令管辖时,缔约部门及缔约实体可以选择对各部分分别缔结合同。当缔约部门及缔约实体选择对各部分分别缔结合同时,应基于各部分的属性选择不同合同所适用的法律制度。

当缔约部门或缔约实体选择缔结单一合同时,不论不同法律制度下的混合合同不同部分的价值,也不论这些部分适用何种法律制度,本指令应当适用于该混合合同,除非本条第 4 款或第 20 条另有规定。

4. 如果混合合同中包含特许经营权要素及欧盟第 2014/24 号指令所规范的公共合同要素或欧盟第 2014/25 号指令所规范的合同要素时,该混合合同应当分别根据欧盟第 2014/24 号指令或第 2014/25 号指令的规定进行缔结。

5. 当合同的不同部分客观不可分离时,其适用的法律规则应当基于该合同的主要标的决定。

如果此类合同同时涉及服务特许经营权的要素及供应合同的要素,其主要标的应当根据服务或供给的独立估算价值高低来决定。

第 21 条　涉及国防或安全方面的混合采购合同

1. 如果混合合同包含本指令所规范的特许经营权要素,或者《欧盟运作条约》第 346 条或欧共体第 2009/81 号指令所规范的采购程序及其他要素,则适用本条。

如果合同涉及多个活动,其中一项活动受本指令附件 Ⅱ 或欧盟第 2014/25 号指令调整,而另一项受《欧盟运作条约》第 346 条或欧共体第 2009/81 号指令调整,则应当分别根据本指令第 23 条及欧盟第 2014/25 号指令第 26 条建立其适用的规则。

2. 当合同的不同部分客观上可分离时,缔约部门或缔约实体可以选择以混合合同的分离部分分别缔结合同或者缔结单一合同。

当缔约部门或缔约实体选择以混合合同的分离部分分别缔结合同时,应基于相关分离部分的属性选择不同合同所适用的法律制度。

当缔约部门或缔约实体选择缔结单一合同时,对适用法律制度的确定应当符合以下标准:

(a) 如果合同的相关部分属于《欧盟运作条约》第 346 条的调整范围,或者不同部分分别属于《欧盟运作条约》第 346 条及欧共体 2009/81 号指令的调整范围,缔结单一合同基于客观理由而具有正当性,则该合同的缔结可以不适用本指令。

(b) 如果合同的相关部分属于欧共体第 2009/81 号指令的调整范围,缔结单一合同基于客观理由而具有正当性,则该合同的缔结应当适用本指令或者欧共体第 2009/81 号指令。

不能以将合同排除于本指令或欧共体第 2009/81 号指令的适用范围为目的而缔结单一合同。

3. 如果合同的不同部分客观上不可分离,而该合同中的要素符合《欧盟运作条约》第 346 条的适用条件,则该合同的缔结可以不适用本指令,但缔约部门或缔约实体选择根据本指令或欧共体第 2009/81 号指令而缔结合同的情形除外。

第 22 条　涉及附件 Ⅱ 所列活动及其他活动的合同

1. 如果合同涉及若干项活动,缔约实体可以不受第 20 条的限制选择就各分离的活动分别缔结多个合同或者缔结单一的合同。在缔约实体选择分别缔结合同的情况下,应基于相关分离部分的属性选择不同合同所适用的法律制度。

即使满足第 20 条的规定,但当缔约实体选择缔结单一合同时,应当适用本条第 2、3 款的规定。如果其中某一相关活动属于《欧盟运作条约》第 346 条或欧共体 2009/81 号指令的调整范围,应当适用本指令第 23 条的规定。

不能基于以将合同排除于本指令、欧盟第 2014/24 号指令或第 2014/25 号指令的适用范围为目的,而选择缔结单一合同或者分别缔结多个分离合同。

2. 对于包含多个活动的合同,应适用构成合同主要标的的活动所适用的规则。

3. 在客观上无法确定哪一项活动为该合同的主要标的时,应根据下列规定确定适用的规则:

(a) 如果合同中的一项活动适用本指令中有关缔约部门授予特许经营权的规定,而另一项活动适用于本指令中有关缔约实体授予特许经营权的规定,则该特许经营权的授予应当适用本指令中有关缔约部门授予特许经营权的相关规定。

(b) 如果合同中的一项活动适用本指令的规定,而另一项活动适用欧盟2014/24号指令的规定,则该合同应当适用欧盟第2014/24号指令的相关规定。

(c) 如果合同中的一项活动适用本指令的规定,而另一项活动不适用欧盟2014/24号指令及第2014/25号指令的规定,则该合同应当适用本指令的规定。

第23条　涉及国防、安全及附件Ⅱ所列活动的特许经营权

1. 当合同标的涉及多项活动时,缔约实体可以选择就各分离的活动目的缔结多个合同或者缔结单一合同。在缔约实体选择分别缔结多个合同的情况下,应基于相关分离部分的属性选择不同合同所适用的法律制度。

即使满足第21条的规定,但当缔约实体选择缔结单一合同时,应当适用本条第2款的规定。

不能基于将合同排除于本指令或欧共体第2009/81号指令的适用范围为目的而选择缔结单一独立合同或者分别缔结多个分离合同。

2. 当合同标的包含符合本指令规定的活动及下列活动:

(a) 属于《欧盟运作条约》第346条的调整范围;

(b) 属于欧共体第2009/81号指令的调整范围,

则缔约实体可以:

(i) 在(a)项规定的情况下,不适用本指令缔结合同;

(ii) 在(b)项规定的情况下,适用本指令或欧共体第2009/81号指令缔结合同。本款第1项不影响指令2009/81中所规定的限度及排他情况。

如果(b)项规定的合同包含《欧盟运作条约》第346条所规定的采购或其他要素时,可以不适用本指令。

适用本款应满足如下条件:缔结单一合同应当基于客观原因而具有正当性,以及缔结单一合同的决定不应当以将合同排除于本指令适用范围为目的。

第四节　特　殊　情　况

第24条　特许经营权保留

成员国可以保留参与受保护的,以残疾人或弱势群体的社会融入和职业融入为主要经营目的的工厂和经济经营者的特许经营权授予程序的权利。成员国也可以规定在就业保护计划的框架内执行此类特许经营权,如果这些工厂、经济经营者或就业保护计划中的30%以上的雇员是残疾人或弱势群体。特许经营权的公告或者第19条规定的服务特许经营权的预先信息公告,应当参照本条的规定。

第 25 条 研究及开发服务

CPV 码为 73000000-2 至 73120000-9、73300000-5、73420000-2 及 73430000-5 的研究及开发服务的服务特许经营权,同时满足下列两项条件时适用本指令:

(a) 研究及开发成果仅由缔约部门或缔约实体在处理自身事务时使用;

(b) 缔约部门或缔约实体对所提供的服务给予全部报酬。

第二章 原 则

第 26 条 经济经营者

1. 根据其设立地的成员国法律有权提供相关服务的经济经营者,不能仅因为根据合同签订地的成员国法律需为自然人或法人的要求而不能提供服务。

在招标或申请的过程中,可能会要求法人提供负责该合同履行的工作人员的姓名及相关的专业资质。

2. 经济经营者所组成的团体,包括临时协会,可以参加特许经营权的授予程序。缔约部门或缔约实体不得要求其以特定的法律组织形式提交投标申请或参与请求。

如有必要,缔约部门或缔约实体可以在特许经营权文件中明确规定,经济经营者的团体如何达到第 38 条所规定的诸如经济及财务状况、技术及专业能力等方面的要求,只要这些要求具有客观上的合理性和适当性。各成员国可以设立关于经济经营者团体如何达到此类要求的标准条件。针对此类经济经营者团体履行特许经营权所设立的任何条件,不同于对个人参与者所设立的条件的,都应当具有客观上的合理性与适当性。

3. 即使满足第 1、2 款,经济经营者团体被授予特许经营权后,缔约部门或缔约实体也可以要求其形成特定的法律组织形式,如果该改变对合同的完全履行是必要的。

第 27 条 术语

1. 在特许经营权授予中所有被引用的术语均来自欧洲议会和欧盟理事会第 2195/2002 号法规通过的"常用采购词汇(CPV)"[①]。

2. 欧盟委员会应当被授权依照第 48 条采用授权行为更新本指令中的 CPV 码,CPV 码的变化需反映在本指令中,该变化并非对本指令适用范围的修正。

第 28 条 保密性

1. 除非本指令或缔约部门需遵循的国家法律(特别是关于信息获取的立法)另有规定,否则在不损害第 32 条、第 40 条中有关授予特许经营合同的公告义务及向

[①] Regulation (EC) No. 2195/2002 of the European Parliament and of the Council of 5 November 2002 on the Common Procurement Vocabulary (CPV) (OJ L 340, 16.12.2002, p. 1).

申请者与投标者告知信息的义务的条件下,缔约部门或缔约实体不得披露经济经营者转交的并被经营者认定为机密的信息,包括但不限于技术或商业秘密及投标的机密事项。

本条并不影响公开披露已订立合同的非机密部分,包括其随后的变更。

2. 缔约部门或缔约实体可以对经济经营者提出要求,以保护其在整个特许经营权授予程序中所提供信息的机密性。

第 29 条　通信规则

1. 除根据第 33 条第 2 款及第 34 条的规定强制使用电子手段外,成员国、缔约部门或缔约实体可以选择下列一种或多种通信方式进行通信及信息交换:

(a) 电子手段;

(b) 邮寄或传真;

(c) 口头通信,包括电话方式,属于辅助方式,口头通信的内容应被详细记录在可长久保存的媒介上;

(d) 能以回执证明的当面交付。

成员国可以超越第 33 条第 2 款及第 34 条所规定的义务,强制规定使用电子手段进行有关特许经营权的通信。

2. 所采用的通信方式应广为使用和不会导致差别对待,不会限制经济经营者参与特许经营权的授予程序。用来进行电子通信的工具与设备及其技术特点应当能与其他普遍采用的信息及通信技术产品兼容。

在所有通信、交换及储存信息时,缔约部门及缔约实体应当确保数据的完整性及申请与投标的保密性,提交申请与投标的期限届满后才可以审查其内容。

第二编　特许经营权授予的规则:
一般原则及程序保障

第一章　一般原则

第 30 条　一般原则

1. 在遵守本指令的前提下,缔约部门或缔约实体可以自由设定选择特许经营权获得者的程序。

2. 特许经营权授予程序的设计应当遵从第 3 条规定的原则。特别是在特许经营权授予程序中,缔约部门或缔约实体不得以差别对待的方式提供信息使部分候选人或投标者相较于他人处于优势。

3. 各成员国应采取适当措施,以确保在特许经营权合同的履行过程中,经济经营者履行由欧盟法律、成员国法律、集体协议所规定的或者附件 X 中有关国际环境、社会及劳动法的规范所规定的环境、社会、劳动法等方面的适当义务。

4. 如果有必要新增已被全体成员国批准的国际协定、现存国际协定不再被所有成员国认可或者发生了其他方面的变更,如范围、内容及名称上的变更,委员会应当被授权根据第 48 条的规定采取授权行动,修改附件 X 中的列表。

第 31 条 特许经营权的公告

1. 缔约部门及缔约实体应当以特许经营权公告的方式表明其欲授予特许经营权的意向。

2. 特许经营权的公告应当采取标准格式,包含附件 V 中所涉及的信息,在适当情形下,也应包含缔约部门或缔约实体认为有用的其他信息。

3. 缔约部门及缔约实体授予附件 IV 中所列的社会服务或其他特定服务的特许经营权时,应当通过事先的信息公告的方式,表明其计划授予特许经营权的意图。这些公告的内容应当包括附件 VI 中所列的信息。

4. 如果因以下原因使得工程或服务只能由特定的经济经营者提供时,不得要求缔约部门及缔约实体进行特许经营权公告:

(a) 设立特许经营权的目的是为了创设或获得独特的艺术作品或艺术表演;

(b) 由于技术原因而缺乏竞争;

(c) 专属权的存在;

(d) 第 5 条第 10 款规定之外的其他对知识产权及专属权的保护。

只有当不存在合理的替代方案以及竞争缺乏并非人为缩小授予特许经营权的范围所致时,在本款(b)(c)及(d)项中规定的例外才适用。

5. 如果在先前的特许经营权程序中无人申请、投标或无合适的申请、投标,当特许经营权合同的初始条款并未实质变更,且已按要求将报告发送至欧盟委员会时,不得要求缔约部门或缔约实体公布新的特许经营权公告。

就第 1 款的目的而言,如果投标与特许经营权不符,即如果不作出实质性变更,明显不能满足特许经营权文件里规定的缔约部门或缔约实体的需求,则该投标应被认定为不合适。

就第 1 款的目的而言,当有下列情况时,申请应被认定为不合适:

(a) 根据第 38 条第 5 款至第 9 款的规定,申请人应当或可能被排除,或根据第 38 条第 1 款的规定,申请人未达到缔约部门或缔约实体所设立的选择标准;

(b) 申请中包含了本款第 2 项中规定的不合适的投标。

第 32 条 特许经营权的授予公告

1. 授予特许经营权后的 48 天内,缔约部门及缔约实体应当根据第 33 条所规定的程序,发出关于特许经营权授予程序结果的公告。对于附件 IV 中所列的社会服务及其他特定服务,其公告可以按季度汇总。在该种情形中,应当在每个季度结束后的 48 天内集中发出公告。

2. 特许经营权的授予公告应当包含附件 VII 中所列的信息、附件 IV 中所列的有关社会服务及其他特定服务的信息或附件 VIII 中所列的信息。公告应按照第 33 条的要求发出。

第33条　公告的形式及方式

1. 特许经营权的公告、特许经营权的授予公告及第43条第1款第2项中规定的公告应当包含附件Ⅴ、附件Ⅶ及附件Ⅷ中所列的信息，包括勘误表在内都应采用标准格式。

欧盟委员会应当以法案的方式建立此类标准格式。该法案的施行应当根据第50条规定的咨询程序。

2. 本条第1款中规定的公告拟定后应以电子方式发送至欧盟出版物办公室，并按照附件Ⅸ的规定出版发行。欧盟出版物办公室应当给予缔约部门或缔约实体收到公告的确认以及出版公告信息的确认，确认中应注明出版日期以作为出版的证据。公告应于发出后五天内出版公布。欧盟出版物办公室出版公布公告的支出由欧盟承担。

3. 特许经营权的公告全文应当以缔约部门或缔约实体选择的一种或多种欧盟各机构的官方语言。各语言版本应当形成独立可靠的文本。公告重要内容的摘要应当以欧盟机构的其他官方语言出版公布。

4. 特许经营权公告与特许经营权的授予公告不得在欧盟出版物办公室公布之前在成员国层级进行公布，除非欧盟出版物办公室根据本条第2款向缔约部门或缔约实体确认收到公告后的48小时内未公布该公告。在成员国层级公布的特许经营权公告与特许经营权的授予公告，不应当包含发送至欧盟出版物办公室的内容以外的信息，但应当注明公告发送至欧盟出版物办公室的日期。

第34条　获取特许经营权文件的电子版本

1. 缔约部门及缔约实体应当自特许经营权公告发布之日起，或在特许经营权公告中未包括招标邀请书的情况下，自招标邀请书发出之日起，通过电子方式免费提供特许经营权文件的无限制、完全直接的访问。特许经营权公告或招标邀请书的文本中，应当注明能够访问特许经营权文件的网络地址。

2. 在由于特殊保护、技术原因或需要很高级别保护的商业信息的高度敏感性而具有充分正当性的情况下，不能通过电子方式免费提供特定特许经营权文件的无限制、完全直接的访问，缔约部门或缔约实体应当在公告或招标邀请书中注明相关的特许经营权文件将会以电子形式以外的其他方式传送，且接收投标的期限将会延长。

3. 如果有人适时提出要求，缔约部门及缔约实体或负责的部门应当在接收投标的截止日期的6天之前，向所有参加特许经营权授予程序的申请人或投标人提供关于特许经营权文件的额外信息。

第35条　打击腐败及防止利益冲突

成员国应要求缔约部门及缔约实体采取适当措施，打击欺诈、偏袒及腐败，有效预防、识别及补救特许经营权授予程序进行过程中出现的利益冲突，避免任何扭曲的竞争行为并保证授予程序的透明度及所有候选人与投标人受到平等对待。

利益冲突至少应包括如下情形：参与特许经营权授予程序或可能影响该程序结果的缔约部门或缔约实体的工作人员，直接或间接地在特许经营权授予程序中拥有可能违背其公正性与独立性的金融、经济或其他个人利益。

就利益冲突来说，采取的措施不得超过防止潜在的利益冲突或消除已确定的利益冲突而确有必要的程度。

第二章 程序保障

第36条 技术及功能要求

1. 在技术及功能要求中应当对作为特许经营权标的的工程及服务需具备的特点进行定义，并规定于特许经营权文件中。

如果与合同标的相关，并且与其价值和目标成比例，这些特点也可以适用于制造或提供工程及服务的特殊程序中。这些特点可能包括：质量水平、环境及气候表现水平、对所有必要条件（包括残疾人群需求）及标准评定的设计、性能、安全性或规模、术语、符号、测试与测试方法、标记与标签、用户指令等。

2. 除非因合同标的而具有合理性，否则技术及功能要求不得适用于特殊制造或特殊渠道，不得适用于特定经济经营者所提供的产品或服务的特征性过程；不得适用于商标、专利、印刷文字或者对特定企业或特定产品具有偏向性或排除性效果的特殊制造。如果无法对合同标的进行足够清晰、易懂的描述，应当例外允许参照适用。该参照一般伴随词语"或相当"。

3. 如果投标人在投标书中以适当方法证明其提出的解决方案能够同样满足技术上与功能上的要求，缔约部门或缔约实体不得以投标的工程及服务不符合技术上及功能上的要求为由拒绝接受投标。

第37条 程序性保障措施

1. 如果满足以下所有条件，特许经营权的授予应当依由缔约部门或缔约实体根据第41条所制定的授予标准进行：

（a）投标书满足缔约部门或缔约实体规定的最低要求；

（b）投标人满足第38条第1款中所规定的参与条件；

（c）根据第38条第4款至第7款，投标人未被排除在授予程序外，且遵守第38条第9款的规定。

（a）项中的最低要求应当包含任何投标者应满足的条件及特点（特别是技术、物理、功能及法律上的条件及特点）。

2. 缔约部门或缔约实体应当提供：

（a）在特许经营权公告中对特许经营权及参与条件的描述；

（b）在特许经营权公告、招标邀请书或其他特许经营权文件中，对授予标准的描述以及应当满足的最低要求。

3. 在以透明的方式并基于客观的标准的条件下,缔约部门或缔约实体可以将候选人或投标人的数量限制在合理范围内。候选人或投标人的数量应足以形成真实竞争。

4. 缔约部门或缔约实体应当将授予程序的预计组织形式及参考截止日期通知所有参与者。如有修改,应当告知参与者;如果修改的内容涉及特许经营权公告中的内容,应当向所有经济经营者公告。

5. 缔约部门或缔约实体应当根据第28条第1款以其认为合适的方式提供程序阶段的适当记录。

6. 缔约部门或缔约实体可能与候选人及投标人进行谈判。特许经营权的标的、授予标准以及最低要求不得于谈判过程中发生改变。

第38条 候选人的筛选与资质评定

1. 缔约部门及缔约实体应当以候选人或投标人的自我陈述、作为证明所提交的参考资料为基础,根据在特许经营权公告中规定的非歧视性、与特许经营权标的相适应的要求,核实候选人或投标人在专业和技术能力以及金融和经济状况等方面的参与条件。参与条件应当是关于并适合于确保特许经营权获得者具有履行特许经营权的能力,包括特许经营权的标的、保证真实竞争的目的。

2. 为了满足第1款中所规定的参与条件,在合理且针对特定特许经营权的情况下,经济经营者可以不考虑与其他实体在法律上的关系属性而依靠该实体的能力。如果经济经营者需依靠其他实体的能力,应向缔约部门或缔约实体证明,其在行使特许经营权的整个期间内都掌控着必要的资源,例如,通过其他实体作出与此相关的承诺。就财务状况来说,缔约部门或缔约实体可以要求经济经营者与其依靠的其他实体对合同的履行承担连带责任。

3. 在相同情况下,第26条中的经济经营者团体可以依靠团体中的参与者或者其他实体的能力。

4. 经济经营者因下列原因之一已经被终审定罪的,第7条第1款(a)项中的缔约部门及缔约实体应当将该经济经营者排除在特许经营权授予程序之外:

(a) 参与理事会框架决议2008/841/JHA[①]第2条中定义的犯罪组织;

(b) 参与《打击涉及欧洲共同体官员或欧洲联盟成员国官员的腐败行为公约》第3条[②]与理事会框架决议2003/568/JHA[③]第2条第1款中的腐败行为,或缔约部门、缔约实体或经济经营者所在国法律中的腐败行为;

---

① Council Framework Decision 2008/841/JHA of 24 October 2008 on the fight against organised crime (OJ L 300, 11.11.2008, p. 42).

② OJ C 195, 25.6.1997, p. 1.

③ Council Framework Decision 2003/568/JHA of 22 July 2003 on combating corruption in the private sector (OJ L 192, 31.7.2003, p. 54).

(c) 参与《保护欧洲共同体金融利益的公约》[①]第 1 条中包含的诈骗行为;

(d) 参与理事会框架决议 2002/475/JHA[②] 第 1 条、第 3 条中分别定义的恐怖活动犯罪或者与恐怖活动相关联的犯罪,或者理事会框架决议第 4 条中定义的煽动、帮助、教唆或意图实施的犯罪行为;

(e) 参与欧洲议会和欧盟理事会欧共体 2005/60 号指令[③]第 1 条中的洗钱或资助恐怖活动的行为;

(f) 参与在欧洲议会和欧盟理事会指令 2011/36/EU[④] 第 2 条中的童工及其他形式贩卖人口的行为。

作为经济经营者的管理部门、经营部门或监督部门的自然人成员或对上述部门拥有代表权、决定权或控制权的自然人被终审定罪的情况下,对经济经营者的排除义务应当适用。

第 7 条第 1 款(a)项规定之外的其他缔约实体知道经济经营者因本款第 1 项所列的原因被终审定罪后,可以将经济经营者排除在特许经营权授予程序之外。

5. 如果根据设立纳税或社会保障缴款义务所在国或者缔约部门或缔约实体所在成员国的法律规定的有终局性和约束力的司法或行政决定,经济经营者违反纳税或社会保障缴款义务时,第 7 条第 1 款(a)项中规定的缔约部门及缔约实体应当将经济经营者排除在特许经营权授予程序之外。

第 7 条第 1 款(a)项规定的缔约部门及缔约实体能以任何适当的手段证明经济经营者违反其纳税或社会保障缴款义务时,可以自行或依成员国要求将该经济经营者排除在特许经营权授予程序之外。

如果经济经营者通过缴款履行了纳税或社会保障缴款义务,或者签署了以缴纳税款或社保款(包括任何适当的利息与罚款)为目的的约束性协议,不再适用本款。

6. 在特殊情况下,由于如公众健康或环境保护等方面的公共利益的重要原因,成员国可以弱化本条第 4 款、第 5 款规定的强制排除。

如果排除经济经营者明显不符合比例性,特别是在仅少数税额或社保款未付清或者当经济经营者违反纳税或社保款缴纳义务后被告知准确应缴金额时没有可能采取本条第 5 款第 3 项所规定的措施,成员国可以弱化第 5 款规定的强制排除。

7. 如果符合下列情况之一,缔约部门或缔约实体可以自行或依成员国要求将

[①] OJ C 316,27.11.1995,p. 48.

[②] Council Framework Decision 2002/475/JHA of 13 June 2002 on combating terrorism (OJ L 164, 22.6.2002,p. 3).

[③] Directive 2005/60/EC of the European Parliament and of the Council of 26 October 2005 on the prevention of the use of the financial system for the purpose of money laundering and terrorist financing (OJ L 309,25.11.2005,p. 15).

[④] Directive 2011/36/EU of the European Parliament and of the Council of 5 April 2011 on preventing and combating trafficking in human beings and protecting its victims,and replacing Council Framework Decision 2002/629/JHA (OJ L 101,15.4.2011,p. 1).

经济经营者排除在特许经营权授予之外：

(a) 缔约部门或缔约实体能以任何适当的方式证明经济经营者违反了第30条第3款中规定的适当义务；

(b) 经济经营者破产或者成为破产程序或清算程序的主体，或者其资产被清算人或法院管理，或者其与债权人有约定，或者其经营活动被暂停或其处于由国家法律、法规规定的同类程序引起的相似情形中；但是在考虑到有关在该种情形中持续经营的国家规范和措施的情况下，如果上述经济经营者有能力实施特许经营权，缔约部门或缔约实体可以决定不主动或不按照成员国要求将处于以上情形的经济经营者排除在特许经营权之外；

(c) 缔约部门能以任何适当的手段证明经济经营者有重大的有损其诚实性的渎职行为；

(d) 第35条第2款中所述的利益冲突无法有效地以其他不具干扰性的手段补救；

(e) 缔约部门有充分合理的理由推断经济经营者与其他经济经营者订立了旨在扭曲竞争的协议；

(f) 经济经营者对其以前与本指令或指令2014/25/EU中的缔约部门或缔约实体签订的特许经营权或合同中的实质要求表现出明显或持续的缺陷，该缺陷导致了合同的中止、损害赔偿或其他同类处罚；

(g) 经济经营者提供的旨在证明无排除理由或满足选择标准的信息严重失实，撤回了此类信息或无能力提交证明上述信息所需的文件；

(h) 经济经营者过度影响了缔约部门或缔约实体的决策程序，在特许经营权授予程序中获得了产生不当优势的机密信息，或者过失提供了可能对排除、筛选或授予决策产生重大影响的误导性信息；

(i) 对于欧共体第2009/81号指令中规定的国防及安全领域的特许经营权，经济经营者被以某种证据手段证明不具有消除成员国风险所必要的可靠性，该手段包括通过使用被保护的数据资源。

8. 如果经济经营者在授予程序之前或之中因过错或过失行为而陷入本条第4款、第5款第1项所规定的情形时，第7条第1款(a)项中的缔约部门及缔约实体应当在授予程序中的任何时刻排除前述经济经营者。

如果经济经营者在授予程序之前或之中因过错或过失行为而陷入本条第5款第2项、第7款所规定的情形时，缔约部门及缔约实体可以在任何时刻自行或依成员国要求在授予程序中排除前述经济经营者。

9. 经济经营者因本条第4款、第7款的规定而被排除的，可以提供足够充分的证据以证明其实施行为的合理性。如果该证据被认为是足够充分的，则该经济经营者不能被排除于程序之外。

经济经营者应当证明其已经支付或同意支付任何由于违法行为或渎职行为而

造成的损失赔偿，并已经积极同调查当局合作，详细澄清事实和真相，正确采取了技术上、组织上和人事上的适当措施以防止进一步的违法行为或渎职行为的发生。对经济经营者上述措施的评估，应考虑到违法行为或渎职行为的重要性和特殊性。如果此类措施被认定不充分，相关经济经营者应收到该认定决定的原因声明。

在终审判决具有法律效力的成员国中，被终审判决排除参与采购或特许经营权授予程序的经济经营者，在终审判决所确定的排除期间无权要求适用本款规定。

10. 成员国应通过法律、法规、行政规定并参考欧盟法律来规定本条款的适用条件。尤其是如果经济经营者未采取本条第 9 款规定的措施以证明其可靠性时，上述法律规范应当确定最长的排除期限。如果排除期限不是由终审判决所确定，该排除期限不得超过自本条第 4 款规定的终审定罪日期后的 5 年，也不得超过自第 7 款规定的相关事件后的 3 年。

第 39 条　接受特许经营权申请及投标的时限

1. 在不影响本条设定的最短时限的条件下，缔约部门或缔约实体在决定接受申请及投标的时限时，应当特别考虑特许经营权的复杂程度以及起草投标与申请所需的时间。

2. 如果申请或投标只有在对特许经营权授予文件的文档进行实地或现场查阅后才能制定的，接受申请或投标的时限应当使所有相关经济经营者能够了解制作申请书或投标书所需的全部信息，任何情况下都应当超过本条第 3 款、第 4 款规定的最短时限。

3. 接受特许经营权申请或投标的最短时限应当为自特许经营权公告发布之日起 30 天。

4. 如果程序发生在连续的阶段，接受最初投标的最短时限应当为自投标邀请书发送之日起 22 天。

5. 如果缔约部门或缔约实体接受的投标是按照第 29 条规定的电子形式来递交的，接受投标书的时限可以缩短 5 天。

第 40 条　向候选人及投标人提供信息

1. 缔约部门或缔约实体应当尽快告知每位候选人及投标人关于特许经营权授予的决定，包括成功中标者的名称、作出拒绝申请或投标决定的缘由、在特许经营权公告出版公布后作出不授予合同决定的原因以及重新启动程序决定的原因。

应当事人的请求，缔约部门或缔约实体应当在收到书面请求的 15 天内，尽快告知任何作出合格投标的投标者被选中的投标的特征及相对优势。

2. 缔约部门或缔约实体可以拒绝提供本条第 1 款规定的特定信息。就合同而言，如果提供此类信息，可能会造成执法受阻或公共利益受损，造成公立或私立经济经营者合法商业利益受损，或破坏此类经营者之间的公平竞争。

第 41 条　授予标准

1. 特许经营权应当按照客观标准进行授予，该客观标准应当遵循第 3 条规定的原则,并确保在有效竞争条件下对投标进行评估,以确定其对缔约部门或缔约实体的总体经济利益。

2. 授予标准应当与特许经营权标的相关联,不得赋予缔约部门或缔约实体不受限制的自由选择权。授予标准应当包括环境、社会或创新等相关标准。

这些标准应当包括允许对投标者提供的信息进行有效核实的要求。

缔约部门或缔约实体应当核实投标是否符合授予标准。

3. 缔约部门或缔约实体应当按照重要性递减的顺序列明各项标准。

如果当缔约部门或缔约实体接收到拥有优越表现的创新解决方案的投标,而其是勤勉的缔约部门或缔约实体目前无法预见的,则缔约部门或缔约实体可以偏离第1款的规定而例外地修改授予标准的排列顺序,以便能够考虑该创新型解决方案。缔约部门或缔约实体应当按照第39条第4款关于最短时限的规定,告知所有投标者授予标准中对于重要性排序的变更,并出版新的招标邀请书。如果特许经营权公告与授予标准同时出版发布,缔约部门或缔约实体应当按照第39条第3款关于最短时限的规定,出版公布新的特许经营权通知。

对排列顺序的变更不能影响公平性。

第三编　特许经营权的履行规则

第42条　分包

1. 有关国家机关应当在其责任与职权范围内保障分包商遵守第30条第3款规定的相关义务。

2. 在特许经营权文件中,缔约部门或缔约实体可以主动或按照成员国要求,让投标者或申请者在其投标书中说明其意图将特许经营权分包给第三方的份额和意向分包商。本款不会影响到主要特许经营权获得者的责任问题。

3. 在工程特许经营权以及在缔约部门或缔约实体管理下的设施中所提供的服务,在授予特许经营权后并且最迟于特许经营权开始实施时,缔约部门或缔约实体应当要求特许经营权获得者及时向其说明参与该工作或服务的分包商的名称、合同细节及法定代理人。缔约部门或缔约实体应当要求特许经营权获得者告知其在特许经营权实施过程中发生的任何改变,以及在特许经营权开始实施后介入该工作或服务的新的分包商所需上报的信息。

成员国可以偏离本款第1项的规定而直接给特许经营权获得者设定递交所需信息的义务。

本款第1项、第2项的规定不适用于供应商。

缔约部门及缔约实体可以主动或按成员国要求将本款第1项规定的义务扩大适用于:

(a) 不属于在缔约部门或缔约实体管理下的设施中提供服务的服务特许经营

权,或参与工程或服务特许经营权的供应商;

(b) 特许经营权获得者的分包商的分包商或者层级更低的分包链中的分包商。

4. 为避免违反第30条第3款规定的义务,应当采取适当措施,例如:

(a) 如果成员国的法律中有对分包商和特许经营权获得者之间的连带责任机制的规定,则相关成员国应当确保在符合第30条第3款规定的情形下适用相关规则。

(b) 缔约部门及缔约实体可主动或按成员国要求依据第38条第4款至第10款核实是否存在应当排除分包商的情形。在此种情况下,如果存在应当排除分包商的强制性理由,缔约部门或缔约实体应当要求经济经营者更换分包商。如果存在应当排除分包商的非强制性理由,缔约部门或缔约实体可主动或按照成员国要求,要求经济经营者更换分包商。

5. 成员国可以根据国家法律规定更严格的责任规则。

6. 如果成员国通过法律、法规或行政规定,并结合相关的欧盟法律,规定了第1款、第3款中所列的措施,应当详细说明此类措施的适用条件。成员国可以限制此类措施的适用性,例如,特定合同类型,特定类别的缔约部门、缔约实体或经济经营者或者特定的最低额要求。

第43条 合同期内的修改

1. 在下列情形中,根据本指令,特许经营权可以不经过新的授予程序而被修改:

(a) 不考虑货币价值的情况下,在最初特许经营权文件中以清晰、准确、明确的审查条款(包括价值修正条款)或选择条款规定了合同的修改。这些条款应说明修改或选择的范围、性质以及适用条件。该修改或选择不得改变特许经营权的整体性质。

(b) 如果确有必要由特许经营权获得者提供额外的工程或服务,而这在最初的特许经营权中未作规定,此时更换特许经营权获得者:

(i) 因经济或技术原因无法作出,如根据最初的特许经营权形成的现有设备、服务或设施的互换性和互操作性的要求;

(ii) 会对缔约部门或缔约实体造成重大不便或者实质重复性的成本。

对于缔约部门授予的特许经营权,为开展附件Ⅱ规定以外的活动的目的,增加值不得超过最初特许经营价值的50%。在连续修改的情况下,该限制应当适用于各项修改。这种连续的修改不得以规避本指令为目的。

(c) 满足下列全部条件:

(i) 因勤勉的缔约部门或缔约实体也无法预见的情况而需要对合同进行修改;

(ii) 修改没有改变特许经营权的整体性质;

(iii) 对于缔约部门授予的特许经营权,为开展附件Ⅱ规定以外的活动的目的,增加值不得超过最初特许经营价值的50%。在连续修改的情况下,该限制应当适用于各项修改。这种连续的修改不得以规避本指令为目的。

(d) 因下列原因而导致一个新的特许经营权获得者取代了最初的特许经营权获得者：

(i) 与(a)项一致的明确的审查或选择条款；

(ii) 另一个符合最初确定的资质选择标准的经济经营者全部或部分承继了最初特许经营权获得者的地位，随后重组公司，包括收购、合并、取得或破产，但该情况并不需要对合同的其他内容进行重要修改，也不以规避本指令的适用为目的；

(iii) 缔约部门或缔约实体根据国家立法的相关规定，自身承担特许经营权获得者对其分包商的主要义务。

(e) 不属于第4款意义上的实质性修改（不考虑其价值）。

缔约部门或缔约实体根据本款(b)(c)两项修改特许经营权时，应当在《欧洲联盟公报》上予以公告。该公告应包含附件XI中所规定的信息，并按照第33条的要求予以公布。

2. 此外，在不需要审核是否符合第4款(a)至(b)项所规定的条件的情况下，如果修改的金额低于以下两项金额时，特许经营权的修改可以不根据本指令进行新的特许经营授予程序：

(i) 第8条所规定的限额；

(ii) 初始特许经营权价值的10%。

但是，该修改不应改变特许经营权的整体性质。在连续修改的情况下，对于价值的评估应以连续修改的积累净值为基础。

3. 计算第1款(b)(c)两项及第2款的特许经营权价值时，如果特许经营权包括指数化条款，应以参考价值作为更新后的价值；如果特许经营权不包括指数化条款，应在考虑缔约部门或缔约实体所在成员国的平均通胀率的情况下计算更新后的价值。

4. 如果新的特许经营权与初始的特许经营在特性方面有实质不同时，在特许经营权期间内进行的修改应被认为属于第1款(e)项下的实质修改。在不影响第1款、第2款规定的情况下，如果满足下列条件中的一项或多项，该修改将被认为是实质性的：

(a) 该修改引入了新的条件，假如在初始的特许经营权授予程序中就设定了该条件，获准进入的申请者将不同于原来被选中的申请者，或者被接受的投标也将不同于先前被接受的投标，或者将吸引额外的参与者参与特许经营权授予程序；

(b) 该修改改变了特许经营权的经济平衡，并以初始特许经营权未规定的方式使特许经营权获得者受益；

(c) 修改大大扩展了特许经营权的范围；

(d) 新的特许经营权获得者代替了被缔约部门或缔约实体在第1款(d)项所规定的范围之外授予特许经营权的原特许经营获得者。

5. 在特许经营权的有效期内,对其进行第1款、第2款规定之外的修改,而有必要根据本指令作出新的特许经营权授予。

第44条 特许经营权的终止

成员国应当确保缔约部门及缔约实体在满足下列一项或多项条件时,拥有根据国家法律所规定的条件终止进行中的特许经营权:

(a) 特许经营权已被修改,根据第43条需要一个新的特许经营权授予程序;

(b) 在特许经营权授予之时特许经营权获得者符合第38条第4款规定的情形之一,应当被排除于特许经营权授予程序之外;

(c) 根据《欧盟运作条约》第258条的程序,欧盟法院发现成员国未能履行该条约中的义务,致使该成员国的缔约部门或缔约实体未在该条约与本指令的规定下授予特许经营权。

第45条 监督与报告

1. 为了确保正确、高效地贯彻实施,成员国应当保证由一个或多个部门或机构履行本条所规定的任务。成员国应当告知欧盟委员会负责此类任务的所有部门或机构。

2. 成员国应确保特许经营权授予规则的适用受到监督。如果监督部门或机构认定存在特定违法行为,如欺诈、腐败、利益冲突和其他严重的违规行为或系统性问题,其有权将这些违规行为或问题告知国家审计机关、法院、审理委员会或其他适格的机关或组织,如监察员、国家议会或委员会。

3. 第2条规定的监督活动的结果应通过适当的信息方式告知公众。

最长每三年,委员会可以要求各成员国向其发送监督报告,概括特许经营权合同授予规则错误适用的最常见原因,包括规则适用上可能出现的结构性或经常性问题以及可能出现的欺诈及其他非法行为。

4. 成员国应确保免费提供关于特许经营权合同的欧盟法律翻译及适用的信息和指导,以协助缔约部门、缔约实体及经济经营者正确地适用欧盟规则。

第四编 对欧共体1989年第665号指令和1992年第13号指令的修正

第46条 对欧共体1989年第665号指令的修正

欧共体1989年第665号指令修正如下:

(1) 第1条第1款修改为:

"1. 本指令适用于欧盟2014年颁布的第24号指令[①]规定的合同,除非这些合

[①] Directive 2014/24/EU of the European Parliament and of the Council of 26 February 2014 on public procurement (OJ L 94, 28.3.2014, p. 65).

同依第 24 号指令第 7、8、9、10、11、12、15、16、17 和 37 条被排除。

第 23 号指令①规定的由公共当局授予的特许经营权也适用本指令,除非这些特许权依第 23 号指令第 10、11、12 和 17 条被排除。

本指令所指合同包括公共合同、框架协议、建设和服务特许经营权合同以及动态采购制度。

对属于 2014 年第 23、24 号指令范围内的合同,成员国应采取必要措施确保:有效审查公共当局采取的决定,使其尽快符合本指令第 2 到 2f 条规定的条件,如果这些决定已违反欧盟法中有关政府采购或转换该法的国家规范。"

(2) 第 2a 条第 2 款修改如下:

(a) 第 1 项修改为:

"用传真或电子方式将第 23 号或 24 号指令中的合同的授予决定送达相关投标人或候选者的,自送达生效之日起至少 10 天内不得订立合同;如果使用其他方式送达的,自送达生效之日起至少 15 天内不得订立合同,或自收到决定之日起至少 10 天内不得订立合同。"

(b) 第 4 项第 1 目修改如下:

"——第 24 号指令第 55 条第 2 款规定的相关原因摘要,该指令第 55 条第 3 款另有规定的除外,或第 23 号指令第 40 条第 1 款中的相关原因摘要,该指令第 40 条第 2 款另有规定的除外。"

(3) 第 2b 条修改如下:

(a) 第 1 款:

(i) (a)项修改为:

"(a) 如果第 23 号或 24 号指令未要求在欧盟官方公报上预先发布合同公告。"

(ii) (c)项修改为:

"(c) 第 24 号指令第 33 条规定了以框架协议为基础的合同,第 34 条规定了以动态采购制度为基础的具体合同。"

(b) 第 2 款第 1 目和第 2 目修改如下:

"——存在违反第 24 号指令第 33 条第 4 款(c)项或第 34 条第 6 款(c)项的情形;

——合同评估价值等于或高于第 24 号指令第 4 条所规定的限额。"

(4) 将第 2c 条中 2004 年第 18 号欧盟指令修改为 2014 年第 23 号或 24 号欧盟指令。

(5) 第 2d 条修改如下:

(a) 第 1 款:

---

① Directive 2014/23/EU of the European Parliament and of the Council of 26 February 2014 on the award of concession contract (OJ L 94, 28.3.2014, p. 1).

(i)(a)项修改为：

"(a)依第23号或24号指令,公共当局须事先在欧盟官方公报上发布合同公告。"

(ii)将(b)项中2004年第18号欧盟指令修改为2014年第23号或24号欧盟指令。

(b)第4款第1目修改如下：

"——依第23号或24号指令,公共当局未事先在欧盟官方公报上对特许经营权合同进行公告,也可授予合同。"

(c)第5款第1目修改如下：

"——依第24号指令第33条第4款(c)项或第34条第6款规定,公共当局可授予特许经营权合同。"

(6)第2f(1)条(a)项修改如下：

"(a)自下述日期后至少30个有效公历日届满前：

——公共当局依第24号指令第50、51条或第23号指令第31、32条发布合同授予公告,但该公告应包括公共当局未事先在欧盟官方公报上发布合同公告便授予合同的理由,或

——公共当局就订立合同告知了相关投标人或候选人,如果该信息包括相关原因的摘要,该摘要规定在第24号指令第55条第2款中,该指令第55条第3款另有规定的除外,或规定在第23号指令第40条第1款中,该指令第40条第2款另有规定的除外。该选择也适用于本指令第2b条第1款(c)项中所规定的情形。"

(7)第3条第1款修改如下：

"1.订立合同前,如果委员会认为在第23号或24号指令规定的合同授予程序中存在严重违反欧盟法有关政府采购规定的情形,那么,委员会可能会援引第2到第5款规定的程序。"

第47条　对欧共体1992年第13号指令的修正

欧共体1992年第13号指令修正如下：

(1)第1条第1款修改为：

"1.本指令适用于欧盟2014年颁布的第25号指令[①]规定的合同,除非这些合同依第25号指令第18到24、27到30、34到55条被排除。

本指令所指合同包括供应、工程和服务合同,建设和服务特许经营权合同,框架协议,以及动态采购制度。

[①] Directive 2014/25/EU of the European Parliament and of the Council of 26 February 2014 on procurement by entities operating in the water, energy, transport and postal services sectors (OJ L 94, 28.3.2014, p. 243).

本指令也适用于第23号指令①规定的由缔约实体授予的特许经营权,除非这些特许权依第23号指令的第10、12、13、14、16、17和25条被排除。

对属于2014年第23、25号指令范围内的合同,成员国应采取必要措施确保:有效审查公共当局采取的决定,使其尽快符合本指令第2到2f条规定的条件,如果这些决定已违反欧盟法中有关政府采购或转换该法的国家规范。"

(2)第2a条第2款修改如下:

(a)第1项修改如下:

"用传真或电子方式将第25号或23号指令中的合同的授予决定送达相关投标人或候选者的,自送达生效之日起至少10天内不得订立合同;如果使用其他方式送达的,自送达生效之日起至少15天内不得订立合同,或自收到决定之日起至少10天内不得订立合同。"

(b)第4项第1目修改如下:

"——第25号指令第75条第2款规定的相关原因摘要,该指令第75条第3款另有规定的除外,或第23号指令第40条第1款中的相关原因摘要,该指令第40条第2款另有规定的除外。"

(3)第2b条修改如下:

(a)第1款:

(i)(a)项修改为:

"(a)如果第23号或25号指令未要求在欧盟官方公报上预先发布合同公告。"

(ii)(c)项修改为:

"(c)以第25号指令第52条规定的动态采购制度为基础的具体合同。"

(b)第2款第1目和第2目修改如下:

"——存在违反第25号指令第52条第6款的情形;

——合同评估价值等于或高于第25号指令第15条所规定的限额。"

(4)将第2c条中2004年第17号欧盟指令修改为2014年第23号或25号欧盟指令。

(5)第2d条修改如下:

(a)第1款:

(i)(a)项修改为:

"(a)依第23或25号指令,协议实体须事先在欧盟官方公报上公告协议通知。"

(ii)将(b)项中2004年第17号欧盟指令修改为2014年第23号或25号欧盟指令。

---

① Directive 2014/23/EU of the European Parliament and of the Council of 26 February 2014 on the award of concessions contract (OJ L 94, 28.3.2014, p. 1).

(b) 第 4 款第 1 目修改如下：

"——依第 23 号或 25 号指令,缔约实体未事先在欧盟官方公报上对特许经营权合同进行公告,也可授予合同。"

(c) 第 5 款第 1 目修改如下：

"——依第 25 号指令第 52 条第 6 款,缔约实体可授予特许经营权合同。"

(6) 第 2f(1)条(a)项修改如下：

"(a) 自下述日期后至少 30 个有效公历日届满前：

——缔约实体依第 25 号指令第 70、71 条或 23 号指令第 31、32 条发布合同授予公告,但该公告应包括公共当局未事先在欧盟官方公报上发布合同公告便授予合同的理由,或

——缔约实体就订立合同告知了相关投标人或候选人,如果该信息包括相关原因的摘要,该摘要规定在第 25 号指令第 75 条第 2 款中,该指令第 75 条第 3 款另有规定的除外,或规定在第 23 号指令第 40 条第 1 款中,该指令第 40 条第 2 款另有规定的除外。该选择也适用于本指令第 2b 条第 1 款(c)项中所规定的情形。"

(7) 第 8 条第 1 款修改如下：

"1. 订立合同前,如果委员会认为在第 23 号或 25 号指令规定的合同授予程序中存在严重违反欧盟法有关政府采购规定的情形,或协议实体适用第 25 号指令第 26 条第 1 款有关条款的情形,那么,委员会可能会援引第 2 到第 5 款规定的程序。"

第五编 授予权力、执行权及最终条款

第 48 条 行使授权

1. 委员会在本条所规定的条件下授予批准授权行为的权力。

2. 自 2014 年 4 月 17 日起的不确定期间内,委员会授予批准第 7 条第 3 款、第 9 条第 4 款、第 27 条第 2 款和第 30 条第 4 款所规定的授权行为的权力。

3. 欧洲议会或者欧盟理事会可以随时撤销第 7 条第 3 款、第 9 条第 4 款、第 27 条第 2 款和第 30 条第 4 款规定的授权。撤销决定将导致授权终止。自欧盟官方公报公布撤销决定日或公报指定日起,授权终止。但该决定不影响任何已生效的授权行为的效力。

4. 委员会批准授权行为时应同时通知欧盟议会和欧盟理事会。

5. 欧盟议会或者欧盟理事会自接到通知日两个月内未明确反对,或在两个月期限届满前,通知委员会不反对,那么委员会根据第 7 条第 3 款、第 9 条第 4 款、第 27 条第 2 款和第 30 条第 4 款批准授权行为生效。欧盟议会或者欧盟理事会可将上述期限自行延长两个月。

第 49 条 紧急程序

1. 根据本条批准的授权行为应立即生效,并在没有根据第 2 款提出反对意见之

前一直适用。向欧洲议会或者欧盟理事会通报授权行为时,应说明采用紧急程序的理由。

2. 欧洲议会或者欧盟理事会可以根据第 48 条第 5 款规定的程序反对一项授权行为。在此情形下,委员会收到欧洲议会或者欧盟理事会的反对决定后,应立即废除该授权行为。

第 50 条　委员会程序

1. 公共采购咨询委员会应协助委员会,该咨询委员会依理事会 1971 年颁布的欧共体第 306 号决定[①]设立,同时属于欧盟 2011 年颁布的第 182 号规则所指委员会。

2. 欧盟 2011 年颁布的第 182 号规则适用于本条所引用内容。

第 51 条　法律转换

1. 成员国应在 2016 年 4 月 18 日前使必要的法律、法规以及行政规范生效,以符合本指令的规定,并将这些文本立即送达委员会。

成员国制定此类规范应包含对本指令的引用,或在官方出版之际指明本指令的引用。由成员国决定如何引用本指令。

2. 成员国应将其在本指令所涵盖的领域所制定的国家法律中的主要规范的文本呈送委员会。

第 52 条　过渡规定

对欧盟 2004 年颁布的第 17 号指令的第 1 条第 3 款(a)和(b)项及 2004 年颁布的第 18 号指令的第 1 条第 3 款、第 4 款和第三章的引用视为对本指令的引用。

第 53 条　监督与报告

委员会应评估第 8 条所规定的限额对国内市场的经济影响,尤其是对跨境合同授予和交易费用等因素的影响,并于 2019 年 4 月 18 日前向欧洲议会和欧盟理事会报告。在对政府采购协议进行谈判时,应在考虑通货膨胀及交易成本影响的情况下,审查限额设定的合理性。如果可能并合适的话,委员会可建议提高在下一轮谈判中适用的政府采购协议限额。

政府采购协议的适用限额发生任何改变时,在报告之后,应在适当的情况下提交修订本指令所规定的限额的立法建议。

考虑到水资源领域的特殊结构,委员会还应评估第 12 条规定的除外条款对国内市场的经济影响,并在 2019 年 4 月 18 日前向欧洲议会和欧盟理事会报告。

委员会应审查本指令的运作,并在 2020 年 4 月 18 日前向议会和理事会报告,此后每五年都应以成员国根据第 45 条第 3 款的规定应提供的资料为依据向议会和理事会报告。

---

① Council Decision 71/306/EEC of 26 July 1971 setting up an Advisory Committee for Public Works Contracts (OJ L 185, 16.8.1971, p. 15).

委员会应向公众公布根据第 4 条作出的审查结果。

第 54 条　生效

本指令自欧盟官方公报公告后的第 20 天生效。

2014 年 4 月 17 日前有关特许经营权的投标或授予不适用本指令。

第 55 条　致函

本指令应送达每个成员国。

本指令于 2014 年 2 月 26 日在斯特拉斯堡通过。

欧洲议会　　　　欧盟理事会
主席　　　　　　主席
马丁·舒尔茨　　迪米特里斯·古尔古拉斯
（M. Schulz）　（D. Kourkoulas）

（王东光　译）

英国

公私合作的新指引

英国财政部
2012 年 12 月

前　　言

在过去的二十几年里,英国在公共基础设施和服务的提供方式上,在同私营部门合作的道路上,一直领先于其他国家。

私营部门市场的现实性对企业产生了强大的约束力,驱使其将效率最大化并充分利用商机。成功的公私合作能使公共部门获得私营部门的制度、技能及专业知识。

然而,不是所有的公私合作都能获得成功。私人融资计划(PFI)这种英国惯常采用的公私合作模式,就因为浪费、制度死板、缺少透明度而饱受诟病。

2011 年,英国政府开始对私人融资计划进行全面的再评估。为确保我们切实深入了解私人融资计划所引发的问题,我们发起了意见征询调查以汇总相关各方意见。对于被调查者在书面应答中所付出的时间、精力以及周密的考虑,我们深表感谢;对于利益相关人在双边会议和圆桌会议中的讨论和辩论,我们也深表感谢。

我们听取了私人融资计划引发的问题并仔细审核了提请审查的意见,提出了一个有说服力的改革方案。这份文件公布了我们对私人融资计划的审查结果,同时提出了政府关于让民间金融参与到公共基础设施和服务供给中的改革新思路,即私人再融资计划(PF2)。

我们极力提供更广泛的股权融资和债券融资渠道,以达到以下目的:提高融资项目的物有所值;增加长期项目在债务及投资者收益率方面的透明度;加快采购流程并减少采购成本;对公共服务的供给给予更大程度的灵活性。纳税人可以成为项目的股东并可以分享投资者的收益。

PF2 着眼于议会、公共部门及纳税人所主要关心的问题。凭借来自纳税人和供应商的信任,我们希望 PF2 能够成为一项持续的政策,以保证公共服务和基础设施的有效供给。

财政部部长
财政部商务司司长

概　　要

英国政府认为私营部门的投资、创新及技能应在公共基础设施和服务供给中发挥长足的作用。《开放公共服务白皮书》列出了政府改进公共服务的计划。公共服务将不再只由公共部门来提供，而是逐渐转交公共部门以外的组织机构提供，如员工发起的互惠组织、合资企业、社会或慈善机构的企业、商业机构等。

由私营部门提供公共基础设施和服务的路径有多种。既可以采用比较极端的私有化方式，即将所有权和风险全部转移给私营部门，也可以采用常规的采购模式，即政府同私营部门签订合同由私营部门提供特定的服务。在常规采购模式下，公共部门通常承担着与所有权、经营绩效及服务整合相关的风险。

此外，还有多种公私合作模式，其特点是公共部门与私营部门共同经营、共担风险。这种模式既包括相对单一的外包类合作关系，即凭借短期或中期合同提供服务，也包括长期的私人融资合作，如 PFI。成功的公私合作有如下优势：提高效率，保证项目按时按预算执行，建立规范的规章制度，建立激励机制以使私营部门能够有效管理风险。

在政府致力于让私营部门提供基础设施时，也同时意识到了私人融资计划的问题及改革的迫切需要。当前普遍关注点在于公共部门没能做到物有所值，纳税人长久以来没能得到公正的待遇。项目财务绩效及投资者收益方面一直缺乏透明度，私人融资计划使纳税人承担的远期债务也不够透明。上述问题使得私人融资计划的供给者、公共部门，以及广大公众三者之间的关系日渐紧张。不仅如此，PFI 还需要应对当前的经济发展问题，尤其是应对全球金融市场的变革。

这份文件提出了一个新的指引，即 PF2，也就是英国政府拟通过长期合约使民间金融参与到公共基础设施与服务供给中来。这个新指引将持续吸引私人资金及专业知识来提供公共基础设施与服务，同时将解决私人融资计划引发的问题，以及回应经济背景下的新变革。

对 PFI 的审核

PFI 的推行是为了使私营部门能参与到公共基础设施的设计、建筑、融资及经营中来。其目的在于提供高质量的公共产品，有效维护资产，为纳税人做到物有所值。PFI 已被不同的公共部门所广泛采用，700 多个项目已经进入财务结算阶段，吸引了约 550 亿英镑的民间投资。PFI 自推出以来，虽然在政府对公共基础设施与服务的总投资中所占份额不大，但作用斐然。

PFI 的缺陷

从以往项目中发现，此种模式在以下主要方面上表现得差强人意：

- PFI的采购过程缓慢,公共部门及私营部门均花费过高。这导致了成本上涨,降低了纳税人的物有所值
- PFI合同在实际操作中缺乏灵活性,为满足公共部门服务需求而调整合同的难度很大
- PFI项目在使纳税人承担的远期债务方面以及投资者收益回报方面都欠缺透明度
- PFI将过多的风险转移给了私营部门,其结果是私营部门向公共部门收取更高的风险溢价
- PFI项目的股权投资者易获得巨额收益,这引发了人们对PFI项目预期增值的担忧

PFI经常用在不恰当的项目上,这就难以做到物有所值。上届政府推行的PFI信用评级制度为实施PFI提供了预算激励措施,此举影响了对最佳服务供给模式的客观评价。PFI在预算及物有所值体系中的缺陷表明政府部门的采购决策有时是失衡的,这种失衡使PFI被不当地用到某些公共部门和公共项目中,而这些公共部门和公共项目对未来的服务需求并没有一个明确的长期计划,或者由于经济的快速变革使得上述公共部门和公共项目难以制订长期的需求计划。

PFI的优势

然而,来自财政部对PFI的评估报告显示,PFI在构建原理上是确有优势的。它利用了私营部门的项目管理技能、创新和风险管理专长,例如,能确保建筑物高质量交付、按时按预算进行、资产得以高标准维护等。

已启动的改革

英国政府已采取部分措施解决PFI的问题及应对经济背景下的变革,包括:
- 印发《政府统一账户》以增加PFI债务的透明度
- 启动《PFI已运营项目节约方案》以提高PFI在建项目的成本效益、物有所值,以及透明度。本届政府已实现其目标,从英格兰PFI在建项目中节约了大约15亿英镑,目前正在着手洽谈另一个10亿英镑的节约项目
- 在2010年度开支审查中取消了PFI信用评级制度,以此为各类公共采购营造公平竞争的环境
- 对主要项目的担保和审批采用了新的做法以加强检查及监管

为应对有限的债务市场,英国政府已发布了一系列激励政策以扶持及促进基础设施的交付。这些激励政策包括:英国担保计划、PFI项目的共同贷款计划、住房保障计划、增加出资额计划、绿色投资银行的组建计划、与机构投资者签署系列谅解备忘录计划、养老基金计划,以及出口信贷供应方计划等。

政府也意识到了须进一步解决物有所值问题的需求。由此,政府发起了关于

PFI 改革的意见征询活动，其目的是开辟一条新的路径，以利用行业技能及专长，使其在政府对基础设施和服务的投资上发挥更大的价值。

股权融资

公共部门股权

为了大力加强公私合作，英国政府在未来的项目中将以少数股权投资者身份与私营部门共同投资，此举意欲如下：

- 使公共部门和私营部门之间的利益最大化，以一种更合作的态度提高项目绩效及加强风险管理
- 建立更强的合作伙伴关系，公共部门可以更好地了解项目信息，更多地参与项目决策
- 增强透明度，包括与项目公司财务绩效相关方面的透明度，以项目公司董事身份予以实现
- 根据合理的项目风险管理提高物有所值，公共部门对项目总成本的支出减少，并分享投资回报

为了确保公共部门作为股权投资者能起到积极的作用，也为了最大程度地减少公共部门既是投资者又是采购者所可能引发的利益冲突，股权投资将由隶属于财政部的一个商业性专业机构来管理，此专业机构与采购部门相互独立。负责人须有专业技能，负责监管投资并制定商业决策。公共部门与私营部门在对同一个项目的投资中须依据相同标准。

私营部门股权

目前，普遍的关注点在于 PFI 项目的收益率过高，一些投资者获巨额盈利。由此引发公众对这些项目物有所值的怀疑。另外，英国政府希望吸引有长期投资意愿的投资者，如在项目初期就开始投资的养老基金计划项目。以下做法既能缓解人们的疑虑也能实现政府的诉求：

- 将股价竞价机制引入到私营部门的部分股权中，使长期股权投资者在财务结算前对项目进行投资。这将增加与不同类型投资者合作的机会，预期将增加竞争压力，在长期内对股价产生向下压力
- PF2 结构限制了创始人获取过多盈利的机会，扼杀了其在二级市场中获取巨额收益的可能。主要措施包括：建立一个收益共享机制以分享储备金里的剩余基金，取消承包商经常将风险溢价含在定价中的软性服务，引入公共部门的股权介入

更强的透明度

英国政府正在采取一系列措施拟解决包括议会在内的大量利益相关人所关心

的问题,这些利益相关人呼吁更强的透明度,并要求建立 PFI 协议的问责制。

• 关于增强 PFI 项目股权收益透明度这一问题,政府将要求私营部门提供股权的实际收益信息及预期收益信息,以用于信息发布

• 公共部门的股权介入有助于实现项目交付及运营的透明度和问责制,原因在于公共部门可凭借项目公司董事资格获取项目绩效信息

• 《政府统一账户》中公布了 PFI 债务评估,基于这一为提高透明度所采取的措施,政府将对已签署的 PF2 合同的表外协议进行全方位监管,这将为表外债务管理提供一个改革框架,英国毫无疑问正走在世界的前端

• 关于私营部门要求增强政府审批环节透明度这一问题,财政部网站自 2013 年春季起开启了业务审批查询系统,通过这一查询系统可以查询到 PF2 和 PFI 项目的审批进度

更有效的交付

在 PFI 的改革意见征询调查中,有相当多的回复认为应提高公共部门的采购技能。事实上,有关采购进度及公共部门采购技能等问题并不只局限于 PFI。内阁办公厅已在政府内部开展一系列改革力求全面解决这些问题。

调整后的英国基础设施局

基础设施投资是政府发展战略的关键要素。政府将增加对英国基础设施局的授权(英国基础设施局是隶属财政部的机构,简称"IUK"),并增加其商业能力以促进其交付更多的基础设施项目。出于这个目的,英国基础设施局将与主要项目管理局携手,针对政府已实施的项目,共同对英国政府交付基础设施的能力进行全方位评估。该评估将在 2013 年度预算前完成。为了确保评估的深入开展,该评估由财政部商务司司长保罗·戴顿(Paul Deighton)负责,内阁办公厅厅长及财政部部长共同参与该评估工作。

内阁办公厅也在着手部分改革以解决政府在综合商事能力方面的缺陷,包括:

• 推动为期五年的公务员能力培养计划,以判断目前缺失哪些技能及如何填补这些技能

• 开设大型项目经理课程,以培训负责大型项目交付的高级经理。未来只有从这个课程结业的项目经理方可承担大型政府项目

集中的采购制度

为解决公共部门技能缺失这一问题,在意见征询调查中反馈最多的提议就是加强公共部门采购的集中性及专业性。在国际上,加拿大采用的就是集中的采购制度,这一做法值得英国学习。

PFI项目的采购通常不是由专业机构统一进行的,而是分散到各地方政府、国家医疗服务体系基金会、基金信托机构,或中央政府的各个不同部门来进行。作为第一个PF2项目的重点学校建设项目,则是由教育部的专业机构教育基金署采购的。其他计划开展PF2项目的部门也预计在新项目开始前建立一个集中采购机构。

政府认为,尽管建立各部门的集中采购机构已经是迈出了重要的一步,但还远不如成立一个总的集中采购机构那样有效。具体事宜将在英国基础设施局及主要项目管理局的评估期间进行。

精简的PF2采购流程

政府出台了改善PF2采购的具体措施,以确保在不影响质量和竞争的前提下能够缩短采购周期、压缩采购成本。

- 当PF2项目提请财政部审批时,政府要求各部门部长对采购时间表作出承诺。PF2项目的竞标时长,从项目招标的发布到中标人的确立,整个过程不得超过18个月。对于超过18个月的竞标,除非由财政部长特批,否则财政部将不予审批资金
- 为进一步简化采购流程,政府将推行一套新文本。这套文本包含新的采购及合同指南、一份股东协议范本、一份设施管理服务输出范本,以及一份拟支付机制协议范本。政府将在精益采购的原则下,采用一套新方法规范且高效地管理PF2采购
- 为防止项目成熟前进入市场,政府将采用财政部附加检查制度,以此作为财政部项目审批阶段的一部分,在发布项目招标信息前检查项目准备情况

灵活的服务供给

在PF2模式下,一个合同既包含对资产的设计及建造,也包含日后的维护及更新。这激励承包商在作出项目设计及再建决策时,能够考虑未来的运营成本。PFI项目的一个主要问题之一就是灵活性不足,这个问题将通过以下办法解决:

- 减少PF2项目中的服务数量。类似保洁及餐饮服务将从合同中删除,分别通过短期合同予以提供,如此可方便公共部门随时更改服务需求
- 在项目开始之初赋予采购部门就某些小型维护工作的自主决策权
- 增强合同启动后及结束时服务供给的灵活性

合理的风险分配

有效的风险管理在所有类型的采购中都非常重要,而这一点对PF2合同更为重要。在过去的PFI模式下,风险分配方式经常无法体现出物有所值。在PF2模式下,风险分配方式的改变将有助于体现物有所值,具体如下:

• 公共部门更多地保留及管理某些特定风险,如由于不可预见的法律变更而导致的额外资本支出风险等

• 修改当前规定,在项目运营中对主要保险实行风险共担,允许公共部门承担更为合理的风险份额,承包商则无须因保费的上涨而增加储备金的准备

后续债权融资

出借人的作用

项目融资出借人履行其勤勉义务对项目进行监督,这样一来项目发起人及政府等相关利益人就可以高枕无忧了。然而,尽管出借人发挥了积极的作用,过去PFI项目高杠杆的资本结构却限制了所运营项目的灵活性。不确定的债务市场反映了对不同融资结构的需求,以确保项目能持续获得长期融资,且做到物有所值。

竞价债权融资的缺陷

2008年以前,英国及其他国家的公私合作项目处在一个活跃的债券市场中,这些债券得益于专业信用保险公司所提供的信用担保,或称之为"包装"。然而,随着某些违规借贷产品的曝光及其引发损失的公布,原本活跃在欧洲项目融资市场的专业信用保险公司开始一路下滑。随之而来的是投资者不再对信用包装后项目的债券进行投资。

此后,PFI项目主要依靠银行借贷市场作为其长期债权融资人。但是,欧元区爆发了主权债务危机,世界经济持续下滑,新的银行监管要求出台,这些对债务市场产生了极大的冲击。为项目筹集贷款变得越来越难。一方面基础设施项目的长期借贷成本急剧上涨,另一方面得到银行长期借贷的可能性也显著降低。即使得到了银行的长期贷款,银行的利润需求也往往限制了项目的物有所值。

尽管银行继续提供短期贷款,政府却发现再融资的风险没能反映出物有所值。不过,银行在PF2项目融资中仍发挥着重要作用,主要通过提供长期贷款或提供产品以支持机构投资者,包括提供工程担保及使信用增级的中间服务等。

PF2

政府已与机构投资者、银行、信用评级机构及欧洲投资银行直接接洽,共同评估那些可用于基础设施交付、提供信用需求及能够满足投资人需要的其他融资方式。

PF2将以如下方式构建:

• 由于机构投资者及其他长期债权融资渠道的逐利诉求,PF2得以顺利进入资本市场。公共及私有资本市场内都存在着大量投资者,他们愿意向风险较低的基础设施资产投资

• 由于与公共部门共同投资、风险分配更为合理,并规避了意欲吸引机构投资

者资本金的某些操作风险,PF2 实现了去杠杆化的资本结构
- PF2 愿意接受来自商业银行、欧洲投资银行及其他金融机构的贷款、担保及信用支持产品等多渠道的融资

为实现上述各点,招标阶段将要求投标者制订一份长期的融资方案,在这份融资方案中银行贷款仅占总融资需要的较小比重。这样,机构投资者将成为 PF2 的主要融资来源。

效率及物有所值

PF2 将为公共部门及纳税人实现更大程度的物有所值,具体措施如下:
- 将公共部门的股权投入到未来项目中,以此确保更准确的目标定位、更强的透明度,以及更大程度的物有所值
- 实现快捷交付,保证采购同过去相比周期短、成本低,公共部门采购能力有所提高
- 实现更加灵活的服务供给,建立收益共享机制
- 在不妨碍将风险转移给私营部门的前提下,显著提高政府拨给项目的补助金额度
- 鼓励评估并利用多种债权融资渠道,以获得可以偿付的、物有所值的长期债权融资

上述措施将大力提高物有所值。此外,《PFI 已运营项目节约方案》的启动已带来切实的改进,政府宣布已节约了 15 亿英镑资金,并另有 10 亿英镑资金的项目正在洽谈中。

政府采购的签约方式种类繁多,为确保在评估环节能重点考虑签约方案的可行性,政府将调整当前的物有所值评估标准。调整后的文件及应用指南将于 2013 年春季发布。

未来的应用

第一个明确将采用 PF2 模式的项目是由私营部门融资 17.5 亿英镑的重点学校建设项目。在这个项目中财政部与教育部密切合作,共同推进 PF2 的实施。

此外,财政部正在同国防部商讨确定实施基本战略及基础设施投资计划,以使其更具成本效益,满足"未来部队 2020"的需求。双方正在研究在这项包括施工及维护的投资计划中有多少具体项目可以通过 PF2 的模式交付。

在医疗部门,桑德韦尔及西伯明翰医院的英国国家医疗服务体系基金项目正在同卫生部合作,共同评估 PF2 模式在重大投资项目中的可行性,以从多方面加强医疗服务并重组医院及社区的设施。

当前对 PF2 规划的重点集中在住房项目上,这也是 PFI 改革的主要关注点。政

府希望所有可行的项目都能利用 PF2 模式的优势。期望财政部同各部门合作,共同评估那些未来可能适用 PF2 模式的项目。

《PF2 合同标准化》

同这份政策性文件同时发布的是名为《PF2 合同标准化》的详细草案指南。草案指南为构建 PF2 合同、分配公共部门及私营部门的风险、促进市场对这种新模式的认同等设计出了一条新的路径。

有关新标准服务输出范本、拟支付机制及股东安排等草案将于近期发布,以供参考。随后,上述资料将被纳入《PF2 合同标准化》中,届时《PF2 合同标准化》将以最终版本予以发布。

PF2 改革措施概览

股权:为大力加强公共部门同私营部门的合作关系,政府将:
- 在 PF2 项目中以少数股权投资者身份与私营部门共同投资
- 将股权竞价机制引入到部分股权中以吸引长期投资者在财务结算前对项目投资

促进交付:为使采购同过去相比周期短、成本低,政府将:
- 增加对英国基础设施局的授权并成立各部门的集中采购机构,以此提高公共部门的采购能力
- 承诺 PF2 项目的竞标时长不超过 18 个月,包括从项目招标的发布到中标人的确立,财政部长特批的除外
- 将高效的理念应用到 PF2 采购中,全面推出一套标准化范本
- 在采购前期通过采用财政部附加检查制度加强对项目准备过程的检查

灵活的服务供给:为提高服务的灵活度、透明度及效率,政府将:
- 从项目中取消类似保洁及餐饮类的软性服务
- 项目开始之初赋予采购部门就某些小型维护工作的自主决策权。合同启动后仍可以增加或减少某些服务
- 对项目周期资金将采取公开透明的方式并建立收益共享机制,以分享项目周期内的全部剩余资金
- 对所提供的服务引入定期检查制度

更强的透明度:为了使 PF2 更具透明度,政府将:
- 对已签署的 PF2 合同的表外协议进行全方位监管
- 要求私营部门提供股权收益信息以用于信息发布

> - 发布年度报告,详细介绍政府持有公共部门股权的项目及其财务状况
> - 在财政部网站开启业务审批查询系统
> - 完善标准合同指南中的信息规定
>
> **合理的风险分配**:为了增强物有所值,公共部门将承担更多的风险管理,包括由于不可预见的法律变更、成本上涨、工地污染,以及保险等原因导致的额外资本支出风险等。
>
> **后续债权融资**:PF2融资结构的设计将吸引长期债权融资,尤其是资本市场的长期债权融资。
>
> **物有所值**:政府将制定新的指南,以取代当前的物有所值评估指南。

第一章 对私人融资计划的审核

> PFI始于1992年,其构想是利用私营部门的管理技能及商业能力,为基础设施的交付建立规范的规章制度。这一政策的总目标是为纳税人实现物有所值,确保基础设施项目能按时按预算交付,确保资产能得以较好维护。
>
> 在过去的20年里PFI已成为英国公私合作的主要模式,被广泛应用于不同部门。
>
> 政府对交付公共基础设施与服务的总体目标是确保物有所值。这一目标可以通过多种契约模式实现。当前对于基础设施的投资还是以采用传统的采购模式为主。
>
> 从以往项目中发现PFI在很多方面都不够高效,这使得一些项目难以实现物有所值。具体体现在:采购周期长、成本高,合同欠缺灵活性,远期债务不够透明,一些股权投资者极易获取巨额收益。然而,PFI最初的设计构想是按时按预算交付项目,对私营部门采取激励机制使其有效管理风险,确保资产在合同期限内得以良好维护。
>
> 针对PFI引发的问题及经济形势的新变革,政府已采取一系列措施,具体如下:
> - 印发《政府统一账户》以增加PFI债务的透明度。《政府统一账户》显示截止到2010年11月,包括服务费在内的PFI后续债务总金额为1446亿英镑
> - 启动《PFI已运营项目节约方案》以提高PFI运营项目的成本效益、物有所值,以及透明度
> - 在2010年度开支审查中取消了PFI信用评级制度,以此为各类公共采购

> 营造公平竞争的环境
> - 对主要项目的担保和审批采用了新的做法以加强检查及监管
> - 颁布了一系列措施以应对不断变化的经济形势需求,包括一项新的关于公私合作项目的临时性贷款计划,为提高偿付能力于项目在建阶段增加出资额的计划,以及英国担保计划等
>
> 在采取上述措施的同时,政府也看到了进一步改革的需要,由此颁布了公私合作的新指引——PF2,以此真正建立起公共部门和私营部门之间的合作关系。由于公共基础设施的资本支出涉及权力下放问题,因此PF2模式目前只能适用于英格兰。

1.1 政府于1992年开始推行PFI模式,目的在于利用私营部门的效率、管理技能及商业能力,规范公共基础设施的采购。在这一模式下,私营部门通过长期合约负责基础设施项目的设计、建造、融资及运营。PFI模式旨在交付高质量的资产及服务,为公共部门确保物有所值。具体做法是将合理的风险转移给私营部门、关注项目在整个周期的总成本、以全新的理念促成服务供给。PFI项目的支付特点在于能确保公共部门仅为已交付的服务付费。

1.2 在传统采购模式下基础设施项目通常是这样交付的:公共部门同私营部门签订合同,由私营部门负责建造,公共部门负责设计及融资。项目建成后,公共部门要负责资产的运营,公共部门也可以与私营部门再次签订独立的合同将运营服务外包出去。然而,在很多情况下,由于短期预算决策的限制,公共部门通常不对资产维护作任何规定。相对而言,PFI模式下的项目交付比传统模式下的项目交付要复杂得多。部分原因在于PFI模式下的长期合同需要公共部门和私营部门更好地分担风险及整合投资。

1.3 PFI适用于那些既有投资需求又有后续服务需求的资产。它已经成为英国最主要的公私合作模式,英国现有700多个PFI项目已进入财务结算阶段,总投资金额为547亿英镑。PFI项目已广泛应用于学校、医院、公路、监狱、国防、垃圾清理等不同部门。图1.A按项目数量和投资金额显示了不同时期PFI项目交付的分布情况,图1.B显示了各政府部门已开展的PFI项目数量。

1.4 PFI自推出以来,虽然在政府对公共基础设施与服务的总投资中所占份额不大,但作用斐然。在2011—2012财政年度,公共部门的净投资(即投资总支出减去折旧)总金额为267亿英镑;已进入财务结算阶段的PFI项目的投资金额为21亿英镑。诚然,PFI只是进行资本投资众多模式中的一种,资本投资选择哪个模式取决于对这一模式物有所值的评估。(详见第七章,效率及物有所值)

1.5 在公共基础设施投资中传统采购模式仍将占很大比重。传统采购模式与PFI模式有着关键的区别,详见表1.A。

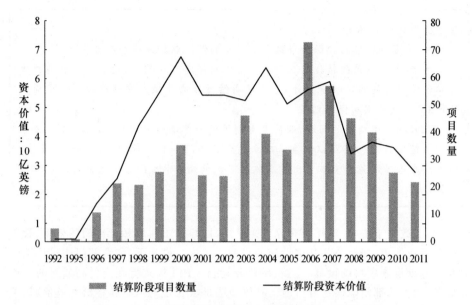

图 1.A　进入财务结算阶段的项目数量及年度总投资金额

数据来源于各部门及地方政府的反馈。仅为当前项目的统计,不包括已过期或终止的项目。

来源:英国财政部,时间截至 2012 年 3 月 31 日。

表 1.A　PFI 与传统采购的比较

传统采购	PFI
通常是短期的设计及施工合同。	20—30 年的长期合同,包括设计、建造、融资,有时也包括对设备的维护。
根据投入来制定具体要求。	以最大程度利用私营部门创新性为基础来制定具体要求。
公共部门承担工程延误及成本超支的风险。	私营部门承担工程延误及成本超支的风险,以此约束私营部门按时按预算交付。
公共部门支付建造、维修、服务等相关费用。	合同中列出包含各项成本在内的总费用,直到工程完结、服务达标予以支付。
公共部门通过投资预算在项目成立之初支付投资款。	建造工程款由私营部门负责融资,成本在项目运营过程中分批收回。
由政府发行债券来融资,按政府投资款项来管理。	由私营部门来融资,作为项目来管理。
维修费及服务费的支付通常不与维修效果及服务效果挂钩。	费用支付与合同履行情况挂钩,如未按合同标准交付则会产生相应扣款。
没有关于项目维护的长期协议,政府部门时常更改需求及变更维护成本,仅少数政府部门遵照计划实施维护。	公共部门每年统一支付项目维护及设备更换费用,在合同期限内这项支出是稳定的。由此确保资产得以良好维护,维修经费得以有效保管。

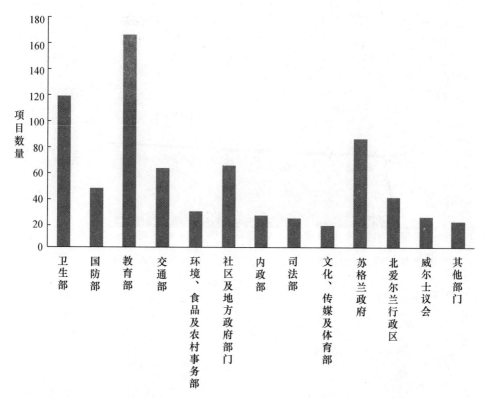

图 1.B 政府部门截至 2012 年 3 月 31 日已开展的 PFI 项目数量

其他部门有：英国就业及退休保障部，英国税务及海关总署，英国通信总部，英国财政部，英国外交及联邦事务部，英国商务、创新与技能部，英国皇家检控署，内阁办公厅，英国能源与气候变化部。

来源：英国财政部，时间截至 2012 年 3 月 31 日。

1.6 传统采购项目与 PFI 模式采购项目的主要区别在于公共部门向私营部门支付款项的时间节点不同。在传统采购模式下，公共部门须提前支付项目投资款，随后在项目使用期内定期支付维护费用。

1.7 在 PFI 和 PF2 模式下，项目整个施工过程中公共部门都无须支付任何投资款项。一旦项目运营且性能达标，公共部门须统一支付包括后续资产维护、项目融资债务的偿还、相关利息等费用。公共部门统一支付的费用就是与项目资产相关的总费用。图 1.C 是 PFI 采购项目与传统采购项目支付情况的对比说明。根据图 1.C，在典型的 PFI 项目中，年度统一支付费用细分为债务成本、股本成本、项目周期费用、运营及维护费用、税费等。在传统采购项目中，公共部门支付的费用是施工费用、运营费用及项目周期费用。

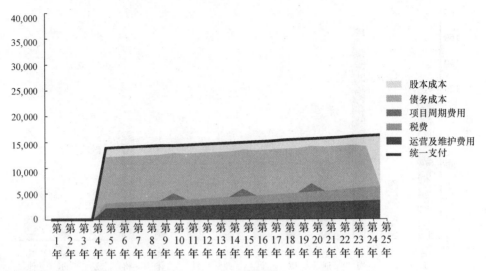

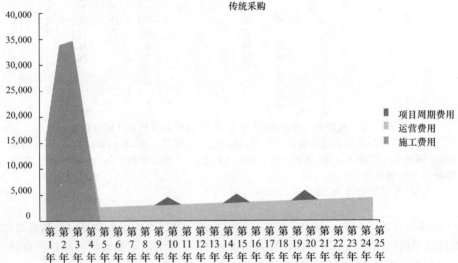

图 1.C　PFI 采购项目与传统采购项目支付情况图解

来源：英国财政部。

PFI 项目的会计制度

1.8　英国国家财务制度中对 PFI 项目的会计核算是依据欧盟财务制度 1995 版（ESA95）进行的。ESA95 由欧盟统计委员会制定并实施，欧盟各成员国均予以遵守。

1.9　《政府赤字与债务手册》（MGDD）旨在帮助政府应用 ESA95 标准，该手册在综合考虑项目建造、需求及现有风险后,制定了资产负债表的核算方法。政府部门须对项目进行分类,确定其是属于部门财务类项目还是预算类项目。自2011—2012年起,部门财务类项目及预算类项目须分别通过年度审计或部门财务报表予以审核。国家审计局独立办事处有权查看PFI项目合同,以检查项目是否按照MGDD规定予以分类。

1.10 如公共部门承担施工风险,资产则须列在由国家财务支付的公共部门资产负债表上。如私营部门承担施工风险及需求风险或供应风险,资产则不得列在由国家财务支付的公共部门资产负债表上。

表1.B PFI项目的部门会计制度

> 部门会计制度是根据《国际财务报告标准化》(IFRS)制定的,通过部门会计制度评估资产为公共部门所有还是私营部门所有,从而决定项目的财务核算方法。一份租约究竟视为资产负债表上的公共基金还是表外的业务取决于对项目所有权的管控。按照IFRS标准,约90%的项目归为资产负债表内项目。
>
> ESA95及IFRS两种财务标准在某些方面存在着一些冲突,冲突集中体现在PFI项目上。
>
> 已发布的《政府统一账户》直观地呈现了IFRS标准下的PFI债务。根据《政府统一账户》,包括服务费用在内的PFI项目后续债务金额为1446亿英镑。

PFI项目的预算

1.11 各部门对费用支出及资本支出有独立的预算。费用支出(RDEL)是指付款或采购等经常性支出,资本支出(CDEL)是指新的投资。部门预算对项目的评估取决于该项目根据ESA95标准是资产负债表内项目还是表外项目。

1.12 如果一个中央政府项目根据ESA95标准被认定为资产负债表内项目,那么在项目运营的第一年该项目的投资额(如项目实施所需的债务)将被视为资本支出;而利息、服务费、折旧费等则被视为费用支出,每年统一进行支付。

1.13 如果一个中央政府项目根据ESA95标准被认定为资产负债表外项目,那么在项目运营的第一年则被视为没有资本支出;而包括利息、服务费、债务偿还费等统一支付项目则按照费用支出予以评估,每年统一进行支付。根据ESA95标准,以往PFI项目中有85%的项目被认定为资产负债表外项目。

1.14 部门预算是支出审查程序的一部分。政府须明确的是:决定PFI项目是否实施的关键要素不是财务核算方法,而是该项目的物有所值。

1.15 为确保透明度,财政部对已签署的PFI项目予以定期发布其后续统一支付估算金额。关于统一支付金额量变曲线详见图1.D。统一支付金额以10亿英镑为标准单位,没有将未来的通货膨胀计算在内。

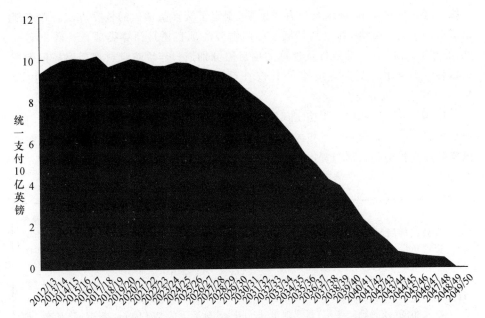

图1.D 已签署 PFI 项目的后续统一支付估算金额(以10亿英镑为单位)

来源:英国财政部。数据的计算是根据部门行政收益及地方政府行政收益。这些数据代表了 PFI 模式下公共部门因私营部门交付服务而向其预期支付的估算费用。PFI 合同的支付机制包含绩效扣除条款,如果所交付服务延迟或不达标将扣除部分费用,因此实际数额可能会低于这些数据。

PFI 项目的评估

1.16 PFI 模式自问世以来,已被应用于各类项目中。随着时间的推移,我们发现需要对 PFI 模式的主要方面进行改革。部分案例显示 PFI 项目使用不当,没能为纳税人实现物有所值。但是,PFI 的某些特点在激励私营部门有效管理风险及维护资产方面确实起到了积极作用。

1.17 政府的一贯政策是将 PFI 用到该用的项目中,以真正实现物有所值。由于政府相对私营部门而言能以较低利率借贷,这样,传统采购项目的融资成本必然低于私人融资成本。那么,私人融资项目的经济价值应该在于它能比传统采购更好地实现物有所值,具体做法是:节约项目在建及运营过程中的成本,交付高质量的项目。

1.18 然而,从以往项目中发现,PFI 模式在以下方面差强人意:
• 私营部门通过对债权再融资及向第三方出售股权在项目上获取巨额收益,这引发了人们对项目物有所值的怀疑
• 项目在财务绩效及投资者收益方面缺乏透明度。PFI 项目给纳税人带来的

远期债务情况不够透明
- 公共部门和私营部门关系紧张,影响了对合同的有效管理
- PFI采购过程冗长,采购成本对公共部门及私营部门都相对过高。从招标到达成协议通常需要近三年时间,这极大影响了纳税人的物有所值
- 在项目运营过程中缺乏灵活性,应对公共部门调整服务需求的能力不足。2008年国家审计署评论到,调整已运行的PFI项目时常常难以做到物有所值。参见表1.C
- 将过多的风险转移给私营部门,导致私营部门向公共部门收取更高的风险溢价,引发低效的资本结构,私营部门不得不预留过多的资本储备金

表1.C 对埃文郡及萨默塞特郡球场项目的更改

在2008年《对PFI已运营项目的更改》①这份报告中,国家审计署指出项目公司对埃文郡及萨默塞特郡球场项目多收取了15%的费用,理由是公共部门提出了重大变更要求。当采购部门质疑项目公司说合同中并未规定对重大变更予以收费时,项目公司辩解称合同中也并未明确不能就变更收费。

1.19 调查显示PFI模式经常被应用于不适合应用该模式的项目上,因此无法做到物有所值。PFI模式在以下情况中不适用:
- 当采用PFI模式的交易成本与项目金额不成比例时
- 当因科技迅速变革等原因以至于难以确定长期需求时
- 当所交付服务的性质致使公共部门无法明确其长期需求时
- 当对资产的长期需求估计不充分时。PFI模式下的合同是长期合同,对公共部门来说,如果未来不再需要这个项目的话,提前解除PFI项目的成本要比提前解除传统采购项目的成本大得多
- 当目的是为了得到上届政府PFI信用评级制度下的预算激励政策而非为了选择最优交付模式时

1.20 调查也显示PFI模式适用于那些有持续维护需求的重大复杂资本项目的交付。在这种情况下,私营部门可以将自身的管理技能、创新性以及风险管理能力带到项目中来,使项目受益。合理实施的话,成功的PFI模式有如下特征:
- PFI能确保对建筑物的高质量施工
- 在PFI的整个长期合约期间资产均能得到高水平维护。私营部门会节约合约期限内的各项成本,而不仅仅是设计阶段及施工阶段的成本,这使公共部门直接受益
- 建筑设施能够按时按预算完工,参见表1.D

---

① 参见国家审计署:《私人融资计划》,2009年1月。

表 1.D 按时按预算交付

国家审计署在 2009 年的《私人融资计划》报告中指出,PFI 合同是固定价格,如果项目公司不能按时交付则引发高额财务费用,这激励了项目公司按时交付。审计署在 2003 到 2008 年开展的项目调查中发现,69%的项目是按合同期限交付的,65%的项目是按合同金额交付的。

- PFI 能激励私营部门有效管理风险。2009 年的国家审计署报告显示,将私人融资应用到合适的项目中可以做到真正的风险转移①;风险转移能使公共部门在项目出现问题时得到保护,参见表 1.E
- 根据 PFI 的支付流程,如果项目没有达到合同要求,公共部门可在支付给私营部门的费用中相应扣款。这意味着公共部门仅为其享受的服务买单
- 成本效益的需求有利于推动投标人不断创新以帮助公共部门实现物有所值

表 1.E 贾维斯

国家审计署在 2012 年的《私人融资项目股权投资》②报告中指出,一些项目存在着股权流失现象。2004 年与贾维斯公司相关的几个项目的施工成本超出了中标价格,贾维斯公司及其他的 PFI 投资者不得不承担包括惠廷顿医院、泰恩-威尔郡消防局、兰卡斯特大学、威勒尔学校等几个项目共 1.2 亿英镑的资金缺口。

1.21 当前的经济发展形式需要私人融资的介入。欧元区的主权债务危机、世界经济的持续下滑、银行新监管要求的出台等对债务市场产生了极大的冲击。基础设施项目的长期借贷成本上涨,而得到银行长期借贷的可能性却在减少。甚至在某些地方,传统的项目融资银行竟然已完全退出了市场。这些都影响着项目的物有所值。

现有的政府干预手段

1.22 政府已采取一系列措施以解决 PFI 项目的问题以及应对经济形式的新变革。为解决 PFI 项目引发的问题所采取的措施如下:取消了 PFI 信用评级制度、采用新的综合担保及审批制度、印发了《政府统一账户》、承诺从运营的 PFI 项目中节约 15 亿英镑资金等。为应对经济形式的新变革所采取的激励政策包括:PFI 项目的共同贷款计划、在施工阶段增加出资额计划、英国担保计划等。

《政府统一账户》

1.23 为解决 PFI 债务透明度问题,政府于 2011 年 7 月在《政府统一账户》中

---

① 参见国家审计署:《私人融资项目股权投资》,2012 年 2 月。
② 同上。

第一次印发了 PFI 债务评估。这迈出了实现 PFI 各级债务完全透明的第一步。这些债务包括了 PFI 项目年度统一支付的三个方面：保洁、餐饮、维修及安保等项目运营所必需的服务费用，对修建资产所投入资本的还款费用，以及缴付利息的费用。

1.24 《政府统一账户》是包含所有公共部门的账户，由国家审计署审计，涵盖了包括中央政府、地方政府、医疗保健服务、地方管理部门、公共企业等约 1500 个机构。《政府统一账户》根据《国际财务报告标准化》(IFRS)对公私合作协议进行核算，里面附有表格概括了各机构所签署的 PFI 项目或类似 PFI 项目的长期合同协议。每年印发一次。

《PFI 已运营项目节约方案》

1.25 为提高 PFI 已运营项目的成本效益、物有所值及透明度，政府于 2011 年 7 月承诺要在英格兰的项目中节约 15 亿英镑资金。方案试点先设在罗姆福德女王医院及三个国防部项目上。

1.26 目前，15 亿英镑已从英格兰 PFI 运营项目中节约出来，另有近 10 亿英镑的项目正在洽谈中。

1.27 节约渠道主要在于高效灵活地使用资产、调整服务范围、审核融资成本及管理成本等几个方面。所所省的资金由采购部门留存。

1.28 有关《PFI 已运营项目节约方案》的具体事宜详见第七章"效率及物有所值"。

PFI 信用评级制度的取消

1.29 政府于 2010 年秋天取消了 PFI 信用评级制度，以此为各类公共采购营造公平竞争的环境，并取消了信用评级制度所推出的预算激励措施。PFI 信用评级制度取消后，政府要求那些拟开展 PFI 项目的部门将资金从预算中按优先顺序排列。此举意味着各部门须考虑清楚 PFI 项目的经济状况，将 PFI 项目同预算上的其他项目按相同的标准作比较。PFI 信用评级制度的取消有助于采购部门选择最能体现物有所值的交付路径。有关 PFI 信用评级的描述参见表 1.F。

表 1.F 什么是 PFI 信用评级？

在 PFI 信用评级制度下，希望开展 PFI 地方政府项目的部门在开支审查中被予以信用评级，信用级别代表着资本总额，即一个项目的投资额。

经项目审查组审批后，有关部门将这笔资金授予各个独立的项目，随后这笔资金通过一系列拨款进入到地方政府，通常以年金计算。这些拨款从税收资助款项中提取，依据地方政府开支限额分配方案。

这种专项拨款给那些希望通过地方政府交付 PFI 项目的中央部门以额外的开支权力。政府在 2010 年的开支审查中取消了 PFI 信用评级制度，停止了对 PFI 项目的预算激励措施。

主要项目担保及审批

1.30 政府于 2011 年 4 月采用了新的综合担保及审批制度,以确保 PFI 模式应用到最恰当的项目上并广泛加强在开支审查及监管方面的管理。

1.31 新的制度确保了主要项目管理局(MPA)提供的担保能与调整后的财政部审批流程有效衔接。英国财政部须对大型项目的三个阶段进行审批:战略规划阶段(SOC)、业务规划阶段(OBC)、业务全面启动阶段(FBC)。

1.32 隶属财政部的英国基础设施局为财政部审批流程及主要项目管理局的工作给予切实支持,尤其对公私合作的基础设施项目提供全力支持。

公私合作项目临时性贷款计划、注资计划及英国担保计划

1.33 政府已采取一系列干预手段积极应对新的经济形势,以确保项目不会因资金不到位而延误。

1.34 政府于 2012 年 7 月发布了一项公私合作项目临时性贷款计划以缓解市场的产能不足。

1.35 政府对 PFI 项目增加出资额,在施工期内分阶段认缴,以提高经济偿付能力并缓解债务市场的产能不足。

1.36 为应对经济环境的变化和迅速推进国内重大基础设施项目的实施,政府于 2012 年 7 月启动了英国担保计划。高达 400 亿的国家担保确保了优先开展的基础设施规划项目能在当前信贷市场不乐观的情况下顺利筹集到资金。来自交通、公共事业、能源及通信等部门的项目都适用于英国担保计划。当前已有 75 名项目发起人询问该计划事宜,其中总投资额约为 100 亿英镑的 14 个项目已通过资格预审,有望获得担保。

1.37 上述多项措施都具有时效性,为了给中长期项目培育出可持续发展的融资模式,对 PFI 的审核需要考虑当前的经济环境,需要看到的是未来一段时间的经济环境都将持续低迷。

对 PFI 改革的意见征询调查

1.38 虽然已提出了一些针对 PFI 的改革措施,政府仍认为有必要对这一模式进行一次全面的再评估。再评估的目的在于规划出一个新的模式,以此更好地吸引行业技能、创新性及专业知识,从而确保政府对公共基础设施及服务的投资能做到物有所值。政府对交付公共基础设施的新模式设定如下目标:

- 减少成本,利用私营部门的创新性提供更具成本效益的服务
- 扩宽融资渠道,鼓励机构投资者发挥更大的作用
- 更好地平衡私营部门的风险与回报
- 增强灵活性以应对公共部门随时调整的需求变化

- 激励私营部门按时按预算交付项目并承担对所交付服务的绩效风险
- 缩短采购周期、降低采购成本
- 增加各级项目的财务透明度,使公共部门只为享受到的服务买单,使纳税人确信这是一个公平的交易

1.39 为了实现上述目标,也为了给利益相关方一个机会,使其就如何更好地对 PFI 模式实施改革这一问题提出自己的建议,政府于 2011 年 12 月发起了意见征询调查。所有涉及今后资产融资及交付的利益相关方都被邀请过来,分享他们对即将实施的改革的看法。

1.40 在意见征询调查的反馈中,136 份意见书来自于包括顾问、投资者、承包商、服务供应商、学者及公共部门等一系列机构,3 份来自于国会议员,另外 16 份来自于个人(见图 1.E)。意见征询调查反馈随本文件一同发布,附录 1 是反馈内容的概要,附录 2 是参与意见征询调查机构的全部名单。

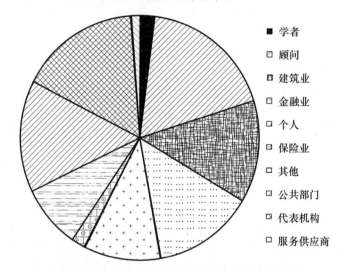

图 1.E 参与 PFI 改革意见征询调查者的构成比例
来源:英国财政部。

1.41 本次意见征询调查的一部分内容是请参与者就如何更好地对 PFI 模式实施改革这一问题提出自己的见解,最终发现参与者的观点大体一致,大家都认为改革后的新模式应该主要解决以下问题:

- 更好地实现项目融资的物有所值
- 扩宽股权融资渠道以促进竞争并减少股权收益
- 增加债权融资途径以缓解市场的产能不足
- 加大对 PFI 项目债务及投资者过度收益等方面的透明度
- 加快采购速度减少采购成本

- 增加服务供给的灵活度以适应长期合同的特点
- 增强项目周期内资金筹备及管理的透明度
- 合理分配公共部门及私营部门的风险,确保将风险分配给最适宜承担风险的一方

PF2

1.42 PF2模式的设计理念是在利用私营部门投资优势的前提下,解决PFI模式引发的问题,回应经济形势的新变革。私营部门将继续负责基础设施资产的设计、建造、融资以及维护,合同时长通常为20年到30年。

1.43 根据意见征询调查结果,政府发现如果在今后项目中继续使用私人融资以实现项目的物有所值,那么就必须对PFI模式进行全面彻底的改革。本文件的后续章节阐述了通过私人融资交付公共基础设施及服务的新指引,即PF2。

第二章 股权融资

为了大力加强公共部门与私营部门的合作,政府将在未来的项目中以少数股权投资者身份与私营部门共同投资。公共部门参与投资这一模式意味着:

- 目标将更为统一,公共部门和私营部门将以合作的方式共同提高项目绩效及加强风险管理
- 将创建更好的合作环境,确保公共部门和私营部门加强相互间的了解
- 将增加项目透明度,包括项目公司财务绩效方面的透明度,公共部门将以董事身份了解更多的项目信息
- 将提高物有所值,公共部门也将享受到持续的投资收益,降低了公共部门为项目承担的总成本

为了确保公共部门作为股权投资者能起到积极的作用,也为了最大程度地减少公共部门既是投资者又是采购者所引发的潜在利益冲突,对公共部门股权投资规定如下:

- 股权投资将由一个隶属于财政部的商业性专业机构来管理,该专业机构与采购部门相互独立
- 股权投资将由有专业能力的人员负责,监管投资并制定商业决策
- 股权投资将依据与私营部门相同的标准来实施

此外,在中标人确立后,政府将对私营部门的股权份额实行股权竞价,目的是扩宽股权融资渠道,吸引有长期投资意愿的投资者在项目初期阶段为项目投资。

股权融资

2.1 作为股东的股权投资者是项目公司的所有者,须根据合约履行义务,承担围绕公共基础设施及服务进行的设计、建造、融资、管理等相关风险。股权投资者在整个项目过程中均获得投资收益,以此激励其为实现收益最大化而尽力满足项目绩效需求并提高效率。股权投资者的收益只有在支付了项目的运营成本及债务后方可实现,由此可见其承担的高风险。债权融资采用的是固定利息加本金的偿付方式,相对股权融资而言可优先获得偿付。因此,股权投资者在承担高风险的同时,也会随着项目绩效的提高而获得高收益,因为债务偿还后所剩余的利润须全部分配给股权投资者。

2.2 股权投资者可分为不同类别,在项目中发挥不同的作用(参见表 2.A)。

表 2.A 股权投资者

> 根据投资阶段分类:
> - 创始人——在项目开发过程中起重要作用,通常与项目的子合同签约方有利益关系。创始人可选择在项目整个过程中长期持有投资,或者在项目后期出售股权以将资金投入到新项目中
> - 二级市场投资者——购买已存在项目的股权,通常在施工结束后购买
>
> 根据投资者类型分类:
> - 战略投资者——一般来说属于创始人,通常对项目公司提供管理服务以及承担全部或部分的施工、设施管理、维修服务等
> - 财务投资者——通常与项目的子合同签约方没有利益关系。投资的主要目的是通过中长期投资为其股东或基金投资人[①]寻求收益最大化。财务投资者可以是积极投资者,也可以是消极投资者;可以在项目初始阶段投资,也可以通过在二级市场购买股权投资,所作决定取决于其目标收益率
> - 机构投资者(股权)——如养老基金投资。机构投资者的主要目的不在于寻求收益最大化,它们一般通过长期投资获得长期稳定的收益,以此支付即将到期的债务,如向退休人员支付养老金。机构投资者为避免招标及施工风险通常只对运营阶段的项目感兴趣

公共部门股权

2.3 为了大力加强公共部门与私营部门的合作,政府将在未来的项目中以少数股权投资者身份与私营部门共同投资。这将形成一种新的合作关系,从而为纳税人更好地实现物有所值,使公共部门和私营部门的利益更为统一,并加强公共部门同私营部门之间的了解。通过公共股权投资,公共部门和私营部门可以共同利用这

---

① 养老基金及其他机构投资者经常通过托管基金向基础设施资产投资来获取收益,它们由于缺乏资源及专长不能直接对基础设施资产投资。

更好的伙伴关系、更合作的方式

更强的项目透明度

2.4 公共部门参与投资有利于在项目交付及运营中增强项目透明度并建立问责机制。作为项目公司董事之一,公共部门可以与项目公司的其他董事共同参与项目管理。这有助于公共部门同私营部门达成更好地伙伴关系,公共部门可以更好地了解项目并参与项目决策。

2.5 此种方式也有助于解决关于项目绩效的财务信息缺乏透明度这一问题。公共部门可以了解有关项目绩效的财务信息,并以项目公司董事身份作出重要决策。

2.6 此外,采购部门或地方代表可以作为观察员参加项目公司的董事会会议,其目的在于促进合作、信息共享、交流观点,以及增强透明度。观察员将有助于项目公司董事会了解当地的具体问题,从而更有效地进行项目管理。为确保项目实施而制定的治理准则将载于标准的股东协议中(见表 2.B),其草案将于近期发布。具体规定请参阅《PF2 合同标准化》的第五章。

表 2.B 股东协议

股东协议制定了以项目交付为目的的治理准则。对于公共部门作为股权投资人所参与的项目,股东协议须为标准化协议,并严格遵照近期发布的草案规定。简单来说,拟起草的股东协议将规定:
- 为实施 PF2 项目而设立的项目股东方当事人
- 如何确定股权收益分配
- 持股的公共部门向董事会指派地方观察员的权利

2.7 项目及财务信息,包括各个项目的持股情况及投资收益率将由财政部发布的年度报告予以披露。

物有所值的提高

2.8 审核 PFI 的目的在于为长期项目创建一个可持续发展的公私合作新模式。鉴于得到银行长期借贷的可能性越来越小,今后的项目可能需要这样一种能促使其融入资本市场或获得多渠道长期债权融资的新型资本结构。资本结构中大比例的股权(如低杠杆结构)为项目的债务评级提供了信用增级,这有助于广泛吸引包括机构投资者在内的多渠道的长期债权人,如人寿保险机构等。

2.9 股权融资的成本高于债权融资。对于项目公司来说,在债务没有相应降低的情况下,资本结构中股权比例的增加通常会提高项目成本。然而,公共部门参与投资,就会获得相应的投资收益。如果能合理管理项目风险,公共部门在 PF2 模式下支付的总成本将低于公共部门不参与投资的项目总成本。

2.10 公共部门的预期股权收益率将与市场利率相匹配。图2.A显示了公共部门的1000万英镑股权在25年合约期中的预期股权收益率,图中显示内部收益率为10%。

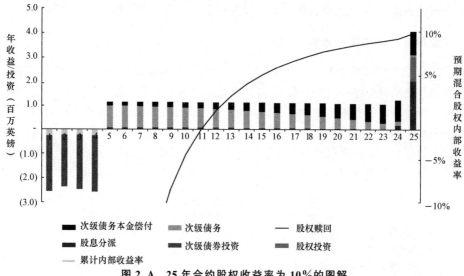

图2.A 25年合约股权收益率为10%的图解

来源:英国财政部。

2.11 公共部门股权投资基金出自于采购部门或主管部门。投资收益包括股息及利息,来源于股东放款或出售公共部门股权所得收益。投资收益额,在扣除财政部管理投资的成本后,全部归原出资部门所有。由此可见,股权投资的风险与回报都属于部门预算范畴。

一个商业性的投资者

2.12 政府认为有必要将公共部门既是投资者也是采购者所可能引发的利益冲突控制在最低程度。意见征询调查反馈也显示这是一个有待解决的重要问题,直接关系着公共部门作为股权投资者是否能真正起到有效的作用。

2.13 由此,政府将设立一个独立于采购部门的专业机构,负责PF2模式下未来项目的股权投资。此专业机构将设在财政部以确保明确界定公共部门作为投资者及作为采购者的不同利益归属。

2.14 从明确的代理协议及治理结构中可见,财政部将从商业角度经营及管理投资。财政部将依据《管理公共资金》①所规定的如何管理公共资金的相关原则实

---

① 资料来源:http://www.hm-treasury.gov.uk/d/mpm_whole.pdf。

施管理，由财政部指派给项目公司董事会的董事须同其他董事一样对项目公司履行忠实义务。为最大程度减少利益冲突，拟设定的专业机构将不参与招标阶段、采购阶段及项目审批阶段的相关事宜。

2.15 专业机构将由具有专业技能的人员组成，以确保在项目公司董事会能真正起到代表作用，有能力就具体项目及投资组合的管理作出合理的商业决策。

公共部门股权投资条款

2.16 在PF2模式下，公共部门将与一个或多个私营部门共同进行股权投资。公共部门在项目中将持有少数股权，并向实施具体项目的项目公司董事会委派一名董事。少数股权的实施将使PF2模式同PFI模式一样，风险还是转移给私营部门以此激励私营部门提高效率。

2.17 公共部门股权投资将依据与私营部门股权投资同样的条款（如对股东权利的规定），以此确保合作关系的平衡。有关投资条款具体规定详见表2.C。

表2.C 公共部门股权投资条款

- 为确保必要的风险仍由私营部门承担，公共部门将在项目中持有少数股权
- 为确保合作关系的平衡，公共部门股权投资将依据与私营部门股权投资同样的条款（如对股东权利的规定）
- 投资将由隶属财政部的一个专业机构从商业角度来管理
- 对私营部门的部分股权份额实施股权竞价机制，这将使项目股权的市场价格透明化，并以此作为公共部门股权定价的依据。对没有采用股权竞价机制的项目，公共部门股权定价将以中标价格为依据
- 项目标书将规定公共部门股权投资的拟定份额

将公共部门的风险最小化

2.18 政府意识到对项目进行股权投资，在获得收益的同时，也意味着要分担与项目绩效相关的风险。在具体项目中有几种降低公共部门风险的风险管理办法。

2.19 例如，在采购阶段，项目须通过2011年4月规定的综合担保与审批流程、商业审批流程，以此对项目的支付能力、物有所值、交付能力这三大主要方面予以评估。① 在债权人履行勤勉义务的同时，公共部门及私营部门的股权投资人也须履行勤勉义务，评估项目风险，作出投资决策。

2.20 由财政部专业机构任命的董事拥有董事会席位，享有表决权，有权对全体股东或多数股东所作决议进行投票表决。然而，政府发现在某些情况下公共部门不

---

① 参见《主要项目评估及担保指南》(2011年4月)，http://www.hm-treasury.gov.uk/d/major_projects_approvals_assurance_guidance.PDF。

适宜对项目投资,尽管在理论上公共部门可参与各类项目的投资,实际上并非如此。

2.21 建立一个接管所有公共股权的专业机构有利于政府进行组合式投资,从而将风险分散到各个项目中。例如,一个项目的绩效受损,但另一个项目的绩效却好过预期,带来超出预期的股权收益。由此可见,组合式投资有助于降低公共资金的整体风险。

私营部门股权

吸引长期股权投资者

2.22 创始人在项目开发过程中起着重要的作用,他们通常主导着项目的形成。战略投资者大多属于创始人,是原始股权的主要投资者。战略投资者通常在项目招标阶段表现出兴趣,其目的在于拥有及管理基础设施资产并提供相关服务。战略投资者的股权投资在支撑项目发展及提供基础设施项目交付经验方面具有重要作用。

2.23 然而,政府希望看到更多有长期投资意愿的投资者,如在项目早期进行投资的养老基金计划。一般来说,这些长期投资者不直接对项目投资。部分原因在于他们没有管理投资这方面的专长及资源,更主要的原因则是他们不愿意承担项目投标的时间、风险及成本。

2.24 因此,政府将推行为上述投资者提供投资机会的机制。在适当的项目中,当中标人确立后,政府将对私营部门的股权份额实行股权竞价(见表 2.D)。股权竞价的启动意味着项目文件、商业及财务准备都已基本完成,这使参与竞争的成本降低,打消了长期股权投资人的顾虑。此外,扩宽与不同类型投资者的合作渠道将有望增加竞争压力,并在长期内对股价产生向下压力。

表 2.D 股权竞价

> 是否实行股权竞价将根据具体项目而定。股权竞价的各项参数指标将以个案为基础规定在具体项目的招标书中。竞价基于以下原则:
> - 股权竞价将在中标人确立后启动,并在财务结算前完成
> - 它将对私营部门实施,并须获得公共部门批准
> - 投标人将依据入围阶段最终确定的项目标书展开竞争,不允许对上述标书重新议定及改动
> - 股权竞价会降低部分股权的收益率。获胜者因低股权收益产生的盈余将通过统一支付方式一次性给付

二级市场股权出售

2.25 创始人在项目组建、投标,以及采购过程中都起到了重要作用。多数 PF2 项目的创始人因资产负债表所限以及回收资金投入新项目的需求,在项目施工

后期通常将股权出售。

2.26 二级市场投资者通常愿意为已运营的项目进行溢价支付,因为已运营项目已不存在诸如施工、委托等主要风险。这使得创始人有超出预期的盈利,通常称为"不当盈利"或"过度收益"。一直以来饱受诟病的是,在一些项目中私营部门投资者获取了与所承担风险不匹配的高收益。

2.27 PF2模式通过一系列措施限制创始人产生高额收益,抑制其在二级市场出售中获取不当盈利的可能。主要措施如下:

- 建立一个共享机制以分享储备金里剩余基金(详见第四章)
- 如果项目借款在合同期内再融资,公共部门将分享收益。PF2模式保留了2012年4月实施的改进后的再融资收益分享机制
- 取消了软性服务(详见第四章)。过去承包商经常将风险溢价含在软性服务的定价中,而实际成本很可能低于预期,因此需要减少项目子合同中风险定价的范围及等级
- 资本结构的去杠杆化(详见第八章),它使增加后的股权投资可以共享增效节约,由此将降低股权投资的收益
- 实行股权竞价机制以鼓励对项目的长期投资。通过鼓励长期投资者在财务结算前投资,股权竞价机制将减少股权在二级市场交易的情况及数量

第三章 更为有效的交付

相对于以前PFI模式下的采购,政府希望PF2模式下的采购能在确保质量及竞争力的前提下实现周期短、成本低的预期。为此,政府实施了一系列改革:

- 在适当的情况下加强对英国基础设施局的授权,扶持各部门的集中采购机构,以此提高公共部门的采购能力
- 根据政府的精益采购原则,用标准化的方法管理PF2采购并推行一套规范性文本,以此精简采购流程
- 制定严格的采购时间节点。要求各部门部长在提请财政部审批项目时对采购时间表作出承诺;同时,除非财政部长特批,PF2项目的竞标时长(从项目招标的发布到中标人的确立)不得超过18个月
- 加强对PF2项目准备阶段的检查。在项目审批阶段实施财政部附加检查制度以确保项目在发布采购招标信息前做好充分的准备工作

公私合作采购(PPP 采购)

3.1 PF2 项目的采购具有一系列特征,比其他采购模式要复杂得多。PF2 项目需要一个长期合同,以此对新的资产进行设计、建造、融资、维护,有时还包括运营,这些问题在项目招标阶段就需要得以解决。妥善地解决这些问题需要时间。例如,对一个新的资产来说,完成具体的设计计划并通过该设计计划通常需要好几个月的时间。此外,就私营部门合作方如何对 PF2 项目进行融资这一问题达成共识也增加了项目采购的成本、复杂性,以及时间,因为双方财务人员需花时间尽职调查并完成各自的财务谈判。

3.2 因此,PF2 项目所需要的附加采购时间不仅必要而且对整个项目都大有益处。曾经与 PF2 模式采购过程类似的 PFI 模式就在按时按预算交付基础设施方面持有良好的记录。① 虽然 PF2 项目应该比其他简单模式的项目设置更长的时间节点,但政府认为过去 PFI 的采购时长过长,并决定进一步缩短 PF2 项目的采购时长及降低采购成本。

公私合作的时间表

3.3 PFI 项目的采购时长,从项目招标到财务结算,平均需要 35 个月。各部门采购的平均时长不尽相同,2008 年学校类项目的采购时长一般要 22 个月,而住房及垃圾处理类项目的采购时长则一直明显偏长。

3.4 从项目招标伊始到中标人的确立是项目采购中最耗资的阶段,因为这一阶段有多家投标团队共同竞标。过去,私营部门在这一阶段产生的大额投标成本最终都以高额的合同成本转移给公共部门承担。过去的 PFI 项目从招标到中标人的确立平均需要 2 年以下的时间,甚至有些项目要 60 个月的时间。②

3.5 同国际上其他国家比较采购时长是没有太大意义的,因为各个国家受制于不同的法律制度、文化习惯,涉及对欧盟条款的不同解释以及采购前期和采购后期的不同程序规定。然而,英国的采购时长相对其他欧洲国家而言确实比较缓慢,与加拿大相比就更慢了。

提高公共部门采购能力

3.6 政府注意到公共部门须具备开发及管理 PF2 后续采购事宜的基本技能及经验。较强的商事技能及谈判技能是确保 PF2 能实现物有所值这一采购效果的

---

① 参见英国国家审计署:《改善 PFI 的投标程序》,2007。
② 英国财政部关于 PFI 项目的数据可参见财政部网站,http://www.hm-treasury.gov.uk/infrastructure_data_pfi.htm。

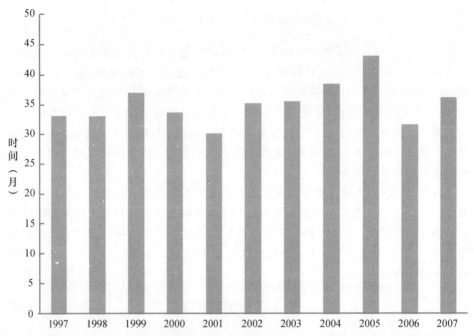

图 3.A　英格兰平均采购时长（从正式发布招标信息到财务结算）
来源：英国财政部。

关键。

3.7　过去，公共部门内部很难找到有高水平采购专长的人才，即使发现了这样的人才也很难将其留在公共部门。PFI采购须经多家采购机构实施，这种分化的做法意味着采购专家通常没有机会跟进后续在规模及复杂度都相似的项目，也没有机会将其之前积累的技能及经验用到新的项目中。采购专长在公共部门内部没能得到足够的重视，导致了公务员不愿意将采购技能的提高作为自己的职业规划。

调整后的英国基础设施局

3.8　政府将增加对英国基础设施局的授权，并增加其商事能力以促进其交付更多的基础设施项目。出于这个目的，英国基础设施局将与调整后的主要项目管理局携手，就政府已实施的项目，共同对英国政府交付基础设施的能力进行全方位评估。该评估将在2013年度预算前完成。为了确保评估的深入开展，该评估由财政部商务司司长保罗·戴顿负责，内阁办公厅厅长及财政部部长共同参与该评估工作。

3.9　内阁办公厅也在着手一系列改革以解决政府在综合商事能力方面的缺

陷。为期五年的公务员能力培养计划①的启动将判断目前缺失哪些技能及如何填补这些技能。预计2013年初发布的政府基础设施采购路径图也将起到一个指引的作用,确保恰当的采购路径予以采用,公共部门的能力问题得以发现及解决。

3.10 为培训高级经理而设的大型项目经理课程(MPLA)已于近期开设,以此培养其交付大型项目的领导能力、技术能力、商事能力以及综合能力等。未来只有从这个大型项目经理强化课程培训班结业的项目经理方可承担大型政府项目。

集中的 PFI 采购机构

3.11 当前 PFI 项目的采购不是由专业机构统一进行的,而是分散到各地方政府、国家医疗服务体系基金会、基金信托机构或中央政府的各个不同部门来进行的。

3.12 然而,在针对 PFI 改革意见征询调查中反馈最多的提议就是采用集中的采购模式。许多行业利益相关人举出国际上实行集中采购模式的例子,希望英国予以效仿。在诸如加拿大等国家,有着专业的采购机构,人员均为项目交付领域的商事专家,这是这些国家公私合作项目采购时长较短的主要原因。这些国家也因为减少了公共部门内部采购能力的重复培养及流失而受到赞誉,它们重复利用各个专家的采购专长,在采购环节实现了规模经济及效率。

表 3.A 安大略省基础设施

> 安大略省基础设施部(IO)是安大略省政府的一个行政部门,由基础设施部长直接负责。IO 负责很多省内大型及复杂基础设施重建项目的交付,也负责对加拿大最大的房地产项目之一的管理,提供房地产服务,并为公共部门及非营利组织提供重建公共基础设施的长期融资。现共有 400 多名员工。
>
> 基础设施部在同其他政府部门协商后决定哪些项目分派给 IO 或省内其他部门。一旦内阁同意将项目交由 IO 负责,IO 会收到基础设施部长发出的指示函,确认项目的委派,包括开始施工的时间及项目的总预算。
>
> IO 所采用的公私合作方式是替代性融资及采购模式(AFP),这一模式将成本超支及延迟交付的风险转移给了有管理优势的私营部门。IO 利用私营部门按时按预算交付项目的专长,将适当份额的核心公共基础设施资产保留给公众所有,这些做法使 IO 在国际上处于领先地位。
>
> IO 的专业团队有着显著的施工及项目管理专长,涉及包括医院、法院、拘留所、公路、运输路线、高速公路服务中心、数据中心、运动设施、教育设施、警察局等多个部门。

3.13 集中采购机构允许公共部门管理人及利益相关人在项目伊始提出要求,并在项目结束向公众交付服务时予以监督。采购过程的管理则交由采购专家进行。

3.14 过去,地方政府负责 PFI 学校项目的采购。作为第一个 PF2 项目的重点学校建设项目,将由教育部的集中采购机构教育基金署(EFA)负责采购。其他计划

---

① 参见内阁办公厅:《公务员改革方案》,2012。

开展 PF2 项目的部门也预计在新项目开始前建立一个集中采购机构。政府发现,尽管建立各部门的集中采购机构已经标志着重要一步的迈出,但还是不如成立一个总的 PF2 采购机构那样有效。对于这样一个机构的成立将以开放的态度应对,在英国基础设施局及主要项目管理局的评估期间重新予以讨论,届时将确认 PF2 的未来项目计划。

表 3.B　集中采购——重点学校建设项目

> 重点学校建设项目的私人融资部分将由教育基金署(EFA)代表教育部来集中采购。EFA 在采购前期将与项目内学校接洽制定项目的设计规划。在采购过程中,EFA 项目团队将经常与学校及其代表沟通以便学校及其代表了解采购进度,但 EFA 将单独与投标人接洽,以使学校能专注于管理学校事务。
> 集中采购主要有以下好处:
> - 利用集中采购专家团队进行具体项目的采购,就商事、融资、技术等方面开展谈判。曾经的采购经验得以应用在以后的项目中,以此积累更多的经验
> - 投标人将与有具体需求的采购机构面对面,以此确保采购更加顺利、减少项目的改动
> - 一个地方政府内的学校可以批量统一采购,以确保效率的提高
> - 采用基本无须改动的标准文本,提高采购的速度及效率

严格遵守采购时间表

3.15　对于今后的采购项目,公共部门采购团队将制定透明且固定的采购时间表,并将予以严格遵守。此举便于公共部门和私营部门有效地计划及准备。

3.16　为确保所有 PF2 项目都能采用这种最好的做法,政府将要求各部门部长在将项目提请财政部审批时对项目从发布招标信息到财务结算的总时长作出承诺。(在业务规划阶段)

3.17　各部门对具体项目采购时长的承诺将与政府的承诺配套执行。政府承诺 PF2 项目的采购时长,即从招标信息的发布到中标人的确定,不得超过 18 个月。这是项目采购最耗资的阶段。超过 18 个月,除非财政部长特批,否则财政部将不予拨款。政府将保留自由裁量权,对没有中标的入围投标人予以适当补助。此一揽子承诺措施的目的在于防止 PF2 项目在采购的对话阶段予以耽搁延误,因此须给这一阶段设置一个严格的期限。

精简 PFI 采购流程

3.18　政府致力于消除采购过程中的低效率,包括公共部门及私营部门采购成本不必要的增加及采购时间不必要的延长。

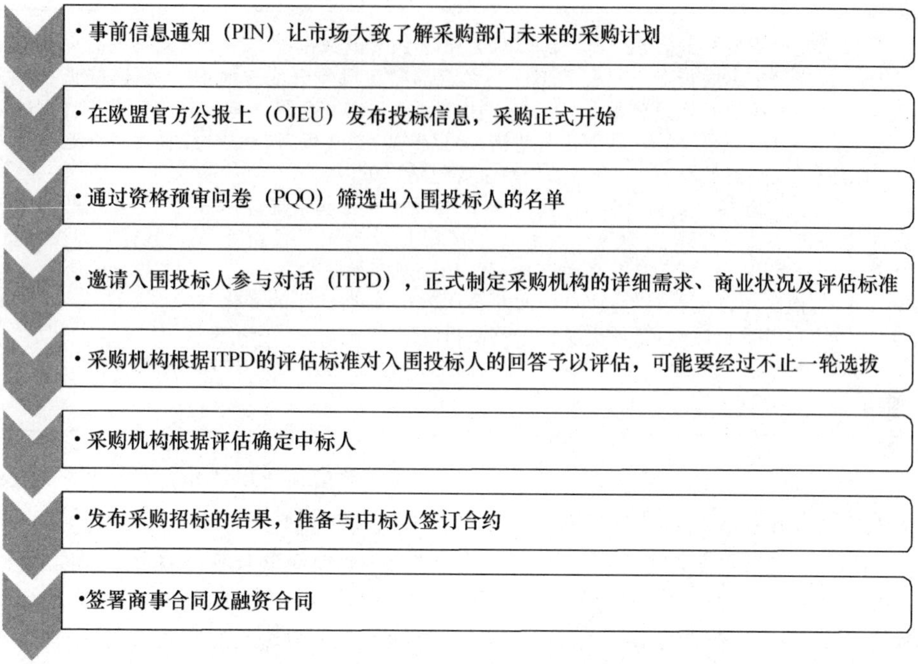

公私合作的新指引

- 事前信息通知（PIN）让市场大致了解采购部门未来的采购计划
- 在欧盟官方公报上（OJEU）发布投标信息，采购正式开始
- 通过资格预审问卷（PQQ）筛选出入围投标人的名单
- 邀请入围投标人参与对话（ITPD），正式制定采购机构的详细需求、商业状况及评估标准
- 采购机构根据ITPD的评估标准对入围投标人的回答予以评估，可能要经过不止一轮选拔
- 采购机构根据评估确定中标人
- 发布采购招标的结果，准备与中标人签订合约
- 签署商事合同及融资合同

图 3.B　PF2 采购过程中的主要阶段

来源：英国财政部。

一套综合性的标准文本

3.19　为简化采购流程，政府将发布一套全新的综合性采购文本。它应包含以下内容：

- 一份新的名为《PF2 合同标准化》的 PF2 合同指南草案
- 一份应用于 PF2 项目的设施管理服务输出范本
- 一份应用于 PF2 项目的支付机制协议范本
- 一份新的 PF2 精益采购指南

3.20　政府发现将标准的采购及合同指南实施到现有的 PFI 项目上已呈现出良好的势头，确保了各部门间的一致性，也有利于公共部门和私营部门之间的风险分配。关于与本政策性文件同时发布的 PF2 合同新指南详见表 3.C。

3.21　标准化服务输出范本及支付机制已被制定（这部分内容将在第四章阐述），这将减少用在这些文件上的书写及商讨时间。

PF2 项目的标准化精益采购流程

3.22　内阁办公厅厅长于 2010 年底宣布了开展"精益审查"行动，以揭露采购

表 3.C 《PF2 合同标准化》

以草案形式发布的《PF2 合同标准化》为新的 PF2 模式提供了一个强制性的合同起草指南。它确保了不同行业之间公共部门与私营部门在风险分配方面的一致性,降低了各类项目采购过程的时间及成本。《PF2 合同标准化》为 PF2 合同内容的起草提供了详细的规定,既包括在"必须"层面(须使用某些措辞)也包括在"建议"层面(建议使用某些起草方式以适应不同部门的需要)。最新的指南主要包括以下内容:

- 为这一新模式的各个层面提供了新的合同指南及起草规范,具体包括:项目投入市场的准备工作,硬性设施管理服务及终身维护,软性设施管理服务,公共设施损耗风险,保险风险的分配,以及对信息、透明度和投资的相关规定等
- 指南已予以更新,以适应市场的发展及 2007 年后法律的变化
- 内容已重新调整,以便更易操作及便利使用

这份新的合同标准化文件将与一份名为《PF2:使用者指南》的新规定性指南同时使用。

过程中的浪费行为及不必要的复杂做法,并建议采取措施予以矫正。"精益审查"发现通过更为有效的方式进行采购可以节省大量的时间和成本。

3.23 随后政府发起了新的精益采购流程,以一种标准有效的方式为整个中央政府进行采购。为使 PF2 项目能遵守精益采购流程,政府将发布一份新版的 PF2 项目精益采购指南,该指南将反映出各类采购业务的复杂性及通常需要的额外采购环节。

3.24 政府的精益采购流程对私营部门在 PFI 改革意见征询调查中所呼吁的变革提议予以支持,如增强采购前期准备、提高市场监测、缩短对话磋商等。

3.25 交通部目前正采用政府的精益采购方法为英国采购一项新的搜救直升机服务(详见表 3.D)。虽然这个项目不是 PFI 项目,但是搜救直升机服务项目是将精益采购原则用于复杂的私人融资项目的一个很好的例子。

表 3.D 案例研究——搜救直升机的精益采购

交通部目前正在为英国采购一项新的搜救直升机服务项目(UKSARH),以此用民用服务代替现有的主要由国防部提供的服务。采用精益采购原则及流程进行的为期 16 个月的采购签署了一个总成本约 30 亿英镑的 10 年合同,该合同将与 2013 年 3 月启动。

- 在招标信息发布前进行了广泛的市场接触,以确定包括交易构成、合约期限、总部位置等主要因素,并对基本技术需求有所了解
- 所采用的采购策略是分五个阶段进行的竞争性对话策略(由内阁办公厅主持)
- 该项目包括以内阁办公厅精益采购为原则的为期七周的密集对话训练营,该训练营在中心会议室、投标人信息室、对话磋商室同时进行,展开商业、技术、融资方面的对话
- 周密的计划是将精益采购流程应用到项目的关键。这包括确保团队成员同高级负责人一起完成对话,实现对话目的
- 实时的互联网连接极大地促进了内部与外部的沟通
- 该项目在支持中小企业及发展议程上有自己的特别规范

确保同等的设计要求

3.26 政府发现私营部门投标成本主要增加在设计环节。从学校建设的后续项目中发现投标人为了中标均愿意在竞标中进行超额设计。这造成了不必要的高投标成本和大量的设计浪费。

3.27 政府要求今后的采购部门须认真审核其设计要求,以确保合理性。重点学校建设项目已经采取措施减少竞标中设计所占的比重。以多所学校的批量采购为例,投标人在竞标中须为小学及中学出示设计图,并解释这些设计如何在这些学校中重复利用。由于教育基金署对正规要求以外的额外设计及标准将不予考虑,投标人超额设计的现象将予以阻止。这一做法将使投标人把精力集中在功能性设计上,此种设计明确针对事先拟定好的设计需求,并可以重复利用。

加强对项目准备的检查

3.28 过去,公共部门和政府机构有时在还没有完全明确项目需求时就匆忙进入了投标阶段。相反,许多欧洲国家的专业采购机构及有经验的私营企业则会先同供应商交流,以此明确在一定的时间及成本内可以实际交付的结果。这种采购前的磋商可以使采购更为快速和直接,因为投标人可以就这些讨论要点制作标书。

3.29 政府的PF2精益采购流程将要求项目在正式发布招标信息前进行广泛的市场接触。同时,要求项目在通过欧盟官方出版物(OJEU)发布招标信息而正式进入市场时提出完整的招标要求(包括项目说明、选拔及标准、条款、时间节点等),并对受邀参加对话磋商的投标人提出全面履行勤勉义务的要求。

3.30 为确保遵守精益采购原则,政府将采用财政部附加检查制度,以此作为业务审批的一部分来检查该项目在发布招标信息前的准备情况。此举将确保项目在没有充分准备前不会流入市场。关于项目准备阶段的检查详见表3.E。

表 3.E 财政部对项目准备阶段的检查

政府要求各部门在正式发布招标信息前须证明已完成以下准备工作:
- 已根据当地政府及社区规定的准备指南制订了规划及发展概要
- 已掌握了所有必要的信息
- 已制订了土地收购计划
- 已制订了解决雇佣问题的明确计划
- 已完成了市场调查报告,采购机构借助多种方法测试市场对这个项目的兴趣度
- 承诺遵守标准合同指南和标准设施管理输出规范及支付机制
- 部长及高级项目主管承诺遵守时间节点及按时完成主要阶段性工作
- 启动了对项目团队采购技能的最终检查
- 制订了综合担保及审批方案
- 确认了所有利益相关人均签署了项目的商业计划

3.31 财政部和主要项目管理局在综合担保过程中将共同合作,以确保财政部的附加检查不会造成项目的重复担保。附加检查的目的是为了实施更好的采购方式,而不是对一个运行良好的项目造成负担。

第四章 灵活的服务供给

> 为了提高服务供给的灵活度,将缩小 PF2 项目的服务范围。合同中取消的服务可通过短期合同单独提供,此举满足了公共部门可以随时修改服务规范的需要:
>
> • 除非是基于特殊的整体利益方面的考虑,否则诸如保洁及餐饮类软性服务将从今后的合同中取消
>
> • 在项目开始之初采购部门享有就某些诸如重新装修等小型维护工作的自主决策权。同时,增加了合同启动后也可以添加及取消某些服务的灵活性
>
> • 增加了合同期限的灵活性,采购部门在合同终止后将可以就资产状况调整需求
>
> 为了增强服务供给及相关费用支出方面的透明度,政府将采取一系列措施以确保公共部门充分理解其正在为哪些服务项目买单,同时采购部门将分享整个项目周期的总盈余。这些改革包括:
>
> • 采购部门及承包方将对项目周期的成本予以公开
>
> • 采用收益共享机制以确保在合同终止后能够共享整个项目周期的资金盈余
>
> 为了提高合同期内服务交付的效率,以及避免采购过程中重复制定与服务相关的文本:
>
> • 将制定标准化服务输出范本及支付机制
>
> • 合同中将规定对所提供的服务定期进行效率审查

服 务

4.1 在 PFI 合同中,私营部门通常全权负责合约期内资产的维护及诸如保洁、餐饮、安保等软性服务。私营部门按照采购规范给所提供的服务定价,这些服务通常转包给专业设施管理服务供应商。

4.2 承包商须负责更换资产的配件,如锅炉等,这部分费用来自于公共部门年度统一支付的项目储备金。因更换部件及行使职责可能会出现资金短缺,这部分风险由私营部门承担。如果出现亏损,私营部门须弥补损失;同样,如果出现盈余,私

营部门将予以留存。

4.3 将资产的设计及施工与后续的维护及更新统统交给私营部门意在加强私营部门对项目长期需求的考虑,有助于实现最好的设计效果、最低的维护及运营成本。激励私营部门优化资产设计及保证效率是过去 PFI 项目的一个成功之处。PF2 将继续采用这种综合的方式,即一个独立的合同中同时包含对资产的施工和维护。这将继续激励承包商将今后的运营成本控制在最低范围。

4.4 然而,过去的项目在服务供给方面也存在着一些问题:

- 服务供给在项目运营及预算上都缺乏灵活性。当公共部门不得不减少开支时,它所希望的是实现增效节约,并降低项目总成本的支出。这在 PFI 项目中很难做到,因为所有的服务都是基于一个长期合约来提供的
- 公共部门发现合同的服务内容没能使公共部门的利益最大化,甚至是很难对服务需求作出改动
- 多个例子表明,某些服务项目的成本明显高于公共部门的预期。这打破了公共部门对这些服务项目的信任(见表 4.A)
- 在过去的项目中一直存在着有关项目周期资金管理及透明度的问题,公共部门认为所产生的项目支出缺乏透明度,由此引发项目资金标价过高、私营部门不当盈利的怀疑

表 4.A PFI 项目中小工程的收费

> 国家审计署在 2008 年 1 月发布的报告[①]中指出,PFI 项目中小工程的收费通常高于行业标准。国家审计署在取样中发现,额外配置电插座的费用高于市场标准价。尽管一些因素会导致价格的差异,但是 PFI 合同中安装电插座的费用比市场参照标准价格高出 54%。

提高服务供给的灵活性

4.5 为提高服务供给的灵活性,政府缩减了 PF2 模式下的服务范围。除非有特殊情况,否则类似保洁及餐饮等软性服务将一律从合同中取消。取消的服务将由另外签订的短期合同或由公共部门直接来提供,这样,公共部门可以随时调整服务需求。采购部门在项目之初对某些小型维护工作具有自主决策权。此外,在项目运营后还可以增加或减少某些"弹性服务",如外部玻璃清洁等。这些弹性服务将以事先商定好的价格提供,可以从项目中添加或删除,而无须重新规划财务模式。为了增加合同期限的灵活性,采购部门可以调整需求,以确保资产状况能满足未来需要的预期。

---

① 参见国家审计署:《改革 PFI 项目的运营》,2008 年 1 月。

表 4.B　PF2 合同运营灵活性的例子

根据 PFI 合同,若在课余时间使用学校须经 PFI 承包商的同意,因为承包商负责派保安开放及关闭学校,同时也会产生额外的保洁及相关服务的费用。这些费用由公共部门支付

根据 PF2 合同,类似安保及保洁类服务将从合同中删除。这将使学校在课余时间对外开放设施时无须产生任何额外的费用,大大提高了社区设施的利用率

4.6　图 4.A 是有关未来项目服务分类的一个全面总结。

全部服务 为了有效地运营该建筑,为采购部门所需要		
PFI 合同中包含的服务 每月按固定金额收取费用	关于是否包含在 PFI 合同中可以灵活处理的服务	PFI 合同中不包含的服务 直接管理,采购部门与其他服务供应商签署短期合同,或者采购部门利用本部门的资源。
维护 维护管理 计划维护 应要求维护 法律规定的维护	小型维修服务 内墙粉刷、天花板粉刷、地板油漆、内部门窗修理、照明消耗品更换、去除涂鸦及其他小型维修	软性服务 保洁及垃圾处理、病虫害防治、餐饮、安保、洗涤、收发邮件服务
能源管理 跟踪及汇报能源消耗,确定节能时机	弹性服务 采购部门可选择添加在 PFI 合同中的服务,一年一次或一次性提供,如便携设备的检测、周期性的重新装修、外部窗户的清洁、除雪及抛光、杂项服务、其他小型维修服务	管理服务 合同管理、公共事业费用、保险费、营业房产税
客户服务 安装一套中央系统以回应需求、监管性能		
项目周期内更新 对资产的计划内更换,以维护性能及建筑的外观		其他服务 信息与通信技术服务、接待、电话、医疗卫生等

图 4.A　PF2 服务供给的职责分配

来源:英国财政部。

取消软性设施管理服务

4.7　软性设施管理服务(以下简称"软性服务")总的来讲是指那些资产运营中所需要的日常辅助性服务(见表 4.C)。过去,软性服务大都含在 PFI 合同中。为了增强服务供给的灵活性,软性服务将从今后的合同中取消。这部分服务将通过另

外的短期合同由私营部门提供,或直接由公共部门来提供。

4.8 对上述规定有一个特例,那就是当通过一个独立的合同来采购全部服务能带来明显的利益时,则不需要遵守上述规定。然而,如果采购部门认为将软性服务包含在合同中对项目的交付十分必要,那么其须证明这一做法的物有所值,并须经由财政部审批后方可操作。

表 4.C　软性设施管理服务类别

软性设施管理服务主要是指那些资产运营中所需要的日常辅助性服务,主要包括: • 保洁 • 餐饮 • 搬运 • 洗涤 • 安保 • 收发邮件服务 • 废物处理

项目之初的灵活性

4.9 为了在项目之初进一步增强维护工作的灵活性,采购部门将被给予时间认真考虑增加或减少某些维护工作是否恰当。在作出决策前主要从以下几方面进行考虑:
- 由公共部门提供这些维护工作的费用是否低于承包商所收的费用
- 从项目中取消这些维护工作是否有潜在的好处
- 采购部门是否有能力开展这些维护工作(如门卫等)
- 取消这些维护工作是否会增加一些风险,采购部门要作出是否利大于弊的衡量

4.10 表 4.D 是采购部门可以选择增加或减少的维护工作类别列表。

表 4.D　采购部门可以选择增加或减少的维护工作类别列表

• 设施内部的再装修——墙及天花板的粉刷及油漆 • 地板表层的更换(如地毯及塑料) • 例行紧急照明测试 • 照明消耗品的更换 • 供水、供热、通风、电力系统出现故障时的初步处理 • 例行水温测试及供水设施的清洗 • 卫生间的小型维修 • 室内门窗及门窗家具的检查及小型维修 • 去除涂鸦

合约期间的灵活性

4.11 为了增强合约期间的灵活性,采购部门须每年判断是否将某些"弹性服务"交由承包商来提供,或者是否由采购部门独立提供这些服务。参与项目竞标的承包商须就弹性服务制作一份定价簿,这些弹性服务可以增加或删除,而不影响财务模式。

4.12 弹性服务的范围将于项目财务结算前予以确定。如果采购部门选择由承包商来交付这些服务,承包商则必须按照之前制定的定价簿上的价格对服务进行收费,由此承包商承担了实际费用可能高出当时定价的风险。

表 4.E 弹性服务类别

- 便携设备的检测
- 周期性的重新装修
- 外部窗户的清洁
- 除雪及抛光
- 场地维护

4.13 弹性服务是指那些承包商凭着常规技能就能正常提供的服务,如果这类服务由承包商来提供,可以帮助采购部门实现物有所值。弹性服务也可以是那些采购部门之前从项目中取消的,之后让承包商定期来提供的维护工作。

4.14 有关私营部门承包商提供的服务范围及公共部门保留的服务范围的具体情况,请参阅《PF2合同标准化》第七章(服务及服务的开始)。

合约终止的灵活性

4.15 PFI的主要特征之一在于资产在整个项目周期均能得以较好维护。这意味着公共部门在项目伊始就可以就项目周期结束情况下资产收回时的状况进行规定。

4.16 尽管PFI模式能使资产得以长期维护,但是它却缺乏采购部门在合约期间更改合同需求的灵活性。在今后的PF2项目中,公共部门将继续在项目之初规定资产收回时的状况,但同时采购部门也可以更改资产收回的要求,只要这一更改能更好地满足采购部门的需求或能给公共部门带来节约。有关资产收回方法的具体安排请参阅《PF2合同标准化》的第九章第六节(资产收回要求的放宽)。

加强透明度及收益共享机制

4.17 为了提高PF2项目周期费用的透明度,采购部门及承包商将对项目周期费用采用公开透明的方式。这将确保服务供给及相关支出的透明度,公共部门可以清楚地看到自己在为哪些服务买单。

4.18 为了实现这种委托人—承包商的透明关系,也为了确保计划外的项目资金盈余能得以公正处理,公共部门及私营部门将每五年审核一次项目的实际支出及计划支出。任何切实的盈余都将记录在案,合约结束后项目周期资金的全部盈余将平均分配给采购部门和承包商。采购部门可选择进行一次独立的项目审核。

4.19 项目周期的盈余将通过对比项目周期的预期花费总额及实际花费总额来计算。将盈余存在项目公司的项目周期资金上,如果项目周期的实际支出高于预期,盈余还是能起到"充值"的作用的,但是公开、透明的方法将确保每次盈余的减少都有正当的理由。

4.20 关于项目周期的详细条款请参见《PF2合同标准化》第九章第二节(项目周期的资金)及第三节(项目的逾期)。

提高服务交付的效率

4.21 政府已采取措施力图提高服务交付的效率。为了加快采购速度,避免重复制定相关文本,政府正在着手制定标准化服务输出范本及支付机制。为了促进服务交付的效率,政府将在整个项目期间定期进行效率审查。

服务输出规范及支付机制

4.22 财政部制定了适用于绝大部分住房项目的标准化服务输出范本及支付机制。此举意在实现住房类项目在采购规范上的一致性,确保所提出的要求反映的是公共部门的合理要求,而非那些没有实质意义的形象工程的要求,避免一套文本只适用于一个项目的那种浪费且重复的做法。

4.23 目前,标准化服务输出范本及支付机制只适用于住房类项目。尽管这些规范可能不适用于其他不同部门,如房地产部门,但是有关服务需求标准化这一原则将体现在各个不同部门。随着非住房类项目的增多,财政部将考虑制定其他部门的标准。

4.24 标准化服务输出规范包含两个部分。第一部分是基本需求,将以一个标准形式呈现;第二部分是具体项目的特殊需求。标准化服务输出规范及支付机制将分别出现在《PF2合同标准化》第3条、第5条中,于2013年初发布以供讨论。

服务供给的效率审查

4.25 根据《PFI已运营项目节约方案》,对现有PFI合同实现节约的一个主要做法就是审核服务需求。这一方案将重点放在审核公共部门服务需求的范围及规范上,同时也会考虑项目今后的需求以及曾经的使用和绩效。当前实施的运营审核对服务规范以及高效提供服务的可能性予以分析。结果发现有大量的机会可以提高运营效率,参见表4.F。

表4.F 运营效率审查的发现

> 之前的审核发现,对公共部门的需求实行服务规范方面的审核有可能带来项目的节约:
> - 减少医院提供的上门服务,医院提供上门服务的标准要远高于市场通行的标准
> - 改变家庭垃圾的收取方式,使PFI合同与某些地方政府的垃圾收取标准相一致。这一改变增加了道路两侧垃圾回收的频率,从原来的四周一次变为现在的两周一次
> - 对街道的中央管理系统及照明用具的投资能显著降低能耗
> - 审查交通基础设施PFI合同中的巡视制度时发现,巡视制度降低了资产调查的频率,而对数据的准确率并未产生明显的影响

4.26 由此,新的合同将规定定期的效率审查,以评估项目是否能满足公共部门的需求,并就恰当的服务及效率的提高给出建议。效率审查每两到三年进行一次,须与每五年一次的项目周期实际支出与预期支出的审查同时进行,后者旨在将成本最小化。

4.27 承包商将负责确保效率审查的实施,采购部门将把实施效率审查所产生的费用偿还给承包商。因效率审查带来的所有节约资金将由采购部门和承包商共同分享,通常75%归采购部门,25%归承包商所有。需要注意的是,效率审查的实施不得妨碍承包商及采购部门在合约期内提出的其他为提高效率的举措,效率审查也不得替代其他标准的绩效报告机制。

第五章 更强的透明度

> 透明度是PF2模式的核心。政府将实施大量措施将这种有利于透明度的模式带入到今后的项目中。具体包括:
> ——让纳税人了解更多的项目信息,从而对项目的物有所值充满信心。对企业开放政府的项目审批程序,从而方便企业提前作出具体的计划。尤其在以下方面:
> - 发布年度报告,详细介绍政府作为股东的全部项目及其财务状况
> - 要求私营部门提供实际及预期股权收益信息,以用于信息发布
> - 通过对已签署的PF2合同的表外协议进行全方位监管,从而提高未来PF2项目债务的透明度及管理。将于2013年年度预算时汇报进展情况
> - 在财政部网站开启业务审批查询系统,提供具体项目审批进展的最新状况
> - 发布当前的PFI项目及今后的PF2项目在基础设施及施工规划方面的信息时,须做到便于取阅、易于理解

> ——提高项目的透明度,确保采购部门获取更多的信息以便有效管理合约。同时,降低依赖私营部门获取信息的程度。措施包括:
> - 加强对信息发布及发布程序的规定以确保信息的及时传递
> - 以公开透明的方式处理项目周期资金
> - 使采购部门或地方代表以观察员身份参与项目公司董事会会议

5.1 透明度是PF2模式的核心。政府正开展一系列措施将这种有利于透明度的模式带入到今后的项目中。这些改革针对的是利益相关人普遍关注的问题,包括:议会——呼吁更强的透明度及建立PFI项目的问责制;采购部门——需要从私营部门合作方那里获取及时、准确的信息以确保对合同的有效管理;企业——需要从政府获得更多的信息以推进有效的商业安排及服务交付。因此,本章所述的改革就是针对这些主要问题,旨在以目前最好的方式确保信息供给,并尽力减少对企业的信息依赖。

增强PF2的外部透明度

5.2 增强PF2模式的外部透明度是非常必要的,这样纳税人才有信心从这一模式中实现物有所值,私营部门才能获取必要的相关信息从而实现有效的商业安排及服务交付。

通过公共部门参与投资来实现项目的透明

5.3 根据第二章所述,公共部门在今后的PF2项目中实行股权投资将有助于实现更大的透明度并建立项目交付及运营的问责制。凭借项目公司董事身份,公共部门将获取有关项目绩效的财务信息,从而以这一身份作出必要决策。这些信息的获取将有助于解决项目财务绩效缺乏透明度的问题。财政部将对公共部门的投资发布年度报告,包含单个项目及项目组合的实际及预期股权收益。

5.4 此外,采购部门或其他地方代表将以项目公司董事会观察员身份参加董事会会议,此举旨在增强透明度,推动公共部门与私营部门分享信息、交换观点。

发布私营部门的股权收益率

5.5 根据第二章所述,在同一个项目中,公共部门的股权定价须与私营部门的股权收益率相匹配。这种匹配股权收益率的做法有助于将私营部门投资者的预期股权收益及实际股权收益透明化。然而,在有些情况下私营部门股权投资者获得的股权收益还存在着差别,如当一个投资人在项目公司出售所持股份时。由此,为实现这种情况下的绝对透明,私营部门投资者须向财政部提供实际及预期的股权收益信息,财政部将定期予以发布。为了确保所发布的信息易于理解且便于在不同项目间作比较,新的标准化合同指南①规定了计算及提供信息的精准方式。

增强政府项目审批程序的透明度

5.6 一切开支协议都须经适当审查,这对物有所值的实现非常重要。项目通常要经过几个审批阶段,且超出部门权限的开支须经财政部审批。在意见征询调查中,私营部门反映强烈的是政府的审批时间过长,尤其是私营部门无从了解审批进展到哪一个阶段。这主要表现在采购前期,私营部门渴望了解那些可能进入市场的项目进展,而且在竞标阶段,如果审批过程过长将直接影响私营部门的投标成本。

5.7 为向私营部门承诺确保企业可获取足够的信息用于与公共部门项目相关的商业安排,政府将增强审批程序的透明度。财政部网站将于 2013 年春季对 PF2 项目及 PFI 项目的采购流程开启业务审批查询系统,通过这一查询系统可以查询到项目的审批进度。图 5.A 为业务审批查询系统图示。

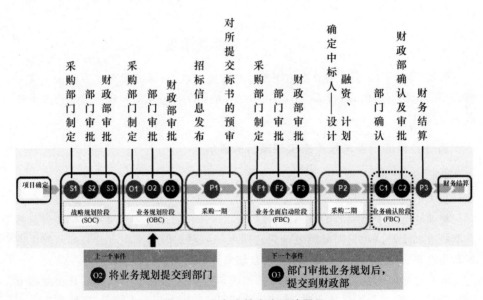

图 5.A 业务审批查询系统图示

来源:英国财政部。

增强表外债务的透明度

5.8 政府根据财政总量来调整其财政指令,财政总量是采用英国国家财务制

---

① 即《PF2 合同标准化》。

度的相关标准来计算的,英国国家财务制度依据的是欧盟财务制度1995版的框架。按照英国国家财务制度对PFI项目的界定,很多PFI合同的债务都不算公共部门净债务(PSND),因为这些项目被划为政府资产负债表以外的项目,由此引发了广泛批评。2011年,政府第一次发布了《政府统一账户》。《政府统一账户》包含了对PFI的债务评估,此评估与会计准则相一致。

5.9 为了增强今后PF2项目的透明度及管理,政府将对已签署的PF2合同的表外协议进行全方位监管。未来政府将通报这项全方位的监管,并将于2013年年度预算时汇报进展情况。这是管理表外债务改革的一部分,英国无疑已走在国际前列。

增强项目信息的可获取性及可应用性

5.10 财政部已经在《政府统一账户》上发布了大量PFI项目的信息(参见第一章),并另外通过年度数据汇总收集了单个项目①的信息。单个项目的信息包括:名称、采购状态、统一支付费用、主办部门、项目公司名称、股权持有人等。政府将采取更多的措施提高信息使用者对信息的理解,例如,对《政府统一账户》和PFI数据汇总在数量上存在的差异作出解释,印发一本便于理解公私合营在技术细节上,如融资安排等方面的简易指南。这些将作为下一年度更新的一部分于2013年春季发布。

5.11 在意见征询调查过程中私营部门指出项目规划的信息对制订商业计划十分重要。随着国家基础设施计划2011版的发布,政府第一次发布了基础设施投资及政府施工规划②的详细数据。这些项目规划由政府整理向私营部门提供,以使其进一步了解政府资助建筑项目的未来规划。政府一直致力于提高这些项目规划信息的质量、详细度及覆盖面。相关信息将予以定期更新以确保提供最新、最准确的政府计划。

5.12 除了项目规划信息外,政府要求各部门将中央政府所有新的招标项目及合同额超过一万英镑的项目发布在GOV.UK网站的"Contracts Finder"("合同检索")③目录栏内。对于建筑项目也可以通过已发布的政府建筑规划项目④的链接予以发布。所有PF2模式的中央政府新招标项目及合同文本须通过"合同检索"或政府建筑规划项目链接予以发布。

对采购部门提高PF2的透明度

5.13 采购部门需要充分的信息以便监督及管理合同。合同中明确规定了采

---

① 有关PFI的数据可参见英国财政部网站,http://www.hm-treasury.gov.uk/ppp_pfi_stats.htm。
② 有关基础设施投资及施工规划信息可参见 http://www.hm-treasury.gov.uk/infrastructure_pipeline_data.htm。
③ https://www.gov.uk/contracts-finder。
④ http://www.hm-treasury.gov.uk/infrastructure_pipeline_data.htm。

购部门有权获取哪些信息。PFI合同通常规定项目公司须提供财务信息及管理信息,但实际上经常需要采购部门主动向项目公司索取这些信息。除了绩效及支付机制必需的汇报外,其他定期的汇报少之又少。

5.14 许多采购部门没有充分利用索取信息的权利,它们对应该要哪些信息或已有哪些信息不是十分明确。意见征询调查的部分反馈显示当前标准合同指南的相关规定过于繁复且有歧义。由此引发的风险是采购部门对合同安排是否物有所值既不清楚也没有信心。

5.15 为解决这些问题,新的标准合同指南①将增强在信息需求及合同条款方面的清晰度,同时减少对私营部门的信息依赖。及时获取清晰而相关的信息,有助于采购部门有效地进行合同管理、计划及优化资产和服务的使用,以此更好地实现物有所值。表5.A列出了新标准合同指南所规定的信息强化要求。

5.16 根据第四章所述,为了进一步提高透明度,采购部门和承包商将以开放、透明的方式管理项目周期资金。此举将确保服务供给及相关支出的透明,公共部门可以切实了解自己在为哪些服务买单。

表5.A 强化后的信息要求

> PF2为强化信息要求提出了以下改革:
> - 为使合同易于理解将统一对信息的要求,以确保合同负责人理解他们有权获取哪些信息、何时可以获取,并以何种方式获取
> - 私营部门将就合同的使用提供一个使用指南,归纳合同的要点并签名,以帮助公共部门进行合同管理
> - 删除有歧义及易使合同双方造成纠纷的语句。例如,要求采购部门"合理地"实施,或承包商需要以"概要"的方式来提供信息(而不是用具体数据来提供)。上述歧义往往致使采购部门无法理解必要的信息
> - 通过参照司法部的《信息自由法》,将明确哪些信息为商业机密信息
> - 将明确规定信息的提供是合同履行的一部分,不提供信息将构成不良履行,其结果是对承包商应收取的费用予以扣除,而且如果持续违约还可能导致合同终止。

第六章 合理的风险分配

> **风险分配**
> 为提高物有所值,PF2模式将改变风险分配的方式,让公共部门更多地保留及管理某些风险。在PF2模式下:

---

① 参见《PF2合同标准化》第三章。

> - 由于不可预见的法律变更而导致的额外资本支出风险将由公共部门承担
> - 经过两年的交接测试后，公共设施损耗风险将由公共部门承担
> - 当工地由公共部门指定时，工地遭到工地外污染源污染的风险将由公共部门承担
> - 向投标人提供的工地所有权，采购部门须进行必要的调查并向承包商出具证明
> - 当工地由采购部门指定时，采购部门也须进行场地条件调查，并通过出具证明将结果告知投标人
>
> **保险**
>
> 为了提高保险的物有所值：
> - 对于在项目运营阶段共同承担主要保险项目加价风险的这一规定，政府将予以修改。采购部门将承担更多的份额，承包商无须过多准备储备金以应对市场变化
> - 对于那些资产基地分散、可以预见到索赔次数的PF2项目或方案，政府将尝试使用另一种模式，即在项目运营过程中由采购部门接管原材料损失及业务中断的风险（而不是通过在市场上投保）

风险分配

6.1 有效的风险管理对任何形式的采购都很重要，这一点对公私合作的合同尤为重要。公共部门和私营部门对整个长期合同进行风险分配，这有助于优化这些合同的物有所值。然而，在过去的PFI项目中，因为很多风险都转移给了私营部门，很难做到物有所值。

在PF2合同中提高风险分配的物有所值

6.2 在PF2模式下，为提高物有所值将对风险分配进行改革。公共部门将承担及管理之前在PFI模式下被转移给私营部门的某些风险。风险将予以分配，其目的是优化物有所值而不是将风险最大程度地转移。在风险分配方面的主要改革包括：法律变更的风险、公共设施损耗的风险、土地污染的风险，以及尽职调查证明的风险等。

法律变更的风险

6.3 由于不可预见的法律变更而导致的额外资本支出鲜有发生。过去出资人

要求承包商确保风险发生时资金一定要到位以承担相关费用,结果公共部门为了转移这一在实践中极少发生的风险一直支付着高额费用。在 PF2 模式下,公共部门将承担这项风险,从而更好地确保物有所值。

公共设施损耗的风险

6.4 过去,PFI 指南将公共设施使用程度的风险转移给了承包商,但是在实践中很多合同已制定了复杂的专门的风险分配规则。这些规则协商起来很费时间、管理起来也耗费资源,因此很难判断 PFI 指南的安排是否能为公共部门带来物有所值。同时,随着 PF2 将软性服务的取消(详见第四章),很有必要去重新审视过去 PFI 指南的相关安排,因为当承包商的职责被主要限定在硬性设施管理维护时,承包商对公共设施使用的管理空间就更小了。

6.5 今后,在 PF2 模式下,因公共设施损耗而产生的费用变化将由公共部门承担,承包商则负责确保建筑物在设计上的效率(遵守采购过程中制定的能源效率标准)。这一安排需要通过一个严格的交接程序才能确定,测试期为两年。如果在此过程中发现公共设施的使用高于双方商议的效率标准,公共部门将要求承包商对建筑物进行整修或对公共部门的损失支付赔偿金。此外,关税风险也由公共部门承担。

6.6 经过两年的测试期后,为避免将损耗风险强加给承包人,通常由采购部门承担这一风险。对这一规定的例外仅存在于极特别部门:

- 当按照标准,一个部门的设计中含有适当的计量系统安排时(没有因此产生不相称的成本)
- 当一个部门的自然施工环境及使用模式单一时
- 当一个部门风险分担的安排符合市场规律,承包商无须存放大量储备金以防范风险时

6.7 更多的具体规定请参见《PF2 合同标准化》第十九章第九节。

由外部污染源造成的工地污染的风险

6.8 在许多意见征询调查的反馈中,承包商及出资人表达了其对于工地被工地外污染源所污染的风险分配这一问题的担忧。承包商及出资人认为当工地由采购部门指定时,承包商无力采取任何行动来管理风险,将责任转移给承包商不是有效的风险分配方式。今后,在 PF2 模式下,这类风险将不会转移给私营部门,而是由公共部门承担。

尽职调查的证明及土地所有权

6.9 在 PFI 模式下,即使在采购前工地已为采购部门所有,采购过程还是经常因为工地的所有权问题而推迟。为了减少投标人的尽职调查责任和采购的时间及成本,今后当采购部门为项目指定工地时,采购部门须进行场地条件调查,并通过出

具证明将结果提供给投标人。同时,今后采购部门也须对工地的法定所有权进行必要的调查,并向承包商出具证明。具体参见《PF2合同标准化》第十三章(保证)。

保　　险

6.10　保险是为了防范某些风险的发生,尤其用于应对那些低发生率、高影响力的风险(如建筑物的损失或人员的死亡等)。因此,通常的惯例是:承包商对PFI设施投保,再将投保的费用转嫁给公共部门。① 此种做法基于以下假设:

- 风险应由擅长管理风险的一方来承担。在PF2模式下,承包商负责设计、融资、建筑、修理及重建(如果破损的话)。采购部门仅需为被提供的服务付费。因此,防范中断服务的风险自然落在承包商这里
- 贷款人要求对其投资的设施投保;贷款人需要的主要保险是应对原材料损失及业务中断的保险

6.11　自2006年起,PFI合同要求对保险实行标准化起草,并且公共部门和私营部门共同承担运营过程中保险加价的风险。根据这一规定,施工阶段的保险在财务结算时予以定价及确定;运营阶段的保险在财务模式确定时予以估算及定价(当市场的保费涨价幅度超过30%时,采购部门承担85%的保费加价风险)。如图6.A所示:

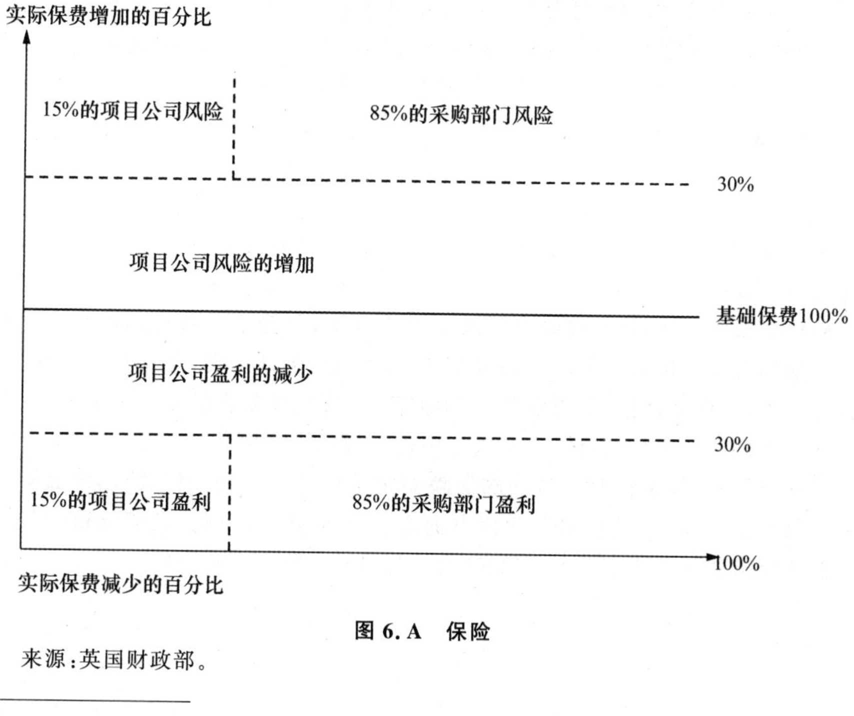

实际保费增加的百分比

| 15%的项目公司风险 | 85%的采购部门风险 | 30% |

项目公司风险的增加

基础保费100%

项目公司盈利的减少

| 15%的项目公司盈利 | 85%的采购部门盈利 | 30% |

实际保费减少的百分比　　　　　　　　　　　　　　　　100%

图6.A　保险

来源:英国财政部。

---

① 承包商估算的保险费用包含在财务模式的成本中,反映在每月统一支付的费用中.

提高保险安排的物有所值

6.12 政府认为,以前安排保险的模式还可以进一步改善,尤其是项目运营阶段的保险还可以更好地实现物有所值。公共部门在保险费用呈现市场变化的风险中可以承担更多的风险,这样承包商就无须为应对风险而提高储备金。另外也可以为平衡项目运营阶段的某些风险实施一些改革,允许采购部门接管这些风险,而不是由承包商在市场上对这些风险投保。

在市场变化的风险中承担更大份额以减少储备金费用

6.13 采购部门可以根据自由意愿改变有关保费上涨风险分配的标准,可以选择在保费涨幅超过5%到30%之间的区间内承担主要风险(而不是目前规定的涨幅超过30%才承担主要风险)。这将降低承包商为应对保费上涨而留存的应急储备金额度。

采购部门自行承担某些风险

6.14 对那些具有特定风险特征的项目,PF2将尝试一种新的方法,由采购部门单独接管某些风险,而不是要求承包商在市场上为这些风险投保。对项目运营阶段的原材料损失风险及业务中断风险将采用此种办法(但此方法不适用于第三方及其他保险)。这确实会影响到合同中风险分配的平衡,因此仅适用于有如下风险特征的项目:

- 资产基地分散的项目
- 单一灾难索赔风险发生率低的项目
- 在危险情况下使用的特殊资产项目,如某些国防部的资产项目(交给市场反而体现不出效率)

6.15 众所周知,地方政府由于缺少资金来源,只希望采取灾难性损害风险极少发生的损失赔偿模式。道路项目及房产项目归属于这一类,尤其是道路项目,损失程度较小、可预见性强、损害赔偿的回收率高(从招致损害的第三方处)。即使有国家项目资助的政府部门可能也希望考虑这一做法。

6.16 然而,如果将PF2合同的保险安排采用这种损失赔偿模式,那么在风险管理、监管、签订合同,以及物有所值方面都会非常复杂,因此,只能尝试着摸索前行。有关保险的详细规定请参见《PF2合同标准化》第十七章。

第七章 效率及物有所值

> PF2将为公共部门及纳税人提高物有所值,为实现这一目标采取了以下改革措施:
> - 公共部门将参与今后项目的股权投资,以确保更准确的目标定位、更强的透明度,以及更大程度的物有所值
> - 优化采购流程,以实现快捷交付,保证采购同过去相比周期短、成本低,提高公共部门的采购能力
> - 通过剥离软性设施管理服务以实现灵活的服务供给方式,同时公共部门对小型维修工作有自主决策权
> - 以公开、透明的方式处理项目周期资金。同时,建立收益共享机制分享项目周期资金的盈余
> - 在不影响将风险转移给私营部门的前提下,提高政府给项目拨发补助金的额度
> - 鼓励评估及利用多种债权融资渠道,以获得可以偿付的、物有所值的长期债权融资
>
> 政府于2011年7月承诺,为英格兰已运营的PFI项目实现15亿英镑的节约款:
> - 签约部门汇报已实现了承诺的15亿英镑节约款,并另有10亿英镑的节约款项正在洽谈中
> - 通过对现有项目的审核获取了宝贵的经验,这些包括透明度及有效管理合同等方面的经验将被应用到新的PF2政策中
>
> 除PF2外,还有其他多种签约方式。不同的签约方式决定了公共部门和私营部门在分配设计、建筑、融资、资产维护及运行责任时可能采用不同于PF2的模式。对不同的签约方式在物有所值方面的评估需要对其统一进行对比。政府将调整当前的物有所值评估标准,调整后的应用指南将于2013年春季发布。

7.1 PF2将为公共部门及纳税人实现物有所值,这是本次改革的宗旨。本政策性文件规定了以下具体的改革措施:
- 公共部门将参与今后项目的股权投资,以确保更准确的目标定位、更好的合作、更强的透明度,以及整体上更大程度的物有所值;
- 精简采购流程,以实现快捷交付,保证采购同过去相比周期短、成本低,提高

公共部门的采购能力
- 将软性服务从 PF2 合同中剥离，以实现灵活的服务供给。同时，确保公共部门可以开展某些小型维修工作
- 以公开、透明的方式处理项目周期资金。同时，建立收益共享机制分享项目周期资金的盈余
- 在不影响将风险转移给私营部门的前提下，显著提高政府拨给项目的补助金额度。加强物有所值及偿付能力
- 鼓励评估及利用包括政府债券及私募债券在内的多种债权融资渠道，以获得适合长期项目合同的可以偿付的、物有所值的长期债权融资

7.2 鉴于当前项目采用的模式不同，除了逐步解决 PFI 引发的问题，还要将之前项目得到的经验应用到今后项目的政策制定中，这一点尤为重要。

从已运营 PFI 项目中实现的效率及节约

《PFI 已运营项目节约方案》

7.3 如前所述，政府于 2011 年 7 月承诺，为英格兰已运营的 PFI 项目实现 15 亿英镑的节约款。

7.4 该方案着眼于效率、透明及增长，其总体目标是：
- 提高效率及物有所值。具体做法：通过审核英格兰的私人融资合同实现效益最大化；同时，商务司司长向财政部承诺至少节约 15 亿英镑的款项
- 提高绩效。具体做法：找到优秀范例，将其带入市场以提高交付；同时，使这种优秀做法与 PF2 模式相融合，以此促进今后基础设施项目的高效交付并推动经济的增长
- 改善合作关系。具体做法：建立一个双方自愿的行为准则，合同双方根据此行为准则制定基本规则，由此增强双方的透明度、增进对彼此的了解、改善自身的行为等，从而在长期合约中形成一种有效的合作关系

7.5 该方案包含 700 多项已运营的项目，大约还有 2000 多亿英镑的收入。这些合同分散在整个公共部门，其中 75% 以上归地方政府及英国国家医疗服务体系基金会所有。

7.6 财政部内部成立了一个领导小组，协调从事独立项目的各个部门之间的工作，设定一个总的方向，提供指南，促进跨部门间的交流。该小组的工作是确保所有项目均能享受到政府的全力支持，均能借鉴到以往项目的宝贵经验。

7.7 政府希望所有签约部门都对其项目开展全面的审核，从以下方面找到提高效率及实现节约的潜在可能：
- 在合同条款上
- 在合同管理上

- 在融资上
- 在运营服务要素上(服务范围)
- 在非运营服务要素上(如保险)

目前的进展

7.8 正如签约部门所汇报的那样,目前已实现了承诺的15亿英镑节约款,并另有10亿英镑的节约款项正在洽谈中。合同双方根据以往在这一管理方式下实现的节约,于2011年7月签署了具体的节约事宜。与此同时,由于专业采购机构对地方项目在签约前阶段的参与及支持,避免了大量成本的投入。

7.9 这些节约得益于公共部门对一百多份合同所开展的审核。15个项目已经实施了全面审核,60多个项目刚刚启动或正处于规划中。其中2/3的项目来自中央政府,1/3的项目来自地方政府。已完成审核及拟进行审核的项目约占项目总和的10%,约占后期统一支付金额的30%。

7.10 这些节约的实现并没有减少对主要服务的提供。所节约的资金由签约部门留存,以促进对重要服务的持续高质量交付。

7.11 该方案总的节约金额总体反映了合同价格随时间变化的指数,须满足以下标准:
- 考虑到可能发生的任何风险,以实际净成本来计算
- 显示当前收益或近期收益(现金、折扣价格或相关可量化的收益),以此证明交付费用的必要性
- 从长远角度体现物有所值

表7.A 实现高效节约的范例

以下几种途径可以实现效率及节约: 重新商议合同范围,通过: • 取消不再需要的服务 • 降低过高的性能指标 • 改变原定的维修方式 • 取消不再需要的合同 调整风险分配,通过: • 收回能源损耗风险 • 把交接状况的要求降至合理水平 • 共享保费降价后的余款 提高效率,通过: • 增加建筑物的使用率 • 通过技术的改进来提高能效 • 利用政府购买力来降低公共事业成本及损耗成本

(续表)

> - 将同一供应商的合同合并为一个,以降低管理成本,引入规模经济
>
> 减少浪费,通过:
> - 避免工作时间外的加班
> - 调整工作流程,减少不必要的行政支出
> - 封存不使用的设施
> - 对使用不足的资产寻找其他使用途径
> - 减少采用通货膨胀机制,因其不能反映实际成本增长
>
> 避免额外成本,通过:
> - 更好的合同管理,以减少不必要的服务变更
> - 简化流程,减少因变更而产生的收费

7.12 现阶段,主要的节约都来自于大型的中央政府合同。随着前几批项目审核带来的益处,更多的地方项目将开展审核。尽管地方项目潜在的节约金额不可能像那些大型合同的节约金额那么多,但是在当前的经济环境中节约绝对是值得和必要的。

7.13 迄今为止表明,所有签约方的承诺参与有利于更好地实现高效节约。具备一定商业能力及专长的员工是实现高效率的关键。此外,应该调整合作关系、改善自身行为,一些合同就因为这两者的处理不当而难以实现物有所值。上述各点对公共部门与私营部门同样适用。无论是为合同双方提高服务的成本效益还是为纳税人提高收益,改革都是不可或缺的。

7.14 提高合作关系的一个关键要素是建立一个自愿的行为准则。以此合同双方制定一些视为承诺性质的基本原则,以建设性及合作性的态度增强双方的透明度、增进对彼此的了解。

7.15 与私营部门的初步合作表明了对这样一个行为准则的需要以及签署一些原则性规定的普遍意愿。私营部门对拟签订协议的数据共享程度表示担忧,私营部门可能要承担不必要的负担,增加不必要的成本。

7.16 政府致力于行为准则的建立,这将有助于改善包括合同双方透明度等多个方面的行为。政府正在起草一个建立行为准则的讨论稿,旨在消除风险的同时还能实现总体目标。

7.17 政府计划在本财政年度结束前于财政部网站上推出这一行为准则,并附上定期更新的签署者名单。

选择正确的交付路径

PFI 过去的经验

7.18 审核 PFI 的主要目的是为了确保今后项目的物有所值。PFI 被广泛应用于各类项目,从学校、医院等住房类项目到诸如垃圾管理、军事装备等更为复杂的项目。丰富的项目经验使得政府越来越清楚私人融资最适合在哪些领域发挥作用。

7.19 许多为 PFI 制定的适用性标准将继续予以适用并视为项目评估环节的一部分。例如,制定长远规划、明确在整个合约期内都需要基础设施及服务,这两点将继续作为重要的考虑因素。无论采用何种融资方式,对资产进行投资的决策都是至关重要的。而解除一个长期私人融资合同的费用要远高于解除一个传统采购合同的费用,因此,在最初的投资决策中需要尤为慎重的考虑。近期经验表明在其他方面也需要谨慎行事,例如,实践中我们发现项目可能变得过于庞大和复杂以至于私营部门难以承担项目中固有的风险。

表 7. B 适合采用 PF2 模式的项目特征

适合采用 PF2 模式的项目具备以下特征:
- 有重大资本投资需求,需要在建筑及交付方面进行有效的风险管理
- 具备稳定的政策环境及长远的规划视野,关于在整个合约期内一直需要基础设施及服务这一点有很大程度的把握
- 根据需求的性质,公共部门将其需求定义为服务输出,即通过签约可以确保公共服务在长期内获得有效的交付。由此,公共部门与私营部门可以明确界定及实施风险分配
- 可以估算出资产、服务及相关风险的长期成本
- 技术更新缓慢——高信息技术类项目不符合 PF2 模式对稳定性的要求
- 资本投资超过五千万英镑——资本投入较小的项目很难证明投入采购成本及管理成本的必要性
- 项目不至于太大、太过复杂,否则私营部门难以承担转移给它的风险

不同的签约方式

7.20 政府一直认为 PFI 只能应用于物有所值的项目中。然而,对签约方式是否物有所值的评估是具有相对性的,需要通过辨识、定义、估计、比较等对比不同的选择方式及预期结果。

7.21 在整个项目周期的不同阶段都要对物有所值进行评估。在项目评估的早期阶段,需要对不同交付方式所可能产生的成本及绩效进行大量的估算。这时参考以往的例子是非常重要的,通过类似的项目能够得出一个结果或数据;而从不同的交付方式中评价出哪一个方式相对更具有物有所值则不可避免地需要一定程度的判断力,尤其在评估环节的早期阶段。

7.22 相对于PF2模式下公共部门与私营部门在设计、建筑、融资、资产维护、运营责任等的分配,还有多种其他签约方式采用完全不同的模式。其中包括总承包、设计及施工、机构租赁、合资经营、战略伙伴关系、特许权经营,以及联合经营等。此外,政府也积极支持诸如员工发起的互惠组织、社会或慈善机构组建的企业等新型模式,以此作为政府将公共服务现代化的一部分。这一方面增加了现有交付模式的选择,另一方面也增加了项目评估及商讨不同模式的复杂度。政府的总方针只有一个——实现物有所值。

签约模式的评估

7.23 与整个中央政府的评估做法相同,关于何时采用PF2模式的决策需要遵守绿皮书上制定的原则。[①] 企划案应该包含两种或两种以上可行的交付模式,并对每种模式的优缺点进行客观评价。最终签约模式的选择将由项目具体的定性及定量评估来决定。由于从不同的签约模式中决策出哪一个模式相对更具有物有所值必然会运用到判断力,因此,对物有所值的判断应该采用清晰透明的方式。采购部门需要清楚地界定不同签约模式的对比评价。

7.24 PF2与其他签约模式是相互补充的关系,在评估时应给予与其他模式同等的考虑,而不是更多的考虑。PFI有独立的评估方法和指南,因为同其他模式相比较,PFI模式要相对复杂许多,结果造成PFI模式拥有大量的指南,而其他模式却没有。

7.25 尽管政府项目指南上明确规定对所有项目交付的合理模式予以同等考虑,但是PFI独立且具体的评估指南往往使评估人对PFI项目深入评估,但对其他可行的模式却评估不足。此外,由于PFI信用评级制度[②]的存在,这是为PFI模式而不是其他交付模式的专项拨款,进一步加剧了这种做法。因为预算激励措施的刺激,采购部门都愿意采用PFI模式。由此,政府于2010年秋季取消了PFI信用评级制度,为各类公共采购营造了公平竞争的环境,确保采购部门均衡考虑所有合理的签约模式以满足自身的需要。

采购路径

7.26 政府同基础设施的代理人、企业及学者一起为主要商业类基础设施项目的交付制定了"基础设施采购路径",将于2013年1月发布。在此基础上,为了弥补项目评估做法中的缺陷,政府将调整当前的物有所值评估标准指南[③],使更多的签

[①] 参见财政部:《绿皮书》,2003。
[②] 在PFI信用评级制度下,希望开展PFI地方政府项目的部门在开支审查中被予以信用评级,信用级别代表着资本总额,即一个项目的投资额。
[③] 参见财政部:《物有所值评估指南》,2006。

约模式都能应用这一指南。

7.27 调整后的物有所值指南将规定以下内容:包括PF2在内的不同签约模式的合同起草结构,解释可能的交付方式、这些交付方式如何运作、何时采用哪些交付方式最为理想等。这将帮助采购部门更好地了解具体项目的风险特征,以及私营部门如何参与才能更为有效,从而使采购部门作出明智的决策。调整后的指南将于2013年春季发布。

定量分析的作用

7.28 定量评估是综合考虑如何交付项目的一个重要部分。每一个签约模式都应该使用数据将成本尽可能准确地估算出来。当输入存在变量,或输入的变量对输出值产生的影响过大时,一方面要加强对这些数据的把握,另一方面要进行适当的敏感性分析及情况分析。

7.29 目前对PFI的评估方法采用的是以定性评估(可操作性、可实现性、意愿性)为基础的情况下加入定量评估。这一做法旨在将定量评估看作对物有所值进行整体判断的一部分,而不是决定成败的唯一标准;定量评估和定性评估都不应该单独采用。国家审计署曾表示出当前对融资模式评估[1]给予太多重视这一现象的担忧,其指出融资评估只是签约模式整体评估的一部分,并极力阻止评估人对准确度的过于苛求。

7.30 上届政府为解决上述问题开发了一个简单的定量评估工具,该工具体现了一个更为恰当的定量评估方法。开发这一工具的目的是,只要认为其他模式能实现物有所值,在项目筹划阶段就允许选择其他交付模式。然而在实践中,定量评估工具更多地促使了采购部门去比较PFI模式和传统采购模式,尤其是不能交付的传统采购模式的区别,而不是去考虑各种不同的签约模式。而且多数情况下,由于对定性评估的重视不足,定量评估常被看作决定成败的唯一标准。

7.31 进行物有所值评估的定量评估工具[2]将于2012年12月5日正式停用。采购部门将根据绿皮书的原则继续采用适当的定量评估,同时需要深入考虑影响签约路径选择的定性因素。有关如何应用绿皮书上的原则为项目选择签约模式,以及如何处理一个项目在经济及商业上的关系等进一步的指导,将出现在调整后的物有所值指南中。

未来的应用

7.32 第一个明确将采用PF2模式的项目是由私营部门融资17.5亿英镑的重

---

[1] 参见国家审计署:《私人融资项目》,2009年10月。
[2] 参见财政部:《物有所值定量评估工具》,2011年12月,http://www.hm-treasury.gov.uk/infrastructure_ppp_vfm.htm。

点学校建设项目。在这个项目中财政部与教育部密切合作,共同推进 PF2 的发展。

7.33 此外,财政部正在同国防部商讨确定实施基本战略及基础设施投资计划,以使其更具成本效益,满足未来 2020 年部队的需求。双方正在研究在这项包括建筑及维护的投资计划中有多少具体项目可以通过 PF2 的模式交付。

7.34 在医疗部门,桑德韦尔及西伯明翰医院的英国国家医疗服务体系基金项目正在同卫生部合作,共同评估 PF2 模式在重大投资项目中的可行性,以此从多方面加强医疗服务并重组医院及社区的设施。

7.35 当前对 PF2 规划的重点集中在住房项目上,这也是 PFI 改革的主要关注点。政府希望所有可行的项目都能利用 PF2 模式的优势。期望财政部同各部门合作,共同评估那些未来可能适用 PF2 模式的项目。

第八章 后续债权融资

政府致力于对长期项目采用长期融资的方式。

长期银行债务市场持续受限。基础设施项目长期借贷的成本大幅上涨,得到银行长期借贷的可能性却显著降低。尽管银行继续提供短期借贷,但政府认为对于政府支持的项目而言,再融资的风险反映不出物有所值。PF2 将:

- 保持私人融资项目尽职调查的优势,让其从更广泛的长期债权及股权融资渠道中寻找资金
- 让银行在 PF2 项目的融资中发挥主要的作用,无论是通过长期借贷还是通过产品以支持机构投资,包括提供工程担保及使信用增级的中间服务等
- 促进对一系列债权融资渠道的评估及利用,包括政府债券、私募债券、商业银行借贷及多边债务产品等

出借人角色在项目中的优势

8.1 出借人一直在 PFI 项目的尽职调查上发挥着重要作用。如果绩效不佳,债权投资可能会有潜在的损失。例如,如果一个项目在施工时中断,或者不符合运营性能标准,政府将扣除全部或部分的项目统一支付费用。出借人的收益是有上限的,因为在项目伊始本金的偿还及利息的支付就是固定的。同时:

- 出借人对风险持谨慎的态度,在合同签约前,会确保风险的有效缓解及分配。采用严肃的态度处理尽责调查报告中反映的问题
- 出借人在项目施工及运营阶段也发挥着重要的作用:监督项目性能,及时解决产生的问题

• 出借人是项目投资人和公共部门代理人之间的纽带。在过去的传统采购项目中,公共部门经常面临由于成本超支或项目延期导致的价格上涨等情况。银行在提供企业资金中扮演着重要角色,经常支持与它们有业务关系的承包商。这极大激励了承包商采取迅速行动去解决所有相关的项目性能问题,结果致使公共部门难以看到这些问题的存在。

8.2 这些重要的尽职调查及监督制度有助于促成完善的合同结构,在这种合同结构下基础设施资产项目融资借贷的违约率是极低的。

8.3 尽管出借人提供的尽职调查一直起着重要的作用,但是过去 PFI 项目的高杠杆资本结构[①]往往限制了运营项目的灵活性。高杠杆的项目结构往往给投标人带来了竞争压力,不得不向公共采购部门收取较低的统一支付费用。[②] 然而,为债务还本付息却产生了高比例的固定支付费用,留给股权的空间极小,难以回应公共部门的需求。

8.4 PF2 将保留私营部门对整个项目实施尽职调查的制度,同时将努力增加灵活性。这将进一步在 8.16 到 8.19 中予以分析,但是,在 PFI 项目债权融资渠道的简要发展历程中提到这点是很重要的,这解释了为什么市场环境为新型债权投资及股权投资提供了机会。

全球债务市场状况

8.5 2008 年以前,英国及其他国家的 PFI 或 PPP 项目都处于一个活跃的债券市场中,提供着固定的、与通货膨胀挂钩的债务。这些债券得益于担保[③],或者称为"包装",由一家或多家专业信用保险公司提供。债券投资人根据专业信用保险公司的信用评级投资那些高信用的 AAA 产品,专业信用保险公司承担项目风险,并为此收取一定的费用。

8.6 项目债券提供了一个替代银行借贷的融资渠道,这一竞争压低了债权的定价。一段时期内,在项目施工及运营过程中银行借贷的利润及债券的息票(包括信用公司的担保费)往往在 1‰ 左右,甚至更低。

8.7 专业信用保险公司也提供其他现金流的担保,包括抵押贷款证券化及其他贷款抵押债券。2007 年债务市场发生了"信贷危机",引发原因是"次级"抵押贷款的拖欠。这些损失曝光后导致了活跃在欧洲项目融资市场的专业信用保险公司[④]全部降级或撤销评级。随着专业信用公司的信用受损,投资者不再对专业信用公司所包装项目的债券投资。

---

① 债务与股份的比率超过了 90:10。
② 由于合同支付机制及子合同的安排,项目得以形成高杠杆比率。
③ 担保债券到期后支付利息及本金。
④ 仅一家专业信用保险公司的评级高于 BBB+。

8.8 自从专业信用行业衰退后,PFI 项目就主要依赖银行借贷市场为其提供长期债权融资。金融危机爆发后,银行根据对资产信贷质量的了解继续给 PFI 项目发放贷款,但是上涨了贷款利润率,这也反映了银行间市场借贷成本的上涨。2009年下半年贷款利润率基本稳定在 2.5%,2010 年贷款利润率甚至开始下滑,随后欧元区主权债务危机爆发,全球经济的衰退对债务市场产生了极大冲击。为项目筹集私人融资的难度越来越大。

8.9 与此同时,为应对金融危机,全球银行业监管的新标准正在出台,新标准主要集中在银行资本充足率、拨备率、市场流动性等几方面。《巴塞尔协议Ⅲ》将要求银行留出更多的资本以应对那些高风险资产。这一监管要求将直接导致贷款定价的上调,因为银行自身的资金成本将有所上涨。贷款定价上调对长期借贷的冲击尤为严重。另外,很多银行都曾借了短期资金用于长期放贷,结果这些银行由于短期融资成本的大幅上涨而遭受了损失。这些银行的管理层重新评估了长期借贷业务;由于资产减值严重,部分银行的长期借贷业务已完全退出了市场。

8.10 由此,基础设施项目长期借贷的成本大幅上涨,而得到银行长期借贷的可能性却显著降低。一些传统的项目融资银行竟然从市场退出。即使得到了银行的长期贷款,在施工阶段的贷款利润通常也都超出了 3%,而且银行为激励再融资还制定了一个利润浮动机制。这种贷款定价反映的不是项目的实际风险,而是银行自身的长期资金成本。

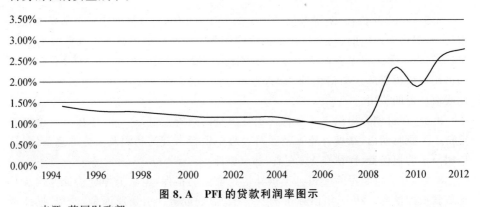

图 8.A　PFI 的贷款利润率图示

来源:英国财政部。

8.11 PFI 项目的资本结构通常处于投资级别的边界(如处于 BBB 范围或 BAA 范围)。一般认为,2008 年以前的贷款定价实际上低于项目风险,因此纳税人在那段时间从 PFI 项目上获得了较高程度的物有所值。希望贷款定价回到 2008 年以前的水平是不切实际的,政府唯一希望的是定价可以反映出项目的实际风险而不是反映了银行的资金成本。

政府的干预

8.12 政府已采取一系列措施对这些情况作出了积极的回应,以确保项目能以可偿付的价格筹到资金而不至于延期。表8.A列出了政府的新举措。

表 8.A 政府促进基础设施交付的新举措

- 英国担保计划避免了国家重要基础设施项目因信用不足而延期。担保适用于那些符合财政部标准的基础设施项目,包括国家重大的、进入施工阶段的、财务可靠的,需要担保方能继续下去的,需要为纳税人实现物有所值的项目
- 共同贷款计划为PFI项目提供了资金,与其他出借人一样按照商事条款提供贷款,以缓解市场的产能不足
- 对PFI项目增加出资额,在施工期内分阶段进行,以减少融资成本并缓解债务市场的产能不足。几个项目在采购中已经证实了这一点
- 与日本国际合作银行签订了谅解备忘录,以增加对基础设施项目的投资,进一步发展及深化英国与日本的经济关系。日本国际合作银行已经投资了城际特快列车项目,并承诺投资包括海上风力发电等可再生能源项目
- 注资30亿英镑的绿色投资银行已成立,以鼓励民间投资的进入,缓解绿色基础设施项目的市场失灵。绿色投资银行已经参与到了大量项目中来
- 政府还通过保险公司的基础设施投资论坛与英国保险协会合作,以了解及解决这个投资群体所面临的问题
- 住房保障项目对社会住房及低价的民间租住部门提供了修建新房屋的援助,为建筑行业提供了大力支持,有助于满足住房的需求
- 国家养老金协会(NAPF)与养老金保护基金(PPF)于2011年共同签署了开创养老金投资平台(PIP)的谅解备忘录。这是鼓励私人融资进入英国基础设施计划的一部分。七家英国最大的养老基金已经与养老金投资平台签约了,后者将于2013年上半年正式启动
- 政府提议将英国地方政府的养老基金通过有限合伙企业投资的数额翻倍(从15%提高到30%),以确保主要基础设施项目获得更多投资,释放额外资金用于住房、公路及高速铁路等项目

8.13 然而,很多举措都是有时间限制的,因此,PF2需要一个坚实的基础以形成长期可持续发展的融资模式。

8.14 银行继续对融资项目提供短期借贷方案,该短期借贷方案包含"柔性"[①]及"硬性"[②]选择。政府出于以下考虑认为短期的银行借贷不适用于今后的项目:

- 预算上的不确定性,由于公共部门承担再融资风险,并且面临因融资成本不确定而可能导致的偿付能力问题
- 将市场风险(市场利率的一般性变化)从绩效风险(由于项目绩效导致的利

---

① "柔性"选择是指尽管利益浮动机制对再融资给予极大激励,但还是可以签署较长时间的贷款合同,并可以提前还款。

② "硬性"选择是指贷款合同有效期较短,需要进行再融资。

率变化)中分开的复杂性
- 私营部门大都不愿意承担此类风险,即使承担了风险也会换取高额风险溢价,由此引发不当盈利的可能
- 对出借人贯穿项目始末的尽职调查可能产生负面影响
- 项目伊始希望最大程度地利用长期融资渠道投资的意愿

8.15 PF2 尽力解决项目灵活性问题及融资引发的股本问题,同时,PF2 对不良债务市场状况提出解决措施,并吸引机构投资者对英国基础设施项目长期投资,以下将予以详细介绍。

PF2 的融资

8.16 PF2 将保留私营部门的制度,采用完善的方法对整个项目进行尽职调查。鉴于银行提供长期贷款的有限性,PF2 将使项目采用其他长期的债权融资渠道。

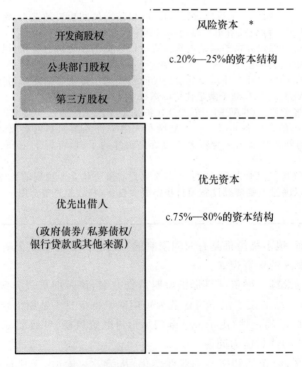

* 包含夹层融资为优先债提供信用增值

图 8.B 项目公司资本结构

来源:英国财政部。

公私合作的新指引

8.17 PF2也旨在扩宽股权融资渠道,鼓励长期投资者,如养老基金,在项目早期阶段进行投资。中标人确立后将实行股权竞价以吸引这些长期投资者。股权竞价有可能降低股权收益率,减少私营部门的总成本。(详见第二章)

8.18 于项目之初支持长期投资者介入的另一个主要目的是减少二级市场交易的数量及规模。二级市场交易获取的过高股权收益引发了众多批评,政府正采取措施降低股权产生不当巨额收益的可能性。(详见第二章)。

8.19 尽管私人融资将持续作为PF2项目融资的主要来源,但政府也希望可以通过公共部门的股权投资来加强项目的物有所值。公共部门的股权介入将使项目的目标更为统一,公私合作更为有效,从整体上为公共部门更好地实现物有所值。(详见第二章)

采用更广泛的债权融资

8.20 为应对全球债务市场情况的变化,政府鼓励采用更广泛的债权融资渠道,从而在满足成本效益的前提下获得长期债务。因此,PF2的资本结构使其有利于进入资本市场,吸引机构投资者或其他长期债权融资渠道。公共及私有资本市场内都存在着大量投资者,他们愿意向风险较低的基础设施资产投资。资本市场与包括传统银行借贷在内的其他融资渠道的竞争形成了极大的市场容量,这将降低项目的债务成本。

8.21 政府已与机构投资者、银行、信用评级机构及欧洲投资银行直接接洽,共同评估那些可用于基础设施交付、提供信用需求及能够满足投资人需要的其他融资方式。

机构投资者

8.22 因此,PF2项目预期将利用银行借贷以外的其他债权融资渠道。项目招标阶段将要求投标者制订一份长期的融资方案,在这份融资方案中银行贷款仅占总融资需要的较小比重。由此,机构投资者将有望成为PF2的主要融资来源。

8.23 机构投资者在应对融资挑战时面临一系列问题,如下:

• 资源和专业知识——过去机构投资者对没有获得专业信用保险公司担保的PFI项目提供的债务较少,以至于缺乏评估项目风险的必要技能

• 施工风险——一些投资者已经规避了不成熟的施工风险。然而,较低的项目违约率及优化收益率的吸引使投资者正在改变态度,当有恰当的施工支持一揽子计划予以安排来缓解风险时,投资者可以考虑承担施工风险

• 保险业偿付能力监管标准二级——与《巴塞尔协议Ⅲ》要求银行留出更多的资本以应对那些高风险资产如出一辙,保险业随着欧洲委员会保险业偿付能力监管标准二级指令的即将实施将会面临同样的挑战。信贷质量较低的长期借贷将吸引较高的资本需求。为了减少所需资本及避免向借款人收取难以承受的高利率,当前

的项目同过去的 PFI 项目相比,需要达到一个更高的信贷质量

8.24 为了刺激在与基础设施相关的资本市场中机构投资者的发行需求,项目预期将实行信用评级,范围在 A－到 BBB＋之间。为了达到评级标准,需要将信用增级。信用增级的手段包括排除外部原因后的资本结构变化、增加承包商的支持、对项目通常风险分配方式的改变。此外,夹层债务及担保也能提供信用增级,有助于长期优先债的筹集。政府了解到一些私营部门的计划,并支持其继续发展。

8.25 政府已与包括评级机构、机构投资者及银行在内的金融机构共同合作,了解项目评级的主要因素。政府发现不同的投资者及评级机构对项目施工及运营中是否存在重大风险有不同的观点。因此,为解决施工及运营的风险问题,将为项目配置额外风险资本以应对项目风险及项目资金流的波动。政府认为,PF2 模式下的标准住房类项目将需要约 20%—25% 的风险资本;其他具有额外风险的项目将需要更高比例的风险资本。风险资本可由股权、次级债或其他融资工具以组合的形式提供,用以保护优先出借人。

8.26 政府希望随着 PF2 市场的成熟,更多的投资者因为完善的合同结构和显著的项目成功率而愿意投资这类资产,债务成本将会进一步降低。

欧洲投资银行

8.27 自 2000 年起,欧洲投资银行已签署了总值六十多亿英镑的融资合同用于英国的公私合作项目及融资项目。这对英国的投资及经济发展起到了极大的作用。欧洲投资银行在英国的投资范围极广,从高速公路、铁路,到垃圾处理、能源、学校、医院及大学等都有涉及。一些具体的例子包括修建及扩建码头轻轨项目、横贯铁路的施工项目、布里斯托和伯明翰新建医院及大学设施的施工项目,以及近期的城际特快列车项目等。

8.28 欧洲投资银行为促进基础设施的交付提供了若干产品,包括直接贷款、间接贷款、担保、信用增值服务、发展补助金等。这些产品都以低利率提供[1],使项目符合政府偿付能力的需求。因此,政府鼓励项目发起人在 PF2 项目中持续利用欧洲投资银行的资金。

商业银行

8.29 如上所述,多数项目融资银行已经从长期借贷业务中退出或以高利率提供贷款以弥补自身的资金成本。由此,PF2 鼓励对其他债权融资渠道的利用。尽管如此,银行在 PF2 项目中仍起到一定的作用,在某些情况下其作用需要针对不同的产品来看待。

8.30 一些银行由于其融资策略或原籍国的相关规定仍能以可偿付的利率提供长期融资。在这种情况下,我们希望银行的借贷产品仍然能够促使其他融资方案

---

[1] 反映了欧洲投资银行有能力以比商业银行低的利率为自身融资。

的健康竞争。如果银行今后的资金成本降低,银行选择重新进入长期借贷市场,我们也对此表示期待。

8.31 银行及其他融资机构已着手制订其他提案,用以支持可以补充机构投资的其他基础设施融资。包括:
- 一些投资者仍不愿承担的施工风险及其他担保
- 提高优先债信贷质量的中间服务
- 短期的营运资本或过渡性贷款
- 核对债权人及受托人身份,机构投资者看重银行在这方面的工作经验

8.32 政府支持对上述及其他产品的开发,持续鼓励不同融资方案以提高基础设施交付及融资的效率。

出资额

8.33 在以前的 PFI 模式下,采购部门将出资额限定在项目成本的 30%,于施工结束时认缴。通过对 PFI 的审核,政府将考虑增加出资额,并将批准于施工期间的各主要阶段予以认缴,条件是出资额的认缴不得打破风险转移的平衡,保持对项目发起人及出借人的激励政策。实现项目的物有所值。

8.34 增加出资额将降低对债权融资的需求,缓解市场的产能不足,并提供更多的竞争性定价。在施工阶段认缴出资额则不再需要短期的银行过渡性贷款,也避免了相关的融资费用。上述措施将降低总的项目统一支付费用,使项目更为经济。详细信息参见《PF2 合同标准化》第二十一章。

8.35 近期几个项目已被批准予以增加出资额并在施工阶段认缴。

后续融资结构

8.36 政府认识到融资结构会随着时间的变化而变化,因为后续会出现新型投资者,从而产生新的融资渠道。养老基金行业愿意投入大量资金以拥有及管理英国基础设施资产,以此获得长期稳定的收益来支付即将到期的债务。

8.37 部分养老基金已表示将优先考虑资本结构中的低水平债务,以降低融资风险。基于这类投资者的股权收益需求,此举将有可能降低总的融资成本,为纳税人实现更高的价值。

8.38 政府致力于降低总的融资成本,为长期项目选择长期融资。政府愿意同养老基金、基础设施基金及其他金融投资者合作,这种全方位的交付方式将实现今后基础设施投资的目标。

附录1　意见征询反馈汇总(略)
附录2　参与意见征询调查者名单(略)

(潘立春　译)

法国

目次

关于公共合同的法令

2015 年 7 月 23 日第 2015—899 号

序

第一条

Ⅰ. 适用本法令的公共合同要遵守公共采购自由竞争、对于竞标者平等对待和程序透明的原则。

这些原则可以保证公共采购的效率和公共资金的良好使用。

Ⅱ. 对于有关国防和安全的公共合同，Ⅰ. 中所阐述的原则也以保障欧盟的工业基础和防卫技术为目标。

第二条

Ⅰ. 对于来自在世界贸易组织框架下签署公共合同协定的国家的或者来自签署了其他有欧盟加入的有关公共合同的同类国际协定的国家的经济运营商、工程、供货以及服务，在该类协定范围内，购买者应保障给予其与对来自欧盟的经济运营商、工程、供货以及服务平等的对待。

在其他情形下，购买者可以在咨询文件中引入一些标准或者限制，这些标准或限制围绕建议方案中所包含的工程、供货以及服务部分或全部的产地或者要约中被授权的经营者的国籍提出。本条款的具体适用方式在必要时可通过法令进行细化。

Ⅱ. 有关国防和安全领域的公共合同需要与欧盟成员国的经济运营商签署，不适用有关公共合同协定或者欧盟加入的其他同类国际协定。

然而，购买者可以根据具体情形，授权欧盟成员国之外的第三国经济运营商参与有关国防和安全领域的公共合同的签署程序。

购买者在决定时尤其要考虑有关信息和原材料安全的必然要求、国家国防及安全利益的维护、欧盟防御工业和技术的发展利益、可持续的发展目标、互惠互利的获得和要求。

Ⅲ. 为适用本法令，欧洲经济共同体中不属于欧盟成员国的国家被与欧盟成员国同等对待。

第三条
公法法人之间签署的属于本法令调整范围的公共合同属于行政合同。

第一部分 一般条款

第一编 适用范围

第一章 适用本法令的公共合同与购买者

第一节 公共合同的定义

第四条
适用本法令的公共合同是指符合以下条件的合同和框架性协议。

这类合同是指适用本法令的一个或者多个购买者为满足其在工程、供货和服务方面的需求而与一个或多个经济运营商签署的合同。

框架性协议是指适用本法令的一个或者多个购买者与一个或多个经济运营商签署的合同,旨在确认订单中的具体需求及后续签署正式合同的具体期限,特别是对商品价格以及必要情形下对于预计的数量进行确认。

本法令第六十七条所定义的伙伴关系合同属于本条款规定的公共合同范围。

第五条
Ⅰ. 工程类的公共合同具有如下目标:

1° 工程的执行或者工程的计划与执行,其名单被公布在法兰西共和国的官方报纸上。

2° 工程的实施或者工程的计划与实施,无论运用何种方式,该工程旨在满足购买者所确定的需求,该需求对于工程的性质和计划具有决定性的影响。

工程是指为了发挥其本身的经济和技术功能而进行的建筑施工或者土木工程活动。

Ⅱ. 供货类公共合同的目标是产品的购买、融资租赁、租赁或者租卖。

供货类公共合同可以附带包括铺设和安装工程。

Ⅲ. 服务类公共合同以实现服务的供给为目标。

Ⅳ. 当某一公共合同的内容同时涉及工程和服务或者供货时,如果其主要目的是实施工程,其性质应当属于工程合同。

当某一公共合同同时以服务和供货为目标时,如果所涉服务的价值超过购买货物的价值,其性质应当属于服务合同。

第六条
有关防卫或安全类的公共合同是由国家或者其非工商业属性的公共机构签署的合同,具有如下目标:

1° 供应用以作为武器、弹药或者战争装备的设备，其中也包括这些设备的备件、零部件或者配件。这些设备因用于军事目的而被特别设计，或者最初按照民事用途设计但其后被调整为军事用途。

2° 供应用以维护安全目的的设备，其中也包括这些设备的备件、零部件或者配件。为了国家安全的利益，这些设备依靠、需要或者包含受到保护或者分级的载体或者信息。

3° 与 1°或者 2°中提及的装备直接相关的工程、供货和服务，其中包括为支持该设备部分或者全部生命周期的成套工具、试用装置或者特殊载体。本条款所指的设备的生命周期，指的是该设备可能遇到的后续状态的整体，尤其是有关研究和开发、工业开发、生产、维修、现代化、更改、维护、后勤、培训、试用、撤回、拆除和淘汰等事项。

4° 用于特定军事目的的工程或者服务或者用于安全目的的工程或者服务，其引入、需要或者包含受到保护或分级的载体或者信息。

第七条

以下合同不属于本法令所指的公共合同：

1° 受本法令调整的购买者之间为了执行有关公共利益的职责而无偿转移管辖权或者责任的合同。

2° 有关 2000 年 4 月 12 日法令第 9-1 条所规定的有关津贴的合同。

3° 劳动合同。

第二节　有关竞争的定义

第八条

竞争是一种选择模式。在引入竞争和考察评诂专家意见之后，购买者选择其中一项计划或者方案，尤其常见于国土整治、城市规划、建筑布局、系统工程及信息处理等领域。

第三节　受本法令调整的购买者方的定义

第九条

受本法令调整的公共或者私营购买者是指本法令第十条和第十一条分别定义的招标机构或者招标实体。

第十条

招标机构是指：

1° 公法法人。

2° 为了满足社会一般利益而被创设，具有非工商业特征的私法法人，具体包括：

a) 或者其业务活动主要由某一招标机构提供资金；

b) 或者其管理处于某一招标机构的监管之下；

c) 或者其管理机关、领导或者监管机关的一半以上成员是由某一招标机构任命。

3° 由不同招标机构为共同开展业务而创建并具有法人资格的私法组织。

第十一条

招标实体是指：

1° 开展本法令第十二条定义的业务活动之一的招标机构。

2° 当其不属于招标机构时，开展本法令第十二条定义的业务活动之一的公共企业。

所有从事生产或者提供产品或服务等商业活动并具有法人资格的组织，因所有权、参股或者其需要遵守的法令规定的原因，其受到某一或者某些招标机构的直接或者间接的决定性影响的，也属于本法令意义上的公共企业。

当招标机构直接或间接地持有绝大部分资本，并拥有大多数的表决权或者能够任命其管理机构、领导或监管机构一半以上成员时，其影响被视为具有决定性。

3° 对于性质不属于招标机构或者公共企业的私法组织，当其根据法律条文的规定享有某些特殊权利或者排他性权利，从而使其可以从事本法令第十二条规定的网络营销商的业务，并且使其对于其他经济运营商开展该项业务有实质性的影响。

因用以保证一些客观、均衡和非歧视标准的程序所赋予的专营权不属于上面 3° 中所指的特殊权利或者排他性权利。

第四节 网络营销商业务的定义

第十二条

Ⅰ. 本法令所指的网络营销商业务是指：

1° 天然气或者热能的生产、运输或者配送领域，旨在为公众提供服务的固定网络的交付、开发或者供给。

2° 电能的生产、运输或者配送领域，旨在为公众提供服务的固定网络的交付、开发或者供给。

3° 饮用水的生产、运输或者配送领域，旨在为公众提供服务的固定的网络的交付、开发或者供给。

开展上一条款所规定的业务之一且与下列事项有关的招标实体所签署的公共合同也适用上面指出的招标实体所适用的法律规定：

a) 或者有关废水排放或者处理；

b) 或者有关水利工程、灌溉或者排水工程，只要其为供给饮用水所使用的水量超过这些工程所使用的总水量的 20% 以上。

4° 以下列活动为目的的有关地理区域开发的活动：

a) 开采石油或者天然气；

b) 煤矿或者其他固体燃料的勘探或者开采。

5° 以飞机场、海港、河港或者其他航空港的运输装置的组织或者交付为目的的购买。

6° 在铁路运输、有轨电车、无轨电车、公共汽车、大客车、电缆或者所有自动装置领域旨在为公共服务提供网络开发的业务,或者以这些网络开发的组织或者交付为目的的购买。

当有管辖权的国家权力机关或者地方权力机关确定服务的资质的一般条件,尤其是与遵循的路线、可支配的运载能力或者服务的频率有关的条件时,运输服务被视作由一个运输网络提供。

7° 旨在提供《邮政与电信法典》第L.1条规定的邮政服务的业务或者由一个兼营这种邮政服务的招标实体提供的下列服务:

a) 信件服务的管理业务;

b) 非邮政服务的邮寄业务,如不带地址的广告信件。

Ⅱ.本法令所指的网络营销商业务不包括以下业务:

1° 公共企业或者享有特殊或排他性权利的私法组织所经营的旨在为公共服务网络提供煤气和热能供应,在同时满足下面两项条件时:

a) 相关实体从事的天然气或热能生产是其从事的Ⅰ.中所提及的业务之外的业务不可避免的结果;

b) 公共网络的供给仅仅以这些产品的商业开发为目的,并且其不超过该实体当年和过去两年平均营业额的20%。

2° 公共企业或者享有特殊或排他性权利的私法组织所经营的旨在为公众提供服务的供电网络,在同时满足下面两项条件时:

a) 相关实体从事的电能生产对于其从事的Ⅰ.中所提及的业务范围之外的业务而言必不可少;

b) 公共网络供给所用电量不超过该实体当年和过去两年平均产能的30%。

3° 公共企业或者享有特殊或排他性权利的私法组织所经营的旨在为公众提供服务的饮用水供应网络,在同时满足下面两项条件时:

a) 相关实体从事的饮用水生产对于其从事的Ⅰ.中所提及的业务范围之外的业务而言必不可少;

b) 公共网络的供给所用水量不超过该实体当年和过去两年饮用水平均产量的30%。

Ⅲ.本条款所指的网络供应包括生产、批发和零售。

第五节　经济运营商、候选人和竞标人的定义

第十三条

经济运营商是指所有在市场上提供工程实施、产品供应或者服务的所有自然人或法人,不论是公共的还是私营的,或者所有具有或不具有法人资格的集团。

候选人是指主动或者受邀参与到一项公共合同的签署程序的经济运营商。

竞标人是指参与到一项公共合同的签署程序并发出要约的经济运营商。

第二章 被排除的公共市场

第一节 招标权力机构签署的公共合同的例外规定

第十四条

除本法令第十六条所规定的防卫或安全类合同所适用的规则外,本法令不适用于招标权力机构签署的具有下列特征的公共合同:

1° 与受本法令调整的购买者签署的服务类公共合同,在该购买者依据现行某一法律条文享有某项排他性权力,且该法律条文与《欧盟运行条约》相兼容时。

2° 以取得或者租赁土地、现有建筑物或者其他不动产或者与其他财产权为目的签署的服务类公共合同,不论采取何种融资方式。

3° 有关研究和开发的服务类公共合同,其中购买者并不取得这些成果的排他性所有权或者并不为该项服务提供全部资金支持。

相关研究和开发包括所有的基础型研究、应用型研究、实验性开发的总体,包括技术示范演示机型的实施,不包括产品样机、样品、工业工程学、工业设计和生产制作的实现和鉴定。技术示范演示机型是指在一个适当并具有代表性的环境中演示一项新设计或者一项新技术的性能的装置。

4° 有关仲裁或者调解服务的公共合同。

5° 按照一项国际合约规定的程序签署的有关军队驻守的公共合同,其中包括行政协商。

6° 有关铁路或者地铁客运的服务类公共合同。

7° 有关《货币与金融法典》第 L. 211-1 条规定的有价证券或者其他金融工具的发行、购买和出售的金融服务类公共合同,或者有关中央银行提供的服务或有关与欧盟金融稳定基金或者欧盟稳定组织进行交易的金融服务类公共合同。

8° 借款性质的服务类金融合同,不论其是否与7°中所提及的《货币与金融法典》第 L. 211-1 条规定的有价证券或者其他金融工具的发行、购买和出售有关。

9° 当下列合同是由非营利性的组织或者协会负责时:

a) 消防服务类公共合同;

b) 民事保护服务类公共合同;

c) 核安全服务类公共合同;

d) 急救车服务类公共合同,但仅以运送病患为目的的服务除外。

10° 下列法律服务类公共合同:

a) 应由公证员担保的文件的认证和公证;

b) 为了在司法机关监督之下实现一些特殊任务,由司法机关或者法律指定的行政管理部门、监护人或者服务提供者所提供的服务;

c) 与执行公权有关的服务，即使是临时的。

11° 对于根据现行法律法规规定或者因国家基本利益要求而需要保密或者其履行需要采取特殊安全措施的公共合同，而该项安全或者保护措施又不能通过其他方式得到保障时。

12° 公共合同的签署也应该遵循下列文件或者机构所确定的程序：

a) 欧盟成员国与某一或某些第三国或其辖区所签署的有关工程、供货或者服务国际协定，包括行政协商，这些协定的目的在于使缔约国共同实现和开发项目。这一协定将被送至欧盟委员会。

b) 国际组织。

13° 以下方式签署的公共合同：

a) 根据一个依据某一国际组织的程序所签署，并且该公共合同完全由该国际组织负责资金支持；

b) 根据某一国际组织与某购买者之间商定的程序签署，并且该公共合同完全由该国际组织负责资金支持。

14° 下列服务类公共合同：

a) 或者有关节目的发行或播出时间，当其是被授予提供视听传媒或者无线电广播服务的发行人时；

b) 或者旨在进行节目的购买、开发、生产或者联合制作，以实现由视听传播或者无线电广播传播服务发行人进行的传播。

14° 中提及的节目的概念包括节目所需的器材，但不包括技术器材。

15° 旨在为公共电信网络交付或开发或者为公众提供一项或几项电子通信服务的公共合同。

16° 由某一招标权力机构分派的服务类公共合同，该机构提供本法令第十二条Ⅰ.中7°意义上的与下列业务有关的邮政服务：

a) 通过电子途径保障的电子信件服务，尤其是通过电子途径进行的编码文件的安全传输、地址管理服务以及挂号电子信件的邮寄；

b) 银行、投资服务或者保险服务；

c) 集邮服务；

d) 与邮政之外的包裹的现实交付或者保管有关的后勤服务，如快递服务。

17° 从事本法令第十二条Ⅰ.4°中所规定的业务的某一招标权力机构所签署或者组织的公共合同，其涉及的是与以石油或天然气开发为目的的某一地域的开发有关的业务。

18° 以开展网络运营业务为目的签署的公共合同，这种业务或者因本法令第十五条2°至5°的规定不属于本法令的适用范围，或者因第十五条6°的规定不再属于本法令的适用范围。

第二节 招标实体签署的公共合同的例外性规定

第十五条

除本法令第十六条规定的有关防卫和安全类公共合同的条款之外，本法令不适用于招标实体所签署的具有下列特征的公共合同：

1° 本法令第十四条 1°至 13°所列举的公共合同。

2° 为购买水而签署的公共合同，且该项购买是由从事本法令第十二条Ⅰ.3°所列举的有关饮用水业务之一的招标机构进行。

3° 为购买能源或者生产能源的燃料而签署的公共合同，且该项购买是由本法令第十二条Ⅰ.中 1°、2° 和 4°所列举的能源领域业务之一的招标机构进行。

4° 为向第三人转卖或者租赁而签署的公共合同，当招标实体对于这些公共合同标的的出售或者租赁不享有任何特殊或者排他性权利时，或者当其他实体可以与招标实体相同的条件自由进行出卖或者租赁时。然而，此项除外规定并不适用于由收购站签署的公共合同的情形。

在欧盟委员会的要求下，招标实体需要向欧盟委员会说明其所认为的根据上一条款应予排除的产品与业务的种类。

5° 有关节目的播送或播出时间的服务类公共合同，当其是传输给提供视听传媒服务的发行人或者无线电广播组织时。节目的概念包括节目所需的器材但不包括技术器材。

6° 属于欧盟成员国或者某一成员国确定的地域的招标机构之间签署的公共合同，当欧盟委员会已经承认在相关国家或者地域范围内，该项业务是在一个不受准入限制的竞争性市场中进行时。

第三节 防卫和安全类公共合同的特有例外性规定

第十六条

本法令不适用于具有如下特征的防卫和安全类公共合同：

1° 本法令第十四条 1°至 5°中所列举的公共合同。

2° 保险服务之外的金融服务类公共合同。

3° 有关武器、军火或者战备的公共合同，当根据《欧盟运行条约》第 346 条的规定为成员国的核心利益保护必须时。

4° 如果公共合同适用本法令将迫使信息泄露，违背成员国安全的核心利益时。

5° 当公共合同是根据某一国际组织特有的程序并在其职责范围内缔结，或者公共合同应该根据该程序被授予时。

6° 当公共合同是根据某一项国际协定规定的特别缔结程序签署，其中至少包括某一欧盟成员国和某一第三国在内的当事方之间缔结的行政和解约定。

7° 与情报活动有关的公共合同。

8° 公共合同是在欧盟某一成员国与另一成员国共同开展的研究和开发的合作

项目中签署的,旨在开发一项新产品以及必要情况下如本法令第六条3°所规定的该产品生命周期部分或全部后续阶段的发展。

当项目参与人仅限于欧盟成员国范围时,相关成员国在缔结协定或者合作协议时,应当向欧盟委员会报告研发支出占该项目整体费用的份额、对于费用分担的约定,以及必要情况下根据协定或者约定每个成员国对于购买费用的份额。

9° 当军队在欧盟范围之外部署,并且该公共合同的交易要求合同必须与其所在国当地经济运营商缔结的情形,其中包括在第三国缔结的旨在进行民事采购的合同的情况。

10° 由一国签署并且授权给另一国家或者其辖区的公共合同。

第四节 有关公共领域内部关系的例外性规定

§1 准特许经营

第十七条

Ⅰ. 在满足下列条件的情形中,本法令不适用于由某一招标权力机构向公法或者私法法人授予的公共合同,其中包括该招标机构本身作为招标实体的情形:

1° 招标权力机构对于相关法人实行与其对自有机构相似的控制权。

2° 受控制的法人进行的80％以上的经营活动是属于该招标机构本身或者其所控制的其他法人所委托的范围。

3° 受控制的法人的资本构成中不含有私营资本的参股,除非私营资本参股的形式没有法定的控制权或者阻止权,这将不允许其对于该受控制法人施行决定性影响。

如果招标权力机构对于该受控制法人的战略目标和重要决定均发挥着决定性影响,该招标权力机构被认为对于该法人实行着与其对自有机构相似的控制权。这一控制权也可以由该招标权力机构以同样的方式控制的其他法人来具体执行。

Ⅱ. Ⅰ. 中的规定也同样适用于当受控制的法人属于招标权力机构(包括其本身作为招标实体的情况),且将公共合同授予如下机构时:

1° 或者是对其有控制权的招标权力机构,其中包括该控制权是与其他招标机构按照Ⅲ.中确定的条件共同行使的情形。

2° 或者是受同一招标权力机构控制的另一法人,同时需要符合被授予公共合同的一方法人的资本构成中不包含私营资本直接参股的条件,除非私营资本参股的形式没有法定的控制权或者阻止权,这将不允许其对于该受控制法人施行决定性影响。

Ⅲ. 在满足下列条件的情形中,本法令不适用于没有按照Ⅰ.所规定的条件对于法人实行控制的招标权力机构授予的公共合同,其中包括该招标机构本身作为招标实体的情形:

1° 招标权力机构与其他招标权力机构对于相关法人联合实施的控制与它们对

于其自有机关的控制相似时,其中包括该招标机构本身作为招标实体的情形。

2°法人进行的80%以上的经营活动属于对其进行控制的招标机构或者有相同招标机构控制的其他法人所委托的范围。

3°受控制的法人的资本构成中不含有私营资本的参股,除非私营资本参股的形式没有法定的控制权或者阻止权,这将不允许其对于该受控制法人施行决定性影响。

在满足下列条件的情形下,这些招标权力机构被视为对于某一法人实施联合控制:

a) 受控制法人决策机关的成员是由所有参与的招标权力机构的代表组成,其中同一人可以代表参与的几个招标权力机构或者它们的整体;

b) 这些招标权力机构对于受控制法人的战略目标和重要决定均有决定性影响;

c) 受控制的法人不追求与对其进行控制的招标权力机构利益相反的利益。

Ⅳ.上面Ⅰ.的2°和Ⅲ.的2°所规定的业务比例是依据在公共合同被授予之前的三个会计年度期间的平均总营业数额或者另一基于其业务的合理参数所确定的,如承担的成本。

当这些因素不可利用或者不再适宜时,业务比例则以有可能的评估为基础确定。

§2 招标权力机构之间的合作

第十八条

在不同招标权力机构为保证实现其所负责的公共服务,通过公共合同建立或者实现一项合作,旨在达成它们共同目标的情形中,在满足下列条件下,本法令不适用,其中包括这些招标机构本身作为招标实体的情形:

1°该合作的实施仅仅服从于一般利益的考量。

2°这些相关招标权力机构通过这一合作在竞争市场中实现低于20%的相关业务。这一业务比例根据第十七条Ⅳ.中规定的条件进行确定。

§3 招标实体向其关联企业授予的公共合同

第十九条

Ⅰ.对于招标实体与关联企业之间签署的公共合同,或者全部由数个招标权力机构为实现一项或者几项运营网业务而组成的组织与其中某一招标实体的关联企业之间签署的公共合同,当其具有下列特征时,本法令不适用于这些公共合同:

1°在服务类公共合同中,如果关联企业在签署公共合同年度之前的三年中,其与招标实体之间或者在其他与之关联的企业之间,已经至少实现了其在服务领域实现的平均业务额的80%。

2°在供货公共合同中,如果关联企业在签署公共合同年度之前的三年中,其与招标实体之间或者在其他与之关联的企业之间,已经至少实现了其在供货领域平均业务额的80％。

3°在工程公共合同中,如果关联企业在签署公共合同年度之前的三年中,其与招标实体之间或者在其他与之关联的企业之间,已经至少实现了其在工程领域平均业务额的80％。

当关联企业在签署公共合同年度的至少三年之前已经被设立或者已经开始开展业务,其可以仅仅证明其根据1°、2°和3°中规定的业务额的实现是可能的,尤其是通过业务预测的方式。

当这些相同或者相似的服务、供货或者工程是由招标实体的一个以上关联企业提供时,上面提出的80％的业务额比例通过参考由这些企业提供的服务、供货或者工程业务额的总量进行确定。

Ⅱ.以下企业被认为是某一招标实体的关联企业:

1°其财务报表与招标实体的财务报表是合并的企业。

2°直接或者间接处于本法第十一条2°中第3款意义上的招标实体支配性影响之下的企业。

3°对于本法第十一条2°中第3款意义上的招标实体具有支配性影响的企业。

4°处于某一企业的支配性影响之下,而该企业本身对于本法第十一条2°中第3款意义上的招标实体具有支配性影响的企业。

§4 招标实体向与其合资企业授予的公共合同

第二十条

在下列条件全部满足的情形下,本法令不适用于全部是由数个招标权力机构为实现一项或者几项运营网业务而组成的组织与其中某一招标实体之间签署的公共合同,以及某一招标实体与这一组织之间签署的公共合同:

1°该组织是为旨在至少在三年期间开展业务而被设立。

2°根据该组织章程的条款,设立其的招标实体至少在上面1°中规定的期间内是受款方。

第三章 特殊合同

第一节 由招标权力机构予以补贴的合同

第二十一条

Ⅰ.在下列条件全部满足时,本法令第九条规定的购买者之外的、由招标权力机构直接给予50％以上补贴的私法主体之间签署的合同,也适用本法令对于招标权力机构规定的条款,但第五十九条至第六十四条除外:

1°所估算的需求的税外价值等于或者高于第四十二条规定的欧盟最低标准。

2°合同标的与下列业务相符:

a)第五条Ⅰ.中1°所列目录中包含的土木工程业务;

b) 有关医院、体育和消遣娱乐设备、学校和大学建筑以及行政用途的建筑工程;

c) 本条款列明的工程有关的服务供给。

然而,作为第三十二条的例外,这些合同可以分批签署。

Ⅱ. 按照Ⅰ.中规定的条件给予补助的招标权力机构负责监管本法令条款的实施状况。

第二节 混合合同

第二十二条

Ⅰ. 购买者可以决定为同时满足属于本法令范围之内和之外的需要而仅仅订立一份合同,只要这一选择不是基于使此合同进入本法令适用范围的目的而作出。因此,这种情形适用第二十三条的相关规定。

Ⅱ. 在购买者为同时满足招标权力机构业务和招标实体业务的相关需要而仅仅订立一份合同的情形下,适用第二十四条的相关规定。

Ⅲ. 在一份合同内容部分地涉及防卫或安全类公共合同或者《欧盟运行条约》第 346 条规定的公共合同的情形下,适用第二十五条的相关规定。

第二十三条

Ⅰ. 在一份合同同时涉及属于本法令范围之内和之外的给付的情形中,如果不属于本法令范围的这些给付构成了合同的主要目的,并且合同不同当事人客观上不可分离,则不适用本法令。在无法确定该合同主要目的的情形下,适用本法令。

Ⅱ. 尽管有Ⅰ.中的规定,在一份合同同时涉及属于公共合同法定制度范围的给付和属于这些合同转让范围的给付的情形中,按如下规则进行:

1° 在这些给付客观上不可分割并且属于公共合同法定制度范围的给付构成了合同的主要目的,或者合同目的无法确定的情形下,适用本法令。

2° 在这些给付客观上不可分割并且属于公共合同法定制度范围的给付构成了合同的主要目的,或者这些给付的税外估算价值等于或者高于第四十二条规定的欧盟最低标准的情形下,适用本法令。

第二十四条

在购买者为同时满足招标权力机构业务和招标实体业务的相关需要而决定仅仅订立一份合同的情形下,相关法律适用规则为:

1° 在需要满足的条件主要与招标实体的业务有关时,适用该招标实体所适用的规则。

2° 在需要满足的条件主要与招标权力机构的业务有关,或者在无法确定公共合同的主要目的是为哪些业务时,适用该招标权力机构所适用的规则。

第二十五条

Ⅰ. 在一份合同同时涉及属于本法令范围的给付和根据第十六条的规定不属

于本法令范围的给付或者属于《欧盟运行条约》第346条规定范围的给付的情形中，只要该合同的签署可以通过客观原因得到合理解释，不适用本法令。

Ⅱ. 在一份合同同时涉及属于防卫或安全类公共合同的给付和转让合同的给付的情形下，只要该合同的签署可以通过客观原因得到合理解释，可以根据购买者的选择，适用本法令有关防卫或安全类公共合同所适用的规则或者转让合同所适用的规则。

Ⅲ. 在一份合同同时涉及属于防卫或安全类公共合同的给付和防卫或安全类公共合同之外的公共合同的给付的情形下，只要该合同的签署可以通过客观原因得到合理解释，而不论合同主要目的如何，适用防卫或安全类公共合同所使用的规则。

第二编　公共合同的订立

第一章　一般条款

第一节　集中或者集体采购

§1　采购中心

第二十六条

Ⅰ. 采购中心是受本法令调整的、以进行以下集中采购活动为目的的购买者：

1° 供购买者之用的供货或者服务的购得。

2° 供购买者之用的工程类、供货类或者服务类公共合同的签署。

Ⅱ. 以实施工程或者购得供货或者服务为目的，借助采购中心的购买者被视为已经遵守其公示或者竞争义务。

但是，按照本法令的规定，他们是为其所负责的公共合同的签署和履行等操作的责任人。

Ⅲ. 为进行集中采购活动而借助采购中心的购买者也可以委托该中心进行补充购买活动，而不需要适用本法令所规定的合同签署程序。

这些补充采购活动旨在为公共合同的签署提供协助，尤其是在以下情形中：

1° 技术基础设施的交付，其可使购买者缔结工程类、供货类或者服务类公共合同。

2° 对于公共合同签署程序的进展或者概念的建议。

3° 以相关购买者的名义并为其利益的公共合同签署程序的准备和管理。

Ⅳ. 购买者可以通过位于欧盟另一成员国之内的采购中心进行采购，只要这一选择并不是以规避有关公共秩序的本国法律规则的适用为目的作出。因此，在此种情形下，公共合同适用该采购中心所在地的欧盟成员国法律。

第二十七条

Ⅰ. 为了满足防卫和安全类公共合同的需要，采购中心具有如下属性的购买者或者欧盟公共组织：

1°获得供购买者之用的防卫或安全类的供货或者服务。

2°签署供购买者之用的防卫或安全类的供货或者服务合同。

Ⅱ．Ⅰ.中提及的借助采购中心的购买者被视为已经遵守其公示或者竞争义务，只要该采购中心遵守本法令的条款或者2009年7月13日欧盟议会和欧盟理事会第2009/81/CE指令所规定的条款，并且被授予的公共合同能够有效地发挥功用。

§2 订货集团

第二十八条

Ⅰ.为了共同签署一项或者多项公共合同，购买者之间可以组建订货集团。

基于相同的目的，订货集团也可以在一个或数个购买者和一个或数个不受本法令调整的私法法人购买者之间组建，只要每一集团成员在集团范围内所实现的购买适用本法令所规定的规则即可。

Ⅱ.集团运作的规则由其成员签署的组建集团的协议来确定。协议可以委托其中一个或数个成员承担公共合同的签署和履行的全部或部分程序的推进任务，被委托者以其他成员的名义并为其他成员的利益行事。

Ⅲ.公共合同的签署和履行是以全体相关购买者的名义并为其利益共同进行的。就本法令规定的义务而言，这些购买者为共同连带责任人。

当公共合同的签署和履行不是全部以相关购买者的名义并为其利益进行的情形下，这些购买者仅仅对于其共同进行的公共合同的签署和履行承担连带责任。对于单独以其自己名义并为其自己利益进行的业务操作，每一购买者对于根据组建协议约定的其应承担的义务独自承担责任。

Ⅳ.订购集团也可由其他欧盟成员国的招标权力机构或招标实体共同组建，只要这一选择并不是以规避有关公共秩序的本国法律规则的适用而作出。

尽管有Ⅲ.的规定，集团成员协商确定责任的分担以及在各所涉及成员国的法律中选择公共合同所适用的法律，但在国际合约签约国之间存在国际合约条款的例外，其中包括行政调解。

§3 跨国共同实体

第二十九条

当购买者加入某一跨国共同实体，尤其是以领土合作欧盟集团的形式组建的情形时，通过该实体的章程或者其有权机关的决定来确定该实体公共合同的法律适用规则，具体是指：

1°或者是其所在地国家的法律。

2°或者是其业务经营地国家的法律。

适用法律的选择不能以规避有关公共秩序的本国法律规则为目的。

第二节　对于需求的预先定义

第三十条

需要满足的需求的性质和范围在咨询进行之前通过参考经济、社会和环境方面的可持续发展目标提前详细确定。

第三十一条

Ⅰ. 实现的给付通过参考技术规范进行确定。

Ⅱ. 如果购买者购买的是《公路法典》第 L. 110-1 条 1°意义上的机动车，其需要考虑该车在其整个生命周期中对于能源和环境方面的影响，但法令有例外规定的除外。

第三节　合同的分批签署

第三十二条

Ⅰ. 除防卫或安全类公共合同之外，公共合同也可以分批签订，除非其标的的特点不允许对于分批的给付进行确认，但第四节规定的总公共合同不在此限。为此目的，购买者应确定这些批次合同的数量、规模和标的。

然而，如果购买者自身不能保障组织、主导和协调的任务，或者如果将公共合同分成不同部分签署本质上会有损竞争，或者存在技术困难或者会增加给付履行的财务成本的情形下，他们也可以决定不将公共合同分批次签订。

购买者可以对经济运营商可能就此竞标的批次合同的数量或者其向某一经济运营商授权的合同批次数量进行限制。

在购买者允许不同的经济运营商可以根据能被接受的批次合同的数量递交可变的标书时，这些标书需要按照不同批次逐次进行评估。

Ⅱ. 在购买者决定不将公共合同进行分包时，其要根据法令确定的方式为其选择进行论证。

第四节　总公共合同

第三十三条

§1 "设计—施工"公共合同

Ⅰ. 购买者可以缔结"设计—施工"公共合同，该合同是指可以允许购买者将研究的设立和工程的实施任务均委托给某一经济运营商的工程类公共合同。

然而，在不违背法律特殊规定的情况下，受上面的 1985 年 7 月 12 日法律条款规制的购买者，仅在基于技术范畴的需要或者能源效率完善方面的合同义务使承揽者协会有必要对于工程进行研究的情况下，方能借助"设计—施工"公共合同，而不论其数额多少。该公共合同被委托给经济运营集团。然而，基础设施公共合同可以被委托给其中一个经济运营商。

Ⅱ. Ⅰ. 中第二项所提及的条件不适用于在 2018 年 12 月 31 日前《建筑与居住法典》第 L. 411-2 条提及的中等租金居住协会与 1985 年 7 月 12 日法律调整的建筑

与社会住房管理混合经济公司之间缔结的"设计—施工"公共合同。其内容涉及受到国家财政资助和《建筑与居住法典》第 L. 301-2 条 1°中提及的政府资助的租赁建筑的施工任务。

§2 经营业绩总合同

第三十四条

尽管存在第三十三条的规定,购买者可以缔结经营业绩总合同,该合同将开发和维护的内容纳入到合同给付的履行和设计施工中,旨在达成尤其在业务水准、服务质量、能源效率或者生态影响等方面确定好的业绩目标。这些公共合同包含可测定的业绩义务。

§3 行业总合同

第三十五条

尽管存在第三十三条和第三十四条的规定,在不违反法律特殊规定的情况下,购买者可以将有关下列内容的总任务委托给一个经济运营商:

1° 专供国家治安组织、国家警察机构、军队或者国防部各部门使用的不动产的设计、建造、规划、维修和养护。

2° 内政部各部门所需要的通信和信息系统安装所需要的基础设施的设计、建造和规划。

3° 专供巴黎消防大队使用的不动产的设计、建造、规划、维修和养护。

4° 国家配备给帮助防卫和民事安全任务的人员培训所使用的不动产设计、建造、规划、维修和养护。

5° 监狱建筑物的设计、建造和规划,并且这一任务可以针对监狱建筑物的开发或者维护事项,但管理、书记室和监管职能除外。

6° 羁押中心或者等候区域的设计、建造、规划、维修和养护,但这一任务不可导致将被羁押人员或被扣留人员的登记和监管职责委托给各家公务员之外的其他人。

7° 专供公共卫生机构、《社会安全法典》第 L. 124-4 条规定的负责管理具有公法人身份的卫生机构和卫生合作组织的机构执行职务的建筑物的设计、建造、规划、维修和养护。

8° 2014 年 6 月 18 日法律第 19 条规定的手工业和商业的重振任务。

第五节 保留的公共合同

§1 公共合同对于雇用残障人士的经济运营商的保留

第三十六条

Ⅰ. 对于《劳动法典》第 L. 5213-13 条提及的合适的企业、《社会和家庭行动法典》第 L. 344-2 条提及的劳务帮助机构、部门以及同类机构,基本按照法令所确定的比例雇用了因为其身体机能缺陷而不能在正常条件下进行职业活动的残障劳动者的情况,公共合同或者批量合同可以为它们作出预留。

Ⅱ. 当《劳动法典》第 L. 5132-4 条提及的经济活动融入机构和同类相似机构基本按照法令所确定的比例雇用了残障劳动者时,防卫和安全类公共合同之外的公共合同或者批量公共合同可以为它们作出预留。

Ⅲ. 购买者不能将公共合同或者某批量合同同时为符合Ⅰ.规定的条件的经济运营商和符合Ⅰ.规定的条件的经济运营商预留。

§2 为社会和互助经济企业预留的公共合同

第三十七条

Ⅰ. 对于除防卫和安全类合同之外的专门针对出现在法兰西共和国官方报纸公布目录中的卫生、社会和文化部门的公共合同或者批量公共合同,当 2014 年 7 月 31 日法律第 1 条所定义的社会和互助经济企业及其同类相似机构承担与该目录中提及的服务提供有关的公共服务职责时,招标权力机构可为其作出预留,其中包括其作为招标实体的情况。

然而,在这些合同被授予的前三年中,这些条款不适用于由招标权力机构授予的与第一款提及的服务有关的公共合同的持有者。

Ⅱ. 通过适用Ⅰ.所预留的公共合同的期限不能超过三年期限。

第六节 公共合同的内容

第三十八条

Ⅰ. 公共合同的履行条件,只要其符合公共合同的目的,可以将经济、创新、环境、社会和用工领域作为参考因素。

通过公共合同旨在提供工程、货物或服务的相关合同履行条件被认为符合公共合同的目的,而不论从哪一方面考察,也无论处于其生命周期的哪一阶段,其中包括介入到这些工程、货物或服务的生产、提供和商业化的特殊过程或者与它们的生命周期其他阶段有关的特殊过程的因素,即使这些因素不属于这些工程、货物或服务的本身质量范畴的因素。

Ⅰ.中规定的生命周期,是指在一个产品、工程的生命或者服务提供的整个期间各个连续的或相互依存的不同阶段的整体,其中包括要进行的研究和开发、生产、商业化以及条件、运输、使用和维护,即从取得原材料直到淘汰、恢复原状和服务或使用的终止。

Ⅱ. 尤其在防卫或安全类公共合同领域,购买者为获得产品的维护和升级,可以要求履行部分或者全部公共合同所使用的手段必须处于欧盟成员国的领域内,其目的主要是基于环境或社会因素,或者保证信息和原材料安全的考量。

第三十九条

公共合同确定合同履行的条件、价格及其确定方式以及必要情况下其发展方式,但法律有特别规定的,从其规定。

第二章 签订程序

第一节 项目实施方式的预先评估

第四十条

一项非防卫或安全类的公共合同,在其所涉及的投资税外数额等于或高于法令所确定的标准时,在合同签订程序启动之前,购买者要对此进行评估,旨在比较项目实施的不同的可行方案。这一评估包含全面彻底的分析以及可对购买者在项目实施方案选择中有所启发的所有因素。

第二节 公示和引入竞争的规则

§1 预先公示

第四十一条

为了充分引入竞争,购买者需要根据公共合同标的、需求的税外价值或者相关购买者的情况,按照法令规定的条件和保留规则启动公示程序。

§2 引入竞争的程序

第四十二条

按照法令所确定的条件和模式,公共合同的签订遵循如下规则:

1° 当需求的税外数额等于或高于法兰西共和国官方报纸公布的欧洲标准时,公共合同按照如下程序进行签署:

a) 全开放的或者小范围的招标程序,通过该程序,购买者无须谈判,只需提前告知竞标者的客观标准,选择经济上最有利的竞标方案;

b) 伴有谈判的竞争程序,通过该程序,招标权力机构与一个或数个经济运营商就公共合同的条件进行商谈;

c) 预先引入竞争的谈判程序,通过该程序,招标实体与一个或数个经济运营商就公共合同的条件进行商谈;

d) 可自由竞争的对话程序,在此过程中购买者与被允许参加该程序的各位候选人进行谈判,旨在确定和发展符合其需求的解决方式,并在此基础上,候选人被邀请进行竞标。

2° 在需求的税外价值低于本条 1° 中所提及的标准的情形下,由购买者在遵守本法令第一条所列原则的基础上或者根据该公共合同的标的来确定一个合适的程序。

3° 根据一个既不进行公示也不预先引入竞争的谈判程序进行。

第三节 电子通信

第四十三条

适用本法令所进行的通信和信息交换,按照法令规定的条件和保留规则通过电子途径进行。

对于防卫或安全类公共合同,其通信和信息交换可以通过电子途径进行。

第四节 保密规则

第四十四条

Ⅰ. 在不违背法律法规对于有关行政文件查阅的规定的前提下,购买者不能对外传播其在公共合同范围内,尤其是在咨询过程中,在对竞标的总价或者具体价格进行协商时所获得的保密信息,比如其泄露将导致违背工商业保密义务的信息、其泄露将损害经济运营商之间正当竞争的信息等。

然而,购买者可以要求经济运营商同意将其提供的某些具体保密信息对外公布。

Ⅱ. 购买者可以对经济运营商提出某些要求,以保护公共合同签订程序中其所透露的信息的保密性。

第五节 禁止投标的规定

§1 禁止投标的强制性和一般性规定

第四十五条

下列人员被禁止参加公共合同签订程序:

1° 因下列条款规定的罪名之一受到终审宣判的人:《刑法典》第 222-34 至 222-40 条、第 313-1 条、第 313-3 条、第 314-1 条、第 324-1 条、第 324-5 条、第 324-6 条、第 421-1 至 421-2-4 条、第 421-5 条、第 432-10 条、第 432-11 条、第 432-12 至 432-16 条、第 433-1 条、第 433-2 条、第 434-9 条、第 434-9-1 条、第 435-3 条、第 435-4 条、第 435-9 条、第 435-10 条、第 441-1 至 441-7 条、第 441-9 条、第 445-1 至 445-2-1 条或第 450-1 条;《税收总法典》第 1741 至 1743 条、第 1746 条或者第 1747 条;《刑法典》第 225-4-1 条和第 225-4-7 条针对防卫或安全类公共合同之外的公共合同的规定;或者与这些罪名相应的窝藏包庇罪;以及欧盟成员国立法所规定的罪名。

法人管理机关、行政机关、领导或者监督机关的成员或者对于法人拥有代表、决定或监管权的人因这些罪名之一或者因其相应的窝藏包庇罪受到终审宣判的,只要此人执行其职务,法人将禁止其参与公共合同的签订程序。

除非被禁入公共合同领域的判决已经被终审司法机关的判决宣告的期限不同,1°中规定的禁止参与公共合同签订程序从判决宣告之日起五年内有效。

2° 没有按照其在财务或者社会领域应该进行的申报进行申报的人员或者没有缴付法令确定的目录的税费、社会分摊额的人员。

然而,2°中规定的禁入不适用于在购买者宣布接受其候选人资格之日前,在没有被会计或者追回机构采取任何执行措施的情况下已经缴付了上述税费或者社会分摊额的人员;或者在没有前一情形时,已经缴纳了被会计或追回机构认为足够的担保金的人员;或者已经与追回机构为支付税费或社会分摊额以及可能产生的滞纳金、罚金、罚款签署了具有约束力的协议并遵守该协议的人员。

3° 以下人员：

a) 处于《商法典》第 L. 640-1 条规定的司法清算程序中的，或者处于某一外国法规定的相似程序之中的；

b) 在购买者宣布接受其候选人资格之日被采取个人破产相关措施的，或者被采取《商法典》第 L. 653-1 至 L. 653-8 条规定的禁止管理措施的，或者被采取某一外国法规定的相似措施的；

c) 被接受进入《商法典》第 L. 631-1 条所确立的司法重整程序或者某一外国法规定的相似程序的，这并不代表其已经被授权在公共合同可预见的履行期限内继续进行其业务活动。

4° 以下人员：

a) 因违反《劳动法典》第 L. 8221-1 条、第 L. 8221-3 条、第 L. 8221-5 条、第 L. 8231-1 条、第 L. 8241-1 条、第 L. 8251-1 条和第 L. 8251-2 条规定的义务受到处罚的；或者因为违反该法典第 1146-1 条或者《刑法典》第 225-1 条的规定被判决有罪的；

b) 至公共合同签订程序启动年度前一年的 12 月 3 日仍未按照《劳动法典》第 L. 2242-5 条规定的谈判义务进行商谈的；

c) 依据《刑法典》第 131-39 条 5°的规定被宣判的，或者被判决禁入公共合同领域的自然人。

除非终审司法机关已经对于禁入公共合同领域的判决确定了不同的期限，4°中规定的禁入在已经查明犯罪行为的决定或者判决作出之日起三年内有效。

然而，4°中提及的禁入不适用于能够证明以下事项的人员：

——或者其没有因为被列入适用《刑事诉讼法典》第 775-1 条所涉及的犯罪记录的第 2 号表格中的禁入公共合同领域的规定而受到刑罚，并且其已经使自己的情况转为合法、已经缴纳了全部罚款和应给付的赔偿、已经与调查机关积极合作，以及在必要情况下对于《劳动法典》第 L. 2242-5 条规定的协商义务，已经实现其情况的合法化，并且最后，其已经为防止新的刑事犯罪行为或者新的过错的发生采取了具体的预防措施。

——或者因为适用《刑法典》第 132-31 条或者第 132-32 条被判决缓刑，或者适用《刑法典》第 132-58 至 132-62 条宣判被延期，或者适用《刑法典》第 132-31 条或者《刑事诉讼法典》第 702-1 条或第 703 条被免于刑罚的原因，禁入公共合同领域的刑罚不再具有可对抗性。

5° 被相关行政决定依据《劳动法典》第 L. 8272-4 条作出禁止其进入行政合同领域处罚措施的人员。

然而，5°中提及的禁入不适用于能够证明以下事项的人员：其没有因为被列入适用《刑事诉讼法典》第 775-1 条所涉及的犯罪记录的第 2 号表格中的禁入公共合同领域的规定受到刑罚，并已经使自己的情况转为合法、已经缴纳了全部罚款和应给付的赔偿、已经与调查机关积极合作，以及在必要情况下对于《劳动法典》第 L. 2242-5 条规定的协商义务，已经实现其情况的合法化，并且最后，其已经为防止新的刑事犯罪行为或者新的过错的发生采取了具体的预防措施。

§2 专门对于防卫或安全类公共合同的禁止投标的强制性规定

第四十六条

此外，下列人员被禁止参加防卫或安全类公共合同领域：

1° 因下列条款规定的罪名之一受到终审宣判的人：《刑法典》第 226-13 条或第 413-10 至 413-12 条，《防卫法典》第 L. 2339-2 至 L. 2339-4 条、第 L. 2339-11-1 至 L. 2339-11-3 条，或者《内部安全法典》第 L. 317-8 条。被禁入公共合同签订程序自法院判决宣判之日起五年内有效，除非禁入公共合同的刑罚已经确定了一个不同的期限。

2° 通过司法终审判决，之前五年内已经因为违背其在供应安全或信息安全方面的义务承担了民事责任的人员，除非他们已经完全执行了可能针对其的司法决定，并且他们能够通过任何方式证明其专业性不再容质疑。

3° 无论其采取何种手段，必要情形下可通过受保护的信息资源的手段，能够证明其不具备避免损害国家安全的安全性设备的人员。

§3 因一般利益而得以正当化的例外性规定

第四十七条

例外情况下，购买者可以允许被本法令第四十五条和四十六条所禁止投标的经济运营商参加公共合同的签订程序，只要这一做法可以被一般利益的迫切原因证明为合理，并且欧盟成员国司法机关的终审司法决定并没有明确将相关运营商排除在公共合同之外。

§4 禁止投标的可选择性规定

第四十八条

Ⅰ. 购买者可以拒绝如下人员参与公共合同的签订程序：

1° 在前三年期间应该支付损害赔偿金的人员，在其履行之前的转让合同或者之前的公共合同时，已经受到被解除合同的处罚或者因为严重地或者持续地违反合同义务受到相似处罚的。

2° 在公共合同签订过程中，曾经试图对于购买者的决策程序施加不正当影响或者曾经试图得到可以使其获得不正当利益的保密信息的人员，或者曾提供过虚假信息，而这些信息对于排除、选择或者授予决定可能产生决定性影响的人员。

3° 之前因为直接或间接参与公共合同签订程序的准备能够接触到可能引起相对于其他候选人竞争失衡的信息人员，并且其不能通过其他方式对此进行弥补。

4° 购买者通过有充分说服力的证据或者一些重要、严肃和相互印证的因素可以据此推断其与其他经济运营商之间存在串通行为，旨在破坏竞争的人员。

5° 其申请会引起利益冲突，并且不能通过其他方式对此进行弥补的人员。所有参与公共合同签订程序过程或者可能影响其结果的人员,有直接或间接的财务、经济利益或者其他个人利益,能够影响到其在公共合同签订程序中的中立性或独立性,构成利益冲突的情形。

Ⅱ.某一经济运营商,仅在其已经开始能够被购买者在合理期限内通过任何手段证明其专业性和安全性不再容质疑,并且必要情况下,其参与到公共合同签订程序不会对平等对待造成损害的情形下,方能避免对其适用Ⅰ.中规定的被禁入。

§5 经济运营商情况发生变更对于禁止投标的影响

第四十九条

Ⅰ.公共合同的签订程序或者履行程序过程中,如果经济运营商其后符合第四十五、四十六条和第四十八条所规定的被禁入公共合同的情形,购买者可以基于此原因撤销公共合同。

经济运营商需要及时通知购买者其情况的变更。

Ⅱ.当经济运营商进入《商法典》第L.631-1条确立的司法重整程序时,只要其已经及时向购买者通知其情况的变更,不适用Ⅰ.中提及的撤销合同的规定。

§6 经济运营商集团和分包的情形

第五十条

Ⅰ.当某一经济运营商集团的一个成员存在被禁止参与公共合同签订程序的处罚理由时,购买者有权要求该经济运营商集团用一个不存在被禁止参与公共合同签订程序理由的成员替换此成员,经济运营商集团需在其代理人收到此项要求之日起十日内为之,否则整个集团可能被禁入公共合同领域。

Ⅱ.存在被禁入理由的人员不能成为分包商。

在申请阶段分包商存在被禁入理由时,购买者有权要求相关候选人用一个不存在被禁止参与公共合同签订程序理由的成员替换此成员,候选人(或者经济运营商集团情况下其代理人)需在其收到此项要求之日起十日内为之,否则其可能被禁入公共合同领域。

第六节 对候选人的选择

第五十一条

Ⅰ.购买者对于候选人规定的参与公共合同签订程序的条件应仅限于能够保证其拥有开展职业活动的能力,或者经济或财务能力,或者对于履行公共合同所必要的技术和专业能力。这些条件需要与公共合同的标的或其履行条件相关或相适应。

Ⅱ.对于防卫或安全类公共合同,对于尤其在工具、材料、技术设备、人员、专家以及原材料来源等方面不具有履行公共合同能力的经济运营商,购买者为了应对可能出现的危机之后的需求的增长,或者为了作为合同标的的货物的维护、升级和适应性可以选择不接受此人员。

第七节 标书的选择

§1 授予的标准

第五十二条

Ⅰ. 公共合同应授予给持有基于一项或几项客观和具体的标准考量而在经济上最有优势,并与公共合同标的或其履行条件密切相关的标书的竞标人(或必要时几个竞标人)。

与合同标的或其履行条件的关联根据第三十八条进行确定。

Ⅱ. 授予的标准并不是给予购买者无限制的选择自由,其需要保证真正的竞争的可能。

§2 明显低的报价

第五十三条

当一个报价单报出异常低的报价时,购买者应要求经济运营商对其报价数额提供详细说明和正当性解释。

如果在检查经济运营商提供的正当性解释后,购买者仍认为报价单给出的报价异常地低时,其应按照法令规定的条件拒绝该标书。

§3 招标实体的供货类公共合同中包含第三国原产品的报价

第五十四条

在招标实体进行的供货类公共合同签订过程中提出的报价单包含第三国原产品,并且欧盟与之并没有在多边或双边框架下缔结协议以保证欧盟能够有效或以相似条件进入第三国市场的情形下,该报价单需要按照法令规定的条件进行确定。

在第三国原产品构成了本报价单所含产品增加值的大部分比例的情况下,该报价可以被拒绝。

第八节 候选人信息和被除名的竞标者

第五十五条

购买者要将通过公共合同签订程序作出的选择告知选定的候选人或者其申请人资格或其标书被拒绝的竞标者。

第九节 信息透明

第五十六条

购买者要按照法令确定的条件将其采纳标书的选择进行公示,并在不违反第四十四条规定的情况下,通过开放和可自由再使用的形式,使公共合同的重要信息可被查阅。

第十节 文件保存

第五十七条

购买者要按照法令确定的条件保存与公共合同的签订和履行相关的文件。

第十一节 因被欧盟法院确认犯有过失所导致的合同被撤销

第五十八条

在因某一经济运营商严重违背欧盟法律在公共合同领域规定的义务,并且其违反义务的行为已经被欧盟法院依据《欧盟运行条约》第258条的规定所确认,公共合同本不应被授予给该经济运营商的情形下,购买者可以撤销该公共合同。

第三编 公共合同的履行

第一章 财务制度

第一节 付款、预付款和定金

第五十九条

Ⅰ. 与国家及其非工商业属性的公共机构、地方团体以及地方公共机构签订的合同,可以根据法令规定的条件产生因预付款、定金、最后部分余款或者尾款等项目发生的支付。

Ⅰ. 不适用于法国信托局。

Ⅱ. 有其他购买者签订的公共合同可以约定预付款。

Ⅲ. 公共合同履行的启动性给付可以约定定金。定金数额不能超过其所需要的给付的价值。

第六十条

Ⅰ. 在与国家及其公共机构、地方团体以及地方公共机构签订的合同中,任何延迟付款的条款均被禁止。

在以工程的实施、开发或维护为目的的总合同中,开发或者维护给付的报酬不能分担建设工程的付款。

Ⅰ. 不适用于法国信托局。

第二节 担 保

第六十一条

公共合同当事人可以在遵守法令规定的条件及例外规则的前提下,预先约定担保金扣除、首次给付请求担保或者连带人保。

第二章 有关转包和分包合同的条款

第一节 有关转包的条款

第六十二条

Ⅰ. 公共合同持有人可以在其责任下将公共合同的履行根据1975年12月31日法律确定的条件进行转包。

对于工程或者服务类公共合同以及包含供货公共合同范围内的服务、铺设或安装工程等内容在内的供货类公共合同,购买者可以要求对于某些重要的任务必须由合同持有人直接实施。

Ⅱ. 当转包给付的数额明显低于正常价格时,购买者应要求经济运营商对其报价数额提供详细说明和正当性解释。

在检查经济运营商提供的正当性解释后,如果购买者认为报价单给出的报价明显低于正常价格时,其要按照法令规定的条件,在转包申请是在标书递交的同时提出的情形下,其要拒绝该标书;或者在转包申请是在标书递交之后提出的情形下,购买者不应当接受经济运营商推荐的转包商。

第二节 有关防卫或安全类公共合同分包合同的规定

第六十三条

Ⅰ. 对于防卫或安全类公共合同(包括供货类公共合同),合同持有人可以在其责任下将公共合同一部分的履行任务委托给另一经济运营商,后者被称为分包人这并不构成公共合同的转让。

在分包合同情况下,公共合同持有人要对公共合同产生的所有义务的履行承担责任。

合同持有人不能被要求对其潜在分包商实施歧视性行为,尤其是基于其国籍的原因。

Ⅱ. 根据本条之含义,分包人是1975年12月31日法律意义上的分包人或者公共合同持有人为了公共合同的部分实现而与之签署不具有承揽合同性质的合同的一个经济运营商。

在合同的目的是提供产品或者服务,而不是为特别满足购买者需要的情形下,该合同属于前款意义上的"不具有承揽合同性质的合同"。

Ⅲ. 购买者可以要求某些重要的任务必须由合同持有人直接承担,尤其是基于与供货和信息安全有关的动机。

Ⅳ. 购买者可以要求候选人、投标者或者公共合同持有人指明其拟与之合作的分包人的身份以及其所委托的给付的性质和范围。他可以要求投标者或者公共合同持有人向其提交分包合同。

Ⅴ. 购买者可以基于本法令第四十五、四十六、四十八和五十条所规定的理由或者该运营商不能提供足够的担保,尤其是在技术、专业性和财政能力或者信息或供货安全等方面不符合对于主公共合同候选人资格的要求为由,拒绝接受候选人、投标者或者公共合同持有人建议作为分包人的运营商。

Ⅵ. 购买者可以:

1° 要求公共合同持有人通过引入竞争机制来选择分包人;

2° 要求分包合同持有人承担一部分防卫或安全类公共合同。

为了适用Ⅵ.规定,与公共合同持有人关联的经济运营商不被视为分包商。

第三章 成本控制

第六十四条

Ⅰ. 在Ⅲ. 规定的情形下，与国家或者公共机构签订公共合同的合同持有人在购买者的要求下，要向其提供有关公共合同所实现的给付的成本的技术和财务信息方面的所有资料。

Ⅱ. 公共合同持有人有义务允许并为行政人员对于这些资料的审查提供可能的书面或者实地检查的便利。

他们可以被要求提供资产负债表、账目以及财务分析表和所有性质上允许确定成本的文件材料。

Ⅲ. 上面规定的义务适用于因技术的特殊性、拥有符合要求能力的候选人人数较少以及因机密、极度紧急或者危机原因，不适宜通过引入竞争机制或者竞争机制无法有效运转的公共合同。

第四章 公共合同的变更

第六十五条

公共合同在其履行过程中可以根据法令规定的条件进行变更。这些变更不能改变公共合同的整体性质。

在若不对公共合同进行违反本法令规定的条款的变更，则合同无法继续的情形下，购买者可以撤销公共合同。

第二部分 有关合作关系合同的特殊条款

第六十六条

合作关系合同适用于本法令第一部分除第三十二条、第五十九条、第六十条和第六十二条之外的条款和本部分以下条款。

第一编 适用范围的界定

第六十七条

Ⅰ. 合作关系合同是允许将一项拥有如下目标的一般任务委托给一个经济运营商或者经济运营集团的公共合同：

1° 公共服务或者执行具有公共利益属性的任务所需要的建筑、加工、维修、工程、设施以及不动产的拆除。

2° 上述项目所需要的全部或者部分融资。

3° 合作关系合同的另一方持有人保障要实现的运营工程的管理。

Ⅱ. 此一般性任务还可以具有如下目标：

1° 这些工程、设施或者不动产计划的全部或者一部分。

2° 这些工程、设施或者不动产及其连接物的整治、维护、维修、管理或者开发。

3° 公共服务任务的管理或者由公法人负责的公共服务任务执行相关的服务供给。

Ⅲ. 购买者可以通过委托合同来委托合同持有人收取服务使用者交付的费用。

第六十八条

在购买者作出决定之后，合作关系合同的持有人可以负责取得实现相关项目必要的财产，包括必要情形下通过征用的途径。

在取得共同签约人同意的条件下，相关合作关系合同的持有人可以被受让部分或者全部的由购买者通过的、能够有助于执行任务的合同。

第六十九条

当购买者仅仅向合同持有人委托工程计划的一部分时，他可以借助一个团队来负责其所承担的那部分工程计划的管理，而不受前文提到的1985年7月12日法律第7条第4款所包含的基础任务的定义的限制。

第七十条

合作关系合同确定了在购买者与合同持有人之间分担风险的条件。

第七十一条

合作关系合同可以由除国家之外的、出现在2010年12月28日法律第12条Ⅰ. 提及的法令所列出的目录中的中央公共管理机构以及公共医疗机构和公法人拥有的医疗合作机构之外的任何购买者签署。

第七十二条

Ⅰ. 合作关系合同可以为了实现另一个公法或私法法人为执行其任务所需要的一个项目的实施而缔结。在此种情形下，一项合约在合作关系合同的购买者与为满足其需要而签署合作关系合同的机构之间签署。

Ⅱ. 国家可以为不被本法令第七十一条允许的购买者之一的利益缔结一份合作关系合同，只要具备以下条件：

1° 主管部委已经启动项目的指令。

2° 其运营相对于其对公共财政和公法人的财政状况的影响具有可行性。

第七十三条

当对于某一项目的实施，几个购买者同时拥有管辖权时，后者可以通过签署协议指定他们其中之一进行预先评估，这可能会导致变更管辖程序，也可能签署合同并监督其履行。必要情形下，这一协议将详细确定管辖移转的条件并确定其期限。

第二编　有关合作关系合同签订的特殊条款

第一章　程序启动的条件

第一节　预先评估和调查

第七十四条

在选择运用合作关系合同途径的决定作出之前，无论其投资金额多少，都应当按本法令第四十条的规定对项目模式进行评估。

购买者同时应该进行预算可行性的调研，该调研尤其应对合同对于公共财政的影响和贷款的可支配性进行明确。

第二节　借助此类合同的条件

第七十五条

Ⅰ. 合作关系合同的签署程序只有在如下条件下才能开始进行：

如果购买者能够证明已考虑到所计划开展项目的特性、购买者所负责的公共服务或者社会利益任务的要求或者在实施类似项目所体现出的不足和困难后，借助此类合同相较项目实施方式更为有利，尤其是在财政问题上。付款延迟标准不能独立构成一项有利因素。建立此项总结的方式由最高行政法院颁布的法令确定。

Ⅱ. 如果此合同的价值高于法令根据合同的性质和标的、购买者的财政和技术能力以及相应风险的强度所确定的最低标准，购买者只能借助合作关系合同。

第三节　预先的意见和授权

第七十六条

计划实施模式的评估，需要提交到法律法令指定的专家机构获取其意见。

对于其预算可行性的调研，需要提交到国家有管辖权的机关获取其意见。

第七十七条

Ⅰ. 对于国家及其公共机构而言，购买者对于伙伴关系合同签署程序的启动由有管辖权的行政机构按照法令所确定的条件进行审批。

Ⅱ. 对于地方公共团体及其公共机构，对于项目实施模式的评估、对于预算可行性以及对此的意见需提交评议会议或者评议机关，由后者根据借助合作关系合同的原则作出决定。

Ⅲ. 对于其他购买者，对于项目实施模式的评估、对于预算可行性以及对此的意见需提交决策机关，由后者根据借助合作关系合同的原则作出决定。

第二章　与程序完成相关的义务

第一节　签字之前的预先同意

第七十八条

Ⅰ．在签署之前,国家及其公共机构的合作关系合同由有管辖权的行政机关按照法令所确定的条件进行审批。

Ⅱ．地方公共团体的评议会议或者地方公共机构评议机关的执行机关负责审批合同的签署。

Ⅲ．其他购买者的决策机关负责审批合同的签署。

第二节　向专家机构的移转

第七十九条

合作关系合同及其附件一经签署,将通知本法令第七十六条所提及的专家机构。这些信息和文件仅可为经济分析和清点统计的目的被使用。

第三编　项目的融资与合同持有人的报酬

第一章　投资的出资

第八十条

Ⅰ．公法人可以借助向外界融资的方式。

Ⅱ．伙伴关系合同可以申请津贴补助和其他资金资助。这些津贴补助和其他资金资助的方式和期限可与合同期限相一致。

Ⅲ．如果合同持有人为实施项目成立专门的项目公司,则国家、地方公共团体或者其他公共机构可以通过向合同持有人以少数股份出资的形式,对于投资融资进行支持。

第八十一条

如果合同持有人为实施项目成立专门的项目公司,伙伴关系合同需要约定前者的股东变更的条件,尤其是购买者信息披露的方式以及必要条件下转让股份所获得收益的分配方式。

第八十二条

购买者可以预先约定最终要约中确定的融资方式具有可调整性。这些调整既不应当导致通过免除购买者遵守选择经济上最有利的方案的原则而使竞争条件遭受质疑的效果,也不应当使候选人担忧其建议的方案将被打乱。

第二章　购买者向合同持有人支付的酬金

第一节　合同持有人报酬的确定方式

第八十三条

Ⅰ.在本法令第六十七条Ⅰ.1°中提及的运营实现后,购买者在整个合同存续期间需要向合同持有人支付报酬。报酬事项与合同履行过程中合同持有人确定的成绩目标相关联。

但是,伙伴关系合同也可以采用预付款或者部分付款的方式。

Ⅱ.合同持有人因开展相关业务取得的收入或者财产的增值可以抵扣购买者向其支付的报酬的数额,具体条件由合同确定。

第二节　债权转让、融资租赁、抵押

第八十四条

Ⅰ.应由购买者支付的金额符合《货币与金融法典》第 L.313-29-1 条及其后续条款的规定,可以进行转让。

Ⅱ.投资的出资可以采用签署融资租赁合同的方式,在此情形下,该合同包含允许保留公共部门要求的条款。

Ⅲ.对于合同持有人享有物权或者所有权的工程,仅在为因履行合作关系合同之义务而产生的借款提供担保的情形下,才能在其上设定抵押。抵押合同需经购买者同意,并在必要情形下,需经过地产所有权人的同意,否则合同无效。

第四编　有关地产占用的条款

第八十五条

Ⅰ.合作关系合同需要占用公共地产的,应该在合同存续期间申请对于该地产的占用许可。除非合同条款有相反规定,合同持有人对于该工程及其实现的设施享有物权。这些权利赋予其相当于所有权人的权利和义务,相关具体的条件和限制由合同条款约定,旨在确保公共地产的指定用途和完整性。

Ⅱ.伙伴关系合同规定购买者可以对于工程、设施和不动产自由处分的条件。它尤其确保购买者负责的公共部门对于这些工程、设施和不动产的指定用途和公共部门的要求。

Ⅲ.伙伴关系合同可以预先约定赋予购买者在占用许可期限届满前决定是否取得在合同范围内建造的设施的选择权。

Ⅳ.伙伴关系合同可以预先或者在合同开始履行后约定有关工程、设施或者不动产所有权的合同终止的后果。

第八十六条

Ⅰ.为了使一部分地产增值,购买者可以在对属于公共地产的财产进行界定

关于公共合同的法令

后,赋予另一方合同持有人如下权利:

1° 授权他人占用该公共地产。

2° 对于属于私人地产的财产缔结私法上的租约,并且同意其在特定期限内设立各类物权。

3° 对于之前其受让的财产进行再次转让。

Ⅱ. 购买者同意的意思表示应该在Ⅰ.的1°和2°中提及的每一项许可或者租约中明确列明。当伙伴关系合同是由购买者为满足另一公法或私法法人执行职务需要而进行的项目或者当项目是在另一公法人或者私法人实施时,另一方合同持有人在取得地产所有权人同意后,可以被授权对于一部分地产进行增值。

在另一方合同持有人签署的租约合同期限超过合同期限的情形下,购买者对于租约合同继续履行的条件应通过购买者、另一合同持有人与承租人以及必要情形下地产所有人之间签署协议进行确定。

第五编 有关伙伴关系合同履行的特殊条款

第八十七条

Ⅰ. 若另一方合同持有人将合同履行的任何一部分委托给中小企业或者手工艺者,其条件由法令进行确定。

Ⅱ. 另一方合同持有人在收到为其履行合同提供服务的服务提供商的付款请求时,其对于金融机构构成后者的担保人。

这些给付按照法令确定的期限进行支付,而不适用《商法典》第 L. 441-6 条的规定。

Ⅲ. 在合同确定的权限标准中,购买者应当对于投标者委托给中小企业或者手工艺者的合同履行部分进行评估。

第八十八条

Ⅰ. 另一方合同持有人需要制作年报,以便能够对于伙伴关系合同的履行进行追踪。每年在合同签署日期满整年之后的45天内,年报将被呈交至购买者。

Ⅱ. 购买者有权对合同履行情况进行监督。这一监督至少应当在合同约定的每项职责的履行过程中和履行完毕时进行,并且针对监督情况制作报告。

Ⅲ. 对于地方团体及其公权机构,由另一方合同持有人制作的年报以及由购买者制作的监管报告被呈交至其审议大会或者审议机构并进行讨论。

第八十九条

Ⅰ. 在合同被法官终止、解除或撤销的情形中,伙伴关系合同的另一方持有人可以就其按照合同约定所支出的费用请求赔偿,其中可包含合同持有人在被委托的任务范围内为实现融资所支付的融资费用,只要这些任务对于购买者有用处。对于融资费用的约定,应该在伙伴关系合同的附件中有关约束另一方合同持有人和银行机构的条款中进行规定。

Ⅱ. 若伙伴关系合同对于合同在被法官终止、解除或撤销的情形中一方对于另一方合同持有人的赔偿方式进行了约定,该条款被视为与合同其他条款是可分的。

第九十条

根据法国法律,为解决履行伙伴关系合同引起的争端,购买者可以选择借助《民事诉讼法典》第四卷规定的仲裁程序来解决。

对于国家,选择借助仲裁程序解决争端,需要经过"有关主管部委和经济部关系的法令"进行批准。

第三部分　有关海外省的规定

第九十一条至第九十九条,省略。

第四部分　其他条款

第一百条至第一百零二条,省略。①

第五部分　最后条款

第一百零三条

Ⅰ. 本法令由相关法规确定最终生效时间,最晚不得超过 2016 年 4 月 1 日。

Ⅱ. 除按照Ⅰ.中规定的条件生效的情形外,本法令也适用于在 2016 年 1 月 1 日之后已经进行相关咨询或者公开的竞争招标书已经发送公告的公共合同和受本法令调整的合同。

第一百零四条　总理,环保、持续发展及能源部长,掌玺和司法部长,金融和公共会计部长,国防部长,内政部长,经济、工业与信息部长,海外省部长按照各自负责的领域,负责本法令的实施。本法令将被公布在法兰西共和国官方报纸上。

2015 年 7 月 23 日

(姜影　译)

---

①　因本法令第三部分(有关海外省的规定)与第四部分(其他条款)专门针对法国自身情况起草,借鉴意义不大,故省略。

德 国

加速实施公私合作制及改善其法律框架条件法[①]

2005 年 9 月 1 日

联邦议院在联邦参议院的同意下现颁布法令如下：

第一条 修改《反限制竞争法》

2005 年 7 月 15 日颁布的《反限制竞争法》(《联邦法律通报》第一部分第 2114 页)的修改是经由 2005 年 8 月 12 日通过的法令(《联邦法律通报》第一部分第 2354 页)的第 2 条第 18 款作出的：

1. 该法的第 99 款中加入了如下第 6 款的内容：

"(6) 一项既以货物采购也以服务采购为对象的公共采购，如果服务部分的价值超过货物的价值，则视为服务采购。一项公共采购除服务采购外还包括建筑工程，若该建筑工程相对于主要工作来说仅仅是辅助性的工作，则该项公共采购应视为服务采购。"

2. 第 101 款被修改如下：

a) 第 1 款被解释如下：

"(1) 公共采购合同、公共建筑合同以及公共服务委托合同的招标可采用如下方式进行：公开招标、非公开招标、议价或竞争性谈判。"

b) 根据第 4 款的规定添加第 5 款的规定如下：

"(5) 竞争性谈判程序是针对特别复杂的公共采购设定的程序。公共采购人首先要发出要约，然后与选定的企业进行谈判，谈判中公共采购合同的每一个细节都会被涉及。"

c) 之前的第 5 款更改为第 6 款，表述如下：

"(6) 公共采购人应采用公开招标的方式进行采购，本法有特殊规定的除外。符合第 98 条第 4 款规定的公共采购人可在公开招标、非公开招标和议价程序中作出选择。"

[①] 《联邦法律通报》2005 年版第一部分 56 号第 2676 页，波恩，2005 年 9 月 7 日。

第二条 修改《发包条例》

2003年2月11日发布的《发包条例》(《联邦法律通报》第一部分第169页)的最后一次修改是经由2005年7月7日通过的法令(《联邦法律通报》第一部分第1970页)的第3条第37款作出的,相关内容如下:

1. 第4条增加第4、5款的规定:

"(4)适用第1款时应参考《服务招标规则》(VOL/A)A部分第二章第7条第2号第1款的规定,投标人在提供服务时可获取其他企业的帮助。

(5)在发包程序开始前,发包人接受了某出价公司或某投标人的咨询服务或其他方面的支持,则发包人必须保证,该出价公司或投标人的加入不会引起公开招标程序的不公。"

2. 第6条修改如下:

a)之前的第6条现改为第1款。

b)增加第2、3款的规定:

"(2)适用第1款规定时,《建筑业招标规则》(VOB/A)A部分第二章的规定也同样适用:

①《建筑业招标规则》(VOB/A)第2条第1项和第25条第2项适用于发包方向多家公司招标的情形,发包人在招标时可视发包程序需要要求出价方通过特定的法律程序出价。

②《建筑业招标规则》(VOB/A)第8条第2款第1项和第25条第6项规定,投标人在提供服务时可获取其他企业的帮助。

③《建筑业招标规则》(VOB/A)第10条第5款第3项规定,投标人转包建筑工程时仅需参考《建筑业招标规则》(VOB/B)B部分的规定。

(3)第4条第5款同样适用。"

3. 第6条增加第6a条的内容:

"第6a条 竞争性谈判

(1)公共采购人在缺乏必要的技术手段、法律环境和资金支持的情况下可对在一定门槛上的货物买卖、服务以及建筑工程招标引入竞争性谈判程序。

(2)公共采购人应在整个欧洲范围内以公告的形式对其需求及要求进行解释和说明。

(3)在根据第2款的规定进行公告后,公共采购人需与选中的企业进行对话,在对话中就项目的每一个细节进行谈判,以最优化满足公共采购人的需求。在对话过程中,公共采购人需平等地对待每一个被选中的企业,不得给予特定企业以优惠条件。公共采购人只得在对话谈判过程中使用被选中企业解决问题的建议及相关信息,未经该企业允许,不得将其企业信息泄漏给其他企业。

(4)公共采购人可将对话分成几个不同的相互关联的阶段进行,按照公告中的成交标准来减少对话过程中谈判解决方案的数量。如果有第一项的情况出现,则应当在公告中指明。公共采购人应告知没有给出合适解决方案的企业不得进入下一轮对话程序。

（5）公共采购人可在如下情形下宣告终止对话并通知相关企业：

① 找到了足以满足其需求的方案；或

② 找不到解决的方案。

如若找到了需求方案，即第一句第一项情形，公共采购人则会要求提供该方案的企业进一步充实该方案并给出最终包含所有细节的项目解决方案，公共采购人还可以要求该企业对最终的解决方案作进一步的解释、说明和补充。但这种解释、说明和补充不得对最终的解决方案作根本改动，以防止破坏竞争秩序，造成差别待遇。

（6）公共采购人可根据公告中确定的成交标准对企业的方案进行评估并选出最经济的方案。公共采购人可要求给出最经济方案的企业对方案的某一部分进一步解释或对其方案中包含的承诺能否实现给出证明。但这样的要求不可以引起方案的根本性改动、竞争秩序的破坏以及对不同企业差别对待的结果。

（7）若公共采购人要求参与竞争性谈判的企业提供草案、计划、绘图、预算或其他材料，则公共采购人需按照统一的标准对及时提供材料的企业给予适当的补偿。"

第三条　修改《远程公路建设私人融资法》

2003年1月20日颁布的《远程公路建设私人融资法》(《联邦法律通报》第一部分第98页)将作如下修订：

1. 第一节将作如下修改：

a) 第1款中"在费用融资的基础上"改为"在养路费用融资的基础上"。

b) 增加第5款："（5）本法中的养路费为公法上的费用（费用）或私法上的报酬（报酬）。"

2. 第二节将作如下修改：

a) 第1款将作如下修改：

aa) 第1项中"接受第3条规定的征收联邦远程公路路段养路费的权限作为质押而放款"改为"接受第3条第1款第2项确定的联邦远程公路路段的建设、运营和维护权限，尤其是收取养路费及第3条至第5条确定的交通标志和交通设施的管理和运营权限作为质押而放款"。

bb) 第3项后增加以下内容：

"养路费由私营企业按照第2款至第4款的规定收取，养路费以第5条第1款第1项规定的费用形式收取或者以第6条第1款的准许的报酬形式收取。"

cc) 之前的第7项和第8项被废止。

b) 第1款之后增加如下内容：

"（2）只要确定了联邦远程公路路段向公众开放的具体时间，负责管理的州最高公路建设管理部门应要求私营企业向其作出养路费是按照费用形式还是按照报酬形式征收的说明。私营企业应在收到该要求一个月之内给予明确说明，否则养路费将以费用的形式征收。

(3) 在开始收取养路费之后,私营企业最迟可在一个核算期结束前六个月向负责管理的州最高公路建设管理部门提出下一个核算期内养路费收费形式变化的申请,即由费用改为报酬或由报酬改为费用。

(4) 只要养路费以费用的形式收取,那么私营企业的费用通知将不能再被提起异议。该费用通知将按照各州行政执行的规定颁布。"

c) 之前适用的第2款至第4款改为第5款至第7款。

d) 在修改后的第5款第4项中,"运营者"一词改为"私营企业"。

3. 第3条将作如下修改:

a) 第1款第1项第1句中"联邦公路"一词后增加"用于车辆行驶的"。

b) 第4款中增加如下内容:

"私营企业可在不同的核算期对其投入的资本确定不同的利率,只要在整个许可经营期能够保持第1和第2项规定的平均利率水平。"

c) 在第5款第3项中,"根据第3a款的规定"改为"根据第4款和第5款的规定或第6款的批准"。

4. 第3a款被下面的第4款至第6款所取代:

"第4款 养路费测定与核算规定

联邦交通、建筑及房产部在与联邦财政部及联邦经济与劳动部协商后,并经联邦参议员以法规的形式授权,可根据第3条第2款至第5款的规定制定养路费测定和核算的细则。

第5款 养路费法规

(1) 联邦州政府有权根据第3条第1款第2项、第2款至第5款以及第4条的规定依法确定养路费的额度,只要:

① 私营企业在第2条第2款第1项和第2项情形中作出将养路费以费用形式征收的声明或在第2条第3款的情形中,申请将养路费以费用形式征收。

② 出现了第2条第2款第3项的情形。

联邦州政府可依法将此权限转交给州最高公路建设管理部门。私营企业在得到项目委托后有权要求按照第1项的规定颁布这样的法令。只要成本尚未最终确定,则第1项法规中养路费的额度可在私营企业报价的基础上确定,该额度可根据已证实的成本作调整。可将可证实的成本列表,以便快速和准确地核算成本。

私营企业可根据第1款第1项的规定随时向州政府提出申请,对养路费的额度进行调整,私营企业享有调整该额度的请求权的前提在于确定该额度的基础发生了本质的变化。根据第1款第2项的规定,私营企业可向州最高公路建设部门提出调整额度的申请。

第6款 养路费的批准

(1) 若私营企业在出现第2条第2款的情形时声明或在出现第2条第3款的情

形时提出申请将以报酬的形式收取养路费,那么养路费的收取额度由州最高远程公路建设管理部门批准。

(2) 相关部门应在出现如下情形时批准养路费的额度:

① 收费路段已根据第 3 条第 2 款第 1 项的规定确定。

② 核算养路费是依第 4 条的规定作出的,并遵守了第 3 条第 2 款至第 5 款的标准。

(3) 私营企业可随时向州最高远程公路建设管理部门提出申请,对养路费的额度进行调整,私营企业享有调整该额度的请求权的前提在于确定该额度的基础发生了本质的变化。

(4) 州最高远程公路建设管理部门在批准养路费额度时应获得联邦交通、建筑及房产部门的许可。

(5) 如果私营企业申请撤回上述请求,则相关部门可在不违背行政程序法中关于撤销的规定前提下撤销批准养路费变动的许可。"

5. 之前适用的第 4 条至第 6 条改为第 7 条至第 9 条。

6. 在第 7 条第 2 款与第 3 款中,"免除费用"改为"免除养路费"。

7. 第 8 条修改如下:

"第 8 条　养路费债务人

养路费债务人是:

① 交通工具使用人;

② 交通工具实际控制人;

③ 交通工具所有人。

多个债务人共同承担债务。"

8. 第 9 条修改如下:

a) 第 1 款中"第 3a 条第 2 款第 1 项的规定"改为"第 5 条第 1 款第 1 项的规定或第 6 条第 1 款的批准规定"。

b) 在第 4 款中,

aa) "养路费债务人"改为"债务人";

bb) "根据第 8 条的规定"改为"根据第 10 条的规定"。

9. 之前适用的第 7 条被废止。

10. 之前适用的第 8 条至第 10 条改为第 10 条至第 12 条。

11. 第 10 条第 2 款中"目的在于"后增加"征收养路费"。

12. 第 11 条第 2 款修改如下:

a) 第 1 项第 2 句修改如下:

"只要按照第 9 条的规定收取养路费,且在法定时间内没有提出上诉,结算数据可被删除。"

b) 第 2 项与第 3 项修改如下：

"若养路费以收费的方式进行，且对该收费提起了诉讼程序，则至少应当在诉讼程序终止一个月后删除结算数据。如若养路费按照第 9 条的规定收取，则私营企业至少应当在行政程序、报酬收取违法性审查程序或刑事程序终止一个月后删除其相关数据。"

13. 第 12 条第 1 款修改如下：

a) 在第 1 项中，

aa)"第 6 条第 1 款"改为"第 9 条第 1 款"。

bb)"第 3a 条第 2 款第 1 项的规定"改为"第 5 条第 1 款第 1 项的规定或第 6 条第 1 款的批准规定"。

b) 在第 2 项中，"第 6 条第 3 款第 1 项"改为"第 9 条第 3 款第 1 项"。

c) 在第 3 项中，"第 9 条第 1 款第 1 项"改为"第 11 条第 3 款或第 2 款"。

14. 第 12 条后增加第 13 条的规定：

"第 13 条 过渡性规定

（1）在第 2 款的条件下，第 3a 条第 2 款及有效期至 2005 年 9 月 7 日的第 3 条第 2 款至第 5 款继续适用。

（2）在第 3a 条第 2 款及有效期至 2005 年 9 月 7 日的第 3 条第 2 款至第 5 款基础上颁布的法令，自下列日期起废止：

① 在第 5 条第 1 款基础上颁布的养路费金额的相关规定生效之日；

② 依第 6 条第 1 款批准的酬金金额生效日。

州最高远程公路建设管理部门应按照第 1 项的规定在联邦公报上公布上述日期。

（3）联邦交通、建筑、房产部依法经授权可不经联邦参议院同意就将根据第 2 款第 1 项的规定已不适用的法律废止，这些法律是在第 3a 条第 2 款及有效期至 2005 年 9 月 7 日的第 3 条第 2 款至第 5 款基础上颁布的。"

15. 之前适用的第 11 条的规定改为第 14 条。

第四条 修改《联邦预算法》

1969 年 8 月 19 日颁布的《联邦预算法》(《联邦法律通报》第一部分第 1284 页）的最近一次修订是经由 1999 年 6 月 17 日颁布的法令（《联邦法律通报》第一部分第 1334 页）第 3 条作出的，修订如下：

1. 在第 7 条第 2 款第 1 项后增加如下内容：

"应当关注措施实施中的风险分配问题。"

2. 第 63 条修订如下：

a) 第 2 款中增加以下内容：

"对完成联邦任务有用的不动产可出售给私人以长期占用，只要这项出售经证明是对完成联邦任务更有经济效益的。"

b) 第 3 款中增加以下内容：

"标的物价值微小或联邦有急迫需求的情形，联邦财政部可将其视为例外，可酌情处置。"

c) 第 4 款被废止。

d) 之前适用的第 5 款改为第 4 款，内容如下：

"第 2 款与第 3 款同样适用于财产的使用权转让。"

第五条　修改《土地购置税》

1997 年 2 月 26 日颁布的《土地购置税法》(《联邦法律通报》第一部分第 418、1804 页）的最近一次修订是经由 2004 年 12 月 9 日颁布的法令（《联邦法律通报》第一部分第 3310、3548、3843 页）第 18 条作出的，修订如下：

1. 该法标题表述为《土地购置税法》(GrEStG)。

2. 第 4 条第 8 项中最后的句号改为分号，并增加第 9 项，内容如下：

"公共法人购买土地或回购在公私合营框架下被用于公共建设或《土地税法》第 3 条第 2 款规定用途的土地，在双方就合同期结束后土地退还问题达成一致意见的情形下可免纳土地购置税。除外情形是该公共法人放弃回购该土地或该土地不再被用于公益目的。"

3. 第 19 条第 2 款第 4 项中最后的句号改为分号，并增加第 5 项，内容如下：

"若依照第 4 条第 9 项的规定购买土地无须缴纳土地购置税，则是土地的使用目的变化或不再放弃回收土地。"

第六条　修改《土地税法》

1973 年 8 月 7 日颁布的《土地税法》(《联邦法律通报》第一部分第 965 页）的最近一次修订是经由 2005 年 6 月 21 日颁布的法令（《联邦法律通报》第一部分第 3310、3548、3843 页）第 29 条作出的，在第 3 条第 1 款第 2 项下增加如下内容：

"在公私合作制框架下若土地由一位没有得到任何优惠的私营企业因公益目的转让给公共法人，且双方约定合同期满该土地转让给使用者，则不能适用第 2 项的规定。"

第七条　修改《投资法》

2003 年 12 月 15 日颁布的《投资法》(《联邦法律通报》第一部分第 2627 页）的最近一次修订是经由 2005 年 6 月 22 日颁布的法令（《联邦法律通报》第一部分第 1698 页）第 5 条作出的，修订如下：

第 67 条第 2 款增加第 3 项的规定：

"在第 1 项规定的前提下，只要现有的用益权支出与用益权的现值不超过特种基金总价值的 10%，资产投资公司即可在特种基金清算时获得第 1 条第 1 款规定的用于公益目的的土地的用益权。"

第八条　回归统一秩序

以第 2 条规定为基础的《发包条例》可依照《反限制竞争法》的授权依法变更。

第九条　新公告

联邦交通、建筑、房产部可在《联邦法律通报》中发布《远程公路建设私人融资法》的现行版本。

第十条　生效

本法自颁布之日起生效。

（胡晓媛　译）

日本

关于利用民间资金促进公共设施完善的法律

(1999年7月30日法律第117号)
最终修改:2015年9月18日法律第71号,第5次修订

第一章 总 则

第一条 目的

本法目的在于采取措施利用民间的资金、经营能力以及技术能力以图促进公共设施的完善,提高社会资本的效率和效果,同时确保向国民提供优质低价的服务,以此对国民经济的健康发展有所贡献。

第二条 定义

1. 本法中所谓"公共设施"是指下列设施(包括设备):

(1)公路、铁路、港湾、机场、河流、公园、自来水管道、下水道、工业水道等公共设施。

(2)政府办公用房、宿舍等公用设施。

(3)租赁住宅以及教育文化设施、废弃物处理设施、医疗设施、社会福利设施、矫正保护设施、停车场、地下街等公益设施。

(4)信息通信设施、供热设施、新能源设施、循环利用设施(废弃物处理设施除外)、观光设施以及研究设施。

(5)船舶、飞机等的运送设施以及人工卫星(包括运行这些设施所必要的设施)。

(6)类似前述各项所列设施而由政令规定的。

2. 本法中所谓"特定项目"是指关于公共设施完善(指公共设施等的建设、制造、改修、维持管理和运营以及与此有关的规划,包括向国民提供服务,下同)的项目(包括城市土地再开发项目、土地规划整理项目以及其他城市土地开发项目),通过利用民间的资金、经营能力和技术能力能够得到更有效率、更好效果的实施。

3. 本法中所谓"公共设施的管理者"是指以下所列者:

(1)作为公共设施管理者的各省各厅的长官(众议院议长、参议院议长、最高法院院长、会计检查院院长以及大臣,下同)或者管理特定项目的大臣。

(2)作为公共设施管理者的地方政府的首长和准备实施特定项目的地方政府

的首长。

（3）进行公共设施完善的独立行政法人、特殊法人以及其他公共法人（包括进行城市土地再开发项目、土地规划整理项目以及其他城市土地开发项目的组合。以下称为"公共法人"）。

4. 本法所谓"选定项目"是指根据第七条的规定选定的特定项目。

5. 本法所谓"选定投资者"是指根据第八条第一款规定作为实施选定项目的主体而被选定者。

6. 本法所谓"公共设施运营项目"是指作为特定项目，根据第十六条的规定被设定，对公共设施管理者具有所有权（构成公共设施等的建筑物以及其他工作物的宗地所有权除外，第二十九条第四项亦同）的公共设施（仅限于征收使用费（是指与公共设施的利用有关的费用））进行运营（是指运营、维护管理以及与此相关的企划，包括对国民提供的服务等，下同），将使用费作为收入进行收取的项目。

7. 本法所谓"公共设施运营权"是指实施公共设施运营项目的权利。

第三条　基本理念

1. 关于公共设施完善的项目要立足于国家、地方政府（包括与此相关的公共法人，以下在本条以及第七十七条中亦同）与民间投资者进行适当的分工并有效使用财政资金的观点，亦考虑行政的效率以及国家、地方政府财产的有效利用，对由该项目产生的收益可以支付所需要的费用，因此适合由民间投资者来从事的，尽可能委托给民间投资者实施。

2. 特定项目要谋求国家、地方政府和民间投资者责任分担的明确化，在确保收益的同时，通过使国家、地方政府对民间投资者的干预控制在必要的最小限度内，充分发挥民间投资者所有的技术、经营资源以及创造性等，向国民提供优质低价的服务，必须以此为宗旨进行。

第二章　基本方针

第四条

1. 政府必须根据基本理念，制定实施特定项目相关的基本方针（以下称为"基本方针"）。

2. 基本方针对特定项目的实施必须规定下列事项（对地方政府实施的特定项目，必须是促进特定项目的健康高效发展的必要事项）：

（1）根据民间投资者的提案对特定项目的选定以及其他关于特定项目选定相关的基本事项。

（2）民间投资者的募集和选定相关的基本事项。

（3）明确民间投资者的责任等为确保项目的稳妥实施相关的基本事项。

（4）关于公共设施运营权的基本事项。

(5) 关于法律上、税收上的措施以及财政、金融支援的基本事项。

(6) 其他关于实施特定项目的基本事项。

3. 基本方针的制定必须考虑以下事项:

(1) 关于特定项目的选定,必须要确保公共设施完善中的公共性和安全性,削减项目所需费用等来提高资金使用效率,改革为国民提供服务中的行政参与方式,并能为民间创造更多的投资机会与其他成果,同时要尊重民间投资者的自主性。

(2) 关于民间投资者的选定,要通过公开的竞争进行选定以期实现过程的透明化,同时要尊重民间投资者的创造性。

(3) 关于财政上的支援,以现行制度规定的方针政策为基本,或者参照执行。

4. 内阁总理大臣对基本方针的方案必须请求内阁讨论决定。

5. 内阁总理大臣在前项规定的内阁讨论决定后必须及时公布基本方针,并送达各省厅首长。

6. 前两款的规定在基本方针变更之际也参照适用。

7. 地方政府根据基本理念研究决定基本方针的基础上,对第三款各项所规定的事项予以考虑,在发挥地方的创造性的同时,采取必要措施使特定项目顺利实施。

第三章　特定项目的实施

第五条　实施方针

1. 公共设施的管理者,要进行第七条的特定项目的选定以及第八条第一款的民间投资者的选定时,可以根据基本方针制定关于特定项目实施的方针(以下称为"实施方针")。

2. 实施方针就特定项目要具体规定下列事项:

(1) 关于特定项目的选定事项。

(2) 关于民间投资者的募集以及选定事项。

(3) 关于民间投资者的责任的明确化等确保项目稳妥实施的事项。

(4) 关于公共设施场地、规模以及配置的事项。

(5) 关于项目合同(为实施选定项目(公共设施运营项目除外)而由公共设施管理者和选定投资者签订的合同,下同)的解释产生疑义之际的措施事项。

(6) 关于项目难以为继之际的措施事项。

(7) 关于法律上、税收上的措施以及财政与金融支援的事项。

3. 实施方针制定后,公共设施的管理者要及时对外公布。

4. 前款的规定在实施方针变更之际参照适用。

第六条　制定实施方针的提案

1. 将要实施特定项目的民间投资者可以向公共设施的管理者提议制定实施该特定项目的实施方针。在此之际,必须提交该特定项目的方案,显示关于该特定项目的效果、效率评价结果的文件以及其他内阁府令规定的文件。

2. 接到前款规定提案的公共设施的管理者必须对该提案进行研究,并及时将结果通知该民间投资者。

第七条　特定项目的选定

公共设施的管理者根据第五条第三款(包括同条第四款参照适用的情况)的规定公布实施方针时,可以根据基本方针和实施方针选定适于实施的特定项目。

第八条　民间投资者的选定

1. 公共设施的管理者根据前条规定选定特定项目时,要通过公开募集的方法等选定实施该特定项目的民间投资者。

2. 根据前款规定选定的民间投资者,可以进行本来由公共设施的管理者进行的项目合同中规定由该民间投资者进行的公共设施完善项目(根据第十六条规定设定了公共设施运营权的场合,则为该公共设施运营权相关的公共设施的运营)。

第九条　失去资格事由

符合以下任何一项的,不能参与实施特定项目的民间投资者的募集:

(1) 非法人。

(2) 收到破产程序开始的决定又没有恢复权利的法人或者在外国法令上被同样对待的法人。

(3) 根据第二十九条第一款(仅限于同款第一项的部分,本条下同)的规定被撤销公共设施运营权,从撤销之日起未满五年的法人。

(4) 具有公共设施运营权者(以下称为"公共设施运营权者")根据第二十九条第一款规定被撤销公共设施运营权的,构成撤销原因的事实发生当时为该公共设施运营权者的母公司等(指根据政令规定处于能对该法人的经营进行实质性支配关系的法人,第七项中亦同)法人的,从撤销之日起未满五年的。

(5) 管理层中有符合下列情况之一的法人:

A. 成年被后见人或者被辅佐人或者在外国法令上被同样对待的人。

B. 收到破产程序开始的决定又没有恢复权利的人或者在外国法令上被同样对待的人。

C. 被处拘役以上的刑罚(包括外国法令上与此相当的刑罚),从刑罚执行终了或者免予执行之日起未满五年的。

D. 是《关于防止暴力团成员不当行为的法律》(1991年法律第77号)第二条第六项所规定的暴力团成员(以下本条中称为"暴力团成员")或者从不再是暴力团成员之日起未满五年的。

E. 公共设施运营权者根据第二十九条第一款的规定被撤销公共设施运营权的,在该撤销之日的前三十日内为该公共设施运营权者的管理层,从该撤销之日其未满五年的。

F. 关于营业不具有与成年者同一行为能力的未成年人,其法定代理人符合从

A 到 E 的任一情况的。

（6）暴力团成员或者从不再是暴力团成员之日未满五年者支配其经营活动的法人。

（7）其母公司符合第二号至前号任一情况的法人。

第十条　技术提案

1. 公共设施的管理者，在根据第八条第一款的规定选定民间投资者之前，对参与募集者应尽力要求其提供关于特定项目的技术或者方案的提案（以下本条中称为"技术提案"）。

2. 公共设施的管理者在收到技术提案时，要进行适当的审查和评价。

3. 关于技术提案，参照适用《关于促进确保公共工程质量的法律》（2005年法律第18号）第十五条第五款本文、第十六条、第十七条第一款前段、第十八条第一款和第二款以及第十九条的规定。在此情况下，必要的技术上的换读由政令规定。

第十一条　客观评价

1. 公共设施的管理者在进行第七条的特定项目的选定以及第八条第一款的民间投资者的选定时，必须进行客观的评价（包括对该特定项目的效果、效率的评价）并将其结果予以公布。

2. 公共设施的管理者在进行第八条第一款的民间投资者的选定时，为能充分发挥民间投资者的技术和经营资源以及创造性，为国民提供优质低价的服务，原则上应根据价格和为国民提供服务的质量以及其他条件进行评价。

第十二条　地方议会的决议

地方政府在签订其种类和金额符合政令规定标准的项目合同时，要预先经过议会的决议。

第十三条　在指定管理者的指定中的考量

地方政府对根据本法完善公共设施的管理中适用《地方自治法》（1947年法律第67号）第二百四十四条之二第三款的规定的，就同条第四款至第六款规定的事项，要充分考量促进选定项目的顺利实施，同时对符合同条第十一款的规定情况下的选定项目的处理要预先努力予以明确。

第十四条　选定项目的实施

1. 选定项目要根据基本方针与实施方针，依据项目合同（根据第十六条规定设定公共设施运营权的情况下，则为该公共设施运营权相关的公共设施运营权实施合同（即第二十二条第一款规定的公共设施运营权实施合同），次项亦同）进行实施。

2. 选定投资者为国家或者地方政府出资或者拨款的法人（包括该法人出资或者拨款的法人）的，要特别注意不能使得该选定投资者的责任不明确，在项目合同中要明确记载其与公共设施管理者的责任分担。

第十五条　公布实施方针的制定展望

1. 公共设施的管理者根据内阁府令规定，在每一年度要将该年度的实施方针的制定预期有关的事项中内阁府令规定的内容对外公布。但在该年度中没有展望的,则不在此限。

2. 公共设施的管理者在变更前款中展望相关事项的,根据内阁府令的规定对变更后的事项也必须对外公布。

3. 公共设施的管理者在签订项目合同时,要及时根据内阁府令的规定,将该项目合同的内容(仅限于公共设施的名称、场地、选定投资者的商号或者名称、公共设施完善的内容、合同期间、项目难以为继场合的措施等相关事项以及其他内阁府令规定的事项)对外公布。

4. 前三款的规定不妨碍地方政府在前三款规定事项之外,就实施方针的制定展望以及项目合同内容相关的信息公开以条例进行必要的规定。

第四章 公共设施运营权

第十六条 公共设施运营权的设定
公共设施的管理者可以为选定投资者设定公共设施运营权。

第十七条 关于公共设施运营权的实施方针中记载事项的追加
公共设施的管理者在选定民间投资者设定公共设施运营权时,在实施方针中除第五条第二款列举的事项之外,还要规定下列事项:

(1) 关于为选定投资者设定公共设施运营权的情况。

(2) 与公共设施运营权相关的公共设施运营的内容。

(3) 公共设施运营权的存续期间。

(4) 根据第二十条的规定征收费用的情况下,要予以说明(如果预先确定征收金额的,要说明征收费用的情况与金额)。

(5) 第二十二条第一款规定的公共设施运营权实施合同中要规定的事项以及关于其解释发生疑义时的措施事项。

(6) 关于利用费用的事项。

第十八条 关于实施方针的条例
1. 公共设施的管理者(仅限于地方政府首长)在前条规定情况下要根据条例规定制定实施方针。

2. 前款的条例中要规定关于民间投资者选定的程序、公共设施运营权者进行公共设施运营的基准及业务的范围、利用的费用等事项,以及其他必要事项。

第十九条 公共设施运营权的设定时期
1. 公共设施的管理者根据第十七条的规定在实施方针中规定该条各项规定的事项时,根据第八条第一款的规定选定民间投资者时,要及时(该实施方针规定的特定项目包括关于公共设施等的建设、制造或者改修项目的,在该建设、制造或者改修完成后立即)根据该实施方针为选定投资者设定公共设施运营权。

2. 公共设施运营权的设定必须明确以下所列事项：

(1) 公共设施的名称、场地以及规模和配置。

(2) 第十七条第二项与第三项列举的事项。

3. 公共设施的管理者根据第一款的规定设定公共设施运营权时将其情况以及与该公共设施运营权相关的公共设施的名称、场地及第二款第二项列举的事项予以公布。

4. 公共设施的管理者（仅限于地方政府的首长）根据第一款的规定要设定公共设施运营权的,要预先经过议会的决议。

第二十条　费用的征收

公共设施的管理者根据实施方针,可以向公共设施运营权者（仅限于没有进行公共设施运营权相关的公共设施的建设、制造或者改修的公共设施运营者）征收该建设、制造或者改修所需的部分或者全部费用。

第二十一条　公共设施运营项目的开始义务

1. 公共设施运营权者必须在公共设施的管理者指定期间内开始公共设施运营项目。

2. 公共设施的管理者在收到公共设施运营权者的申请,认为有正当理由的,可以延长前款规定的期间。

3. 公共设施运营权者开始公共设施运营项目的,要及时向公共设施的管理者进行备案。

第二十二条　公共设施运营权实施合同

1. 公共设施运营权者在开始公共设施运营项目之前,必须遵照实施方针,根据内阁府令的规定与公共设施的管理者签订包含下列事项的合同（以下称为"公共设施运营权实施合同"）：

(1) 公共设施的运营方法。

(2) 公共设施运营项目难以为继情况下的相关措施事项。

(3) 规定公共设施利用章程的,其决定程序与公布方法。

(4) 让派遣职员（是指第七十八条第一款规定的国家派遣职员和第七十九条第一款规定的地方派遣职员,以下本项中亦同）从事该业务的情况下,该业务的内容与该职员从事该业务的期间以及其他与该派遣职员从事该业务相关的必要事项。

(5) 其他内阁府令规定的事项。

2. 公共设施的管理者签订公共设施运营权实施合同后要及时根据内阁府令的规定,将公共设施运营权实施合同的内容（仅限于公共设施运营权者的商号或者名称、前款第二项列举的事项以及其他内阁府令规定的事项）对外公布。

3. 前款的规定不妨碍地方政府在同款规定事项之外就公共设施运营权实施合同的信息公开以条例进行必要的规定。

第二十三条 公共设施的利用费

1. 公共设施运营权者收受利用费作为自己的收入。

2. 利用费由公共设施运营权者根据实施方针决定。在此情况下,公共设施运营权者预先要将该利用费向公共设施管理者进行备案。

第二十四条 性质

公共设施运营权视为物权,除非本法有特别规定,参照适用不动产相关规定。

第二十五条 权利的标的

公共设施运营权在法人合并以及其他一般承继、转让、滞纳处分、强制执行、暂扣以及先予处分或者成为抵挡权标的以外,不能成为权利的标的。

第二十六条 处分的限制

1. 公共设施运营权不能进行分割或者合并。

2. 公共设施运营权未经公共设施的管理者的许可不得进行转移。

3. 公共设施的管理者在进行前款的许可时,必须审查是否符合以下基准:

(1) 接受公共设施运营权转移者没有第九条各项的任何情况。

(2) 公共设施运营权的转移对照实施方针是适当的。

4. 公共设施的管理者(仅限于地方政府首长)在进行第二款的许可时,要预先经过议会的决议。但条例有特别规定的不受此限。

5. 经过抵押权设定登记的公共设施运营权,未经抵押权人同意,不得放弃。

6. 未取得第二款的许可或者前款的同意进行的公共设施运营权的转移或者放弃无效。

第二十七条 记录

1. 公共设施运营权与以公共设施运营权为标的的抵押权的设定、转移、变更、消灭及处分的限制,以及根据第二十九条第一款规定的公共设施运营权的行使的停止或者停止的解除,须在公共设施运营权登记簿上记录。

2. 前款规定的记录代替登记。

3. 关于第一款规定的记录的处理,不适用《行政程序法》(1993年法律第88号)第二章与第三章的规定。

4. 公共设施运营权的记录簿不适用《关于行政机关保有信息公开法》(1999年法律第42号)的规定。

5. 公共设施运营权记录中记录的保有个人信息(是指《关于行政机关保有个人信息的保护法》(2003年法律第58号)第二条第三款规定的保有个人信息)不适用同法第四章的规定。

6. 除前面各款规定的以外,关于记录的必要事项由政令规定。

第二十八条 指示

公共设施的管理者可以向公共设施运营权者要求报告其业务或者财务状况、进行实地调查或者给予必要的指示,以期实现公共设施运营项目的合理化。

第二十九条　公共设施运营权的撤销

1. 公共设施的管理者在有以下各项任一情况的,可以撤销公共设施运营权,或者责令其停止行使。

(1) 公共设施运营权者有以下任一情况的:

A. 以虚伪或者其他不正当方法成为公共设施运营权者的。

B. 有第九条各项所列情况之一的。

C. 根据第二十一条第一款规定在指定期间(根据同条第二款规定延长的,在延长后的期间)内没有开始公共设施运营项目的。

D. 未能实施公共设施运营项目的或者明显不能实施的。

E. 除 D 情况外,对公共设施运营权实施合同规定的事项构成重大违反的。

F. 没有正当的理由,不服从前条指示的。

G. 违反有关公共设施运营项目相关法令的。

(2) 将公共设施供其他公共用途或者基于其他公共利益上的理由有必要的。

2. 公共设施的管理者要根据前款的规定对公共设施运营权的行使责令停止的,不管根据《行政程序法》第十三条第一款规定的区分如何,必须进行听证。

3. 公共设施的管理者根据第一款的规定对设定了抵押权的公共设施运营权进行撤销的,必须预先通知该抵押权所涉抵押权人。

4. 公共设施的管理者失去公共设施所有权时,公共设施运营权消灭。

第三十条　对公共设施运营权者的补偿

1. 公共设施的管理者对因前条第一款(仅限于跟第二项有关的部分,本条中下同)的规定而被撤销公共设施运营权或者被责令停止行使权利,以及因前条第四款的规定发生的公共设施运营权消灭(仅限于可归责于公共设施管理者的情况)而蒙受损失的公共设施运营权者或者曾经的公共设施运营权者(以下本条中简称"公共设施运营权者"),必须补偿其通常必然产生的损失。

2. 关于前款规定的损失补偿,公共设施的管理者必须与公共设施运营权者进行协商。

3. 根据前款规定协商不成的,公共设施的管理者必须将自己概算出的金额支付给公共设施运营权者。

4. 对前款补偿不服的公共设施运营权者从接到决定通知之日起六个月内可以起诉请求增加金额。

5. 在前款的诉讼中,以该公共设施的管理者为被告。

6. 根据前条第一款的规定被撤销的公共设施运营权或者根据同条第四款的规定消灭的公共设施运营权(仅限于可归责于公共设施的管理者而消灭的情况)上设有抵押权的,除非该抵押权所涉及的抵押权人同意可以不提交托管,公共设施的管理者必须将补偿金托管。

7. 前款的抵押权人可以对同项规定提交托管的补偿金行使权利。

8. 公共设施的管理者在第一款规定的损失是因为前条第一款规定的公共设施运营权的撤销或者权利的停止行使而产生的,可以让使得该理由产生的人负担该补偿金的全部或者部分。

第五章 通过株式会社民间资金活用事业推进机构对特定选定项目的支援

第一节 总 则

第三十一条 机构的目的

株式会社民间资金活用事业推进机构(以下称为"本机构")是立足于国家、地方政府严峻的财政状况,从有利于促进国家经济发展的视点出发,鉴于在公共设施完善中民间资金、经营能力和技术能力的利用越来越重要,对从事特定选定项目(是指属于选定项目,对收费的公共设施等进行完善,将收费作为自己收入进行收受者,下同)与特定选定项目的支援项目(以下简称为"特定选定项目")者,对金融机构进行的融资和民间的投资进行补充性的资金提供,在促进特定选定项目相关的资金筹措资本市场完善的同时,为特定选定项目的实施提供必要的知识、信息以及其他有助于普及特定选定项目的支援,从而达成以推进国家特定项目为目的而设立的株式会社。

第三十二条 数量

本机构仅设立一个。

第三十三条 政府保有股份

对本机构发行的股份(规定不能对股东大会全部决议事项行使表决权的种类股份除外,本条下同),政府必须始终保有总数的二分之一以上的股数。

第三十四条 股份、公司债以及贷款的许可等

1. 本机构募集《公司法》(2005年法律第86号)第一百九十九条第一款规定的募集股份(是指第九十三条第一项的"募集股份"),同法第二百三十八条第一项规定的募集新股预约权(是指同号的"募集新股预约权")或者同法第六百七十六条规定的募集公司债(以下称为"募集公司债")的认购人,在股份交换之际发行股份、公司债或者新股预约权以及准备贷款的,必须取得内阁总理大臣的批准。

2. 本机构因新股预约权的行使而发行股份的,必须及时向内阁总理大臣备案。

第三十五条 政府的出资

政府在认为必要时,可以在预算规定的金额范围内对本机构出资。

第三十六条 商号

1. 本机构必须在其商号中使用"株式会社民间资金活用事业推进机构"文字。

2. 非本机构者不得在其名称中使用"株式会社民间资金活用事业推进机构"文字。

第二节 设　　立

第三十七条　章程的记载或者记录事项

1. 本机构的章程中除《公司法》第二十七条各项列举的事项以外,还必须记载或者记录以下事项:

(1) 在本机构设立之际发行的股份(以下称为"设立时发行股份")的数量(本机构作为种类股份发行公司设立的,其种类及各种类的数量)。

(2) 设立时发行股份的缴纳金额(作为设立时发行股份的对价支付的金额或者给付金钱以外财产的金额)。

(3) 分配给政府的设立时发行股份的数量(本机构作为种类股份发行公司设立的,其种类及各种类的数量)。

(4)《公司法》第一百零七条第一款第一项所列举的事项。

(5) 设置董事会与监事的情况。

(6) 因第五十二条第一款各项所列举的业务终了而解散的情况。

2. 本机构的章程不得记载或者记录下列事项:

(1) 设置监察等委员会或者《公司法》第二条第十二项规定的指名委员会的情况。

(2)《公司法》第一百三十九条第一款但书规定的另行规定。

第三十八条　设立的许可

本机构的发起人制定章程,并在认购了分配的设立时发行的股份后,必须迅速将章程与项目计划书提交给内阁总理大臣,申请设立许可。

第三十九条

1. 内阁总理大臣对前条规定的许可申请必须审查其是否符合下列基准:

(1) 设立的程序以及章程的内容符合法令的规定。

(2) 章程没有虚假的记载、记录或者虚假的署名以及签名盖章(包括《公司法》第二十六条第二款规定的代替署名或者签名盖章的措施)。

(3) 业务运营健康,确实有助于推进国家的特定选定项目的。

2. 内阁总理大臣根据前款规定审查的结果,认定该申请符合同款各项所列基准的,必须许可其设立。

第四十条　设立时的董事与监事的聘任与解聘

《公司法》第三十八条第一款规定的设立时的董事与同条第二款第二项规定的设立时的监事的聘任与解聘,未经内阁总理大臣的批准无效。

第四十一条　《公司法》规定的换读

关于《公司法》第三十条第二款、第三十四条第一款、第五十九条第一款第一项以及第九百六十三条第一款的规定,同法中第三十条第二款中"前款经公证员公证的章程在株式会社成立前"换读为"《关于通过利用民间资金促进公共设施完善的法律》(1999年法律第117号,以下称为《民间资金法》)第三十九条第二款的许可后的株式会社民间资金活用事业推进机构成立前,章程",同法第三十四条第一款中"设立时发行股份的认购"换读为"《民间资金法》第三十九条第二款许可的",同项中"章程公证的年月日以及进行公证的公证员姓名"换读为"《民间资金法》第三十九条第二款的许可的年月日",同法第九百六十三条第一款中的"第三十四条第一款"换读为"第三十四条第一款(包括根据《民间资金法》第四十一条规定换读使用的情况)"。

第四十二条　《公司法》规定的适用除外

《公司法》第三十条第一款与第三十三条的规定在机构设立中不适用。

第三节　管　理

第一小节　董　事

第四十三条　董事与监事的聘任等的批准

本机构的董事与监事的聘任与解聘的决议未经内阁总理大臣的批准无效。

第四十四条　董事等的保密义务

本机构的董事、会计参与、监事、职员以及在此职位上的人不得泄露、盗用其因职务而知晓的秘密。

第二小节　民间资金活用事业支援委员会

第四十五条　设置

本机构设置民间资金活用事业支援委员会(以下称为"支援委员会")。

第四十六条　权限

1. 支援委员会进行下列决定:

(1) 第五十四条第一款规定的特定选定项目支援对象的投资者与该特定选定项目支援内容的决定。

(2) 第五十六条第一款的股份和债权转让以及其处分的决定。

(3) 除前二项列举的以外,《公司法》第三百六十二条第四款第一项、第二项列举的事项中根据董事会决议被委托事项的决定。

2. 支援委员会对前款第一项、第二项规定事项的决定,视为接受了董事会的委托。

第四十七条　组织

1. 支援委员会由三人以上七人以下董事组成。

2. 委员中必须包括董事长与外部董事各一人以上。

3. 委员由董事会决议决定。

4. 委员的选聘与解聘决议未经内阁总理大臣的批准无效。

5. 委员各自独立执行其职务。

6. 支援委员会设置委员长,由委员互选决定。

7. 委员长总理支援委员会的会务。

8. 支援委员会必须预先从委员中决定在委员长因故不能履职的代理人选。

第四十八条　运营

1. 支援委员会由委员长(委员长因故不能履职时由根据前条第八款规定代理履行委员长职务者,本条下同)召集。

2. 支援委员会必须经委员长出席,并且有现任委员总数的三分之二以上者出席才得召开并进行表决。

3. 支援委员会的议事由出席委员的过半数表决通过。赞成、反对同票时,由委员长决定。

4. 对前款规定的决议有特别利害关系的委员不得加入表决。

5. 根据前款规定不得加入表决的委员的数目不得算在第二款规定的现任委员数目中。

6. 监事出席支援委员会,必要时必须陈述意见。

7. 支援委员会的委员中被选定的人在第三款规定的表决后必须及时将该表决的内容报告董事会。

8. 支援委员会的议事,根据内阁府令的规定,要制作议事录。议事录以书面形式制作的,出席的委员与监事必须署名并盖章。

9. 前款规定的议事录以电磁记录(是指以电子方式、磁气的方式以及其他人的感觉无法识别的方式所作的记录,可供电子计算机的信息处理用的,下条第二项第二号中亦同)形式制作的,对该电磁记录中记录的事项,必须采取内阁府令规定的代替署名或者盖章的措施。

10. 前各款以及下条中规定的以外,与议事的程序以及其他支援委员会的运营相关的必要事项由支援委员会决定。

第四十九条　议事录

1. 本机构从支援委员会成立之日起十年内必须将前条第八款的议事录存放在总部。

2. 股东为行使其权利所必要时,可在取得法院许可后提出下列请求:

(1) 前款规定的议事录是以书面形式制作的,请求阅览或者誊写该书面形式记录的事项。

(2) 前款规定的议事录是以电磁记录的形式制作的,请求阅览或者誊写根据内阁府令规定的方法呈现出来的该电磁记录所记录的事项。

3. 债权人为追究委员责任必要时,可以在法院许可后对第一款规定的议事录提出前款各项所列的请求。

4. 法院认定前两款请求相关的阅览或者誊写可能显著损害本机构的,不得进行前两款的许可。

5. 《公司法》第八百六十八条第一款、第八百六十九条、第八百七十条第二款(仅限于第一项相关的部分)、第八百七十条之二、第八百七十一条本文、第八百七十二条(仅限于第一项相关的部分)、第八百七十二条之二、第八百七十三条本文、第八百七十五条以及第八百七十六条的规定,参照适用于第二款、第三款的许可。

6. 董事对第一款中的议事录可以提出第二款中的请求。

第五十条　登记

1. 本机构在选定委员时,二周以内,必须在其总部所在地登记委员的姓名。委员的姓名发生变更的,也同样。

2. 在前款规定的委员选定的登记申请书上,必须附上证明委员选定与被选定委员承诺就任的文件。

3. 因委员退任而进行变更登记的申请书上,必须附上证明文件。

4. 本机构对被选定为委员的董事中的外部董事,必须将外部董事的情况进行登记。

第三小节　章程的变更

第五十一条

本机构章程变更的决议未经内阁总理大臣的批准无效。

第四节　业　务

第一小节　业务的范围

第五十二条

1. 本机构为实现目标,经营以下业务:

(1)向对象投资者(是指根据第五十四条第一款成为支援对象的投资者,包括根据《民法》(1896年法律第89号)第六百六十七条第一款规定的合伙合同设立的合伙、《商法》(1900年法律第48号)第五百三十五条规定的匿名合伙合同设立的匿名合伙、《关于投资事业有限责任合伙的法律》(1998年法律第90号)第二条第二款规定的投资事业有限责任合伙、《关于有限责任事业合伙的法律》(2005年法律第40号)第二条规定的有限责任事业合伙,或者根据外国法令设立的团体以及与此类合伙类似的组织,在下条第一款以及第五十四条第一款中亦同,以下亦同)的投资。

(2)为对象投资者提供资金(是指《关于一般社团法人与一般财团法人的法律》(2006年法律第48号)第一百三十一条规定的资金)。

(3)向对象投资者提供贷款。

(4)取得对象投资者发行的有价证券(是指《金融商品交易法》(1948年法律第25号)第二条第一款规定的有价证券及同条第二款规定视为有价证券的,第八项中亦同)。

(5)取得对象投资者的金钱债权和对象投资者保有的金钱债权。

(6)向制定、试图制定实施方针的公共设施的管理者或者实施以及试图实施特定项目的民间投资者派遣专家。

(7) 向制定、试图制定实施方针的公共设施的管理者或者实施以及试图实施特定项目的民间投资者提供咨询。

(8) 保有的股份、新股预约权、份额或者有价证券(是指第五十六条中的"股份等")的转让或者其他处分。

(9) 债权的管理以及转让和其他处分。

(10) 与前列各项列举的业务相关的必要的交涉与调查。

(11) 前列各项列举业务的附属业务。

(12) 除前列各项以外,为实现本机构的目标所必要的业务。

2. 本机构要经营前款第十二项业务的,必须预先取得内阁总理大臣的批准。

第二小节　支援基准

第五十三条

1. 本机构在决定特定选定项目的支援(仅限于前条第一款第一项至第五项所列业务,以下称为"特定选定项目的支援")对象的投资者以及该特定选定项目支援的内容时需要遵照的基准(以下在本条以及下条第一项中称为"支援基准")由内阁总理大臣制定。

2. 内阁总理大臣根据前款规定准备制定支援基准时,必须预先听取作为特定选定项目支援对象的特定选定项目所涉公共设施管理大臣的意见。

3. 内阁总理大臣根据第一款的规定制定支援基准后要予以公布。

第三小节　业务的实施

第五十四条　支援决定

1. 本机构在准备进行特定选定项目支援时,必须根据支援基准,决定作为支援对象的投资者与该特定选定项目支援的内容。

2. 本机构准备决定是否进行特定选定项目支援时,必须预先通知内阁总理大臣,并规定一定的期间给予其陈述意见的机会。

3. 内阁总理大臣接到前款规定的通知后,要马上将其内容通知该特定选定项目支援对象的特定选定项目所涉及的公共设施管理大臣。

4. 接到前款规定通知的大臣对该特定选定项目的收益性以及其他该公共设施运营的前景予以考量,认为有必要的,可在第二款规定的期间内向本机构陈述其意见。

第五十五条　支援决定的撤回

1. 本机构在下述情况下,必须迅速撤回根据前条第一款所作的决定(次项中称为"支援决定"):

(1) 对象投资者没有实施特定选定项目时。

(2) 对象投资者收到破产开始的决定、再生程序开始的决定、更生程序的决定、特别清算开始的命令或者承认外国破产程序的决定时。

2. 本机构根据前款的规定撤回支援决定时，必须立即通知对象投资者。

第五十六条　股份转让及其他处分

1. 本机构对其保有的对象投资者所涉股份或者债权准备转让或者进行其他处分的，必须预先通知内阁总理大臣，规定一定的期间给予其陈述意见的机会。

2. 本机构要考虑特定选定项目的实施状况、特定选定项目所涉资金的筹措状况以及其他围绕特定选定项目的状况，在2028年3月31日之前，努力将保有的所有的股份和债权予以转让或者进行其他处分。

第五节　信息提供

第五十七条

1. 为了促进特定选定项目的顺利实施，本机构要向内阁总理大臣提供有助于推进特定选定项目的信息。

2. 内阁总理大臣和该特定选定项目支援对象的特定选定项目所涉及的公共设施管理大臣立足于根据前款规定提供的信息，为促进本机构所经营项目的顺利实施，推进特定选定项目，必须相互协助合作。

第六节　财务与会计

第五十八条　预算的批准

1. 本机构在每个会计年度开始前，必须向内阁总理大臣提交该会计年度的预算，取得其批准。要变更时亦同样。

2. 前款的预算必须附上该会计年度的项目计划以及资金计划相关的文件。

第五十九条　剩余金分配的决议

本机构的剩余金的分配与其他剩余资金的处分的决议，未经内阁总理大臣的批准无效。

第六十条　财务报表

本机构在每个会计年度终了后三个月内必须将该会计年度的资产负债表、利润表以及项目报告提交给内阁总理大臣。

第六十一条　政府保证

尽管有《关于限制政府对法人财政援助的法律》(1946年法律第24号)第三条的规定，在经过国会表决通过的金额范围内，政府对本机构根据第三十四条第一款形成的公司债或者贷款形成的债务可以提供合同保证。

第七节　监　督

第六十二条　监督

1. 本机构由内阁总理大臣根据本法规定进行监督。

2. 为实施本法，内阁总理大臣认为必要时，可以对本机构就其业务发布监督命令。

第六十三条　报告和检查

1. 为实施本法，内阁总理大臣认为必要时，可要求本机构向其提交业务报告，或者派员进入本机构的营业场所、办公场所以及其他经营场所检查账簿、文件以及其他物品。

2. 根据前款规定进行现场检查的职员要携带证明其身份的证件，并向相关人员出示。

3. 第一款规定的现场检查权限不得解释为与犯罪搜查相同。

第六十四条　与财务大臣的协商

内阁总理大臣在准备进行第三十四条第一款（仅限于募集公司债认购者、股份交换之际发行公司债或者贷款之际）、第三十九条第二款、第五十一条、第五十二条第二款、第五十八条第一款、第五十九条以及第六十七条的批准之际，必须与财务大臣协商。

第六十五条　关于业绩的评价

1. 内阁总理大臣必须对本机构每个会计年度的业绩进行评价。

2. 内阁总理大臣在进行前款规定的评价后要及时将评价结果通知本机构，并予以公布。

第八节　解　散　等

第六十六条　解散

本机构在完成第五十二条第一款各项所列业务后解散。

第六十七条　合并的决议

本机构的合并、分立、项目的转让、承接，以及解散的决议，未经内阁总理大臣的批准无效。

第六章　对于选定项目的特别措施

第六十八条　国家的债务负担

国家对选定项目负担债务的，因该债务负担行为而产生的必须支出年限从该会计年度起算不超过三十年。

第六十九条　行政财产的租借

1. 国家在认为必要时，尽管有《国有财产法》（1948年法律第73号）第十八条第一款的规定，为供选定项目之用，可将行政财产（是指同法第三条第二款规定的行政财产，从次款至第五款以及次条第一款至第四款亦同）租借给选定投资者。

2. 除前款规定的以外，一栋建筑物的一部分是该选定项目所涉公共设施的建筑物（本条以下称为"特定建筑物"），选定投资者拟拥有其全部或者部分的，国家认为必要时,尽管有《国有财产法》第十八条第一款的规定,可以将作为行政财产的土地在不妨碍其用途和目的的限度内租借给该选定投资者。

3. 除前两款规定外,根据前款的规定,租借作为行政财产的土地的人对特定建筑物中选定项目所涉公共设施等部分以外的部分(以下称为"特定民间设施")在选定项目终了(包括该选定项目所涉项目合同的解除或者根据第二十九条第一款的规定撤销公共设施运营权或者因第四款规定公共设施运营权消灭所引起的终了,本条以下及次条中亦同)后拟继续所有的,尽管有《国有财产法》第十八条第一款的规定,在不妨碍其用途和目的的限度内,国家认为必要的,可以将作为行政财产的该土地租借给该人(在该选定项目所涉项目合同解除或者根据第二十九条第一款的规定撤销了公共设施运营权或者因同条第四款的规定公共设施运营权消灭而终了的情况下,仅限于和该特定民间设施所涉公共设施的管理者认为适于管理该公共设施的人,第八款中亦同)。

4. 除前三款规定以外,根据第二款的规定租借作为行政财产的土地的选定投资者拟转让特定民间设施的,尽管有《国有财产法》第十八条第一款的规定,在不妨碍其用途和目的的限度内,国家认为必要的,可以将作为行政财产的该土地租借给拟受让该特定民间设施的人(仅限于该公共设施的管理者认为适于管理该公共设施的人)。

5. 前款的规定,参照适用于根据第三款或者前款(包括参照适用本款的情况)规定作为行政财产的土地租借者拟转让该特定民间设施的情况(包括曾经是特定民间设施的设施)。在这种情况下,前款中的"该公共设施的管理者"换读为"与该特定民间设施所涉公共设施的管理者(拟转让曾经是特定民间设施的设施的,则为该曾经是特定民间设施所涉公共设施的管理者)"。

6. 地方政府认为必要时,尽管有《地方自治法》第二百三十八条之四第一款的规定,为供选定项目之用,可将行政财产(是指同法第二百三十八条第三款规定的行政财产,从此款至第十款以及次条第五款至第八款中亦同)租借给选定投资者。

7. 除前款规定的以外,在选定投资者拟拥有特定建筑物的全部或者部分时,地方政府认为必要的,尽管有《地方自治法》第二百三十八条之四第一款的规定,在不妨碍其用途和使用目的的限度内,可将作为行政财产的土地租借给该选定投资者。

8. 除前两款的规定外,根据前款规定作为行政财产的土地租借者在选定项目终了之后拟对特定民间设施继续所有的,地方政府认为必要的,尽管有《地方自治法》第二百三十八条之四第一款的规定,在不妨碍其用途和使用目的的限度内,可将作为行政财产的土地租借给该选定投资者。

9. 除前三款的规定外,根据第七款的规定租借作为行政财产的土地的选定投资者拟转让特定民间设施的,地方政府认为必要的,尽管有《地方自治法》第二百三十八条之四第一款的规定,在不妨碍其用途和使用目的的限度内,可将作为行政财产的土地租借给拟受让该特定民间设施者(仅限于该公共设施的管理者认为适于管理该公共设施的人)。

10. 前款的规定参照适用于根据第八款和前款(包括参照适用本款的情况)的规定作为行政财产的土地的租借者拟转让该特定民间设施(包括曾经是民间设施的设施)的情况。在此情况下,前款中"该公共设施的管理者"换读为"与该特定民间设施所涉公共设施的管理者(在拟转让曾经是特定民间设施的设施时,则为该曾经是特定民间设施所涉公共设施的管理者)"。

11. 关于根据前述各款规定的租借,不适用《民法》第六百零四条以及《土地房屋租借法》(1991年法律第90号)第三条和第四条的规定。

12. 《国有财产法》第二十一条以及第二十三条至第二十五条的规定参照适用于关于第一款至第五款规定的租借,《地方自治法》第二百三十八条之二第二款以及第二百三十八条之五第四款至第六款的规定参照适用于第六款至第十款规定的租借。

第七十条

1. 除前条第一款至第五款规定的以外,尽管有《国有财产法》第十八条第一款的规定,国家认为必要的,作为特定设施(是指第二条第一款第三项至第五项列举的设施,以及同款第六项政令规定的设施中政令规定类似于同款第三项至第五项所列设施的,本条下同)设置项目,认为有助于选定项目的实施的(本条中下称"特定民间项目"),在不妨碍其用途和使用目的的限度内,可以将行政财产租借给进行特定民间项目的选定投资者。

2. 除前款规定的以外,根据同款规定行政财产租借者在选定项目终了之后拟继续所有、利用特定民间投资所涉特定设施的,国家认为必要的,尽管有《国有财产法》第十八条第一款的规定,在不妨碍其用途和使用目的的限度内,可以将行政财产租借给该人(在该选定投资所涉项目合同解除或者根据第二十九条第一款的规定撤销了公共设施等运营权,以及根据同条第四款的规定因公共设施等运营权消灭而终了的情况下,仅限于该选定项目所涉公共设施的管理者认为适于管理该公共设施的人,第六款中亦同)。

3. 除前两款规定的以外,根据第一款规定租借行政财产的选定投资者拟转让特定民间项目所涉特定设施(包括利用特定设施的权利,本款下同)的,国家认为必要的,尽管有《国有财产法》第十八条第一款的规定,在不妨碍其用途和使用目的的限度内,可以将行政财产租借给拟受让该特定设施的人(仅限于该选定项目所涉公共设施的管理者认为适于管理该公共设施的人)。

4. 前款的规定参照适用于根据第二款或者前款(包括该款中参照适用的情况)规定行政财产租借者拟转让该特定设施(包括利用特定设施的权利)的情况。在此情况下,前款中"与该选定项目所涉公共设施的管理者"换读为"该选定项目有关的公共设施的管理者(在该选定项目终了后,曾是选定项目所涉公共设施的管理者)"。

5. 除前条第六款至第十款规定的以外,地方政府认为必要的,尽管有《地方自治法》第二百三十八条之四第一款的规定,为供特定民间项目之用,在不妨碍其用途和使用目的的限度内,可以将行政财产租借给经营特定民间项目的选定投资者。

6. 除前款规定的以外,根据前款的规定行政财产租借者在选定项目终了之后拟继续所有、利用特定民间项目所涉特定设施的,地方政府认为必要的,尽管有《地方自治法》第二百三十八条之四第一款的规定,在不妨碍其用途和使用目的的限度内,可以将行政财产租借给该人。

7. 除前两款的规定以外,根据第五款的规定租借行政财产的选定投资者拟转让特定民间项目所涉特定设施(包括利用特定设施的权利,本款下同)的,地方政府认为必要的,尽管有《地方自治法》第二百三十八条之四第一款的规定,在不妨碍其用途和使用目的的限度内,可以将行政财产租借给该特定设施的受让者(仅限于该选定项目所涉公共设施的管理者认为适于管理该公共设施的人)。

8. 前款的规定参照适用于根据第六款或者前款(包括参照适用本款的情况)的规定行政财产租借者拟转让该特定设施(包括利用特定设施的权利)的情况。在此情况下,前款中"该选定项目所涉公共设施的管理者"换读为"该选定项目所涉公共设施的管理者(在该选定项目终了后,曾是选定项目所涉公共设施的管理者)"。

9. 前条第十一款、第十二款的规定参照适用于根据前各款规定租借的情况。在此情况下,同条第十二款中的"第一款至第五款"换读为"第七十条第一款至第四款","第六款至第十款"换读为"第七十条第五款至第八款"。

第七十一条　国有财产的无偿使用等

1. 国家认为必要的,在供选定项目之用期间,可以将国有财产(是指《国有财产法》第二条第一款规定的国有财产)无偿或者低于市价提供给选定投资者使用。

2. 地方政府认为必要的,在供选定项目之用期间,可以将公有财产(是指《地方自治法》第二百三十八条第一款规定的公用财产)无偿或者低于市价提供给选定投资者使用。

第七十二条　无息贷款

1. 国家在预算范围内,可以向选定投资者就选定项目中公共性特别高的领域提供无息贷款。

2. 国家根据前款规定提供无息贷款的,可以灵活运用日本政策投资银行或者冲绳振兴开发金融公库以及其他政府系列金融机构等的审查机制或贷款机制。

第七十三条　资金的确保及对于地方债的考量

国家和地方政府应该努力确保实施选定项目所需的资金或者为其提供斡旋,以及在法令范围内对地方债予以特别的考量。

第七十四条　关于取得土地的考量

关于用于选定项目的土地,为了选定投资者能顺利取得、使用,对根据《土地征用法》(1951年法律第219号)的征用以及根据其他相关法律的许可处分要进行适当的考量。

第七十五条　支援

1. 除第六十九条至前条规定的以外,国家和地方政府为促进特定项目的实施,依照基本方针和实施方针,采取法制上、税收上的必要措施的同时,对于选定投资者要提供财政、金融上所必要的支援。

2. 前款所述的措施和支援要针对所要完善的设施的特性、项目实施的场所等,具有灵活弹性,并且必须注意充分发挥地方政府与公共法人的主体性。

第七十六条　放松管制

国家和地方政府为促进特定项目的实施,应当迅速推进对妨碍民间投资者灵活运用技术、充分发挥其创造性的管制的撤销、废除或者放松管制。

第七十七条　协作

国家、地方政府以及民间投资者为促进特定项目的顺利实施,必须通过完善协作体制等进行相互协作。

第七十八条　关于国家派遣职员的特例

1. 关于国家派遣职员(是指《国家公务员法》(1947年法律第120号)第二条规定的属于一般职务的职员,应任命权人或者其受托者的要求,为成为公共设施运营权者的职员(除了不需要全勤的,仅限于具有从事公共设施运营所需专门知识、技能的业务人员,以下在本款以及次条第一款中亦同)而退职成为该公共设施运营权者的职员,并持续以该公共设施运营权者的职员身份在职者,以下本条以及次条第二款中亦同)第八十二条第二款规定的适用,视为同款规定的从事特别职务的国家公务员。

2. 《国家公务员法》第一百零六条之二第三款规定的退职津贴通算法人包括公共设施运营权者。

3. 国家派遣职员之《关于一般职员的报酬的法律》(1950年法律第95号)第十一条之七第三款、第十一条之八第三款、第十二条第四款、第十二条之二第三款以及第十四条第二款规定的适用,视为同法第十一条之七第三款规定的行政执行法人职员。

4. 国家派遣职员之《国家公务员退职津贴法》(1953年法律182号)第七条之二、第二十条第三款的适用,视为同法第七条之二第一款规定的公库职员。

5. 公共设施运营权者和国家派遣职员之《国家公务员互助合作社法》(1958年法律128号)第一百二十四条之二(第四款除外)规定的适用,分别视为同条第一款规定的公库和公库职员。

6. 国家派遣职员之《关于一般职务职员的工作时间、休假等的法律》(1994年法律第33号)第十七条第一款规定的适用,视为同款第三项规定的行政执行法人职员。

7. 国家派遣职员之《关于国家公务员的留学费用偿还的法律》(2006年法律第70号)第四条(仅限于第五项相关的部分)、第五条(限于与同项相关的部分)的规定适用,视为同法第二条第四款规定的特别职务的国家公务员。

第七十九条　关于地方派遣职员的特例

1. 关于地方派遣职员(是指《地方公务员法》(1950年法律第261号)第三条第二款规定的属于一般职务的职员,应任命权人或者其受托人的要求,为成为公共设施运营权者的职员而退职成为该公共设施运营权者的职员,并持续以该公共设施运营权者的职员身份在职者,次款中同样)之同法第二十九条第二款规定的适用,视为同款规定的特别职务的地方公务员。

2. 公共设施运营权者和国家派遣职员(仅限于前条第一款规定的退职前属于《地方公务员互助合作社法》(1962年法律第152号)第一百四十二条第一款规定的国家职员)以及地方派遣职员之同法第一百四十条规定的适用,分别视为同条第一款规定的公库和公库职员。

第八十条　关于职员派遣的考量

除前二条规定的以外,国家和地方政府为使特定项目顺利有效地开展,必要时可以考虑采取派遣职员及以其他适当的方式提供人员援助。

第八十一条　启蒙活动与技术援助

1. 国家和地方政府对特定项目的实施,在进行知识普及、信息提供的同时,为取得当地民众的理解、同意和协助要开展启蒙活动。

2. 国家和地方政府为使特定项目顺利有效地开展,必须注意对民间投资者提供技术援助的同时,特别要考量调整专利技术利用及其他灵活运用民间投资者所保有的技术。

第八十二条　担保不动产的灵活运用

1. 选定投资者在实施选定项目之际取得不动产,该不动产上设有担保的情况下,对该不动产享有担保物权的公司、将该不动产提供担保的公司或者对该不动产享有所有权的公司发生损失时,该公司可将与该损失相应的金额,在该决算期内,在资产负债表上记账,作为递延资产处理。这种状况下,从该决算期起十年内,在每个决算期必须进行平均金额以上的折旧。

2. 适用前款规定的情况下,关于《公司法》第四百六十一条第二款规定的适用,同款中"减去……的合计金额所得"换读为"减去……以及内阁府令规定情况下按照《关于利用民间资金促进公共设施完善的法律》(1999年法律第117号)第八十二条第一款的规定,在资产负债表中资产部分计算出的金额中根据内阁府令规定的金额的合计金额所得"。

第七章　民间资金活用事业推进会议

第八十三条　民间资金活用事业推进会议

1. 内阁府设置"民间资金活用事业推进会议"(以下称为"会议")作为特别

机构。

2. 会议主管以下事务：

(1) 制订基本方针的方案。

(2) 对利用民间资金完善公共设施所涉方针政策协调相关行政机关。

(3) 除前两项所列之外,对利用民间资金完善公共设施所涉方针政策相关重要事项进行审议并推进相关政策的实施。

3. 会议在拟订基本方针的方案之际,要预先与各省各厅首长进行协商,并听取民间资金活用事业推进委员会的意见。

第八十四条

1. 会议由会长和委员组成。

2. 会长由内阁总理大臣担任。

3. 委员由内阁总理大臣从会长以外的国务大臣中指定担任。

4. 除前三款规定的以外,会议的组织和运营相关的必要事项由政令规定。

第八十五条　民间资金活用事业推进委员会

1. 内阁府设置民间资金活用事业推进委员会(以下称为"委员会")。

2. 委员会除了根据本法规定调查审议属于其权限范围内的事项以外,对实施方针的制定状况、特定项目的选定状况、特定项目的客观评价状况以及其他利用民间资金完善国家公共设施的实施状况进行调查审议。

3. 民间投资者可以向委员会提出利用民间资金完善国家公共设施的意见。

4. 委员会在前两款的情况下,必要时为促进和综合调整利用民间资金完善国家公共设施,可以向内阁总理大臣或者相关行政机关首长陈述意见。

5. 内阁总理大臣或者相关行政机关首长在接到前款的意见后,要向委员会报告其采取的措施。

6. 委员会为完成其所管事务,必要时可以向相关行政机关的首长或者地方政府的首长或者相关团体请求提供资料、陈述意见、作出说明以及其他必要的协助。在此情况下,委员会对提供的资料以及其他为完成其所管事务而收集的资料的公开要采取必要的措施。

第八十六条

1. 委员会由内阁总理大臣从专家学者中任命九人组成。

2. 对专业事项有必要进行调查审议的,可以在委员会中设置专业委员会。

3. 委员会中根据需要可以设置分会。

4. 除前三款规定的以外,关于委员会的组织运营事项由政令规定。

第八十七条　政令委托

除本法规定的以外,为实施本法所必要的事项由政令规定。

第八章 罚 则

第八十八条

1. 本机构的董事、会计参与(会计参与为法人的,行使其职务的社员)、监事或者职员,收受、要求或者约定与其职务相关的贿赂的,处三年以下有期徒刑。因此从事不正当的行为或者对正当行为不作为的,处五年以下有期徒刑。

2. 前款情况下,对犯人收受的贿赂处没收。不能没收其全部或者部分的,追缴其金额。

第八十九条

1. 对提供、申请提供或者约定前条第一款所规定的贿赂的人,处三年以下有期徒刑并处百万日元以下罚金。

2. 犯前款罪而自首的,可以减轻或者免予其刑罚。

第九十条

1. 第八十八条第一款的罪刑对在日本国外犯同款罪行者也同样适用。

2. 前条第一款的罪刑,根据《刑法》(1907年法律第45号)第二条规定。

第九十一条

本机构的董事、会计参与(会计参与为法人的,行使其职务的社员)、监事和职员或者在其职位上的人违反第四十四条的规定泄露或者盗用其职务上得知的秘密的,处一年以下有期徒刑,并处五十万日元以下罚金。

第九十二条

没有根据第六十三条第一款的规定进行报告或者进行虚伪的报告,以及拒绝、妨碍或者回避同款规定的检查的,对违反的本机构的董事、会计参与(会计参与为法人的,行使其职务的社员)、监事或者职员处五十万日元以下的罚金。

第九十三条

有以下各项行为之一的,对进行违法行为的本机构的董事、会计参与或者履行其职务的社员或者监事,处百万日元以下的罚款:

(1) 违反第三十四条第一款的规定,征集募集股份、新股预约权或者公司债的认购者,在股份交换时发行股份、公司债或者新股预约权,或者借款的。

(2) 违反第三十四条第二款的规定,未将发行股份的情况进行备案的。

(3) 违反第五十条第一款或者第四款的规定,不进行登记的。

(4) 违反第五十二条第二款的规定经营业务的。

(5) 违反第五十四条第二款或者第五十六条第一款的规定,未通知内阁总理大臣的。

(6) 违反第五十八条第一款的规定,预算未经批准的。

(7) 违反第六十条的规定,未提交资产负债表、利润表或者项目报告书,或者提交了虚伪的记载、记录内容的。

(8) 违反第六十二条第二款规定的命令的。

第九十四条

违反第三十六条第二款的规定,在其名称中使用"民间资金活用事业推进机构"文字的,处十万日元以下罚款。

附则(略)

(于剑华 译)

关于利用民间资金促进公共设施完善的法律的施行规则

(2011年11月28日内阁府令第65号)

最终修订:2015年12月1日内阁府令第70号

根据《关于利用民间资金促进公共设施完善的法律》(1999年法律第117号)的规定,《关于利用民间资金促进公共设施完善的法律的施行规则》规定如下:

第一条　制定实施方针提案的附属文件

《关于利用民间资金促进公共设施完善的法律》(以下称为"本法")第六条第一款规定的内阁府令规定的文件为表明关于特定项目的效果、效率评价过程以及方法的文件。

第二条　制定实施方针的展望的公布

1. 公共设施的管理者,在每个年度的四月一日(在该日如果该年度的预算未通过,则在预算通过之日)以后要及时将该年度预定制定的实施方针(公共设施管理者的行为有必要保密的除外)所涉的下列相关事项予以公布:

(1) 特定项目的名称、期间以及概要。

(2) 公共设施的选址。

(3) 制定实施方针的时期。

2. 前款规定的公布必须通过以下方式之一进行:

(1) 在政府公报或者刊发时事的日刊报纸进行刊登。

(2) 在公众容易看到的地方布告或者供公众阅览。

3. 前款第二项规定的公众阅览,必须通过设置阅览场所或者通过提供网络阅览的方法。

4. 通过第二款第二项所列的方法进行公布的,必须在该年度三月三十一日之前公布或者提供阅览。

5. 公共设施的管理者每年至少一次,以十月一日为目标,对根据第一款规定公布的制定展望相关的事项进行再讨论,如果该事项有变更,必须将变更后的事项予以公布。

第三条

前条第二款至第四款的规定也准用于变更后的制定展望相关的事项的公布

方法。

第四条　项目合同内容的公布

1. 本法第十五条第三款规定的内阁府令规定的事项为以下事项：

(1) 合同金额（不存在合同金额的情况除外）。

(2) 关于合同终了时的措施所涉事项。

2. 公共设施的管理者，在缔结特定项目相关的项目合同时，对每一特定项目必须要在公众容易看见的场所公告或者以提供公众阅览的方法将该项目合同的内容（有关国家安全、外交秘密以及与犯罪侦查有关的事项除外）予以公布。

3. 第二条第三款的规定也参照适用于根据前款规定的公众阅览。

4. 公共设施的管理者针对第二款的特定项目，进行与合同金额有关的变更时，必须将变更后的项目合同的内容与变更的理由予以公布。在此情况下，参照适用前两款的规定。

5. 对根据第二款或者前款规定公布的事项，必须至少在从公布次日起一年内进行公告或者提供阅览。

第五条　公共设施运营权实施合同规定的事项

1. 本法第二十二条第一款第四项规定的关于让其他派遣职员从事该业务的必要事项，公共设施运营权者与本法第七十八条第一款、第七十九条第一款的任命权者以及受委任者之间要签署约定，就个别派遣职员在该公共设施运营权者处的报酬和其他工作条件，在该公共设施运营权者处应该从事的业务、从事业务的期间，以及其他与该派遣职员从事该业务关联的必要事项进行规定。

2. 前款的约定所规定的个别派遣职员在公共设施运营权者处的报酬，必须以根据本法第七十八条第一款或者第七十九条第一款要求退职之日该职员薪金金额为基准。

3. 第一款的约定所规定的个别派遣职员在公共设施运营权者处应该从事的业务，必须以公共设施运营相关的需要专门知识、技能的业务为主要内容。

4. 第一款的约定所规定的个别派遣职员在公共设施运营权者处应该从事业务的期间，必须从根据本法第七十八条第一款或者第七十九条第一款要求退职之日之次日起不超过三年。

第六条

本法第二十二条第一款第五项规定的内阁府令规定的事项为以下事项：

(1) 根据本法第二十条规定征收费用的，其内容与金额或者金额的决定方法。

(2) 合同终了时的措施所涉事项。

(3) 关于公共设施运营权实施合同变更所涉事项。

第七条　公共设施运营权实施合同内容的公布

1. 根据本法第二十二条第二款规定由内阁府令规定的事项为前条第一项与第二项所列事项（属于同条第一项所列事项但公布有可能损害该公共设施运营权者的权利、竞争地位以及其他正当利益的除外）。

2. 公共设施的管理者在签订公共设施运营项目相关的公共设施运营权实施合同时,针对每一个公共设施运营项目,必须在公众容易看见的场所公告,或者提供公众阅览的方法,将该公共设施运营权实施合同的内容予以公布(有关国家安全、外交秘密以及与犯罪侦查的事项除外)。

3. 第二条第三款的规定参照适用于前款规定的公众阅览。

4. 第四条第五款的规定参照适用于第二款规定的公布。

第八条 议事录

1. 本法第四十八条第八款规定的议事录根据本条规定制作。

2. 议事录必须用书面或者电磁记录(是指本法第四十八条第九款规定的电磁记录,下同)方式制作。

3. 议事录内容必须包含下列事项:

(1) 民间资金活用事业支援委员会(以下本条中称为"委员会")召开的时间、地点(包括出席委员会的委员或者监事不知道该地点情况下的出席方法)。

(2) 委员会的议事经过概要与结果。

(3) 对需要表决的事项有特别利害关系的委员时,该委员的姓名。

(4) 根据本法第四十八条第六款的规定有委员会陈述意见的,意见内容的概要。

第九条 署名及代替签名盖章的措施

根据本法第四十八条第九款规定由内阁府令规定的措施,为电子署名(《关于电子署名与认证业务的法律》(2000年法律第102号)第二条第一款所指的电子署名)。

第十条 关于电磁记录中所记录事项的表示方法

本法第四十九条第二款第二项规定的由内阁府令规定的方法,为将该电磁记录中记录的事项以纸面或者输出设备的影像表示的方法。

第十一条 书面议事的备查与阅览等的特例

1. 本法第四十八条第八款规定的议事录为书面制作时,株式会社民间资金活用事业推进机构(以下本条中称为"本机构")可以将书面记录的事项扫描(包括与此类似的影像读取装置)成的电磁记录保存为本机构使用的电子计算机中的文本,或者以磁性碟片、CD-ROM以及其他与此类似的方法,以将一定的信息进行准确的记录的物品制作文档备查。

2. 本机构可以根据前款规定将备查的电磁记录中记录的事项以纸面或者输出装置的影像表示物呈放在本机构的总部以供阅览或誊写。

第十二条 表明身份的证明书

根据本法第六十三条第一款规定进行现场检查的职员携带的证明身份的证明书另行格式规定。

附则(略)

(于剑华 译)

物有所值评价指南

本指南作为国家实施 PFI 项目的一项实务指南,是对在选定特定项目等时实施的物有所值(Value for Money)评价进行的解说。国家在实施 PFI 项目时,希望能在遵守《关于利用民间资金促进公共设施完善的法律》(1999 年法律第 117 号,以下称为"法")、《关于利用民间资金促进公共设施完善的项目实施基本方针》(2015 年 12 月 18 日内阁会议决定,以下称为"基本方针")的基础上,依照本指南实施 PFI 项目。此外,本指南还能为国家以外的 PFI 项目实施者提供参考。

本指南不妨碍各省厅为促进 PFI 项目的顺利实施,在遵照法及基本方针的基础上,根据具体情况采取本指南所示内容以外的方法等实施 PFI 项目。

同时,根据今后 PFI 项目的实施情况以及与该项目相关的调查、讨论的进展情况,本指南会进行适时的修订并发布新的指南。

此外,本指南中所使用的名称定义,如无特殊情况,遵照法及基本方针中的定义。

一、物有所值评价的基本思路

(一)物有所值的定义

1. 一般认为,物有所值是指针对支付价款提供的最高价值的服务。如对拥有同一目的的两个项目进行比较,支付价款能获得高价值服务的项目便称为"物有所值",另一项项目则称为"物非所值"。

2. 在对是否将与完善公共设施等相关项目作为 PFI 项目实施这一问题进行判断时,应以该项目作为 PFI 项目实施时能否有效果、高效率地得到实施作为标准。因此,对 PFI 项目的实施情况进行评价时,实质上要对是否物有所值进行评价。

3. 基本方针"一 3(1)(2)(3)"中规定了选定特定项目的评价标准,该标准与前文所述的物有所值评价具有相同的宗旨。作为物有所值评价的要素,上文"1"中提到了"支付价款"和"服务价值"两个词,根据基本方针,"支付价款"是指对整个项目实施期间公共财政负担的预估值的现在价值,"服务价值"是指完善公共设施等所能获得的公共服务的水准。

4. 本指南中,将公共部门自主实施时对整个项目实施期间公共财政负担的预估值的现在价值称为"公共部门比较值（Public Sector Comparator，PSC）"，将作为PFI项目实施时对整个项目实施期间公共财政负担的预估值的现在价值称为"全生命周期成本（Life Cycle Cost，LCC）"。

5. 在对PFI项目相关进行物有所值评价时，根据公共部门自主实施的情况和作为PFI项目实施的情况下公共服务水准设置的不同，评价时的比较方法也有所差异。使用同一公共服务水准进行评价时，物有所值评价应通过将PSC和PFI项目的LCC相比较的方法进行。在这一情形下，如果PFI项目的LCC低于PSC则PFI项目物有所值，如果高于PSC则PFI项目物非所值。

6. 另外，在公共服务水准未得到统一设定的情形下，即便PSC和PFI项目的LCC相等，如果PFI项目公共服务水准有望得到提高，那么PFI项目就物有所值。同时，即便PFI项目的LCC高于PSC，如果PFI项目公共服务水准的提供有望大于这一差距，也可以说PFI项目物有所值。但是，在这一情形下，采取一些措施使PSC和PFI项目的LCC在同一尺度下实现量化是实现公共服务的水准提高的前提条件。

7. 在选定特定项目阶段，由于民间投资者的计划尚未明朗，通常是在设置同一公共服务水准的基础上分别计算出PSC和PFI项目的LCC，并对两者进行比较（参照下文"五（一）1"）。在这一情形下，根据上文"5"的方法对是否物有所值进行评价。此外，如果PSC和PFI项目的LCC不存在差别，就应在考虑其他因素的基础上，根据法律的宗旨对是否有必要实施PFI项目进行评价。

8. 另外，在民间投资者的计划尚未明朗的阶段，可以对该计划的公共服务水准进行评价，并把该评价纳入物有所值评价（参照下文"五（一）2"）。在这一情形下，根据上文"5"和"6"的方法对是否物有所值进行评价。

9. 物有所值评价针对效率性的讨论，而非针对必要性的讨论。针对必要性的讨论应从公共原则，即是否有作为行政服务的必要这一观点，同时从下一年度财政负担能力（affordability）的观点进行，并应有别于物有所值评价讨论另外进行。公共设施等的管理者等应注意正确理解物有所值评价，并对自己采用的物有所值评价承担说明义务。

10. 物有所值并不是简单的计算，在项目策划、评价特定项目、选定投资者的各个阶段，都应深入分析项目方案并适时予以改善。届时就有必要适时反映各个阶段的状况并阶段性地进行评价。从这一观点来看，导入可能性调查在物有所值评价中会起到极为重要的作用。

11. 作为物有所值评价的根本要素，将LCC委托于民众尤为重要，即应明确并探讨如何促进风险的合理分担、组合的合理优势，以及尽早实施所带来的便利等。

(二) PFI 项目的类型和物有所值评价

1. 如前文所述,物有所值评价根本上是将 PSC 和 PFI 项目的 LCC 进行比较。
2. 所谓"购买服务型"项目是指(包含从公共部门获得财政上的支援等),将公共部门收取的费用用于支付 PFI 项目的费用,以此作为公共服务的对价。这类项目由于都是通过公共财政负担实施,通过对 PSC 和 PFI 项目的 LCC 的比较可以进行物有所值评价。这类情形应根据如下方法进行物有所值评价。
3. 无论是从使用者征收的费用与公共部门的支出两个方面一起支付 PFI 项目费用的所谓"合伙企业型",还是无须从公共部门支出而全部从使用者的费用支付 PFI 项目费用的所谓"独立核算型",都应对其作为 PFI 项目能否有效实施进行评价。

(三) 实施物有所值评价的时间点等

1. 根据基本方针的规定,物有所值评价必须在选定特定项目时实施。
2. 如前"文(一)1"所述,物有所值评价是在项目策划、特定项目的评价以及投资者选定的各个阶段进行的实践尝试,是对项目规划进行的深入探讨并力图予以改善。从这一意义上说,在实施导入可能性调查阶段就有必要进行物有所值评价。
3. 在选定投资者时,应对所选定的民间投资者的项目计划是否物有所值进行确认,同时还应通过对前提条件等进行评价来验证观点的合理性。在这一情形下,PSC 原则上使用选定特定投资者时的计算结果。
4. 在进行物有所值评价时,应在注意下文"二"之后事项的基础上,在该时点所能推算的范围内尽可能确保精度,并应留意避免花费过多精力进行推算。另外,还有必要逐步提高其客观性和透明性。
5. 对于像修缮项目办公楼等这类设施修缮 PFI 项目所占比重较大,以及维护管理、运营项目内容较为固定,且在以往已经存在多数同种业绩的项目,在项目的策划阶段(确定基本构想或基本计划的时点),可以根据类似的前提条件计算出过去 PFI 项目物有所值评价的业绩(以下称为"参考物有所值"),以及根据过去同种项目的实际值等作出客观的物有所值(以下称为"简易物有所值")评价。此外,在特定项目的评价阶段,也可以根据参考物有所值和简易物有所值进行客观评价。即便在力图提高精度的情形下,根据符合计算预定价格所需精度的 PFI 项目的 LCC 的计算结果进行物有所值评价也是合理的。

二、PSC 的推算

(一) 推算的前提条件

PSC 是指在公共自主实施的情况下根据项目期间的整体项目费用进行预测的

公共财政负担的预估金额的现在价值,其中,财政负担是指以与 PFI 项目的 LCC 相比较为前提的项目费用及所提供的资金支出的总额。在计算时,如公共设施等的管理者自主实施对象项目,则可以预估在该时点所能采用的项目形态并以此进行计算。例如,通过承包、委托部分项目的方式由民间投资者实施的项目,可以对其项目形态进行预估。

此外,从更准确把握财务状况和项目费用的观点来看,目前对在公共会计中引入企业会计的方法进行了各种尝试,公共设施等的管理者根据其研究状况,依照各类项目的形态采用企业会计,有望在可能的范围内确保 PSC 的精度。

(二) 推算方法

1. 在设计、建设、维护管理、运营的各个阶段,根据上述"(一)"所预估的项目形态累积经费。在这一情形下原则上遵循发生主义原则。

2. 对于基本方针"一 3(2)"的"妥善调整",遵照下文"四(二)"的内容。

3. 根据上述内容得到的作为各年度公共财政负担的项目费用金额按下文"四(三)"换算成现在价值,并计算总额(附表 1 成本比较方法)。

4. 根据资金支出的现在价值的总额比较 PSC 和 PFI 项目的 LCC 时,还需对上述"(1)"乃至"(3)"的现金流进行计算(附表 2 现金流比较方法)

5. 此外,根据下文"四(一)",设计、建设、维护管理、运营的各个阶段的风险以及各阶段无法分离的整体项目风险应分别量化并计算在内。

6. 作为上文"1"提及的经费累积,附表列出了基于复式记账法比较 PSC 和 PFI 项目的 LCC 的计算示例以供参考。

7. 此外,对于计算的精度请注意上述"一(三)3"的内容。

(三) 间接成本

1. 间接成本是指该项目实施所必要的在策划阶段与整体项目期间的人工费、项目费等公共部门的间接性成本。

2. 间接成本应在合理计算的范围内纳入 PSC 计算。

三、PFI 项目的 LCC 推算

(一) 推算的前提条件

1. PFI 通过对公共设施等的设计、建设、维护管理、运营进行整体处理,来实现项目成本的降低和财政负担的节省,在推算 PFI 项目的 LCC 时,PFI 投资者应预估能够推进上述所有阶段内容的项目。

2. 如果 PFI 项目并未包含所有设计、建设、维护管理、运营阶段,则应预估能够推进该 PFI 项目所包含的所有阶段内容的项目。

3. 尽管能够预估民间投资者原本在公共部门所必需的设施(项目)中增加附带性设施(项目)以实施项目的情形,但是在推算特定项目选定阶段PFI项目的LCC时,原则上仅应预估原本公共部门所必需的设施(项目)。

但是,如果能预见该PFI项目所组合的附带性设施(项目),并在实施方针中具体说明内容,那么在计算包含该附带性设施(项目)的整体项目费用的基础上,去除相当于原本公共设施的部分来推算PFI项目的LCC也是可行的。

4. 在民间投资者选定阶段确认物有所值评价时,根据所要选择的民间投资者的项目计划,应从包含附带性设施(项目)在内的整体项目费用中去除相当于原本公共设施的部分来推算PFI项目的LCC。

(二) 推算方法

1. 将民间投资者实施项目的费用按设计、建设、维护管理、运营阶段分别计算、累积,并在此基础上计算公共设施等的管理者在整体项目期间所负担的费用。

2. 通过灵活开展咨询活动以及类似项目的实际情况调查和市场调查等、明确计算依据、推测各个年度投资者的损益计划和资金收支计划等方式计算累计。另外,应注意采纳民间投资者所要求合理的利润、分红。

3. 基于上文"二(三)"将间接成本算入PFI项目的LCC。

4. 对于基本方针"一 3(2)"的"妥善调整",遵照下文"四(二)"的内容。

5. 根据上述内容得到的作为各年度公共财政负担的项目费用金额按下文"四(三)"换算成现在价值,并计算总额。

6. 此外,对于计算的精度请注意上述"一(三)3"的内容。

四、物有所值评价的注意事项

(一) 风险量化

(风险调整的观点)

1. 在民间项目中如果项目所带来的风险由投资者负担,一般情况下,作为负担,该风险的补偿应在项目成本中包含相应的对价。因此,PFI项目的LCC通常包含了所预估的PFI项目中民间投资者负担的风险对价。

2. 如果公共部门自主实施该项目则上述风险由公共部门负担,如果发生金钱负担,该负担则成为公共财政负担(根据情况也可能减缓压力而非造成负担)。如果将PSC和PFI项目的LCC相比较,如上文"1"所述,PFI项目的LCC也包含了所预估的PFI项目中民间投资者负担的风险对价,因此,PSC也有必要相应将风险作为公共部门负担的风险纳入计算(另附参考图供参考)。

(所需调整的具体风险)

3. 将风险纳入PSC计算时,首先须明确纳入计算的风险明细。对哪些事项可能成为风险的讨论,已在《PFI 项目风险分担指南》中进行了整理。根据上文的观点,从这些风险中选出具体的风险纳入 PSC 的计算。

4. 将特定具体风险尽可能分别进行量化,并将其纳入 PSC 计算。但是,风险的量化非常困难,因此只能以对物有所值评价影响较大的风险为中心进行量化。在这一情形下,要留意可能存在部分风险未能被纳入 PSC 计算。

5. 此外还应注意,成本上限和时间上限所造成的负担也会产生重要的影响。

(风险的量化)

6. 纳入 PSC 计算的风险量化是指,在该项目由公共部门实施的情形下公共部门可能担负的金钱负担的期待值。也就是说,对某一风险,其发生时用公共部门所应担负的财政负担和风险发生概率的乘积表示。

7. 对某一风险,假设项目期间第 i 年发生 x 日元财政负担的概率为 $P(x)$,$x \times P(x)$ 的总和即为第 i 年发生风险的期待值。原本风险产生的财政负担金额因发生时状况的不同而有所差异。因此,x 的数值可以是从 0 到所能推算的最高金额的数字,严密计算的话,期待值应根据 $\int \{x \times P(x)\}$ 计算得出。但在现实中,要进行这样的计算,往往会因为数据的缺失而存在困难。

8. 因此,对计算进行简化较为合适,方法之一就是,对于存在的某一风险,如果其每年度发生财政负担金额为几日元、发生概率为百分之几,通过将一组或几组这样的数值组合进行预估。例如,第 5 年发生 1 亿日元财政负担的概率为 1%,发生 2 亿日元财政负担的概率为 2%。在此基础上收集各年度各数值的乘积,将其折算为现在价值来计算总和。

9. 另一个方法更为简化。对于存在的某一风险,不是针对每年度而是预估整个项目期间发生财政负担的概率及该情况下财政负担的金额(现在价值)这两个数值,并计算其乘积。

10. 对于存在的风险,发生财政负担时的负担金额和发生概率因风险种类及项目状况等的不同而不同,因此,本指南无法将指标进行统一。各公共设施等的管理者等应依据其经验和市场调查获得的数据等进行预估。同时,为实现今后的风险量化,如果各公共设施等的管理者能保存与风险相关的数据,将具有十分积极的意义。

11. 此外也可将预估的保险费作为风险量化的数值使用。如果缔结了合理覆盖某一风险的保险合同,则可以将需要多少数额的保险费这一数值作为量化数值使用。

(二) 关于基本方针"一 3(2)"的"妥善调整"

1. 关于基本方针"一 3(2)"的"妥善调整",基本是以现行制度为依据进行调整。具体而言,对于实施的 PFI 项目,如果财政、金融上的支援可以通过该项目的相关公共设施等的管理者的财政负担得以实现,其金额应纳入 PFI 项目的 LCC 中计算(另附参考图供参考)。同时,对于作为计算 PFI 项目的 LCC 的前提项目,以及作为计算 PSC 的前提项目,如果可以预见作为该公共设施等的管理者能够从民间投资者获得税收及其他收入,则应将其收入金额分别从 PFI 项目的 LCC、PSC 中扣减(另附参考图供参考)。在这一情形下,通过实施 PFI 项目追加获得的收入金额与从 PFI 项目的 LCC 中扣减的金额应相同。此外,某省厅实施 PFI 项目时如可预见上述支出或收入包含从其他省厅获得的部分,应先将其作为国家的支出或收入统一处理,再依照上述内容对其他省厅的部分进行调整。

2. 在对 PSC 和 PFI 项目的 LCC 进行比较时,公共设施等的管理者除依照上述"1"的现行制度进行调整外,如认为存在其他需要调整的对象,也可对其进行调整,并将其结果与上述"1"的结果一同进行表示,该做法具有十分积极的作用。

(三)现在价值的换算

1. 基本方针"一 3(2)"中规定,在对 PSC 和 PFI 项目的 LCC 进行比较时,应换算成现在价值进行比较。例如,假设通货膨胀率为 0,现时点的 1 亿日元和 10 年后的 1 亿日元的价值便不相同。因此,在对这两个数值进行比较时,有必要将 10 年后的 1 亿日元相当于现时点的多少日元进行换算。这样,将将来的价值换算成现在的价值就成为现在价值的换算。在进行换算时所使用的换算率是折现率。如果 10 年后 1 亿日元的折现率按 r(年利率)换算成现在价值,则根据 1 亿日元 $\div (1+r)^{10}$ 计算。

2. 折现率应使用无风险收益率。例如,可以使用平均长期国债收益率的过去值和长期预测等方法。而作为使用无风险收益率的前提,必须根据上述"四(一)"对风险进行适当调整。

3. 如果折现前各年度的公共财政负担金额是使用名义值计算,使用实质值(即名义值仅扣除通货膨胀率后的数值)计算名义折现率时必须使用实质折现率。同时,PSC 的折现率必须与 PFI 项目的 LCC 的折现率相同。

(四)评价结果的公布

1. 由公共设施的管理者计算得出的 PSC 及 PFI 项目的 LCC,原则上应在选定特定项目时公布。就确保物有所值评价的透明性及客观性观点而言,应同时公布物有所值评价的过程和方法。

2. 公布时应注意以下几点:

(1) PFI 是以向国民提供价廉质优的公共服务为目的的运营模式,因而公共设施的管理者有必要确保实施项目时意思决定程序的透明性和客观性,并负有对国民(纳税人)的说明责任。

(2) 选定特定项目时,在公布具体数值的同时还应对物有所值的评价过程和评价方法进行公布,能够使民间投资者能够更加准确地理解公共设施的管理者提出的水准要求,并期待民间投资者提出更加符合公共设施的管理者思路的提案。

（3）确保物有所值评价的透明性及客观性，就是通过提高公共设施的管理者合理实施物有所值评价的意识，以期实施更加恰当、合理的评价。

3. 就上述观点而言，原则上有必要公布下列表中的事项。但是，如果 PSC 与 PFI 项目的 LCC 的公示有可能影响之后的投标活动的合理竞争，仅表示 PSC 与 PFI 项目的 LCC 的差值或者仅表示相比较而得出的物有所值评价也无妨。此外，该情形下应当按照与选定投资者后的阶段相同的形式进行公布。

1. PSC、PFI-LCC 和物有所值评价的数值		
细目	数值	未公布情形下的理由
PSC（现值基础）		
PFI-LCC（现值基础）		
物有所值评价（金额）		
物有所值评价（比率）		

※ 物有所值评价的公布形式。

2. 物有所值评价的前提条件		
细目	数值	计算根据（未公布时的理由）
折现率		
通货膨胀率		
风险调整值※1		

※1 风险调整值是指，对于实施项目时预估的风险，在其发生时根据公共部门可能担负的财政负担及其发生概率的乘积进行量化并纳入 PSC 计算的数值。但是，由于现实中根据上述方法进行风险定量化存在困难，因此也可以运用预估的保险费（参照"四（一）"）。

3. 项目费用等的计算方法			
细目	PSC 费用的细目	PFI-LCC 费用的细目	计算根据（未公布的理由）
使用者收入等的计算方法			
完善设施项目所需费用的计算方法			
运营项目所需费用的计算方法※2			
维护管理项目所需费用的计算方法			
融资所需费用的计算方法			
其他费用			

※2 为进一步明确宗旨，"运营项目"也可使用"服务项目"或者"服务提供项目"等用语。

4. 公共设施的管理者根据所选定民间投资者的项目计划,依照下列形式公布物有所值评价。在此情况下,有必要公布包括物有所值评价方法(PSC、PFI 项目的 LCC 等)。

4. 选定的民间投资者项目计划中的物有所值评价			
项目	数值	备注※3	未公布的理由
PSC(现在价值基础)			
PFI-LCC(现在价值基础)			
物有所值评价(金额)			
物有所值评价(比率)			

※3 与 PSC 的推算条件相同时,在备注中记载其具体内容。

五、对公共服务水准等的评价

(一)公共服务的标准

1. 在选定特定项目时对 PSC 及 PFI 项目的 LCC 进行的推算,原则上应在设定相同的公共服务水准的基础上进行(参照上述"一(一)7")。

2. 在选定民间投资者时,如有必要对应募者拟定的公共服务水准进行评价,应当根据所募集的民间投资者明示的评价标准进行(参照上述"一(一)8")。在募集时应当明示评价的对象,对没有明示的对象原则上不予以评价。

(二)其他

1. 在选定特定项目时对 PSC 及 PFI 项目的 LCC 进行的推算,原则上在设定相同施工工期的基础上进行较为合理。另外,在此情况下,公共设施等的管理者如有合理依据,也可以分别另设工期进行推算。

2. 在选定民间投资者时,可以在评价标准中增加缩短工期的相关项目,也可以据此对应募者的缩短工期计划进行评价。

附　　则

本指南于 2015 年 12 月 18 日起施行。

(陈肖盈、陈美颖　译)

附表　推算 PSC 的参考格式范例

附表 1　成本比较方法

年份			……	第一2年	第一1年	第0年	第1年	第2年	……	最终年	合计	备考
规划建设项目费用	直接费用	人员开支										
		购物费用										
	间接费用	人员开支										
		购物费用										
	折旧费用											
	修理费用											
	其他费用											
	合计											
维护管理运营项目费用	直接费用	人员开支										
		购物费用										
	间接费用	人员开支										
		购物费用										
	折旧费用											
	修理费用											
	去除费用											
	其他费用											
	合计											
金融费用	支付价款的利息											
	支付价款的手续费											
	合计											
项目费用合计												
风险	规划、建设阶段											
	维护管理、运营阶段											
	合计											
总费用												
现在价值												

注：数值的填写是指，在制作行政成本计算书时仿照资产负债表与其他相关财务明细表按顺序进行誊账。本表是以购买服务型项目为前提的。

附表 2　现金流比较方法

年份			……	第－2年	第－1年	第0年	第1年	第2年	……	最终年	合计	备考
规划建设项目费用	直接费用	人员开支										
		购物费用										
	间接费用	人员开支										
		购物费用										
	折旧费用											
	修理费用											
	其他费用											
	合计											
维护管理运营项目费用	直接费用	人员开支										
		购物费用										
	间接费用	人员开支										
		购物费用										
	折旧费用											
	修理费用											
	去除费用											
	其他费用											
	合计											
金融费用	支付价款的利息											
	支付价款的手续费											
	合计											
项目费用合计												
风险	规划、建设阶段											
	维护管理、运营阶段											
	合计											
总费用												

（现金流）

Ⅰ 项目活动的现金流									
规划、建设项目费用								－××××	
维护管理、运营项目费用								－×××	
金融费用								－×××	
折旧费用								×××	
去除费用								×××	
……									
合计								×××	
Ⅱ 投资活动的现金流									
取得有型固定资产的支出								－×××	
出售有型固定资产的收入								×××	
……									
合计								×××	
Ⅲ 财务活动的现金流									
因还款所付支出								－×××	
因借入所获收入								×××	
……									
合计								×××	
Ⅳ 风险								－×××	
Ⅴ 总现金流（Ⅰ～Ⅳ的合计）								×××	
现在价值									

注：数值的填写是指，在制作行政成本计算书时仿照资产负债表与其他相关财务明细表按顺序进行誊账。本表是以购买服务型项目为前提的。

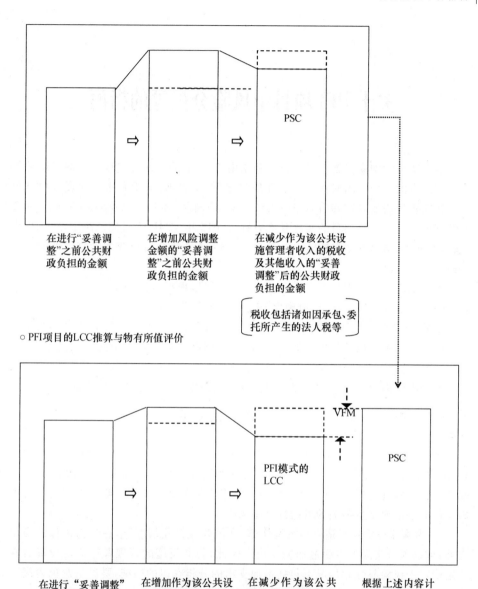

（参考图）关于 PSC 及 PFI 项目的 LCC 推算与物有所值评价

注：(1) 在该公共设施管理者的财政负担以外、从他人那里获得支援的情况下，应按照与 PSC 和 PFI 项目的 LCC 同样的方式进行推算。

(2) 对于某省厅政府部门实施的 PFI 项目，在将其他省厅政府部门的支援或者收入预估在内时，应将其作为国家的支出与收入进行统一处理，并对其他省厅政府部门的支援或者收入进行调整。

关于 PFI 项目中风险分担等的指南

本指南作为国家实施 PFI 项目实务指南之一，表明在研究 PFI 项目的风险分担中需要注意的事项。国家在实施 PFI 项目之际，要根据《关于利用民间资金促进公共设施完善的法律》(1999 年法律第 117 号，以下称为"本法")以及《关于利用民间资金促进公共设施完善项目的实施基本方针》(2015 年 12 月 18 日阁议决定，以下称为"基本方针")，遵照本指南实施 PFI 项目。另外，本指南也可以成为国家以外的主体实施 PFI 项目的参考。

本指南不妨碍各省厅为了顺利实施 PFI 项目，根据本法和基本方针，对本指南表明的事项之外予以留意，努力确保 PFI 项目适当稳妥地实施。

另外，PFI 项目从现在开始进入正式实施阶段，立足于今后的 PFI 项目的实施状况以及与该项目相关的调查研究的进展，根据需要可以对本指南予以更新，或者制定新的指南。

关于本指南中的用语，没有特别规定的，遵照本法和基本方针的定义。

一、风险分担的基本注意点

1. 在缔结协定时，无法准确预测选定项目期间所有可能发生的事故、需求的变动、天灾、物价上涨等经济形势的变化，当发生这些变化时，可能影响项目的支出和收入。在实施选定项目之际，在缔结协定时点无法准确预测其影响。因这种具有不确定性的事由而发生损失的可能性就是风险。

2. 为确保选定项目适当稳妥地实施，在风险显性化情况下，在当初预计的支出之外，可以预计实际上需要追加的支出。因此，公共设施的管理者与选定投资者在协定中对于风险显性化情况下包括追加支出的分担在内的措施，要尽量避免含糊不清，必须进行具体明确的规定。

关于选定项目的风险分担，对于预测风险要尽可能明确化，根据"最可能对风险进行管理的人分担该风险"的思路，必须在协定中予以规定。

在研究风险分担之际，根据公共设施的管理者与选定投资者的业务分担，可以考虑注意以下几点：

(1) 风险及其原因的把握

对该选定项目实施所涉的风险及其原因要尽可能把握。

(2) 风险的评价
A. 对于抽取的风险显性化时预计必须追加的支出最好作出大概的定量化。
B. 在无法定量化的情况下最好对选定项目的影响的大小进行定性的评价。
C. 最好要确认有无可能通过合理的经济手段减轻或者消除风险,并预估该减轻或者消除风险所需的费用。

(3) 风险分担者
要研究公共设施的管理者和选定投资者的其中一方
A. 能以更少的费用预防风险的显性化的能力
B. 在风险的显性化可能性比较大的情况下,要研究其是否有以最少的追加支出应对风险的能力,并且根据风险显性化情况下是否有可归责的情况,研究决定风险分担者。

(4) 风险的分担方法
作为风险的分担方法可以有以下几种:
A. 公共设施的管理者或者选定投资者的其中一方全部负担。
B. 双方根据一定的分担比例进行分担(也可以根据不同阶段改变分担比例)。
C. 在一定金额范围内由一方负担,超过一定金额的采取 A 或者 B 的方式进行分担。
D. 在一定金额范围内双方根据一定的比例进行分担,超过该一定金额的采取 A 的方式分担。

在风险显性化情况下,必须追加支出的分担方法要斟酌该方在该风险显性化情况下能够负担的追加支出的能力,对风险个案进行研究。

3. 在研究风险分担之际,因每一个选定项目的风险都是不同的,必须注意基本上要根据个别的选定项目内容的评价进行研究。

另外,对通过合理的经济手段可以减轻或者消除的风险采取措施之际,必须注意在协定中尽可能对其范围和内容进行具体明确的规定。

此外,要注意在协定中对当事人的风险分担的对策,会给选定项目中筹集资金的成本等条件带来巨大影响,要斟酌经济合理性,使得内容适当、明确。

4. 选定投资者为国家或者地方政府投资或者出资的法人(包括该法人投资或者出资的法人)的情况下,公共设施的管理者要将具体明确的业务责任分担与风险分担的内容明确告知选定投资者及其他利害关系人,必须特别考量透明性的保持问题。

二、风险分担研究中的风险要素和注意事项

下面是为了帮助风险分担的研究,在实施选定项目之际,公共设施的管理者和选定投资者在协定中,针对风险显性化情况下追加支出的负担有可能规定的事项进

行例示。

在研究风险分担之际,因每个选定项目的风险都是不同的,必须注意基本上要根据每个选定项目内容的评价进行研究。因此,必须从以下项目中适当进行取舍或者另外追加,根据个别事例进行研究。

1. 调查、设计所涉风险

(1) 选定项目中包含部分或者全部测量、地质调查或者设计(以下称为"设计")的情况下,要将"设计的延迟完成""超过约定的设计费用金额""设计成果的瑕疵"等作为主要的预测内容。

(参考)

① 所谓设计的延迟完成,是指在协定中规定了设计的履行期间的,在此履行期间内未能完成设计成果,延迟完成的情况;所谓超过约定的设计费用金额,是指在协定中规定了设计所涉金额的,完成设计成果所需的费用超过了此金额。

② 在募集、选定民间投资者过程中因现场说明不充分等,有可能造成设计费用、工程费用等超过约定金额的情况。为了减轻这样的风险,公共设施的管理者在该过程中最好要对民间投资者就选定项目进行充分的说明。

③ 在选定项目中包含地质调查的,与业务实施有关的涉及第三方损害的,参照3(1)参考④A。

④ 在选定项目的项目进行期间,公共设施所有权转移给公共设施管理者的情况下,调查成果的瑕疵影响设计、建设、维持管理、运营阶段,设计成果的瑕疵影响建设、维持管理、运营阶段,有可能产生对后一阶段的影响,因此要规定选定投资者对瑕疵的修补、损害赔偿的请求期间,同时根据瑕疵修补所需期间预先研究后一阶段的措施,最好要在协定中予以规定。

(2) 公共设施的管理者针对各个选定项目要考量对各个选定投资者的参与维持在最低必要限度,将其权利义务在协定中予以明确规定,根据对所参与的该选定项目的影响程度,研究公共设施的管理者的风险分担。

(参考)

① 在开始运营之前的工程中即使有设计工程比预计的延迟或者设计费用超过预计金额的,也要根据选定投资者的应对能力,在开始运营之前,由其自主施行对于选定项目整体影响预计比较小的业务,要注意公共设施的管理者对于超过费用的负担、延迟损害金的征收、要求详细报告以及指示等反而可能带来不适当的情况。但是,即使在此情况下,基于业务分担的费用分担也需明示。

② 在用于通常的公共工程中的设计业务委托合同中,有因图纸、规格书、现场说明书、关于现场说明的问答等文件中表示的自然的、人为的履行条件与实际不符的,因某种理由发包方对这些文件作修改时,要根据需要变更履行期间或者业务委托费,或者给受托方带来损害的需要负担必要的费用。

③在选定项目中即使不包含设计的情况下,也有可能因公共设施管理者的设计延迟及设计成果的错误、遗漏,造成建设、维持管理、运营各阶段的延迟、中断,或者使得各阶段所需费用超过约定的金额。因此,在设计由公共设施的管理者进行的情况下要规定与延迟相关的措施、向公共设施的管理者请求瑕疵修补以及损害赔偿的期间等,同时要根据瑕疵修补所需期间预先研究后一阶段的措施,在协定中予以规定。

(3) 环境影响评价相关的程序等,因程序期间长,程序的结果有可能对公共设施的内容加以较大改变,在选定项目的实施中又是必要的,有可能需要改变设计,改变需要确保的项目用地等对选定项目的实施带来影响,因此要对公共设施的管理者和选定投资者哪一方在什么期间内进行该程序,对该延迟、公共设施内容改变所涉措施要事先予以研究,在协定中予以规定。

2. 确保用地相关的风险

选定项目中部分或者全部包含公共设施用地的取得、工程施工所需用地的一定期间使用权的取得等,在项目用地确保等的情况下,要预计确保用地的延迟、用地确保费用超过约定金额的情况。

选定项目中即使不包含项目用地的确保的,也可能因项目用地的确保延迟、项目用地改变等带来设计、建设、维持管理、运营等各阶段的中断、延迟,以及各阶段所需费用超过约定金额的情况。

因此,对项目用地的确保,公共设施的管理者和选定投资者哪一方负责进行,与该延迟、项目用地改变相关的各阶段的措施要预先研究,在协定中予以规定。

3. 建设相关的风险

(1) 选定项目中包含部分或者全部建设的,"工程完成的延迟""工程费用超过约定金额""与工程有关的第三方损害""工程标的物的瑕疵"等为其主要预计内容。

(参考)

① 工程完成的延迟中有因选定投资者的不恰当的工程管理造成的延迟,公共设施的管理者因某种原因改变设计造成的延迟,与该公共设施的管理者或者其他选定项目相关的公共设施有密切关系的设施整备的延迟造成的延迟,因不可抗力等协定的当事人即使采取合理的措施也无法避免的难以归责于双方的事由造成的延迟。工程完成的延迟可能产生选定投资者的劳务费追加的负担、贷款利息增加的负担等损失,公共设施的管理者可能产生替代服务购入费用的损失。另外,在选定投资者通知了公共设施完成的情况下,如果设备、机器的试运行的结果,该公共设施的状况没有达到协定、规格书中表明的应当提供的公共服务的标准的,工程即没有完成,要待修补完了才是工程完成,对此必须在协定中形成合意。

② 工程费用超过约定的金额是指因为各种原因,在当初协定规定的工程金额

中无法完成工程,工程费用超过约定金额。比如,为了缩短部分工程时间造成必要的费用增加,因改变设计而改变工程材料带来的费用增加,因主要建设材料涨价带来的费用增加等。

③ 在选定项目的项目进行期间,公共设施的所有权转移至公共设施的管理者的情况下,公共设施的瑕疵有可能影响维持管理、运营的阶段,因此要规定向选定投资者请求瑕疵修补、损害赔偿的期间,并根据修补所需期间预先研究措施,在协定中予以规定。

④ 用于通常的公共工程中的工程承包合同中有以下实例:

A. 对与工程的施工关联产生的对第三方的损害,原则上由承包方对该第三方进行损害赔偿。但是,由于发包方的指示、租借物的性质状况等可归责于发包方的事由所产生的,或者伴随工程施工通常无法避免的噪音、震动、地下水的断流等造成的损害,原则上由发包方负责赔偿的例子。

B. 对工程标的物、工程材料发生损害以及其他与工程施工相关发生的一般损害(涉及第三方的损害以及因不可抗力造成的损害除外),除因可归责于发包方的事由产生的以外,由承包方负担的例子。

C. 因不可抗力等无法施工时,根据需要改变工期或者承包金额,或者负担因工程中止所产生的承包方的增加费用的例子(不可抗力发生情况下工程标的物的损害分担参照 6(1)参考④)。

D. 物价上涨情况下的费用分担,参照 6(2)参考④。

E. 关于工程标的物、工程材料,有承包方投保火灾保险的例子。

(2) 公共设施的管理者针对每个选定项目,要考量将对选定投资者的参与度限定在最小必要限度内,将其权利义务在协定中明确规定,根据对参与的选定项目所施加的影响程度,研究公共设施的管理者的风险分担。

(参考)

① 用于通常的公共工程的工程承包合同中,图纸、规格书、现场说明书、对现场说明的问答等文件中表明的自然或者人工的施工条件与实际不同的,对于没有明示的施工条件发生了无法预期的特别状况的,因某种理由发包方改变了这些文件的,要根据需要改变工期或者承包金额,或者负担因此所产生的承包方的损害的例子。

② 公共设施的管理者进行既存设施的小规模修缮租借给选定投资者的情况下,即使选定项目中没有包含建设,也可能因公共设施管理者的租借的延迟、该设施的瑕疵等导致维持管理、运营的延迟或者中断,维持管理、运营所需费用超过约定金额。因此,要规定与延迟相关的措施,向公共设施管理者请求瑕疵修补、损害赔偿的期间,并根据该瑕疵修补所需期间预先研究措施,在协定中予以规定。

4. 维持管理、运营相关的风险

选定项目中包含部分或者全部维持管理、运营的,需要研究的事项可预计为"开始运营的延迟""公共服务的利用程度与当初预计的差异""维持管理、运营的中断""设施的损伤""维持管理、运营相关的事故""技术革新""修缮部分的瑕疵"等。

（1）作为开始运营的延迟，可以预计因前一阶段的设计、用地确保、建设的延迟，提供公共服务所需的选定投资者的状态完善的延迟，在准备提供公共服务之前所必需的各种程序的延迟等，要对这些延迟相关的措施预先研究，在协定中予以规定。

（2）公共服务的利用程度与当初预计的差异所导致的风险显性化情况预计包括：

A. 因社会经济状况的变化，通过选定项目提供的公共服务的必要性降低，现实的利用程度低于当初的预计。

B. 因同种服务的提供，通过选定项目提供的公共服务的现实的利用程度低于当初的预计。

因此，在协定中规定选定投资者的收入（公共设施的管理者向选定投资者支付服务费、选定投资者自己征收使用费等）之际，要考虑有无从公共服务的利用者处征收使用费，对各个选定项目的状况进行斟酌，研究采取什么样的方法，在对公共服务的利用程度与当初预计不同的情况下应规定采取适当的风险分担。

（参考）

① 选定项目中包含运营部分的情况下，是公共设施的管理者向选定投资者支付服务费还是选定投资者自己征收使用费的规定，是决定公共设施的管理者和选定投资者的风险分担事宜，特别需要研究。

② 公共设施的管理者向选定投资者支付服务费的方法，可以考虑有以下方法（各自都可以根据时间、阶段来改变固定金额或者单价）：

A. 一定的固定金额（比如相对于选定项目整体所需费用，建设成本等初期投资费用所占比例较大，而运营所需费用所占比例金额较小的情况）。

B. 以一定的单价乘以公共服务利用程度所得金额（比如相对于选定项目整体所需费用，运营所需费用所占比例较大的情况）。

C. 在一定固定金额基础上根据公共服务的利用程度加上一个变动的金额（比如选定项目整体所需费用较大，并且初期投资费用、运营所需费用也较大，预期利用程度随时间变化而变化的情况）。

A 的情况下，公共服务的利用程度不与收入联动，但也斩断了与将来费用增大的联动。B 的情况下，根据利用程度，收入可能会有较大的变动，在利用程度较高的情况下，可以覆盖单价的构成要素，随着单价的变动可以覆盖利用程度的变动。但是，需要注意单价和利用程度可能产生逆相关的关系。

（3）维持管理、运营中断相关的风险显性化的情况预计有：

A. 实际需要维修检查的回数、期间因该公共设施的性质超过当初预计的回数、期间。

B. 提供公共服务不可或缺的原材料的购入困难的情况。
C. 下述(4)的设施损坏、(5)的事故、(6)的情况。

要预先研究在各种情况下包括风险分担在内的措施,尽可能在协定中予以规定。

(参考)

① 关于维持管理、运营的中断,有必要根据协定中规定的业务的全部中断或者部分中断以及中断期间如何来进行研究。

② 维持管理、运营的中断为难以归责于选定投资者的事由所导致的情况下,因中断而使公共服务的提供期间变短了,也要预先研究该期间公共设施的管理者向选定投资者支付服务费的方式方法、项目期间的延长,尽可能在协定中予以规定。

(4) 设施的损坏预计有以下内容:
A. 由设施设置的隐蔽瑕疵产生的。
B. 由设施管理的瑕疵产生的。
C. 由第三者的行为产生的。

要斟酌设施修复所需资金的程度、是否由可归责于公共设施的管理者或者选定投资者一方的事由所导致、对追加支出的负担方的负担能力等,预先研究各种情况下分担的方式方法,尽可能在协定中予以规定。

(参考)

① 设施损坏情况下,除了设施修复的费用,在设施修复之前还可能发生在临时设施中提供公共服务的费用、中断期间的利益丧失等损失。

② 与设施的损坏相关联,还可能损害公共服务的利用者等第三方,在此种情况下,也要斟酌选定投资者及公共设施管理者的归责事由、负担能力,预先研究分担的方式方法,尽可能在协定中予以规定。

(5) 维持管理、运营所涉事故预计有以下内容:
A. 由设施设置的隐蔽瑕疵发生的事故。
B. 由设施管理瑕疵发生的事故。
C. 由运营业务自身发生的事故。

要斟酌对第三方损害赔偿所需资金的程度、是否由可归责于公共设施的管理者或者选定投资者一方的事由所导致、追加支出的负担者的负担能力等,要预先研究各种情况下分担的方式方法,尽可能在协定中予以规定。

(参考)

① 因设施设置的瑕疵而发生事故的情况下,会产生改善设施所需费用,也要预先研究其分担的方式方法,尽可能在协定中予以规定。

② 因运营业务自身而发生的事故,预计有因汽车营运的事故、在生产物品的选定项目中因该产品的瑕疵而导致的事故,以及为公共服务的利用者保管物品而带来的保管物的毁损、灭失等。

（6）技术革新所涉风险显性化的情况预计有以下内容：

A. 在协定缔结的时点，可以预计在一定期间后公共设施的完善中所采用的技术会陈旧化，尽管在协定中规定了技术代替、部分设施、设备的改造费用，但实际上改造设施、设备所需费用超过了当初预计的情况。

B. 因为在协定缔结的时点预计不到的技术革新，公共设施的完善中采用的技术陈旧化，失去了效率性和竞争性，为了继续选定项目必须追加投资采用新的技术完善公共设施的情况。

要斟酌改造设施、设备所需资金的程度，要预先对各种情况下包括分担在内的措施进行研究，尽可能在协定中予以规定。

（参考）

① 即使发生了当初在协定缔结的时点预计不到的技术革新，使得该公共设施的完善中采用的技术不再是最新的情况下，必须注意到还存在可以确保效率性和竞争性，仍然对社会有用，不一定非要改造部分设施设备的情况。

② 必须进行 B 的追加投资的，有可能是该公共设施的维修零件的供给停止、与该公共设施进行的公共服务提供有密不可分联系的第三方停止提供服务的情况。选定项目长期化的情况下，对 B 状况下需要追加投资额，在协定缔结时点预测有极其困难的一面，对 B 状况下当事人的协议程序、作为第三方的专家调查的实施、该费用分担等预计必要的事项也应在协定中予以规定。

③ 在斟酌公共设施的部分设施设备的改造所需资金的程度时，在追加资金中与所需资金一起还要考虑因追加后效益提高而导致维持管理、运营费用的减少部分，必须比较考量该设施设备改造后选定项目整体中各当事人的负担。

（7）对于与公共设施的修缮相关的对第三方的损害、修缮部分的瑕疵，要参照与工程相关的对第三方损害、工程标的物的瑕疵的规定，在协定中予以规定。

（8）在上述（3）至（7）之外的维持管理、运营费用超过约定金额的情况预计有以下内容：

A. 下述 6(2) 的维持管理、运营费用超过当初预计的情况。

B. 公共服务的利用程度超过当初预计，维持管理、运营费用超过当初预计的情况。

要斟酌维持管理、运营费用超过当初预计的程度，是否由可归责于公共设施的管理者或者选定投资者一方的事由所导致，要预先研究各种情况下分担的方式方法，尽可能在协定中予以规定。

（参考）

开始提供公共服务后，发生了与环境影响评价相关程序中预测的环境影响的内容和程度不同的事实，有可能产生公共设施修补需要相当费用的情况，要预先研究该情况下分担的方式方法，尽可能在协定中予以规定。

5. 项目终了阶段的风险

在选定项目的终了阶段,有选定投资者将公共设施向公共设施的管理者转让的情况,有可能需要撤除公共设施,以恢复原状。在此情况下,对涉及长期的选定项目期间终了的修缮费用或者撤除、恢复原状费用,即使在协定缔结的时点预先对具体金额作了预计,因项目终了阶段该公共设施的周边状况、撤除相关的规制情况,与实际所需费用大相径庭的情况也是可以预计的,因此,在协定中规定项目终了一定期间前对修缮费用及撤除、恢复原状费用的确保程序也是恰当的。

(参考)

① 在项目终了阶段,将公共设施的撤除、恢复原状作为选定投资者的业务的情况下,将其包括在选定投资者的解散、清算程序前的选定项目中,作为选定投资者的债务在协定中予以规定。

② 公共设施自身或者公共设施的设计成果有可能构成《著作权法》(1970年法律第8号)第2条第1款第1项所规定的著作物的,应就《著作权法》规定的作者的权利(作者人格权和著作权)的处理预先在协定中予以规定。选定投资者为实施选定项目委托第三方设计的,协定的当事人和具有作者权利的该第三方之间应另行签订协议。在此等情况下,应注意公共设施所有权的转移时期、选定项目在项目期间内增设改造等。

6. 各阶段共通的关联风险

(1) 不可抗力

不可抗力是指与协定当事人的行为无关的由外部产生的,即使尽通常认为必要的注意和预防也无法防止的障碍。因难以归责于公共设施的管理者和选定投资者任何一方的天灾等不可抗力,发生了比如在调查阶段临时设施的损坏,建设阶段标的工程的损坏,维持管理、运营阶段的设施损坏,设计、用地确保、建设各阶段的中断、延迟或者在各阶段的所需费用超过约定金额等状况,在设计、用地确保、建设、维持管理、运营的任何阶段都可能对选定项目的实施产生影响,因此,对此等状况下的追加支出分担的方式方法、项目期间的延长要预先研究,尽可能在协定中予以规定。

(参考)

① 关于天灾等,《灾害对策基本法》(1961年法律第223号)第2条第1款第1项规定为"暴风、龙卷风、暴雨、暴雪、洪水、山体滑坡、泥石流、满潮、地震、海啸、火山爆发、地表滑落以及其他异常自然现象或者大规模的火灾、爆炸或者其他在损害程度上与此类似的由政令规定的原因所产生的损害",同法施行令第1条中作为政令规定的原因规定了"大量放射性物质的排放、产生多数遇难者的船舶沉没以及其他大规模事故"。另外,用于通常的公共工程的工程承包合同中有将天灾等规定为"暴风、暴雨、洪水、满潮、地震、地表滑落、塌方、火灾、骚动、暴动以及其他自然或者人为

的现象"的例子。此外,对超过通常情况的降雨或者降雪、雪崩、发现地下文物、无法预见的软地基、有害气体的喷发等一并进行研究也是有益的。

② 为了使根据协定实际发生追加支出的情况下不发生争议,要对天灾等内容的标准、负担对象范围、通过购买保险填补的处理、累积损害的处理,以及损害通知、确认的程序等预先在协定中尽可能予以规定。

③ 近年来,在火灾保险、地震保险以外,还开发了天气(气候)保险产品,随着保险、金融技术的发展和市场的完善,减轻风险的可能范围进一步得以扩展,应适当地对当时当地的风险减轻措施进行广泛的研究。另外,公共设施的管理者为了使发生不可抗力情况下对实际发生的追加支出额不产生争议,可以预先在协定中规定选定投资者投保保险的要出示保险合同。

④ 用于通常的公共工程的承包合同中,有规定在工程标的物交付之前,在因不可归责于发包方、承包方(称为"不可抗力")的天灾(在设计图纸中规定了标准的,仅限于超过该标准)发生工程标的物损害的(因承包方怠于履行善良管理者的注意义务而产生的部分和根据设计图纸规定购买保险填补损失的部分除外),发包方对该损害的金额和处理该损害所需费用的合计金额中,超过工程承包费用的多少比例的部分金额予以负担的例子。

(2) 物价变动、利率变动、汇率变动和税制变更等

物价变动、利率变动、汇率变动和税制变更等有可能成为选定投资者费用增加或者收益减少的原因,要斟酌这些变动对选定项目的影响程度,预先研究分担的方式方法,尽可能在协定等中予以规定。

(参考)

① 为了避免产生是否发生了协定规定的需要实际追加支出的物价变动等的争议,协定的当事人要对作为指标的物价水平、利率、汇率等预先在协定中予以规定。

② 对于选定项目的影响程度,要对构成该选定项目费用的主要要素(比如主要的建设材料费、人工费、运营所需的能源费等)分别研究物价、利率、汇率哪一项对其影响大。

③ 民间投资者现在虽然可以通过利率互换(短期变动利率和长期固定利率之间的交换交易)、购买利率上限(设定短期变动利率上限的交易)来减轻利率变动的风险,可以通过汇率预约(现在确定将来货币交易汇率的一种交易)和外汇期货(购进或者卖出将来以某种水准的汇率实施外汇交易权利的交易)减轻汇率变动的风险,但是公共设施的管理者必须注意到现状是民间投资者在超过 10 到 15 年的期间以固定利率筹集资金是有相当大的困难的,上述交易也有交易规模的限制,因民间投资者的信用不同,条件也不同。另外,也需要注意涉及长期的选定项目,因融资的金融机构的状况不同,也可能妨碍风险减轻措施的效果。

④ 用于通常的公共工程的工程承包合同中,有从合同缔结之日起 12 个月后,因工资水平、物价水平的变动请求变更承包款金额时,规定剩余工程价款(从承包金

额中扣除请求时已经完成部分的承包款的金额)与变动后剩余工程价款(以变动后工资或者物价水平为基础算出的剩余工程价款金额)的差额部分,超过剩余工程价款的多少比例的部分由发包方负担的例子。另外,也有规定发生了不以一定的期间经过为条件的激烈的通货膨胀时,虽然一般的工资水平和物价水平没有变动,主要工程材料价格显著变动情况下如何处理的例子。

(3)设施的设置标准、管理标准的变更等相关法令的变更等

该公共设施的设置标准、管理标准有法令规定的情况下,伴随该标准的变化,也有可能发生设计、用地确保、建设、维持管理、运营各阶段的中断、延迟,各阶段所需费用超过约定金额的情况。因此,要对该标准发生变化情况下各阶段公共设施管理者与选定投资者应该采取的措施预先进行研究,在协定中予以规定(审查批准的取得等)。

从工程的开工到运营的开始为止需要履行的法定程序的完成延迟或者更新的延迟,历经相关程序的结果导致公共设施内容的变更或者从工程开工到运营开始之间和当地有关人士的交涉延迟、因该交涉导致的公共设施内容的变更等,使得设计、用地确保、建设、维持管理、运营各阶段产生中断、延迟,各阶段中所需费用超过约定金额等情况也有可能发生。因此,对在什么阶段需要什么程序,在程序为必要或者变成必要的情况下公共设施管理者和选定投资者哪一方负责进行,对该延迟、公共设施内容变更所涉措施要预先进行研究,在协定中予以规定。

三、其他注意事项

1. 预计选定项目的设计、用地确保、建设、维持管理、运营的一部分或者全部为长期项目的,公共设施的管理者要考虑尊重民间投资者的创造性和自主性,将对民间投资者的干预控制在最小必要范围内,注意与以前的公共设施的管理者用于公共设施完善中的承包合同、委托合同中的风险分担可能有所不同,应当与选定投资者研究风险分担。风险在每个选定项目中都不同,必须要针对各个选定项目评价、研究其内容,必须注意上文二中的参考部分是例示从前的公共工程中的分担实例,是为将要实施PFI项目的公共设施的管理者提供研究素材而例示的,不是原则。

2. 在根据法律制定、公布的实施方针中,有显示公共设施的管理者与民间投资者的业务责任分担、预计风险及其分担的基本思路的,鉴于实施方针所涉特定项目的风险分担有可能基于竞争通过民间投资者的合理提案而作出更为适当的改变,要立足于市场调查,注意根据需要在适当的期限前进行具体化或者进行变更。

(参考)

在实施方针的制定、公布的时点,因无法预测其发生的可能性或者预计其影响的不确定事由而产生的损害是不确定的,但是各自可能发生以下损失:

A. 历经民间投资者的募集和选定相关过程的结果,未被选定作为实施选定项目的民间投资者的应募费用以及没有选定任何民间投资者情况下公共设施的管理

者在实施过程中的花费。

B. 作为实施选定项目被选定的人因某种原因没有缔结协定的情况下,选定投资者和为了成为选定投资者设立新法人的民间投资者以及公共设施的管理者在此过程中的花费。

因此,在实施方针中,根据需要明确民间投资者所负担的费用项目有可能对民间投资者是有益的。

3. 选定投资者从事选定项目以外的其他项目的,因其他项目所伴随的风险有可能影响选定项目所涉公共服务的提供,为了避免影响或者将其控制在最低限度,要注意在协定中设置必要的规定等对经济合理性进行充分斟酌后采取必要的措施。

（参考）

① 根据选定项目的状况,在充分斟酌经济合理性的基础上,可以选择将选定项目交付新设法人实施或者采取根据项目部门的区分确保会计上的独立性等措施。选定投资者为新设法人的,为消除其实施选定项目相关的忧虑,适当情况下公共设施的管理者和选定投资者的出资者之间为了保证选定项目适当稳妥地实施,要注意在充分斟酌经济合理性的基础上就必要的措施另行合意。

② 选定投资者同时设立民间收益设施等附带设施从事选定项目以外的其他项目的情况下,预计其他项目所涉风险有可能影响选定项目所涉公共服务的提供,同时公共设施的损坏也可能影响附带设施。因此,要将选定项目所涉风险和其他项目所涉风险尽可能分离开来,要斟酌一方的项目风险对他方项目的影响程度,研究包括分担在内的措施,在协定中予以规定。具体来说,在选定投资者时可以实施以下措施：

A. 选定投资者的出资者对履行其他项目的支援。

B. 对实施其他项目的投资者的信用能力的确认。

C. 实施其他项目的投资者投保。

4. 在选定投资者完成公共设施建设之前,公共设施的管理者没有向选定投资者进行支付,在运营后以服务费等开始支付给选定投资者的情况下,公共设施的管理者要注意依照选定项目的规模选定投资者要筹措相当的民间资金,对资金筹措极有可能困难的情况或者已经陷入困难的情况下,选定投资者与公共设施的管理者要预先研究应该采取的对策,尽可能在协定中具体明确地予以规定。

5. 公共设施的管理者要考虑将对选定投资者的干预维持在最小必要限度内的同时,为迅速确认在协定中预先确定分担的风险的显性化或者其可能性,有必要在协定中就选定项目的实施状况报告达成合意。

附　　则

本指南自 2015 年 12 月 18 日起施行。

（于剑华　译）

公共设施运营权及公共设施运营项目指南

序　言

　　本指南是针对公共设施运营权(以下简称"运营权")及公共设施运营项目(以下简称"运营项目")的解说。日本在实施PFI项目时,期望在遵守《关于利用民间资金促进公共设施完善的法律》(1999年法律第117号,以下简称《PFI法》)及基于该法的下级法令等(参照下文,以下简称《PFI法令》)的基础上,依照本指南以更好地实施PFI项目。同时,本指南也可为日本以外的PFI实施者提供参考。

　　为了使各个省厅[①]部门顺利地实施运营项目,本指南在遵照《PFI法令》的基础上,可以根据具体情况制定适宜的措施,同时也不妨碍通过本指南所示内容以外的方式实施运营项目。

　　本指南(第一版)是关于目前运营权论点的归纳总结。运营项目由此得以正式实施,今后将根据其实施情况和对项目的调查、研究的进展情况,对本指南的一部分或者全部内容进行必要的修改(第二版),或者出台新的指南。

　　此外,除非明确指出,本指南中的用语遵照《PFI法令》中的定义。

　　《PFI法》的下级法令包括以下内容:

　　【政令】

　　《关于利用民间资金促进公共设施完善的法律的施行令》(1999年政令第279号)

　　《关于利用民间资金推进项目委员会令》(1999年政令第280号)

　　《关于利用民间资金推进项目会议令》(2011年政令第177号)

　　《公共设施运营权登记令》(2011年政令第356号)

　　【内阁府令】

　　《关于利用民间资金促进公共设施完善的法律的施行规则》(2011年内阁府令第65号)

　　《公共设施运营权登记令施行规则》(2011年内阁府令第66号)

[①] "省厅"是日本中央行政机构的主体,"省"指日本中央行政省,"厅"指日本中央行政省的直属机构。——译者注

【其他】

《关于利用民间资金促进公共设施完善项目实施的基本方针》(2015 年 12 月 18 日内阁会议决定,以下简称《基本方针》)

一、运营权制度

1. 要点

(1) 运营权是指对民间投资者设定的通过运营公共设施并征收对该公共设施的使用费的权利。

(2) 民间投资者因可能运营自由度较高的项目(包括决定使用费等),所以可以通过寻求创新性激励、提高原有基础设施的价值并促进其利用,以期实现公共设施的管理者(以下简称为"管理者")、民间投资者和使用者三方各自的利益。

例如,管理者能够在享有该设施所有权的同时转移运营等的风险,并且能够通过征收运营权对价而有望实现设施收入的早期回收。同时,通过民间运营者的才能和技术知识,以期实现项目运营和实施的高效化以及基于顾客需求的服务水平的提高。

(3) 此外,在承认运营权作为财产权可以转让的同时,可通过设定抵押权和折旧等方式以期顺利实现融资。

2. 注意事项

关于运营权的注意事项主要包括以下内容:

【实施方针】

(1) 筹划制定实施方针时,应尽可能具体地记载运营项目的内容、民间投资者的选定方法。

【民间投资者的选定】

(2) 应考虑运用竞争计划、公募型计划等具备竞争性的任意合同。另外,在认为不必要采用具备竞争性任意合同的情况下,可考虑根据综合评价一般竞争的投标方式来选定投资者。

(3) 为制定(修正)标准要求书而有必要从项目方案、融资方案、运营方式等多方面作出广泛提案的情况下,可根据管理者的判断而运用竞争的对话方式。

【风险分担】

(4) 公共设施运营权实施合同(以下简称"实施合同")作为规定运营项目责任和风险分担及实施合同当事人权利义务的约定,同时由于风险分担内容也会影响运营权相关的合同当事人所负担的金额,应尽可能避免含糊,力求具体明确。

【使用费】

（5）实施方针对实施运营权的公共设施规定使用费事项的情况下，应当尊重公共设施运营权人（以下简称"运营权人"）的自主性和创新性，同时规定适当的使用费上限、幅度等内容。

【土地等的租赁】

（6）运营权人在运营公共设施时，除特殊情况外，在实施合同以外没有必要依据《国有财产法》（1948年法律第73号）签订租赁合同或者获得使用许可。

（7）另外，由于法律不允许运营权人将该公共设施出租给他人，运营权人作为运营项目的一环，为了使其将管理者所有的建筑物的一部分出租给承租人等的第三人，有必要从法律上认可运营权人将取得该建筑物的租借权转租于第三人。

【运营权对价】

（8）管理者与运营权人应当在实施合同中预先约定运营权对价的金额，并根据双方的合意，约定运营权对价的支付方法和时间。

（9）运营权对价的计算方法是指，由运营权人从预计将来获得的项目收入当中扣除项目实施所必需的支出所得的现值中按一定比率退回钱款的合理方法。

【VFM 评价】

（10）有必要根据项目规模、项目内容、项目期间，定量地把握和分析运营项目的风险。另外，由于一定程度上也存在不能定量评价风险的情况，即使不能进行 VFM 定量评价，也可依据定性评价、综合判断是否可以实施 PFI 项目。

【运营权的设定】

（11）《PFI 法》允许原有的运营权涉及设施的增改建部分。

（12）在增改建的情况下，当原有的运营权范围涉及该增改建部分时，就没有必要再设定新的运营权程序。

（13）运营权的设定和管理者的指定可以针对同一人根据同一内容进行。

【退职派遣制度】

（14）退职派遣制度（《PFI 法》第22条第1款第4项规定的派遣职员从事运营权人业务的制度，下文同）是指，在项目的初期阶段由国家或者地方公共团体中具备专业知识和技能的公职人员继受成为运营权人，从而为促进项目的顺利实施而创设的制度。所以，应当遵循该宗旨正确地运用退职派遣制度。

【监督】

（15）在发生对运营项目实施有重大负面影响的可能性时，可以在实施合同中规定，要求作为第三人的专家实施调查并提交调查报告书。

【更新投资、新投资】

（16）在全面拆除并再建设新工程和新设施的情况下，可以考虑在实施 PFI 项目之后设定运营权。

【关于运营权人的股份转让及债权流动化】

(17) 有必要依据多样化主体进行民间融资的运营项目非常广泛,因此应当以确保履行能力为前提,为了妥善实施项目而给予股份转让以必要且最低的限制。

【运营权的转让】

(18) 在对运营权转让付以一定条件时,有必要在实施方针中预先规定运营权转让的相关条件。

【运营权的撤销】

(19) 管理者在因公益上的需要而撤销运营权时,应当对通过运营权实施服务的公益性与新产生的公益必要性进行客观评价和比较,以慎重作出撤销的判断。

(20) 因撤销运营权所带来的损失,可考虑依据公共用地补偿标准中的营业补偿标准进行补偿。

(21) 在撤销运营权时,对于运营权人已经支付的运营权对价中剩余的项目期间所对应的部分,有必要向运营权人支付。

【运营项目的终止】

(22) 运营权人任意进行增改建时,可以由新选定的运营权人和管理者对该增改建的原运营权人支付因设施增改建而增值的时价的全部或者一部分。

【运营权方案】

(23) 运营权方案

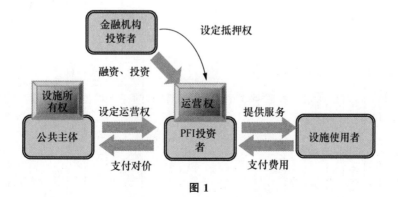

图 1

474　当代主要国家公私合作法

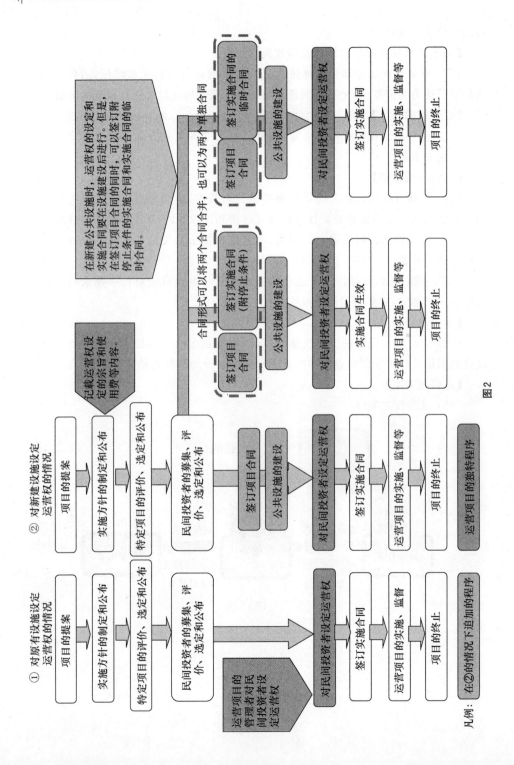

图2

二、实施方针

（一）实施方针

1. 要点

实施方针中规定的具体内容和实施方针条例中预设的内容包括哪些？

2. 注意事项

（1）运营项目时，在实施方针中追加记载的事项包括以下几个方面：

① 对所选定的投资者设定运营权的意思。

② 有关实施运营权的公共设施的运营等内容（包含设定范围）、民间投资者能够决定参加与否的内容。

③ 运营权的存续期间。在依提案所预计的存续期间和预计选择延长存续期间的情况下，分别根据其可能性记载其要点。

④ 依据实施合同向运营权人请求负担《PFI法》第20条所规定的费用或者其以外的金钱。同时，在预先设定负担金额的情况下，对于请求负担的意思及其金额。负担的金额可以根据民间投资者的提案，以及管理者与选定投资者之间的协议来设定，因此并不一定在实施方针中明确记载。同时，也可以考虑在实施方针中记载诸如对于民间投资者所负担金钱的评估方法。

⑤ 实施合同中所约定的事项及对实施合同的解释产生异议的情况下的应对措施。另外，风险分担应当依据民间投资者的提案进行预先估计，根据其可能性分担风险。

⑥ 使用费的相关事项。有必要尊重运营权人的自主性和创新性，不能对特定的人实施不当的差别对待。应注意避免因显著不适应社会经济的情况而对公共设施的使用者利益造成损害的可能性，并在此基础上规定适当的使用费上限和幅度。另外，在个别法律对使用费有专门规定的情况下，应当遵循该规定中的程序，并依据《PFI法》提出申请（但是，该个别法律有特殊规定的情况除外）。

⑦ 在转让运营权时，有必要在确认正确执行实施方针的基础上设定转让条件。例如，要对原指定管理者的撤销及对新管理者的指定决议设定条件。

⑧ 如果已经规定股份转让方针，依照该方针。

⑨ 民间投资者的选定方法。此外，在听取由权威人士组成的审查委员会的意见的情况下，有必要在制定实施方针后的募集要点或者招标说明书中尽早公布审查委员会的组成人员。

⑩ 有关运营项目实施的其他必要事项。

（2）在制定实施方针时，为了便于民间投资者对参与运营项目的研究，应当尽可能具体地记载该运营项目的内容、民间投资者的选定方法。

(3) 当管理者为地方公共团体的负责人时,应当在实施方针条例中规定以下设想的事项。同时,本规定与《指定管理者条例》《地方自治法》(1947年法律第67号)第244条第2款第4项)具有相同的宗旨。

① 选定的程序。申请的方法和选定标准等。

② 运营的标准。闭馆日和开馆时间等业务运营的基本事项。

③ 业务范围。使投资者从事的业务(如管理者将全部业务或仅部分业务交由运营权人实施)。

④ 使用费的相关事项。使用费的基本框架(上限等)。

(二) 制定实施方针时应当考虑的事项

1. 要点

为不引起运营权与实施方针之间产生分歧而应当注意的要点包括哪些?

2. 注意事项

为保证实施方针公布后、经过投资者选定程序并缔结的实施合同的内容与实施方针之间不产生分歧,在制定实施方针时,应当注意以下几点:

① 关于公共设施的布局和规模及其配置,要考虑今后有增改建等的可能性。

② 在对项目期间请求提案时,具备变更期间等的可能性。

③ 如果在制定实施方针时能够预见增改建的可能性,最好预先规定增改建设施等的时间和规模等。

④ 对于可否利用退职派遣制度、所预计的派遣职员的业务内容、派遣期间、人数、职业种类等进行规定。

三、民间投资者的选定

(一) 选定方法

1. 要点

民间投资者及管理者的选定程序应当如何规定为宜?

2. 注意事项

(1) 在综合考虑项目规模、内容、特性等因素,并在确保公平性、透明性和竞争性的同时,选择最适合激励民间创新的选定方法和程序。在此情况下,也可考虑以市场调查结果作为依据的有效方法。

(2) 由于仅仅通过管理者来设定满足项目目的和需求的方法以及标准要求等是很困难的,因此有必要从项目方案、融资方案、运营方式等多方面作出广泛的提案。同时,在能够根据《会计法》(1947 年法律第 35 号)第 29 条第 3 款第 4 项的规定采用任意合同的情况下,可以考虑采用竞争计划、公募型计划等具备竞争性的任意合同。

(3) 在认为没有必要采用具备竞争性任意合同的情况下,可以通过综合评价一般竞争招标方式选定投资者。在此情况下,可以依据《PFI 法》第 10 条的规定运用技术提案制度。

(4) 除上述内容外,应依据《PFI 项目实施程序指南》4-1(11)①和②等实施有关选定程序。

(二) 技术提案制度的运用

1. 要点

如何运用《促进确保公共工程质量法》(2005 年法律第 18 号)中所引入的技术提案制度呢?

2. 注意事项

(1) 在设想同时存在多个满足标准要求的有效方法、高超技术和卓越技能等广泛提案的情况下,对于预见到仅由管理者难以评价提案书中提案内容的合理性和技术是否达到标准要求的特定项目,并通过综合评价中标方式选定民间投资者时,可以运用《促进确保公共工程质量法》所引入的技术提案制度。

(2) 此时,在要求应募者对特定项目的相关技术或者做法作出提案(以下简称"技术提案"),并通过改善技术提案的部分内容而形成更有利提案的情况下,可以要求改善技术提案或者提供改善提案的机会(技术对话)以及基于最有利提案而形成预定价格,据此要求民间投资者提出包含高超技术和卓越技能的广泛提案。

(3) 除上述内容以外,应当依据《PFI 项目实施程序指南》4-1(11)②-3 实施技术提案制度。

(三) 竞争的对话方式

1. 要点

对于应当积极运用民间技术和创新的项目,在设定标准要求方面,与民间的对话也即竞争性对话方式的运用及其注意事项包括哪些?

2. 注意事项

(1) 为了制定(修正)标准要求书,在有必要从项目方案、融资方案、经营方式等多方面作出广泛提案的情况下,可以依据管理者的判断,运用竞争性的对话方式。

(2) 具体而言,① 管理者与应募者就提案内容进行确认和交涉,根据其结果制定(修正)标准要求书;② 在完成①的对话后,要求提交提案书;③ 根据需要将参加对话者集中缩小至三个应募者的程度。

(3) 对于适用《会计法》的合同,可考虑采用具备竞争性的任意合同(根据公募型计划、竞争计划等)。同时,有必要根据《预算决算及会计令》(1947 年敕令第 165 号)第 99 条第 5 款的规定,约定预定价格。

(4) 除上述内容外,应当依据《PFI 项目实施程序指南》4-1(11)①-2 等实施竞争性对话。

(四) 关于运营权对价提案公开必要信息的可能性

1. 要点

关于民间投资者对运营权对价的提案,应当在多大程度上公开作为计算预定价格依据的必要单价、计算根据等?

2. 注意事项

(1) 通过尽可能详细地公开信息,从而有助于民间投资者顺利地商讨运营权对价,同时力图确保投资者选定的公平性、透明性和竞争性。

(2) 在公开与预定价格相关的估算的工作量等信息时,如果据此无法得出预定价格,可以考虑公开收支明细。

(3) 为了使民间投资者顺利地商讨运营权对价,在确保运营者选定的公平性、透明性和竞争性的同时,在能够公开预定价格的计算根据和关于计算的特别必要信息的情况下,最好尽可能迅速地公开筹划制定实施方针的时间。

四、风险分担

1. 要点

在运营项目中政府与民间投资者的风险分担方面,需要特别注意的事项包括哪些?

2. 注意事项

(1) 由于实施合同作为规定运营项目责任和风险分担及其实施合同当事人权利义务的约定,同时由于风险分担内容也会影响运营权相关的合同当事人所负担的金额,所以应尽可能避免含糊、力求具体明确。

(2) 由于各个项目的性质、内容和风险因素都有不同,应当根据项目的情况设定具体的需求风险。在运营者的选定程序中,也要对民间投资者承担风险的内容进行评价。同时,也有必要注意需求减少和需求增加两种情况下的应对措施。此外,还要考虑在实施合同中设置利润分配条款(※)以确保项目的稳定性。

(※)是指当各个项目的年收益高于预先规定的标准时,运营权人可根据该收益程度向管理者支付金钱的条款。

(3)对于原有设施中因通常注意也不能发现的风险瑕疵,在对原有资料进行充分认定和对设施进行实地确认的基础上,将风险瑕疵尽量最小化。

(4)关于不可抗力风险,根据项目的特征通过政府与民间投资者的协议,在分析风险的基础上力求合理分担风险。另外,也可以通过保险在能够补偿的范围内,补偿民间投资者所承担的风险。

(参考)

作为政府与民间投资者风险分担的实例,管理者负有使运营权人加入地震等保险的义务,运营权人在投保后仍不足以弥补因运营项目而受到的损害时,管理者则对设定运营权的设施恢复原状。

(5)对于任何风险,以"能够尽到最善良管理义务人分担该风险"的思路为基础,根据项目的特征和政府与民间投资者双方的能力等力求合理分担风险。同时,应事先预计尽可能出现的风险,以预先约定风险分担。

(6)对于因公益上的需要撤销运营权而通常会产生损失的补偿规定,依据该规定进行补偿,同时并不限制在实施合同中约定因公益需要撤销运营权以外的事由而引起的风险分担。

(7)此外,在应对以上运营风险时,可以考虑采用履行保证保险等。

五、使 用 费

1. 要点

使用费方面需要注意的事项包括哪些?

2. 注意事项

(1)实施方针对有关运营权的公共设施使用费的相关事项进行规定时,需要注意以下几点,并据此规定适当的使用费上限和幅度:

① 有必要尊重运营权人的自主性和创新性。

② 不能对特定的人采取不当的差别对待。

③ 应注意避免因显著不适应社会经济状况而对公共设施使用者的利益造成损害的可能性。

(2)在个别法律对使用费有规定的情况下,应当遵循该规定中的程序,并依据《PFI法》第23条第2款提出申请(但是,该个别法律有特殊规定的情况除外)。

(3) 在其他情况下,管理者依据《PFI法》第17条第6项及《基本方针》四-1(1)③的规定,在实施方针中规定有关使用费的必要事项(包括使用费的上限、幅度和变更方法等)。运营权人以此为基础提出申请。

(4) 使用费的修改应当根据实施方针和《PFI法》第23条第2款提出申请。在此情况下,如个别法律对使用费有规定,运营权人有必要依据该法律中所规定的程序确定使用费。

六、土地等的租赁

1. 要点

作为运营权对象的公共设施等及其用地,有必要对其运营权以其他方式设定租赁权吗?运营权与《国有财产法》等有何关系?在此情况下应当注意哪些事项?

2. 注意事项

(1) 在管理者享有的公共设施所有权中,运营权是指为民间投资者通过运营公共设施并征收对该公共设施的使用费(即获取的收益)而设定的权利。

(2) 为此,运营权通常包含为收益而运营公共设施的必要权利。运营权人在运营该公共设施时,除特殊情况外,在实施合同以外没有必要依据《国有财产法》签订租赁合同或者获得使用许可。同时,对于包含设定运营权的公共设施用地的项目,运营权涵盖了通常范围内的使用权,除特殊情况外,在实施合同以外没有必要依据《国有财产法》签订租赁合同或者获得使用许可。

(3) 另外,鉴于运营权具有所有权中通过运营获取收益的权利属性,除《PFI法》中所列举事项以外的运营权并非权利的标的,同时由于运营权的转让有必要获得管理者的许可,所以运营权是管理者对运营权人运营公共设施并获取收益而设定的权利,而运营权人通过运营权出租该公共设施的行为不具备法律上的依据。

(4) 管理者对其所有的建筑物设定运营权时,运营权人不得通过运营权将该建筑物的一部分出租给第三人,也不得通过自行判断将运营权所涵盖的运营等收益权的一部分向第三人出租。

(5) 因此,作为运营项目的环节之一,为使运营权人将管理者所有的建筑物的一部分向第三人出租,有必要在签订实施合同的同时,在管理者与运营权人之间预先订立如租赁合同等,使运营权人在取得该建筑物的承租权的基础上依法向第三人进行转租。

(6) 在实施合同以外,有必要依据《国有财产法》等签订租赁合同或者获得使用许可的特殊情况是指,运营权人为自行拥有运营项目的相关建筑物,而由管理者向运营权人出租该建筑物用地的情况,以及运营权人为了使用不包含运营权项目的用地的情况。

七、运营权对价

（一）运营权对价的性质、计算方法等

1. 要点

运营权对价及其计算方法，以及作为运营权对价的预定价格的计算方法应当如何设定呢？

2. 注意事项

2-1 运营权对价的定义

（1）运营权是指在管理者享有的公共设施所有权中，为民间投资者通过运营公共设施并征收对该公共设施的使用费（即获取的收益）而设定的权利。

（2）运营权同其他准物权一样，由管理者来设定。

（3）依据《PFI法》第20条的规定征收费用时，可以根据《关于利用民间资金促进公共设施完善的法律的施行规则》（2011年内阁府令第65号，以下简称《施行规则》）第6条第1项的规定，由实施合同的管理者和运营权人预先约定金额。

（4）管理者对运营权人征收的费用，并非限定为依据《PFI法》第20条所规定的完善公共设施所需要的费用。

（5）由于运营权对价是管理者和运营权人在实施合同中约定的价格，因而是一致确定的价格。所以，运营权对价是固定的价格。

（6）实践中也存在并未根据管理者与选定投资者的合意而征收运营权对价的情况。

（7）运营权对价的支付方法和日期根据管理者与运营权人的合意来确定。

（8）可另行考虑在实施合同中设定利润分配条款以作为运营权对价。

2-2 运营权对价的计算方法

（1）运营权对价的计算方法是指，由运营权人从预计将来获得的项目收入当中扣除项目实施所必需的支出所得的现值中按一定比率退回的钱款（收益），在此基础上考虑各个项目的风险和优势，通过减少或增加以调整运营权对价，以及扣除运营项目中因管理者全部出售而获得的设施和物品等的购买价款后的金额的合理方法。

（2）将风险换算成可能的金额而计入对价。例如，可以通过对需求变动风险和运营成本等风险增加的分析，在必要时运用预估的保险费等。

2-3 运营权对价的预定价格等的计算方法

（1）民间投资者在运营项目时如果在项目期间内获得收益，应从管理者预计收益的现值中按一定比率退回钱款。同时，在计算运营权对价的预定价格时，应注意充分听取民间投资者的意见，在确保公平性、透明性和竞争性的同时，以更好地确定

价格。

（2）为有助于民间投资者顺利地商讨运营权对价，期望在确保公平性、透明性和竞争性的同时，在制定实施方针时尽快公布预定价格的计算依据和计算时特别重要的信息。

2-4 《PFI法》第20条所规定费用以外负担的金额在实施方针及实施合同中的规定及其公布

依据实施合同要求运营权人负担《PFI法》第20条所规定费用以外的金钱时，应与同条规定的征收费用的情况相同，均依据实施方针及实施合同的规定公布其内容。

(二) 推算运营权对价的必要信息

1. 要点

在对运营权对价进行推算和评估时，有哪些特别重要的信息呢？

2. 注意事项

（1）由于运营项目的基本内容（包括运营权人和管理者的风险分担、使用费变更等业务的自由度等）和收入及支出相关的事项对运营权对价的形成会产生影响，故有必要考虑以下两点：

① 至今为止的收入及支出的实际明细数据（包括使用人数、使用费的规定、设施和设备的资产内容、操作率、劳务支出等的开工费用、过去的维修和投资的实际业绩、业务委托机构等）。

② 今后的收入及支出所带来影响的事项（包括设施和设备的维护及更新计划、可能运营的业务范围、附近的类似设施的信息（也包含完善预定设施的信息）等）。

（2）对于上述信息，期望通过执业会计师等进行修正和验证后提交数据。

（3）在不能充分公开上述信息的情况下，应考虑对运营权对价产生影响的情况。

（4）为使民间投资者顺利地商讨运营权对价，最好在制定实施方针时尽快公布上述信息。

(三) 支付方法

1. 要点

有关运营权对价的支付方法应当注意的事项包括哪些？

2. 注意事项

（1）有关运营权对价的支付方法，由于《PFI法》没有特别规定，一次性支付和分期支付都是可以的。

(2) 在分期支付的情况下,应当根据需要对是否设定利息及利率的设定依据进行明示。此外,运营权对价不包含分期支付时的利息收入。

(参考)

在对出售的国有财产进行分期付款时,按照《国有财产法》第 31 条有关"延迟缴纳"的规定处理,对于分期付款的利息,应当采用延期缴纳利率。关于延期缴纳利率可以根据《普通财产处理规则》(1965 年大藏省训令第 2 号)第 17 条(延期缴纳利率),按照财政融资资金的借贷利息标准设定利率。

另外,关于财政融资资金的借贷利息,以借贷期间国债的流通收益率为标准,在反映不同偿还方法和冻结期间的不同偿还形式的基础上由财务大臣决定。

八、VFM 的评价

1. 要点

对于运营项目应当如何进行 VFM 评价。

2. 注意事项

(1) 以使用费收取为开端而运营实施的 PFI 项目,对于该项目是否能够更加高效地实施进行评价。为了与管理者自行实施项目的情况进行比较验证,对通过实施 PFI 项目所获的收入是否更多、公共设施是否被有效利用等进行定量评价。

(2) 尤其是有必要根据运营项目的规模、项目内容和项目期间对风险进行定量的把握和分析。例如,在对需求变动风险和运营成本等风险增加进行分析时,必要情况下可以考虑运用预估的保险费等。

(3) 由于在一定程度上也存在不能定量评价的风险,即使通过定量评价认为不存在 VFM 时,也可依据定性评价、综合判断是否可以实施 PFI 项目。

(4) 关于评价时间,以选定特定项目及选定投资者的时间为原则。在选定特定项目时,如没有详细规定进行 VFM 定量评价所必要的项目内容,并且定量评价存在困难的情况下,也可以采用定性评价。

(5) 关于定量评价,例如,可以在管理者自行实施该项目时,从项目期间所获收益的现值回扣与运营权人支付的运营权对价进行比较的基础上进行评价。

(6) 关于换算成现值所必要的折现率,由于对各个运营项目的内容、风险、期间的预估不同,因而由管理者对各个运营项目设定恰当的数值为宜。

九、设　　定

(一) 设定程序等

1. 要点

在运营权设定程序方面有无需要注意的事项。

2. 注意事项

(1) 管理者在设定运营权时,应当向选定的投资者交付设定书。根据《PFI法》第19条,应当在设定书中记载公共设施的名称、布局、规模及配置、运营等内容以及运营权的存续期间。

(2) 在随公共设施建设一并设定运营权的情况下,应当在该建设之后设定运营权和签订实施合同。在此情况下,在签订建设项目合同的同时,可以签订附停止条件的实施合同和临时实施合同。

(3) 在对运营的公共设施实施增改建的情况下,该增改建部分涉及原有的运营权时,应当保持运营权的同一性、不变更登记事项,不规定运营权的设定程序。

(4) 在对运营的公共设施实施新建和增改建时,在新建和增改建部分不影响原有运营权的情况下,可以根据需要对该部分设定新的运营权。

(5) 应当以对运营的一个公共设施设定运营权为原则。但是,根据运营项目的内容,估计也可能对公共设施的一部分以及对复数的公共设施实施运营,因而依据管理者的判断,也可以对公共设施的一部分和复数的公共设施设定运营权。在此情况下,由于运营权被视作物权,故应注意以下几点:

① 由于运营权不能分割和合并(《PFI法》第26条第1款),所以设定时的判断很重要。

② 在对公共设施的一部分实施运营时,由于明确了项目实施的范围,最好根据项目实施的范围设定运营权。

③ 在对复数的公共设施设定一个运营权时,由于复数公共设施之间在物理上和使用机能上的整体性要求较高,有必要在依据复数公共设施的相关个别法律的基础上,遵循一般社会理念将其看作一个设施。此外,即使对于复数的公共设施不能设定一个运营权,也可以根据同一实施合同以复数的设施作为对象进行整体运营。

(6) 运营权中不包含与使用公共设施相关的处分权限。

(7) 对于运营权设定后的公共企业,可以根据与运营权人的权限作用的划分而分别作出判断。但是,根据《PFI法》,运营权的撤销权、使用费事项的一定权限以及对运营权人设定业务范围的权限属于地方公共团体,并且鉴于地方公共团体通常承担对项目的监督、既存债务的偿还及大规模灾害时对设施的翻新等业务,最终的运营权限也归属于地方公共团体,所以应当属于后续的公共企业。(2014 年 6 月 30 日总务省大臣官房地域力创造审议官通知)

(二)与指定管理者的关系

1. 要点

在与指定管理者制度的关系方面需要注意哪些事项。

2. 注意事项

(1) 可以在根据《PFI 法》制定的实施方针条例和《地方自治法》制定的管理者指定及使用费条例(以下简称"管理者指定及使用费条例")两法授权的基础上制定统一的条例。

(2) 项目合同与管理者的指定决议可以在同一会议上进行,项目合同、运营权设定决议及管理者的指定决议同样可以在同一会议上进行。

(3) 运营权的设定和管理者的指定可以针对同一人以相同内容进行,所以,可以根据与运营权的存续期间、业务范围相同的内容指定管理者。

(4) 关于使用费,以实施方针条例和管理者指定及使用费条例相统一为前提,在遵循实施方针及条例的基础上,原则上使用费根据《PFI 法》进行申请受理或者得到《地方自治法》的认可即可。

(5) 在转让运营权时,根据实施方针条例中专门规定作为受让人的投资者的条件及转让不需要通过决议,则不需要经过决议。根据《地方自治法》,对原指定管理者的撤销和对新管理者的指定有必要通过决议,但实际上应当将运营权转让的相关问题统一进行讨论,不要产生分歧。

(6) 对符合运营权转让审查标准的运营权转让进行许可时,可以根据运营权的存续期间及相同的业务范围对该运营权的受让人指定管理者。

(7) 关于运营权的撤销及管理者指定的撤销,实施合同和指定管理者协议对撤销要件的规定应当保持一致。

(8) 关于运营权制度和指定管理者制度之间的适用关系是指,为使地方公共团体的负责人对选定的投资者设定公共设施的运营权以实施运营项目和实施行政处分,通常有必要结合指定管理者制度一并适用。

但是,依据相关个别法律的解释,选定投资者不能实施行政处分,换言之,依据个别法律选定的投资者实施行政处分应当另行规定。

这一类型公共设施目前由以下相关府省①的指南和通知等进行规定：

①《根据〈民间运营国家管理的机场法〉以实施地方管理机场的特定运营项目的〈地方自治法〉之指定管理者制度》（2014年8月，国土交通省）

一般而言，对机场区域内的营业进行规制、对机场内设施使用的限制等的管理功能，依据该设施所有权及其他私法上的权利（建筑物管理权）而设置，对于作为公共设施的地方管理机场，适用《地方自治法》第244条第2款。

在对机场的管理设定运营权时，根据《民间运营国家管理的机场法》（2013年法律第67号）中规定的《机场法》（1956年法律第80号）和《航空法》（1952年法律第231号）之特例，根据代替设立机场和管理者的机场运营权人制定的《机场使用规程》与《机场安保管理规程》自行发挥管理职能。同时，如果该机场是地方管理的机场，地方自治公共团体可根据设定运营权所产生的地方管理机场的运营权人发挥管理职能的情况制定必要的条例。

所以，地方管理机场的运营权人在运营地方管理机场的特定项目时，不需要另行适用指定管理者制度。

②《政府与民间合作供水项目指引》（2014年3月，厚生劳动省）

根据《水法》（1957年法律第177号），市、街道及村以外的人（包括民间投资者）在征得该市、街道及村同意的基础上获得厚生劳动大臣的许可后，方可运营供水项目，可以与市、街道及村同样依据《水法》行使供水投资者的权限（包括公权力的行使）。因此，关于供水项目的运营，没有必要并用指定管理者制度。但是，对于运营权人变更水费的情况，根据《水法》的认可而认为有必要由管理者参与时则由地方公共团体进行判断，此时并不妨碍并用指定管理者制度。

③《污水处理公共设施运营项目实施指南（案）》（2014年3月，国土交通省）

有关污水处理项目的运营，运营权人不能行使公共设施使用许可等的公权力。因此，关于污水处理项目的运营，没有必要并用指定管理者制度。

十、退职派遣制度

在运用退职派遣制度时，应当注意以下几点：

（1）退职派遣制度是指，目前专门由国家或地方公共团体运营的公共设施，由于难以确保民间投资者提供具备必要专业知识和技能的人才，因而在项目的初期阶段由国家或者地方公共团体中具备专业知识和技能的公职人员继受成为运营权人，从而为促进项目的顺利实施而创设的制度。所以，应当遵循该宗旨按照运营权人的要求正确地运用退职派遣制度。

---

① "府"指内阁府，是日本内阁机关之一，是为了强化内阁的功能而设置的比各省更高一级的行政机关。"府"除了处理内阁总理大臣主管的政务之外，还负有协助内阁制定与调整政策以强化内阁机能的功能。"省"指日本中央行政省，是日本中央行政机构的主体。——译者注

(2) 依据《施行规则》第 5 条第 1 款的详细规定,参照《基于〈关于利用民间资金促进公共设施完善的法律〉(1999 年法律第 117 号)规定的模板》。

(3) 在《基本方针》四-2(6)所规定的运营项目的初期阶段是指,遵循退职派遣制度的宗旨,预计从该运营项目开始最长大约 5 年。

(4) 鉴于国家派遣职员的薪酬、任用、年休假等下列规定的宗旨,即使是地方派遣职员,也可以比照该规定设立相关条例:

① 薪酬方面
- 《PFI 法》第 78 条第 3 款、第 4 款,《关于利用民间资金促进公共设施完善的法律修正案》(2015 年法律第 71 号)附则第 2 条
- 《人事院规则》9-49(地方津贴)第 11 条第 1 款及第 2 款、第 12 条
- 《关于独自离家赴异地工作津贴的运用》(给实甲第 660 号)规则第 2 条第 2 款第 6 项

② 任用方面
- 《人事院规则》8-12(职员的任免)第 18 条第 1 款第 7 项
- 《人事院规则》8-12(职员的任免)的运用(2009 年人企-532)第 18 条、第 25 条

③ 年休假方面
- 《PFI 法》第 78 条第 6 款

④ 偿还留学费用方面
- 《PFI 法》第 78 条第 7 款

⑤ 公务员伦理方面
- 《关于利用民间资金促进公共设施完善的法律的施行令》(1999 年政令第 279 号)第 4 条

⑥ 健康诊断方面
- 《人事院规则》10-4(职员的保健及安全维护)第 22 条
- 《人事院规则》10-4(职员的保健及安全维护)的运用(1987 年职福-691)第 22 条关系第 1 款第 2 项

⑦ 退休方面
- 《人事院规则》11-8(职员的退休)第 5 条第 1 款
- 《退休制度的运用》(1984 年任企-219)达到退休年龄者的任用方面第 1 款第 3 项
- 《人事院规则》11-9(退休者的再任用)第 3 条
- 《关于退休者再任用的运用》(1999 年管高-978)第 3 款第 3 项

十一、监　　督

1. 要点

在对原有的《监督指南》增加新的规定事项时,需要注意运营项目所特有的哪些

事项。

2. 注意事项

（1）由于对运营项目的公共设施进行维护和管理是必要的，所以管理者可以按照《PFI法》第28条的规定，根据需要报告有关业务和经理的情况、进行实地调查、作出必要的指示（改善的命令），以确保运营项目的妥善实施。

（2）在发生对运营项目实施有重大负面影响的可能性时，根据实施合同的规定，管理者可以要求运营权人提出报告，同时也可以要求作为第三人的专家进行调查并提交调查报告书。

（3）对于运营项目及运营项目以外的收取使用费的PFI项目，通过收取报告、实施调查仍然不能保证标准要求书和实施合同中所要求的公共服务的正当性和妥当性的，可以在实施合同或者项目合同中规定征收违约金等。

十二、更新投资、新投资

(一) 运营项目的更新投资、新投资

1. 要点

（1）更新投资（维护管理）和新投资（建设）在实施合同中处于什么地位。
（2）应当如何规范运营权所涵盖的业务范围？
（3）增改建时政府与民间投资者的职能分配和程序如何？

2. 注意事项

2-1 运营权涵盖的业务范围（《PFI法》关于"建设""改建""维护管理"的定义）

项目的运营是指管理者对其所有的公共设施进行的"运营等"，不包含"建设"和"改建"。

作为对项目实施运营的运营权，其是从公共设施的所有权中延伸出来的对公共设施的运营、收益的权利，并被视为物权，这是由于在设定运营权时是对存在的"物"进行设定。

运营项目中未涵盖的"建设"和"改建"是指新建设施也即新建工程及全面拆除设施后的再建设。

另外，"维护管理"也即新建设施或者全面拆除设施后进行再建设以外的资本支出或者修理（也包含增建和大规模修理）。运营项目中不包含"改建"，是为了将全面拆除已失去所有权的设施进行再建设的情况排除在外。

公共设施运营权及公共设施运营项目指南

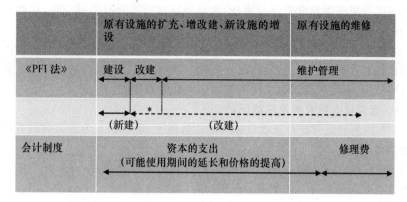

图 3

* 全面拆除设施后的再建设。

2-2 增改建和运营权的处理

（1）鉴于运营权是所有权的一部分而被视作物权的性质，可以在设定运营权时对存在的"物"进行设定，因此对于设定后的增改建部分，从理论上而言也应重新设定运营权。

（2）假如对设施进行增改建时，运营权没有限制地、自动地涉及增改建部分，从而加重了运营权人预想之外的负担，同时就运营权人与其他投资者的关系而言，也可能会损害民间投资者选定程序的透明性。

（3）另外，即使是较小程度的增改建，有必要对原有运营权未涉及的新运营权进行设定时，尽管 PFI 项目通常是以长期的实施期间为前提的，但也可能会对设施的运营带来实际的障碍。同时，建筑物增改建时，应当明确增改建部分究竟属于原有建筑物的附加构成部分，还是超出了附加程度而另外建造的建筑物，并据此判定是否属于同一个所有权标的。所以，《PFI 法》允许为了运营设施而在一定的必要范围内将原有的运营权涉及设施的增改建部分。

（4）原有运营权涉及多大程度的增改建部分，应当由管理者根据具体情况进行判断。例如，在对整个自来水管道设定运营权时，如果对管道线路和净水设施等实施增改建，原有的运营权可以覆盖到管道线路和净水设施。但是，鉴于其与《PFI 法》各规定的关系，有必要注意以下几点：

① 在全面拆除原有设施时，管理者的所有权即消灭，运营权也即消灭。所以有必要设定新的运营权。

② 由于设施位置的变更和设施面积的大幅度扩大，设施的布局即位置也会相应发生变更。此时，由于登记事项变更而难以维持运营权的同一性，因而有必要设定新的运营权。

③ 第三人需要在登记簿的运营内容中记载项目内容的特定事项，因设施的运

营等内容的变更而需要变更登记事项,也就难以维持运营权的同一性,故有必要设定新的运营权。

(5) 此外,在原有的运营权涉及设施的增改建部分时,为确保运营权人承担责任的明确性和选定程序的透明性,最好是在《实施方针》和实施合同中明确记载预估的增改建范围、概要以及运营权所涉及的该增改建部分。

2-3 运营权人能否增改建的问题

(1) 在原有的运营权涉及增改建部分的前提下,运营权人为运营设施有可能进行必要的增改建。

(2) 具体而言,在多大程度上认可运营权人的增改建部分,应当在考虑运营权人和管理者在设施建设上的职能分配的同时,由管理者进行个别判断。

(3) 但是,有必要注意以下几点:

① 在进行必要的全面拆除设施和变更登记事项时的增改建不在运营权的覆盖范围内。

② 增改建部分属于管理者所有。

③ 最好能够在实施方针及实施合同中明确记载预估的增改建范围、概要以及运营权所涉及的该增改建部分。

④ 最好能够明确记载与管理者关系方面的必要程序(对增改建的事前和事后的同意等)。

2-4 增改建时政府与民间投资者的职能分配和程序

(1) 在制定实施方针时能够预见增改建的情况下,应当在实施方针、标准要求书和实施合同中预先规定实施增改建的时间、规模等的标准要求。

(2) 在制定实施方针时不能预见增改建的情况下,应当在实施方针、标准要求书和实施合同中规定,管理者与运营权人对实施增改建设施的规模、实施主体、所有权、运营权的设定等内容的协议方法、意思决定方法等。例如,应定期地由管理者与运营权人就实施方针制定后一定期间内的增改建计划进行协议并达成一致。此时,可以由管理者与运营权人双方提议增改建。

十三、运营权人相关的股份转让及债权流动化

1. 要点

与收取使用费的 PFI 项目相比,在通过运营权运营项目时应当特别注意的事项包括哪些。

2. 注意事项

(1) 通过运营权所运营的项目与运营项目以外的选定项目相同,在运营权的存续期间,运营权人有必要具备以选定投资者为前提的履行能力及具备同等的履行能

力,但是这并不必然构成股份转让等的制约手段。

(2)根据运营项目的规模和内容,有必要依据多样化主体进行民间融资的项目非常广泛,因此应当以确保履行能力为前提,为了项目的妥善实施而有必要给予股份转让以最低的限制。由此,运营权人的运营自由度得以提高,并且具有向管理者反映运营权对价的优势。

(3)例如,关于需要进行大规模融资的运营项目,对参与经营计划的投资者发行表决权股份,为促进项目的妥善实施而给予其股份转让以必要的最低限制;另外,对以项目收益为主要目的之机构投资者发行无表决权股份,对于其转让不作限制以促进通过各种投资者顺利地进行融资。

(4)依据运营权转让是否具有不适格事由及是否符合实施方针进行许可,据此可以对运营项目的股份转让与运营权转让设定同样的条件。

(5)除上述内容以外,关于股份及债权转让,应当依据《合同指南》第 5-1(6)条、第 6-2 条等实施。

十四、运营权的转让和转移

1. 要点

运营权的转让和转移方面需要注意的事项有哪些。

2. 注意事项

(1)运营权制度是在确保公共设施持续稳定地提供公共服务的同时,以运营权转让为目的,为建构包含融资在内的运营项目顺利实施的环境,在考虑设施使用者、投资者等相关者利益的基础上,通过运用转让许可等方式妥善而顺利地进行转让。

(2)通过提高管理者预见转让运营权许可与否的可能性,以消除运营权的受让人和金融机构等的风险因素,为此,要求:① 运营权的受让人不应当具有不合格的事由;② 根据实施方针妥善转让运营权时,管理者不具有转让许可的裁量权。

(3)遵循以上宗旨,根据管理者的判断,从确保妥善实施运营项目的角度,在对运营权转让要求具备一定要件的情况下,为提高管理者预见转让运营权许可与否的可能性,有必要在实施方针中预先规定受让人应当具备的要件等作为转让运营权的相关条件。

(4)此外,管理者为地方公共团体的负责人时,应当注意 9(2)和 2(5)。

十五、运营权的撤销

(一) 注意事项、与合同解除的关系

1. 要点

(1) 在根据归责事由规定其各要件和责任承担时,与通常的 PFI 项目相比,在运营权的撤销和实施合同的解除方面有无需要特别注意的事项。

(2) 在解除实施合同时,可以将运营权的消灭事由归纳为哪些。

2. 注意事项

(1) 在通常的 PFI 项目中,实施合同规定了选定投资者在实施合同中的地位,而在运营项目中,根据管理者的设权行为产生运营项目的权利,且实施合同只对运营项目的实施方法进行规定。因此,即使在项目运营期间解除实施合同而使运营权消灭时,除管理者丧失公共设施的所有权的情况以外,有必要规定撤销运营权或者放弃运营权的程序。

(2) 根据实施合同的解除原因、运营权人是否同意,可以将运营权的消灭事由归纳为以下几方面:

表 1

	运营权的消灭事由	补偿
归责于公共部门	运营权的放弃(需要运营权人同意)(第26条第5款及第6款)	实施合同中的风险分担
	运营权的撤销(第29条第1款第2项)	根据第30条进行补偿
归责于运营权人	运营权的放弃(需要运营权人同意)(第26条第5款及第6款)	实施合同中的风险分担
	运营权的撤销(第29条第1款第1项)	实施合同中的风险分担
不可抗力(天灾等)	公共设施完全灭失时,自动消灭(第29条第4款)	实施合同中的风险分担
	运营权的撤销(第29条第1款第2项)	根据第30条进行补偿
	运营权的放弃(需要运营权人同意)(第26条第5款及第6款)	实施合同中的风险分担

(3) 关于运营权的撤销,管理者在综合考虑持续提供公共服务的重要性、违反合同等的重要性、以运营权为标的之抵押权人等的利益、因撤销运营权而需受保护的利益的基础上,在要求运营权人对运营权撤销的原因进行消除等运营权撤销以外的手段进行探讨的基础上慎重为之。

(4) 管理者在因公益上的需要而撤销运营权时,应当对通过运营权实施服务的

公益性与新产生的公益必要性进行客观评价和比较,以慎重作出撤销的判断。

(5) 管理者在撤销运营权时,有必要根据该公共设施提供公共服务的重要性,预先完善持续提供该公共服务的必要机制。

(二) 施工中设定运营权之前的合同解除

1. 要点

设定运营权的公共设施等建设工程在施工中发生解除该施工合同的事由时,有无需要特别注意的事项。

2. 注意事项

(1) 对于被视作物权的运营权,可以在公共设施建设竣工后进行设定。因此,建设过程中的合同解除,不会引起运营权撤销以及基于撤销而成为补偿的对象。

(2) 因此,有必要在该建设工程的项目合同中规定风险分担的条款。

(3) 另外,可以运用预付保证金、保证履行保险、合同保证等。

(三) 关于补偿的注意事项

1. 要点

在因运营权撤销而带来的损失补偿方面需要注意哪些事项。

2. 注意事项

(1) 根据《PFI法》第30条第1款的规定,尽管在计算方法中未提及通常产生的损失(以下简称为"通损")应当由管理者承担补偿义务,但有望根据公共用地补偿标准的方法进行补偿。

(2) 具体而言,根据《渔业法》(1949年法律第267号)等其他制度的补偿实例,在土地征用程序方面,根据作为征用委员会裁决标准的《土地征用法第88条第2款规定细节的政令》(2002年政令第248号,以下简称《征用政令》),在取得公共用地时作为对投资者补偿标准的《因取得公共用地而补偿损失之标准纲要》(1962年6月29日内阁会议决定)进行补偿。

(3) 运营权人不享有构成公共设施的建筑物和土地的所有权,而仅仅享有该公共设施的运营权,因而作为补偿的对象,应在《征用政令》规定的补偿范围中根据营业补偿标准进行补偿。

(4) 管理者因公益上的需要撤销运营权而引起的通损的补偿方法,可以预先在实施合同中规定。

(5)《PFI法》第29条第1款第2项中关于该法第20条第1款规定的可以在实

施合同中约定补偿以外的风险分担,《PFI法》第30条第1款对此不作限制。

(6) 在撤销运营权时,对于运营权人已经支付的运营权对价中剩余的项目期间所对应的部分,有必要向运营权人支付。

表2

根据《因取得公共用地而补偿损失之标准纲要》补偿的对象	概要
◇ 营业废止时的补偿	
作为独立资产并具有交易习惯的营业权利及其他营业相关的无形资产,遵循正常的交易价格	也即"商号"等营业上的所有利益
机器设备、农用工具、捕鱼工具、商品、在制品等的销售损失及其他资产通损额	运营权人设置的设施、为了使用者而采购的剩余商品
因解雇职员而产生的通知解雇津贴、转换工作津贴;同时,认为有必要继续雇用职员时,因转换工作而通常所必要期间的歇业津贴及其他劳动所通损额	运营权人雇用的职员
为转换工作而通常所必要期间内相当于过去的收益额	以运营权人的转行为前提,如果在转行之前的期间内营业而获得的预期收益
◇ 营业中止时的补偿	
在通常所必要的歇业期间内对营业资产征收的公租公课(国税和地方税及国家强制要求公民承担的手续费和使用费)及在该期间产生的其他固定经费和对雇员支付的歇业津贴	运营权人在歇业期间为维持事务所而须缴纳的必要的税、电费和煤气费等基本费用、歇业津贴
因歇业而通常所必要期间内的收益的减少额	如果在歇业期间继续营业而获得的预期收益
因歇业或者营业场所变更,暂时失去顾客而产生的通损额(前项列举内容除外)	因歇业、转让而暂时失去交易对象,直至恢复营业时所减少的收益
伴随着营业场所的变更而在转送时产生的商品、在制品等的损失,变更广告费,以及其他因变更而产生的通损额	为使公众周知营业场所变更而支付的广告费等

※ 关于计算方法,遵循《损失补偿标准细则》。

十六、运营项目的终止

(一) 项目期间终止时项目价值的评价和回购

1. 要点

(1) 实施合同终止后,项目价值和项目资产应当如何评价和处理。

(2) 作为项目终止后的评价结果,如果认为存在有价值的资产,应当如何处理。

2. 注意事项

(1) 对于根据实施方针、标准要求书、实施合同等所进行的必要且最低限度的维护管理和增改建的公共设施进行评价和处理时，由于已经反映运营权对价，也就没有必要接受个别的对价。

(2) 对运营权人任意进行增改建的公共设施可以按以下方式进行评价和处理：

① 运营权范围内的增改建

A. 新选定的运营权人回购时

• 由于赋予运营权人进行适当增改建的动机，在项目期间终止后因对该公共设施再次设定运营权而产生的新选定的运营权人，可以根据管理者与原运营权人事先合意的计算方法，对该增改建的原运营权人支付因设施增改建而增值的时价的全部或者一部分。

• 在此情况下，有必要在新运营权人的选定程序中明确增值部分的对价处理。需要注意如何对管理者支付的运营权对价金额和对原运营权人的增值部分的对价等二者进行评价。

• 原运营权人、新运营权人及管理者签订的三方合同，作为对新运营权人运营权设定的附加条款，可以对原运营权人支付增值部分的金额设定条件。

B. 管理者回购时

• 项目期间终止时，管理者可以根据其与原运营权人事先合意的计算方法，支付因设施增改建而增值的时价的全部或者一部分。

C. 从确保公平性、透明性、竞争性的层面而言，在进行评价时可以由中立的第三方决定估价。

D. 对于实施方针中有关必要的最低限度的维护管理部分、增改建部分及运营权人任意进行的增改建部分，应有必要实施分别管理，并在此基础上计算增值部分的时价。

② 运营权范围以外新建设施的评价和处理

对于运营权范围以外新建设施的增值部分的评价与回购，可以根据享有所有权的原运营权人和新运营权人之间的协议来约定。

(3) 同时，尽管存在上述(2)的①②的规定，在商号、商标等项目价值增加的情况下，可以准用设施的增值部分来处理。

(二) 延长选择

1. 要点

参照国外有关项目期间的延长选择，应当如何考虑其必要性和相关问题。

2. 注意事项

(1)《PFI法》未规定运营权存续期间的上限,而是可以根据管理者的判断规定存续期间。

(2)运营权中包含了为运营公共设施而对其进行通常必要的使用等的权利,由于不需要另外签订租赁合同等,因此也就不受《国有财产法》第21条有关租赁期间等的制约。

(3)另外,由于运营权的存续期间属于运营权业务范围的客观事项,根据《公共设施运营权登记令》(2011年政令第356号)第22条的规定,由于登记簿中权利部分的登记事项发生变更,有必要重新设定新的运营权。

(4)根据一定条件对确定的存续期间追加存续期间(也称为"延长选择")时,在实施方针中作为记载其宗旨、设定运营权时的附加条款,要对确定的存续期间追加存续期间规定相应的认定条件,与此同时在实施合同中规定其宗旨。同时,在登记簿中对于确定的存续期间及根据一定条件所认可的追加存续期间进行登记。

附　　则

本指南于2015年12月18日起实施。[①]

(陈美颖　译)

[①] 日本法律法规及其他公文中为了使表达的意思更加严谨,行文中往往连续或者反复使用"等",与中文表达习惯有差异。为使中文表达更加顺畅,上述日本文献中的"等"字并未全部翻译。——译者注

监督指南

作为国家实施 PFI 项目过程中的一个实务性指南,本指南探讨了 PFI 项目监督问题上的注意事项等。国家实施 PFI 项目时,在遵照《关于利用民间资金促进公共设施完善的法律》(1999 年法律第 117 号)与《关于利用民间资金促进公共设施完善的项目实施基本方针》(2015 年 12 月 18 日内阁会议决定,以下简称《基本方针》)的基础上,希望能根据本指南实施 PFI 项目。此外,本指南也能为国家以外的 PFI 项目实施者提供参考。

本指南不妨碍各省厅为促进 PFI 项目的顺利实施,在遵照该法及《基本方针》的基础上,根据具体情况采取本指南所示内容以外的方法等实施 PFI 项目。

同时,根据今后 PFI 项目的实施情况以及与该项目相关的调查、讨论的进展情况,本指南将会适时进行修订并发布新的指南。

此外,本指南中所使用的名称定义,如无特殊情况,遵照该法及《基本方针》中的定义。

一、监督的基本思路

(一)序言

PFI 项目的目的是,在合理分担官民责任的官民合作关系下,委托被选定负责完善公共设施等以及为利用该设施提供公共服务的民间投资者向国民提供价廉质优的服务。因此,管理者在做好与民间投资者对话的同时,还要明示所提供的公共服务的水准,在公开招募的基础上选定民间投资者,签订与该选定投资者提议的具体项目相关的 PFI 项目合同,并规定选定投资者作为合同义务所负责的项目内容。监督就是确认相关选定投资者是否按照约定妥善提供服务的重要手段,从选定项目的公共设施等的管理者(下文称为"管理者")的责任来看就是监测(测定、评价)选定投资者所提供的公共服务的水准的行为。此外,通过对监督结果进行合理的评价和公布,有利于激发选定投资者实施项目的动力。

为确保公共服务得到妥善提供,《基本方针》三 4(3)中提出如下观点,注意对民间投资者的干预控制在必要限度的最小范围,并在 PFI 项目合同中达成共识:

1. 管理者可以对选定投资者提供的公共服务的水准进行监督;
2. 管理者可以定期要求选定投资者提供:(1) 项目的实施情况报告,(2) 经认

证会计师等审计的财务状况报告,以及(3)在对选定项目的实施有可能产生重大的不良影响事态发生时要求提供的报告;

　　3. 为确保公共服务得到妥善实施,可以规定必要且合理的措施以及管理者的救济手段;

　　4. 管理者超出PFI项目合同等规定范围的干预,应控制在保障安全与保护环境的检查所需的合理范围内。

※《基本方针》三 4(3)

　　公共设施等的管理者,应注意将对民间投资者的干预控制在必要限度的最小范围,考虑如下事项等并在PFI项目合同中达成共识,以确保公共服务得到妥善提供。

　　1. 公共设施等的管理者可以对选定投资者提供的公共服务的水准进行监督。

　　2. 公共设施等的管理者可以要求选定投资者提供合同义务履行相关的项目实施情况报告。

　　3. 公共设施等的管理者可以定期要求选定投资者提供经认证会计师等审计的财务状况报告(仅限于对选定项目的实施有可能产生影响的范围)。

　　4. 对选定项目的实施有可能产生重大的不良影响的事态发生时,公共设施等的管理者可以在要求选定投资者提供报告的同时,要求由第三方专家实施调查并提供该调查报告。

　　5. 为确保公共服务得到妥善实施,可以规定必要且合理的措施以及管理者救济公共设施等的手段。

　　6. 公共设施等的管理者对选定项目的干预超出基于上述1—5的内容所规定的项目合同的范围的,应将干预控制在保障安全、保护环境以及确保选定项目得到妥善实施所需的合理范围内。

　　在监督问题上,存在将其作为PFI项目合同等缔结后成为流于形式的实务问题这一倾向,但这种认识是不合理的。

　　从确保公共服务的水准及保障项目持续性的观点来看,在监督问题上,在考虑PFI项目合同中所规定的前文3的措施等以及4的同时,还有必要规定1和2的内容,这与如何监测公共服务的水准、支付服务对价的思路原本就有着十分密切的联系,管理者应认识到监督作为募集(投标公告)的前提条件是需要进行明示的一个重要项目。

　　从确保项目持续性的观点来看,有必要对财务状况与突发现象等进行探讨,但首先应对选定投资者提供的公共服务的水准监测（测定、评价）问题进行整理。

同时，在设施的设计、建设、维护管理、运营等各个阶段都有必要进行监督，但本指南主要对设施完善后、服务提供开始阶段直至项目结束期间与监督相关的问题进行了整理。

此外，存在针对项目费的全部或部分作为选定投资者提供公共服务的对价由管理者向选定投资者支付的PFI项目，以及使用从公共服务的受益者收取的费用全额支付选定投资者的项目费的PFI项目，因此还有必要注意区分两者在项目规律以及管理者应采取的措施上的差别。

※"价格对价"这一概念如无特别说明，包括设施建设费、维护管理费、运营费等。

（二）为确保公共服务妥善实施的框架构建

1. 确保公共服务妥善实施的框架构建的重要性

正如（一）中提及的，PFI项目以为国民提供价廉质优的公共服务为目的，因此管理者在设计项目时，不仅要增大VFM，还有必要构建确保维护管理、运营阶段公共服务水准以及保障项目持续性的机制。

最终也就是管理者在民间投资者募集（投标公告）阶段出示的PFI项目合同草案等中，对下列事项如何确定的问题：

（1）双方当事人负担债务的明细及履行方法
- 选定投资者所提供的公共服务的内容和质量
- 公共服务的水准测定和评价方法
- 费用及计算方法等

（2）当事人违反PFI项目合同等规定的情形
- 修复选定项目所需的合理措施
- 债务不履行的治愈以及当事人的救济措施等

具体而言，在公共服务未能得到妥善提供（债务不履行已经确定）等情形下，选定投资者自主实施的改善、管理者发出的应改善行为通知和投资者实施的改善、服务对价的降低、整改通告、合同解除等。

在这一情形下，有必要充分认识各规定间的关联性，尤其是在债务不履行的情形下如何采取措施的问题上，其适用的标准应慎重设定，以避免选定投资者承担过高的风险。

也就是说，在PFI项目上，民间投资者所负担的资金回收完全依赖于服务提供所获得的对价，并且为实施该项目通过新设法人成为选定投资者的情形比比皆是。项目的持续及选定投资者的存续取决于PFI项目合同的实施。

因此，对于选定投资者的债务不履行，（1）所规定的服务对价的降低措施和修复、救济方法对选定投资者而言成为较大负担时，以及（2）所规定的内容有利于债务不履行时管理者加速救济程序的执行,致使管理者行使合同解除权与选定投资者债务不履行事由的发生同时实现时,有可能出现融资金融机构以风险增大为由增加风险溢价利息,造成VFM减少的结果或是PFI项目合同自身不稳定的结局。

也就是说,在(1)和(2)所示的情形下,对项目出资者而言或对融资金融机构而言存在较大的风险,这样选定投资者就难以判断该合同的合理性。

2. 确保公共服务妥善实施的框架构建的内容

所构建的框架应依据选定项目的内容和风险分担等的不同在各项目间有所区别,但为了确保和维持选定项目的公共服务水准,应当以选定投资者在债务不履行时出于其自身的责任进行改善这一观点为前提。

例如,有必要对下列事项确定内容:
(1) 公共服务的水准的确保和维持所需的基本框架的构建
通过经济刺激的方式构建选定投资者自主保障和维持服务水准的机制。
① 服务的内容和质量(要求水准)
制定管理者所要求的水准以及判断是否达到该水准要求的判断标准。
② 服务水准的测定、评价
监督的整体框架,官民的分担和体制,监督时的测定、记录、报告等的汇总。
③ 服务对价支付
服务对价算定方法等的汇总。
未达到要求水准的情况下的支付金额、设置一定的改善期限以确保公共服务的妥善提供等。
(2) 债务不履行持续发生时的应对措施
作为在规定的改善期限内未得到修复使得债务不履行反复发生的应对措施,以及对提供公共服务产生重大影响的债务不履行发生的应对措施,可以发布整改通告或解除合同等。

以上事项的具体流程参见图1。

在PFI项目中,向选定投资者支付服务对价通常是在服务提供开始后,且该服务得到妥善提供时才予以支付。因此,作为一项经济刺激,根据公共服务的履行状况降低支付金额的措施是可取的。

※ 一方面,有观点认为,为了给予经济激励,可以根据服务水准来决定支付对价的金额。

例如,管理者可以根据所需的公共服务的提供数量(利用量)支付(支付方法为固定的单价乘以利用量),也可以在公共服务的水准及提供数量(利用量)超过一定标准的情况下支付相应的对价。但是,上述情形下必须特别注意如下事项:

• 为了确保根据服务水准支付对价的预算,应对服务水准相应对价支付的必要性及服务水准的计算方法进行合理的说明

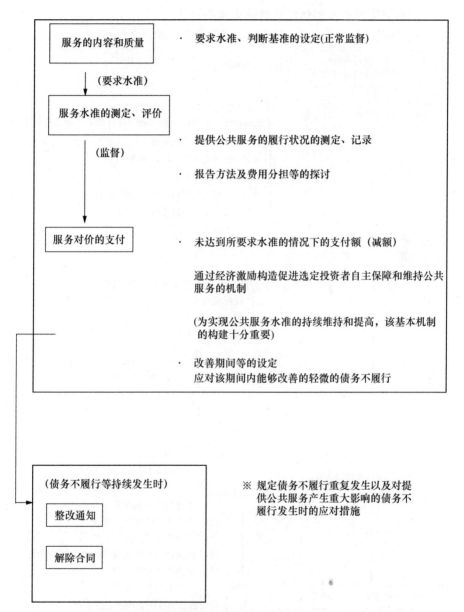

图 1　基本服务水准的确保和维持框架

- 特别要注意的是，在质量和数量超过一定标准而应支付相应增加部分的对价的情况下，对于超过原水准所必要的质量和数量问题，难以从合理执行预算的观点进行有效说明

3. 从构建实施监督的体制到具体实施的程序

根据时间排序管理者在监督问题上需注意的事项如图2所示。

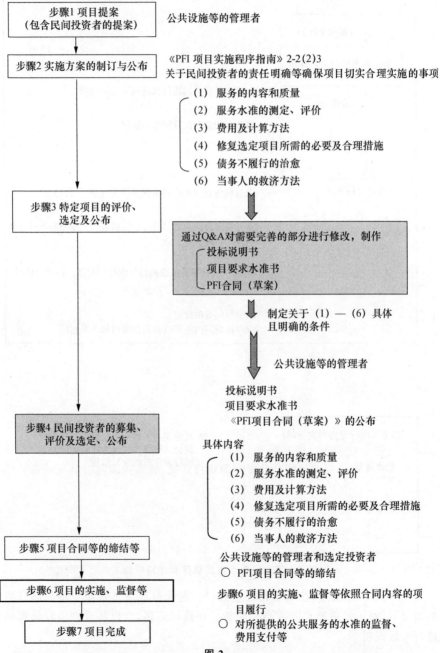

图 2

具体的监督行为就是在项目实施阶段具体实施"监视所提供的公共服务的水准",因此有必要具体出示项目要求水准书和PFI项目合同草案等。

对这一问题,基本方针中也提出了"合同主义"的理念,指出"依照具体规定明确当事人的职务分配及责任分担等合同内容",同时《PFI项目实施程序指南》4-1(7)中也明确指出,在募集民间投资者时应如实传达管理者关于募集内容的意向,并在事前尽可能地具体说明"向民间投资者的支付方法和对民间投资者实施的处罚"。

项目要求水准书和PFI项目合同草案等是管理者根据项目整体框架思路制作而成的,应对如下问题作出具体规定:

(1) 确认选定投资者所提供的公共服务的内容和质量是否达到要求水准的判断标准;

(2) 确立进行上述判断所需的测定对象和测定的实施体制;

(3) 基于该判断结果支付服务对价的方法;

(4) 未达到要求水准(债务不履行)时的措施。

对民间投资者而言,在此明确的内容,是其对该项目的内容和风险进行评价并对服务对价进行估价的必要条件,并且对向该项目进行融资的金融机构而言也是一个重要的判断标准。

因此,这些内容应在尽可能早的阶段确定。例如,在实施方案筹划制定时就出示项目要求水准书草案和监督标准草案,通过问答形式广泛听取意见,在民间投资者募集(投标公告)阶段就出示成熟的方案是比较理想的。

此外,应将监督标准草案定位为PFI项目合同草案的一部分。在制作监督标准草案时,应参照《监督标准(作成素材)》。

二、监督的实施方法

(一) 监督的实施

在实施监督时应进行如下事项:

(1) 掌握选定投资者提供公共服务的履行状况,收集检验履行状况所需的数据和样本;

(2) 当所提供的公共服务水准未能达到PFI项目合同所规定的要求时迅速实施改善措施;

(3) 对所收集的数据和样本、改善措施的实施状况等,应根据对是否达到所要求的公共服务的水平进行的测定及其结果对成果进行评价等。

管理者对监督负有最终责任,因此应自行对(3)中提及的成果进行评价。另外,对于(1)和(2)所提及的措施等,如果由选定投资者实施更为合理,应根据各个项目的情况来决定由谁来实施。

在监督后发现公共服务并未得到妥善提供的情况下,应迅速采取改善措施。

因此，确立收集选定投资者信息的体制非常重要，以保证对包括难以测量的公共服务的监督的充分执行，以及传达与选定项目相关的公共服务的履行状况的信息。

此外，由于 PFI 项目原本就从设计阶段将包括未来的维护和管理放入生命周期成本之中，可以看到很多案例都致力于从技术层面上降低维护管理成本。因此，对设施（建筑物等）的监督，有必要首先根据约定内容对维护管理项目是否得到妥善实施进行监督。在这样正常的维护管理行为下，设施的老化和劣化通常难以掌控，并且还可能出现因长期的老化和劣化而突发较大的问题。

因此，在由选定投资者负责实施包括大规模修缮在内的维护管理时，尤为重要的是根据合同内容要求对方提出中长期的修缮计划，并通过监督确认是否按计划实施。

此外，管理者还应对中长期的修缮提出具体的要求水准。

（二）监督的具体内容

1. PFI 项目通常是通过性能招标①的方式进行，因此选定投资者应制作符合项目要求水准的项目计划书，并据此提供公共服务。

管理者必须事先设计具体的判断标准，在监督的实施上应明确监督的对象、实施者、方法等，并在此基础上确认公共服务的提供情况。

这样，除了能够通过测量仪器等进行测量、能够设置测量指标的公共服务外，对于无法测量的公共服务，管理者也应明示对公共服务是否达到要求水准的判断标准（例如，在无法测量的情况下，也可以从职员培训的实施情况等选定投资者项目的实施程序进行判断）。

判断标准的设定并不是说只能有一个标准，只要和项目的情况相符合即可，例如，"投诉意见（基于正当理由的）在 X 条以内"等，通过设定能够进行测定的条件进行的监督也是有效的。

※ 以下将对服务受益人等的"投诉""改善要求""服务要求""满意度调查"等进行介绍，但所收集的信息中也包含了超过选定项目范围的要求等。因此，能将这些信息作为管理者与选定投资者间改善项目的依据加以利用为益。

但要注意的是，如果将这些信息作为降低服务对价的依据加以利用的话，则需要挑选出与选定投资者的债务不履行有关联的信息，而对此的判断应依据当事者间的协议进行。

无论如何，由于监督方法等是由判断标准的设定方法决定的，在设定时如何做到与项目相符合尤为重要（具体参照"四、从监督实施的观点探讨必要测定指标的设

---

① 性能招标，是指在公共投标的情形下招标人详细规定所需满足的所有要件和服务水准的招标方式。——译者注

置")。

2. 一般监督的内容包括：

(1) 依照报告书等确认履行内容

① 确认管理者与选定投资者共同决定的项目报告书等是否在合同规定的期限内提交；

② 确认报告书的具体内容是否达到所要求的水准；

③ 确认服务受益人等的投诉是否得到有效处理。

(2) 事实确认

确认报告书所列内容是否得到切实履行。例如，到实际需要修缮的地方确认是否按照报告书所列的内容进行了修缮。

确认实施的方法包括：

(1) 使用测量仪器进行测量

通过测量仪器测量吞吐量。

(2) 提取样品

安全标准、卫生标准等中有相关规定的，任意抽选出样品并对其是否达到标准进行确认。

(3) 飞行检查

赴现场对公共服务是否按照选定投资者提出的规格书所规定的内容履行进行飞行检查。

(4) 联系服务受益人等的投诉

通过联系服务受益人等的投诉掌握相关信息(尤其是管理者的服务对价没有支付的独立核算型(公共设施等的运营权方式等))等。

另外，还有顾客满意度调查。即根据服务的提供方法、顾客接待情况等项目对服务受益人的满意度进行调查。

监督的频率应根据具体内容来决定进行日常监督、在一定期间内进行定期监督还是随时进行不定期的飞行检查。

监督的实施并不要求全部由管理者亲自执行，选定投资者、公共服务受益人(使用人等)、专门机构等也应根据具体内容制定监督机制并予以协助。

3. 在对监督方法作出具体规定的情况下，应考虑监督的实施者、各项服务的重要性、监督费用等，并根据对象采取多种方法组合的方式选择适合该对象的方法。

(三) 服务履行状况的信息收集体制

1. 即便各项监督都得到具体执行，但由于相关信息未作统一管理，当服务未能得到妥善提供时，往往容易出现无法迅速采取修复、改善措施的情况。

因此，要使管理者与选定投资者实施的监督信息得到统一，实现信息的共享十分重要。

图 3 所示的是监督实施者、监督对象及其信息流转的情况。

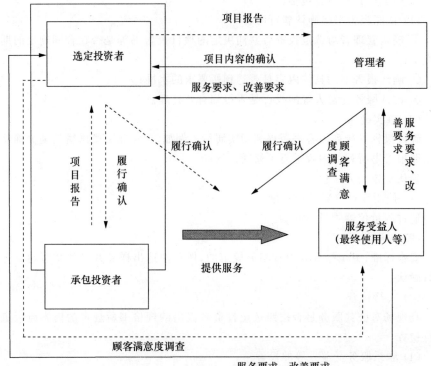

图 3 监督实施者与监督对象

监督实施者及实施内容如下：

〈管理者〉

• 确认选定投资者提出的项目报告书并将确认结果通知选定投资者

确认以下结果及服务受益人的投诉信息等信息：

• 定期或随时对服务的履行状况进行确认

对可进行物理测量的

—— 由管理者或专门机构进行测量。

对难以进行物理测量的

—— 对服务的提供状况进行实地确认等。

• 对服务受益人进行满意度调查等

〈选定投资者〉

自行监督：

• 对包含分包投资者在内的服务提供体制及品质管理系统的履行状况进行确认

对可进行物理测量的

——由装置进行测量记录、保管。

对难以进行物理测量的

——对服务的提供状况进行实地确认等。

• 制作项目报告书并定期提交给管理者

• 对服务受益人进行满意度调查等

〈服务受益人（最终使用人等）〉

向管理者或选定投资者提出针对所提供服务的投诉及改善要求。

〈有学识经验等的第三人〉

对具有较高专业性的设施（医院、上下水道设施、废弃物处理设施等）等进行确认时，由具有专业知识的人士基于公正、中立的立场对设施的维护管理项目与运营项目的实施状况进行确认。

2. 项目日志和项目报告书是共享信息的重要工具。在监督方面，通常做法是在PFI项目合同中加入要求选定投资者等向管理者提交项目日志以及和报告书的条款，其内容具体如下：

• 选定投资者制作记载设施维护管理项目与运营项目实施情况的项目日志并在一定期间内加以保管，在管理者要求时供其查阅

• 选定投资者在PFI项目合同到期前依据规定的频率，根据记载有设施维护管理项目与运营项目实施情况的项目日志制作项目报告书并提交给管理者，接受其对履行情况的确认

• 选定投资者应在项目日志和项目报告书中记载出现故障或未完成事项时的应对方法

• 管理者在对选定投资者提交的项目报告书进行确认时，应在规定的期限内将结果通知选定投资者

3. 作为监督的最终责任人，管理者有必要对信息进行收集，但是为了不给服务受益人带来不便，选定投资者统一服务窗口和统一信息也十分重要。

※当服务内容涉及多方面内容，以及预计需要应对大量的服务受益人等情况下，可以考虑在选定投资者处设置专门统一管理的实施部门（服务台）。同时，管理者在认为有设置这类专门部门的必要时，应在要求水准书中指出。

4. 为了能够全面切实地实施监督，有必要建立能够反映多方实施者信息的机制，并充分考虑服务的内容和监督所需的费用、核心的监督方法和实施频率以及辅助的监督方法等。

例如，在对道路进行监督时，该道路所产生的噪声、振动、尾气等应遵守环境安全标准。因此，应设置能够对环境进行检测的装置且进行连续检测，并由选定投资者保留相关记录。管理者在确认检测结果报告的基础上在必要时应前往现场，自费进行必要的测量等。

然而,对于隧道、桥梁等建筑,由于该类设施的老化和劣化有可能引发突然的、较大的问题,因此应监督其进行定期检查和修补以防止上述事态的发生。

执行品质管理的投资者分别对各自的项目内容自行进行监督检查等,这样可以构建一个由选定投资者的自主监督为基础并施以管理者辅助监督的监督机制。

图 4 所示的是执行品质管理的选定投资者实行自主监督的项目监督等的流程,以及以此为前提由管理者实施的监督的要点。

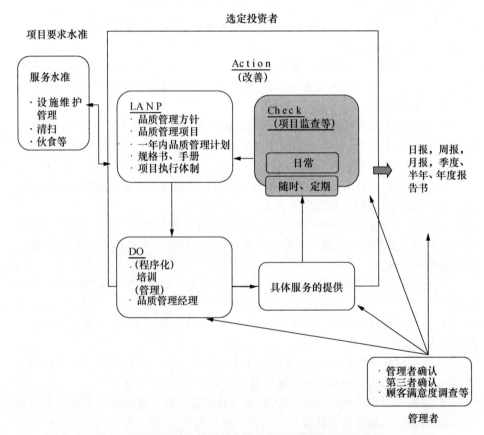

图 4　选定投资者实施品质管理时基本监督体制的构建示例

(四) 监督方法的确定

管理者对监督信息的收集方法和体制建立的方案进行整理,在募集(投标公告)时对下列事项作出明示,在缔结 PFI 项目合同前与民间投资者进行协商并就下列事项予以约定、确定:

- 服务要求水准和监督的判断标准(对象)

- 监督的整体框架和体制、各项监督中官民的责任分担(包含风险及费用负担)
- 监督时实施的测量、观测、记录、报告等的拟议方案
- 服务对价的支付方案
- 未达到要求水准时的拟议措施

但是,由于管理者是根据性能招标的方式募集PFI项目的公共服务内容,这就要求根据民间投资者所提议的服务内容提供监督时所应采取的测量、观测、记录、报告等的方案。

(五) 基于监督结果的协商

由于监督的结果与服务对价的支付直接关联,为了防止对监督规定的解释产生争议,有必要确立PFI项目合同。

同时,还应在PFI项目合同中订立产生争议时的协商规定等。

※《基本方针》三 4(10)。

如果对项目合同或其规定的解释出现异议,或者对项目合同中未作规定的事项产生争议,应根据选定投资者的情况预先对解决程序和措施作出具体且明确的规定。

(六) 关于各类报告书等

1. 通过监督收集的测量结果等最终由管理者承担评价责任,因此需要注意的是,如果向选定投资者索取合同规定的报告以外的报告,就会违背合同的约定并给选定投资者造成负担。

同时,选定投资者根据合同预先规定的格式将日常记录的服务内容和自我监督的信息制作成电子版本与管理者共享也是有效的。

另外,据此收集的信息,对促进服务水准的维护改善方案和效率化方案等信息交换为目的进行的协商也具有积极的意义。

2. 根据选定投资者项目的履行情况,也可以适时对报告内容进行修改(项目、频率等的增减),以此来激励投资者。

三、公共服务未得到妥善提供时的应对方法

(一) 公共服务(债务不履行)未得到妥善提供时的履行确保

选定投资者所提供的公共服务不符合PFI项目合同等的要求而未得到妥善提供(出现债务不履行)时,应采取措施改善其状况并确保服务的履行。

一般情况下合同会作规定,在劝告、催促履行后仍不履行服务时可以解除合同。然而,PFI项目合同的本来目的是持续提供符合要求的服务,因此,如果选定投

资者存在的问题能够解决并且项目继续实施更为合理,就有必要构建解决现存问题并催促履行的机制。在这种情况下,为促进债务的履行,保留对服务对价的支付或降低支付金额以对其进行经济刺激的方式不失为一个有效的方法。此外还应注意的是,对管理者而言解除合同应作为最后的办法予以考虑。

作为确保公共服务得到妥善提供的措施等,在降低服务对价的支付金额(包含保留支付)、整改通知、解除合同时,应注意如下事项:

(1) 降低服务对价支付金额的规定,必须作为促进改善的经济刺激予以规定。同时,为确保服务能够得到妥善提供,可以根据需要设置一定的改善期限。

(2) 设置降低服务对价支付金额的机制时,应注意该机制是否可能导致选定投资者财务状况在短期内出现恶化,使其无法保障达到管理者要求的服务水准。

例如,并不是立刻降低服务对价的金额,而是通过①根据债务不履行的情况进行扣分,当所扣分数达到一定分值时再降低支付金额的机制(惩罚分制度),或是通过②当选定投资者提供了超过要求水准的公共服务时给予复原分(recovery point),并可与被扣分值相抵消的制度(复原分制度)来实现公共服务水准的维持和提高。

(3) 根据尊重民间投资者的自主、创新的原则,希望在构建机制时能以选定投资者债务不履行时根据自身责任进行改善为前提。同时重要的是,相关程序应事先予以明确。

(4) 应在 PFI 项目合同中明确规定债务不履行事由,以及与管理者和选定投资者相关时应实施的程序等。

以下的应对程序可以作为一个示例参考,见图 5。

(二) 降低服务对价的方法

为构建防止债务不履行发生的机制,管理者根据各项目情况在考虑确保履行的方案的同时,也应构建根据需要降低支付对价的机制。

构建降低支付对价的机制时应考虑如下事项,并根据各项目的具体情况进行讨论:

(1) 构成服务对价的哪些要素作为降低支付对价的对象;
(2) 以怎样的方法对什么进行测定降低金额;
(3) 降低的幅度多大;
(4) 是否需要构建延缓降低金额或保留降低金额措施的减缓措施;
(5) 如何与解除合同等其他措施相关联。

1. 服务对价和支付方法

服务对价的决定和支付方式,与管理者监督选定项目提供的公共服务水准是否与预先规定的要求水准相符合的判断有着极为重要的关联。

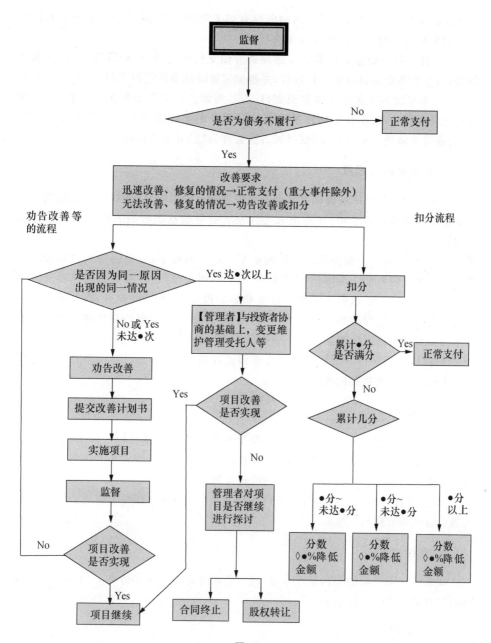

图 5

※ 对应的详细内容请参照《监督标准(作成素材)》

※ 该图内容为购买服务型 PFI 项目的示例。在实际运用时,应结合项目的内容和特征进行安排。

在决定具体对价时,根据合同的内容有如下两种方案,这是着眼于服务对价的支付对象及对价的可变性整理而成的:

(1) 针对各项服务的相关设施建设费分期支付的金额、维护管理费、运营服务费等,对主要费用项目分别进行评价,并根据需要降低金额进行支付。

(2) 不是将各项服务分别累积支付,而是将所提供的服务作为一个整体,以该服务整体为对象,根据设施利用的可能性及服务的实际成绩等对服务水准进行判断,根据需要降低金额进行支付(这种方法被称为"Unitary Payment")。

2. 降低金额的程度

为了避免支付金额的降低导致所提供的服务受到影响,应做好与对选定投资者所采取的其他措施的平衡,并考虑和关注是否会导致选定投资者财务状况的急速变化。

此外,在重视各项服务要求水准的重要性这一前提下,应根据是否达到要求水准书中所规定的判断标准降低支付金额。例如,可以采用(1)兼顾考虑降低支付金额的各项服务中未提供服务的严重程度和影响程度等,并据此扣分,在分数累积到一定分值时降低支付金额的方法,也可以采用(2)兼顾各项服务在整体中的占比并在未提供服务的情况下根据其未提供服务的期间长短降低支付金额的方法。

※ 在债务不履行争议发生或存在虚假报告的情形下,还可以设置在一定比例基础上再增加减额数额的规定。

3. 改善期间

出现债务不履行的情形时,在执行降低服务对价的经济惩罚之前,应事先规定容许在一定期限内对服务进行改善,如果在该期限内选定投资者所采取的改善措施达到了要求的水准,可以不再将其作为降低支付金额的对象。

同时,将改善期间的设定与服务内容的重要性相关联,有利于通过更大的经济刺激促进改善措施的实施。

4. 支付保留

如未能达到一定的项目要求水准,可以将服务对价的一部分在一定期间内予以"保留"以对其进行经济刺激。

(三) 其他

1. 降低服务对价的支付方法等的注意事项

在构建降低服务对价的支付方法等防止债务不履行的机制时,应注意如下事项:

（1）如公共服务未能得到妥善提供，在制定服务履行的保障机制时，由于各项履行保障措施间的关联如果未能得到有效处理将可能影响PFI项目的存续，应仔细考虑整体机制对选定投资者将产生何种程度的影响。

（2）管理者应通过BTO方式将设施的所有权转移给管理者后的与设施建设费相当的服务对价作为与原本运营等相关的服务对价相区别的债务对待。降低服务对价是促进债务履行的措施，因此在债务尚未被确定前不能以债务不履行为由将其作为降低支付金额的对象。但是，从管理者因债务不履行而受到损害的观点来看，也可以规定将其与损害赔偿的金额相互抵消。

（3）作为公共服务未能得到妥善提供时的应对措施，可以规定"如果未能达到项目要求水准的原因归责于选定投资者的分包投资者，可以对分包投资者进行替换"。但是，由于选定投资者负有对分包投资者的替换及其项目改善进行指导的责任，管理者不能直接要求替换分包投资者，而应由选定投资者根据自己的判断考虑应采取的措施。但法令等规定管理者有直接干预分包投资者项目的必要的情况下，可以规定管理者可以要求选定投资者对分包投资者进行替换。

2. 独立核算型（公共设施等运营权方式等）情形下的注意事项

在独立核算型（公共设施等运营权方式等）的情形下，由于不由管理者支付服务对价，无法采取降低支付金额等经济处罚方式。但是，通过征收钱款的方式也可以起到与处罚相当的效果。在这一情况下，应充分考虑项目的特性（替代性、项目收益性等）进行设定。

四、从监督实施的观点探讨必要测定指标的设置

项目要求水准规定了管理者对设施的建设（包含设计）、维护管理、运营所要求的服务水准，规定了选定投资者作为合同义务所负责的项目内容。对这些履行状况的测定、评价行为便是监督，将其结果与服务对价的支付相关联，才能有助于管理者对服务是否得到高效的提供进行监督，根据合同对选定项目进行管理。

但是，项目要求水准书中规定的要求水准，既包含了能够具体测定的内容，又包含了无法直接测定的内容。

因此，管理者应事先根据下列基本方针在要求水准中列出对各项服务的测定标准。如果满足测定标准，就可以判定该服务达到要求水准。

测定标准的基本方针 { ・可测定（可量化）
・可记录
・可简明表述
・内容合理

※ 由于该测定标准对民间投资者而言与对价的支付直接关联，为了避免官民在标准的解释上产生纠纷，应在PFI项目合同缔结前就处理好在解释上存在的不一致。

由于测定标准难以对项目要求水准书的所有要求水准制作具体要求,并且一些项目只需设置主要的测定标准即可,管理者实际上只需在认为必要的范围制定测定标准即可。

此外,作为制定与服务水准相应的测定标准的方法,有根据事先在各项服务(维护管理及运营)中设定的项目要求水准进行监测的"服务实际成绩"标准,以及根据PFI项目合同所设置的设施是否被维护在可使用状态下这一标尺进行监测的"可利用性"标准。

※"服务实际成绩"的示例:图书馆书籍的借出册数。

※"可利用性"的示例:(1)是否正常运转(办公室的空调、大堂的自动门、停车场的自动结算机);(2)是否达到规定标准(手术室的清洁度等级、美术馆的温度和湿度)。

五、财务状况的把握

管理者为确保公共服务的要求水平和项目的持续实施,应确认选定投资者的财务状况能否保障公共服务得到稳定且持续的提供。

具体而言,应确认选定投资者定期提供的经审计的各类财务报表,看其是否存在可能阻碍选定项目正常运营的事项或原因。同时,如发生对选定项目的实施可能产生重大不良影响的情况,应要求选定投资者提交补充财务资料、关于特定事项的报告,要求对事态进行说明,或是根据需要要求开展专家调查等。

如根据上述结果确定了阻碍公共服务要求水准实现的重要原因,应事先采取措施应对预想到的可能发生的事态。

合并设置、使用收益设施的项目如是统一进行会计核算的,应把握项目整体的财务状况。

※《基本方针》三 4(3)。

"公共设施的管理者,应把对民间投资者的干预控制在最小范围内,为保障公共服务的切实提供,应注意如下事项,并在项目合同中达成共识:

1. 公共设施等的管理者可以定期要求选定投资者提供经公认会计师等审计的财务状况报告(仅限于可能对选定项目的实施产生影响的情形)。

2. 如发生对选定项目的实施产生重大不良影响的事态,公共设施等的管理者可以要求选定投资者提交报告,同时可以要求实施由第三方专家执行的调查并提交该调查报告。"

※ 选定投资者通过项目融资方式筹集资金的,如果选定投资者出现财务状况恶化,有可能与融资合同上的限制条款相抵触,应启动问题修复机制。在执行这类融资合同时,尽管和管理者的目的不同,但是金融机构对项目实施的监督也被认为具有一定的效果。

作为参考,民间执行的各类财务报表的分析、评价要点如下:

※ 参考

1. 监督报告,监督人从监督结果和指示事项中对如下问题进行审查:
(1) 是否履行合理的会计程序;
(2) 是否存在意外债务、账外债务,财务的安全性是否存在威胁;
(3) 是否存在对项目的存续产生威胁的非常事项。

2. 资产负债表,对如下问题进行审查:
(1) 资产、负债、净资产的各项数值与当初的计划值是否存在较大偏离;
(2) 是否存在与项目或者经认可的合并设立项目无关的账目或资产负债项目;
(3) 基本协议等中预先约定的资本是否已完成出资,或者资本构成是否发生变化;
(4) 注解事项中是否存在异常值;
(5) 如资产、负债中与上阶段相比存在较大增减,其具体理由为何;
(6) 流动比率、负债比率等财务指标中是否存在异常值,或者与上阶段相比存在较大增减时,其具体理由为何。

3. 利润表,对如下问题进行审查:
(1) 收益、费用项目与当初的计划值是否存在较大偏离,如是,其理由为何;
(2) 当初预想的合理利润率是否得到确保;
(3) 特别损益项目是否存在异常值。

4. 现金流,对如下问题进行审查:
(1) 营业现金流是否能维持增长;
(2) 投资现金流是否符合设施完善计划;
(3) 财务现金流是否与当初的计划存在偏离。

5. 利润处理计算书,向公司外部流出的金额是否在合理的范围内。

6. 各类财务报表的附带明细,接受上述 1—5 项审查并需要进行详细分析时作参考。

7. 税务申报表,从企业会计和税务会计的差异把握影响项目存续的原因。

8. 资金周转表,对选定投资者的资金收支情况是否存在问题进行分析,但执行的频率(每月、每季度、每半年、每年等)则根据需要设定。

六、其 他

(一) 中长期问题的应对

PFI 项目为长期项目,因此应根据具体时期的要求对服务的要求水准进行调整,可能出现因通货膨胀引发的物价变动问题或技术陈腐问题导致服务提供费用出现较大幅度增减的情形。

因此,PFI项目合同应根据上述情况的变化,事先规定允许对支付对价、支付方法或服务的要求水准进行调整的内容,这无论对官还是对民都是有利的。

尤其对于所使用的数值需切实反映选定投资者实际使用的财务、服务的市场价值的情形,即便在合同中规定"因物价变动对服务对价进行修改",但随着时间的推移却有可能无法做到如实反映市场的实际情况。

为应对上述情况,可以采取杠杆管理测试(benchmarking test)和市场测试(market testing)作为修正与市场出现偏离的措施。

1. 杠杆管理测试

对于特定的服务,将其与该时点上一般市场中的同种服务的平均实际水准(服务水准和价格)进行比较,如存在一定程度以上的偏离,则对服务的要求水准和价格进行修改。

※ 如选定投资者要求对标准水准进行修改,则应以修改PFI项目合同为前提。

2. 市场测试

市场测试的结果认为该服务的标准水准和价格有进行修改的必要时,应由选定投资者通过再招标的方式更改分包投资者并通过对该服务的标准水准和价格进行修改的方法执行。

※ 市场测试的实施可不以杠杆管理测试为前提,但由于可能出现如对分包投资者进行变更时需要在一定期间内停止服务的提供等现实困难,该方法的利用存在一定的局限。

此外,在项目期间,根据项目的实际情况,当初设定的监督判断标准无法有效发挥作用,或者存在更为合适的判断标准时,管理者与选定投资者可以提出理由申请对当初判断标准进行修改。在这一情形下,管理者与选定投资者(根据需要可以包含有学识经验等的第三人)共同对申请的内容是否合理进行商议,如认为必要,可以设置新的判断标准。随着新的判断标准的设定,如需修改标准水准,还需对PFI项目合同进行修改。

(二) 监督(监视)等结果的公布

1. 监督(监视)等的评价

根据监督等的结果,应通过管理者或在必要情况下由有学识经验等的第三人对选定投资者是否妥善实施项目、公共服务的水准是否得到提高进行评价,以促进选定投资者项目的改善。

因此,对于通过监督发现的问题,管理者与选定投资者就项目改善事宜进行协商十分重要。同时,通过引入提高项目执行动力的机制(奖金或表彰制度等)来肯定选定投资者的积极努力也十分重要。

2. 监督(监视)等结果的公布

PFI 项目在其基本方针中规定"应确保特定项目从实施到结束全过程的透明(透明性原则)"。管理者为确保该选定项目实施的透明,应将监督等的结果积极向居民等进行公布。同时,为提高选定投资者实施项目的积极性,也有必要对监督等的结果进行公布。但是,对于因公布可能引起民间投资者的权利、竞争地位或其他正当利益受到侵害的事项,应事先在 PFI 项目合同等中达成共识,仅对上述事项以外的内容进行公布。

附　　则

本指南自 2015 年 12 月 18 日开始实施。

(陈肖盈　译)

韩国

扉

基础设施民间投资法

【2015.6.4 施行】【法律第 12736 号,2014.6.3,其他法律的修改】

企划财政部(民间投资政策科)044-215-5451

第一章　总则(2011.8.4 修改)

第一条　目的

为了鼓励民间资本进入基础设施领域,增加基础设施总量,提高基础设施运营效率,促进国民经济发展,制定本法。

【2011.8.4 专门修改】

第二条　定义

本法用语定义如下:(2011.3.31、2011.6.7、2011.9.16、2012.2.1、2012.12.18、2013.1.23、2013.7.30、2014.1.7、2014.1.14、2014.1.28、2014.6.3 修改)

1. "基础设施",是指服务于各项生产活动及国民生活且属于下列各项之一的设施,该设施通常有助于提高物之效用或为使用者提供便利:

① 《道路法》第二条第一项和第二项规定的道路及其附属设施;

② 《铁路事业法》第二条第一项规定的铁路;

③ 《城市铁路法》第二条第二项规定的城市铁路;

④ 《港口法》第二条第五项规定的港口设施;

⑤ 《航空法》第二条第八项规定的机场设施;

⑥ 《关于水利枢纽建设及对周边地域的支援等的法律》第二条第二项规定的综合性水利枢纽;

⑦ 《给水系统法》第三条第五项规定的给水系统及《关于促进和支援水的再利用的法律》第二条第四项规定的废水回收再利用系统;

⑧ 《排水系统法》第二条第三项规定的排水系统、同条第九项规定的公共污水处理设施、同条第十项规定的粪尿处理设施,以及《关于促进和支援水的再利用的法律》第二条第七项规定的中水再利用设施;

⑨ 《水流法》第二条第三项规定的水流设施;

⑩ 《渔村渔港法》第二条第五项规定的渔港设施;

⑪ 《废物管理法》第二条第八项规定的废物处理设施;

⑫《远程通信基本法》第二条第二项规定的远程通信设施；

⑬《电力开发促进法》第二条第一项规定的电力设备；

⑭《城市燃气事业法》第二条第五项规定的燃气供应设施；

⑮《集中供热供电事业法》第二条第五项规定的集中供热供电设施；

⑯《关于利用和发展数据通信网络及数据保护等的法律》第二条第一款第一项规定的数据通信网络；

⑰《关于开发和运营物流设施的法律》第二条第二项及第六项规定的物流枢纽站和物流园区；

⑱《客车运输事业法》第二条第五项规定的客车枢纽站；

⑲《旅游振兴法》第二条第六项及第七项规定的旅游景点和旅游园区；

⑳《停车场法》第二条第一项第二目规定的路外停车场；

㉑《关于城市公园及绿地等的法律》第二条第三项第一目规定的城市公园；

㉒《关于维护水质及水生态系统的法律》第四十八条第一款规定的废水处理终端；

㉓《关于管理及利用家畜粪尿的法律》第二条第九项规定的公共处理设施；

㉔《关于促进资源节约和循环利用的法律》第二条第十项规定的循环利用设施；

㉕《关于设置和利用体育设施的法律》第五条规定的专业体育设施及同法第六条规定的生活体育设施；

㉖《青少年教育基地振兴法》第十条第一项规定的青少年教育基地；

㉗《图书馆法》第二条第一项规定的图书馆；

㉘《博物馆及美术馆振兴法》第二条第一项及第二项规定的博物馆和美术馆；

㉙《关于国际会议产业发展的法律》第二条第三项规定的国际会议设施；

㉚《国家完整交通体系的效率化法》第二条第十五项及第十六项规定的综合换乘中心和智能型交通体系；

㉛《国家空间信息基本法》第二条第三项规定的空间信息系统；

㉜《国家信息化基本法》第三条第十三项规定的超高速信息通信网络；

㉝《关于设立、运营和发展科学博物馆的法律》第二条第一项规定的科学博物馆；

㉞《铁路产业发展基本法》第三条第二项规定的铁路设施；

㉟《幼儿教育法》第二条第二项、《初、中等教育法》第二条及《高等教育法》第二条第一项至第五项规定的幼儿园和学校；

㊱《关于国防、军事设施事业的法律》第二条第一款第一项及第七项规定的为教育、训练、军营生活所需的国防、军事设施，以及为军人福利和锻炼所需的附属于军部队的国防、军事设施；

㊲《租赁型住宅法》第二条第二项规定的租赁型建设住宅中的租赁型公共建设

住宅；

㊳《婴幼儿保育法》第二条第三项规定的托儿所；

㊴《老年人福利法》第三十二条、第三十四条及第三十八条规定的老年人居住福利设施、老年人医疗福利设施和在家老年人的福利设施；

㊵《关于公共保健医疗的法律》第二条第三项规定的公共保健医疗机构；

㊶《新港口建设促进法》第二条第二项第二目及第三目规定的新港口的建设和运营设施；

㊷《文化艺术振兴法》第二条第一款第三项规定的文化设施；

㊸《关于山林文化和游憩的法律》第二条第二项规定的自然游憩林；

㊹《关于建设和发展植物园的法律》第二条第一项规定的植物园；

㊺《关于建设智能城市的法律》第二条第三项规定的智能城市基础设施；

㊻《残疾人福利法》第五十八条规定的残疾人福利设施；

㊼《促进新能源和再生能源的开发、利用和普及的法律》第二条第三项规定的新能源和可再生能源设备；

㊽《关于鼓励使用自行车的法律》第二条第二项规定的自行车使用设施；

㊾《关于鼓励产业集合及设立工厂的法律》第二条第九项规定的产业集合基础设施。

2.“基础设施项目”，是指与基础设施的新设、增设、改善或运营相关的项目。

3.“归公设施”，是指依照本法第四条(第四条第四项除外)的规定，最终由国家或地方自治团体取得所有权的基础设施。

4.“主管部门”，是指依照有关法令的规定，主管基础设施项目的行政机关长官。

5.“民间投资项目”，是指依照本法第九条的规定由民间部门提议的项目，或者由本条第七款所指的经营者依照本法第十条规定的民间投资设施项目基本计划实施的基础设施项目。但是，由《国家财政法》第二十三条规定的经常性专项业务费支持的政府订单项目中的超过施工部分(指国家与合同相对方事先协商确定的额度范围内超过该年度项目费的施工，以下亦同)应当视为民间投资项目。

6.“实施合同”，是指依照本法的规定由主管部门与将要负责民间投资项目的主体之间签订的，以实施条件等为内容的协议。

7.“经营者”，是指依照本法的规定，被指派实施民间投资项目的公共部门以外的法人。

8.“附属项目”，是指经营者实施民间投资项目的同时一并实施的本法第二十一条第一款规定的项目。

9.“使用费”，是指为了使用该基础设施，基础设施使用者需要向基础设施经营者支付的费用，对其亦称“使用费”“利用费”“费用”等其他名称。

10.“公共部门”，是指国家、地方自治团体或者其他符合下列情形之一的法人：

①《关于公共机关运营的法律》规定的由企划财政部长官从公共机关中指定的机关；

② 依照特别法设立的各类国有企业法人或者行政法人。

11. "民间部门"，是指公共部门以外的法人（包括外国法人和第十二款规定的民官合资法人）。

12. "民官合资法人"，是指公共部门和民间部门共同出资设立的本条第七款规定的法人经营者。

13. "相关法律"，是指规范与民间投资项目相关的基础设施项目的法律，包括本条第一款列举的法律和下列法律：

①《收费道路法》；

②《铁路建设法》；

③《首都圈新机场建设促进法》；

④《远程通信经营法》；

⑤《电波法》；

⑥《学校设施项目促进法》；

⑦《住宅法》；

⑧《关于国土计划和利用的法律》；

⑨《关于山林资源的建设和管理的法律》；

⑩《山地管理法》；

⑪《关于经营和管理国有林的法律》。

14. "其他法律"，是指规定经营者实施民间投资项目时被视为得到的相关法律认可和许可的法律。

15. "国有、公有财产"，是指《国有财产法》或者《公有财产及物品管理法》规定的由国家或地方自治团体所有的财产。

16. "金融公司等"，是指符合下列规定之一的金融公司。

① 依照《银行法》的规定取得认可而设立的银行；

② 删除〈2014.5.21〉；

③《韩国开发银行法》规定的韩国开发银行；

④《韩国进出口银行法》规定的韩国进出口银行；

⑤《中小企业银行法》规定的中小企业银行；

⑥《关于资本市场和金融投资业的法律》规定的信托业者和综合性金融公司；

⑦《保险业法》规定的保险公司；

⑧ 依照《农业合作社协会法》设立的农协银行；

⑨《水产业合作社协会法》规定的水产业合作社协会中央会议的信用事业部；

⑩《信贷金融业法》规定的信贷金融公司；

⑪ 本法第四十一条规定的投融资综合投资机构；

⑫ 以向企业融资提供资金为业并由总统令指定的其他公司。
【2011.8.4 专门修改】
【施行日:2015.12.29】第二条

第三条　与相关法律的关系等

1. 关于民间投资项目,应当优先适用本法。

2. 关于本法第二条第五款但书规定的政府订单项目中超过施工部分,不得适用其他规定,本法有特别规定的除外。

【2011.8.4 专门修改】

第三条之二　政府采购协议等的适用范围和原则

1. 由主管部门依照本法实施的民间投资项目的项目费总额(指用于基础设施项目且由总统令规定的费用的总额,以下亦同),超过由企划财政部长官规定并经公示的数额的,可以适用政府采购协议或者国际协议(以下称"政府采购协议等")。但是,政府采购协议等中另有约定的且由总统令决定的项目除外。

2. 第一款规定的主管部门的范围,由总统令根据政府采购协议等的内容确定。

3. 主管部门依照第一款规定实施可以适用政府采购协议等的民间投资项目时,应当给予政府采购协议等的加入国或者缔约国的供应商和大韩民国的供应商同等待遇,不得向其提供有差别的民间投资项目信息。

4. 依照第一款规定不能适用政府采购协议等的民间投资项目,主管部门对其目的和性质进行综合考量后,认为有必要以国际招标形式实施且总统令有规定的,可以适用有关政府采购协议等实施民间投资项目。

【2012.12.18 新设】

第四条　民间投资项目的运作方式

民间投资项目应当依照下列方式之一运作:

① 基础设施竣工时,由国家或者地方自治团体取得该所有权,同时承认经营者在一定期限内享有设施管理运营权(排除第二项规定的情形);

② 基础设施竣工时,由国家或者地方自治团体取得该所有权,同时承认经营者在一定期限内享有设施管理运营权,使之在国家或者地方自治团体等合同中约定的期限内承租基础设施并进行使用和获取收益;

③ 基础设施竣工后的一定期限内,经营者取得该设施的所有权,期限届满后所有权转移至国家或者地方自治团体;

④ 承认基础设施竣工时经营者取得该基础设施的所有权;

⑤ 民间部门依照本法第九条的规定提议项目或者依照本法第十二条的规定变更提议时,为了实施该项目而采取的向主管部门提示并取得认可的第一项至第四项规定的方式以外的方式;

⑥ 主管部门依照第十条的规定制订的民间投资设施项目基本计划中所列举的其他方式。

【2011.8.4 专门修改】
第五条　民间投资项目审议委员会的设立

为了审议下列民间投资项目的相关事项,在企划财政部长官下设民间投资项目审议委员会(以下称"审议委员会"):

① 与民间投资相关的社会基础设施主要政策的确立;
② 本法第七条规定的民间投资项目基本计划的制订和变更;
③ 第八条之二规定的民间投资目标项目的指定;
④ 第十条第二款规定的民间投资设施项目基本计划的制订和变更;
⑤ 第十三条规定的经营者的指定;
⑥ 第二十一条第五款规定的附属项目的实施;
⑦ 第四十七条第一款后半部分规定的"为公共利益的处分";
⑧ 第五十条规定的目标项目的指定的取消;
⑨ 第五十一条之二第三款规定的民间投资项目综合评价;
⑩ 为了顺利实施民间投资项目,企划财政部长官转交审议委员会会议审议的事项。

【2011.8.4 专门修改】
第六条　审议委员会的组成和运营

1. 审议委员会由企划财政部长官、主管基础设施事务的行政各部的次官以及8名以下受企划财政部长官委托且有民间投资方面专业知识和经验的民间委员组成。

2. 由企划财政部长官担任审议委员会委员长。

3. 为了审议委员会的高效运营,审议委员会委员长认为有必要对专业性、技术性领域进行咨询的,可以组建由有关专家组成的民间投资项目咨询委员团。

4. 为了民间投资项目的顺利实施,主管部门长可以在必要时自行按照主管部门类别组建和运营审议委员会,对有关民间投资项目的事项进行审议。

5. 审议委员会和按照主管部门类别组建的审议委员会的运营和程序以及其他必要事项由总统令规定。

【2011.8.4 专门修改】

第二章　基础设施项目(2005.1.27、2011.8.4 修改)

第一节　民间投资项目基本计划(2011.8.4 修改)

第七条　民间投资项目基本计划的制订和公告等

1. 为了国家土地的均衡开发、强化产业竞争力、使国民生活更加便捷,政府应当制订并公告(包括在网络上进行公布)有关基础设施的民间投资项目基本计划。变更公告事项时亦同。

2. 第一款规定的民间投资项目基本计划必须符合有关基础设施的中长期计划及国家投资项目的优先顺位,并应当为了更好地发挥民间部门在创新和效率方面的优势而提供条件的同时,努力维持民间投资项目的公共性。

3. 有关民间投资项目基本计划的制订、变更及确定程序的必要事项由总统令规定。

第七条之二 民间投资项目总额度等相关国会议决

1. 政府应当在会计年度开始的120日之前向国会提交下一年度要实施的第四条第二项规定的民间投资项目(以下称"租赁型民间投资项目")总额度、各项目标设施的额度以及项目实施过程中用于弥补不可预测支出部分的预备额度(以下称"总额度等")。国会应当自会计年度开始之日起30日内对总额度等进行议决。(2013.5.28修改)

2. 第一款规定的预备额度不能超过国家项目额度和"国库补助地方自治团体项目"额度的总和的20%。

3. 政府向国会提交第一款规定的租赁型民间投资项目的总额度等时,应当一并提交上一年度支出的各项目标设施预备额度的使用明细。

4. 有关第一款规定的租赁型民间投资项目的总额度等必要事项由总统令规定。

【2011.8.4专门修改】

第七条之三 总额度的变更

1. 政府可以事先得到国会的议决以变更总额度。

2. 政府可以在20%以内(不得超过预备额度)对各类目标设施的额度进行变更,主管部门变更各类目标设施的额度时应当事先与企划财政部长官进行协商。

【2011.8.4专门修改】

第七条之四 同意增加额度等

国会增加政府提交的租赁型民间投资项目总额度或者追加新的目标设施的,应当事先得到政府同意。

【2011.8.4专门修改】

第八条 民间投资项目基本计划的内容

第七条第一款规定的民间投资项目基本计划应当包括下列事项:

① 各领域基础设施的民间投资政策方向;

② 民间投资项目或者第八条之二规定的民间投资目标项目的投资范围、方法及条件;

③ 民间投资项目的管理和运营;

④ 对民间投资项目的支援;

⑤ 其他有关民间投资项目的政策性事项。

【2011.8.4 专门修改】
第八条之二　民间投资目标项目的指定

1. 主管部门以民间投资方式实施基础设施项目的,应当将符合下列条件的项目指定为民间投资目标项目(以下称"目标项目"):

① 符合基础设施的中长期计划和国家投资项目的优先顺位;

② 项目的收益性能足以保障民间部门的参与。

2. 对于总统令规定的规模以上的目标项目,主管部门应当分析其合理性,并在通过审议委员会的审议后将其指定为目标项目,并向国会所管常任委员会和预算结算特别委员会提交简要的分析结果。

3. 主管部门指定目标项目后应当立即在官报上进行公示(包括在网络上进行公布)。

【2011.8.4 专门修改】
第九条　民间部门的项目提议等

1. 民间部门可以提议目标项目以外的可以民间投资方式(第四条第二项规定的项目方式除外)运作的项目。

2. 民间部门依照第一款的规定进行提议的,应当依照总统令的规定制作提案书并提交至主管部门。

3. 主管部门决定将上述项目作为民间投资项目实施的,应当通知提议者并公告提案书的概要,以便提议者以外的第三人进行提议。

4. 主管部门在依照总统令的规定对第二款的最初提议者的提案书和第三款的第三人的提案书进行审查和评估后,应当在提案书的提交者当中指定一名协商者。此时,依照总统令规定可以优先考虑最初提议者。

5. 与第四款规定的协商者签订实施合同等的,依照第十三条第三款至第五款的规定办理。

6. 有关第一款规定的被提议项目的推荐程序等必要事项由总统令规定。

第二节　基础设施项目的实施(2005.1.27、2011.8.4 修改)

第十条　民间投资设施项目基本计划的制订和公示等

1. 为了推进基础设施项目,主管部门认为有必要引进民间部门的投资的,应当在指定该年度的目标项目后一年之内,按照民间投资项目基本计划制订民间投资设施项目基本计划(以下称"设施项目基本计划")。

2. 依照第一款的规定制订设施项目基本计划时,对于符合总统令规定的条件的设施项目基本计划,审议委员会应当事先进行审议。需要变更设施项目基本计划时亦同,但变更总统令规定的次要事项除外。

3. 主管部门依照第一款和第二款规定制订或者变更设施项目基本计划时,应当依照总统令的规定进行公示。

4. 主管部门依照本条第三款规定公示设施项目基本计划后,尚未收到第十三条第一款规定的项目计划的,可以再次对设施项目基本计划进行公示,再公示仅限一次。

5. 主管部门依照本条第三款或者第四款的规定对设施项目基本计划进行公示或者再公示的,应当允许民间部门阅览总统令规定的目标项目的基本设计图和合理性分析的相关材料。

【2011.8.4 专门修改】
第十一条　设施项目基本计划的内容
1. 设施项目基本计划应当包括下列各项事项:
① 目标项目的投资估算金、建设期限、计划建设用地和规模等事项;
② 准备目标项目的合理性及合理性调查结果等事项;
③ 使用费、附属项目等有关经营者收益的事项;
④ 设施的所有权归属问题等有关民间投资项目实施方式的事项;
⑤ 财政支援的规模和方式等有关国家或者地方自治团体支援的事项;
⑥ 由民间投资项目建设的基础设施的管理、运营等相关事项;
⑦ 经营者资格要件等相关事项;
⑧ 主管部门认为有必要的其他事项。

2. 主管部门制订设施项目基本计划时,应当体现对中小企业参与民间投资项目的鼓励。

【2011.8.4 专门修改】
第十二条　民间部门的设施项目基本计划变更提议
民间部门可以就第十条规定的设施项目基本计划提出变更提议。

【2011.8.4 专门修改】
第十三条　指定经营者
1. 计划实施民间投资项目的民间部门,应当按照第十条第三款中所公示的设施项目基本计划,并且依照总统令的规定制作项目计划并提交至主管部门。

2. 主管部门依照总统令规定的方式审核和评价上述项目计划,并在项目计划的提交者中指定协商者。此时,可以优先考虑能提供公益性较高的长期投资资金等有益于主管部门顺利实施项目的提交者。

3. 主管部门与上述协商者就总项目费、使用期限等项目实施条件和其他事项签订实施合同,并指定该项目的经营者。此时,对于符合总统令规定的相关要件的经营者的指定事项,审议委员会应当事先进行审议。(2012.12.18 修改)

4. 上述被指定的经营者同时被视为相关法律中的经营者。

5. 经营者应当自被指定之日起在总统令规定的期限内依照第十五条第一款的规定制作、提交项目实施计划并请求承认;在此期限内未提交的,取消经营者资格。但主管部门认为项目实施计划未能提交是因不可抗力导致的,可以在一年之内延长一次期限。

【2011.8.4 专门修改】
第十四条 设立民间投资项目法人

1. 通过设立法人以实施民间投资项目的民间部门,应当提交第十三条第一款规定的项目计划,其中应当包括法人设立计划。

2. 主管部门将本条第一款规定的法人设立计划的提交者指定为经营者的,应当以设立法人为条件将相关法人指定为经营者。

3. 依照本条第二款的规定被指定为经营者的提交者,应当在依照第十三条第五款的规定向主管部门提交项目实施计划书之前设立实施该民间投资项目的法人。

4. 在指定项目经营者时,依照本条第三款规定设立的法人不得从事主管部门认可的项目以外的其他项目。但在指定完经营者以后,该法人可以从事主管部门认可的项目以外的其他次要项目。

【2011.8.4 专门修改】
第十五条 对实施计划及其变更的承认等

1. 在实施民间投资项目之前,经营者应当依照总统令的规定制作该项目的实施计划并得到主管部门的承认。对主管部门承认的内容进行变更时亦同,但变更总统令规定的次要事项的除外。

2. 主管部门依照本条第一款的规定承认实施计划或者承认其变更时应当进行公示。

【2011.8.4 专门修改】
第十六条 民间投资项目的分割实施等

1. 主管部门实施基础设施项目时可以将其中一部分项目作为民间投资项目实施。

2. 主管部门可以将民间投资项目划分为技能类、设施类和地区类。

【2011.8.4 专门修改】
第十七条 被其他法律认可或者许可等的拟制

1. 主管部门依照第十五条第二款的规定公示实施计划的,视为得到民间投资项目相关法律所规定的认可或者许可,以及依照相关法律规定被视为得到的认可或者许可,并视为已依照相关法律或者其他法律进行公示或公告。

2. 主管部门依照第十五条第一款的规定在承认实施计划或者承认其变更前,应当与相关行政机关长官就是否符合本条第一款中的其他法律规定进行协商。

3. 依照本条第二款的规定收到协商邀请的行政机关长官应当自收到邀请之日起 20 日内说明具体理由并提交书面意见,未在规定期限内提交意见的视为协商成立。(2012.12.18 修改)

4. 主管部门依照本条第二款的规定与行政机关长官进行协商的,可以召开全体协商会议。(2012.12.18 新设)

5. 有关本条第四款规定的全体协商会议的具体组成、运营及其他细节性事项由总统令规定。(2012.12.18 新设)

【2011.8.4 专门修改】

第十八条　在他人土地通行等

经营者实施民间投资项目时在他人土地通行、变更或移除障碍物，或者暂时使用他人土地的，适用《关于国土计划和利用的法律》第一百三十条及第一百三十一条的规定。

【2011.8.4 专门修改】

第十九条　对国有、公有财产的处分限制等

1. 归国家或地方自治团体所有的土地属于民间投资项目计划建设用地范围的，主管部门认为有必要将其用于民间投资项目的，应当事先与相关行政机关长官进行协商。自公示设施项目基本计划之日起（属于第九条第一款规定的被提议的项目的，则指其提议内容被公告之日起），相关行政机关长官不得以该项目以外的目的出售该土地。

2. 依照上述规定经过协商的民间投资项目，其计划建设用地所附带的国有、公有财产不适用《国有财产法》和《公有财产及物品管理法》的规定，可以任何一种交易形式向经营者出售。

3. 对于位于民间投资项目计划建设用地的国有、公有财产，主管部门认为有必要将其用于民间投资项目的，可以允许经营者自依照第十五条第二款规定公示实施计划之日起至依照第二十二条规定得到竣工确认期间无偿使用、获取收益，而不适用《国有财产法》和《公有财产及物品管理法》的规定。但在实施归公设施项目时，可以无偿使用、获取收益至第二十五条第一款或者第二款规定的期限届满日。

4. 为了实施民间投资项目，主管部门认为有必要的，可以购买位于民间投资项目计划建设用地的土地，并可以允许经营者自依照第十五条第二款规定公示实施计划之日起至依照第二十二条规定得到竣工确认期间无偿使用、获取收益，而不适用《国有财产法》和《公有财产及物品管理法》的规定。

5. 为了实施民间投资项目，主管部门认为有必要的，可以不以向经营者捐赠设施物为前提，以建设建筑物或者其他永久设施为目的，允许经营者对国有、公有财产进行使用、收益或者借贷，而不适用《国有财产法》和《公有财产及物品管理法》的规定。

【2011.8.4 专门修改】

第二十条　征用或者使用土地等

1. 为了实施民间投资项目，经营者可以在必要时征用或者使用《关于取得公益事业土地等及补偿的法律》第三条规定的土地、物件或者权利（以下称"土地等"）。

2. 适用本条第一款规定时，已经依照第十五条第二款的规定公示实施计划的，视为该项目已经依照《关于取得公益事业土地等及补偿的法律》第二十条第一款取得认可,同时视为已经依照同法第二十二条的规定对该项目的认可进行了公示,而不适用同法第二十三条第一款及第二十八条第一款应当在实施计划中的项目实施期间内申请裁决的规定。

3. 经营者可以依照总统令的规定将与土地的征用或者使用有关的土地买入业务、损失补偿业务、搬迁对策项目等事项委托给主管部门或者相关地方自治团体长官。此时,委托费用等事项由总统令规定。

4. 有关本条第一款规定的征用或者使用土地等的事项,适用《关于取得公益事业土地等及补偿的法律》,本法或者其他相关法律有特别规定的除外。

【2011.8.4 专门修改】

第二十一条　附属项目的实施

1. 经营者实施民间投资项目时,主管部门认为有必要通过填补基础设施投资费、完善基础设施运营、降低使用费等方式向设施使用者提供便利或者缓和主管部门的财政负担等的,可以允许民间投资项目与下列附属设施项目之一同时实施:(2011.4.14 修改)

①《住宅法》中的住宅建设项目;

②《宅基地开发促进法》中的宅基地开发项目;

③《关于国土计划和利用的法律》中有关城市和郡级行政区的计划设施项目;

④《城市开发法》中的城市开发项目;

⑤《城市及居住环境整顿法》中的城市环境整顿项目;

⑥《关于产业选址和开发的法律》中的产业园区开发项目;

⑦《旅游振兴法》中的旅游住宿业、旅游设施利用业及旅游景点、旅游园区开发项目;

⑧《关于物流设施的开发及运营的法律》中的物流枢纽站项目;

⑨《港口运输项目法》中的港口运输项目;

⑩《流通产业发展法》中的大型商店(与市场有关的除外)、批发配送服务或者共同聚集配送中心项目;

⑪《停车场法》规定的路外停车场的设置、运营项目;

⑫《关于设置和利用体育设施的法律》规定的体育设施项目;

⑬《文化艺术振兴法》规定的文化设施的设置、运营项目;

⑭《关于山林文化和游憩的法律》规定的自然游憩林的修建项目;

⑮《室外广告物等管理法》规定的室外广告物及展示设施的设置、运营项目;

⑯《促进新能源和再生能源的开发、利用和普及的法律》规定的新能源和再生能源设施的设置、运营项目;

⑰《建筑法》第二条第一款第二项规定的建筑物的设置、运营项目;

⑱其他为减少使用费或者缓和财政负担所必需的由总统令规定的项目。

2. 经营者实施附属项目时,应当将附属项目的相关事项纳入第十五条第一款规定的实施计划中。

3. 实施计划在依照第十五条第一款的规定得到承认后,经营者要实施附属项目的,应当请求主管部门承认实施计划的变更。

4. 运营民间投资项目的经营者要实施附属项目的,应当制作附属项目提案书并向主管部门提交申请。

5. 主管部门依照本条第三款的规定收到变更申请或者依照第四款的规定收到实施申请的,应当审查其是否符合附属项目的实施目的和要件,再予以决定。若民间投资项目和附属项目的总规模超过第八条之二第二款中的总统令规定的规模的,应当经过审议委员会的审议。

6. 依照本条第五款的规定得到变更承认的实施计划内的附属项目或者得到实施承认的附属项目,视为已经得到主管部门的认可,而不适用第十四条第四款的规定。

7. 主管部门依照本条第五款的规定承认实施附属项目的,应当进行公示。

8. 主管部门依照第十五条第二款的规定公示实施计划或者依照本条第七款的规定公示附属项目的实施的,视为得到下列有关附属项目的认可或者许可等:

①《住宅法》第九条规定的登记、第十六条第一款规定的承认、依照同法第十七条第一款的规定被视为得到的认可或者许可等;

②《宅基地开发促进法》第七条规定的宅基地开发经营者的指定、第九条规定的承认、依照同法第十一条第一款的规定被视为得到的认可或者许可等;

③《关于国土计划和利用的法律》第八十六条规定的经营者的指定、第八十八条第二款规定的实施计划的认可、依照同法第九十二条第一款的规定被视为得到的认可或许可等;

④《城市开发法》第十一条规定的经营者的指定、第十七条规定的实施计划的认可、依照同法第十九条第一款的规定被视为得到的认可或者许可等;

⑤《城市及居住环境整顿法》第九条第一款规定的"指定的开发者"的指定、第二十八条规定的项目实施的认可;

⑥《关于产业选址及开发的法律》第十六条规定的经营者的指定,第十七条、第十七条之一、第十八条、第十八条之二、第十九条规定的承认,以及依照同法第二十一条第一款的规定被视为得到的认可或者许可等;

⑦《旅游振兴法》第十五条规定的有关旅游住宿业和旅游设施利用业的项目计划的承认、第五十二条规定的旅游景点和旅游园区的指定、第五十四条规定的组成计划的承认、依照同法第五十八条第一款的规定被视为得到的认可或者许可等;

⑧《关于开发和运营物流设施的法律》第七条规定的登记、第九条规定的施工认可、依照同法第二十一条第一款的规定被视为得到的认可或者许可等;

⑨《港口运输事业法》第四条规定的登记;

⑩《流通产业发展法》第八条规定的登记、第二十九条规定的指定、依照同法第

三十条第一款的规定被视为得到的认可或者许可等；

⑪《关于设置和利用体育设施的法律》第十二条规定的承认、依照同法第二十八条的规定被视为得到的认可或者许可等；

⑫《关于山林文化和游憩的法律》第十三条规定的指定、第十四条规定的承认；

⑬《室外广告物等管理法》第三条规定的许可、第十一条规定的登记；

⑭《建筑法》第十一条第一款规定的许可、依照同法第十一条第五款的规定被视为得到的认可或者许可等；

⑮ 本条第一款第十八项规定的附属项目相关法律中的经营者的指定、登记、承认等，以及依照相关法律的规定被视为得到的认可或者许可等。

9. 主管部门依照第十五条第一款规定承认包括本条第八款规定的事项的实施计划或其变更的，或者依照本条第五款规定承认实施附属项目的，应当事先与相关行政机关长官(依照第八款各项规定被视为得到认可或者许可等时，认可、许可等相关议题的规定中要求与其他有关行政机关长官进行协商的，也应当包括该行政机关长官)协商或者得到其承认。

10. 依照本条第九款规定收到协商邀请或者承认邀请的行政机关长官，应当自收到邀请之日起 30 日内说明具体理由并提交书面意见，未在规定期限内提交意见的视为达成协议或者承认。

11. 本法未规定的有关经营者实施附属项目的事项，适用有关该附属项目的其他法律。

12. 依照本条第一款第二项规定将宅基地开发项目作为附属项目实施的经营者，被视为《宅基地开发促进法》第七条第一款第一项规定的国家、地方自治团体。

13. 实施本条第一款规定的附属项目，应当满足下列条件：

① 附属项目费不超过该民间投资项目费总额(依照第五十三条规定在总项目费中扣除国家或者地方自治团体向经营者支付的补助金后的金额)；

② 附属项目的实施地应当靠近该民间投资项目的实施地；

③ 由总统令规定的其他条件

14. 主管部门应当依照总统令的规定将附属项目的收益用于减少使用费等方面。

【2011.8.4 专门修改】

第二十一条之二　对附属项目的支援

主管部门可以向附属项目的经营者提供下列支援：

① 许可经营者对国有、公有财产的使用并收益，或者与经营者签订借贷合同(关于国有、公有财产另有批准机关时，代行申请该部门的许可等)；

② 代为购买附属项目所需土地或者设施等；

③ 实施附属项目所必需的由总统令规定的其他必要事项。

【2011.8.4 新设】
　　第二十二条　竣工确认等
　　1. 经营者按照第十五条第二款规定的经过公示的实施计划完成项目的,或者完成依照第二十一条第七款规定的经过公示的附属项目的,应当依照总统令的规定立即向主管部门提交竣工报告书,并得到主管部门的竣工确认。
　　2. 依照本条第一款的规定收到竣工确认申请的主管部门,应当在完成竣工检查后向申请者发放竣工检查确认证。
　　3. 主管部门依照本条第二款的规定发放竣工检查确认证的,视为得到第十七条第一款及第二十一条第八款规定的有关竣工检查或竣工认可等的认可或者许可。
　　4. 主管部门依照本条第二款的规定进行竣工确认的或者依照第三款的规定被视为通过竣工检查或者得到竣工认可的,主管部门应当事先与行政机关长官进行协商。
　　5. 在得到本条第二款规定的竣工检查确认证之前,任何人不得使用由民间投资项目产生的土地或者由民间投资项目建设的基础设施。但在竣工前主管部门认可使用的除外。

【2011.8.4 专门修改】
　　第二十三条　设立有关基础设施的管理中心
　　1. 为了综合履行对目标项目的检查、项目的合理性分析、项目计划评价等由总统令规定的支援职能,可以设立基础设施投资管理中心(以下称"管理中心")作为《关于设立、运营和发展政府出资研究机关等的法律》附表中规定的韩国开发研究院的附属机构。
　　2. 为了履行本条第一款规定的业务,管理中心长官认为有必要的,可以向有关行政机关或者有关机关发出协助邀请。
　　3. 为了弥补本条第一款规定的职能费用,管理中心长官认为有必要的,可以向受益于相应职能的机关和团体收取手续费。
　　4. 有关管理中心的组织和运营的必要事项,由总统令规定。

【2011.8.4 专门修改】

第三节　基础设施的管理和运营(2005.1.27、2011.8.4 修改)

　　第二十四条　基础设施的管理和运营
　　对由民间投资项目产生的土地或者由民间投资项目建设的基础设施,应当根据实施合同进行管理和运营。

【2011.8.4 专门修改】
　　第二十四条之二　制作租赁型民间投资项目的政府支付金估算书
　　1. 对于依照第十五条规定得到承认的有关租赁型民间投资项目的国家项目和由国库补助的地方自治团体项目,企划财政部长官应当按照年度、主管部门和目标设施类别等,每年制作预期租赁型民间投资项目政府支付金估算书,以反映自该会计年度至第五会计年度或者更长的会计年度期间的政府支付金规模。

2. 制作政府支付金估算书时应当分析政府支付金规模增减原因等并写入估算书。

3. 有关政府支付金估算书的制作等必要事项,由总统令规定。

【2010.5.17 专门修改】

第二十五条 对设施的使用、收益

1. 以第四条第一项或第二项规定的方式运作的基础设施项目,经营者可以在设施竣工后的一定期限内,在实施合同明示的通过公开竞争决定的总民间项目费范围内对设施进行无偿使用和获取收益。

2. 以第四条第三项规定的方式运作的基础设施项目,经营者可以在设施竣工后的一定期限内,在实施合同明示的通过公开竞争决定的总民间项目费范围内对设施进行无偿使用和收益。

3. 有关本条第一款和第二款中的无偿使用期限和所有、获取收益期限的计算以及变更总项目费的必要事项,由总统令规定。

4. 为了实现本条第一款和第二款规定的收益,经营者可以允许他人使用该设施并收取通行费、租金等使用费。此时,有关使用费及使用费收取期限和其他使用费的相关必要事项,由总统令规定。

5. 经营者不遵守本条第一款和第二款规定而缩短实施协议中的施工期限或者缩减项目费以完成工程的,可以不对其使用期限或者使用费进行调整。

【2011.8.4 专门修改】

第二十六条 基础设施的管理运营权

1. 以第四条第一项或第二项规定的方式运作的基础设施项目依照第二十二条规定得到竣工确认的,主管部门可以赋予经营者以基础设施管理运营权(以下称"管理运营权")。被赋予管理运营权的经营者在第二十五条第一款规定的无偿使用和获取收益期间内负责维护和管理该设施,并可以向设施使用者收取使用费。

2. 依照本条第一款的规定被赋予管理运营权的经营者,应当依照总统令的规定向主管部门进行登记。

3. 依照本条第一款及第二款的规定经过登记的经营者,负责对设施进行合理维护和管理。

4. 有关第三款中维护和管理的相关必要事项,由总统令规定。

【2011.8.4 专门修改】

第二十七条 管理运营权的性质等

1. 视管理运营权为物权,除本法有特别规定以外准用《民法》中不动产的相关规定。

2. 分割或者合并管理运营权的,应当事先得到主管部门的承认。

【2011.8.4 专门修改】

第二十八条　权利的变更等

1. 对管理运营权的限制或者对以管理运营权为标的的抵押权的设定、变更、消灭及处分的限制,记载于主管部门管理运营权登记簿后始发生效力。

2. 有关本条第一款规定的管理运营权登记的必要事项,由总统令规定。

【2011.8.4 专门修改】

第二十九条　设施使用方式的变更

1. 主管部门不得变更第二十五条第一款及第二款规定的设施的使用、收益方式。但是,国家或者地方自治团体为了以直接共用或者公用的方式使用该设施的,主管部门可以在必要时依照总统令的规定与经营者协商变更设施的使用、收益方式。

2. 依照本条第一款但书的规定变更设施使用、收益方式而给经营者造成损失的,使用、收益该设施的行政机关应当依照总统令的规定给予补偿。

【2011.8.4 专门修改】

第四节　产业基础信用担保基金(2011.8.4 修改)

第三十条　产业基础信用担保基金的设置及管理

1. 为了确保民间投资项目资金的顺利运转,设立产业基础信用担保基金(以下称"基金"),为第三十四条第一款规定的金钱债务提供担保。

2. 基金由《信用担保基金法》中的信用担保基金(以下称"管理人")管理和运用。

【2011.8.4 专门修改】

第三十一条　基金的组成

1. 基金由下列收入来源组成:

① 政府及地方自治团体的出资;

② 第一项规定的主体以外的其他主体的出资;

③ 担保费的收益;

④ 基金的运用收益;

⑤ 金融公司等以及其他基金提供的贷款。

2. 本条第一款中的出资方法、时间及其他有关出资的必要事项,由总统令规定。

向金融公司等或者其他基金借款的方式、额度以及其他有关借款的必要事项,由总统令规定。

【2011.8.4 专门修改】

第三十二条　基金的用途

基金有以下用途:

① 清偿担保债务;

② 偿还第三十一条第一款第五项规定的贷款本金和利息;

③ 基金的组成、运用及管理经费;

④ 为培育基金、发展民间投资制度所作的研究和开发;

⑤ 由总统令规定的其他用途。

【2011.8.4 专门修改】

第三十三条　基金的会计及结算等

1. 基金的会计年度遵循政府的会计年度。

2. 管理人进行会计处理时应当将基金会计与其他会计相区分。

3. 管理人应当在每个会计年度制作有关基金总收入和总支出的基金运用计划并提交至企划财政部长官,企划财政部长官应当在该会计年度开始之前对该计划予以承认。变更基金运用计划时亦同。

4. 管理人应当在每个会计年度结束后的两个月内制作有关基金的结算报告书并提交至企划财政部长官,并且依照《关于公共机关运营的法律》第十一条的规定对经营情况进行公示。

5. 在结算基金时发生利润的,应当全额累积。

6. 在结算基金时发生亏损的,以本条第五款规定的利润进行填补;利润不足以填补亏损的,不足部分由政府按照预算规定进行填补。

【2011.8.4 专门修改】

第三十四条　担保对象及额度等

1. 管理人在对经营者、超过实施政府订单项目的主体以及依照第五十八条规定发行基础设施债券的主体(以下称"经营者等")的经营状态、发展前景等进行切实公正的调查后,可以在基金上设定负担的方式为下列金钱债务提供担保:

① 经营者或者对超过实施政府订单项目的主体因获得金融公司等或者总统令规定的主体(以下称"贷款人")的民间投资项目资金的贷款或者给付等(以下称"贷款等")而发生的金钱债务;

② 依照第五十八条的规定发行基础设施债券的主体因发行基础设施债券而发生的金钱债务;

③ 依照第五十八条的规定发行基础设施债券的主体为了支付债券本金和利息向贷款人借款而发生的金钱债务。

2. 管理人运用基金时应当优先向担保能力较弱的中小企业提供信用担保。

3. 管理人在基金上设定负担而提供的担保总额度由总统令规定,并不得超过第三十一条第一款第一项和第二项规定的出资与第三十三条第五款规定的累积金的总和的二十倍。

4. 管理人以在基金上设立负担的方式向同一个民间投资项目(依照第十六条第二款规定分割实施时,指被分割的各项目)提供信用担保的,其最高额度由总统令规定。

5. 经营者不得将依照本条第一款规定取得担保的借款或者由政府根据超过施工所支付的对价用于其他用途,否则管理人可以解除或者限制担保。

【2011.8.4 专门修改】

第三十五条 担保关系的成立

1. 管理人依照第三十四条的规定提供担保时,应当与贷款人签订以"获得民间投资项目资金贷款等的经营者的信用由基金担保"为内容的合同。

2. 管理人收到经营者等主体提交的民间投资项目资金贷款等的申请后进行审查并通知依照本条第一款规定与其签订合同的贷款人的,视为管理人与该贷款人之间的担保关系成立。担保关系自该贷款人支付民间投资项目资金之日起生效。

3. 依照本条第二款的规定发出通知之日起 60 日内,该贷款人未向申请民间投资项目资金贷款等的经营者等主体支付贷款金或者未向申请人通知其承认贷款的,视为该担保关系未成立,而不适用第二款的规定。

【2011.8.4 专门修改】

第三十六条 担保费

1. 管理人可以依照总统令的规定向得到信用担保的经营者等主体收取担保费,收取担保费时应当考虑经营者等主体的项目规模、财务结构及信用度等因素。

2. 得到担保的经营者等主体未在规定期限内支付担保费的,对未支付的部分管理人可以收取年利率相当于百分之十的逾期担保费。

【2011.8.4 专门修改】

第三十七条 通知义务

有下列情形之一的,依照第三十五条第二款的规定接到通知的贷款人应当立即通知管理人:

① 主要债务关系成立的;

② 主要债务全部或者部分消灭的;

③ 债务人未履行债务的;

④ 债务人丧失期限利益的;

⑤ 担保关系因发生第三十五条第三款规定的事由而未成立的;

⑥ 其他影响担保债务的事由发生的。

【2011.8.4 专门修改】

第三十八条 担保债务的履行

1. 取得担保的经营者等不履行债务或者发生其他由总统令规定的事由时,贷款人或者依照第五十八条规定发行的基础设施债券的持有者可以请求管理人履行担保债务。

2. 依照本条第一款的规定请求履行担保债务的,管理人应当用基金履行主债务和总统令规定的从债务。

【2011.8.4 专门修改】

第三十九条 损害金

管理人用基金履行担保债务的,就其履行金额依照总统令的规定向该经营者等收取年利率不超过25%的损害金。

【2011.8.4 专门修改】

第三十九条之二 工作人员的赔偿责任

1. 管理人的工作人员因违反法令或者章程,不认真履行职务而对基金造成损害的,该工作人员对该损害赔偿承担连带责任。

2. 负责基金信用担保业务的管理人的工作人员在处理业务时因故意或者重大过失造成损害的,对损害承担赔偿责任。除因故意造成的损害外,可以减轻其损害赔偿责任。

【2011.8.4 本条新设】

第四十条 求偿权

1. 管理人用基金履行担保债务的,应当为履行求偿权采取必要措施。

2. 管理人向用基金履行担保债务的经营者等行使求偿权时,有下列情形之一的,可以给予经营者等主体宽限期。

① 主管部门认为在经营者等的财产扣除求偿权行使费后,将没有剩余资金的;

② 主管部门认为向经营者等给予宽限期后,将来的债务偿还能力会有所提高的。

3. 管理人依照本条第二款第二项的规定给予宽限期的,可以派其工作人员或职员参与该经营者等的经营活动。

【2011.8.4 专门修改】

第五节 基础设施投融资综合投资机构(2011.8.4修改)

第四十一条 投融资综合投资机构的设立目的等

1. 可以设立以投资基础设施项目而向股东分配收益为目的的基础设施投融资公司(以下称"投融资公司")或者设立以向受益人分配收益为目的的基础设施投融资信托(以下称"投融资信托")。

2. 投融资公司和投融资信托(以下称"投融资综合投资机构")分别被视为《关于资本市场和金融投资业的法律》中的投资公司和投资信托。

3. 投融资综合投资机构属于《关于资本市场和金融投资业的法律》第二百三十条第一款规定的禁止回购型综合投资机构。

4. 投融资综合投资机构适用《关于资本市场和金融投资业的法律》的规定,除本法有特别规定的以外。

5. 不属于本法规定的投融资综合投资机构的,不得使用"投融资综合投资机构""投融资公司""投融资信托"或者其他相类似的名称。

【2011.8.4 专门修改】
第四十一条之二　投融资公司的资本金等
1. 投融资公司的资本金以申请登记时为准,应当在总统令规定的金额以上、一百亿韩元以下。
2. 投融资公司的最低纯资产额应当在总统令规定的金额以上、五十亿韩元以下。

【2011.8.4 专门修改】
第四十一条之三　发起设立时发起人的股份回购及缴纳
投融资公司的发起人回购投融资公司设立时发行的股份总数的,应当立即以现金形式缴纳回购总金额。

【2011.8.4 专门修改】
第四十一条之四　募集设立时的股票收购要约等
1. 投融资公司发起人不回购公司设立时发行的股票总数,而是建议对方发出收购要约的,应当向对方提供投资说明书。有关投资说明书的记载事项及提供方法等,由总统令规定。
2. 投融资公司的发起人依照本条第一款的规定制作投资说明书的,应当在向对方提供之前提交至金融委员会。变更总统令规定的重要内容时亦同。
3. 投融资公司的发起人应当依照总统令的规定向欲发起股票收购要约的一方提供股票要约书,欲发出股票收购要约的一方应当在两份股票要约书上载明收购股票种类、数量及地址,并签字盖章或者签名。
4. 投融资公司的发起人不回购公司设立时发行的股票总数,而是建议对方发出收购要约的,发起人仍应当依照第四十一条之二第一款的规定在投融资公司应有的资本金的百分之十以内回购总统令规定的相当比例的金额以上的股票。

【2011.8.4 专门修改】
第四十一条之五　借入资金及发行公司债券
1. 为了确保运营资金或者投资资金的顺利运转等,投融资综合投资机构可以在得到股东大会或者受益人总会的承认后,借入资金或者发行公司债券。借入资金或者发行公司债券的额度不得超过总统令规定的额度,并且不得超过:
① 投融资公司:资本金的30%;
② 投融资信托:收益凭证总额的30%。
2. 投融资综合投资机构属于《关于资本市场和金融投资业的法律》第九条第十九款规定的私募集合投资机构的,不适用本条第一款规定的借入额度或者公司债券的发行额度。

【2011.8.4 专门修改】
第四十一条之六　有关投融资综合投资机构登记的协商等
1. 金融委员会就投融资综合投资机构的登记问题,应当事先与企划财政部长官进行协商。

2. 投融资综合投资机构应当依照总统令的规定向企划财政部长官和金融委员会提交有关投融资综合投资机构财产的季度营业报告书。

【2011.8.4 专门修改】

第四十一条之七　投融资综合投资机构发行新股或者追加发行收益凭证的条件

投融资公司成立后发行新股或者投融资信托成立后追加发行收益凭证的,其发行价以投融资综合投资机构保留资产中的纯资产额为基础,依照总统令规定的方法计算。

【2011.8.4 专门修改】

第四十一条之八　股票或者收益凭证的上市

1. 投融资公司及投融资信托的综合投资业者具备《关于资本市场和金融投资业的法律》第三百九十条第一款规定的上市要件的,其股票和收益凭证应当立即进入证券市场上市环节。

2. 投融资公司及投融资信托的综合投资业者无正当理由不履行本条第一款规定的,企划财政部长官可以命令综合投资业者在一定期限内履行。

【2011.8.4 专门修改】

第四十一条之九　对投融资综合投资机构等的监督和检查等

1. 企划财政部长官及金融委员会可以要求投融资综合投资机构及其综合投资业者、信托业者以及管理一般事务的公司提交与投融资综合投资机构业务相关的公司业务资料和财产资料,或者可以要求其对该业务和财产状况进行报告。

2. 金融委员会在金融监督过程中认为有必要的,可以由其工作人员或者《有关金融委员会的设置等法律》第二十四条规定的金融监督院院长对投融资综合投资机构及其综合投资业者、信托业者以及一般事务管理公司的业务进行检查。

【2011.8.4 专门修改】

第四十二条　限制兼业

除将资产依照第四十三条的规定进行投资以外,投融资综合投资机构不得开展其他业务。

【2011.8.4 专门修改】

第四十三条　资产运用范围

1. 投融资综合投资机构可以开展下列业务:

① 取得以实施基础设施项目为目的的法人的股票、股份及债券;

② 向以实施基础设施项目为目的的法人发放贷款(第四十一条第一款规定的基础设施投融资信托,发放的贷款金额不得超过收益凭证总额的 30%)并取得贷款债权;

③ 按照本款第一项或者第二项规定的方式,向同样按照第一项或者第二项规定的方式对以实施基础设施项目为目的的法人进行投资的法人(投融资综合投资机

构除外)进行投资；

④ 由金融委员会承认的为了实现本款第一项至第三项的业务所必需的其他投资。

2. 为了开展本条第一款规定的业务,投融资综合投资机构可以在必要时提供资产作为担保(物的担保)或者提供保证。

3. 投融资综合投资机构可以以下列方法使用闲置资金：

① 存放于金融公司等；

② 买入国债、公债；

③ 在总统令规定的额度内买入与国债、公债具有同等信用等级的债券以及企业远期支票。

【2011.8.4 专门修改】

第四十四条　与其他法律的关系

1. 投融资综合投资机构不适用《关于资本市场和金融投资业的法律》第八十一条、第八十三条、第八十六条、第八十七条、第一百八十三条、第一百八十六条第二款(限于准用《关于资本市场和金融投资业的法律》第八十七条规定的情形)、第一百九十四条第五款、第一百九十六条第五款后段、第二百三十条第二款至第四款及第二百三十八条第七款的规定。

2. 投融资公司属于《关于垄断规制及公正交易的法律》第二条第一项之二规定的控股公司的,不适用同法第八条之二第二款第二项的规定。

【2011.8.4 专门修改】

第六节　申请异议及民间投资项目纠纷调解委员会(2012.12.18 修改)

第四十四条之二　申请异议

1. 经营者实施民间投资项目时,因下列事项遭受不利后果的,可以向主管部门申请异议以取消或者纠正相关行为：

① 第三条之二规定的政府采购协议等的适用范围；

② 第九条第三款规定的民间部门的提议、民间投资项目的巩固及第十条第三款规定的设施项目基本计划的公示；

③ 第九条第四款及第十三条第二款规定的协商者或者经营者的指定；

④ 其他违反政府采购协议等由总统令规定的事项。

2. 本条第一款规定的异议申请应当在申请异议的事由发生之日起 30 日内或者自知道该事由之日起 10 日内向主管部门提出。

3. 依照本条第二款的规定收到异议申请的主管部门应当在收到异议申请之日起 10 日内进行审查并采取取消等必要措施,并向申请人通知结果。

4. 申请人对本条第三款规定的措施有异议的,可以自收到通知之日起 15 日内向第四十四条之三第一款规定的民间投资项目纠纷调解委员会申请调解。

【2012.12.18 新设】
【原第四十四条之二移到第四十四条之三〈2012.12.18〉】

第四十四条之三　民间投资项目纠纷调解委员会的设立

1. 为了调解民间投资项目纠纷，在企划财政部长官下设立民间投资项目纠纷调解委员会（以下称"纠纷调解委员会"）。

2. 纠纷调解委员会依据当事人一方或者双方的申请对民间投资项目的相关纠纷进行审查、调解。（2012.12.18 修改）

【2011.8.4 新设】
【移动自第四十四条之二，原第四十四条之三移动至第四十四条之四（2012.12.18）】

第四十四条之四　纠纷调解委员会的组成

1. 纠纷调解委员会由1名委员长在内的9名委员组成，应当由代表政府的委员、代表经营者的委员及代表公共利益的委员组成。

2. 代表经营者的委员及代表公共利益的委员应当符合下列条件之一：

① 具有5年以上在《高等教育法》规定的学校从事法学、经营学、经济学、会计学或者工学教授经验的助教以上级别的人员；

② 有法律从业资格证的法官、检察官或者具有5年以上从业经历的律师；

③ 对民间投资项目的设计、建设、资金筹措或者运营有丰富的专业知识和经验且符合总统令规定的条件的人。

3. 纠纷调解委员会的委员长由企划财政部长官指定。

【2011.8.4 新设】
【移动自第四十四条之三，原第四十四条之四移动至第四十四条之五（2012.12.18）】

第四十四条之五　申请调解纠纷的通知等

1. 纠纷调解委员会收到一方当事人的纠纷调解申请的，应当向对方当事人通知申请内容。

2. 依照本条第一款的规定收到通知的当事人应当向纠纷调解委员会告知其是否接受调解。

3. 收到通知的当事人是国家或者地方自治团体的，应当接受调解，不得适用本条第二款的规定。

【2011.8.4 新设】
【移动自第四十四条之四，原第四十四条之五移动至第四十四条之六（2012.12.18）】

第四十四条之六　拒绝及终止调解

1. 纠纷调解委员会认为纠纷在性质上不适合由纠纷调解委员会调解的，或者认为当事人以不正当目的申请调解的，可以拒绝调解。此时应当向申请人告知拒绝调解的理由。

2. 一方当事人拒绝调解的，纠纷调解委员会应当向对方当事人书面告知调解过程、拒绝调解的理由等。

3. 一方当事人提起诉讼的，纠纷调解委员会应当终止调解并通知对方当事人。

【2011.8.4 新设】

【移动自第四十四条之五，原第四十四条之六移动至第四十四条之七（2012.12.18）】

第四十四条之七　处理期限

1. 纠纷调解委员会应当自接到纠纷调解申请之日起 90 日内进行审查并制作调解方案。但是，发生不得已事由的，可以通过纠纷调解委员会的议决延长不超过 60 日的期限。

2. 纠纷调解委员会依照本条第一款但书规定延长期限的，应当向当事人告知延长期限的理由及其他相关事项。

【2011.8.4 新设】

【移动自第四十四条之六，原第四十四条之七移动至第四十四条之八（2012.12.18）】

第四十四条之八　调查及听取意见

1. 纠纷调解委员会认为有必要的，可以允许纠纷调解委员会委员或者企划财政部的公务员查阅相关材料或者出入有关项目场所进行调查。

2. 纠纷调解委员会认为有必要的，可以允许当事人或者有关专家出席纠纷调解委员会会议并听取他们的意见。

【2011.8.4 新设】

【移动自第四十四条之七，原第四十四条之八移动至第四十四条之九（2012.12.18）】

第四十四条之九　调解前的合意

双方当事人就解决纠纷达成合意的，纠纷调解委员会应当中止调解并立即依照当事人的合意制作协议书。协议书应当由调解纠纷委员会委员长及各方当事人签字盖章。

【2011.8.4 新设】

【移动自第四十四条之八，原第四十四条之九移动至第四十四条之十（2012.12.18）】

第四十四条之十　调解的效力

1. 纠纷调解委员会制作调解方案的，应当立即告知各方当事人。

2. 依照本条第一款的规定被告知的当事人，应当自被告知之日起 15 日内告知纠纷调解委员会是否接受调解方案。

3. 当事人接受调解方案的，纠纷调解委员会应当立即制作调解书。调解书应当由调解纠纷委员会委员长及各当事人签字盖章。

4. 当事人依照本条第三款的规定接受调解方案的,视为当事人之间达成与调解书相同内容的合意。

【2011.8.4 新设】

【移动自第四十四条之九,原第四十四条之十移动至第四十四条之十一(2012.12.18)】

第四十四条之十一　费用的分担

1. 调解中产生的鉴定、诊断、试验等费用,由申请人负担。但当事人之间有约定的从其约定。

2. 纠纷调解委员会认为有必要的,可以依照总统令的规定要求当事人预付本条第一款规定的费用。

【2011.8.4 新设】

【移动自第四十四条之十,原第四十四条之十一移动至第四十四条之十二(2012.12.18)】

第四十四条之十二　文件的送达

有关纠纷调解中的文件送达的事项,准用《民事诉讼法》第一百七十四条至第一百九十七条的规定。

【2011.8.4 新设】

【移动自第四十四条之十一,原第四十四条之十二移动至第四十四条之十三(2012.12.18)】

第四十四条之十三　纠纷调解委员会的运营等

除第四十四条之三至第四十四条之十二规定的事项以外,其他有关纠纷调解委员会的组成、运营及调解程序等必要事项由总统令规定。(2012.12.18 修改)

【2011.8.4 新设】

【移动自第四十四条之十二(2012.12.18)】

第三章　监督(2011.8.4 修改)

第四十五条　监督和命令

1. 主管部门在不妨碍经营者的自由经营活动的前提下,可以在总统令规定的情况下对经营者的民间投资项目和有关业务进行监督并下达必要的命令。

2. 企划财政部长官可以就基金业务对管理人进行监督并下达必要的命令。

【2011.8.4 专门修改】

第四十六条　对违反法令的处分等

有下列情形之一的,主管部门可以撤销或者变更本法规定的命令或处分,可以命令违反者中止或变更基础设施工程,可以命令违反者对设施物或者物件进行改建、变更、移转、移除或者恢复原状，或者作出其他必要的处分：
　　① 以欺骗或者其他不正当手段获得本法规定的指定、承认、确认等的；
　　② 违反本法或者本法规定的命令的；
　　③ 经营者在实施计划中的项目期限内无正当理由未开始施工，或者迟延、规避项目的实施，从而被认为不可能继续实施项目的；
　　④ 依照第十四条第三款的规定设立的法人违反第十四条第四款的规定的。
【2011.8.4 专门修改】
　　第四十六条之二　限制不适格主体在民间投资项目的参加资格
　　主管部门认为该主体有可能会影响公平竞争或者实施协议的合理履行，或者不适合参加民间投资项目的，可以在两年内依照总统令的规定限制该主体的民间投资项目参加资格，并立即通知其他主管部门。接到通知的主管部门应当依照总统令的规定限制该主体的民间投资项目参加资格。
【2011.8.4 专门修改】
　　第四十七条　为公共利益的处分
　　1. 有下列情形之一的，主管部门可以对依照本法被指定、承认、确认等的对象给予第四十六条规定的处分；对于经过审议委员会审议而被指定的项目，该项目的处分也应当通过审议委员会的审议：
　　① 为变更基础设施情况或者其高效的运营等公共利益所必要的；
　　② 为顺利实施基础设施工程所必要的；
　　③ 发生战争、自然灾害等其他情况。
　　2. 因本条第一款规定的处分而遭受损失的经营者，主管部门应当给予合理补偿。此时主管部门应当与经营者对该补偿进行协商；协商未成立或者无法达成合意的，可以依照总统令的规定向有管辖权的土地征用委员会申请裁决。
【2011.8.4 专门修改】
　　第四十八条　审讯
　　主管部门进行下列处分的，应当进行审讯：
　　① 第四十六条规定的处分；
　　② 第四十七条第一款规定的处分。
【2011.8.4 专门修改】
　　第四十九条　撤销经营者的指定的相关措施
　　主管部门依照第四十六条及第四十七条规定撤销对经营者的指定时，可以直接实施该民间投资项目或者依照第十三条的规定指定新的经营者继续实施。
【2011.8.4 专门修改】
　　第五十条　撤销目标项目的指定
　　1. 依照第八条之二第二款的规定被指定为目标项目后发生下列情形之一的，主管部门可以通过审议委员会的审议，撤销该目标项目的指定：

① 在第十条第一款规定的期限内未公示设施项目基本计划；

② 对第十条第四款规定的设施项目基本计划进行再公示后未提交第十三条规定的项目计划。

2. 未依照第八条之二第二款的规定被指定为目标项目，但符合本条第一款规定的情形之一的，主管部门可以撤销目标项目的指定。

3. 依照第一款及第二款的规定撤销目标项目的指定的，主管部门应当立即在官报公示。

【2011.8.4 专门修改】

第五十一条　报告和检查

1. 主管部门在进行监督时认为有必要的，可以要求经营者提供有关基础设施管理、运营状况的报告或者采取派公务员出入现场或者检查文件等必要措施。

2. 依照本条第一款的规定出入现场或者检查文件的公务员应当携带权限证明并向有关人员出示。

【2011.8.4 专门修改】

第五十一条之二　提交及评价民间投资项目的业绩等

1. 主管部门应当每年按照民间投资项目实施方式的类别，向企划财政部长官提交有关运营现况及业绩等的报告书。

2. 企划财政部长官应当公开本条第一款规定的报告书，并在每年5月31日之前提交至国会管理的常任委员会和预算结算特别委员会。

3. 企划财政部长官在对民间投资项目进行综合评价并经过审议委员会的审议和议决确定后，应当将评分结果反映在民间投资项目主要政策的确立上等。

4. 有关本条第一款至第三款规定的报告书的提交、公开及综合评价等必要事项，由总统令规定。

【2011.8.4 专门修改】

第四章　补充规则（2011.8.4 修改）

第五十二条　公共部门的出资

1. 公共部门向实施以第四条第四项规定的方式运作的基础设施项目的民官合资法人（包括计划设立的民官合资法人，以下亦同）出资时，其出资比例不得超过50%，但符合总统令规定的情形除外。

2. 公共部门向本条第一款规定的民官合资法人出资的，不得行使议决权，而不适用《商法》第三百六十九条第一款的规定，但符合总统令规定的情形除外。

3. 国家或者地方自治团体向民官合资法人出资时，认为有必要以实物出资的，可以将下列财产作为实物出资，不得适用《国有财产法》及《公有财产及物品管理法》的规定：

①《国有财产法》第六条第三款及《公有财产及物品管理法》第五条第三款规定的一般财产；

②《物品管理法》第二条第一款及《公有财产及物品管理法》第二条第二项规定的，附属于第一项中的一般财产的动产；

③ 管理运营权；

④ 其他由总统令规定的财产。

4. 计算本条第三款规定的管理运营权的出资价额时，应当考虑国家或者地方自治团体对该基础设施的新设、增设、改善或者运营所投资的金额及其收益性等因素。

【2011.8.4 专门修改】

第五十三条　财政支援

国家或者地方自治团体为顺利实施归公设施项目，必要时可以在总统令规定的范围内向经营者提供补助金或者提供长期借贷。

【2011.8.4 专门修改】

第五十四条　吸收借款

经营者可以依照《外汇交易法》《外国人投资促进法》的规定吸收借款。

【2011.8.4 专门修改】

第五十五条　分配的特例

向民官合资法人出资的公共部门在分配该民官合资法人的利益时，认为有必要保护中小企业或者小额股东的，可以将本应当向公共部门支付的全部或者一部分红利追加分配给民间部门的股东，不得适用《商法》第四百六十四条的规定。

【2011.8.4 专门修改】

第五十六条　减免负担金等

1. 实施民间投资项目时有必要专门使用该项目计划地域内的农地或者山地的，可以依照《农地法》或者《山地管理法》的规定减免经营者的农地保全负担金或者森林资源补偿费。

2. 经营者实施民间投资项目时可以依照《关于回收开发利益的法律》或者《首都圈整顿计划法》的规定减免开发负担金或者过密负担金。

【2011.8.4 专门修改】

第五十七条　减免税收

为了鼓励民间投资，国家或者地方自治团体可以依照《税收特例限制法》或者《地方税特例限制法》的规定获得税收减免。

【2011.8.4 专门修改】

第五十八条　发行基础设施债券

1. 为了依照总统令的规定筹措民间投资项目所需的资金或者偿还民间投资项目债务的，经营者、《关于资产流动化的法律》规定的流动化专门公司或者总统令规定的金融公司等可以发行债券(以下称"基础设施债券")。

2. 依照本条第一款的规定由基础设施债券筹得的资金不得用于民间投资项目以外的其他用途。

【2011.8.4 专门修改】

第五十九条　收买请求权的认可

归公设施的经营者因自然灾害等总统令规定的不得已事由而不可能建设或者管理、运营基础设施的,可以依照总统令的规定邀请国家或者地方自治团体购买该项目(包括附属项目)。

【2011.8.4 专门修改】

第六十条　审议归公设施的设计等及建设项目的管理

1. 归公设施的设计合理性、安全性及施工合理性,应当接受《建设技术振兴法》第五条规定的建设技术委员会或者同法第六条规定的技术咨询委员会的审议。(2013.5.22 修改)

2. 对归公设施项目应当依照《建设技术振兴法》第三十九条第二款的规定进行建设项目管理。(2013.5.22 修改)

【2011.8.4 专门修改】

【2013.5.22 题目修改】

第六十一条　委任权限

主管部门可以向所属行政机关长官或者地方自治团体长官或者其管辖区域的地方自治团体长官授予本法规定的部分权限。

【2011.8.4 专门修改】

第六十一条之二　适用处罚时公务员的拟制

对于审议委员会和纠纷调解委员会中不属于公务员的委员,在适用《刑法》第一百二十九条至第一百三十二条规定时视为公务员。

【2011.8.4 新设】

第六十一条之三　职务上的义务

主管部门和该行政机关中负责基础设施项目相关业务的主体,在开展有关民间投资项目的业务时,有义务防止国家或者地方自治团体浪费和损害财政。

【2011.8.4 新设】

第五章　处罚(2011.8.4 修改)

第六十二条　处罚

对有下列情形之一的主体,处三年以下有期徒刑或者三千万韩元以下的罚金:

① 以欺骗或者其他不正当手段被指定为第十三条规定的经营者;

② 以欺骗或者其他不正当手段取得第十五条第一款规定的对实施计划的承认

或者变更承认,或者第二十一条第五款规定的对实施附属项目的承认;

③ 未取得第十五条第一款规定的对实施计划的承认或者变更承认而实施民间投资项目;

④ 违反第四十三条的规定运营资产。

【2011.8.4 专门修改】

第六十三条　处罚

对有下列情形之一的主体,处一年以下有期徒刑或者一千万韩元以下的罚金:

① 未依照第二十二条第二款的规定取得竣工检查确认证而使用土地及基础设施;

② 违反第四十一条第五款的规定使用"投融资综合投资机构""投融资公司""投融资信托"或者其他相类似名称;

③ 不提供第四十一条之四第一款规定的投资说明书或者制作虚假的投资说明书;

④ 违反第四十一条之五规定的目的或者额度而借入资金或者发行公司债券;

⑤ 违反第四十六条规定的对违反法令的处分;

⑥ 违反第四十七条第一款规定的为公共利益的处分。

【2011.8.4 专门修改】

第六十四条　两罚规定

法人代表或者法人或自然人的代理人、使用人以及其他业务员在办理法人或者个人业务时实施第六十二条或者第六十三条规定的违法行为的,除了处罚行为者以外,对法人或者个人也处以相关条文的罚金刑。但是,法人或者个人为了防止违法行为尽了相当注意义务和监督义务的除外。

【2009.12.29 专门修改】

第六十五条　罚款

1. 对有下列情形之一的主体,处一千万韩元以下的罚款:

① 无正当理由拒绝或者妨碍第十八条规定的经营者在他人土地上通行、变更、移除障碍物或者暂时使用他人土地;

② 未依照第四十一条之八第二款的规定履行进入证券市场上市环节的命令;

③ 违反第四十五条规定的监督和命令;

④ 未进行或者虚假进行第五十一条第一款规定的报告;

⑤ 拒绝、妨碍或者逃避第五十一条第一款规定的检查等。

2. 本条第一款规定的罚款依照总统令的规定由主管部门、企划财政部长官或者地方自治团体长官课处并征收。

【2011.8.4 专门修改】

附则(第12736号,2014.6.3)

第一条　施行日

本法自公布之日起一年后开始施行。

第二条　省略

第三条　其他法律的修改

1和2省略

3. 对有关基础设施的民间投资法的一部分进行如下修改:

第二条第一款第三十一项中,把《关于国家空间信息的法律》第二条第三项修改为《国家空间信息基本法》第二条第三项。

4至6省略

第四条　省略

(崔吉子　译)